# 成都"变脸"
## ——中国城市近代化缩影

郑光路／著

西南交通大学出版社
·成都·

图书在版编目（CIP）数据

成都"变脸"：中国城市近代化缩影：全3册／郑光路著．—成都：西南交通大学出版社，2018.9
ISBN 978-7-5643-6362-8

Ⅰ.①成… Ⅱ.①郑… Ⅲ.①城市史－研究－成都－近代 Ⅳ.①K297.11

中国版本图书馆 CIP 数据核字（2018）第 189930 号

CHENGDU BIANLIAN
成都"变脸"
——中国城市近代化缩影（上中下）

郑光路 著

| | |
|---|---|
| 出版人 | 阳 晓 |
| 策划编辑 | 吴 迪 |
| 责任编辑 | 张慧敏 郭发仔 罗小红 |
| 封面设计 | 曹天擎 |
| 出版发行 | 西南交通大学出版社<br>（四川省成都市二环路北一段 111 号<br>西南交通大学创新大厦 21 楼） |
| 发行部电话 | 028-87600564 028-87600533 |
| 邮政编码 | 610031 |
| 网址 | http://www.xnjdcbs.com |
| 印刷 | 成都市金雅迪彩色印刷有限公司 |
| 成品尺寸 | 170 mm × 240 mm |
| 总印张 | 46 |
| 总字数 | 743 千 |
| 版次 | 2018 年 9 月第 1 版 |
| 印次 | 2018 年 9 月第 1 次 |
| 书号 | ISBN 978-7-5643-6362-8 |
| 套价（上中下） | 139.00 元 |

图书如有印装质量问题 本社负责退换
版权所有 盗版必究 举报电话：028-87600562

# 前言

## 中国城市"近代化"是非常重要的历史

首先需要强调的是,本套丛书是研究清末民初成都近代化方面的专著,信息量极大。分为三册,只是为了编排和篇幅安排上方便。这三册虽然每册独立成书,但在内容上是紧密联系、一气呵成的,这点尤其值得读者们注意。

清末的成都还是古香古色的农耕社会形态的城市。本套丛书第一册,以生动的文字和珍贵的老照片再现了一百多年前成都作为"水乡泽国"的城池、河流等自然美好景观,以及令人难以想象的各种官场政治现状;叙述了成都如何受到近代化的剧烈"冲撞"而开始"变脸",出现了各种"维新"和"新政"现象……

公元前311年成都建城,距今已有2300多年。成都,如今已是融古代文明与现代文明于一体的特大城市。

近年来,政府一直号召要让成都"软文化与硬发展比翼齐飞"。2016年5月4日,国家发改委明确提出,成都要建设成为"国家中心城市";5月7日,成都政府部门公开宣布:"将与联合国人居署合作开展少城片区,四大城门将'托'起千年少城"。[1]成都在中国乃至国际上的影响空前提高。

---

[1] 国务院批复同意的《成渝城市群发展规划》公布,成都被定位为目标国家中心城市,《成都商报》,2016年5月6日,第2版;《设计两条"文化体验步行环",打造"少城民俗国际体验区"》,参见《成都商报》,2016年5月7日,第3版。

本书是抢救地方史实和整理巴蜀文化的精心之作,叙述了鲜为人知的真实历史细节,披露了许多极为珍贵的老照片,将极大地增强历史文化名城——成都重要的文化"软实力"。同时,如今中国城市化进程加快,本书也为今后中国城市化发展提供历史根据、借鉴。

随着全球城市化程度的加深,对城市史的研究越来越多,国际史学界也将其视为研究重点之一。

晚清[1]后,成都这座中国典型农耕社会古城,在"西风东渐"下遭遇"近代化"冲击。所谓"近代化",是指中国传统文明与西方近现代文明发生"大碰撞",使传统农耕社会向现代化社会变迁的过程,所以也可以叫"现代化"[2]。它表现在政治、经济、文化以及城市"硬件"(城墙、建筑、街道、设施、交通工具)等方面的变化和转型;从封建社会向近代化社会过渡;市民衣食住行和谋生手段等生活方式乃至思维方式也发生了全方位的大变革。这种变化,如同川剧中的"变脸"表演,令人目不暇接。

"近代化",以经济领域工业化、市场化,政治领域的民主化、法制化和思想领域的人性化、科学化为主要标志。

我国学术界通常认为,19世纪中期至20世纪20年代中期,是中国现代化进程的早期阶段,也即"早期近代化"[3]。成都百年前"早期近代化"的时间段是非常重要的历史时期:第一,中国从封建帝制即将走向共和;第二,从农耕社会古城的"解体"(最具象征意义的城墙拆毁),向近代化城市迅速转型。这一时间段,不

---

[1] "晚清"指清朝晚期,大致为1840—1911年,是中国近代史的开端;"清末"是清朝末年的简称,即清王朝临近结束的一二十年这段较短时间。但"清末"和"晚清"区分有时并不那么严格。

[2] "近代""现代"概念是从西方引进的,近代化英文的"modern"一词可译为"近代",也可以译为"现代"。通常认为:近代化的实质就是现代化,近代化、现代化基本上是一个概念;中国近(现)代化是以19世纪60年代洋务运动为开端;而世界近(现)代化,是以18世纪60年代开始的第一次工业革命为开端。按我国学术界中国通史分期,我们通常将1840年至1949年视为为近代时期。1949年中华人民共和国成立以后,为现代时期,又称"当代时期"。

[3] 李学智:《关于现代化理论与中国现代化进程的若干认识》,参见《理论与现代化》,2011年第6期,第5—11页。

过是历史长河一瞬间，但确如李鸿章所言是"数千年未有之变局"，至今仍对城市的方方面面产生重大影响。

四川省是中国的大省，成都作为西南重镇，其"早期近代化"的过程是中国绝大多数城市的缩影。但至今在这方面的研究是很不足的。随着岁月的流逝，许多历史细节已被遗忘、尘封甚至湮没……

本书作者郑光路世居成都，谙熟巴蜀文化和四川历史，治学严谨，几十年来苦心收集的各种文献资料、老照片十分丰富，所写书籍的题材和视角也很独到，极具内涵，受到国内外各界读者的广泛好评。

本书紧扣"城市近代化"这一主题，内容新颖丰富：中西冲突、人文掌故、奇闻逸事、历史谜团、街巷园林、端公巫婆、洋医洋教、风土人情、三教九流、衣食住行、薪俸收入、物价水平、传统武术、近代体育……翻开这套丛书，如同"穿越"回清末，百年前这座城市的种种真实图景，跃然纸上。

历史著作，如果像摆杂货摊一样平铺直叙地罗列史料，搞成干枯的"论文"式，就会使读者感到非常枯燥乏味而难以卒读。自20世纪80年代以来，西方出现了所谓"新文化史""微观史""大众文化史"及"非虚构写作"现象。许多研究者从过去"现代化"的枯燥理论、图表分析模式，回归到"叙事"（narrative）和细节再现的研究方法，即把读者引进历史"事件"中，让他们"身临其境"地去对历史"事件"进行观察，注重"叙事性"和"文学性"。

这种西方"叙事史学"的方式，其实在中国古已有之，这就是司马迁《史记》留传下来的"文史结合"的中国优秀史学传统。史学著作，要真正做到"文史结合"其实并非易事，因为这对作者综合学术水平和治学态度都是极大的考验。

真实的历史悠久而厚重，往往体现在鲜为人知的被遗忘、尘封甚至湮灭的历史细节之中，不是用枯燥理论所能表达的。而打捞、整理这些历史碎片，是非常艰辛的工作。

作者坚持"让严谨的学术研究和生动的表现形式相统一"的原则写作，因此本书披露许多"历史谜团"和"趣闻轶事"，绝不是为了纯粹"解密""猎奇"，而是对某种历史话题的深入研究。

作者在做宏大历史叙述时，尽量以鲜活的语言把原本十分复杂、枯燥的历史事件和学术问题情景化、细节化甚至故事化，就像和老朋友"摆龙门阵"一样，令人读起来趣味无穷。书中所述历史不是干瘪枯燥的，而是真实而鲜活的，读者阅读时如同审视一幅幅历史画面。

本书所述内容，都有严密的史实根据，广征博引正史、野乘、稗史、文集、笔记、奏议、方志、揭帖、碑铭……严格按照史学著作规范要求，必要时加以注释以标明资料出处。

本书注释所引典籍遵循以下原则。

第一，基本上都完整标明所引典籍的出版单位、出版年、页码，重要之处还有原文实录，这将给读者（尤其是研究者）带来极大方便。

第二，根据通例，正文如引录典籍原文，则直接在注释中标明"作者—书名—出版单位—出版年—页码"；如正文所述为根据典籍原文解说或翻译的，则注释前通常再加"参见"二字，使读者能做到心中有数。

"左图右史"是中国古典书籍的常见体例，本书根据内容阐述的需要配备对应的图片，无疑增加了著作的真实性、直观性、趣味性。这类书籍如陈年老酒，越久越醇，极富收藏和研究价值。必须强调的是，本书中的老照片，许多是作者几十年来苦心积累（甚至重金购买）、十分罕见的独家收藏。

本书是抢救、整理地方文化的精心之作，叙述了许多不广为人知的城市历史细节。作者追求一种"大俗大雅"，即学术性、趣味性和通俗性的完美结合，在许多方面有重大史料发现，有诸多创新、突破之处。

本书再现了清朝末年成都那段很难说清的城市历史，是一本极具特色和深度的研究巴蜀文化、中国城市史、中国近代史等极有价值的史学参考书。

笔者竭力为之，书中难免挂漏之处，尚望各界读者不吝指正。

郑光路

2018年1月

# 目 录

## 第一章 浸透古意的城池遭遇"近代化"

第一节 农耕社会城市的最后残梦·2
  清代大城从重建到彻底毁灭·2
  成都"老皇城"的旧梦·13
  成都"少城"兴衰录·22

第二节 古城的灵魂：河流、桥梁、水井·30
  "水乡泽国"乐游休闲之城·30
  历史长河中的几座名桥亭楼·36
  城市饮水从传统到"现代化"·51

## 第二章　从封建旧官场到近代化"立宪"

**第一节　黑暗的司法、刑律和监狱·59**
　　四川臬台和华阳县令见闻录·59
　　清末成都的刑场和刽子手·66
　　封建刑律开始近代化改革·71
　　谘议局对司法不公的强力干预·76

**第二节　清末成都的官衙和官员·81**
　　总督、布政使、按察使等高官·81
　　成都、华阳两县令终日奔忙·87
　　清末成都官场现形记·93

**第三节　西风东渐和政局的变化·100**
　　清末成都的外国人和领事馆··100
　　力行"洋务"和"维新"的高官·108
　　清末动荡不安的政局·117

# 第三章 成都的"维新"和"新政"

## 第一节 新政"重头戏"开办警察制度·127
近代化警察制度怎样在成都登台·127
兴办警察的"新政干将"周善培·137

## 第二节 古城中"改革教育"和"改革军制"·142
四川最后的"科举"考试怪状·142
新式学堂和留学生运动的兴起·150
中外文化交流浓墨重彩的一页·160

## 第三节 "谘议局"和"新军"要了清廷的命·168
改革军制的"新军"最后"革命"了·168
能量巨大的"谘议局"新生代官绅·175

# 第一章 浸透古意的城池遭遇「近代化」

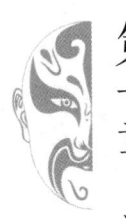

## 第一节　农耕社会城市的最后残梦

◎ **清代大城从重建到彻底毁灭**

清朝初年的成都成了巨大的野生动物园

最早何人、何时在成都开国建都？那历史太遥远，连大诗人李白也只能浩叹："蚕丛及鱼凫，开国何茫然。"我们如今只大致知道：距今约3500年的夏商时代，古蜀国建立，延续约1500年，前后有蚕丛、柏灌、鱼凫、杜宇、开明等王朝。大约在2500年前，开明九世的臣民们，身披兽皮、麻片，赶着牛羊，在乘坐牛车的蜀王带领下，"呜呀、呜呀"吹响苍凉的牛号角，把都城从广都樊安（即今双流中兴镇一带），迁到成都。[1]

所以，蜀王开明九世是成都建都城的第一个君王。这座土城，后来取名为成都。为啥叫成都呢？通常解释是古人"一年成聚，二年成邑，三年成都"的说法。[2]

公元前316年秋，秦惠王派张仪、司马错、都尉墨，率

[1] 参见《太平寰宇记》引《蜀王本纪》："蜀王据有巴蜀之地，本治广都樊乡，徙居成都。"引自贾大泉主编：《四川历史辞典》，四川教育出版社1993年版，第21页。

[2] 〔汉〕司马迁的《史记》（精装典藏本），天津人民出版社2016年版，第9页。

大军从石牛道南下伐蜀，历时300多年的古蜀国灭亡。公元前311年，张仪、张若在成都筑墙建城，周长十二里、高七丈。[1]后人以此为成都建城日，距今已2300多年。张仪筑城时城墙城垣屡筑屡倒，传说全靠一个大乌龟爬行示意筑城位置，才修成功。[2]这实际上反映了古人筑城顺应山川自然和"天人合一"的思想。后世常以"龟城""蓉城""锦城"[3]"锦官城""南京"（因唐玄宗曾避难成都）、"西京"（因张献忠曾在成都建大西国）等作为成都的别称。

成都，历来有"六朝古都""七朝古都""九朝古都"的不同说法。查阅翔实史料：在成都开国的，有开明九世、公孙述、刘备、李雄、李寿、范贲、谯纵、肖纪、王建、孟知祥、李顺、张献忠，共12人。这些人大都有新建王朝、自创年号、自铸货币等"开国"特征。但这些君王们，只是偏安一隅的土皇帝，从未一统神州大地。[4]

帝王尸骨已朽，成都在中国历史上却创造两个奇迹：一是城池虽屡有兴废，而城址千年不变；二是政权屡有更替，名称从无更改。这堪称是全国乃至全球最具稳定性和生命力的特大城市之一。

明末清初，四川遭遇空前大浩劫。明朝末年华阳县知县沈云祚的儿子沈荀蔚，亲历战乱九死一生。他1659年8月自洪雅县深山回到已逃离16年的成都，所见惨烈场面令人震惊："时成都城中绝人迹者十五六年，惟见草木充塞，麋鹿纵横，凡市廛闾巷，官民居址，皆不可复识。"[5]锦绣城池，为何变得地狱般凄惨？

1644年12月14日，"八大王"张献忠在成都建国，令臣民称自己为"老万岁"。相传，这个"大西皇帝"先杀百姓，次杀军眷，再次杀部下士兵、妃子和亲信。四川百姓被杀光了，"老万岁"的皇帝梦也泡了汤。张献忠称孤道寡不

---

[1]〔明〕郑朴辑汉代扬雄《蜀王本纪》："秦惠王遣张仪、司马错定蜀，因筑成都而县之。成都在赤里街，张若徙置少城内。始造府县寺舍，令与长安同制。"车吉心总主编《中华野史先秦至隋朝卷》，泰山出版社2000年版，第9页。

[2]〔晋〕干宝《搜神记》卷十三："秦惠王二十七年，使张仪筑成都城，屡颓……仅以问巫。巫曰：'依龟筑之。'便就。故名'龟化城'。"〔东晋〕干宝《搜神记》，岳麓书社2015年版，第119页。

[3]〔宋〕赵忭《成都古今集记》："孟蜀后主（孟昶）于成都城上，尽种芙蓉，每到深秋，四十里为锦，高下相照，因名锦城。"引自何一民主编《成都学概论》，巴蜀书社2010年版，第156页。

[4]详情可参阅郑光路：《成都历代开国君王》，《成都旧事》，四川人民出版社2007年版，第170-180页。

[5]沈荀蔚：《蜀难叙略》，参见陈力：《中国野史集粹1》，巴蜀书社2000年版，第994页。

到两年，就狼狈逃离成都。[1]

被张献忠抓获的意大利传教士利类思和葡萄牙传教士安文思，亲眼看到张献忠逃离时"复令将全城四面纵火，一时各方火起，公所私地，楼台亭阁，一片通红有似火海。大明历代各王所居之宫殿，与及民间之房屋财产，均遭焚如。转瞬间，川中首城已成焦土，人畜同化灰烬！"[2]

所以1647年清朝大军攻入成都后很快撤离，省治只好暂设保宁府（今阆中市）。清顺治十六年（1659年）八月，一个身着戎装骑高头战马的将军，在秋风瑟瑟中率大军入成都。这就是被清朝廷新任命的四川巡抚高民瞻。这年，清政府才把省治迁回成都。高民瞻登上残破城楼，眺望"死城"一座，悲从中来。他长叹一声，只好和诸将吏把残败不堪的城楼作"官衙"栖居地。

这时"城中豺虎熊貙"很多，整座城市简直成了巨大野生动物园。清人王培荀记录这时成都城中："草木蔽寒，麋鹿豺虎，纵横民舍，官署不可复识。各官栖于城楼，兵则射猎于城内。蜀王府野兽聚集，二三年间捕获未尽。"[3]

甘肃、陕西一些百姓（有"支前"性质的民工杂役）随清军到成都，这些人可说是清初最早期的移民。沈荀蔚目睹了高民瞻对他们实行多劳多得的占地修房政策："俱伐树白之为界，强有力者，得地数十丈不止"。移民们"先施棚帐于髑髅瓦砾间"，作建筑工棚；接着砍树作房柱，割下齐人高的蒿草作屋顶……慢慢地，外省商人也渐"趋利而来"。[4]四川青神人余榀，在《蜀都行》诗中悲哀记载当时成都："生民百万同时尽，眼前耆旧存无几……万里桥边阳气微，锦官城中野雉飞。经商半是秦人语，四郊寥落农人稀……"[5]

康熙六年（1667年），汉军镶蓝旗人张德地任四川巡

[1] 详情可参阅郑光路：《张献忠剿四川真相》，四川民族出版社2010年版，第272-290页。
[2] 古洛东：《圣教入川记》，四川人民出版社1981年版，第39-40页。
[3] 王培荀：《听雨楼随笔》，卷1，上海古籍出版社1995年版，第59页。
[4] 沈荀蔚：《蜀难叙略》，参见陈力：《中国野史集粹1》，巴蜀书社2000年版，第994页。
[5] 成都市文联、成都市诗词学会：《历代诗人咏成都》上册，四川文艺出版社1999年版，第142页。

抚，和布政司司廷湘、按察使李狮霄、知府冀应熊、成都县知县张行、华阳县知县张喧等人，靠各级官员们共同捐资简单重修大城的城墙。[1]康熙五十七年（1718年），再次修建成都城。雍正五年（1727年），四川巡抚宪德又补修一次。[2]

## 清末成都古城再现历史辉煌

乾隆四十八年（1783年），四川总督福康安"奏请发帑银六十万两彻底重修"成都城。乾隆皇帝很重视此事，专门降旨说："成都素称名胜"。他要福康安留意"杜甫诗中浣花草堂、万里桥等处古迹，并着一并查明，绘图贴说呈览"[3]。

历时两年多才修整好的大城十分巍峨：周围长二十二里八分，垛口有八千一百二十二个；城墙高三丈，墙根有石条三层，上有城墙砖八十一层，城楼顶高五丈；城墙厚一丈八尺……远望城墙垛口，有如锯齿，十分雄伟。四门城楼皆五楹二层，即所谓八角楼。[4]

贵州黔西人李世杰（1716—1794年）继福康安任四川总督，为"复五代之旧，符锦城之名"，命令官民"遍种芙蓉，且间以挑柳"。他认为这并不仅为美化也保护城市，他

---

[1] 黄廷桂、张晋生纂修：雍正《四川通志》卷四《城池关隘》，雍正七年刊印：第1—2页。

[2] 常明、杨芳灿：《四川通志：卷二四——舆地志二十三·城池》，巴蜀书社1984年版，第1页。

[3] 《大清高宗纯皇帝实录》卷一二二七，中华书局1986年版，第751页。

[4] 参见〔清〕同治版《成都县志》，《城池》。引自四川省文史研究馆：《成都城防古迹考》（修订本），成都时代出版社2016年版，第75页。

大清光绪卅三年成都南城门，气象巍峨

专门写《成都种芙蓉碑记》说:绿化后的成都将"葱葱郁郁蔚为茂林……春秋之季望若画图",而且可防"风雨之飘摇,冰霜之剥蚀"……李总督"环保"意识可说超前。清嘉庆年间别号"六对山人"的杨燮,写竹枝词赞叹:"一扬二益古名都,禁得车尘半点无。四十里城花作廓,芙蓉围绕几千株。"[1]

[1] 林孔翼:《成都竹枝词》,四川人民出版社1986年版,第42页。

历经顺治、康熙、雍正朝,到乾隆五十一年(1785年),整整花了一百二十年,被毁灭的成都城池才被完全修复。修复城池的同时,人们于城内外建官署、修寺庙、辟会馆……终于奠定清代成都城墙、街市典雅辉煌的基本格局。从笔者收藏的清代乾隆初年绘制的《四川成都府图》和嘉庆年间绘制的《会省城池图》中,可看见成都当时城内官衙、庙观、城墙、河流等景况,古香古色令人神往。

《四川成都府图》,可见成都清初时城内官衙、庙观、城墙、河流等 来源:清乾隆初年董邦达领衔绘制

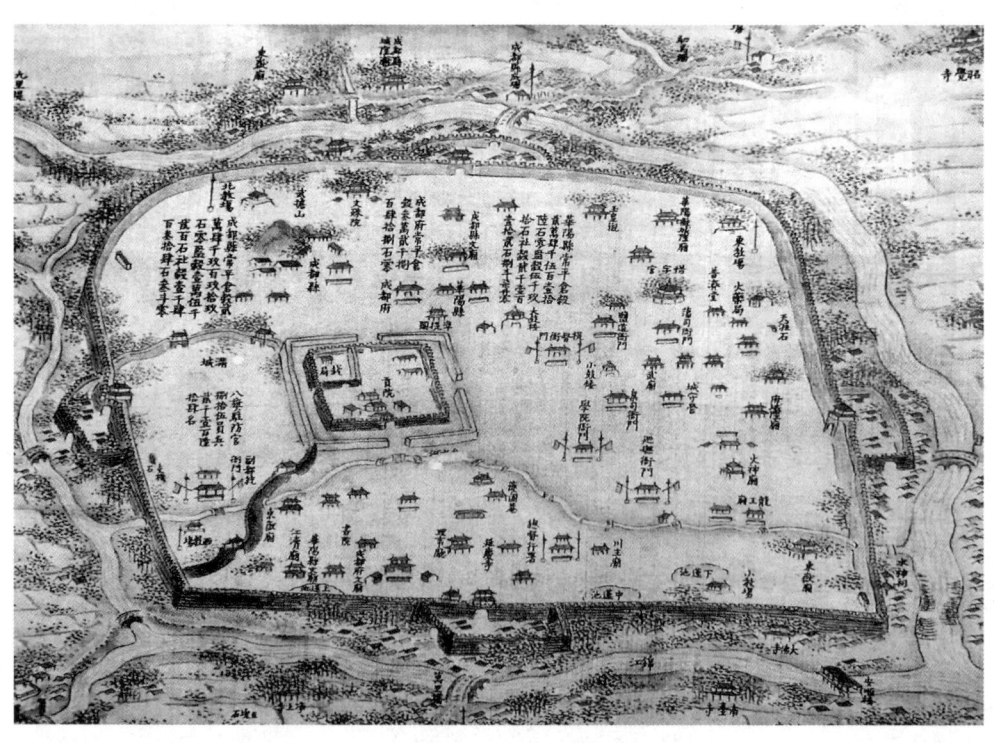

第一章 浸透古意的城池遭遇"近代化"　7

新修大城的城墙有四座重要城门：东边叫"迎晖"，南边叫"江桥"，西边叫"清远"，北边叫"大安"。此后逐渐形成东大街、南大街、西大街、北大街四条纵横贯穿成都的重要街道。所以清人在竹枝词中说："东西南北一城环，四大条街对四关。十字分开详细算，东华门是正中间。"[1] 这种街道基本布局影响至今，东华门在今盐市口附近，仍是市中心。[2]

成都东城门（迎晖门）至西城门（清远门），共九里三分；南城门（江桥门）至北城门（大安门）共七里七分。"穿城九里三"，成为老成都人耳熟能详的地域俗语。

1898年四川总督奎俊令重新修葺城墙四门城楼，悬有巨大黑漆横匾。东城楼题名为"博济"；南城楼题名为"浣溪"；西城楼题名为"江源"；北城楼题名为"涵泽"。

清代，成都是中国典型农耕社会之古城。仅华阳一县就有六座"川主庙"，成都一县有四座。川主，主要指修筑

[1] 林孔翼：《成都竹枝词》，四川人民出版社1986年版：第74页。

[2] 《成都商报》2015年报道，成都将"以东华门遗址为中心点"，打造成城市的名片"蜀都遗址公园"，见《成都商报》，2015年11月16日，第3版。

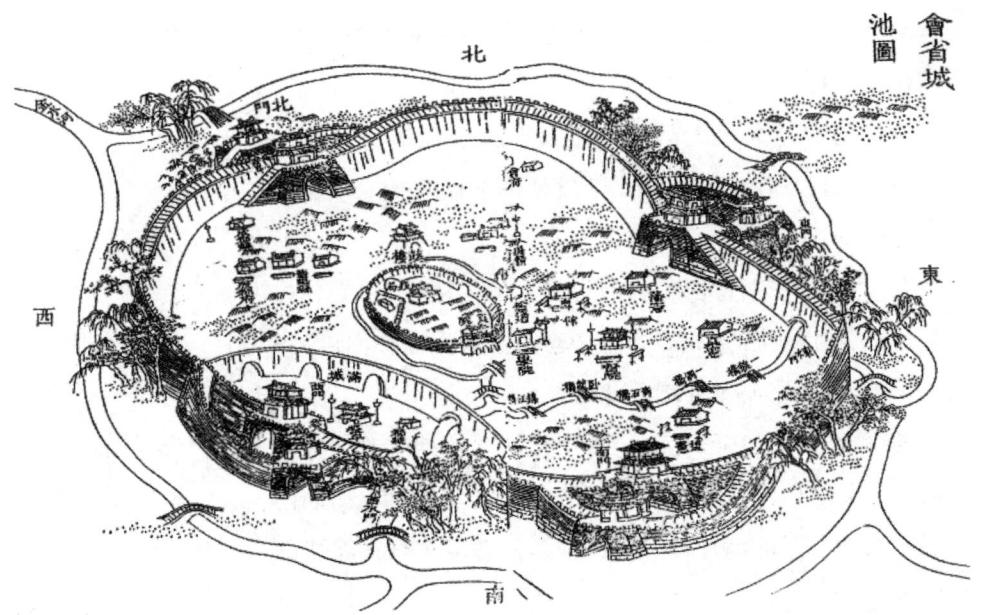

清代初期成都图景。
来源：清代刊本《嘉庆成都县志》

左图：清末灌县（都江堰）二王庙供奉的"川主"李冰（今已不存）

右图：成都历史悠久的南府街"川主庙"（"川主宫"）

都江堰的秦代蜀郡太守李冰。此信仰是以保护农耕为核心内容的民间信仰。清代雍正五年（1727年）朝廷敕封李冰为"敷泽兴济通佑王"，李二郎为"承绩广惠显英王"，命令春秋两季必须举行官方祭祀。"川主庙"也被称为"通佑王庙"或"川主宫"。

成都历史悠久最大的"川主庙"，在盐道街东边的南府街。唐代重建者是任西川节度使的著名政治家李德裕（787—850年），清代又重建。

九眼桥东头锦江北岸（旧址大约在今莲桂东路），过去有一条小街叫川主庙街，也有一座川主庙，始建于明崇祯元年（1628年）。1950年前，此庙香火仍极盛。[1]

清康熙七年（1668年），四川巡抚张德地带头捐资，在东门外修建了"牛王庙"（牛王庙街名至今犹存），庙内铸有巨大铁牛。每年开春时节，官员们有隆重祭祀春耕的"打春牛"仪式。

[1] 袁庭栋：《成都街巷志》（下卷），四川教育出版社2010年版，第645页。

第一章 浸透古意的城池遭遇"近代化"

农耕社会的清末成都每年开春时节，官员们有隆重祭祀春耕的"打春牛"仪式

"川主庙"和"牛王庙"，是农耕社会城市显著的建筑符号。

大致在1860年后，中国先后开始了"洋务运动""变法维新""推行新政"，成都遭遇了"近代化"猛烈冲击。

城墙是古城的标志性"外衣"，官吏们首先打起了主意。清末傅崇矩1909年时说：之前城垣四周，人可通行。近年机器局及陆军营多在城墙上"据垣修建楼宅，不能通行矣"；"农政局又于城垣内之坡上，遍种桑秧，因土多炭灰，半皆萎枯"。城外护城河空地则"多租与贫民种菜"。1896年，四川总督鹿传霖下令在江畔栽桑秧，但十年过去"无有成林者"。

从城外进东西南北四城的城门洞内，为月牙形瓮城。因官府贪图收些摆摊子的"地皮钱"，历来喧闹阻塞。1902年后四川极力推行警察管理等"新政"，对小摊贩"驱革"，实行类似现在的"城管"，交通有了改善，"行者颂之"。四城"外环壕池"，即"护城河"（今府河、南河）。城内之河名"金水河"，还有老皇城四周的"御河"。[1]

乾隆时期重修的成都城，直到清末仍"楼堞屹然，金汤永固"[2]，其规模一直保持到民国时期。

清代成都四道城门盘查严格，晚上定时关闭。日本人中野孤山1906年后来成都应聘，任优级师范学堂教习。他看到的成都城池是这样的："实乃西部中国之雄镇。城墙上只设有东西南北四道城门，除此之外，连蚂蚁能出入的洞口都没有。锦江（岷江的支流）环绕城墙，水不深，但还可以承载小船之往来。中国市街的特点是不卫生，许多街道粪水横流。不过，蜀都却没有这个特点，城内相当干净，不用捏着鼻子闭着眼睛走路。"[3]

清末的成都城外郊野，"绿色环保"更令现代人羡煞。透过时光隧道回转，清同治十二年（1873年）阳春三月。一个番禺藉的官员叫江锡龄出成都西门，行进在一丈多宽的驿路上，真如山水图画："榆柳千万株、遮天蔽日。良田千顷，菜花麦穗黄绿相间。黄昏夕阳一抹，远山隐隐在云雾间……"[4]

[1] 傅崇矩：《成都通览》（上册），巴蜀书社1987年版：第16-17页。

[2] 见"光绪二十年甲午（即1894）秋日"的"四川省城街道图"题记，制作人为当时"成都照相楼主人吴绍伯"。

[3] ［日］中野孤山：《横跨中国大陆——游蜀杂俎》，中华书局2007年版，第97页。

[4] 江锡龄：《青城山行记》，参见倪志云，郑州传，张圣洁：《中国历代游记精华全编》，河北教育出版社1996年版，第1266页。

清末成都城外郊野"绿色环保"，北城门外迎恩楼是林荫驿道

光绪二十三年（1897年）三月，合川县人丁治棠到成都谋差事。他过了天回镇，走到昭觉寺附近，只见驿路两侧"林藩（盘）长三四里，檀烟缥缈，粘绿团翠、葱青无隙……行十余里至北门外，小街旁有金绳寺，竹阴笼道、暑不漏日。过牌坊，架石拱桥，愈进愈幽，突现大刹，殿庭楠树干云……"[1]

金绳寺紧临北门城墙，是百姓当年游宴名胜，叫"小南海"。如今这一带叫簸箕中街，闹市车水马龙，每天喇叭声不绝于耳……百余年，不过历史长河一瞬间，已如"庄周梦蝶"令今人扼腕慨叹。

## 成都"大城"由"垮城墙"到彻底被拆毁

民国早年，城墙的守护功能仍然强大。当时日本学生们到成都，在考察报告中写道："城门日出而开，下午6点关闭……我们也拜其所赐，眼看着成都城就在眼前，却不得不露宿城外荒野。听说如果要晚于关门时间回城，须提前通知回城时间，即使如此，城门也不会开，而是用一根粗绳缠在身上，然后拉上去，放入城内。这真是令人惊奇。"

这个年轻的日本学生以下一段话很有分量，至今仍让人深思："成都城内名胜古迹众多，但该国不太注意加以保护，于是很多在风雨侵蚀下烟消云散，实在是太过可惜。""声称得天命者以铁腕、暴力实行征服……以暴力毁其皇宫、掘其坟墓，随后任其荒废，由此招致那些历史遗迹的消失，实在是遗憾之极。"[2]

1913年通惠门建成时，城楼上高悬清末劝业道道台周善培题匾："既丽且崇，名曰成都；文明建设，今有古无。"[3]这位大清王朝封建官吏，已认识到搞城市建设，必

[1] 丁治棠：《丁治棠纪行四种》，四川人民出版社1984年版，第150-151页。
[2] 冯天瑜，刘柏林，李少军：《东亚同文书院中国调查资料选译》（上册），李少军，等译，社会科学文献出版社2012年版，第98页。
[3] 唐振常：《繁弦杂奏》，上海书店出版社1997年版，第64页。

须注意保护传统文明。但是，民国以后城市的占有者们，根本无视"文明建设"。

1912年民国后，"城市近代化"步伐急迈。为了交通、商贸需要，城墙开始部分拆除。1914年于东较场侧增辟武成门，习称新东门。从1924年起破坏加重，很多城段渐成为黄土堆。1933年拆毁大城的瓮城，辟为街道。1939年因日本飞机空袭，在城南中、下莲池之间增辟复兴门，习称新南门。为便于市民疏散，又在各交通要道处拆除部分城墙。很多地段城墙任其垮塌破坏，称为"垮城墙"。

为了交通便利，1925年前后成都大修马路。以我收藏的成都重要街巷总府街两张老照片为例，一张是清末，另一张是仅十多年后的1925年，已经面目全非，足可见近代化进程对城市外观的改变。

1936年，一位前清官吏目睹成都古城残破，哀从心来长叹道："锦波东去，流大江日夜之声……王侯第宅，燕去谁家？城郭人民，鹤归不识……对河山而举目，咏陵谷以惊心。"[1]此人就是非常熟悉老成都的清末华阳县令周询。

周县令所见并非古城悲哀的最终结尾。抗战时期日本飞机空袭大后方，为了方便市民出城"跑警报"疏散，把成都城墙的城门全部拆除，并在城墙上开辟了多个缺口。尽管如此，古城墙大体仍存。

[1] 周询：《芙蓉话旧录》，四川人民出版社1987年版，"自序"第1页。郑按：周询，多才多艺堪称奇人。他字宜甫，别署逢庐老人，贵州麻江人，生卒年未详。周询自幼随父宦游四川，做过多年总督署幕僚、几任知县知州。民国后，他曾主持成都、重庆两地的中国银行，著有《蜀海丛谈》《逢庐随笔》《读史闲评》等13部著作。他还留有两部研究《红楼梦》的手稿：《石头记说敁》和《红楼百咏》，近年引起学术界关注。其《蜀海丛谈》《芙蓉话旧录》，是具有四川地方特色的历史掌故笔记。"全凭身历之记忆纪实而成"，可信

左图：清末成都东门"迎晖"古城楼
右图：清末成都西门（清远门）城楼（江原楼）

1958年，成都城墙被彻底拆除。不仅是成都，从北京到全国各地，此后都大拆城墙。作为农耕社会重要"象征符号"的古城墙，曾记载了城市的悠久历史。它反映了古代城市建设及科技水平，是重大历史事件的实物见证。如今中国人已认识到这点，但为时已晚。尽管许多城市出于多种目的"恢复"城墙，虽聊胜于无，但难逃"假古董"之嫌。

## ◎ 成都"老皇城"的旧梦

### 清代"皇城"贡院考棚有13935间

清代成都，城中有城：即大城内还有皇城和少城（满城）。清咸丰年间，彭县人吴好山在《成都竹枝词》中，有形象的表述："本是芙蓉城一座，蓉城以内请分明。满城又与皇城共，三座城共一座城。"[1]

如今为人少知的是清末还有一处标志性建筑：成都鼓楼（即"谯楼"）。鼓楼位于城中心偏北的鼓楼街，明万历四十五年（1617年）建。楼上有鼓也有钟，清代重建后定名为韵远楼。楼下城门洞称为"鼓楼洞子"；城楼上悬有巨钟，钟声可传数里之外，用于守城眺望、报时或报火警。

清嘉庆年间，成都文人杨燮站在城中制高点鼓楼上，凝目四望："鼓楼西望满城宽，鼓楼南望王城蟠。鼓楼东望人烟密，鼓楼北望号营盘。"[2]意思是鼓楼西边少城宽广，鼓楼南边皇城虎踞龙盘，鼓楼东边人烟稠密商贸繁荣，鼓楼北边是北较场乃驻兵营盘……

"三城相叠"、城内"鼓楼"、城外两江环抱，是清末成都最具有代表性的三大城市象征。

---

度很高，是研究清末四川政治、经济、军事、文化的重要史料。

[1] 林孔翼：《成都竹枝词》，四川人民出版社1986年版，第42页。

[2] 林孔翼：《成都竹枝词》，四川人民出版社1986年版，第42-43页。

左图：民国初期鼓楼正面照

右图：1940年前后的鼓楼侧面照已破烂不堪

笔者收藏有一张民国初年鼓楼照片（摄影者不详），楼阁巍然。另一张是1940年前后照片，鼓楼已破砖烂瓦、残缺不全。这两张鼓楼老照片，是成都城市近代化过程中传统老建筑由盛到衰的缩影。

历代传说三国刘备的金銮殿，就是大城内武担山之南的皇城，但这点史书未确载。可信的是：隋文帝杨坚第四子杨秀被封为蜀王后，在成都大兴土木，兴建王宫，又凿摩诃池、建散花楼，游宴取乐；唐末五代十国时期，前后蜀国的皇城，也在这里。

908年，王建割据四川称帝，史称前蜀。他死后其子王衍继位，又引水绕宫城为御河供行舟作乐。王衍喜欢艳歌、艳舞，乱写肉麻的爱情诗，如："月华如水浸宫殿，有酒不醉真痴人……"后唐庄宗见这小子太胡闹，命大将郭崇韬率兵攻蜀。王衍想学前代阿斗刘禅，也装个傻帽保小命背起棺材去迎降。不料此招不灵，他仍被砍了脑壳。

紧接着后蜀开国君主孟知祥，934年又在这皇城粉墨登场。他让百姓在成都遍种芙蓉，每当九月花开全城一片锦绣——这就是成都简称"蓉城"的来历。孟昶是昏君，但如

第一章 浸透古意的城池遭遇"近代化"　15

左图：民国初年成都皇城内石狮子　摄影：[美]西德尼·戴维·甘博

右图：1935年欧亚航空公司的德国籍飞行员卡斯特航拍的成都皇城，城墙为很规则的长方形

果要选成都历史上的环保模范、植树标兵，孟昶应该捧第一名大奖状。

此后历朝历代，这座金碧辉煌的城中城，始终是巴蜀政治中心。时而崔巍宫阙龙旌凤旗，赵女吴姬笙歌彻夜；时而漫天战火杀声四起，城摧墙毁虎狼栖身……明朝开国时，元末兵燹早毁了皇城。朱元璋在洪武十八年降谕景川侯曹震："蜀之为邦，在西南一隅，羌戎我所瞻仰，非壮丽无以示威，汝往钦哉！"这座蜀王宫城坐北朝南占地数千亩。从南至北有承运门、承运殿、圆殿、存心殿、王宫，鳞次五重大殿，重峦叠嶂、雕梁画栋。

承运门外乃端礼门，有条横贯成都的金水河直通护城御河。金水河上有三座气势雄伟的三孔汉白玉石桥。桥南左右有一对巨大威武石狮和石表柱，尽显皇家宫廷威仪。

金水河桥南正对王城门洞，有条宽百尺以上、约一华里长笔直的甬道（即现在天府广场到人民南路的一段位置）。甬道尽头，是道二十余丈长、三丈来高的砖墙"石屏"，涂成红色，名为"红照壁"。[1]

1644年，"八大王"张献忠在皇城登基建立大西国。他逃离成都时，一把大火将宝殿烧得精光。盘龙石柱烧不烂，则"裹纱罗数十层，浸油三日，一火而柱折……"[2]

1660年后，清朝巡抚张德地等人惨淡经营，在原蜀王

[1] 参见嘉靖版《四川总志》中《藩封·蜀府》。转引自四川省文史研究馆：《成都城防古迹考》（修订本），成都时代出版社2006年版，第71—72页。郑按：1925年"红照壁"为军阀拆卖，此街名今犹存。

[2] 刘景伯：《蜀龟鉴》，参见陈力：《中国野史集粹2》，巴蜀书社2000年版，第170页。

民国初期皇城外"为国求贤"的牌坊 来源：郑光路文物市场所购日本画刊

府遗址上修建全省科举考试的"贡院"。贡院气派太大，清代驻成都高官怕有"僭越"之嫌，谁也不敢在此设衙门，民间仍俗称其为皇城或王城。皇城城墙呈矩形，东西宽540米，南北长660米。

皇城南边，是气象森严的贡院正门（这就是明蜀府的"端礼门"），门额上写有金灿灿的"天开文运"四字。门南广场左右有巨大石狮威风凛凛。门外左右有高大桅杆，乡试时悬旗，左书"腾蛟"，右书"起凤"。桅杆前有处石坊，横匾是"为国求贤"。坊外即御河，河上石桥三道，是明代蜀王府遗迹，名"三桥"。

北边为三道"龙门"。再北是明远楼、致公堂，堂前又有石柱牌坊，横匾是乾隆皇帝龙飞凤舞的御笔草书"旁求俊义"。考棚共有13935间。

清末，皇城前半部分作乡试贡院，后半设"宝川局"，即川省铸制钱所在。"宝川局"制钱停制后，在这里改修"近代化"色彩的劝业道署及劝业公所。皇城最北

1900年成都皇城内大殿乾隆皇帝御笔草书"旁求俊义",考生戏称写的是"狗来滚叉"

[1] 参见周询:《芙蓉话旧录》,四川人民出版社1987年版:第3—4页。
[2] 林孔翼:《成都竹枝词》,四川人民出版社1986年版,第45页。
[3] 李谊辑:《历代蜀词全辑》,重庆出版社2007年版,第670页。

面有一墙洞,俗呼"后宰门",即"宝川局"大门。皇城内尚存"淤涸已久、荒草离离"的"摩诃池"和"花蕊夫人故井"。[1]

清初为缓和满汉冲突,政府特意在少城和皇城相连的边缘地带,安插回族移民居住。于是"皇城坝"片区,成为清代成都回族人聚居区,不仅建有几座清真寺还放牧牛羊。嘉庆年间杨燮描写这种城市田园风光:"后'宝川局'前举场,'摩诃池'上故宫墙。石狮双坐'三桥'首,日看牛羊下夕阳。"杨燮诗后注解:"'宝川局'即'铸钱局'……'正阳门'侧,悉是回人居住,昼牧牛羊于野,傍晚皆来'王城坝'中。"[2]

皇城也是城中制高点。咸丰十一年(1861年),汉州(今广汉)人张懋畿到成都考举人时所见:"蜀王城上春草生,蜀王城下炊烟横。千家万家好门户,几家高过蜀王城?"[3]这时的成都,完全是农耕社会城市风貌。

## "皇城"从变卖到被炸药彻底毁灭

1904年,清政府实行新政,废科举、兴学校。鸽子笼般的木板号房被拆除,老皇城"贡院"改成许多学校和一些官署。到辛亥年(1911年)止,皇城内已成了"高校城"(详情见后文"教育改革"章节)。

"为国求贤"石坊前的空坝,称为"皇城坝",是百戏杂陈的"江湖世界":说评书的,唱金钱板的,说相声的,耍大把戏的,唱小曲子的,卖狗皮膏药的,看"西湖景"的,拉起布围招人看娃娃鱼的,掏牙虫兼拔痛牙的,草药医生……生意最好的,是十几处算命、测字、看相的摊子。"皇城坝"由此被叫成"扯谎坝"。[1]

日本教师中野孤山则这样记载:"皇城门前是一个宽敞的市场,饮食摊点接二连三,杂乱无序……还有站在小摊前吃肉包子和面条的。有人提着山羊肉匆匆而过,有人沿街乞讨,还有人边走边啃包子。道路拥挤,轿夫举步维艰。喧嚣声起伏,吵闹声不断,市场一片混乱。凤起门下的四周,有理发摊、补衣摊、旧货店、日用品店,还有从事下流职业的妇女一字排开等待生意。那里基本上是下流职业者和小商小贩云集的中心……这种繁杂混乱的市场缺乏活力,给人闲荡散漫之感。"[2]

1911年11月27日,皇城内宣布四川独立,并成立大汉四川军政府。进入民国时期,四川军政府、四川都督府的办公官署都设在皇城内。

1917年,军阀混战中,皇城是双方争抢的主战场。于是皇城城墙大部遭拆除,只保留了南面城墙和三座圆拱门以及皇城内明远楼、至公堂等建筑。此后,这里就不再作为官署,主要作为学校,前后有四川优级选科师范学堂、四川高

[1] 参见李劼人:《李劼人说成都》,四川文艺出版社2001年版,第47页。

[2] 中野孤山:《横跨中国大陆——游蜀杂俎》,中华书局2007年版,第141页。

1900年成都皇城内的明远楼、至公堂、考棚
摄影：［英］陶维新
郑光路购于文物市场

[1] 四川大学校史编写组：《四川大学史稿》，四川大学出版社1985年版，第167-168页。

皇城内的国立四川大学

等师范学校、成都师范大学、成都大学等。1931年，成都大学、四川高等师范大学与公立四川大学合并组成国立四川大学，这里是校本部和文学院、法学院。

1933年9月，军阀刘湘决定"变卖皇城地基，以作剿匪经费"。理由是：皇城地址，在名实上均觉有封建思想；省城迭遭巷战争夺该城，存之不祥……校长王兆荣号召川大师生反对，11月12日向全国发布《反对变卖皇城校址宣言》。结果皇城未被拍卖遭彻底拆除。[1]1937年抗日战争开始，四川大学迁走，大量贫民迁入栖身。

1912年从成都城市中心皇城南望贡院街一片荒凉

民国后期,战乱不已。皇城外,曾是贡院街、三桥正街等脏乱街巷;皇城内,东倒西歪的贫民烂棚户星罗棋布,连皇城城门洞两个威武大石狮子,也被竹笆烂棚户包围得严严密密。御河淤为臭阳沟,两岸成陋巷,有的河床段也搭建许多烂棚子,如"丐帮"大码头等。皇城后宰门处,则是由煤渣和臭垃圾堆砌几十年而成的"煤山"。

1949年,中华人民共和国成立。1950年,皇城南面的贡院街、三桥正街、三桥南街拆除,修建人民南路一段。1951年,成都市政府迁入皇城作为办公地。

20世纪50年代从城门楼上鸟瞰作为市政府办公地的明远楼、致公堂

第一章 浸透古意的城池遭遇"近代化" 21

1968年12月1日，天府之国古老文明象征的成都"皇城"，在无情的炸药爆炸的巨响声中灰飞烟灭。从此，"老皇城"就只有在市民们的缥缈梦境中追寻了。

如今的中国很多大小城市的现代化建设几乎大同小异。著名学者王笛曾慨叹："我经常在遐想，如果成都城市还保留新中国建立初期时的格局（尽管民国时期遭受到破坏已经不小），只是在周边另筑新城，那么成都可以说是不亚于京都、奈良的旅游胜地。但可惜的是，这已经成为永远的梦。"[1]

2014年8月，媒体披露：成都老皇城"东华门遗址"已确定原址保护，将建设遗址公园或遗址博物馆。成都某报纸曾采访笔者，笔者说："皇城是成都历史上的地理中心、政治中心、经济中心和文化中心的见证。皇城的毁灭，切断了成都自身历史'血脉'。我希望现在的发掘和保护能够接地气，老皇城再也不能恢复了，可以采取微缩景观的方式来展示。就像兵马俑那样直观，使之成为历史文化名城的重要文物支撑。"[2]

[1] 转引自王笛著，李德英、谢继华等译：《街头文化成都公共空间、下层民众与地方政治（1870-1930）》，商务印书馆2013年版，第3页。

[2] 《从东华门出发——寻找成都人的千年乡愁》，参见《华西都市报》，2014年8月20日。

1968年5月拆毁前，本书作者郑光路在"老皇城"下摄影

"皇城"毁灭后，1969年刚完工建成的"毛泽东思想胜利万岁"展览馆景况

2016年，"成都中心"规划出炉，据说将借鉴纽约中央公园和伦敦海德公园：在"天府广场—后子门"片区，打造上千亩的成都版中央公园——"成都中心"，集文化中心、城市遗址、中央公园和产业高地等功能为一体。根据规划，这里将重现摩诃池，重建东华门、西华门，以及新增"两坊一楼一门"，并部分复建御河、城墙等。[1]

这些举措，无疑是重振古城文明的善政。

◎ 成都"少城"兴衰录

清代"少城"是"田园之城"

清代对成都产生重要影响的大事，是"少城"（满城）的修建。

清太祖努尔哈赤首创八旗驻防制度："我朝定鼎以来……以绿营兵隶（属）督抚、提镇，分驻各省。其紧要地方，更设立驻防旗营。"[2]

康熙五十七年（1718年），声声马蹄中，八旗兵开始

[1]《"成都中心"规划方案出炉将打造世界级中央公园》，参见《四川日报》，2016年8月11日，第1版。

[2]《大清宣宗成皇帝道光朝实录》，四百七十六卷，参见新疆民族研究所：《清实录新疆资料辑录》，新疆大学出版社2009年版，第3506页。

第一章 浸透古意的城池遭遇"近代化" 23

清代刊本中 1721年创设少城的年羹尧

[1] 袁庭栋：《成都街巷志上卷》，四川教育出版社2010年版，第23页。

来川，但人数不多。至康熙六十年（1721年），荆州八旗官兵3000人入川参加平定准噶尔后，留下骑兵1600人、步兵400人、军官74人、匠役96人永驻成都，当时称为"荆州营"。[1] 时任四川巡抚的年羹尧上奏朝廷，要在大城垣内新筑一城，专驻八旗官兵及众多眷属约5000人。此"城中之城"称"满城"，又叫"少城"。从酝酿到建成完善，前后历时二三十年。

"少城"方圆约十里，有五座城门：南名"安阜"，北名"延康"，东边两门一叫"迎祥"（大东门）一叫"受福"（小东门），西门则仍用大城"清远"老名。

"受福"门在今祠堂街口，清末时城楼内有"少城旧治"、城楼外有"既丽且崇"的巨匾。"少城旧治"，意思是秦国张仪、张若修筑成都城时，东边筑"大城"，西边也筑有"少城"。"既丽且崇"，源自西晋文人左思《蜀都赋》："即丽且崇，实号成都"，意思是"少城"外的"大城"，雄伟壮丽。

清代修的"少城"，房屋街巷按照八旗军传统及五行相克规划。"少城"内街道形似蜈蚣：将军衙门（旧址约在今金河大酒店处）像蜈蚣脑袋；城内中心宽街（今长顺街）

1911年美丽典雅的少城一角 摄影：[美] 路得·那爱德，照片提供：海波、王玉龙

像蜈蚣身子；宽街两侧共有官街八条（八旗分住）、兵丁胡同三十三条，就像蜈蚣百脚。[1]

最奇特的街道要算半边桥街。因为"少城"城墙跨桥而筑，一桥两分，满汉各占一半，清代杨燮就写竹枝词道其古怪："右半边桥作妾观，左半边桥当郎看。筑城桥上水流下，同一桥身见面难。"这道奇异风景全国罕见。值得注意的是此桥是少见的铁板桥。清人吴好山诗云："城根内外'半边'存，满汉分开莫乱论。铁板作桥真个好，'小东门'又'水东门'"。[2]

[1] 参见成都市满蒙人民学习委员会：《成都满蒙族志》（内部资料），成都满蒙人民学习委员会，1993年，第5页。
[2] 林孔翼：《成都竹枝词》，四川人民出版社1986年版，第57、73页。

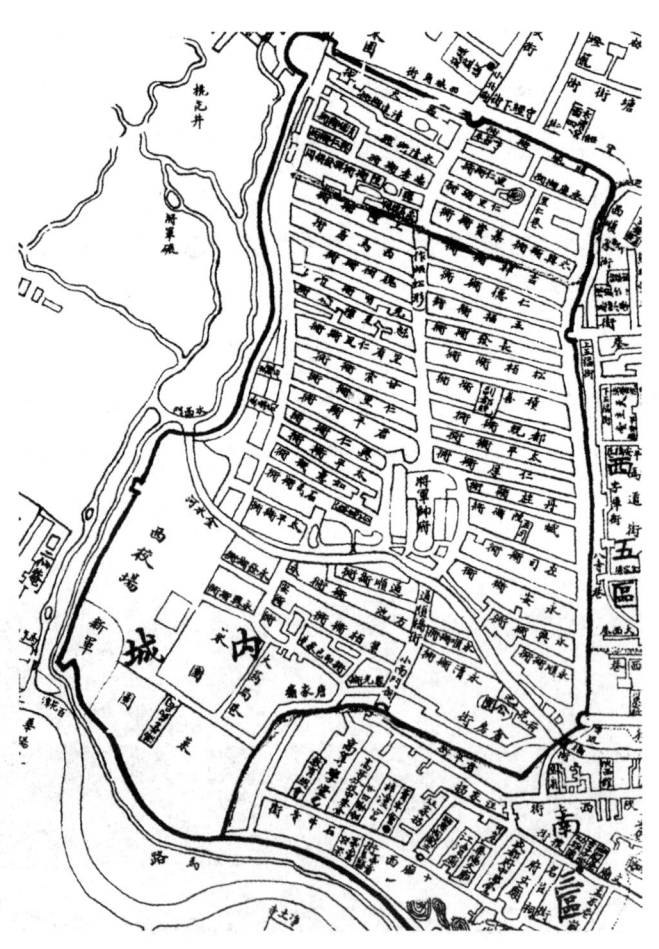

1911年傅崇矩绘制《新订成都街道二十七区图》中的少城（内城），可见每一条胡同

少城内金河碧波荡漾可航船，两岸夹杂农田、菜畦、花园等。清末傅崇矩说少城"景物清幽，花木甚多，空气清洁，街道通旷，鸠声树影，令人神畅。"[1]

如果回到清末，从大城西御街进入少城"受福"门（今祠堂街口），回头一望：大城那边全是房屋、商铺、石板街，市民摩肩接踵、人声喧闹。而少城内，则仿佛鸟语花香的郊野，到处是碧树、荷塘，绿荫中一条条幽雅街巷……正像作家李劼人所说："满城里，你走完一条胡同，未见得就能遇见一个人……一句话说完，满城是另一个世界……是一个极消闲而无一点尘俗气息，又到处是画境、到处富有诗意的地方。"[2]

这也是如今许多老街荡然无存，宽巷子、窄巷子作为成都老街子遗珍宝，成为旅游胜地的重要原因。其实，今天的宽窄巷子所在地，只是少城八旗官兵营房的仓库保管区域，根本算不上少城精华街巷。如果清末的少城能保存至今，影响可能不亚于罗马古城。

## 旗民生活贫苦几乎"暴动"

成都"少城"内驻防的八旗，由满、蒙两族构成。康熙六十年（1721年），清政府从荆州"拨成都满洲、蒙古官兵一千六百名，共计男妇大小共五千余名口"[3]。八旗兵以三甲为一旗，共24甲。每旗有一甲为蒙古兵，因此蒙古族人约占驻防旗兵及眷属的三分之一。按约5000人计，迁来成都的蒙古族约1600人。[4]

此后人口渐增，到嘉庆时期（1796—1820年），成都驻防旗民为2150余户，人丁10990余名。到光绪三十年（1904年），根据册籍查核住户为5100余户，其中男10000

[1] 傅崇矩：《成都通览：上册》，巴蜀书社1987年版，第17页。
[2] 李劼人：《死水微澜》，译林出版社2013年版，第241页。
[3] 希元：《荆州驻防志》，林久贵点注，湖北教育出版社2002年版，第104页。
[4] 四川省地方志编纂委员会：《四川省志·民族志》，四川民族出版社2000年版，第433页。

清末少城内到处是碧树、荷塘,绿荫中一条条幽雅街巷

余名,女9000余名,共21000余名。[1]

少城实际是一座大军营,形成封闭、独立的"小社会"。道光朝(1821—1850年)以前,旗兵待遇优厚。每个甲兵除了每月有正饷2两银以外,还可领供10人吃的禄米。每家拨给房屋三间,地一亩三分。这时期,旗民以看戏、栽花、养鸟、钓鱼为乐。彭县藉文人吴好山写《竹枝词》,生动描述:"吾侪各自寻生活,回教屠牛养一家。只有旗人无个事,垂纶常到夕阳斜。"[2]

到了同治年间(1862—1874年),人口增多兵额却未获增加,清廷又规定旗民不得务农经商。有的旗民穷得每天只能依靠买"升升米""把把柴",吃"对时饭"过日子,有的逼得走投无路上吊抹喉。刘显之老人回忆:"正蓝旗头甲的金某,没钱过活把一套军服当了,春季合操须穿军服又没钱取当,情急自杀……贫穷人住的三间窄房,都是失修的陈年老屋,东倒西歪。没有房子的,只好在城墙上的堆子房(守城用的)栖身,以谷草破席铺地,砖石作枕,形同乞丐……"[3]

[1] 成都市满蒙人民学习委员会:《成都满蒙族志》(内部资料),成都市满蒙人民学习委员会,1993年,第4页。

[2] 林孔翼:《成都竹枝词》,四川人民出版社1986年版,第72页。

[3] 《中国少数民族社会历史调查资料丛刊》修订编辑委员会:《满族社会历史调查》,民族出版社2009年版,第161页。

光绪朝后允许旗民可以经营小生意，做小商贩。一些旗民"卖红苕""卖泡菜""卖针线"，或靠当木匠等工艺谋生。但旗民生活日益困苦，积重难返。

清政府在革命党"排满"和"立宪"改革的双重压力下，把"平（息）满汉畛域"作为"新政"举措之一，拟十年内尽行裁撤各地驻防八旗。具体措施有"归农、练兵、兴实业、办教育"等。但由此也产生了新的政治危机：旗人已习惯依赖旗饷"吃皇粮"，坚决反对"裁旗"。

清末，发生了围哄成都将军衙署的严重事件。专业史书上大都说是在光绪年三十年（1904年）腊月，[1] 这是不准确的。我费力查阅第一手史料清代档案《光绪朝东华录》，这个事件发生在光绪三十三年（1907年）十二月十五日（1908年1月18日）。清廷三天后（1月21日）很快颁发圣旨："着该将军等，查明为首滋事造谣煽动之人，从严惩办。"[2]

事件起因是成都将军绰哈布，探知清廷有"裁旗停饷"意图，就打算把原租给汉民的东门外沙河堡的马厂田，收回分给旗兵耕种自谋生路。有个叫忠孝的佐领为取悦旗民，先把消息泄漏，旗民大恐。一天，在西较场习操完毕的新威营旗兵，纠集到将军衙门前哄闹，男女老幼越聚越多，达数千人之众。他们哭嚎着用砖石瓦块雨点般掷击门窗和官员，佐领桂星五左额被打伤，血流满面，将军绰哈布仓皇而逃。

事后赵尔丰紧急上奏朝廷，说事件发生时有"男妇幼孙"数千人齐集将军衙门，"哄堂塞署，势甚汹汹，各协领出阻，且有为众所殴者"。[3]

北京朝廷"从严惩办"的圣旨下达后，佐领忠孝被革职到乌鲁木齐，1000多名青壮旗兵被调到川边巴塘。1912年改朝换代后，忠孝回到成都，但去巴塘的青壮旗兵却无一人生还。

[1] 持此说的如四川省地方志编纂委员会：《四川省志·民族志》，四川民族出版社2000年版，第445页。及刘显之、庞孝益：《成都"将军衙门"忆旧》，参见政协成都市青羊区委员会文史资料研究委员会编：《少城文史资料》（内部资料），第5辑，1992年，第154页。

[2] 朱寿朋：《光绪朝东华录》，中华书局1958年版，第5820页。该书选录光绪朝上谕和奏疏等第一手资料。

[3] 《赵公季和奏稿》手抄本《查明旗营滋事兵丁借端煽惑之佐领分别纠参讯办折》，转引自：陈一石：《清代成都驻防八旗再探》，参见《西南民族学院学报》（哲学社会科学版），1983年第2期，第17页。

由于旗民生活贫困等多种原因，促使少城必须开放。清末少城向近代化转型的重大举措，是在少城内建立近代化学校、工厂和少城公园。（详见后文）

### 清廷灭亡后开始拆毁"少城"

1912年1月1日，中华民国诞生。象征"五族共和"的五色国旗代替了大清国龙旗，"呼呼呼"地飘扬在蓉城街头……

许多人主张拆毁"少城"，理由如下：此乃前清满族在成都之独立王国；单就交通而言，这座城中之城，使城西如壁谷致全城塞阻等。结论是：建城必以"拆少城、治街路"为先导。

于是，民国后成都城墙、街道第一次大拆大建的高潮掀起了。大致情况是：1912年，首先折毁北段城墙（即八宝街、西大街老西门城上北栅子一段），随后又折毁南段（即包家巷到南较场城上南栅子一段）。另沿少城西城墙（也是大城西南城墙）特辟一条大路，行驶鸡公车和黄包车，暂归旗民专利经营。

同时废少城内各胡同之称，改为×街×巷。如君平胡同，改为支机石街；将为纪念修筑"少城"的年羹尧而建的喇嘛胡同，改为"祠堂街"；养马的仁德胡同，改为东马棚街；右司胡同，改为西胜街……

1912年后，四川军政府组成旗务处，筹款十万元。以七万元分给旗人自谋生计，另以三万元以支矶石庙宇为基地，办了一个同仁工厂，主要招收旗人就业。[1] 同仁工厂取汉与满、蒙各族一视同仁之意，街名同仁路，生产机织线袜、毛巾等，是近代成都早期有名的"街道工业"。

[1] 国家民委《民族问题五种丛书》编辑委员会办公室：《中国民族问题资料·档案集成：第5辑》，中央民族大学出版社2005年版，第184页。

第一章　浸透古意的城池遭遇"近代化"　29

　　1913年，时任四川督军的胡景伊下令：在西较场城墙边新辟一城门，取《左传》中"通商惠工"之意，将其命名为通惠门。民间称为新西门，街名通惠街，自此成为成都西线重要街道。

　　通惠门外护城壕上，修建木蓬廊桥，此处碧波映月、林密花幽。前清翰林宋育仁在桥头勒石题字，大意是，唐诗人杜牧有诗咏扬州："青山隐隐水迢迢，秋尽江南草未凋。二十四桥明月夜，玉人何处教吹箫"，成都此桥风景亦佳，可平分扬州明月也，所以名为十二桥。桥头新建街道命名为"十二桥街"。

　　少城城墙周长约2.7公里。1918年年底，在原少城东城基上修筑"靖国路"（后称东城根街），以纪念四川"靖国之役"。1923年，同仁路重新扩筑。靖国路和同仁路的建成，使得清代城西交通封闭的格局彻底被打破。1935年，最后存留在少城公园到小南街一段城墙被拆毁。

　　短短20多年，最富特色的"满城"（"少城"），彻底消失。"少城"的核心建筑将军衙门，民国时期先后为军

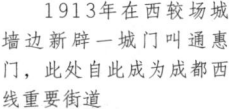
1913年在西较场城墙边新辟一城门叫通惠门，此处自此成为成都西线重要街道

阀刘成勋、刘文辉等占据，设置司令部。[1] 1991年政府在将军衙门旧址处建成金河宾馆。

## 第二节 古城的灵魂：河流、桥梁、水井

◎ "水乡泽国"乐游休闲之城

成都是"因水而兴"的城市

公元前311年，按咸阳格局修筑成都城。建城后约60年（约前256—前251年）时，秦国蜀郡太守李冰和他的儿子，主持修建著名的都江堰水利工程：将岷江水流分成内江、外江。内江流入成都分为二江，即郫江和检江（又称流江），也就是现在府河和南河的前身。所以东晋人常璩在《华阳国志》中说："于是蜀沃野千里，号为陆海……水旱从人，不知饥馑，时无荒年，天下谓之天府也。"[2]

[1] 参见李定一：《"满城"的兴废》，政协成都市青羊区委员会文史资料研究委员会编《少城文史资料》第11辑（内部资料），1998年，第14页。

[2] 参见常璩：《华阳国志·蜀志》，刘琳，校注，成都时代出版社2007年版，第103页。

"水乡泽国"的成都风景如画，锦江中的鱼篓和江畔楼房 摄影：[德]魏司

李冰开辟二江，主要目的就是灌溉农田和开通水运。成都"因水而兴"，逐渐成为中国西南最重要的水运港埠和商贸大都市。唐代杜甫"门泊东吴万里船"，李白"濯锦清江万里流，云帆龙舸下扬州"等诗句都是成都江河航运功能的解说。

郫江和流江碧波如带，都环绕南城而东流。汉代成都大文豪扬雄在《蜀都赋》中形容其为美人耳上的一对耳环："二江珥其市，九桥带其流"。

唐末西川节度使高骈，筑罗城时将靠北面的郫江在九里堤处轧断，重新引一条人工河向东再向南，在现今的合江亭处汇入南河，这条人工河就是府河。流江（又叫锦江、南河）和府河，从此形成"二江抱城"之势。[1] 二江最后在九眼桥附近的合江亭交汇，通向彭山江口入岷江干流到乐山，再到宜宾汇入长江。

宋代，成都航港为朝廷在川西开展水陆运输的枢纽基地，设有职掌港航的船官。元代，成都港越发繁荣。1275年后，意大利人马可·波罗来到中国，在《马可波罗行纪》中写道："（成都）有一大川（按：即锦江），经此大城。川中多鱼，川流甚深……水上船舶甚众，未闻见者，必不信其有也；商人运载商货往来上下游，世界之人无有能想象其甚者！……此川之宽，不类河流，竟似一海。"[2]

这话或许有人感到夸张。现在的人难以想象的是：古时成都河床宽广、大小河流纵横交错、湖泊甚多，"似海"并非妄言。所以北宋时还"沿江习水战"，陆游曾写下《万里桥江上习射》："坡陇如涛东北倾，胡床看射及春晴……"[3]

[1] 如今府河、南河合称锦江，也称"府南河"。
[2] 马可·波罗：《马可波罗行纪》，沙海昂注，冯承钧译，商务印书馆2012年版，第248—249页。
[3] 张永鑫、刘桂秋：《陆游诗词选译》，凤凰出版社2011年版，第86页。

## 城内沟渠、河流、湖塘纵横交错

唐德宗贞元元年（785年），剑南西川节度使韦皋在成都城内挖了条河，叫解玉溪，与皇城摩诃池连通。唐宣宗大中七年（853年），节度使白敏中再开金水河（也称金河），自城西引流江水入城，汇入摩诃池连接解玉溪，至城东汇入油子河（府河）……

城中金水河等河道，有交通运输、生活用水、排污泄洪、消防灭火等多方面功能，此后几经兴废。清雍正九年（1731年），成都知府项诚上奏朝廷："成都金水河一道，向日原通舟楫，日久渐至淤塞。"项诚重开城中金水河，使"沿河一带，俱为商贾辐辏之所……米蔬柴炭，为民间日用之物，既可船运入城"[1]，直达城市中心的皇城三桥和御河、少城。由水路来成都的商旅也可乘船进城投宿。城市粪便、垃圾也由专门船只清运出城。

城内沟渠、河流、湖塘纵横，处处可见古桥古渡、水天一色。清末傅崇矩明确记载："四川虽属山国，而成都实为泽国。"城内外有名可考的桥，约有一百九十二座，平桥、拱桥、铁桥、石桥、竹桥、木桥……应有尽有。傅崇矩说："城内之桥，有无形者，有有形者。无形者，平铺街市中，人不易觉。有有形者，横跨流水上……古桥甚多。"[2]

一座座城中之桥，各式各样如长虹卧波、古意盎然。桥头餐馆酒肆临江，一可观江景；二以鱼为珍肴。餐馆、酒肆下石坎就是河，鱼篓装活蹦乱跳的河鱼。小桥、流水、人家、酒旗……组成古香古色的江桥图景。

成都城内外还有星罗棋布的大小池塘，据傅崇矩所记共有29个。大城内池塘有：洗墨池、中莲池、上莲池、下莲池、摩诃池、欢喜庵塘、五担山塘、观音堂塘、王家塘、老关庙

[1] 项诚：《议开浚成都金水河事宜》，参见四川省水利厅、四川省都江堰管理局：《都江堰水利词典》，科学出版社2004年版，第43页。
[2] 参见傅崇矩：《成都通览》，巴蜀书社1987年版，第12-15页。

清末成都城内金河上一座古桥极有野趣,桥上不仅有小食摊,还有一个袖珍小庙

[1] 傅崇矩:《成都通览》,巴蜀书社1987年版,第11—12页。
[2] 周询:《芙蓉话旧录》,四川人民出版社1987年版,第6—7页。郑按:当时成都各街设有"土地会"公益社团,每年清明节等组织疏淘沟渠。

塘、马王庙塘、庆云庵塘、代书街塘、提中参府署后塘、文庙后街吴家祠后潦塘、子龙塘、书院街潦塘、河南会馆后潦塘、桂王桥北街圣心堂后潦塘、方正街潦塘、白家塘……内城(少城)池塘有:关刀塘、太极塘、清顺胡同塘、里仁巷塘、方池胡同大坑塘、永清胡同塘、荷花池……[1]

此外,以桥名命的街道有四五十条,再加上与以河、塘、池、沟与水系有关联的街名,至少上百条,至今仍为人熟知的如:猛追湾、上莲池、中莲池、下莲池、小淖坝、白家塘、金河街、沟头巷、水津街、星桥街、锦江街等,难以枚举。

城内主要水道是金水河、御河,其余小支多为各街排水道,与金、御两河沟通。金河在晚清可通舟楫,到清末则渐萎缩,与御河一样仅限于城市排水。清末华阳县令周询记载:城内地面排水的水沟,与街面同覆以石板,俗呼"阴沟"。每年春夏间,都要疏淘一次。"全城沟水多汇于金水河及护城河流出。城内又有巨塘十余处,亦可受水。"[2]

城外锦江自古是中国人赞不绝口的乐游休闲之地

前蜀后主王衍最会享乐。公元919年5月的一天，锦江中出现这样的热闹情景："龙舟彩舫，十里锦帐"，风流皇帝王衍亲自以竹板打拍子，大唱《霓裳羽衣》和《后庭花》曲……锦江两岸"游人士女、珠翠夹岸"。中午，突然起暴风下起雷阵雨。偏偏这时水中又有很大的鱼跃出捣蛋，一些船受惊翻了。万里桥下乐极生悲，史书记载：这天"溺者数千人"。[1]

到宋代，成都已形成江上娱乐的习俗：在万里桥下泛舟，称为"小游江"，在浣花溪泛舟，称为"大游江"。宋太宗时，成都知府张咏所创"交子"是世界最早的纸币。张咏还积极发展"休闲文化"，他每年二月二日踏青节都聚众为乐，"日出万里桥，为彩舫数十艘，与宾僚分乘之，歌吹前导，号小游江……士女骈集，观者如堵"。船上的张咏，观赏江边漂亮的成都姑娘，写出赞美诗："春游千万家，美人颜如花。三三两两映花立，飘飘似欲乘烟霞……"[2]这诗是成都自古出美女的佐证。我建议作曲家以此为歌词谱曲，一定红透中国。

明万历时浙江临海人王士性到成都，见锦江碧带般环绕城墙一片水乡风光："江流绕雉堞如靛，即村舍扃扉、田塍沟渎、无非流水……水上林木翳映，所在皆佳境。"[3]明朝晚期，湖北人钟惺（1574—1625年）在《浣花溪记》中描绘如诗如画的情景：江水蜿蜒如明镜，又如碧玉般的"绿沉瓜"，"窈然深碧，潆回城下……"。[4]

清末，成都人泛舟游江，或水路坐船到望江楼、青羊宫、草堂寺游玩，更是寻常之事。江上帆影点点、桨声悠

[1] 冯梦龙：《情史》，岳麓书社2003年版，第97页。
[2] 见费著：《岁华纪丽谱》，范勇：《巴蜀丛书：第1辑》，巴蜀书社1988年版，第127页。
[3] 王士性：《入蜀记》，参见《都江堰文献集成》编委会：《都江堰文献集成：历史文献卷（先秦至清代）》，巴蜀书社2007年版，第292页。
[4] 上海辞书出版社文学鉴赏辞典编纂中心：《古文鉴赏辞典珍藏本：下册》，上海辞书出版社2012年版，第2104页。

悠。江畔阡陌纵横，间杂青瓦农舍、翠竹林盘。锦江清流与古城墙相影映。锦江两岸数十个码头，是各种物资、客运集散处，万商云集粮物堆积如山。江边纤夫呐喊声与桥下雷鸣江涛，欢声震耳。江岸吊脚楼酒旗飘飞，江面有飘飘悠悠的打鱼船。夕阳晚风、渔歌唱晚，令人心醉。沿河茶楼、酒肆、客栈生意兴隆，笙歌彻夜不绝……此情此景，留存在许多墨客骚人的诗文中。

"水乡泽国"的成都，真可以用"水灵灵"来形容。整个成都比起绍兴等浙江水乡，或许有过之而无不及。

清末，成都港向近代化管理靠拢，成都港的港航监理划归水道警察局（设在望江楼附近）管理，对出入港区客货实行检查，验票放行。民国时期成都港仍很繁忙，到20世纪50年代中期，随城市扩张等原因水量减少，成都港水运萎缩，70年代停航，港运完全结束。[1] 城内金水河、御河，民国初就因修马路等原因水量减少而停航；其后逐渐淤塞成臭水沟，20世纪70年代改建为地下防空洞而彻底消失。

生态环境学者认为滨水城市的河流，是孕育城市的母

[1] 成都市交通局等编：《成都市交通志》，四川人民出版社1994年版，第281页。

左图：清末成都锦江风景如画，充满诗情画意　来源：郑光路文物市场所购日本画刊
右图：民国初期的成都金河有江南水乡风貌

亲。成都的母亲河，就是锦江，但这位母亲昔日漂亮风姿，已成残梦。

◎ 历史长河中的几座名桥亭楼

这里只略述至今人们知其名、而不知其详的驷马桥、万里桥、安顺桥、九眼桥等几处。

### 天下闻名的驷马桥究竟是什么模样

2002年12月30日，整修后的琴台路正式开街，以汉唐仿古建筑群为依托，展示汉代礼仪、舞乐、宴饮等风土人情。但许多人弄不懂建此街的历史依据。

西汉司马相如（前179—前117年）很出名。一是他为汉赋的奠基者，在中国文学史上占有重要一页；二是他和卓文君的千古风流传为佳话。我20岁当"知青"时，就在卓文君家乡邛崃下乡。有段时间修南河，我用天天糊满泥巴的双脚，从临邛镇里仁街文君井经过。不远处的人民公园，听人说文君老爸、临邛首富卓王孙故址就在那里。当时我想：穷小子司马相如难道就在那破园子里，弹琴唱了首《凤求凰》，就勾引得卓文君私奔成都？

司马迁在《史记·司马相如列传》中说两人私奔成都后，"文君当垆，相如自著犊鼻裤，涤器于市中"。夫妻店里，卓文君在放酒坛的土墩子（垆）边卖酒，相如穿着牛鼻裤充当店小二洗盘子，很有点如今开"冷淡杯"苍蝇馆子的味道。

史传相如成都住家附近还有琴台，在哪里呢？据南北

第一章 浸透古意的城池遭遇"近代化"    37

朝时梁朝李膺《益州记》说：司马相如住宅在成都笮桥北一百步、市桥西三百步。据地理史料分析，大致就是如今"琴台路"一带……据说富甲蜀中的老丈人卓王孙，被小两口子的"捣蛋"行为，鼻子都气歪了，忙给一大笔陪嫁，相如才收刀歇业。

相如北上长安求官，走到城北升仙桥（传说古时候张伯子在此得道升仙）。相如觉得靠老丈人施舍实在窝囊，就发狠在桥柱上题字赌了个血咒："不乘高车驷马，不过汝下。"果然，到京城后他以《子虚赋》《上林赋》等获汉武帝赏识，被封为中郎将乘驷马高车，喜气洋洋地衣锦还乡。

升仙桥是出入成都北门的重要通道，桥下之河即如今之"沙河"。北宋时成都知府京镗重修桥，正式更名为驷马桥，并刻碑《驷马桥记》说："前建桥以驷马名，自是长卿之遗踪。"元代戏剧名家关汉卿有杂剧《升仙桥相如题柱》上演，"题柱"也成为激励立志成才的典故。[1]

清末驷马桥究竟是何等模样？笔者收藏有清末驷马桥的珍贵老照片，可看见桥头有巨大石碑。据日本人记录，石碑上文字是张鹏翮[2]书写唐朝诗人岑参的诗："长桥题柱去，犹是未达时。及乘驷马车，却从桥上归。名共东流

[1] 参见李晓杰：《古桥谈往》，长春出版社2012年版，第225页。
[2] 张鹏翮（649—1725），官至文华殿大学士兼吏部尚书，蓬溪县人，是清代268年中四川官位最显赫、名声最响亮的人物。

左图：这是清末驷马桥又一张珍贵老照片，可看见桥头左侧的详细风貌 来源：郑光路文物市场所购日本画
右图：清末的驷马桥，从这张珍贵老照片中可看见桥头有巨大石碑 来源：郑光路购日本画刊

水，滔滔无尽期。"这张老照片，对研究驷马桥有重大的历史意义。

1951年修筑成渝铁路，河道被改道，原驷马桥被拆毁，又在改道的沙河上新修了一座钢筋混凝土桥。1981年地名普查时，仍将这座小型立交桥正式定名为驷马桥，把与成渝铁路交叉向北通往昭觉寺的大街，正式命名为驷马桥街。

此桥已非彼桥，后人之遗憾也只有"滔滔无尽期"了。

### "双孝祠"的历史背影

翻开清末日本教师山川早水的《巴蜀旧影》，他饶有兴味地记录：

"该调转笔头介绍城西了。出南门沿锦江走三清里，到双孝祠。祠中供有两个孝子，庭园的装饰颇为可观。祠前路上立有两孝子的旌表牌坊，雕刻精妙，金碧耀眼。我在蜀中各地见过这种牌坊，但尚未见过像双孝牌坊这样华丽的……"[1]

而著名乡土作家李劼人是这样写的："有一位由经商起家的姓马的绅士，在二仙庵道士坟之前，临着大路，又修造了一所别墅，小有布置。原为纪念他一个儿子和一个女儿的，因为好名心甚，遂硬派他这两个害痨病夭折的儿女，作为孝儿孝女，花了好多银子，违例谋到一道圣旨，便在门前横跨大路，造就一道石坊，门上也悬了一块匾，题曰双孝祠。平日本可借给人宴会，到赶青羊宫，更是官绅宴集之所了。"[2]

这位马绅士，就是马长卿。他是华阳县（成都）人，出身富商，光绪五年举人。他当官不行，经商却厉害，成为成都织机帮（织锦业）巨富。所以民国《华阳县志·人

[1] 山川早水：《一百年前一个日本人眼中的巴蜀风情》，李春德、李杰译，四川人民出版社2005年版，第136页。

[2] 李劼人：《死水微澜》北京联合出版公司2014年版，第197页。

民国版《华阳县志》中记述了马长卿修建"双孝祠""崇丽阁"的事迹

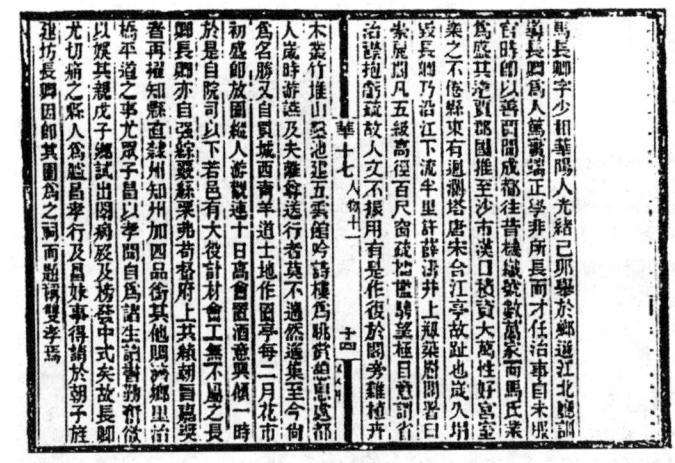

物十一》中《马长卿》小传,说他:"性好宫室,乐之不倦"。这个"性好宫室",就是说他喜欢古典园林建筑艺术。要研究成都的城市建筑史、园林史,此公实在应名列前茅。

马长卿不仅倡议并主持修建了四川谘议局大厅、崇丽阁(即望江楼,见下文)等,还修缮过万里桥。《华阳县志》又说:"若邑有大役,计材会工,无不属之长卿;长卿亦自强综覆,丝粟弗苟。"意思是:省城凡有大工程,都委任给马长卿。他也一丝不苟,不仅不吃黑钱要"回扣",反而经常掏腰包赞助。"督府上其绩,朝旨嘉奖者再。擢知县、直隶州知州,加四品衔。"《华阳县志》赞誉说:"其他周济乡里,治桥平道之事尤众。"[1]

"双孝祠",是马长卿晚年为了纪念早亡的儿子(马胪昌)和女儿(马凤琳)修建的。说直白些:就是以孝子孝女的名义所建,来孝敬马长卿自己。《华阳县志》中林山腴写的《马长卿》记述:"子昌以孝闻,自为诸生,读书勤奋,欲以娱其亲。戊子乡试出闱病殁,及榜发中式矣,故长卿犹切痛之。"

[1] 民国版《华阳县志·人物十一》,转引自隗瀛涛主编:《治蜀史鉴》,巴蜀书社2002年版,第152-153页。

左图：清末百花潭附近的"双孝祠" 来源：郑光路购日本画刊

右图："双孝祠"前路上两孝子的旌表牌坊 摄影：[日]山川早水

戊子乡试，即光绪十四年（1888年）在成都举行的乡试，此时正是马长卿修建崇丽阁、濯锦楼之时。独子马胪昌"出闱病殁"，即还没看到自己中举的好消息就心力交瘁而亡。《华阳县志》记载："县人为胪昌孝行及昌妹事，得请于朝，予旌建坊。长卿因即其园为之祠，而题称双孝焉。"[1]说明倡建"双孝祠"的有许多华阳县名流，并非马长卿一人。

"双孝祠"成为清末成都西郊名胜，故又称之为"马家花园"。笔者收藏有"双孝祠"小门前及祠前路上两孝子旌表牌坊的珍贵老照片，再现了百多年前百花潭一带古朴典雅风景。

### 历史悠久的万里桥（南门大桥）

万里桥之名，最早见于常璩《华阳国志》："李冰造

[1] 陈友山：《薛涛纪念地马氏立丰碑——马长卿筹建望江楼建筑群事迹考》，参见《文史杂志》，2011年1期，第61页。

七桥……南渡流江曰'万里桥'。"可见李冰初建万里桥，距今已有两千多年了。

三国时期诸葛亮在桥上送费祎出使东吴，长叹："万里之路，始于此！"万里桥是古成都标志性建筑，屡屡跳荡在古人诗中。如唐朝名诗人张籍在《成都曲》中写道："锦江近西烟水绿，新雨山头荔枝熟。万里桥边多酒家，游人爱向谁家宿？"一幅大江、古桥、闹市的图画，鲜活地浮现在人们眼前。唐朝大诗人杜甫，骄傲地介绍自己的居家："万里桥西一草堂"，刘禹锡也饱含激情："家住成都万里桥"，女诗人薛涛也自述："万里桥头独越吟"……

唐朝大中九年（855年）中进士的扬州人陆肱，写了有名的《万里桥赋》，从赋中"潮生而夕月初明""帆去而秋滩正急"，[1] 可想见当年万里桥宽阔水面上，浪淘江月、大江东去的景象幽雅而壮观。

元朝时意大利人马可·波罗说，成都有座廊桥是繁华的集市，"桥上有房屋不少"，"商贾、工匠列肆执艺于其中"。这种桥上木屋能"朝构夕拆"，相当于现今的活

[1] 周绍良：《全唐文新编》（第4部第1册），吉林文史出版社2000年版，第9111页。

历史悠久的万里桥（南门大桥）

动摊点。桥上还有官方"征税之所",税金"每日不下精金千量"……[1]

这座桥,就是与成都最热闹的"南市"联为一体的万里桥。现在有人说是安顺廊桥,那是错误的。安顺桥的修建,确切记载是在清朝康熙初年的1680年,此前地方志书上未见其记载,而且历史上安顺桥并不是重要桥梁通道。

清朝康熙五年(1666年),四川巡抚张德地等人捐资恢复城墙、津桥。复建后的万里桥仍为廊桥。桥头有冀应熊手书"万里桥"石碑。廊桥上有"武侯钱费祎处"等额联。古渡碧波,令人发思古之幽情……此后人们多次补修万里桥。

光绪三十三年(1907年),人们再次改建万里桥为七孔石拱桥,桥长20丈,桥宽3丈余,石板护栏。清末官员徐心余亲眼所见:"出成都南门南行百余步,水声淙淙。有万里桥跨江横卧……附近居民,聚集桥之两边,设摊成市。中间车马往来,行人如织,不觉其拥挤,其宽阔可知矣……"

如今已很少有人知道,主持扩桥工程的人就是被后人骂为"赵屠户"的清末四川总督赵尔丰。当时桥南桥头上,有一道巨大石碑,刻有这位赵大人亲书"万里桥"三个大字,十分壮观。[2]

古万里桥终遭灭顶之灾是1995年2月23日。当时虽有众多专家和市民抗议拆毁,万里桥还是在这一天被"爆破拆除",市民拥塞围观,一片叹息……原址新建了一座完全现代化的单孔水泥大桥,1996年5月31日正式通车。后在南岸又修了一座现代化海洋巨轮形状的混凝土建筑,成都人开玩笑说:"不伦不类,泰坦尼克号搁浅到老南门了。"

1997年岁末,上游几里外的浣花溪修建了一座所谓的"万里桥"。自此坐出租车时,"的哥"往往问:"万里

[1] 马可·波罗:《马可波罗行纪》,沙海昂注,冯承钧译,商务印书馆2012年版,第249页。
[2] 参见徐心余:《蜀游闻见录》,四川人民出版社1985年版,第10页。

桥？哥老倌是去老南门？还是去浣花溪'假万里桥'？"

专家批评："城市建设不能干拔掉真牙、安假牙的傻事。"何况，即使"假牙""金牙"，总应该安在原处，能乱安在不沾边的腮帮子上吗？远在上海的著名历史学家唐振常在《文汇报》专评此事："……此非保存文物乎？答曰：如此更糟，是把真古董毁掉，另造一假古董以冒充之，徒淆乱历史耳！"[1]

## 安顺桥和仿古安顺廊桥

安顺桥建于清康熙初年（约1680年），为木结构七个桥洞的风雨廊桥，后毁于洪水。乾隆十一年（1746年），华阳县知县安洪德捕获巨盗高某，"析其赃之无主者"，再次重修此桥。[2]

安洪德（1736—1795年），山东聊城人。史籍说他在华阳县令任上，"建置潜溪书院、安顺桥等，自出俸钱，不烦民力。工书，笔法苍劲"。[3] 今青羊宫所悬"青羊宫"匾额，即其墨迹。民间传说他清廉爱民，老百姓就将"长虹桥"改名为"安顺桥"。

[1] 唐振常：《闻万里桥拆》，参见《文汇报》笔会编辑部：《一个甲子的风雨人情：笔会六十年（珍藏版）》，文汇出版社2006年版，第261页。

[2] 成都市交通局：《成都市交通志》，四川人民出版社1994年版，第21页。

[3] 薛天沛：《益州书画录续编》，薛志泽崇礼堂1945年版，安洪德条目。

清末古安顺桥　来源：郑光路文物市场所购日本画刊

清末古安顺桥　摄影：[日]中野孤山

木桥横卧南河上，桥身高两层，造型典雅。上层供神像，不作通行，上盖有房顶；下层宽约4米、桥周有木栏杆；中有两米多宽通道，供推油、盐、柴、米的鸡公交车和担挑子的行走；左右两旁靠木栏杆处是人行通道，摆地摊的小贩很多。

安顺桥北口有大佛寺，明崇祯七年（1634年）修建，清康熙四十八年（1709年）重建。大佛寺中有铁铸大佛像，身高二丈多，"衣裤间俱铸以小佛凡千数，故以为名"。[1]

笔者藏有清末安顺廊桥老照片，今人可一睹百年前古安顺桥美景，聊发思古幽情。

1947年7月，古安顺桥被冲毁。《新新新闻》报道：聚集桥上观看涨水的人群落入河中"顺水而逝"，一片"呼救之声""惨不忍闻"。"安顺桥头的锦春园药号及其开设的茶馆，一并冲光……"

此后30多年，这里砌石墩、架横木为简易石桥，只供人行走。1996年建为钢筋混凝土拱桥。1981年7月中旬成都又遇洪水，有人自行车落桥上，落水，众人围观致桥崩塌，53人落水，淹死26人。1983年，在稍下游处建成混凝土大

[1] 参见民国版《华阳县志》，卷三十。

桥,名为"新安桥",但人们仍称为"安顺桥"。

2002年,在两江汇合处下游约200米处,新建三孔仿古廊桥,名曰安顺廊桥,实为江上营业性高档大餐馆。

### 合江亭、九眼桥、回澜寺

唐贞元元年（785年）,韦皋任西川节度使,在九眼桥上游约一里外的郫江（今府河）与流江（今南河）交汇处兴建合江亭。这里是官民宴饮游玩的热闹场所,也是登舟出川的主要码头之一,成为"一郡之胜地",号称"合江园"。宋代益盛,是万里桥东又一重要饯别之地。

淳熙元年（1175年）十月,范成大被任命为四川制置使兼成都知府,他叙述离别时此处风景:"是日,泊舟小东郭合江亭下……绿野平林,烟水清远,极似江南。亭之上曰芳华楼,前后植梅甚多……蜀人入吴者,皆自此登舟。"[1]

明朝以前,商贾行人、驮马车辆过合江亭下游全靠船渡。万历二十一年（1593年）九月,四川布政使余一龙提倡在合江亭下游约一里处修座桥。州邑官民纷纷捐资,明蜀王也捐千金。历时四年建成的石拱大桥,高约3丈、长约40丈、宽约4丈。蜀王恭请卸任的礼部尚书李长春撰写《新修桥塔碑记》,立于桥头。碑文中颂扬桥之壮观:"虹舒电驰,霞结云构……俯而瞰之,飙涌涛春,鲸飞鲵走。"[2]

此桥名为洪济桥,又称镇江桥,因有9个桥眼,俗称九眼桥。桥南建有回澜塔,高十级。塔旁建寺,门额大书"回澜寺",巍峨殿宇重重。离回澜寺约一里处有红瓦寺建于明初,原名德元禅院,因屋顶皆盖红瓦,俗称红瓦寺。

明朝崇祯十七年八月九日（1644年9月9日）,张献忠率大西军从这条锦江兵临城下,攻下成都。张献忠登基当

[1] 范成大:《吴船录》,参见顾宏义、李文:《宋代日记丛编3》,上海书店出版社2013年版,第836页。
[2] 参见〔明〕天启《成都府志》、〔清〕康熙《成都府志·山川》、〔清〕雍正《四川通志·津梁》等。

上大西皇帝后，穿龙袍乘骏马，至成都东门外九眼桥，遥望桥南高耸云天的回澜塔，忽听远处似有儿童嬉戏唱声飘来："桥是弓，塔是箭，弯弓正射承天殿！"张献忠大怒骂道："老子才在承天殿登基当皇帝，此塔大不利，速速拆塔。"[1]

几日后，张献忠干儿子李定国来报告："已率人毁塔，在其地改修点将台。"毁塔后在塔下数丈深的土中掘得一古碑，上面写有篆文：修塔余一龙，拆塔张献忠……吹箫不用竹，一箭贯当胸。炎兴元年诸葛孔明记。张献忠为此事耿耿于怀，在九眼桥下大肆杀人泄愤。突然响起旱天雷声，张献忠怒指天空大骂："给老子向天上打炮。"隆隆炮声中，被杀的尸骸在水中冲荡回旋，桥也被损坏……[2]

后来清朝肃王豪格督师，在西充射杀张献忠。当时人才知"吹箫不用竹"，是个"肃"字……此传说和"桥是弓，塔是箭，弯弓正射承天殿"的民谣，至今仍广泛流传于四川。

乾隆三十年（1765年），四川总督开泰重建回澜寺，并于寺之东侧建三层亭式楼阁，名叫"同庆阁"（又称"回

[1] 张献忠拆回澜塔事，参见彭遵泗：《蜀碧》，何锐：《张献忠剿四川实录》，巴蜀书社2002年版，第166页。

[2] 参见〔清〕彭遵泗撰《蜀碧》："贼忽驱人至成都东门外洪顺桥杀之，举刃时迅雷奋击者三。献怒指天曰：'尔放我下界杀人，今乃以雷吓我耶？'用三炮还击之。是日死骸激水，桥为之折。"关于张献忠祸川详情，可参阅郑光路：《张献忠剿四川真相》，四川民族出版社2010年版。

民国初期的成都东门九眼桥（大致从现合江亭位置东望） 来源：郑光路购日本画刊

第一章 浸透古意的城池遭遇"近代化" 47

左图：清初地方古籍志书上"东门外九眼桥回澜塔"图（又名"同庆阁"） 来源：清嘉庆廿一年刻本《华阳县志》

右图：民国初期成都锦江回澜楼 来源：郑光路文物市场所购日本画刊

澜塔"）俗呼为白塔，所以回澜寺也被称为白塔寺，四周阡陌纵横。

乾隆五十三年（1788年），四川总督李世杰重修九眼桥。九眼桥是成都航运的重要"水码头"。至清末白塔寺虽颓败，因紧临九眼桥，仍是城东一景，游人多于此依依惜别，临江处舟楫繁多。

民国时期锦江回澜楼外江畔停泊了许多船舶，楼楼阁已破败 来源：郑光路文物市场所购日本画刊

清末，外国人也推崇九眼桥，如日本人中野孤山说："东门外，宏大的九眼桥横跨锦江。该桥由硬砂岩建成，坚固精致。各桥眼的直径有三十尺左右，五板船可以轻松地在桥眼中交错穿行。桥的高度也具相当规模，虽然不知道其准确的数字，但估计有三十尺左右。上面的宽度大概有四间，真的是一座独一无二的巨大石桥。"[1]

1945年白塔寺因附近贫民棚户失火，殃及寺塔而全毁，1953年辟为望江路，直抵望江公园大门。如今人多不知白塔寺图景，笔者收藏有清代刻图及清末日本人所摄白塔寺，堪称珍贵。

1992年，尽管不少专家学者、老成都人极力呼吁"手下留情"，古九眼桥仍被拆毁，在上游几十米处建起"半立交桥"。下游约四里外，不久却修了座"仿古九眼桥"。

## 望江楼和薛涛井

薛涛井，距九眼桥下游约一千米。明朝时，薛涛井至九眼桥之间有巨大塘湖，称"玉女津"。因锦江多水患，塘湖前建"同庆阁"（又称"回澜塔"）用以"镇水怪"。明代末期，塘湖逐年干枯，渐渐缩小仅余薛涛井。井台为石质圆形莲花石座，有石盖，井口呈八角形，井口直径为0.75米。

1667年，成都知府冀应熊手书"薛涛井"三字，并刻立石碑。1814年，四川总督常明在薛涛井左建雷神庙；四川布政使方积、成都知府李尧栋在培修明代薛涛井时，在井斜对面和井旁建成吟诗楼和浣笺亭，后又增建濯锦楼。这些建筑及有关碑碣题记加上茂林修竹，使得此处成为西蜀园林名胜。[2]

光绪十二年（1886年），华阳县人马长卿创议于薛

[1] 中野孤山：《横跨中国大陆——游蜀杂俎》，中华书局2007年版，第100页。

[2] 汪辉秀：《望江楼园林空间分析》，参见《四川建筑》，2015年第2期。

民国时期国内公开出售的成都薛涛井风景照片 来源：郑光路收藏民国出版物《四川导游》（1935年）

[1] 四川省文史研究馆：《成都城坊古迹考》，成都时代出版社2007年版，第313页。
[2] 林孔翼辑：《成都竹枝词》，四川人民出版社1982年版，第124页。

左图：清末时期薛涛井 来源：郑光路文物市场所购日本画刊
右图：清末成都望江楼西侧的"雷神庙" 摄影：[美]张伯林

涛井前建造"崇丽阁"。很少有人知晓：此阁其实就是仿照"同庆阁"而修，但形状而更宏伟，五层楼阁、碧瓦朱栏，时人形容："塔铃四响，登高眺望，江天风物一览在目矣。"[1] 清末成都人冯骧说得更透彻："……胜境也，西接岷江，东通夔万。揽益州之胜景，据长江之上游……盖与登楚之'黄鹤楼'、湘之'岳阳楼'无以异也。"[2]

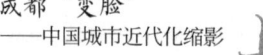

清末锦江边的成都崇丽阁（望江楼） 摄影：[美]张伯林

笔者收藏的清末雷神庙、薛涛井、崇丽阁等珍贵老照片，让今人可一睹百年前此处古雅风貌。

清末，这里成为市民游江和文人雅集、游宴饯别之所，俗呼为"望江楼"。傅崇矩记载："放生会在东门外大佛寺，每年四月初八举行，官商士女，彩船如织，尽一日之兴而散，筵宴所多设于望江楼。""花木甚多，买舟东下者，多设饯于此……夏日纳凉者多。井水甘冽，为成都第一

20世纪40年代成都望江楼下的渡船，主要摆渡四川大学师生

泉。雷神祠居其侧。有售茶者,每碗六文。近年设有饮食店,楼外亦有小车,对岸即新厂(按:即新式兵工厂),有渡船……"[1]

望江楼,实为一百多年来成都"近代化"进程中保护最完好的古迹之一。[2] 1928年,此处辟为"成都第一郊外公园",如今是全国重点文物保护单位之一。

◎ 城市饮水从传统到"现代化"

锦江河水、城内水井和"担水人"

清末城内有金水河、御河、湖塘等,皆岁久淤浅。清末华阳县令周询记载:"两岸居民,多倾弃尘秽,且就河边捣衣涤器,水污浊不能饮。"[3]

成都城墙外的锦江(府河和南河),来自岷山融化的终年积雪,清澈甘洌。茶馆、饭馆离不开河水。尤其是茶馆布幌子必然写有"河水香茶",否则茶客跑光,"鬼都不上门"。挑水夫又称"担水人",清末傅崇矩说全城仅登记在

[1] 傅崇矩:《成都通览·上册》,巴蜀书社1987年版,第73、75页。
[2] 此外,武侯祠、杜甫草堂、文殊院,也是险遭劫难,至今保护尚完好的成都古迹。
[3] 周询:《芙蓉话旧录》,四川人民出版社1987年版,第24页。

清末成都锦江中的挑水夫

民国初期成都锦江中的挑水夫

册的就有436人,"警局发有规则(郑按:即警察局发有担水就业许可证):分挑河水、井水二种。河水每挑十六文、二十四文不等,井水则二文、三文一担……各夫各按各段街户挑水"[1]。

"担水人"一条扁担、两个木桶,到四道城门之外锦江水码头挑水,再"哼哧哼哧"地挑到城内"包水"的人家。大街小巷,随时可听到他们喘气吆喝声:"来了!来了!"这是清末成都常见的市井风情。

"担水人"讲良心,要避开岸边洗菜、洗衣服的人,涉水到深处挑"河心水"。大户公馆和各类官署衙门,则由水车专门送水。

清末成都夜间要关闭城门"宵禁"。挑水夫和送水车夫穿号衣凭腰牌,可在四城门的月城水门验证出入。成都取水通道成为街名,如东门的水东门巷(水津街旁)、西门的西水巷(靠通惠门)、北门的一水巷、二水巷……每天四更(约凌晨4时),这些小街巷就传来木轮水车碾压石板路的吱嘎吱嘎声,融入市民梦乡。

[1] 傅崇矩:《成都通览:上册》,巴蜀书社1987年版,第389页。

水夫还被纳入"消防"角色：一有火警，必须到警察局取竹帽和水桶到火场灭火，完了再挣点辛苦钱。

河水"每挑价值二十文"，不是小数目，可买5个锅盔（烧饼）。当时底层百姓（如守门、丫鬟等）一个月仅能挣七八百文。成都大多数平民百姓吃不起河水，只能饮用井水。

成都地下水丰富，挖地数尺即见水，清末城内有井2515口。[1] 当时街道为516条，每条街平均近4口井。但这些数目可能偏低，据成都档案局资料：1920年前后成都有6100多口公、私水井。[2]

为使井水洁净，要经常淘井。傅崇矩《成都通览》"七十二行现相图"中，有"淘井挖泥"劳工的图像：一根扁担两只大水桶，打赤脚穿半截裤。这一职业大多由穷人特别是外地人担任。

周询记载："井水最为普通。惟人家繁密，井水亦劣，味略咸，以之烹茶，冷后，面起薄朦，俗呼'干子'。映光视之，五色斑斓，令人作恶。稍有力者，仍皆购河水烹茶……除烹茶外，浣濯煮饭悉用井水。"[3]

成都也有优质水井，"以望江楼之薛涛井为第一"。[4] 嘉庆时期到四川主持科考的陶澍在《蜀輶日记》中说，薛涛井水被大官垄断："井水芳冽，惟节署（指总督署）得用之，每日汲取十余斛。"此外，成都著名小吃"铜井巷凉面"，据说也是因为该条巷子井水好而出名。

清末成都水井多，许多街道以井为名。著名的有老南门的凉水井街，东门的水井街，玉带桥附近的大井巷，纱帽街附近的诸葛井街，少城的井巷子，新南门王家坝的铜井巷、铁箍井街（民间传说这里水井为龙王之眼而建有龙王庙）……

[1] 参见傅崇矩：《成都通览：上册》，巴蜀书社1987年版，第389页。
[2] 《成都上世纪30年代吃水靠水井，挑水夫走街串巷贩水》，参见四川在线，2013年10月12日。
[3] 周询：《芙蓉话旧录》，四川人民出版社1987年版，第24页。
[4] 参见傅崇矩：《成都通览：上册》，巴蜀书社1987年版，第7页。

清末城市"近代化"加速。1901年，清廷增设巡警部。1902年，四川省改保甲局为警察总局。1907年，警察总局改名警务公所，所内分设总务、行政、司法、卫生四科。卫生科管理"清道、防疫、检察食物、屠宰、考验医务医科及官立医院"等事项。[1]

1909年傅崇矩记载：警察局"将公私各水井调查清楚，凡有井之处，用木牌写一井字标明钉挂于大门外，使人人知井所，便于应用"[2]。1908年接任巡警道的高增爵，还对各街井水作了化验，分为"可饮""不可饮""制后可饮"三类，并钉牌标明以利市民。[3]

进入民国时期，管理较清末更为加强。1921年省会警察厅布告"严禁井畔淘洗菜蔬、衣物并倾倒脏水渣滓"，卫生科还派人定期疏淘水井。1922年警局卫生科利用先进的显微镜、培养皿等化学仪器检测水质，将水质分为"中等水""颇好""极毒"等不同等级。其后水井数量日益下降。1939年成都城区内有4008口水井，其中公井679口，私井3329口。当时还检查茶铺水源，不符合规定的会被查封。[4]

此后不过几十年，成都的可用水井消失殆尽。即使观赏性水井，也残存寥寥。如正通顺街的双眼井，著名作家巴金诞生于这条街，曾言："只要双眼井在，我就可以找到童年的足迹。"双眼井原为新开寺庙内之古井，专家根据其形制推断应为宋代所建，后寺庙拆毁。2000年前后，城市大拆大建中双眼井也面临毁灭。托名人巴金之福，各界强烈呼吁，才万幸作为"文物"可怜巴巴在街边保存下来，占地用"卧牛之地"四字形容，再恰当不过。

[1] 四川省医药卫生志编纂委员会：《四川省医药卫生志》，四川科学技术出版社1991年版，第3页。
[2] 傅崇矩：《成都通览：上册》，巴蜀书社1987年版，第58页。
[3] 参见陈稻心：《晚清成都警察史略》，参见《成都志通讯》，1987年第4期，第13页。
[4] 颜雪，陈凌寒：《相询老成都当年六千水井今何在？》，参见《天府早报》，2013年10月12日。

## 从"人挑自来水"到正规自来水厂

饮用水的卫生安全,为近代西方国家关切的民生重点。1875年,上海建成中国第一个自来水厂。

1907年,署理四川通省劝业道周善培,和成都商务总会协董樊孔周、董事马正泰等人,在成都修建"劝业场"。1909年,樊孔周等人倡导,由商民集股成立"成都利民自来水公司",每股银十两,共计1131股。此为成都创设自来水公司之始。[1]

南门万里桥下架起水筒车,引水穿过城墙通过专用管道,输送至城内劝业场、盐道街、学道街、总府街、督院街、藩署街、康公庙等蓄水池。送水管道在德国订购,水管短缺,部分用楠竹替补。[2]

劝业场蓄水池建在华兴正街,场内用户用水还得雇人去蓄水池挑,被嘲为"人挑自来水"。还有人"展言子"(说俏皮话):"人挑自来水,有水不自来。"尽管如此,这在成都也算"开天辟地第一回"了。

[1]〔民国〕成都市政公所:《成都市市政年鉴》,民国十七年(1928年)铅印本,第336页。

[2] 参见陈祖湘、姜梦弼:《成都劝业的变迁》,参见《成都文史资料选编工商经济卷》四川人民出版社2007年版,第170页。

华兴街人挑自来水
来源:傅崇矩《通俗画报》

日本人中野孤山，曾仔细谈到"蜀都自来水之开端"：

"引水管是由粗大的竹子连接而成的。竹子的连接处用苎麻捆绑，再敷上水泥。水源是锦江，先用一个直径为三丈的大水车把锦江水打上来，然后，把江水存放在位于市内一角的一个水泥蓄水池里，再通过引水管把池里的水引到各条街上的蓄水井中。这个蓄水池之小，简直就是一个模型，不太实用，如同儿戏。市内的人也不太用这种自来水。也许这是一个尝试，但好歹是蜀都自来水之开端。"[1]

说"开端"是正确的。当时的自来水，只是想法子把江水由管道直接输运到城内蓄水池，并没有消毒、清洁等现代化净化工序。清末成立"利民公司"后，又陆续开办了几家自来水公司。但这些公司"创设之初学识经验俱甚缺乏"，甚至不晓得水压过高可致水管胀裂而"非铁管不可"。所以"不旋踵均归泡影"停业，唯有"利民公司"南河一带均用铁管，到1926年后仍在营业，自来水供不济求。1926年7月，成都市政公所"组织成都市自来水委员会"，最初雄心勃勃，"以期于最短期间催促新式自来水事业之成功"[2]。

[1] 中野孤山：《横跨中国大陆——游蜀杂俎》，中华书局2007年版，第107页。
[2]〔民国〕成都市政公所编，杨吉甫等编，姚乐野校点：《成都市市政年鉴》，民国十七年（1928年）铅印本，第336页。

成都最早的自来水取水装置，照片中水车的背后可以看见南门城楼顶
来源：郑光路文物市场所购日本画刊

1946年5月2日成都自来水厂开始供水，春熙路出售处水泄不通，就是这种景况　来源：档案馆资料

[1] 据四川档案馆保留的当年水厂设计图纸和计划书。

[2] 李铁夫、米庆云：《从成都市自来水公司看反动统治下的社会福利事业》，参见四川省省志编辑委员会：《四川文史资料选辑·第7辑》，四川人民出版社1963年版，第119-120页。

[3] 《新新新闻》，1946年6月4日，第10版。

[4] 海粟：《茶铺众生相》，参见冯至诚：《市民记忆中的老成都》，四川文艺出版社1999年版，第141页。

[5] 王喆、马丁：《成都为什么成为缺水城市？》，参见《成都日报》，2013年10月12日，第3版。

直到1944年，成都才开始修建正规自来水厂。厂址在如今的送仙桥旁边，面积约50亩，以摸底河、清水河作为水源。[1] 1945年8月1日，成都正式成立"成都市自来水公司"。1946年4月13日，举行放水典礼。[2] 1946年5月2日才开始供水，成都报纸报道其盛况："春熙路出售处，昨三日据售者称，该处出售时间，每日上午六时起至十二时止，午后一时半起，至八时止，购者踊跃，水泄不通。十个开水龙头，应接不暇，流三百余挑，观众奇观，小孩群聚，人言水清洁白，饮水方便……"[3]

清末以"河水香茶"为招牌的茶馆，开始以"自来水泡茶"吸引茶客了。老人回忆："1946年，成都开始办起了自来水厂。这家茶厅（华华茶厅）首先启用，茶客趋之若鹜，生意格外兴隆。"[4]

许多挑水夫"饭碗"打烂了，但无可奈何。时代潮流如大江东去，淘汰许多旧事物。但如今，离都江堰不过50多公里的成都，已是全国400多个缺水城市之一。[5]

原因很简单：城市向现代化"华丽转身"的进程中，对老祖宗几千年遗留下来的自然生态环境无情大破坏……不亦悲乎。

# 第二章 从封建旧官场到近代化『立宪』

## 第一节 黑暗的司法、刑律和监狱

### ◎ 四川臬台和华阳县令见闻录

官场腐败、贿赂合法

大清国1644年开朝,至晚清社会矛盾激化,已形成系统性的恶政:①横征暴敛、巧取豪夺;②公开卖官,吏治腐败;③狱讼纷繁,草菅人命。

道光二十七年(1847年)八月二十日,紫禁城勤政殿东暖阁。道光皇帝召见即将赴任的四川按察使张集馨。面对跪拜丹陛下时年48岁的张集馨,皇帝承认大清王朝风雨飘摇:"汝此去,诸事整顿,我亦说不了许多。譬如人家一所大房子,年深月久,不是东边倒塌,即是西边剥落,住房人随时粘补修理,自然一律整齐,若任听破坏,必至要动大工……"[1]

张集馨(1800—1878年),江苏仪征人。宦途三十年间,在山西、福建、陕西、四川等省任职,尽阅官场百态。

[1] 张集馨:《道咸宦海见闻录》,中华书局1999年版,第88—89页。

左图:四川按察使张集馨《道咸宦海见闻录》,披露了清代官场许多真相

右图:图为清末《神州画报》上讽刺官员的漫画《营私纳贿》

他早年有清誉,熬到道光二十五年(1845年),补授陕西"粮道"。

清代官员的正式俸禄很低。从雍正皇帝(1723—1735年在位)开始,发给官员大约为岁俸几十倍乃至上百倍的"养廉银"(根据职别、地区不同,数目不等)。除"正俸""养廉银"外,官员主要依靠被称为"陋规"的收入,即贪污受贿、卖官等灰色收入。最常见的"陋规"指官员间相互馈赠,是朝廷默许的公然贿赂。

张集馨自述,他任陕西"粮道"一年后,得"陋规"六万余两,不但把赴任前为馈赠京官而借贷的一万七千两白银本利全部还清,还寄回仪征老家一万多两银子。

1847年,陕西任上的张集馨升任正三品的四川按察使。皇帝专门召见后,张集馨没忙着去四川"补破房子",前脚刚从紫禁城出来,后脚就按照已成官场显规则(所谓"常态")的"陋规":请客、送礼、摆饭局,尤其要向中央各部门官员行贿送礼,称为"别敬","共用'别敬'

一万五千余两"。他这个正三品按察使,一年只有正俸130两,加上每年"养廉银"也只有约4000两。

张集馨披露:外官对京中大僚,除节寿送礼以外,还有别敬、炭敬、冰敬、瓜敬等名称,以"通声气""保位""求升"……他说自己在各省当官,"通计每年用度,连京城炭敬,总在五万金上下,而告帮告助者不在其内"[1]。

京官外官互有所求、狼狈为奸——这就是官场普遍贪污腐化的"体制性因素"。

直到1902年9月,朝廷学习西方国家实行"新政"。直隶总督袁世凯上奏折《整顿吏治,将各种陋规一律酌改公费》。所谓"公费",就是从国库定额税粮中,名正言顺地划拨出一部分给各级衙门,成为合法小金库以贴补各级官员。这是把"陋规"隐性腐败,变为公开性的制度性腐败。清政府采纳了袁世凯意见,谕令各督抚执行。[2]

张集馨一到成都,发现"地方啯匪横行,杀人于市,掳抢勒赎之案,无日无之……"

"啯匪"主要组成是破产农民、游民。他们烧香结盟、打家劫舍,类似现在所说的"社会黑恶势力"。连总督大人宝兴外出行香拜庙,"非以重兵围护,不敢出署"。张集馨说:"啯匪之敢于横恣者,恃有包庇之人耳……而'城守营'尤甚。"[3] 用现在的说法,就是黑恶势力有官方"保护伞",警匪勾结、猫鼠一家。

张集馨说:"川省游民极众……无计谋生。"[4] 这些游民饿得心慌,自然就做贼抢盗当"啯匪":"凡有抢劫之案,动辄数百人,或数千人不等。长枪大戟,公然抗拒。其实头目不过数人,余皆无赖流民随声附和……及官兵、乡团会同追捕,匪势不敌,而头目已先遁去。所捉获者半属乞丐小偷及无业游手,处以极刑……"[5]

[1] 张集馨:《道咸宦海见闻录》,中华书局1999年版,第4-9页。
[2] 参见李洵、薛虹:《清代全史——第九卷》,方志出版社2007年版,第277-278页。
[3] 张集馨:《道咸宦海见闻录》中华书局1999年版,第91-92页。按:城守营,相似后世武警部队;成都城守营旧址在现城守东大街。
[4] 张集馨:《道咸宦海见闻录》,中华书局1999年版,第121页。
[5] 张集馨:《道咸宦海见闻录》,中华书局1999年版,第96-97页。

### 酷刑峻法、水煮嫌犯

当时司法、监狱黑暗，令人发指：犯人（有很多是仅因为婚姻、田土、钱债引发民事小纠纷的老百姓，甚至完全无辜的中间人、证人）先关在"卡房"（类似临时羁押所、收容所），每日只给稀饭一小碗吊命，"终年不见天日，苦楚百倍于囹圄（即正式监狱）"[1]。

正式监狱同样黑暗。前任四川按察使刘燕庭等官吏，一味刑讯逼供："不问真伪，先责小板四百，然后讯供。其中供情不得，而罪名莫定，即于大堂杖毙……诛戮极多。……三木之下，何求不得也！"

"三木"，一指木枷；二指夹棍或由木头"拶刑"（拶读"渣"音，狠夹犯人十指）和坐"老虎凳"；三指"木笼"。张集馨披露："川省游民极多，每每三五成群，在集场滋事。被拴至（官）署，装以木笼，名目不一，或曰坐笼，或曰站笼，断其水食，一日而毙……"[2]

刘燕庭审讯古怪而残忍：把犯人押到东大街城隍庙，在神像前摇签占卜，摇出阳签犯人免死，阴签立即杖毙，打得人犯"或头浆迸出，或肢体断折……惨酷不可言状"[3]。此外还有无数人坐牢折磨而死："前此通省'瘐毙'者，每年不下一二千人。"[4]

臬台衙门旧址，在现成都春熙路孙中山铜像东侧一带。臬台西院有"发审局"，类似现今省级法庭。臬台张集馨到任后比较"慎刑"，但也遵照道光皇帝不要怕多砍脑袋的谕旨，决不心慈手软："审王青狗等共百余人，俱于腊月二十六日请令正法……"[5]

各地监狱非常黑暗，狱霸横行。如资州监狱牢头周鸣同，经常对嫌犯"吊拷诈赃""凌虐拷逼"，还在监狱中大

[1] 张集馨：《道咸宦海见闻录》，中华书局1999年版，第96页。
[2] 张集馨：《道咸宦海见闻录》，中华书局1999年版，第112页。
[3] 张集馨：《道咸宦海见闻录》，中华书局1999年版，第92页。
[4] 张集馨：《道咸宦海见闻录》，中华书局1999年版，第96页。"瘐毙"，即被折磨而死在监狱，官府往往托词"病死"。
[5] 张集馨：《道咸宦海见闻录》，中华书局1999年版，第94-95页。

第二章 从封建旧官场到近代化"立宪" 63

左图：清代犯人街头"枷号示众""站笼"酷刑

右图：清末被"戴木枷"的女犯人

放高利贷，"开设小押，重利滚剥"。每当嫌犯入狱，周鸣同大施淫威，"带同缓决犯人，将（新）犯吊在柱上，用水桶盛水挂人背上，又令口吹溺壶（即尿壶）。又用竹签拷打逼赃，赃不如数，拷逼不已……"。尤其可恶的是"女犯入监，牢头逼奸"。

周鸣同心狠手辣，后来连外地经过资州"寄监过站"的人犯甚至押送的差役，也一概"吊拷逼赃"。有一回，井研县一名官差押解犯人进省，寄宿资州县监狱内，周鸣同等将井研县犯人连差役"一并吊拷勒赃，大受凌虐"。这名井研县差役遭遇"黑吃黑"，跑到资州衙门击鼓喊冤。知州舒翼竟然不敢深究，井研县差役只好跑到省城控诉……

张集馨惊叹"蜀省刑名繁重，甲于海内"，各州县官员乱判"糊涂案"的事比比皆是。如仁寿县令刘钧贻把十五人解省，张集馨审讯后知乱抓良民，放回重审。刘钧贻"恼羞成怒，竟将此发回之十五人概行监毙"。"候补县令毛震寿在双流捉获啯匪……用镬煮之"，就是残酷地用大鼎锅热水煮死嫌犯……[1]

[1] 参见张集馨：《道咸宦海见闻录》，中华书局1999年版，第100-102页。

## 打官司难

若你穿越回清末成都,要去递张状纸"须费钱七百五十文"。[1]当时佣仆、工仆等底层民众"工资大都每月仅数百文,多者千文而已"。[2]

"房班差役"看你是穷是富,马上进一步伸手要钱,"送五十个钱"意思"即五百钱也";"送五百钱"其实"即五千文也";"送一两银子"其实"即十两钱也"。不这样送钱,状纸根本递不上去。

状纸递上去后,要叫差役传唤原告、被告。官府明文规定:"批准差票发下,原告应出票礼钱四百文,归房书得。又应给差人之发脚钱,或数百文、数千文。"如果官司还没开打原告就被"大出血"吓破了胆,甘愿"具结"不打官司了,也必须"具结":"每张出钱二百文,归(衙门)侧门内得。"

如果被告想看下"签票"(即诉讼通知书)了解事由,差役马上讲价还价:"出示被告一阅,名曰'照票'。被告即应托人与差役说钱,名曰'答白'……"衙门如要押解嫌犯,被告得给差役伙食费:"每名每日给口食钱二百文或一百文。"如需暂押在特殊的中转旅店(店名"押保店")等待过堂审问,"店号钱甚贵,贫者至此,如押十日,家倾矣"。官司还未开打,立马让你倾家荡产。

衙门要慢吞吞地"人证传齐",才会向原告、被告"开单送案"。这又"须出开单钱……否则任意延沓(时日)"。如果是原告,还得出一份"铺堂钱"。[3]

[1] 傅崇矩:《成都通览——成都之讼事》,巴蜀书社1987年版,第120页。

[2] 周询:《芙蓉话旧录》,四川人民出版社1987年版,第32页。

[3] 傅崇矩:《成都通览——成都之讼事》,巴蜀书社1987年版,第120-121页。

## 地狱般牢房虱子有一尺多长

成都府所属成都、华阳两县"卡房"（类似后世"看守所""拘留所"），都"秽恶不堪"，人犯"无不冻馁"。当时人傅崇矩，听说人犯身上的虱子有一尺多长，他"甚为惊异"去问老狱吏，回答说："虱生满（颈）项，牵连成线，甚至二尺余。"

"卡房"中有大管事（牢头），又有收堂管事、收案管事等狱吏、狱卒，胡作非为大吃黑钱："新犯入卡之'卡费'，自数千至数十千或数百千（文）不等。每卡费中一千文，大管事应提钱三百七十五文，下余之六百二十五文由收案以下之执事人派分。无论何人入卡，均须出费。"这种"吃黑钱"六亲不认，就连同衙门的差役"犯事收卡亦须出钱千文或数百文"。

"卡房"中还设有"卡差"多名，他们不能得"卡费"，只能去索取"枷犯""笼犯"（都是重犯）的钱。

你如果有钱，会把你当成财神菩萨供奉，在"卡房"可享受特殊待遇："卡（房）外有买办，犯人每欲买饮食，须出脚力钱二文至十文不等。有钱者并可自由吸烟，自由饮食，自由炊煮。"穷人就凄惨了，只能抢些"人弃之菜根果皮"吊命："若贫苦人入卡则多瘠毙，名曰'干鸡子'"。

入"卡房"日久的"'干鸡子'虽穷馁，亦往往欺辱新犯，动辄聚殴之，官不能禁也。或将新犯所著之新衣服，扯揩疮脓及种种粪秽"。"或将'干鸡子'之虱子、臭虫，捉放在新犯人头上、身上。"这体现了弱者相欺的人性丑恶一面，古今监狱莫不如此。

"卡房"中狱吏大放高利贷，傅崇矩说："利息之大，骇人听闻……每借一百文，每天利钱多至十八文或二十文。"

"卡房"中"给饭两顿,早晨稀饭,午间干饭,每人领饭一股,每股饭只有一小土碗,不能供饱也"。就是吃这点吊命饭,也必须先花钱买"饭笺",交笺打饭;每只"饭笺"名曰"一皮",须花钱六文买得。穷苦人犯如无钱就惨了,只有"当卡饭"[1]:"贫困之犯每每将(自)己名下之一股饭,'当'与别人。每股稀饭可当钱五十文,每股干饭可当钱二百文。一经当出,即受饿亦不能得食,须筹有二百文钱将原当取清,方能得食。如十日无钱购取,则十日均不得食,只能自饮清水而已。"这是"痎毙"重要原因之一。

[1] 这里的"当",是"典当"之意。

## ◎ 清末成都的刑场和刽子手

### "砍脑壳""活剐"等残酷死刑

成都至今仍常能听到咒骂人的恶语:"你这砍脑壳的!"

清朝刑场上杀人示众的情景,犯人引颈待死

清末官吏、法学家沈家本（1840—1913）

[1] 沈家本：《历代刑法考》，商务印刷馆2011年版。
[2] 周询：《芙蓉话旧录》，四川人民出版社1987年版，第55—56页。

历史上死刑并非仅是"砍脑壳"。清朝有本《历代刑法考》[1]，统计出秦朝以前就有30多种残酷死刑，如把犯人剁成肉酱的"醢"、把犯人做成肉干的"脯"，及火刑、炮烙等花样……三国魏晋后，死刑基本规范为"绞刑"和"斩刑"两种。

但此后为提高死刑的"震慑性"，北宋在"绞""斩"两刑外又增加"凌迟"（就是"千刀万剐"），此外还有"腰斩"。清朝雍正时主考官俞鸿图江南科场作弊，雍正皇帝大怒，在无锡将俞鸿图腰斩正法。俞鸿图被腰斩两段没立即死，在血泊中乱滚还用指头蘸血在地上连写七个"惨"字……雍正皇帝闻报恻然不忍，下令自此废除腰斩酷刑。

"凌迟"人犯，四川俗称"剐人"，清代成都历来都在北门外荷花池执行死刑。

清末华阳县令周询曾多次刑场监刑，他讲"凌迟"大刑"例由总督请王命验绑，委员前往监刑"。[2]

这是我们了解封建社会残酷刑律的极真实而珍贵的第一手史料。

成都为"四川刑名总汇之地"，一般都是在农历霜降后"秋决"行刑，由四川最高司法机关"按察司"下达"钉封文书"（即判决书），"验绑"勾决后执行。刑场监刑者多为成都、华阳两县的县令。最初刑场在东较场，后因附近居民渐密，到清朝中叶后，改在北较场（现原成都军区大院至文殊院一带）。为杀鸡儆猴，死刑执行后还要"弃市"（刑场暴尸）或悬头示众。

清末《锦城竹枝词中》中载："北较场考武举人，文殊院侧武棚邻。闲时芳草行刑处，秋夜萤飞讶鬼磷。"刑场阴森荒凉，很有些《聊斋》中吓人的光景。

东北两较场口都有一桥，因人犯至此已吓得尿湿裤裆、丧魂失魄，故叫作"落魂桥"。其名不雅，后改成"落虹桥"。光绪末年编练新军，在北较场建修武备学堂，将刑场改在北门外砖棚子前一空坝内（荷花池附近）。

如今新南门附近的下莲池也曾是成都刑场，紧靠成都老城墙。这里杂草丛生，白天都阴森可怕。居民半夜间仿佛会听到哭声呜咽，有时依稀听见令人心惊肉跳的敲梆声……民间传说："那是城楼上冤鬼在'鬼打更'。"当妈的都告诫娃娃："千万不要乱爬城墙，那里有冤鬼'麻脸子'要背娃娃！"

成都另一处著名刑场，在莲花池。这里荷塘方圆数里，四周野坟荒冢不少。莲花池刑场右侧有个"地藏庵"，住有尼姑。刑场左面约一华里叫"黄天荡"（现宏济路一带），是著名任人乱葬埋棺的"官山"。被处死后有人收尸的，多暂停柩于地藏庵；无人收尸的，地方人士叫俗称"干鸡子"的讨口子，拖到"黄天荡"破席裹尸"软埋"……所以常有野狗十多只在"黄天荡"乱窜狂吠。行人白天也须手捏打狗棒，结伴而行，独行则非得有武松上景阳冈之勇不可了。

### 刽子手及冤鬼"无影儿"奇闻

刽子手，四川俗称"砍爷""宰把手""吃红粮的"。刽子手无正式编制，都是些"兼职砍爷"。执刑杀人时另赏给"花红彩礼"，据说领赏前还要象征性挨几板子"退煞"。

行刑时要吹鬼哭狼嚎般的"断头号"。"砍爷"红布缠头、短衣敞胸，满脸杀气。人犯则背插"斩标"，多半吓得如垂头蔫鸡，尿湿裤裆。当然也有充好汉沿街乱吼乱骂："20年后再和各位爷们相见！"官府觉得犯人"吼街"有煽动性，往往给犯人上"咬牙棒"（戏称"锁口符"），即往口里用绳系竹棍勒口。

死囚的家属，有的贿通"砍爷"动作麻利点，让人犯速死以少痛苦；或"留绊"（即留点皮肉连在颈项上）以保"全尸"。"砍爷"刑后还可像鲁迅《药》中的刽子手，卖点"人血馒头"给人"治病"。此外还有买"蘸血钱"（刑后铜钱蘸血）、"解血绳"（即绑犯人的绳子）的，迷信者说可以"驱邪除灾"……所以"砍爷"虽一年仅开张一两回，油水也不少。

有时对人犯并不仅砍头。有一年处决谋财害命的刘悦南、丰子清二犯，先要"点天灯"（天灵盖上开骨点烛火），在众士绅劝说下改判为"肢解"刑。刽子手砍猪肉一样，先把犯人剁手剁脚，然后大卸八块。又有一年，强奸幼女犯蒋某，执刑人先把其阴囊睾丸割了，才处死……

刑场成为阴森可怕之地，各种传说不胫而走："昨晚有死鬼半夜到街上找脑壳，把摆摊子的王汤元吓惨了，煮汤元的砂锅都打烂啰！"

华阳县令周询说："晚清同治到光绪时，成都清兵城守营领旗马兵范某，是四川刽子手中龙头老大。范某从年轻时干这一行直到70多岁，砍脑壳及剐人不可数计。每砍一人，他得钱一千文，剐人则得三千文。以后省城的刽子手，无一不是范之弟子。"[1]

清末成都又出了个有名的刽子手冉海青，是范"砍爷"之徒。

冉海青其貌不扬、神态猥琐。重庆评书艺人卫秉诚有一段很著名的《无影儿》，讲的是清代巴县有个张裁缝到成

[1] 参见周询：《芙蓉话旧录》，四川人民出版社1987年版，第55-56页。

都谋生，不晓得啥子原因被官府判斩。临刑前张裁缝见冉海清原来是他表兄，哀恳放他。冉海青骗他说："刑场上，我一拍你背吼'快跑'！你就跑……"至刑场，冉拍其背喝："快跑！"实则挥刀真砍。事隔数年，冉返渝，见已斩决的张裁缝在街边喊他。冉虽是"砍爷"，也惊骇不已。张裁缝说："承表哥刑场拍背喊我'快跑'，弟力奔获免，逃回重庆仍当裁缝，已娶妻生子啦。"他引冉入店介绍妻儿，置酒酬恩。

冉"砍爷"惶惑入席，几杯酒后探问："当年你确死于我刀下，为啥子又活转来啰？"张裁缝闻之骤然变色，立即软瘫桌下化为几缕黑烟，只存衣鞋……张裁缝的婆娘大哭，扭冉控官指为谋杀。省城官府审得张裁缝确早已被冉行刑杀死，事太荒诞不能结案。有个师爷出主意：令张裁缝的婆娘抱娃娃在太阳下验之：母有影、子无影，断为鬼种，故名"无影儿"……

这故事至今流传于成渝等地至今仍流传甚广。当然只是《聊斋》式评话，实质上是抨击专制时代草菅人命冤案很多，枉死者死不瞑目。传说归传说，冉海青这个"砍爷"确实有其人，他还传艺给重庆的冯占奎，冯是清末民初重庆有名的"砍爷"。

据欧阳平老先生回忆：有次砍永川匪首廖守义等人，冯占奎青绫缠头一脸杀气，手里拎着鬼头刀和一大块血淋淋的人肝……民国后有了洋枪，废"大辟"砍头，冯"砍爷"断了财路，改行在旧重庆消防大队任司号。抗战中在日寇历次轰炸时他都亲临现场，冒险指挥消防人员劳绩颇多，重庆老百姓对他很夸誉。1950年后政府还安置了冯占奎就业，60年代才病逝。[1]

[1] 参见欧阳平：《旧重庆的酷吏、刑场、刽子手》，参见《红岩春秋》，1995年第1期。

## ◎ 封建刑律开始近代化改革

### 四川总督锡良功不可没

清末《大清刑事民事诉讼法》《大清新刑律》《民律草案》，集成《大清新法律》，为中国法律现代化奠定了基础

1901年后，风雨飘摇的大清王朝要搞"新政"了，"改革法律"是其中之一。其重要内容是学习西方国家法律制度，改革监狱、废除酷刑。影响最深远的是三个总结性大法：《大清刑事民事诉讼法》《大清新刑律》《民律草案》，这为中国法律现代化奠定了基础。

清末四川刑律、警察等改良，四川总督锡良功不可没。

光绪二十九年（1903年）十月，川省开办"课吏馆"（类似后世的干部学校），选取官员入馆"肆习内治、外交、服官当修之学"。1906年改设为"仕学馆"，分刑律、教育、警察、财政、外交五大门类，官员培养向近代化靠拢。

光绪三十二年（1906年）农历八月，锡良责成提学使方旭、候补道周善培，将"仕学馆"改制成"四川法政学堂"，拉开了四川近代法学教育序幕。

法政学堂分为"官班"和"绅班"，由毕业于日本东京的帝国大学法科的邵从恩、张孝移分任两班监督。"官班"学员从官员队伍中选拔，"绅班"由民间士绅中选拔。学堂地址初设在成都皇城贡院西侧（后迁总府街臬台衙门内务司旧署）。锡良向朝廷汇报：法政学堂管理严格，"随时奖其进者而罚其不进者"，"不及格者咨遣回籍"，"优异者分别奏奖委署差缺"。[1] 法政学堂从学堂监督到一般教员，绝大多数为日本大学毕业，且多半具有科举功名。这充分表现出中国旧法制，正向日本近代法学体系转型。民国后，当局政府又逐渐向欧美国家学习。

[1] 锡良：《四川改设法政学堂折》，《锡良遗稿》，第1册，中华书局1959年版，第648—649页。

1907年11月，法政学堂还开办宪政讲习速成科，附设于"官班"，专为省城知县一级官员和其他辅佐官员而设。夜间上课，每晚两小时，12人为一班。课程有：法学通论、宪法、行政法、国际公法、刑法、裁判所构成法等。学习期满考试合格，发给凭证。

四川总督署所办的《四川官报》，四川提学使司所办的《四川教育官报》、地方自治局所办的《白话报》等，主要内容皆为法制宣传，如清廷诏旨、总督训令、中央和地方法规、国内和省内法制动态、国外法制新闻等。各级官府还经常张贴白话告示，以"摆龙门阵"的方式直接对民众进行法政宣传。[1]

这个时期，可以说是官民"普法"的黄金时期。

1906年后，清政府法律修订大臣、大理院正卿沈家本，专门奏请改良狱政。[2] 其主要内容是学习外国监狱管理制度，以人道主义感化改造犯人；由传统酷刑惩罚，逐步转向为近代化文明治监。这年，清廷令全国设"罪犯习艺所"。

光绪三十三年（1907年）正月十九日，锡良向朝廷汇报在四川开办习艺所及乞丐工厂、幼孩工厂、老弱废疾院、苦力病院等情形。从原始档案——锡良奏折中可以发现：这位四川总督很有防治犯罪源头的"治本"意识。他说：

"窃维游民实盗贼之源……游荡失业者无所为生、因而蹈死以求生"，由此犯罪率高，"囹圄滋繁"。所以要创办上述机构，解决贫民问题："大旨则以扶养民生、靖绝乱源为归……于习艺所之外，复广设各种贫民工厂者，良以此辈即罪犯之所由来，不养则莫救目前，不教则难使自立，故各所厂名目虽殊，其欲救民之死亡，止民之犯法而教民之各能自食其力。"

为什么要犯人"习艺"？因为"若不设法教养（按：

---

[1] 四川省地方志编纂委员会：《四川省志·公安司法志》，四川人民出版社1997年版，第260页。

[2] 《沈家本等奏实行改良监狱宜注意四事折》，参见故宫博物院明清档案部汇编：《清末筹备立宪档案史料》，中华书局1979年版，第831页。

指在狱中学习谋生技术），罪人之期满出狱，即难保其不释而复拘……"

锡良认为学习西方近代化刑律，有紧迫性："近日东西各国，亦于监狱管理之法，罪囚恤教之方，精考穷研，无微不至。此次巡警部创设习艺所，近仿欧西，远师前古，安良革莠，实为当务之急。"

锡良汇报四川这方面的进展："将所管监狱，仿照新法改造……现在州县狱制已革从前暗秽瘐惰之习，渐能合于卫生。"

锡良重点谈到省城成都：札饬成都知府文焕，在城西购买民地八万二千平方尺，建筑"通省习艺所"。锡良说自己"随时监视指导"，"责成省城警察总局为该所总办（按：指周善培），成都府为该所监督，另选曾经出洋晓外国监狱法制之员驻所坐办"。

锡良叙述成都监狱详细设施很周全："容六百人，分别内外两厂，内厂收罪犯，外厂收游民。其中应设之办公室、讲堂、监舍、工厂、寝室、食堂、浴室、接待室、会晤室、陈列室、看守室、卫室、瞭望楼、诊察室、轻重病室、储料室、仓房、闇室、厨茶室皆备；其人员则坐办以下，凡文案、会计、监工、稽查、讲师、工师、医师皆备；其规则则依仿部章，并参取日本监狱制度……虽不能遽比欧西，亦未敢过求苟简。"

锡良清醒地认识到："惟监狱之制，欧美研求有年，尚称缺点不少。中国开办之初，自难遽臻完美。"但锡良很自信，他要把成都的监狱改良领先全国，并将成功经验推广到其他省份："奴才愚意欲以省城为标的，而推及省外州县……"[1]

这年成都还创立了可容100多人的"迁善工艺所"，

[1] 锡良：《奏开办习艺所及各项工厂情形折》，参见《锡良遗稿》，第1册，中华书局1959年版，第644—645页。

"选择羁押情轻罪犯,并招穷苦幼孩之学艺,可容匠徒100余名"。又设立"成都县罪犯学堂",罪犯按程度分为甲乙两班,课程有修身、读经、习字、历史和算术五科。每日上课五小时,其余时间"各监犯有手艺者仍得自理其业,以资津贴……"并订有奖惩制度:"恪遵定章,深知改悔者,禀请量予酌减监禁年限。"[1] 这种"减刑"更有"近代化"法制色彩了。

此后四川总督赵尔巽,成都知府于宗潼、成都知县史文龙、华阳知县钮传善等官员,都在成都"锐意改良监狱"。[2]

宣统二年(1910年),在成都县小北门西来寺南(今宁夏街)勘定官地四十亩,开工修建四川模范监狱,次年6月竣工。监狱分内监(押已决犯)、外监(押未决犯)、女监、病监四个部分,共容五百余人,[3] 所以又称"四大监"。民国时期先后改名为"四川陆军监狱""四川省第一监狱",1950年后改为"成都市公安局看守所"。因为少有人知其历史来由,常误写为"市大监"。

## 审判厅、检察厅的成立和诉讼费透明化

宣统元年(1909年)八月,四川总督赵尔巽在"新政"浪潮中又加以改革。

民事、刑事案件,原由成都府和成都、华阳两县分级负责。1910年12月2日,四川高等审判厅(厅址在成都市正府街,今四川省高级人民法院所在地),成都府地方审判厅,成都县、华阳县初级审判厅,同时成立。此外,各级检察厅附设于各级审判厅内,与审判厅同时成立。[4]

以上事件的发生,标志着四川司法审判与行政机关分离,四川近代司法体制开始形成。

[1] 《四川官报》,乙巳第4册"公牍";《成都县罪犯学堂章程》,《四川学报》丙午第5册,"章程"。转引自王笛:《跨出封闭的世界——长江上游区域社会研究(1644-1911)》,中华书局1993年版,第635、636页。

[2] 傅崇矩:《成都通览:上册》,巴蜀书社1987年版,第126-127页。

[3] 《督宪批藩臬两司详相定建筑模范监狱基址绘图赍呈文》,参见《四川官报》,1910年第16期。

[4] 参见吴康零:《四川通史:卷六——清》,四川人民出版社2010年版,第201-205页。

川督赵尔巽承认以前老百姓为个平常小官司，花了数十两乃至百余两银子，还等不到官府一审。赵尔巽说："现当预备立宪，分年筹设各级审判厅，将建独立之司法，除历来之积弊。凡我人民，皆得法律之保护，不受书差之扰累……违即察候尽法惩办。"

四川省发布《通饬厘订讼费》，明码标价从州县到省城的逐级"递状费"：

①须买用官定状格，每套正副二纸，纸费定价六十文。

②厅、州、县自理词讼状费，每状缴费钱八百文。

③司、道、府、直隶厅、州，"上控"状费，每状缴费钱一千六百文。

④（省城高等法院）"院控"状费，每状缴费钱二千文。

此外，还规定了"审案费"：

①每案审结后，缴讼费钱十千文（即十串铜钱），由原告、被告根据具体案情分摊交纳。规定了"如实在贫难，由问官临时查明酌减，极贫酌免"。套用现在语言，就是"司法援助弱势群体"。

②田产、房屋等财产案件，如价在四百两以上，由得受者按百两缴银二两，免缴审案费。这似乎也不算多，现在律师代理财产官司，收费也远比这高。赵尔巽《通饬厘订讼费》发布后，"百姓欣幸"。[1]

[1] 傅崇矩：《成都通览——上册》，巴蜀书社1987年版，第120-124页。

◎ 谘议局对司法不公的强力干预

纠举崇庆州牧张溥酷虐玩法案

1909年10月14日，四川谘议局成立，成为监督司法、牢狱的利器（谘议局详情见后文）。

崇庆州知州张溥前任灌县时，肆行虐杀臭名远播。调署崇庆州后，借称地方多盗，凡认为形迹可疑者即拘捕严讯，冤死者数以百计，因刑残废者不计其数。1910年年初，谘议局发出《纠举崇庆州牧张溥酷虐玩法案》。

谘议局弹劾说："新政"法律改革，规定"夹棍拶指"与"枷杖"一并删除。"其犯应刑讯者，止用掌嘴、笞责、跪链等刑，此外皆为非刑。"而张溥"自出新意，造用惨无人理之刑"。此处列举张溥创造出6种酷刑：

其一"满底抬槛"（槛，即盒状木器）。当胸处置横木一根，使人不能前俯。在底盘上铁链，铺上一层烧过的炭渣，让人犯露膝坦背跪于其上，将两手分别绑在柱上，再以

清末"立宪"重要步骤是成立谘议局，横额"立宪万岁"四个大字，与下立的大清官员笨重服装形成滑稽对比　摄影：莫理循

横木杠压其腰弯,上撑下钉。受者骨疼欲破,求死不得。

其二"懒板凳"。用板凳两条,凳面凳脚缚横木棍各一。将人腰弯捆凳面横棍上,再将两手从棍下弯过,把双脚趾和双手大指,一起捆在凳脚横棍上。另以大石坠悬发辫,使不得前俯。并使全身与大石之力都集于手脚。受者嚎哭声嘶,汗出如雨……

其三"鸭儿浮水"。用绳将两手反接,缚其两大指,升悬梁柱离地三四尺。再用一绳,捆两脚大指,绳端坠悬大石。受者如挂死蛇,惨不忍睹。

其四"塌背烧香"。为前三种之附加刑。用粗香百余枝燃红,缚人背上。另用一木垫高香尾,使火头紧着背肉。差役拿扇子在旁边扇风,顷刻肉烂流油……

其五"马鞭条子"。也是前三种附加之刑。以密节实心竹根鞭子三根捆束一起,执刑者两人左右夹立,各执一束左右抽击。不数十鞭,满背"血流如瀑"。此刑常兼用于"塌背烧香"之前,为"附加刑之附加刑矣"。

其六"吊高笼"。与寻常木囚笼相同,但加高二尺许,使人全身悬挂如同上吊,但更受罪,"至半日而始能毕命"。

谘议局弹劾说:"以上各刑,布满皇堂,日日使用。全州无人不知,无人不见……其为显违律例,私造酷刑。"

谘议局并罗列案例:熊老十,崇庆州道民场担水夫,通场皆知为良民,为巡防营枉拿。熊老十"一日之中,两次备受非刑……几至于死"。被当地人"力保得释"后一足残废,"在道民场流为乞丐"。谘议局说"似此者多不胜书"。[1]

之前,官员滥施酷刑是合法的,张溥甚至誉为"能员"。清宣统元年十二月,朝廷下旨内阁,批准赵尔巽保举属

[1]《纠举崇庆州牧张溥酷虐玩法案》,《蜀报》第六期,"省治汇录",庚戌年十月朔日出版,载于隗瀛涛、赵清主编:《四川辛亥革命史料》上册,四川人民出版社1981年版,第159-160页。

员的奏折，上面就有"署新津县知县禄勋、署灌县知县张溥"等22人，圣旨说："据该督胪陈政绩，均着传旨嘉奖"。[1]

谘议局的弹劾，迫使赵尔巽将张溥挂牌免职，也惩办了其他一些贪官酷吏，百姓称快。[2]

### 谘议局质问道员饶凤璪诬拷良民及检查厅徇私败法事件

事件起因是这样的：赵尔巽宠用的四品红道台饶凤璪，住布后街。他有个相好的邻居徐某也是个官员，到外省去了。徐某的轿夫老唐，还常往来饶家。据说老唐与饶家看门、厨子、老妈等三人，通谋行窃了饶家。

与饶家同大院居住的，还有个京职盐政公所科员李瑞钟。有天夜里，饶凤璪送客人出来，看见李瑞钟的轿夫老罗，就呼捉贼。立刻拥出差官仆役十余人，把老罗拖翻在地，砖石木棍交加捶击，逼令供与窃贼老唐同党。老罗不承认，乃衣裤尽去捆悬在院子公共大门厅梁上痛打，以至于"鞭板皆折"。同院各家，闻声四集……这时幸好有警察三人，闻救命叫声而入。李科员乃进前发言："老罗系我家轿班，果有可疑，应告知李家送官究办，何至不问情由乱打一气？"此言刚出，饶道台主仆吼叫："为老罗辩者即窝户，可一并捆打。"于是汹汹群起，将陈牧、李科员等抓扭，肆其殴辱。经在场警察拼命拖救，良久乃免。警察见老罗尚捆悬梁上，当众解送往警务公所。老罗已遍体鳞伤、血肉狼藉。警官赵耀基面禀巡警道，连夜送交成都地方检查厅。

次日，老罗之胞兄罗清贵"以职官野蛮，诬良为盗，私刑吊拷，残废命危等情，请求检查厅起诉"。该厅官官相护，"拒绝收受，展转支吾"。至初八日，李科员因罗清贵涕泣哀求，以"雇工被殴，伤重命危，恳取供相验免累等

[1]《大清宣统政纪卷之二十八》，辽海书社1932年版，第20-21页。

[2] 唐宗尧等：《摊开事实看四川立宪派》，参看《四川文史资料选辑》，第1辑（内部发行），1979年，第74-75页。

清末的立宪派知识分子

情",递状于检查厅,此后仍无影响……外边传言饶道台走后门"嘱托藩司、巡警道",内幕"黑暗迷离"。

谘议局遂挺身而出,以"新政"后的法律为依据提出弹劾,要求四川最高官员——四川总督赵尔巽对饶凤璪犯法事负责:"查现行律例载,凡将良民诬指为窃,及寄买贼赃将良民捉拿拷打,吓诈财物,或以起赃为由,沿房搜捡,抢夺财物,淫辱妇女,除实犯死罪外,其余不分首从,俱发极边足四千里。案据调查饶道凤璪当夜出事情形,实与本条例文相符……督部堂(按:指总督赵尔巽)有督饬行政官吏查办之权,此应请迅予批答者一。"

谘议局还质疑检查厅"徇私败法",也要求赵尔巽迅速就此给个合理说法:"对于刑事诉讼,在受状二十四点钟内有提起公诉之责……何以事经十余日,仅以移送审判一批搪塞?……该厅若不能将以上疑点一一确切证明,即不能免于徇私败法之议。检查厅是司法上之行政官,不能以独立不受干涉,依托逃责。……督部堂有权监督节制,究竟该厅办理此案,何以种种可疑如此,此应迅予批答者二。"[1]

谘议局弹劾饶凤璪、质询赵尔巽,显示出近代化"议

[1]《质问道员饶凤·诬拷良民及检查厅徇私败法事件》,《蜀报》第九期,宣统二年十一月望日出版,载于隗瀛涛、赵清:《四川辛亥革命史料——上册》,四川人民出版社1981年版,第161—164页。

会"干政的法制色彩。

### 体制内官员也打起了"法律"的旗号

1908年后,总督赵尔巽成立"四川全省地方自治局",延揽立宪派研究政法的人充任。1909年2月,原成都"自治研究所"扩大为"通省自治研究所",全省各府、厅、州、县,先后成立自治研究所127所,肄业的人数不下千人。此外,赵尔巽又在成都设立"宪政会"及"法学研究会"。

崇尚西方法制成为时代潮流,传统体制内官员也以此为旗号。赵尔巽为控制谘议局,1910年八9月组织"四川官厅会议",自任议长,下设参事、审查两科。参事科以司道及府厅州县官、各局所总办和总督衙门的高级幕僚充任。审查科以通晓法律人员、现任司法官和由谘议局公推士绅充任(推出的是谘议局议员,应开去原议员的职务)。

1910年10月17日,谘议局举行正式会议,"四川官厅会议"委员、道员饶凤璪随赵尔巽到会。各议员次第发言后,议长蒲殿俊认为讨论已毕,宣布停止发言。饶凤璪忽于旁坐起立发言,高声说:"议长制止议员发言,系夺他人言论自由,殊属不合……"他与蒲殿俊争辩,称他是代表总督发言纠正议长之违反法律。议员们愤而驳斥,饶仍气势汹汹,"经赵尔巽一再制止,犹复未已"。

次日谘议局全体议员认为饶凤璪干涉谘议局内部议事,实系对谘议局的侮辱,特请总督赵尔巽查办:"饶凤璪非分干涉,且复自称代总督部堂发言纠正,实属不合……侵夺谘议局权限,违法越权,无可解免,应请裁夺核办……"[1]

体制内官员和立宪派人士,都以"法律"为大旗"掐架",非常有趣。这体现了成都地方政权已经开始出现西方

---

[1] 唐宗尧等:《摊开事实看四川立宪派》,四川省政协文史资料研究委员会编《四川文史资料选辑》,第1辑(内部发行),1979年,第75页。

政体"权力制衡"的色彩,在中国封建专制时代,是非常可贵的历史进步。

## 第二节 清末成都的官衙和官员

### ◎ 总督、布政使、按察使等高官

清末成都,大大小小街巷有516条(1907年统计)。[1] 以官府衙门命名的街道,就有数十条,如:督院街(总督官署);将军衙门(成都将军官署);藩署街(布政使官署);藩库街(布政使仓库);总府街(清初四川巡抚官署);学道街(学道官署);盐道街(盐道官署);提督街(四川提督官署)等。至今一百多年过去,这些街名保留下来,成为最珍惜的历史碎片。

在早已灰飞烟灭的官衙里,住过什么样的官员?他们挣多少钱?做些什么事?

#### 四川总督(总管四川军、民政务)

四川总督正式官衔名为"总督四川等处地方提督军务、粮饷兼巡抚事",是清朝九位最高级的封疆大臣之一,"从一品";兼有兵部尚书和都察院右都御史官衔,可封"头品"。总督,又称为制军、制台、制宪、督宪、部堂、大帅。官袍上绣五爪九蟒,补服上绣仙鹤,帽子顶部是红宝石和孔雀毛"双眼花翎",显示出"封疆大吏"的无比威仪。[2]

[1] 根据1910年的《四川官报》,1909年成都共有街436条,巷113条。

[2] 《清史稿》卷116志91"职官三":"总督,从一品。掌厘治军民,综制文武,察举官吏,修饬封疆。"有尚书衔者,可称"头品"。

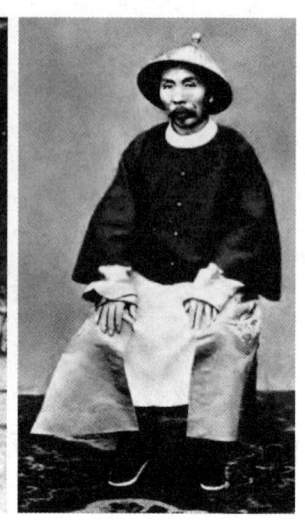

左图：总督衙门抬出的八人抬大轿

右图：四川总督赵尔巽（1844—1927年）

清代，共有87人任四川总督。1862年后晚清时期，担任总督的人有：骆秉章，吴棠，李瀚章，文恪，丁宝桢，刘秉璋，鹿传霖，恭寿，奎俊，岑春煊，锡良，赵尔巽，王人文（护理川督），赵尔丰。[1]

四川总督署在城东督院街，清末俗呼"院门口"。[2] 民国督军署、省长公署及1950年后的省人民政府，都设于此。

清末曾任华阳县令的周询，熟知四川官场。他说"督署内无'额设'（即编制内）之属官。其初只延聘幕友（即文案师爷）四五人，分司案牍书札等事"，十分精简。周询又说"督署既为全省最高机关，故事体极繁。"清末因"'新政'日增……亦无日不见客"，要批复的公文"每日总在五百件左右"。

人员少的重要原因是：清廷各级衙门办公费用、幕僚工资等，一般都由所属衙门长官"包干"，即要从长官腰包里掏钱。1902年岑春煊任总督，甚至连"幕友"也不聘，只在随他入川和原川省的官员中委用七八人"充文案委员，分任幕事"，后任总督因之成例都这样。[3] 综上，可以算出

[1] 钱实甫：《清代职官年表：第2册》，中华书局1980年版，第1342—1506页。

[2] 〔清〕董淳等纂修《华阳县志》卷十四《公署》。

[3] 周询：《蜀海丛谈》，巴蜀书社1985年版，第49—50页。

清末成都的四川总督府大门前情景 摄影：[德]魏司

清末事体极繁的川省最高官衙编制情况，只有总督一员，文案委员七八人，文武巡捕官共六至八人——即是说：编制内官员名额仅有十七人左右（督署"卫队二百人"相似现在的"警卫连"算作军人，不记在官员之内）。当时朝廷也不为总督专置官邸。"督署二堂以后尚有室宇两重"，供历任总督和家眷住用，任满走人退房，再住下任。

四川总督除"正俸"外（正、从一品每年一百八十两），每年有"养廉银"一万二千两，夔关津贴银一万二千两，官运盐局公费银一万二千两，藩司衙门呈解"心红纸张银"[1]三千余两，"合计不及四万两"。以上"皆经奏定有案者"，即是经朝廷批准的合法收入。[2]

### 布政使（掌管一省财赋、民政）

布政使正式官衔名为"四川等到处承宣布政使司"，意思是国家政令由此宣布府、州、县等各处，又称藩台、藩司、方伯；从二品，类似现在的常务副省长。清末，布政使衙门在

[1] "心红纸张银"，即办公费用。顺治五年（1648年）定制：官员除俸银外，每年还有柴薪银、蔬菜烛炭银、心红纸张银及什物银、案衣银等项收入，总数远超正俸。

[2] 周询：《蜀海丛谈》，巴蜀书社1985年版，第223页。

与梓潼桥街相邻的藩署街。署内"亦园",有不波馆、红蓼桥、花坞、接翠轩、小绿天亭、小桥、池塘……风景甚佳。旧址大致在现红星路二段四川日报报业集团所在地段。

布政使的收入除"正俸"(正、从二品每年一百五十五两)外,每年有"养廉银"8000两。此外各属缴解地丁、火耗、津贴、津贴、契税……合计每年约共有三十万两左右,藩司衙门各级官吏以此为小金库。周询说:"均恃此为收入,藩司所得……收入已丰。"[1]

1897年至1911年,四川布政使依次是王毓藻、裕长、王之春、周馥、员凤林、张曾敫、陈璚、许涵度、王人文、尹良、周儒臣。[2]

清末曾任过四川布政使的冯煦

## 按察使(全省最高司法、监察官员)

按察使正式官衔为"提刑按察使司",又称臬台、臬司、廉访,正三品;相当于现代省级公、检、法机关最高官员;除"正俸"(正、从三品每年130两)外,每年有"养廉银"4000两,被认为"颇清苦",光绪初年特拨给臬司公费每年银2万两。

臬台衙门在城守东大街。因要关押犯人,占地很广纵深约半里。1924年,四川督军杨森拆除臬台衙门旧建筑,改建为如今有名的春熙路。

署内"额设"(即正式编制)两位属员:一是"按察司经历"(类似现在的办公室主任),二是"按察司司狱",专管监狱。又设有"发审局",即当时的高等法庭。

1897年至1911年,四川按察使依次是文光、夏嶹、陈璚、冯煦、和尔赓额、江毓昌、常裕。[3] 宣统二年(1910年)司法独立开办各级法庭,改按察使为提法使(周善培

[1] 〔清〕周询:《蜀海丛谈》,巴蜀书社1985年版,第55页。

[2] 钱实甫编:《清代职官年表:第2册》,中华书局1980年版,第1956—1970页。

[3] 钱实甫编:《清代职官年表:第2册》,中华书局1980年版,第2199—2289页。

署），只管川省司法行政。原归按察使所管的民事和刑事诉案，全由高等审、检两厅办理。[1]

### 学政（全省最高科举考试和教育行政长官）

学政又称学台、学政、学院、学宪，正式官衔为"提督学政"。学政衙门设在学道街。

担任学政的官员，大多有在翰林院任职的经历，品级不等，一般任期三年。清代极重视科举，学政地位尊崇，"养廉银"每年3000两银子。此外，每当岁考、科考时莅临各州府监考，都要赠送"棚费"，通常每地有数百两银子。三年任期满，学政一般可得到十万两银巨款，属于正当"肥缺"收入。所以，京官们都视学政为"优差"而垂涎。

清代历任四川学政，以1874年到任的张之洞最为知名。1897年至1911年，四川省学政依次是吴庆坻、吴郁生、郑沅、方旭、刘嘉琛。[2]

光绪三十一年（1905年），废除科举兴办学堂，学政之职裁撤，改设提学使司衙门。[3] 光绪三十二年八月初四日，四川总督锡良上奏朝廷说，提学使"统辖全省学务"总管教育，但每年养廉银只有二千两，决定每年再加给公费银一万两。[4] 以三年计，提学使收入也不到四万两，看来改制后肥缺不再。

### 成都将军（朝廷监督四川的最高武官）

乾隆四十一年（1776年），大、小金川少数民族起事，朝廷开始设成都将军（全衔是"镇守成都等处地方将军"）。第一任成都将军便是在金川之战屡立战功的右副

---

[1]〔清〕周询：《蜀海丛谈》，巴蜀书社1985年版，第55—56页。

[2] 钱实甫编：《清代职官年表：第2册》，中华书局1980年版，第2755—2766页。

[3]〔清〕周询：《蜀海丛谈》，巴蜀书社1985年版，第56页。

[4]〔清〕锡良：《提学使公费折》，《锡良遗稿》，第1册，中华书局1959年版，第599—600页。

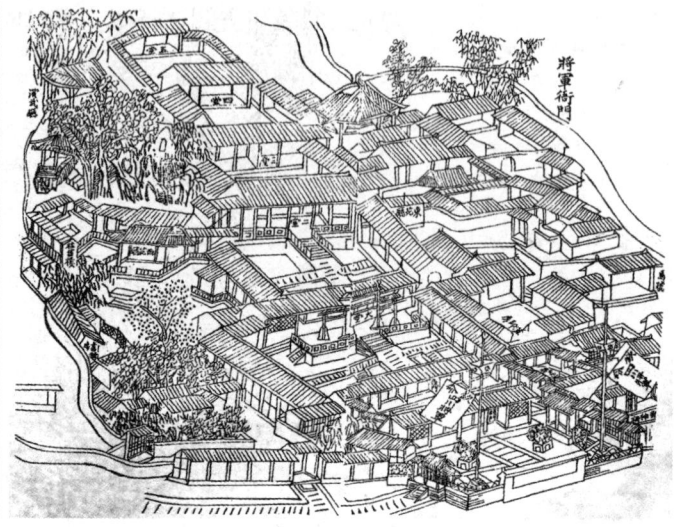

左图：首任成都将军明亮　来源：作者文物市场购

右图：清代少城将军衙门图景　来源：清代刊本《同治重修成都县志》

将军明亮。从明亮起至清末宣统元年（1909年）玉昆最后上任止，共46任。1900年至1911年，成都将军依次是奎俊、长庚、绰哈布、马亮、玉昆。[1]

成都将军统率"旗营"（有数千名"八旗劲旅"），以"控驭西陲"。满城（"少城"）内重要衙署就是"将军衙门"（旧址约在现在金河大酒店处），头门匾额上写"帅府"，二门上写"仪门"，二门以内有五座厅堂。大堂前的牌坊刻有满汉文写的"控驭岩疆"。将军衙门的大门上悬挂"望重西南"之匾额，衙门前后都有八旗步兵营，衙门气势巍峨俨然王府。[2]

成都将军官阶从一品，与总督品位相同，却可监约总督。但到了清末，总督等封疆大吏权势极大，各省"将军"实权减弱。清末成都华阳县令周询就说"因总督主政"，成都将军"事务仍极清简"。在成都的省、司、道、府、县各级官员，只每月朔望（初一、十五）日去参谒一次，"余时非有要事不往见也"。至于"少城"内的正二品成都驻防副都统，更是"署冷如冰，门可罗雀"。[3]

[1] 钱实甫编：《清代职官年表：第2册》中华书局1980年版，第2413—2424页。

[2] 四川省地方志编纂委员会：《四川省志·民族志》，四川民族出版社2000年版，第446页。

[3]〔清〕周询：《蜀海丛谈》，巴蜀书社1985年版，第51页。

名号尊崇的成都将军"每年收入约共三万两之谱",其他生财门道不多。

## 四川提督(类似现今省军区司令)

四川提督又称军门、提台,武职从一品。提督可节制各镇总兵,有养廉银每年3000两和公费银数千两等,每年收入共约二万两左右。[1] 1900年至1911年,四川提督先后为宋庆、程允和、马维骐、田振邦。[2]

提督衙门壮丽、兵卫森严,马道、箭道、辕门、旗杆,井然有序。1911年辛亥革命后提督衙门先后改为"中城公园""中山公园",1950年后改名为"劳动人民文化宫"。现提督街仍是成都市中心"如雷贯耳"的名街,但提督衙门旧址2012年后已成为商业大楼盘。

[1]〔清〕周询:《蜀海丛谈》,巴蜀书社1985年版,第49-51页。
[2] 钱实甫编:《清代职官年表·第2册》,中华书局1980年版,第2587-2600页。

左图:清末四川提督马维骐屡立战功,右眼有伤

右图:四川提督衙门民国初期改为"中山公园",原大门前风貌尚存

## ◎ 成都、华阳两县令终日奔忙

清代成都城内的具体治理，一分为三："少城"内八旗兵及家属，由成都将军总管；大城则"一城分二县"，由成都县和华阳县分别治理。总督、藩司、臬司、成绵道、成都府等，也可以间接管理成都。

### 成绵龙茂道（川西道）

清朝地方行政机构，一般分为省、府（州、厅）、县三级。清初，分全国为18行省。清中叶，四川在府、州、厅、县之上，增设"道"。清末四川省共辖有：道7个（成绵龙茂道、川东道、川北道、川南永宁道、建昌上南道、康安道、边北道），15个府，9个直隶州，直隶厅4个，府辖州13个，府辖厅9个，县120个，设治委员6个。

道的主要官员称为道员，又称道台、观察，正四品。州的主要官员称为知州，又称牧、刺史，正五品。府，相当于地级市；直隶州、直隶厅，相当于省直管县级市；散州（由府管辖），相当于地区的县级市。

成绵龙茂道（川西道）在7个道中居首，下辖成都、龙安（现平武）两府和绵州、茂州两个直隶州，还辖有松潘、理番、懋功三个直隶厅。川西道治所在成都府，权柄格外大，还兼管都江堰水利。

成绵道每年养廉银二千两，公费银一万二千两。1908年裁撤成绵道，其原辖之各府和直隶厅州，改由布政使管辖；都江堰水利事，改归通省劝业道管理。[1]

成绵道署衙门在皇华馆（旧址在今华兴街）。清末裁减成绵道，改设近代化的巡警道。

成绵道署衙门在皇华馆（旧址在今华兴街）。清末裁减成绵道，改设近代化的巡警道。20世纪50年代后为成都消防指挥部

[1] 参见〔清〕周询：《蜀海丛谈》，巴蜀书社1985年版，第60页。

## 成都府

清代成都府辖三州、十三县,通称"十六属"。三州即崇庆州(今崇州市)、简州(今简阳市)、汉州(今广汉市);十三县即成都、华阳、双流、温江、新繁、金堂、新都、郫县、灌县(今都江堰市)、彭县(今彭州市)、崇宁(今郫都区唐昌镇)、新津、什邡。

成都府知府驻省城,故又称首府。清末,成都知府衙门和成都县衙、华阳县衙,都在老皇城(即贡院)北边正府街一带。流传有民谣:"正府街,成都府,成都、华阳两县署,喊冤递状一通鼓。"意思是:三座衙门相连,一处"嘭嘭嘭"敲升堂鼓,三处都能听到。[1]

成都知府衙门旧址,传说是蜀汉丞相诸葛亮官邸。大门有"古天府"三字横匾;向外左右两方,一书"开诚心",一书"布公道";向内左右两方,一书"集众思",一书"广忠益",都是诸葛亮语录。署内还有两只石狮子,相传也是汉代文物。

成都府除了长官成都知府外,设有两个同知("理事同知""水利同知")和一个"督捕通判",管理"十六属"政务、水利、缉捕盗匪等事项。署内"有'府练'(即警卫)二百名,驻扎署后兵棚内"。

全省各地送省城"秋审"的人犯,都要先关押在成都府监狱(称"府监"),狱务特别繁重。所以成都府还专门设有一个名叫"府司狱"的佐治官员来管理。成都府还设有两个学官,称为"教授"及"复设训导"。

知府,又称太守、太尊、黄堂、五马,从四品,相当于现地级市长。同知,又称二府、分府、司马,正五品,相当于现地级副市长。通判,又称别驾、三府,正六品。

[1] 参见陶亮生:《成都街名琐记》,参见《成都掌故第1集》,成都出版社1996年版,第10页。

成都知府地居首要、事务繁杂，"每岁养廉银二千四百两"。此外，成都知府又兼管成都"关务"，在省城东南西北四门各设分关征税。所收关税除将定额解足外，其余即留作"公费"（归知府支配使用）。每年"关税"最多时有六七万两，自设"海关"后税收顿减。"至清末时，仅二万余两矣。"[1]

也就是说，成都知府每年收入，至少应有二万多两。

### 成都县、华阳县

秦惠文王二十七年（前310年）开始设置成都县；唐贞观十七年（643年），成都划出一部分设蜀县；唐肃宗乾元元年（758年）蜀县改名华阳县。从此，成都这座城市就便分隶于成都、华阳两县。

两县之上为成都府，为四川省的"首府"。成都、华阳两县都叫"首县"，两县共治省城成都。这种一城分为二县的，全国不多。其界线由成都南较场，经包家巷、君平

[1]〔清〕周询：《蜀海丛谈》，巴蜀书社1985年版，第62-63页。

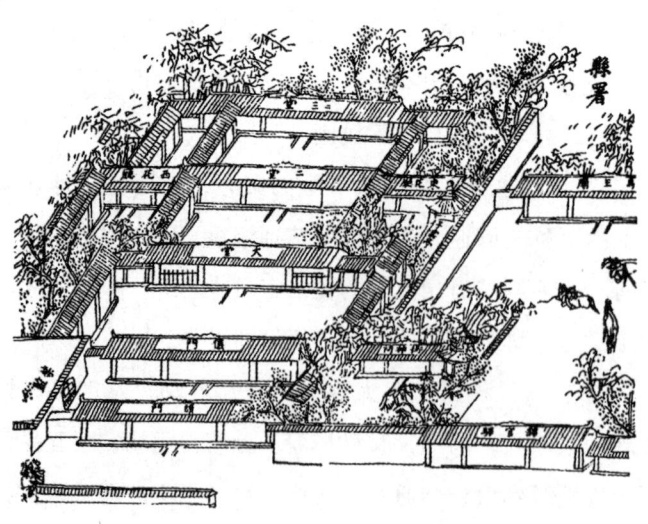

清代成都县署图景
来源：清代刊本《同治重修成都县志》

街、三桥南街、西丁字街、青石桥，再北上经南、中、北暑袜街、迄北门喇嘛寺为止，以街心分界：东南属华阳县，西北属成都县。

因此，成都人有句口头禅用到生意场合："成都到华阳，县（现）过县（现）。"意思是给现钱买现货，必须马上兑现。

成都、华阳两县城外郊区地面：西、北两方为成都县境。光绪三十三年（1907年）统计：成都县纵横均不及20公里，但土地肥沃，管辖的城外场镇有12个；东、南两方为华阳县境，其幅员宽广，东西60公里、南北20公里，管辖的城外场镇有36个。

知县，又称明府、令、大令、宰、邑尊、邑宰、邑令、令尹、大尹，正七品。但成都、华阳两县县令为"首县"，品级、待遇都比普通知县高得多。

按清政府规定，维修衙署须官员自己掏腰包。成都、华阳两县以下各官署，清末很破败："或荒凉如僧庐，或朽蚀如陋室；虽列省会地面，而萧条僻陋之气，怆然满目"。[1] 我收藏的清代成都县署图景照片，有仪门、大堂、二堂、三堂，

[1] 傅崇矩：《成都通览（上册）》，巴蜀书社1987年版，第45页。

四川三台县县令下轿子时的排场，注意：右1清兵胸前有"三臺"字样。图为1898年在三台县的英国传教士陶维新所摄

左右有东西花厅，一侧还有锦官驿、马王庙等建筑。

清末从总督、将军、学政等省级机构，到成都府下属各衙署的所需供应开销浩繁，每年共需八九万两银始足开支。这些花费，由成都县与华阳县分担。[1]

两个县令各有三十六个轿夫，四人一班组成九班，轮番上阵。数字惊人，如不是清末华阳县令周询亲口所言，令人难以置信。两县令坐的"拱竿"（凸竿）轿子也很特别，轿顶高得几乎要碰屋檐。为什么要这样？周询说："当时全城事无巨细，皆责之两县令。终日奔忙，轿行如飞，非凸竿不能速其行。"[2]

两县除了管理成都城内事务外，还不时承各长官命令办理或参与"通省事宜"。周询说："成、华两县之繁难，实为全省州县之冠。昔有戏咏两首县诗句云'银钱似水流将去，渴睡如山倒下来'，即可想见。"

两县的县署，都设了一个佐治官员称为"典史"，类似后世的秘书长；还设有两个"学官"，称为"教谕""复设训导"，类似后世教育局局长之类。

成都县，每年可收"地丁银"（即按人丁田亩纳的税

[1]〔清〕周询：《蜀海丛谈》，巴蜀书社1985年版，第62—63页。

[2] 参见周询：《芙蓉话旧录》，四川人民出版社1987年版，第26—27页。

清代官员行进在成都玉石街 摄影：[德]魏司

赋）四千余两，杂税银三百零四两。成都知县每年还有养廉银一千两，"契税"（即田产、房屋买卖时征收的税赋）盈余一万余两，也由县令支配。

华阳县，城乡管辖范围比成都县"广逾一倍"，政务比成都县倍繁。所收"地丁银"每年有八千一百余两，杂税银五百六十七两。华阳知县每年有养廉银一千两，此外"契税"盈余三万多两。

两县县令任务繁重、开销也大，所以当任期结束，可按旧例"调署优缺"，即新任油水更多的"肥缺"一次，另捞银子以补亏累。[1]

前文述及"城守营"警匪一家，保甲总局官员又如此颟顸无能，显然与正在急剧变革的时代潮流太不合拍。到了清光绪二十九年（1903年）推行新政，废除保甲局，在皇华馆街（今华兴上街）成立警察总局，分全城及附郭为东、南、西、北、中及外东为六区。警察局统一统管户口、治安、道路交通、修桥补路、卫生防疫等，改变了两县共管成都治安的落后格局。[2]

[1] 参见〔清〕周询：《蜀海丛谈》，巴蜀书社1985年版，第62-63页。
[2] 参见〔清〕周询：《芙蓉话旧录》，四川人民出版社1987年版，第17-18页。

## ◎ 清末成都官场现形记

### 1897年成都候补官员不下万人

朝廷卖官合理合法，冠冕堂皇地称为"捐纳"。光绪年间，北京有个旗人叫玉铭，专做内务府的木材生意。他发财后买了个四川盐茶道。光绪皇帝例行召见，问玉铭："你曾经在哪个衙门当差呀？"玉铭回答："此前一直做木材厂掌柜。"皇帝冷笑问："你做木材生意就好了，为何要做官

## 成都"变脸"
### ——中国城市近代化缩影 上

左图：图为清末一个官员之家：有妻有妾、男仆女佣，儿子不大却已捐了功名

右图：清末一个捐了功名的小男孩

呢？"玉铭说："听说四川盐茶道'出息'（指收益），比木材生意多好几倍呢。"

光绪皇帝动怒，隐忍又问："你是旗人，能说'国语'（满语）吗？"答道："不能。"皇帝又问："能写汉文吗？"玉铭嗫嚅良久，说："能。"光绪让太监拿来笔墨纸砚，扔地让玉铭写自己履历。"待之良久"，纸上只有数字："奴才玉铭，某旗之人"，每个字"大如茶杯"，连"玉铭"两个字"亦复错讹、不能成书"。光绪震怒，叫他滚回去仍当"候补"官员。[1]

四川官场上，类似玉铭这样花银子买来的昏聩官员，不晓得有多少。

清末，"捐纳"在成都是公开吼卖，华阳县令周询记录："在未有银行时，成都只有票号九家，皆山西人所设。除业汇兑、存放外，并代人'报捐官职'，故招牌上皆书某某捐号。"[2] "至光（绪）、宣（统）之际，纲纪渐弛、仕途益滥"。挤在成都花钱钻营的"候补"道台、知府，"各多至数十人"；"候补"的同知、通判、知州、知县，有四百多人；下面八、九品佐杂还有六、七百人……[3]

官员队伍膨胀，连外国人也洞若观火。1897年，到成都

[1] 小横香室主人：《清朝野史大观：第二册》，中央编译出版社2009年版，第802页。

[2] 周询：《芙蓉话旧录》，四川人民出版社1987年版，第9页。

[3] 周询：《芙蓉话旧录》，四川人民出版社1987年版，第11-12页。

的法国人马尼爱说:"衙署既多,官员亦众。而候补者、褫职(即罢官)而谋开复者,为数更不下万人。"马尼爱描绘候补官员的状况真是五花八门:"抑郁穷愁,衣衫褴褛;或待干俸(即很少的额定薪俸)为生,或作贱没之事。以余(我)所知,有茂才(即秀才)出身者,日洒扫乎街道;有举人出身者,竟(然)挑水而推车。工资无多,尚须节用。"

不少候补官员穷得连官服都典卖了,但每年又必须去官署"应卯二三次",伸长颈项盼望授缺补官。马尼爱说,他们只有临时"向衣庄按照官阶租赁官衣……必须临期亲到,使当道不致或忘也。"[1]

大量"候补"官员排班候职,有的官员甚至到了撕破脸和总督大闹的地步。汪鉴,字晓潭,安徽旌德人,光绪十四年(1888年)官至夔州府知府,主持修建三峡栈道。[2] 1890年,汪鉴因功调任成都知府。

当时汪鉴下属成都府同知[3]余某、知县袁某等共四人,"皆赋闲过久、贫至断炊"。汪鉴向四川总督刘秉璋陈述四人太贫穷,代求各委一缺。刘秉璋以四人"无甚劳绩",再三拒绝。汪鉴愤然道:"果真非钱不能得缺耶?天理人情安在!"

刘秉璋大怒:"汝一知府有许大?太忘形矣!"汪鉴手拈胡须冷笑回应:"知府虽不大,然当年我做御史,也曾劾罢不肖(总)督(巡)抚几人也。"刘秉璋更怒,举茶碗摔地。汪鉴也摔其茶碗说:"摔碗嘛,我比你更会摔!"说罢拂袖而出。

"藩司"(布政使)崧蕃、"臬司"(按察使)文光见不成体统,去劝说汪鉴:"此事明日终须请罪,公私始可曲全。"众人次日慰劝刘秉璋:"昨日汪守冒犯,今来请荆。"刘秉璋半推半就时,汪鉴上前作一揖说:"昨言语唐

---

[1] 马尼爱:《戊戌时期法国人眼里的成都——游历四川成都记》,参见《渝报》,光绪二十四年正月:第九册。
[2] 见光绪《奉节县志》(光绪十九年刻本):"数千年来未能经营开凿者,诚以工艰而费钜也。该府汪鉴有志竟成……变险岩为康荘。"四川省奉节县志编纂委员会,1985年,第33页。
[3] 同知,知府的副职,正五品。

突，使大帅生怒。但卑职所请给候补久贫官员一缺，始终未错也。"

刘秉璋马上说："此四人必委！必委！"次日，四人居然各得一缺。但刘秉璋、汪鉴自此私交变恶。几月后汪鉴自请调入北京当京官，其后仍"嫉恶极严"，"恨之者呼为江疯子"。[1]

此事也不能过责刘秉璋，最主要的原因还是用钱买来的官员实在太多，僧多粥少。当时人欧阳昱记录："督抚亦穷于调剂。于是有十数年未得一差委，数十年未得一署事者……余在沈方伯署中，某日，有人禀某候补县死。方伯委员往验因何而死。回禀曰：'某员到省二十年未得委差，衣食俱乏，实冻馁而死。其身上惟留一破衣破裤，床上惟眠一破席，被帐俱无。有一老仆，卧在地上稻秆内，又饥将死矣。'方伯恻然，发钱三十串殡殓。又发钱十串以救其仆。甚矣其苦也！余又见四川刘制军（按：刘秉璋）奏一候补知县，饥寒不堪，吞烟自尽。其人系旗员，素性质实，不善夤缘钻刺，到省十年，未获差遣，故至此。"

[1] 参见周询：《蜀海丛谈》，巴蜀书社1985年版，第230-231页。

左图：图为清末《神州画报》上讽刺官员的漫画《卖官鬻爵》

中图：图为清末《神州画报》上讽刺官员的漫画《营私纳贿》

右图：图为清末《神州画报》上讽刺官员一心发私财的漫画《利己损民》

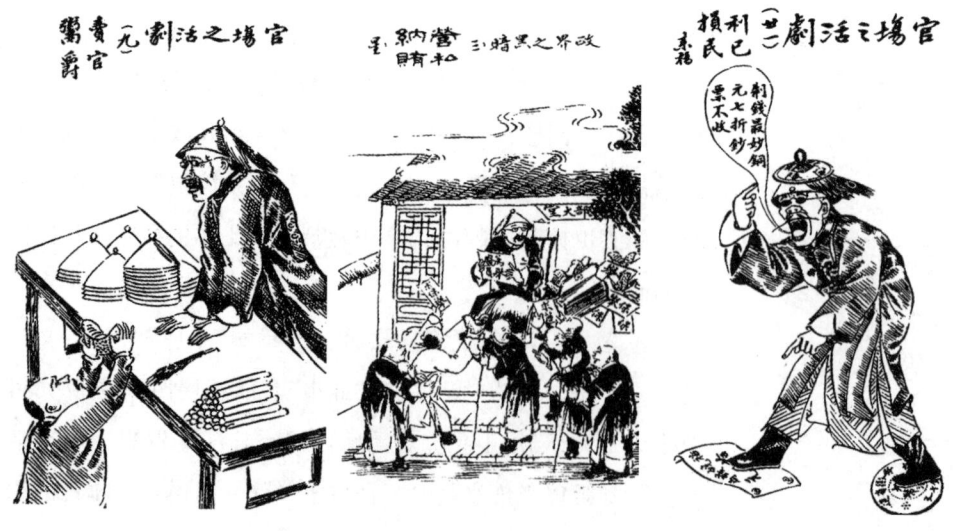

候补官员得了缺会怎样？一定会是饿虎吃人一样去贪婪剥削老百姓，官员丁雨生上奏的一句话实在惊人："捐职……在省候补十数载，贫苦已极，一旦得一署事，又仅一年。于是前十数载需次之费，皆在此一年中补偿，后十数载需次之费，皆在此一年中储积。此时如委群羊于饿虎之口，虽有强弓毒矢在其后，亦必吞噬而在所不顾。"[1]

但清政府仍饮鸩止渴，仅成都各种旗号的"捐局"就五花八门，什么"四川赈捐局""新海防捐局""北洋饷捐""奉捐""桂捐""江南捐"……许多"捐局"，在主管一省财赋和民政的"藩台"衙门附近（旧址今名藩署街）。衙门不远有大空坝，是清末三教九流江湖人士聚集谋生的场所，当时名为"扯谎坝"。所以清人吴好山竹枝词说："布政衙前全扯谎，人山人海是江湖。"[2]

"捐局"设此处，很显滑稽。事实上，不少"捐局"也是买空卖空的江湖"皮包公司"。1909年傅崇矩说："尚有最不可靠之捐局，则严卜琴所办之'山东工赈捐'、'北洋饷捐'也。"严卜琴"害人不可以数计"，卷款逃了。很多"捐生"跑到制台衙门上访，闹着喊退钱。[3]

### 成都"官派"丑恶现象

当时当官多要搞"夫人外交"、凭裙带关系："支使太太联络同寅之太太者，此术尤妙……或打麻雀，或请会金，[4] 或结干亲，或拜门生，或认为后（本）家同姓……不如此，不能入太太之党派，即不能得意外之富贵。"要送女人搞性贿赂："代买婢妾，乱其神志也。"官员场合不同要伪装，或装清官或富贵骄人："见上司之衣服，多聘旧色。拜客之衣服，多尚辉煌。每日用两样冠服出门者甚多。"[5]

[1] 欧阳昱：《见闻琐录》，参见朱德裳：《三十年闻见录》，岳麓书社1985年版，第145-146页。

[2] 吴好山：《笨拙俚言》，参见林孔翼：《成都竹枝词》，四川人民出版社1982年版，第74页。

[3] 傅崇矩：《成都通览上册：成都之捐局及捐章》，巴蜀书社1987年版，第59-61页。

[4] "打麻雀"即打麻将牌。"请会"，《成都通览》释：即"集资筹款也"。

[5] 傅崇矩：《成都通览：上册》，巴蜀书社1987年版，第113-114页。

城市"近代化"进程中,官员还表现出种种崇洋媚外丑态:

戴眼镜,闻鼻烟……说京话,怕洋人。闹洋派,吃潮烟。提小轿,用大餐[1]……吃番酒,带洋元……法政学,辕门抄……解京饷引见,图采买出洋……句句新名词,个个官模样……新旧骑墙派,富强刮地皮……只愁教民找我……聘教民办文牍实具深心……家母舅现日总文案,我兄弟当年留学生。头一句"天时尚好",想半晌"风气不开"![2]

## 城守营和保甲局官员丑态

一百多年前的成都,是怎样解决"治安"问题的呢?

道光年间,成都驻军有"四川省军、督、提、城四标,约共计3000余名";此外,少城内有旗兵2000余名;咸丰年间,又增设防军,四川全省防军共30营,总部设在成都,皆隶属总督。[3]

周询记载:"省城治安在未设警察之先,悉由成、华两知县负责。两县各就所管街面,划分区段,设立'街班'(即差役中之一种也)。每区段以'领役'总其事,遇事报由县署处理。"

此外省城内还有两个重要的治安机关。一是"保甲局",官署在帘官公所街,长官称"总办",由成绵道台兼任,或派一个四品道员级官员担任,又派一个知府级官员担任局"提调"。"保甲局"与四川按察使及成都知府共同协调管辖全城治安。[4]

"保甲局"职责类似后来的公安局,专司"诘奸禁暴"(即查视疑犯、制止暴乱),及"专司编联保甲,稽察户口"。"保甲局"分为东、南、西、北四分局,每分局以

[1] 大餐、番酒:即西餐、洋酒。
[2] 傅崇矩:《成都通览:上册》,巴蜀书社1987年版,第115-118页。
[3] 张集馨:《道咸宦海见闻录》,中华书局1981年版,第119页。
[4] 道员又称道台、观察,正四品;州县知府一般都是五品,成都知府是"首府",通常是四品或从四品。

一候补州县级官员为"正委","佐杂"数人为"副委",下设"局丁"若干人。

各分局的"正委""副委",每夜必带领20个"局丁"出巡街面,到指定地点集合,称为"会哨"。

另一个治安机关是"城守营",职责类似后来的城市武警部队。"城守营"衙署旧址在现在的城守东大街。"城守营"仍全城分区段,每区段设"海察"一人,下设"战守兵"若干人。周询说,"街班""海察"几乎全是哥老会(袍哥)中人,难免"包庇窝藏等弊"。[1]

乡土作家李劼人记录:"城守衙门所辖之绿营兵,凡要冲及城门,俱有屯驻所,名曰卡子房;统率者,大抵为千百把总,故称曰'总爷'。外则为隶属成都、华阳两县衙门之差人,谓之衙差;不特为贱役,更无定额及住所,大抵穿青短衣,戴冬帽及软胎凉帽,故又谓之'乌鸦兵'。缙绅家有事,则来看门执役,除火食外,有赏钱。"[2]

周询的父亲周甫,曾任成都保甲总局提调。周甫目睹了"保甲局"官员的种种丑态。

满人锦瑞任保甲总局总办时,发现某街一商家有女甚美。锦瑞夜巡色心顿起,常借查夜率随从蜂拥撞入店内骚扰,店主忍无可忍。一夜锦瑞又至,店主趁仆从拥锦瑞入内屋之际,将一包衣物藏在锦瑞官轿坐垫下。锦瑞将离去时,店主上前挡驾说:"总办清查户口,职所当为。但前几次清查中,敝店财物已有损失,今夜又丢东西……"

锦瑞大怒:"难道随我来的有盗贼吗?"店主仍拉轿坚请。锦瑞无奈命其检查轿内,"赃物"赫然俱在。店主声言要去制台衙门喊冤。锦瑞大窘,只得软言安抚店主才罢。此后,锦瑞再不敢过该店。

十余年后又有个李祐,任保甲总局提调。此人官气冲

[1] 周询:《芙蓉话旧录》,四川人民出版社1987年版,第17页。

[2] 李劼人:《李劼人说成都》,四川文艺出版社2001年版,第378页。

天，轿马所至凡有人不避立街旁者，皆以"犯道"斥罚。一天，四川盐道长春的孙子，乘马遇之不避。李祐呵令手下将其拖下马，问是何人？回答："盐道之孙也。"李祐不好下台，佯怒说："盐道家教素严，此必伪冒者！"逮回保甲局后，"则温语慰之、礼送回盐署"。

清代盐茶道属要职，权势人脉极广。道台长春又是满人，十分恼怒，让人仍送其孙至保甲局并传话："这确是我孙子，既冒犯李总办，请他照律惩治勿拘情面！"李大窘，亲偕长春之孙至盐署"负荆请罪"，才了此事。

有天，李祐公馆门前有个担粪的累了息肩稍停。李见之大怒，立命从人击碎其桶，臭流满街，担粪者畏惧而逃。街上民众哗然吼道："李提调令担粪者速去即可，为啥因恶其秽而反留其秽臭及全街，是何居心？"闻者无不捧腹。

岑春煊1902年任川督，将李祐降级远调。[1]

[1] 参见周询：《蜀海丛谈》，巴蜀书社1985年版，第254-255页。

## 第三节　西风东渐和政局的变化

### ◎ 清末成都的外国人和领事馆

#### 外国人眼中的清末成都

唐朝大诗人李白在《蜀道难》中惊叹："危乎高哉！蜀道之难，难于上青天。"山川险恶，外国人入川者很少。

晚清后，入川的传教士及商人、旅游者、外籍各色洋人渐多。1872年，一个大胡子洋人兴致勃勃地出现在成都街

第二章　从封建旧官场到近代化"立宪"　101

头，这是德国地理学家李希霍芬男爵（Richthofen，1833—1905年），是他最先使用了"丝绸之路"的名称。

他给本国友人写信："成都是中国最大的城市之一，也是最秀丽雅致的城市之一。"成都房屋墙壁上的壁画、雕塑，令他欣喜不已："这种艺术情趣在周围郊区随处可见，所有的旅游者无不为其精湛的艺术而感到惊异……其中一些不愧是中国的艺术杰作。这种优美在人民文雅的态度和高尚的举止表现得尤为明显。成都府的居民在这方面远远超过了中国其他各地。"

李希霍芬是把都江堰详细介绍给世界的第一人："都江堰灌溉方法之完善，世界各地无与伦比……"[1]

1897年，另一个身体健壮、眼神锐利的法国"舆地会"成员马尼爱到成都。他说成都"景色清幽，如龙盘、如虎踞"，比"沿海一带及内地各城"都好；在清末衰败中国"十八省中，只此一处，露出中国自新之象也。广东、汉口、重庆、北京，皆不能与之比较"。"尚有城市规模者，此为第一。"

[1]《李希霍芬男爵书简，1870—1872》，转引自［美］罗伯特A·柯白：《四川军阀与国民政府》，四川人民出版社1985年版，第6页。

成都房屋墙壁上的壁画、雕塑……这种艺术情趣在周围郊区随处可见
摄影：［英］女旅行家伊莎贝拉·伯德

马尼爱赞叹:"此中商务之盛,一望可知,货物充牣,民户殷繁。自甘肃至云南,自岷江至西藏,其间数千里内,林总者流,咸来懋迁取给……"[1]

这时成都自给自足的农耕社会特点虽然浓厚,但已受"近代化"冲击。马尼爱说:"洋货甚希(稀),各物皆中国自制。而细考之下,似有来自欧洲者,但大半挂日本牌记。"

马尼爱专门谈到成都繁荣的商贸和土特产:"出口货有丝绸、布匹两项……不特销于四川,即毗部各省,争相购致也。西藏之羊绒皮张及川中之土(按,即鸦片烟土)几于年盛一年。各种草药,尤以成都为荟萃处……其中系有一小(部)分运至外洋。但见此等船只,数百成群,连檣而过。成都生意之最巨者,有草帽一种。川中男妇,夏天每购戴之……此间则最细最纯者售价仅在制钱一千五百文、或二千文之谱。故四川之草帽边,能在各通商口,觅得西国主顾,装船后运赴汉口,以达上海。以余所知,有法国某行,以此物发往欧洲,岁约数千余包也。"

马尼爱还谈到成都近代化工厂:"有军装厂、熔铁厂(按:实为兵工厂)各一,机器本无上上品……岁造旧式前膛枪炮,以缴制台。"

马尼爱在赞美同时也一针见血地批评:成都"巍峨气象"外表包裹中,其脏、乱、差也吓死人。他说衙门、商贸等面子街道当然是"金碧辉煌""宽衢华厦",但更多偏僻街巷却不仅狭小,还"随路秽积""恶陋无比"。

这位马尼爱先生坐一顶小轿子,"穿羊肠、越鸟道,所经房屋秽败摧朽,如人身之患大麻疯,无一块好肉"。更甚者,他见两个轿夫时时"跨过垃圾之堆""又踏遗粪",踩了一大脚缺德人在街巷中乱屙的臭屎,弄得"跌撞不止一

[1] 充牣,即丰足,出自《文选·司马相如》:"珍怪鸟兽,万端鳞崪,充牣其中,不可胜记。"懋迁,即贸易,出自《书·益稷》:"懋迁有无化居。"

## 第二章 从封建旧官场到近代化"立宪"

次"样子极为狼狈……[1]

直到清末推行新政,实行近代化警察管理,城市卫生状况好了许多。1905年,短小精悍的日本人山川早水到成都时说:"东大街却足有十七八公尺之宽,其它各大街也不逊色。同不能两轿并行的上海城内的街道比,真是不可同日而语,真有大城市的气派;而且,街道整洁(比较而言),我去过的城市中,还未见过像成都这样的城市……如果将其与北京相比,其面积固然不可及,而其整洁远在其上。"[2]

### 传教士被中国娃娃摸"羊尾巴"

晚清后,无数洋人来到以成都为中心的巴蜀大地。

早期入川者多为传教士、冒险家、商人,但抛开宗教色彩等成分,这些人也是促进中外文化交流的文化人。如1883年,英国冒险家立德乐冒着葬身鱼腹之险对川江航线进行探险。他的著作《扁舟过三峡》,在海外引起轰动。1898年,立德乐亲自驾驶七吨小轮船"利川号",开辟了川江航

[1] 马尼爱:《戊戌时期法国人眼里的成都——游历四川成都记》,参见《渝报》,光绪二十四年正月(第九册)。

[2] [日]山川早水:《一百年前一个日本人眼中的巴蜀风情》,李春德、李杰译,四川人民出版社2005年版,第66—67页。

1898年,立德乐驾驶七吨小轮船"利川号"开辟川江航线,图为试航成功在重庆朝天门码头靠岸的情景

翰林院的编修们宴请儒雅的英国商人立德乐（坐者右1）

线。剑桥大学出版的《大不列颠名人录》，至今仍称赞他是"开发中国西部的第一人"[1]。

然而在清末，从官府到百姓不少人夜郎自大，把外国视为"番邦蛮夷"，盲目"排外""仇外"。

1890年后，成都地区出现一些外国传教士。天主教的多是法国神父，头戴瓜皮帽身穿长袍马褂，有的手中还拿一根长长的烟杆，远看活像中国人。基督教的则多是加拿大人、英国人、美国人，身穿西服。成都人对黄发碧眼、叽里呱啦的"洋和尚"，更有种天然排斥的心理，说洋人长有绵羊一样的大尾巴。

西装革履的何牧师是加拿大人，中文名字叫何忠义。他初去彭县，住在"静原店"客栈。许多小娃娃吵闹地围着他，手伸在他裤裆下乱掏，要摸出他的羊子尾巴。何牧师大惊失色，把屁股紧贴墙壁，用生硬的中国话说："我没有……尾巴呀！"

何牧师后来每回栈房，只好取出事先买好的"锅魁"

[1] 章创生、范时勇、何洋：《重庆掌故》，重庆出版社2013年版，第22页。

（烧饼）分给娃娃们，才得以解围……[1]

## 四川洋务总局成都外国领事馆的建立

鸦片战争后，进口洋货源源不断由长江进入夔门，以法国、英国和日本居多。据统计，1892年输入四川的洋货总价为580多万海关两，1911年增至1900万海关两。洋纱、洋布、煤油、西药、纸张、香烟、染料、洋伞、洋钉、鸦片等充斥四川城乡市场。1890年至1911年，外国先后在川设立公司、洋行、工厂近50家。[2]

越来越多的外国人，来到成都这座农耕文化最为浓郁的古城。朝廷要力行"新政"和"宪政"，从总督到下面小警察，无不把"维新"二字挂在嘴上，以示新潮时髦。中国人最初视洋物为"奇技淫巧"，慢慢到"仿洋改制"。"洋务派"从为人所不齿，变为被朝廷重用。当时人记载，连不懂洋务的人也"钻营奔竞，几以洋务为终南捷径。"[3]

成都人思想观念、行为举止、衣食住行等都发生了很大变化，可以说在朝"现代化"跑步迈进，从而形成了清末

[1] 肖华清：《辛亥革命前后的彭县》，参见四川省志编辑委员会：《四川文史资料选辑：第27辑》，四川人民出版社1982年版，第21页。

[2] 王治国：《新编四川概览》，四川科学技术出版社1999年版，第21页。

[3] 王韬：《韬园文录外编》，中州古籍出版社1998年版，第80页。

图为清政府的总理各国事务衙门，1901年改为外务部

成都复杂而特殊的社会景象。

至1901年年底，在川外国人中仅外籍传教士就已上升为189人，教徒及受洗者7889人，重要城镇都有了福音堂。[1]

1895年，四川总督鹿传霖因洋务日多，奏准专门设立四川洋务总局，局址驻成都永兴巷。1904年，为了培养洋务及翻译人才，洋务局还创办了英法文官学堂，学制3年。[2]

成都是中国西南政治、经济、文化中心，外国政府更想插足。

1901年，法国驻重庆总领事安迪到成都，面谒四川总督奎俊请求在成都设立领事馆。奎俊左右为难，用官场惯用"拖"字妙诀不做正式答复，实即默许。法国驻渝总领馆1902年在成都设立行馆。馆址初设三圣街，后相继迁至东丁字街、盐道街、拱背桥街、双凤桥街、上翔街（铁脚巷）、银丝街，1904年7月，打出"成都大法国总领事署"名号。派驻成都的外交官员先后有安迪、白达、吕尔庚、兰必思、兰尔生、博德斯等人。

1902年，英驻渝总领事馆照会四川新总督岑春煊，也

[1] 隗瀛涛、李有明、李润苍等：《四川近代史》，四川省社会科学院出版社1985年版，第106页。

[2] 四川省地方志编纂委员会：《四川省志 教育志：下》，方志出版社2000年版，第15页。

左图：清末成都的外国领事们，1排右1为德国领事魏司，2排右1为法国领事安迪

右图：在成都的外国人和中国人举杯言欢　摄影：[德] 魏司

以晋省往返不便为由,要求在成都设办事机构。岑春煊奏报外务部,准许英国驻重庆领事可暂居成都。1903年,英国人在成都隆兴街租房,此后先后住过张家巷、东珠市街、云南会馆街,自称"成都总领事馆""英国总领事署"。从1904至1911年,先后有总领事罗三乐、宝士德、费理伯、斯来、施弥德、陶乐尔等人。

1906年,德国领馆人员以"重庆领事"名义暂驻成都,副领事卜思则常驻。1907年,领事魏司以"大德国钦命驻川正领事官"名义,先后在成都义学巷、金马街、西珠市街租房设馆,称"大德国领事署"。

1896年5月22日,日本正式开设驻渝领事馆。但直到民国后的1916年10月,日本驻重庆副领事荒井金造,才租用成都少城金河街川军旅长杨敏生公馆,设"大日本驻川总领事馆"。[1]

以上英、法、德等国驻成都机构,虽然清政府从未公开承认,但为实质上的外国领事馆。外国侨民也不少,四川洋务总局统计,仅光绪三十三年十月至三十四年(1908年)

[1] 参见四川省地方志编纂委员会:《四川省志·外事志》第二篇《外国领事馆、侨民及驻川机构》,详情可参阅郑光路《成都旧事》中《清末成都的外国领事馆》,四川人民出版社2007年版。

1904年在法国驻成都领事馆工作的贝特络夫妇穿着中国官员服装 来源:《法国与四川》,杜满希供图

成都"变脸"
——中国城市近代化缩影 上

十月一年中,来往成都的法、美、德、日、俄、葡等洋人就有212人。[1]

日本人山川早水1905年记录:"蜀人与外国人可谓处于和谐的状态。"[2]德国领事魏司一张成都的外国人和中国人举杯言欢的老照片,显示了这一点。

外国人的进入,也在改变成都面貌,新式教堂和医院建筑是突出例子。古老封闭的成都出现新的风景线:洋腔洋调的外国人、万国旗、气势辉煌的西洋建筑……这着实让锦江之滨古城中的一些保守臣民哀叹不已。

左图:1907年的成都德国领事魏司(右)和法国领事 来源:四川省人民政府外事办公室供图

右图:清末的德国驻成都领事馆 来源:四川省人民政府外事办公室供图

◎ 力行"洋务"和"维新"的高官

1901年,清廷推行"新政",主要集中在官制(含军制)、市政、教育和社会事物等方面,于是成都陆续出现了各种代表近代化城市发展的新兴事物。清末傅崇矩说:"新政举行,增益局厂,或新辟地址以建筑,或仍旧屋宇而补修。形式文明而工程浩大者,机器新厂、白药厂、凤

[1] 参见傅崇矩:《成都通览:上册》,巴蜀书社1987年版,第62—70页。

[2] 山川早水:《巴蜀旧影——一百年前一个日本人眼中的巴蜀风情》,李密等译,四川人民出版社2005年版,第79、93页。

开拓四川近代教育的张之洞

凤山陆军营房、高等学堂、陆军小学堂、劝业场、学务公所、文明旅店也。余多因陋仍简,经费不充,或就地改作,或随意扩充。"[1]

此类机构虽为草创,但影响深远。晚清后官场黑暗,但也有不少可圈可点的官员,或清廉自守,或力行"西学""洋务""新政",对成都近代化影响甚大,限于篇幅下面仅略谈几人。

## 张之洞——开拓四川近代教育

张之洞(1837—1909年),洋务派首领之一,直隶南陂(今河北省南皮县)人。1873年,37岁的张之洞出任四川学政,任上三年多时间,为四川近代教育做出重大贡献。

由张之洞与四川总督吴棠筹划,光绪元年(1875年)春,尊经书院在成都文庙西街文翁石室旧址落成。中门匾额大书"石室重开",旁书对联:"考四海而为隽,纬群龙之所经。"从匾额、对联,已可看出创办尊经书院的宗旨。[2]

张之洞捐出薪俸,从川外购进经史子集图书一千多卷及许多中西事务书报、教学挂图、仪器和标本,刻印了不少"西学"书籍。据周询说,张之洞三年任满"收入不下十万金,公悉以例得之监捐,作书院之用"。套用如今的话,就是全用来支持成都的教育事业了。

1876年,张之洞任满回京,居然穷得连路费也没有,"濒行,至无以为资斧,举衣箱数具付诸质库,始克就道。"[3] 意思是他把衣物送到当铺,典押了些钱才上路。

宣统元年(1909年)八月,张之洞去世。四川总督赵尔巽向朝廷转呈翰林伍崧生等人奏折,高度赞誉张之洞:"迄今学校大兴,人材蔚起,文化之程,翘然为西南各省

[1] 参见傅崇矩:《成都通览》,成都时代出版社2006年版,第24页。

[2] 成都市地方志编纂委员会:《成都市志:总志》,成都时代出版社2009年版,第43页。

[3] 周询:《蜀海丛谈:中册》,巴蜀书社1985年版,第188-199页。

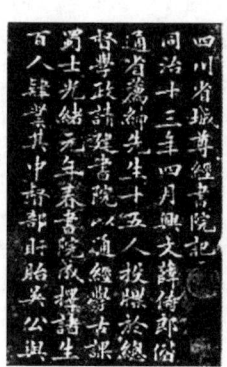
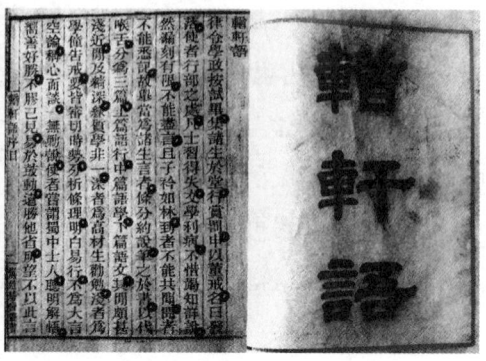

左图：尊经书院碑记 来源：袁庭栋供图
右图：四川学政张之洞为成都尊经书院撰《輶轩语》

最。盖非该大学士陶熔诱掖之力，断不及此。"[1]

成都尊经书院是四川近代教育的萌芽，维新思想由此得到极大的传播。

尊经书院从1875年始建，到1902年改建四川省城高等学堂，28年间培养了大批优秀人才。其中著名的有："戊戌六君子"之一的杨锐，中国近代经学大师廖平，四川维新运动的领袖宋育仁，维新思想宣传家吴之英，四川保路运动领袖蒲殿俊、罗纶、张澜，为民主共和献身的"大将军"彭家珍，革命家吴玉章，新文化运动领袖吴虞，清代四川仅有的状元骆成

[1] 许同莘：《张文襄公年谱》，商务印书馆1946年版，第224–225页。

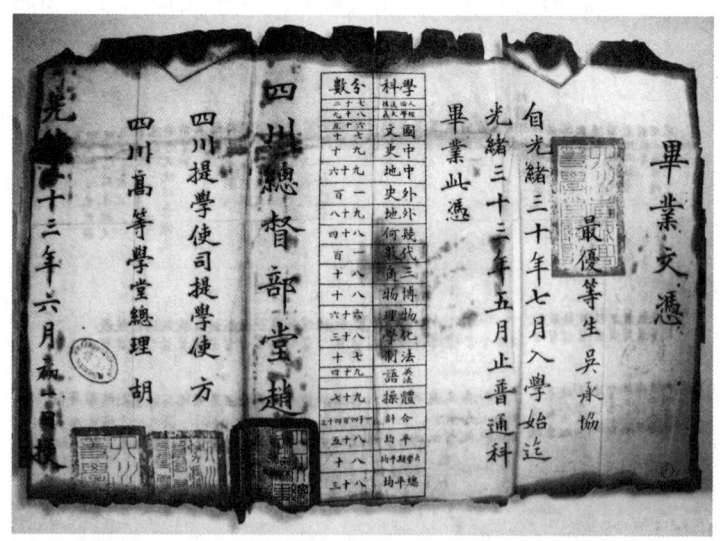

图为1907年四川省城高等学堂毕业文凭，由四川总督赵尔巽、提学使方旭、学堂总理胡峻共同签发 来源：成都市档案馆

骧……这些人对四川乃至中国的近代社会,影响巨大。

光绪二十七年(1902年),尊经书院并入四川省城高等学堂(四川大学的前身),揭开了四川近代高等教育史上新的一页。[1]

成都市档案馆收藏有1907年四川省城高等学堂颁发给学生吴承协的毕业文凭,由四川总督赵尔巽、提学使方旭、学堂总理胡峻共同签发。这份一百多年前的毕业文凭上,还有吴承协最后一个学期14个科目的分数,涵盖国文、中(国)史、中(国)地(理)、外(国)史、外(国)地(理)、几何、代数、物理、化学、法制以及英文、法文等。可见当时高等教育已同世界接轨,而且连外语也是"双语"了。

## "四川近代工业之父"丁宝桢

丁宝桢(1820—1886年),贵州省平远(今织金)人,晚清"洋务派"重要人物,任四川总督十年。在此之前,如清末华阳县令周询所说:"当时亦无大工厂,除(织布)机房外,各业工作即在售货铺内。"[2] 意即只有农耕时代"前店后坊"的手工业作坊。

丁宝桢对成都近代化影响最大的就是在光绪三年(1877年)创办四川机器局(即兵工厂)。这是晚清成都开始向城市近代化迈出第一步的标志。

据丁宝桢上奏光绪皇帝说,机器局在成都东门下莲池街,仿照西式厂房共建了188间,"崇垣大柱,复屋重檐,安设铁炉、烟筒、风箱、气管,四通八达,取材既富,用工极坚……"

技师曾昭吉还成功制造了"水轮机":利用城内金水

[1] 四川大学校史编写组:《四川大学史稿》,四川大学出版社1985年版,第8-15页。
[2] 周询:《芙蓉话旧录》,四川人民出版社1987年版,第46页。

"四川近代工业之父"丁宝桢

成都彭县白水河铜厂是清末成都最大的近代化工业企业之一 来源：郑光路购日本画刊

河水力发电带动机器，"灵动活泼，视洋人专借火力尤为事省功倍"[1]。仅此一项，每年可省煤银四千余两。这在中国工业史上，也是了不起的大事件。

光绪七年（1881年），丁宝桢在成都南郊古家坝江畔增设火药厂，人称"白药厂"。史料载：丁宝桢督川期间，共造枪14900余支；仅中法战争时，四川调拨给南方边境及

[1] 参见《丁文诚公遗集·奏稿》卷14，杜石然、林庆元、郭金彬：《洋务运动与中国近代科技》，辽宁教育出版社1991年版，第189页。

成都彭县白水河铜厂是清末成都最大的近代化工业企业之一 来源：郑光路购日本画刊

清军鲍超部的洋枪就有7000多支。[1]

清末傅崇矩说:"成都之以机器制造物件者,自丁文诚公督川时创办之机器制造局为始。现在已大加扩充,银圆局、造币厂、劝工局、制革公司、火柴官厂、机器新厂、白药厂、官报书局等继之而起……"[2]近代工业亦发展到成都郊县,如彭县白水河铜厂,就是清末成都大型的近代化工业企业之一。

四川机器局是四川近代工业的开端,产生了四川最早的产业工人和技术人才。成都老百姓最熟悉的,是影响至今的丁宝桢所创的"宫保鸡丁"。传说未必真,但其实折射了丁宝桢对后世的重大影响。

光绪十二年(1886年),67岁的丁宝桢病危。这位封疆大吏竟然债台高筑,临死前他挣扎起身,颤抖着手给朝廷写下最后一道奏折:"所借之银,今生难以奉还,有待来生含环以报。"光绪皇帝阅罢大为动容,批上谕:"遽闻溘逝,悼惜殊深。"赐丁宝桢太子太保,谥文诚,并令山东、四川、贵州各省建祠祭祀。[3]

丁宝桢死后家人连办丧事的钱都没有。后来一查,因革除衙门"陋规"补贴的"公费",他从来没领过。丁宝桢的家眷因"家贫不能举火,成都府供食数月"。数千里

[1] 参见《清史稿·志115·兵11·制造》;刘东父、周询:《四川兵工厂、造币厂的创立》,四川省政协文史资料研究委员会编《四川文史资料选辑》,第20辑。

[2] 傅崇矩:《成都通览:上册》,巴蜀书社1987年版,第379页。

[3] 参见《清实录》光绪十二年(1886)丙戌夏五月初五日(丁酉)条,引自丁宝桢:《丁文诚公家信》,山东画报出版社2012年版,第355页,注释4。

左图:清末四川兵工厂"崇垣大柱,复屋重檐" 来源:郑光路购日本画刊

右图:1904年至1907力行新政的四川总督锡良

之外的山东省百姓，请求朝廷将丁宝桢灵柩运回山东历城（今济南）九华山麓，与其先逝的前妻合葬。家眷靠众官员赠送的银两，"僚属集赙，始克成行"，[1]凄然将丁宫保归葬山东。

至锡良督川，奏请扩充兵工厂，在成都东门外望江楼对岸建立新厂，占地二百六十亩。我收藏有清末四川兵工厂珍贵老照片，确实是"崇垣大柱，复屋重檐"。原有机器局改为兵工分厂。并延聘德国技术人员，此时工人已有一千余名。[2]

### 廉洁勤政的锡良及毁誉参半的赵尔丰、赵尔巽

锡良（1853—1917年），字清弼，蒙古镶蓝旗人，入川前历任山西知县、知府，湖南按察使、布政使等职，素以刚直清廉、勤政务实称誉朝野。[3]

1903年农历七月十六日（公历8月14日），锡良抵成都接任川督，立即上奏朝廷"川省地广民稠，事繁责重"，表明将首先"课吏为图治之本"，即整顿吏治。[4]

至1907年2月，锡良督川近四年。锡良厉行新政，在经济、军事、文化、教育诸方面建树尤多，主要有：①首倡自办川汉铁路；②推行教育改革，延聘外国教习，派遣留洋学生，创办四川通省师范学堂，使四川办学成绩在全国名列前茅；③继续开办警察，编练新军，创办各类军事学堂，练成新军10营；④设立劝工总局、矿务调查局、农政总局等机构，振兴四川工商实业；⑤创办《四川官报》，作为四川推行新政的喉舌。

以前几个总督，难免一个"贪"字。如1892年治川无能的川督奎俊，免职离川后，其私党布政使曹穗以川督

---

[1] 《清史稿·列传234·丁宝桢传》，参见中国文史出版社编：《二十五史 卷十五 清史稿（下）》，中国文史出版社2003年版，第2142页。

[2] 敖子鱼：《四川兵工厂调查记》，参见四川省文史研究馆：《四川军阀史料：第一辑》，四川人民出版社1981年版，第333页。

[3] 参见《清史稿》列传236"锡良"；《四川近现代人名录》，四川辞书出版社1992年版，第315页。

[4] 中国科学院历史研究所：《锡良遗稿：第一册》，中华书局1959年版，第344页。

调离理应馈送,提取山东赈款5000两,又传令成都、华阳二府州县共出船费5000两,总共1万两送给奎俊。[1] 后在"戊戌变法"中献身的刘光第就祝愿:"川中贪风,想可一变矣!"[2]

锡良到任后,惩治贪官、提拔廉吏、奏举贤能。曾在锡良手下任"督署文案"三年的周询记录:"公为人廉正勤俭,一无所好。终日孳孳,惟在国事。黎明而兴,夜分始息。其艰苦有为常人所不及者。于时局尤具先识。时新政繁兴,公除注重学务外,余如开办各郡县警察,并设巡警教练所。又饬各属设劝工局,以提倡职(商)业;设习艺所,以教养贫民……无不积极进行,躬亲考核。"

总督收入不少开销也大(要包幕僚工资),锡良除合法收入外,不搞歪门邪道。周询评论锡良:"此外则丝毫无所取,而应用之款甚多,故私计时感窘乏,公察吏严明……""公虽持躬廉俭,然廉而不刻(薄),俭而不矫(情)。"

锡良所穿的冠服,大多有些破旧,夫人衣服也常有补疤。周询在督署三年,见锡良的夫人从未出过制台衙门,"家居皆布服,甚(至)有经补缀者"。

周询工作是"文案兼收发",每天要见锡良两三次。有天他盯视锡良穿的马褂,"边幅已有坏处"。锡良察觉了,笑指衣服说:"此为(我当山西)阳曲知县时所缝,二十余年矣。焉得不坏?"这令周询很感动。锡良自身节俭,但并不矫情苛求下属:"属吏中有著华(贵衣)服见者,公亦从未加斥责。"

当时,各省督抚在夏冬两季,多要给中央军机大臣等京官馈赠"别敬""冰敬""炭敬"作补贴,以拉关系。[3]

锡良到川后从未送过这些人情,有一年幕僚说:大帅

[1] 民国佚名笔记:《贪官污吏传》,北京古籍出版社1999年版,第67页。

[2] 《刘光第书信第三十二函》,参见《刘光第集》,中华书局1986年版,第236页。

[3] 〔清〕冯桂芬:《校邠庐抗议》卷上:"大小京官,莫不仰给于外官之别敬、炭敬、冰敬。"转引自匡亚明主编:《冯桂芬评传》,南京大学出版社2004年版,第212页。

左图:1908年初的署四川总督赵尔丰

右图:赵尔巽(1844年-1927年)历任户部尚书、盛京将军、湖广总督、四川总督、东三省总督,1914年任清史馆总裁,主编《清史稿》

还是应该"点缀"一下才行呀。锡良蹙着眉头说:"我从何有此力量耶?踌躇再四,始曰'必不得已、四位军机大臣,每位送二百余(两)而已。'"

周询等幕僚担心"送包袱"太轻了。后来传回消息,军机大臣们非常高兴:"相晤曰,'今年锡五爷(公行五)亦送炭敬,大非易事'。又一大臣曰,'锡五爷之二百金,作其他之二千金观也。'足见直道在人,而公之清廉,实中外共信。"[1]《清史稿》评论:"性清刚……非义之财,一介不取;与权贵尤一无馈遗。"[2]

赵尔丰(1845—1911年),1906年8月任川滇边务大臣。1907年锡良去任,赵尔丰曾暂时护理川督(1911年4月正式任川督)。赵尔丰1907年秋设立成都自治局,年底在省城设立宪政研究所。凡司、道、府官员,均定期参加讲习。同时饬令法政学堂,附设讲习宪政速成班;省城大小官员,以及佐杂吏目都必须报名讲习。[3] 这可称在官员队伍中,普及近代化"宪政"知识。

赵尔丰还在川边藏区"改土归流",推行屯垦、练兵、设官、兴学、通商、开矿等"经边六策",促进川边藏

[1] 周询:《蜀海丛谈:中》,巴蜀书社1985年版,第223—228页。

[2] 《清史稿·卷449锡良传》,中华书局1977年版,第12535页。

[3] 四川省地方志编纂委员会:《四川省志·大事纪述:上》,四川科学技术出版社1999年版,第194页。

区也向近代化迈出关键的一步。

赵尔巽，1908年3月至1911年1月任四川总督。年1908年设立谘议局筹办处，由王人文充任筹办处总理，1909年成立四川谘议局。[1]成都在政治体制方面，由此拉开了近代化的大幕。

赵尔丰贪不贪？史无确载。但成都将军玉昆说赵尔巽是大贪官："在川不满三年，身得数十万（两银子）之资。临行将省中黄金买贵起行，实说得饱载而归……"[2]

◎ 清末动荡不安的政局

廖观音"红灯教"大闹成都

1900年"庚子事变"后，残存的义和团成员苍黄逃散，许多人渐次入川。

四川历史上民间宗教一直很活跃。流落入川的北方义和团成员，与巴蜀已有的的白莲教、灯花教、红灯教、少林神打、无生门教、顺天教等秘密组织合流。民间"反清"活动，1902年后达到高潮。他们集合信徒进行武功训练，即所谓"神拳"，清政府概称之为"拳匪"。

"神拳"的特点，就是将民间迷信的降神附体、画符念咒，与武术中金钟罩、铁布衫、排打功、技击术等传统练功法相结合，诱导信徒。怎样操练"神拳"呢？我搜集的地方珍稀史料，记录生动有趣：

各庙宇神着衣冠及持器具悉为伊等盗去……名曰"盗宝"，谓其得之以御刀枪，虽外洋火器之利不足惧也……如关圣之青龙刀，悟空之金骨棒……罗汉之戏龙珠、伏虎圈

---

[1] 参见吴康零：《四川通史·卷六》，四川人民出版社2010年版，第201-205页。

[2] 玉昆：《蓉城家书》，参见《辛亥革命史丛刊第一辑》，中华书局1980年版，第203-204页。

## 成都"变脸"
## ——中国城市近代化缩影 上

清末民间武人

等。……凡入教须洁身诚意,誓不外泄。晚间"教头"于地画一圈,令奉教者立其中,裹红巾,紧闭双目,首念"观音洁身咒",次念关公"神拳咒"……即昏迷仆地,扶起将手作开弓势,旋即跳舞,是为"神拳"。[1]

"神拳"由于其神秘性(迎合农耕社会民众低文化素质)、简易性(无须长期吃苦)等性质,迅速传播。

由于政治黑暗,1902年后四川大部分州县都有造反民众习"神拳"。如遂宁县"乡里演其术者,几于十室而九"。当时人说:"资阳县里亲眼见,家家户户习神拳。"各路草莽英雄此起彼伏,自称"神佛""天师""元帅"率众造反,直逼省城成都。[2]

廖观音(1886—1903年),生于华阳县石板滩(现属成都市),人称"廖九妹"。有个铁匠学徒曾阿义,1901年在石板滩扯起"棚子"广招信徒装神弄鬼,宣称时年刚15岁的廖九妹是"观音转世",自己则称为"曾罗汉"。他们腰悬红袋子、头戴红帕子,号称"七星五虎团",纵

[1] 陈世虞、罗绶香、印焕门:《犍为县志卷14:杂志》,1937年铅印本,第48—50页。

[2] 参见张力:《四川义和团运动》,四川人民出版社1982年版,第45页。

左图：清末佩戴神符的义和团少年
右图：清末与廖观音极类似的"红灯"女子

[1]盛世英《三水关纪事诗注》，见薛志泽纂《益州书画录续编补遗》，民国乙酉年（1945）成都刻本。
[2]上海《新世界学报》，壬寅年（1902）4期。
[3]《福建道监察御史王乃征奏川省乱象日炽恳简派大员接任折》（"军机处原折"，光绪二十八年六月二十三日），载《辛亥革命前十年间民变档案史料》下册，中华书局1985年版，第739页。

横川西平原。当时成都文人盛世英，写诗描述这种情形："辍耕陇畔村农舞，说法台前少女颠。似醉如痴浑不识，连头受戮志弥坚……"[1]

曾阿义把廖九妹推到前台，冒"观音"之名充当"精神领袖"，自己则幕后指挥。每与清军交仗，廖观音向部下施以"神水"，手下成员冲锋陷阵，高吼"刀枪不入"，"若痴若迷，毫不畏死"。[2]光绪二十八年（1902年）五月后，曾阿义、廖观音约南路熊青禾、东路简阳李永洪等部红灯教徒围攻成都，人马多至三万。

四川总督奎俊（1841—1916年）1898年到任，1900年兼署成都将军。此人昏庸无能，喜好书法、沉迷道教，"每日必诵《感应篇》数遍，僚属非有要事不得入见"[3]。

此时奎俊藏在深衙急得落泪，急派擅长军事的四川按察使陈璚率兵镇压。1902年7月27日，廖观音头包红帕身披红氅，左手执三角红旗右手提七星宝剑，身坐四人抬彩轿，率领装扮成韦陀、关圣、王灵官和孙悟空的头领，及数千装扮得花里胡哨的"神军"，在龙潭寺一带与陈璚大战。

陈璂（1827—1906年），字鹿笙，广西贵县（今贵港市）人，咸丰年间参与对太平天国的作战，是曾国藩倚重的幕僚。

时年76岁的陈璂登高远望，命令清军威远营炮兵刘统带"以开花炮击之"，[1] 炮声隆隆中"神军"大败，生擒匪首唐玉龙等正法，余匪窜散。[2]

陈璂得意扬扬，写了首很有些滑稽的《胜了歌》："本司六月统军，攻破匪巢胜了。观音佛祖灵官，一齐西天去了。唐僧八戒悟空，未死也多逃了……可知火炮刀枪，实在不能避了。说甚神水灵符，今日都不验了。尔等从前习拳，也应梦迷醒了……"陈璂以《胜了歌》为题印刷无数安民告示，成都城镇乡村遍贴。[3]

但不久"神军"死灰复燃。1902年9月14日深夜风雨中，廖九妹麾下一彪红灯教人马奇袭成都，奏响清末成都最为精彩的乱世狂想曲。

红灯教先到西门外青羊宫，道士茶饭款待，暗地遣人向奎俊告急。因总督大人熟睡，卫士竟未通报。次日晨，红灯教徒冒大雨从南门翻越城墙，直袭总督府。

[1]《汇报》，光绪二十八年七月十三日（1902年9月3日），第408号。
[2]《中外日报》，光绪二十八年七月十六日（1902年8月19日）。
[3] 中国社会科学院近代史研究所《近代史资料》编译室：《义和团史料：下册》，知识产权出版社2013年版，第902-903页。

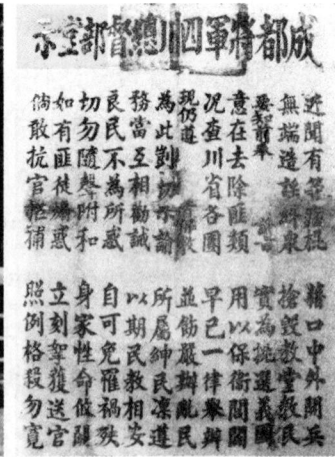

左图：四川总督奎俊（1841—1916年）
右图：1900年成都将军绰哈布和四川总督奎俊镇压义和团的告示　来源.四川省档案馆

当时有个文人汪如海正准备去皇城"乡试"考场，事后将亲身见闻写得活灵活现：

> ……方在家检束考篮，忽闻门外呼曰："红灯教入城矣！"奔避声、号眺声、关门闭户声，一时并起。（我）急拔关出瞰，适见野民廿余（按：指红灯教徒），蓬首赤脚如癫狂。中一人拥三角小赤帜，目若张若阖，口喃喃不知作何语（按：应是念"神咒"）。左右数人，持执长戈短刃。二人前导，挥长柄刀（追）逐市人……

城中清兵"不意贼骤至"，仓皇失措。有个左营李哨官（相当于连长），惊慌得"上马三次皆堕"。[1] 红灯教徒冲到走马街，眼看就要攻占四川最高政权中心的总督府了，却突遇老克星——臬台陈璟率卫士刚从总督府出来。

清末周询记载了以下历史细节："值公谒总督出，猝与匪众，立下肩舆，亲督所带卫兵与匪巷战。移时格毙十余人，余亦擒斩殆尽……"[2]

红灯教徒被陈璟阻击后，慌忙逃到南门月城一家茶铺，清军"围攻之，无漏网者"[3]。事后奎俊电告军机处："十四日溷入省城之匪，实只二十一人，当场擒斩十三人，我伤一兵……彼时观者如堵，枪械难施，匪由民丛逃逸数名。"[4]

### 岑春煊擒杀廖观音、曾罗汉

红灯教攻入成都的消息震惊朝野，清朝外务部忙劝说："美英法三国公民都不要前往成都等骚乱地区旅行。"[5]

奎俊又羞又怒，"切责部下各杀余贼自效"，杀一人赏五十两银子。清军不管真伪，每天抓捕"数人数十人不等，均立斩"。[6] 东门外有个美艳孕妇，拒绝清军调戏，

---

[1] 汪海如：《啸海成都笔记》，1937年排印本。

[2] 周询：《蜀海丛谈》，巴蜀书社1985年版，第221-222页。

[3] 汪海如：《啸海成都笔记》，1937年排印本。

[4] 《四川总督奎俊为拳党裹胁日众近且进入省城事致外务部电》（"收电档"，光绪二十八年八月十九日），载《辛亥革命前十年间民变档案史料》下册，中华书局1985年版，第742页。

[5] 参见《华西教会新闻》1902年11月号。

[6] 见《民报》的《天讨·四川革命书》，载《屏山县志》，四川人民出版社1998年版，第843页。

被诬指为红灯教惨遭屠戮，"半月无收葬者"。[1] 东城门外的莲花池是刑场，清军"一夜连决十九人"。[2]

1902年9月25日，即红灯教徒奇袭省城十天后，新任四川总督岑春煊率晋军两标急抵成都，27日与灰溜溜的奎俊交印。岑春煊（1861—1933年），广西西林县人，壮族。他上任后一靠"屠民"（接印第二天"即在北门外昭觉寺诛匪百来人……以儆效尤"）[3]，二靠"屠官"，即肃贪惩腐整顿吏治，一举弹劾官吏40余人。这样老百姓顺了气，很快安定了川局。

1902年年底，廖观音在简阳镇子场（即今有名的龙泉区洛带古镇），被清军威远前军后营的帮带（类似副营长）段方成拿获。其后，曾阿义也被左营帮带杨预拿获。

现今叙述廖观音的文章，多把廖观音赞美为"视死如归的义和团女英雄"，溢美戏说成分很多。如有人引述传说，夸誉廖观音武功超群能舞双刀，能双手托起两百多斤重的石条，有"轻功"能水面行走，能盘腿趺坐树梢上活像观音菩萨……

其实这些都是传说。当时亲自见过廖观音的汪海如说："及被拘，墙堵往观，乃十四五好女子也。布衣整洁，双鸟如钩（指缠了一双小脚），容色媚秀，楚楚可怜。"汪海如记载的下面历史细节，许多论述历史的人更为讳言。

岑春煊把廖观音押解到督署衙门审讯："解院勘讯，初不知惧，吓以死刑，始婉转哀啼，乞没为婢……"即廖观音哀求不要杀她，愿意按官法发配去当下贱的女奴。

审讯结果，证实廖观音只是曾阿义利用的幌子，甚至让嗜杀的岑春煊也有些心软了，"公为恻然。卒以案情重大，且风潮尚恶（按：指红灯教并没有平息），姑从末减论绞（刑）"。1903年1月15日，廖观音被杀于成都下莲池刑场，

[1] 参见盛世英《三水关纪事诗注》。
[2] 以上见汪海如：《啸海成都笔记》，1937年排印本。
[3] 上海《汇报》，光绪二十八年十月十六日，第429号。

1902年10月新任四川总督岑春煊

年仅17岁。同时被杀的还有其幼弟。不久,曾阿义也被捕杀。

汪海如说:廖观音被绞死后,岑春煊"策马(即骑马)往验其尸,低徊久之"。这时还发生一件趣事,有个在官衙当幕宾的青年自作多情,竟然因处死廖观音而成病痴癫:"闻女论决,眦泪涔涔,遂病痴,可谓怜香心切"。[1]

岑春煊安定川局后,接着力行"新政",整顿吏制、始建警察、办教育……很有政声。光绪二十九年(1903年)四月,岑春煊调署两广总督。他任川督虽不到一年,却大刀阔斧表演了一番"新政",让成都添了不少新气象。

原"剿匪有功"的臬台陈璚,先升任布政使,又继任护理总督。督署幕僚周询记载,陈璚是晚清著名书法家,常对周询大谈书法艺术:"手挥而口授之"。每天晚餐,陈璚"必约众幕僚同食"。他对周询等人说:这是曾国藩的老作法;你们欲有所陈说,我或有所商榷,"皆藉此一餐,便可交换意见"。

但晚膳历时很久,幕僚们饭后如有未了之事,仍要到书房续办。而陈璚早退入督署后院上房,"与家人叙天伦之乐,有时笑声达于文案处"……这使周询等幕僚们"窃窃苦之"。

周询曾在多任总督手下当过幕僚,他评论说:"其治事'好整以暇'。"[2] 意思是其他总督劳逸结合这方面,都比不上老辣的陈璚。

"袍哥"和"同盟会"结合

1903年后,四川"拳匪"相继被镇压,却演变为"幽灵"在巴山蜀水游荡。这个"幽灵"就是"袍哥"。

"袍哥"是四川方言,也称"哥老会""汉留"(或

---

[1] 汪海如:《啸海成都笔记》,1937年排印本。

[2] 周询:《蜀海丛谈》,巴蜀书社1985年版,第221-222页。"好整以暇",成语,形容既严整又从容;也指事情虽多,仍从容不迫。

"汉流")。早在乾隆皇帝坐龙廷时,一些"聚众闹事"的流民,被称为"啯噜子"。有人认为"啯噜"谐音"哥老",是后来"哥老会"的起源。

"哥老会"后来通称为"袍哥",清末数量高速发展。占山为王、抢劫为生一类,称为"浑水袍哥"(即土匪"棒客")。不搞盗、抢等武力掠夺的,称为"清水袍哥",占大多数。

"袍哥"在四川各山堂,逐渐形成仁、义、礼、智、信五个"堂口"。"袍哥"内部分五个等级:头排、三排、五排、六排、十排。

头排大哥,也称舵把子、社长。三排,又称三哥、钱粮,掌管一社经济及经营(如茶馆、赌场、栈房)。五排,又称五哥、管事、红旗大管事,行交际、执法等职,在袍哥中最有社会力量。六排,绿林则称蓝旗,负责巡风探事的小头领。十排,统称老幺,有凤尾老幺、执法老幺、跑腿老幺之分。排行中无二、四、七、八、九。二,是不敢僭越关羽(关二爷)。四,是桃园结义如有赵子龙

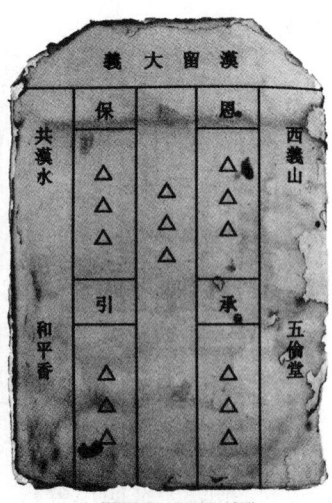

左图:清代荩忠山袍哥宝扎(正面)

右图:清代荩忠山袍哥宝扎(反面)　供图:蒲秀政

在当为四弟，故虚此席。七，据说是叛徒。八、九，忌宋朝杨家将八姐九妹之称。

世纪之交的成都，人心浮动。无论城乡，瓜棚豆架下人们越来越爱摆早年四川的"造反"龙门阵：什么"李短鞑""蓝大顺"，什么"长毛""红灯教""廖观音"……谣言处处飞传："真命天子找着了，是明朝洪武皇帝朱元璋的后人，就隐藏在成都附近深山里面，由一个身怀绝技的老道士保护着！"[1]

1905年8月20日，孙中山在日本东京，组织中国历史上第一个资产阶级政党——中国同盟会。1906年，同盟会总部派熊克武等人从日本返川，由黄复生任四川分会会长。他们联络秦炳、张培爵、卢师谛等人，建立了同盟会成都分会。[2]

同盟会成都分会秘定：1907年11月14日慈禧太后生日这天，趁省城官吏齐集"会府"祝寿时聚而歼之。同盟会党人及各路"袍哥"约4000人分批潜入成都。

然而风波突起：起义密谋被一个名叫吕定芳的学生（夹江知县之弟）泄露。清兵全城搜捕，新军中同盟会员伍安全被害。同盟会党人张治祥、黄方、黎庆余、江永成、杨维、王树槐6人被捕下狱。官吏们为留后路未开杀戒，仅判王树槐监禁10年，其他5人终身监禁，史称"丁未成都六君子之狱"。[3]

同盟会"革命党"和"袍哥"江湖好汉们，再加上"立宪派"人士，在1911年四川保路运动中结成统一战线，成为大清王朝的掘墓人。

民国时期，因"袍哥"在四川保路运动中发挥了巨大作用，完全成了公开组织。到20世纪40年代末，据估计全川成年男子有30%～50%参加了"袍哥"（甚至有人估计高达70%～80%）。[4]

---

[1] 参见肖华清：《辛亥革命前后的彭县》，四川省政协文史资料研究委员会：《四川文史资料选辑：第27辑》，四川人民出版社1982年版。

[2] 杨兆蓉：《辛亥革命四川回忆录》，参见《近代史资料》，1958年第2期。

[3] 熊克武：《辛亥前我参加的几次武装起义》，参见四川省政协文史资料委员会：《四川文资料集萃：第1卷》，四川人民出版社1996年版，第102页。

[4] 郑蕴侠：《洪门、袍哥及青帮探源》，参见《龙门阵》，1984年第1期。

# 第三章 成都的「维新」和「新政」

## 第一节 新政"重头戏"开办警察制度

◎ 近代化警察制度怎样在成都登台

慈禧无可奈何搞"新政"改革

大清国的"新政",如病入膏肓的人病急乱投药。从"同光新政"[1]到"戊戌新政"(即戊戌变法),再到"清末新政",三次"新政"步履蹒跚,而且最终以死亡(辛亥革命)而告结束。

1900年8月14日,八国联军攻破京城。1901年(农历辛丑年)9月7日,北京西班牙公使馆内,78岁的李鸿章颤颤巍巍提起笔来,与11个国家(英、法、日、俄、德、美、意、奥八国之外加上比利时、西班牙和荷兰)正式签订《辛丑条约》。这是中国近代史上最为丧权辱国的条约,中国向列强赔款白银4.5亿两"谢罪"。[2]为"庚子赔款",四川省每年强行摊派白银二百二十万两,名曰"新案赔款"。为筹此款,四川老百姓雪上加霜:"除盐税每

[1] "洋务运动"发生在清同治、光绪两朝,旧称"同光新政"。
[2] 参见宛华:《历史常识全知道下:中国卷》,中国华侨出版社2012年版,第664页。

斤加收钱三文，肉厘每猪一只加收钱二百文，各邑税契照原额加解两倍，烟酒税加收一倍外，又加派全省捐输银一百万两，别其名曰'新捐输'。"[1]

慈禧捅了天大的娄子，迫于灭亡威胁，也要搞"新政"改革了。"新政"始于1901年1月29日，慈禧用光绪帝名义，颁布"改弦更法诏"。从1901年到1905年，清政府先后颁布30多道上谕推行"新政"。

"新政"主要内容有：①改革官制；②改革经济；③改革法律；④改革教育；⑤改革军制编练新军。[2]

如改革官制，作为整顿吏治的重要手段，内容有："裁冗衙"（精简机构）、"裁吏役"（精减人员）、"停捐纳"（停止卖官鬻爵）、"裁陋规"（废除官场陋习）等改革措施。

慈禧幻想"新政"如灵丹妙药，让大清王朝逃过死劫。但慈禧完全没想到的是：正是她无可奈何后搞的"新政"，催生了种种新生势力，如留学生、新军、商人、各省谘议局……都或早或晚地掉转了矛头，直指不堪救药的大清王朝。

[1] 周询：《蜀海丛谈》，巴蜀书社1985年版，第5页。
[2] 刘仲华：《一本书读懂清朝》，中华书局2011年版，第154页。
[3] 《光绪朝东华录》，《署理四川总督岑春煊折奏》，中华书局1958年版，第5006页。

## 1903年岑春煊首次成立省城警察总局

开办警察制度，可归属于改革官制和改革法律范畴。从1902年开始的清末十年间，成都经历了创办通省警务学堂、警察总局、四川通省巡警道等日趋完善的各阶段。

1902年8月26日，原山西巡抚岑春煊接任四川总督，一到成都就上奏朝廷："非开办警察无以戢民，使之不致为乱。"[3]

岑春煊全城发白话告示，说过去负责省城治安的保甲总局名声太坏："敲钉磕捶，作威作福，胡说霸道……"告示最后说："省城人烟稠密，向无规矩，害身体的东西气色，处处皆有。……想得保护，警察之外，实无别法……""只望一开办之后，家家的钱财安稳，人人的生命安全，上头对得起国家，底下对得起你们众人。"[1]

1902年年底，岑春煊在成都创立四川通省警务学堂。委任候补道李光麒为总办，王瑚为会办。聘任曾在日本考察过警务、教育的周善培为教习，为开办警察培训骨干。当时督署幕僚周询记载此中细节：

"遴选候补佐贰杂职，乃至州县，共数十人人所充学员，以六个月为毕业。一面设巡警教练所，招选身家清白、体格强壮、并识字之人民一千人，编为巡警两营，入所训练，以储警材。毕业后，改皇华馆为警察总局，委候补道员为总办。总局内设提调、稽查、文案、庶务等职。分省城及东门外为东南西北中及外东为六区（按：相当于现在的警察分局），每区设一分署，置署长一人。又每区内分设派出所数处，每所置署员二员。全体共有派出所三十余处，每巡警十人，置一警长。其初共设巡警八百余名，后渐增至一千二百余名。"[2]

光绪二十九年（1903年）四月初一，警察总局正式挂牌理事，初设于帘官公所保甲总局旧址，次年迁至华兴街成绵道署隔壁的皇华馆。正局、分局驻地多征用庙宇或公所。四月初一这天，警察首次上街站岗，群众围观问东问西，有年老的还用手来摸一摸警察头上戴的西式警察帽，弄得第一次站岗的警察很不好意思。[3]

1903年后继任川督的锡良，大力发展警政。他强调："警察以卫民防患为指归，尤以易俗移风为效果。"1906年，锡良专门发布"申明警政"的白话告示："警察的界

---

[1] 《岑制台开办警察告示传单》，载1902年《启蒙通俗报》第12册，转引自陈稻心：《晚清成都警察史略》，《成都志通讯》，1987年，第4期，第7-8页。

[2] 周询：《蜀海丛谈》，巴蜀书社1985年版，第59-60页。

[3] 见杨槐：《消防队长沈兆》，参见《人物杂志》，1947年第11期。另见成都市地方志编纂委员会：《成都市志公安志》，四川人民出版社1999年版，第553页。

限,包得甚宽,总而言之不外管束坏人,禁革坏事八个字,地方上才保得平安。"[1]

[1] 中国科学院历史研究所:《锡良遗稿:第一册》,中华书局1959年版,第439、566页。

## 1908年四川通省巡警道的正式成立

1905年,清廷设立巡警部,统一全国警政,省城警察总局改为四川通省警察总局,掌管全省警政,兼管省城警务。

这时的警察(当时也称巡查),穿什么样的服装?拿多少薪水?

外聘日本教师中野孤山记录下珍贵历史细节:"(少城内)满洲街上的巡查,头上缠着一条一丈多长的黑布,身着浅黄色衣服,脚下穿鞋,手上拿棒。问他们薪水多少,回答说一个月四至五、六元。问警部(按:即省城警察局)的

民国时期成都警察局内人员衣着严整 摄影:[美]《生活》杂志记者卡尔麦当斯

薪水是多少，说是有八至十元。其他的巡查情况稍有不同，上衣是浅黄色棉服，裤子是白色的，镶嵌着一条八分宽的线条。帽子是德国式的，上面别有一个带'警'字的徽章。他们在腋下夹一根青冈栎木棒。薪水与满洲街的巡查别无二致。换岗及其他方面，大多采用我国（按：即日本）的警察制度。"[1]

1908年，总督赵尔巽遵照清廷诏令，裁撤成绵龙茂兵备道（即川西道），改设四川通省巡警道，专管全省巡警、消防、户籍、营缮、卫生事务。其职责包含现今省级警察厅、卫生厅和民政厅的功能，兼负成都市区警务。巡警道下设警务公所，为全省警务的执行机构。

按照清政府《巡警道官制并分课办事细则》，警务公所内设总务、行政、司法3课（后改课为科，并增设卫生科）。1909年，改省城6正局为6总区，同时改四川通省警务学堂为四川高等巡警学堂。

巡警道的道台，官秩正四品。任道员的前后有高增爵、王棪、周肇祥、贺纶夔、徐樾、于宗潼、朱庆澜。

民国早期，设四川巡警总厅，由杨维（叙永人，曾去日本学警察及军事）任总监，总揽全川警务。[2]

### 清末警察局管些什么事

开办警察局最出力的，是祖籍浙江诸暨的周善培。周在四川出生，熟悉川情。他起草了警察章程430多条，并亲手训练警务。

周善培提出办警察的两个方针：第一是"采外、酌中、师古"，用现在话讲就是学习外国先进经验，再结合中国特色；第二是"保安、正俗、卫生"。保安指治安，正俗

[1] 中野孤山：《横跨中国大陆——游蜀杂俎》，中华书局2007年版，第138页。
[2] 四川省地方志编纂委员会：《四川省志 公安 司法志》，四川人民出版社1997年版，第9、11页。

指端正风俗；卫生不仅指公共卫生、防病除疫，还包括社会救济，以工代赈等。[1]

（1）管理城市卫生、饮食饮水安全、医政考核及交通管理

1900年之前，成都从没有专门政府机构负责城市公共卫生，全由民间自己解决。

到20世纪初这种情形依旧："街市居民昧于卫生之道，藏垢纳污，习于不洁久矣。道涂之不治，秽物之堆积，恶气触人，不可飨迩。每当阴雨泥泞，屎酸粪汁及一切脏水……久晴则尘埃四塞，霉菌飞扬。吾人饱餐大嚼、撑肠挂腹者，皆此等物也。"[2]

1901年，成都一些留学"新政"的学子归蜀，在成都开办学堂，设立卫生专科。翌年，警察各分署雇用百余名清道夫，清除城区街道垃圾。成都城市专业环卫工作，以此为开端。每日晨，清道夫或挑竹筐或推独轮鸡公车，沿街收集民众生活垃圾。清道夫手摇铜铃高喊："倒渣滓啰！"居民闻声即前去倾倒。清道夫将垃圾运至指定的堆集地。东门外天仙桥一带河边，为官设垃圾场。[3]

各级警察局不仅管治安、交通、司法、防火，还设卫

[1] 石体元：《周善培从政琐记》，参见《重庆文史资料选辑：第12辑》，内部发行1981年版，第153页。

[2] 傅崇矩：《成都通览：上册》，巴蜀书社1987年版，第240-241页。

[3] 成都市地方志编纂委员会：《成都市志·环境卫生志》，四川人民出版社1994年版，第1页。

清道夫或挑竹筐或推独轮鸡公车，沿街收集民众生活垃圾

生警察，负责河道沟渠、水井、清道、防疫、检查食物、屠宰、考验医务医科及官立医院各事。[1]

警察总局有许多相应的规定，如"干点心铺之茶食，有日久生虫者，宜禁其出售"；"驮牛粪箕，不准置米袋上"；"海会寺及暑袜街两处之皮铺臭气有碍于卫生，应令其硝皮时，一律移置城外"；"御河水秽，应禁止挑夫乱挑"；"罂粟烟斗，小儿误食毒毙时有应禁止上街持卖"；"驮牛马遗粪，即带有拾粪箕畚，可免秽街。然单骑之马匹遗粪在街，应令过道之驼牛人工随见随刮，或清道夫顺便扫载……"[2]

1909年，傅崇矩曾评论警察局功绩："成都人索昧卫生。富户以吃燕窝、服鹿茸、穿大毛为卫生，且酒食征逐，夜卧迟、昼起晏、饭食迟、动作懒。故贫者之寿必多于富者……自学堂立后，学者始知卫生学。自周孝怀观察

[1] 参见《旧中国治安法规选编》中《巡警道官制并分课办事细则》，群众出版社1985年版，第10页。

[2] 《四川官报》己酉第19册"公牍"参见傅崇矩：《成都通览：上册》，巴蜀书社1987年版，第200页。

民国抗战时期街道奇景：虽有美国大兵凑拢围观，成都矮个子交通警察毫不怯场，仍十分认真地指挥通行

民国时期的成都交通警察

办警察后，民间方知卫生有益，今试举警察之善政如下：街道无渣滓，街道无死鼠死猫，杀房（按：指屠宰场）尽移城外，戮人（按：指刑场）移于莲花池，街边尿缸一律填平，各街茅房改良尽善，病猪肉不准入城，旅栈添窗通空气，认真修理阴沟，井边不准淘米洗衣，染坊臭水不难乱倾，街上不难喂猪……"[1]

随着各种交通工具日益增多，到了民国时期城市交通管理也逐步完善，有了专门交通警察。

（2）一百多年前就制定了《畜犬规则》

1906年，成都警察总局颁布《畜犬规则》十款，开头说："照得街户饲犬，每致惊扰行人，且有咬伤情事，单人夜行常为群犬所困。今特订立规则十条，宣布周知……此谕。"重要条款有：

二、凡有属之犬，由畜主自制皮圈，赴东南两工厂购镶铁号牌一具，标明某街第某号家犬，束于犬头，迁徙街号即易之。三、凡有属之犬，只系于宅内饲养，不得任其逸出大门以外。五、有属之犬，如在道路咬伤行人，或毁坏衣履者，应处畜主三日以下一日以上之拘留，或三元以下五角以上之罚金。（按：单位为银圆）六、凡畜犬之家，不得饲养

[1] 傅崇矩：《成都通览：上册》，巴蜀书社1987年版，第562-563页。

四头以上，免致群吠，惊扰邻居。八、凡瘦狗（按：即疯狗）无论有属无属，警局验明，即行捕杀。十、凡病毙之犬，宜于城外掩埋，勿许暴露，酿生秽毒。

一百年后的2010年7月1日，《成都市养犬管理条例》规定："限养区内养犬户每户限养1只犬""办理《养犬登记证》""个人禁养22种烈性犬大型犬"等。[1]

对照百多年前的《畜犬规则》，规则大体相同，百年前似乎惩治更严。

（3）成都警察"灭火消防"功不可没

1903年，警察总局迁至华兴街成绵道署隔壁的皇华馆，即现在成都消防七中队驻地内。总局内修建了望橹楼："楼高十丈，宽四丈五，上下五层，顶悬铜钟，居高临下，瞭望四方火情，凡距离在十里内者均悉如指掌，遇警伴以敲铜钟，吹口哨作为联络"。

1903年，全国首批成立3支专业消防队，成都赫然在

[1] 1906年间养狗须挂牌，成都清朝版"养狗规则"至今也不过时，四川在线，http://www.scol.com.cn，2013-09-30。

左图：民国时期成都省会公安局印制的防火告示 来源：档案馆资料
右图：1939年成都龙泉驿镇上的专业消防队员 摄影［美］卡尔·麦当斯

列。1903年4月，成都警察总局成立后，设置了消防队共有72人。成都第一次出现较桶提、盆泼先进的灭火工具——"人工压力水龙"：人工驱动把水吸入泵内，通过帆布水管经铜瞄口喷射灭火。

1905年，通省警察总局制订《警察救火章程》，规定总局每月逢二，巡警营逢三，中路、东路分局逢四，西路、南路分局逢五，北路、外东分局逢六，为消防警察的操练日期。"掌管者望准射击，演习拆屋、执器，立长梯等项，实习督办，勤操勿怠。"

四川省巡警道员高增爵写的《演习消防记事》中记录："宣统元年（1909年）十月……每队配备器械有火旗2、棉捶2、火钩4、锯子2、木梯2、水龙1、水枪20……"[1]

1909年傅崇矩记载："近经警察局特立消防队，时常演习，约一千余人，屡见功效。器具亦均改良，梯、锯、龙、水枪，尽换新式。又令各街之一千一百太平缸，数日一换新水，防患卫生，无不周至。"[2]

（4）"正俗"等"警察之善政"

移风易俗是警政重要内容，类似后世的"扫黄"即为其一。1906年，通省警察总局查禁淫秽书刊、戏曲。禁令称："一切书坊、书摊，不得出卖淫书。……戏本有伤风俗者，应行禁止。……禁止在街市游唱淫词小调，违者告诫。查禁后又再唱的，罚钱五角至一元（银圆）。不服者拘送掌责。"[3]

此外，禁烟、禁赌、禁止妇女缠脚、禁止虐婢、暑天禁止下河洗澡，以及修治道路津梁等事，也由巡警道负责。

至宣统二年（1910年）八月，除理番、懋功、彭水、秀山四厅县外，全川已有140个厅州县开办警察；142个厅、州、县办起了巡警教练所；同时还开办了川江水道警察。

[1] 参见：《成都消防队史馆昨开馆，展出成都百年前消防系统》，见《成都商报》，2012年11月10日。

[2] 傅崇矩：《成都通览：上册》，巴蜀书社1987年版，第58页。

[3] 四川省地方志编纂委员会：《四川省志·公安一司法志》，四川人民出版社1997年版，第68页。

## 第三章 成都的"维新"和"新政"

成都县属的驷马桥场、土桥场,华阳县属的得胜场、大面铺场、簇桥场,金堂县属的赵镇、简阳县属的石桥镇等,都设置了乡镇警察所。[1]

◎ 兴办警察的"新政干将"周善培

### 周善培的是是非非

周善培(1875—1958年),号孝怀,字致祥,是中国近代史上非常重要的历史人物。

周原籍浙江诸暨县,其父周渭东实授四川营山县知县,周善培出生在营山县署,所以,周善培自认四川是他的第二故乡。[2]

周善培青年时曾与梁启超、谭嗣同、刘光第、陈三立等维新派人士为友。1898年"戊戌政变"后兴大狱,1899年周善培东渡日本防祸。因梁启超介绍,得识孙中山。他又结识日本维新名流大隈重信、犬养毅等。这些日本人对他说:"天皇对中日甲午之役颇为后悔;补救之法,惟望中国多派学生来东留学,即能多些谅解。"

他回到四川游说当道,1901年奉川督奎俊之命,派遣官费学生20名由他率领东渡赴日留学。事毕,他以私人名义约一日籍教师同到四川,在成都落虹桥街开设一所私立东文学堂。数月后难以维持,遂告解散。

1902年岑春煊督川初办警察,委成绵龙茂道沈秉堃兼警局总办。因周善培曾两到东洋,岑委任周为警察学堂教员,警政发端一切部署设计,皆由周制订。又调了几十员佐杂官为学生,培养了最早一批警察骨干。[3]

[1] 《四川总督赵尔丰奏四川第四届筹办宪政情形折》,《清末筹备立宪档案史料》,中华书局1979年版,第795页。

[2] 石体元:《周善培从政琐记》,参见中国人民政治协商会议四川省重庆市委员会:《重庆文史资料选辑:第12期》,1981年,第152页。

[3] 参见黄遂生:《周善培的一生》,参见四川省省志编辑委员会:《四川文史资料选辑:第13辑》,1964年,第178页。郑按:黄遂生,与周善培同隶绍兴,在其幕中做事有年,熟知周事。

清末的周善培  来源:作者购于文物市场

1903年4月后，岑春煊调任两广总督，聘周善培为副总文案，兼任广东将弁学堂监督。其时周已花钱捐了个道员资格，不久便回四川候补。

此时锡良督川，因周善培"开办警察、人望卓著"，委为警察局总办。史料称，周是成都办警察的"原始家"。他到任后以身作则，在总局门前悬牌整顿警察风纪："严谕各路官兵不得吸烟、赌博、冶游。总局为本原之地，虽本总办犯之亦请各员纠举，自请督宪参处。"[1]

周力推四川各项"新政"，大刀阔斧进行各项改革。

周善培任职期间，发布保安禁令22条，正俗禁令15条，卫生禁令4条。时人评论周善培："性酷而刻，然施政不无善者。"[2]

当时周善培才30来岁，血气方刚。时人概括他的业绩："娼厂场唱察"（谐音川剧锣鼓声），就是限娼妓、办工厂、建商场、修剧院、办警察。如此破旧立新，自然得罪无数人。尤其是1911年他严格审查，淘汰"法官养成所"滥竽充数的生员800余人，更使打破饭碗的人要找他拼命。文化名人郭沫若曾说：

成都……所有旧时代的势力与新时代的影响都集中在这儿……在漫无组织的社会中，突然生出了这样的监视机关，而在创立的当时又采取了极端的严刑峻法主义……因而周孝怀也就成为众矢之的，四川人差不多个个都把他恨入了骨髓，一说起"周尧子"（四川人给他的诨名），差不多是人人都想食其肉而寝其皮。平心而论，这位周先生在当时——由封建社会转移到资本制度的当时——倒不愧是一位不言而行的革命家。[3]

识者评论："善培素性恃才，处事锋利，因此成都警政一新。而其结怨群小，如处治讼棍郭美堂、蠹役董鸭婆等

[1] 《四川日报》，1906年闰四月下旬《本省新闻》。

[2] 横香室主人：《清朝野史大观·卷4》，上海中华书局民国二十一年(1932)，第169页。

[3] 郭沫若：《反正前后》，华夏出版社2008年版，第111页。

事；得罪同僚，如亲往藩署捉赌、杖责川边大臣（赵尔丰）舆夫等事，均使群情激奋，道路侧目。"[1]

1907年年初，锡良调任云贵总督。锡良上奏朝廷，高度评价周善培："为政首在得人。而办理一切新政，尤非得兼人之才猷……该道学裕才优，心精力果，事无钜细，必为之切究利弊而后定其指归……昕夕经画，劳瘁弗辞；而其办事认真，甘以一身为公家任怨，坚毅之操，更有非他人所能及者。以故任事以来，警政固已成效大彰……"[2]

此时川边大臣赵尔丰暂任护理总督，对周打自己的轿夫屁股心怀不满，调周为商务、劝工两局总办，而削其警权。但其兄赵尔巽素知周善培能力，到任后奏保周善培试署四川劝业道，在职三年建设不少（详见后文）。

1937年，定居上海的周善培著文，回顾自己1903年到1911年："总办警察者一年，总办商矿工局一年，署成绵道半年，署劝业道二年有半，署提法司四个月"；"自问生长于川……以布衣为四川计改革，一切新事业，未有不萌芽于其时，亦鲜有不为余所提倡，章程且多为余所手定。若教育舆警察，则余所主持……"

他为清末自己兴办警政得罪人而申辩："办警察若严矣，然自谓所严者，特小数之莠民，决非严于多数之良民……一年警察，未得一夕安枕。凡大风雨之夕，多余冥步查街之时。劳诚余职，然以'昼绝乞丐，夜绝穿窬'八字报成都市民，其亦可稍减严之罪乎？"[3]

周善培对成都及四川的近代化进程，贡献堪称巨大。

## 当时对"办警察"的责难

警察同旧有的保甲、团练相比较，当然是历史进步。

---

[1] 黄遂生：《周善培的一生》，参见四川省省志编辑委员会：《四川文史资料选辑：第13辑》，四川人民出版社1964年版，第180页。

[2] 中国科学院历史研究所第三所工具书组整理：《锡良遗稿奏稿》，中华书局1959年版，第659页。

[3] 周善培：《辛亥四川事变之我》，参见中国史学会：《中国近代史资料丛刊——辛亥革命：四》，上海人民出版社1957年版，第447页。

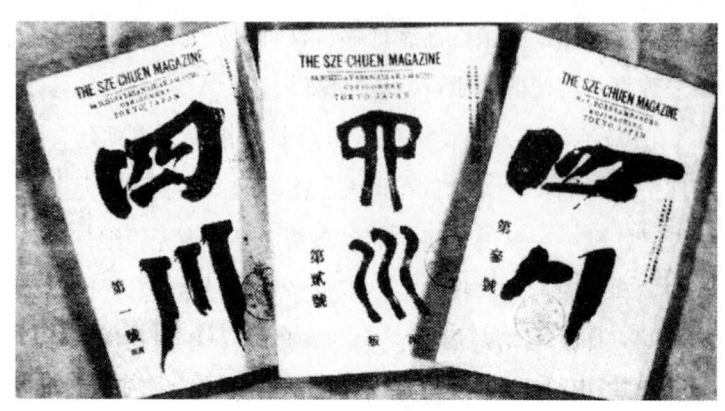

《四川》杂志曾评论警察之害

但当时有人对周善培办警察加以指责，主要是以下两点。

一是说警察流品复杂素质不高，反而扰民。当时带"革命"色彩的《四川》杂志[1]评论警察之害："欲借以制强暴，而警察即强暴之媒；欲赖以维治安，而警察即治安之蠹。"意思是"维稳"的警察，反而制造了不稳定。

二是说借办警察巧立名目征收捐款。周善培任警察总办时，规定每头牛收"卫生费"200文；光绪三十四年四月十六日起，又开征"茶桌捐"，"每日按桌纳制钱十文，每茶一碗准增价一文"。以后，他又陆续在省城开征"戏捐""烟灯捐""旅店捐""灯油捐""花捐"等，办水道警察后，又征收"船捐"。

各厅、州、县开办警察，在猪身上打主意：每宰杀一头猪，增收"警捐"一百文。新津县还规定每包棉花，增收"警捐"银一钱二分。金堂赵镇开办乡镇警察时，果木各帮每一百斤抽制钱三十文。

1906年，四川留日学生描述"新政"加重了百姓负担："近年来，兴学、练兵、办警察、筹赔款……竭泽而渔，势已不支。"[2]

1911年，保路运动兴起，四川各地巡警局、厘金局，

[1] 1907年四川留学生创办《四川》杂志，由吴玉章主持，共印了四期。

[2] 戴执礼：《四川保路运动史料》，科学出版社1959年版，第44页。

首当其冲被同志军捣毁，[1] 苛捐杂税激起民众强烈反抗，是重要原因。[2]

## 1911年周善培几乎丧命

1911年，清廷借外债兴筑川汉、粤汉铁路，引发"保路运动"。立宪派蒲殿俊等人成立保路同志会，周善培善观时变、与同志会中人暗中往来。后赵尔丰造成"成都血案"，逮捕同志会首要，外界竟谣诬周善培为主谋使成众矢之的，周成了吃黄连的哑巴，有口难辩。[3]

周善培大力促成了四川反清独立。1911年12月8日，东较场发生"成都兵变"。其幕僚黄遂生叙述："保路同志军入城，为谣诼所惑，卒毁其家，善培本人和家属仅以身免……"[4]

这天夜里11点钟，周善培躲避到他所办的幼孩工厂。工厂建在东门城墙上，周善培怅然在城墙上，看见省城夜空几处起火。夜风阵阵寒人，周善培不禁几声哀叹。[5]

半夜两点钟，他为避祸同老母缒城仓皇逃去……周善培离川到达上海身无长物，幸得旧友张謇、温宗尧二人接济，才在极司非而路赁宅安居，暂且从事著述度日……[6]

周善培在历史舞台上表演过复杂多变的角色：清末当过大清王朝的高官，辛亥革命时期参与反叛清政府的四川独立，投靠过1912年到1919年轮番登场的大军阀，1949年后还做过中南海毛泽东的座上宾。1949年中华人民共和国成立前，共产党邀请各界耆老讨论建国名称。黄炎培、何香凝表示应当保留"中华民国"的简称，周善培则坚决主张用"中华人民共和国"。其后，他参与了中共1949年10月1日的天安门开国大典。[7]

---

[1] 清代征收商业税，创行于咸丰三年(1853年)，逐处设立厘金局关卡，百货通过都要抽税。其初定税率为1厘(1%)，故名厘金，百姓视为苛政之一，又称厘捐、厘金税。

[2] 隗瀛涛：《四川辛亥革命史料》，四川人民出版社1981年版，第360页。

[3] 黄遂生：《周善培的一生》，参见四川省省志编辑委员会：《四川文史资料选辑：第13辑》，四川人民出版社1964年版，第180页。

[4] 参见黄遂生：《周善培的一生》，参见四川省省志编辑委员会：《四川文史资料选辑：第13辑》，四川人民出版社1964年版，第178页。

[5] 参见周善培：《辛亥四川争路亲历记》，《中华民国史事纪要》（初稿），台湾史料研究中心，1987年版，第1059页。

[6] 参见黄遂生：《周善培的一生》，参见四川省省志编辑委员会：《四川文史资料选辑：第13辑》，四川人民出版社1964年版，第178页。

[7] 参见司徒丙鹤：《司徒美堂老人的晚年》，参见全国政协文史和学习委员会：《文史资料选辑：第

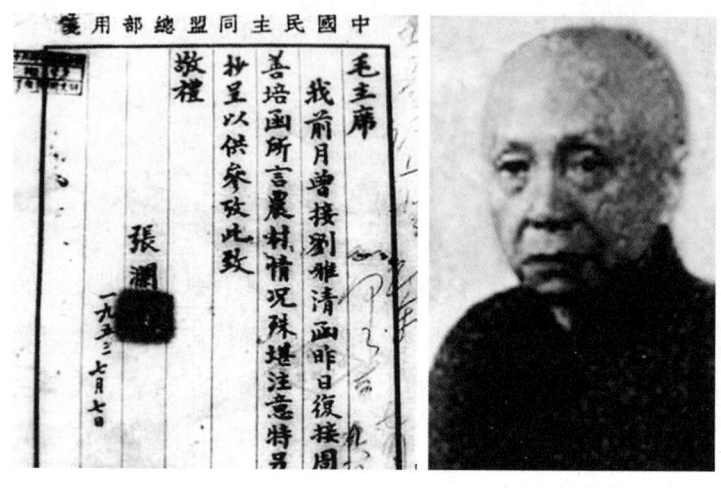

左：周善培1953年致函张澜希望注意农村贫困问题，图为张澜以此而致函毛泽东

右：1950年后的周善培　来源：作者购于文物市场

1950年后，他曾任民生公司董事长、全国政协委员。1958年在上海华东医院病逝，走完他奇诡丰富的83年人生。[1]

## 第二节　古城中"改革教育"和"改革军制"

◎　四川最后的"科举"考试怪状

老皇城堂而皇之的"考举人"

中国的科举考试制度，始于隋大业三年（607年），到清光绪三十年（1904年）止，延续近一千三百年。放牛娃出身的朱元璋当了明朝开国皇帝，为控制文人，考试用"八股文"。读书人一辈子都在"酸菜坛子"般的八股文中挣扎。

科举考试分三级：院试（考秀才）、乡试（考举

110辑》，中国文化出版社2009年版，第30页。章立凡：《"国号"系铃人周善培》，参见《凤凰周刊》，2006年第15期。

[1] 参见四川省地方志编纂委员会人物志组：《四川近现代人名录——周善培条目》，四川辞书出版社1992年版，第215-216页。

人)、会试(及殿试,考进士)。级级考试,如登神鬼莫测的天梯。绝大多数读书人哪怕白胡子拖到胯下,也嚼不烂八股文这酸臭玩意儿,仍是"童生"身份,被人嘲笑:"年已七十还是童,真是长寿;到老八股还未熟,不愧书生。"

童生考试第一步就不容易:要经"县试""府试"两次预考,录取后才有资格去"院试"考秀才。侥幸中个秀才,就雄心勃勃忙着赴省城参加"乡试",去考"举人"了。

清代科举,凡子、午、卯、酉年,在各省省会"贡院"举行"乡试"。"贡院"即考场,又称"闱"。乡试每三年一考(有时增开"恩科"),共考三场;每隔三天举行一场,每场考一天。乡试考中者称举人,中头名者称解元。

封建王朝的科举考试,迎来最后一刻的回光返照。大清光绪二十九年(1903年),将在成都热热闹闹举办"癸卯四川恩科乡试"。

农历八月初四日,京城来的正、副主考官已到。总督

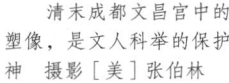
清末成都文昌宫中的塑像,是文人科举的保护神　摄影[美]张伯林

锡良以下各官，均往北门驷马桥外接官厅迎接。主考官进城至皇华馆，即按例"封门"不会宾客。省内外调集前来监考的州县官也相继赶到，住燕鲁公所。

这年七月初旬，四川各州县考生们或一人独行、或数人做伴、或骑毛驴、或乘轿子……络绎不绝赴成都参加"癸卯"年乡试。

清末华阳县令周询说，举子们多住科甲巷及"皇城附近"。旅店大门"皆以红纸书'招寓新科解元'，店内每间房屋都悬"文魁""解元"之类小匾，入场所用考篮、卷袋，及店老板中秋节送给举子月饼三枚，"无一不以'解元'名之，殊为可笑"。

官府规定：省城工商界必须赞助科考，"某业应帮某事、某物，皆胥有惯例"。工商界也很高兴，因为科举之年大有商机："来省应试者每科约共一万四五千人，每人因试事在省购物及用度约费数千金；合计省城市面各业，将增加百万两之贸易。"[1]

"皇城"贡院历年都得添设号舍。清末这些仅三尺高，照《千字文》编号的一串又一串用木板钉成的考棚子，共13935间。[2] 考生们吃喝拉睡全在不到两个平方的"鸽笼"里，几天中无异坐牢。

至初六日，按规矩考官们当"入闱"（进入考场）了：四川提学使在前、两主考紧随其屁股后，都穿光彩耀眼的朝服，乘坐八人大轿；再随后"帘官"们（阅卷、监考人员）坐蓝呢大轿。

"入闱"之日，官员们所经街道上，老百姓"聚观大有万人空巷之势"。四川总督锡良进入"皇城"致公堂，声音威严地宣布："闭帘，乡试开始。"

据过来人回忆，这届乡试史论题为《苏武留匈奴常持

[1] 参见周询：《芙蓉话旧录》，四川人民出版社1987年版，第40-43页。
[2] 参见同治《成都县志》中"贡院"，《成都市建筑志》，中国建筑工业出版社1994年版，第12页。

刚到省城落脚的秀才寻找住处

汉节论》。叙永厅秀才李维汉对苏武讨匈奴女人还连生儿子，刻意为之辩解，表明并非性欲作怪，而是为爱国："胡妇生儿为他日抱子收骨计，亦为持节报国计也……"此卷大为主考官王荣商、张心田所赏识，李维汉因得中举。[1]

三场考完，贡院内号夫们高喊："解元公，讨赏哟！"叫声沸沸扬扬。但筋疲力尽的考生们却叫着"天王老子，谢天谢地"匆匆逃出皇城贡院……

这次"癸卯"年乡试大典，除朝廷派出正副两主考外，全场还以总督锡良"监临"总管试事，布政使（藩台）

[1] 百川：《清季科场琐闻》，参见中央文史馆：《益州集萃》，中华书局2005年版，第65页。

1900年后的皇城内考棚，是迄今最早、最清晰的成都贡院照片　摄影：英国传教士陶维新

1900年后的成都皇城内致公堂前鸽子笼般的木板号房考棚 摄影：英国传教士陶维新

为监试司，盐茶道辅之，按察使（臬台）为提调司，成绵道辅之；又调省内不少州县官来当"帘官"……可说是全省"总动员"，轰轰烈烈。应考生员也自认为是人中龙凤，其实大多不过是不农、不工、不商之书虫而已。[1]

放榜已是九月九日重阳节前后。中举名单"扎巨木架悬之"，张贴在总督衙门外照墙上。四川各州县每次来成都乡试者，有一万四五千人。而录取的举人名额，不过约百分之一。

京城来的两位"钦差"主考，乡试完即功德圆满打马回京，按惯例每人可收川省"程仪"银子四千两，私谊馈赠的在外……总督锡良以下各官，又直送到北门驷马桥外接官厅，直见车马尘灰渐远，才如释重负长舒一口气，吩咐"摆轿"打马回府。[2]

1903年四川最后一次乡试，就这样结束了。新科中举者，就有资格做着"状元梦"，上北京参加会试和殿试了。而大清王朝267年中，四川也只在行将灭亡的光绪二十一年（1895年）乙未科，出了唯一的一个状元骆成骧。[3]

乡试后锡良累得腰酸腿痛，书吏来报："今年癸卯科四川首名解元蒲殿俊，来拜谒大帅……"

这位蒲解元，1904年到北京参加中国科举最后一次"会

[1] 参见朱必谦：《清末考试制度琐记》，参见四川省省志编辑委员会：《四川文史资料选辑：第33辑》，四川人民出版社1984年版。

[2] 参见周询：《芙蓉话旧录》，四川人民出版社1987年版，第42页。

[3] 参见四川省地方志编纂委员会人物志组：《四川近现代人名录：骆成骧条目》，四川辞书出版社1992年版，第238页。

左图：鸽笼一般的考棚内号舍举子们考试情景

右图：光绪年间成都府华阳县童生考秀才的"院试卷结票"

试"，中了进士授法部主事，1905年由清廷官派到日本法政大学留学。就是这个满脸书生气的蒲殿俊，1911年后成为四川保路运动的领袖掀起大浪头，大清王朝由此垮台。[1]

## 北较场上古香古色的"跑马射箭"

像文人梦想中状元一样，"武棒槌"们也梦想在"武科"中逐级考取武童生、武秀才、武举人、武进士飞黄腾达。

武举考试，也分四个等级进行：先在县、府考武童生、武秀才，再到省城"乡试"考"武举人"，最后上京参加由皇帝主考的"会试"及"殿试"。

笔者年轻习武时，[2] 常听师父津津有味讲清朝各州县武童生考试的情景：农历二三月，许多骑着骏马、身背弓箭、腰佩刀剑，年龄从十七八岁到四十来岁的健儿，雄赳赳气昂昂从四乡八土进县城，考武童生来了。

[1] 参见黄绶：《保路运动保路运动领导人蒲殿俊》，参见《辛亥四川风雷》，成都出版社1991年版，第64页。

[2] 本书作者郑光路获国家体委颁发的武术六段段位，有关部门授予"武术名家"终生荣誉称号，收入《中国武术名家名校辞典》等近十部大型武术专业工具书、辞典。

考试分三场，一、二场称为"外场"；三场试策论武经，称"内场"。

各州县都有"较场坝"。较场内设有三个木桩箭靶。第一场考"骑射"：考生们头戴红帽子、手指戴扳指，骑上马去"跑马射箭"。考生驰马三趟，发箭九枝，两箭中靶为合格（否则不准参加二场）。

二场考步射、技勇。步射就是平地射箭，九发三中为合格。"技勇"，主要是测力气，一共三项。头项是拉硬弓，弓分十二力、十力、八力三号，另备有十二力以上的"出号弓"；应试者弓号自选，限拉三次，每次以拉满为准。二项舞大刀，刀分120斤、100斤、80斤三号，要高举并表演舞花等动作；刀号自选，一次完成为准。第三项是"拿石墩子"，石墩专为考试而备，长方形，两边各有可用手指头抠的凹窝；头号300斤，二号250斤，三号200斤。还要求考生玩些花样：将石墩提至胸腹，再将石墩底部左右各翻露一次，叫作"献印"，一次完成为合格。

笔者听王师爷说：那时考场中常发生"瘟猪子"考生闪腰岔气石墩落地，把脚背砸成"烂蹄花"之事。

凡应试者，选弓、刀、石三项的等级（头号、二号、三号），必有两项为头号和二号；选三号超过两项者就为不合格，取消三场考试资格。可见那时膂力很重要，这就是武林界常说的"一重降十会，力大胜三分"。

四川贡院内"文乡试"后两个月，即同年十月开"武乡试"，地点在成都北较场（原成都军区大院）。

北较场毗邻文殊院，平时冷清可怕，是"砍脑壳""剐人"的刑场。武"乡试"时设一排排"武棚子"给各地武秀才们暂住。考试时，市民成群结队到此看稀奇，十分热闹。所以清朝文人《锦城竹枝词》说："北较场考武举人，文殊院侧武棚邻。闲时芳草行刑处，秋夜萤飞讶鬼磷。"

"武乡试"不如"文乡试"隆重，只由总督主试"武举"。四川武举人名额，定为41名。[1]

中了武举人也可上京参加武会试。清代自顺治三年（1646年）开科，到光绪二十四年（1898年）截止，前后254年一共进行了112次武会试。每次参加会试的武举人，一般数百到一千多人。武举人会试考中者称为武进士，录取比例大约在十几人中取一名。

"学得文武艺，货与帝王家"。但文、武士子从青少年熬到白胡子老头，绝大多数人都是"搞空事"。武会试更可怜，我费很大力气在史料中查到，大清王朝267年中，四川高中"武鼎甲"（状元、榜眼、探花）的人，寥寥可数仅12人。道光三十年庚戌科（1850年），华阳（即现成都）彭阳春中了武状元，他是清代四川唯一的武状元。[2]

光绪二十一年（1895年），荣禄首先提出废止武举考试，他说："自火器盛行，弓矢已失其利，习非所用，与八比试帖之弊略同。积弱之端，未始不由于此。"此后清廷按照他的主张，在各省创设武备学堂，以西洋军事课程培养新式军人。[3]

光绪二十四年（1898年），中国历史上进行最后一次武会试。1901年，在八国联军打进北京的枪炮声中，武举制度被宣布正式废止，比文科科举考试被废止还早3年。

清光绪三十年（1904年），是北京最后一次文科"会试"。1905年9月，一些有政治影响的官僚，如张之洞、袁世凯等人奏请停废科举，在中国延续近一千三百年的科举制度，寿终正寝。[4]

---

[1] 参见周询：《蜀海丛谈》，巴蜀书社1985年版，第48-49页。

[2] 《文宗显皇帝实录》："壬戌上御，乾清宫引见中式武举亲定甲乙，赐一甲彭阳春、岳汝忠二人武进士及第……"另见萧源锦：《状元史话》，重庆出版社1992年版，第102页。

[3] 参见杜春和、耿来金、张秀清编：《义和团资料丛编——荣禄存札》，齐鲁书社1986年版，第416页。

[4] 参见毛晓阳：《清代科举宾兴史》，华中师范大学出版社2014年版，第270-273页。

## ◎ 新式学堂和留学生运动的兴起

改革教育重要内容是"废科举、办学堂、派留学"

中国传统的封建学校称"书院"。清代，成都城内有四大书院：锦江书院、墨池书院、芙蓉书院、潜溪书院。其中最享盛名的是锦江书院，清康熙四十三年（1704年）建于文翁石室。[1]

四川省官办的最高学府为锦江书院和尊经书院。尊经书院，为四川学政张之洞光绪元年（1875年）春创建于南较场。

1896年6月18日，四川总督鹿传霖创办四川中西学堂，"分课华文、西文、算学"。初以教授英文、法文为主，培养洋务运动所需译才。1898年又增设算学馆（即工科、理科）。四川中西学堂，成为四川古代传统教育和西方近代化

[1] 西汉景帝末年(约公元前141年)，蜀郡太守文翁曾创建文翁石室，是中国第一所地方官办学校。公元前124年，汉武帝下令全国效仿文翁兴办各地学校。

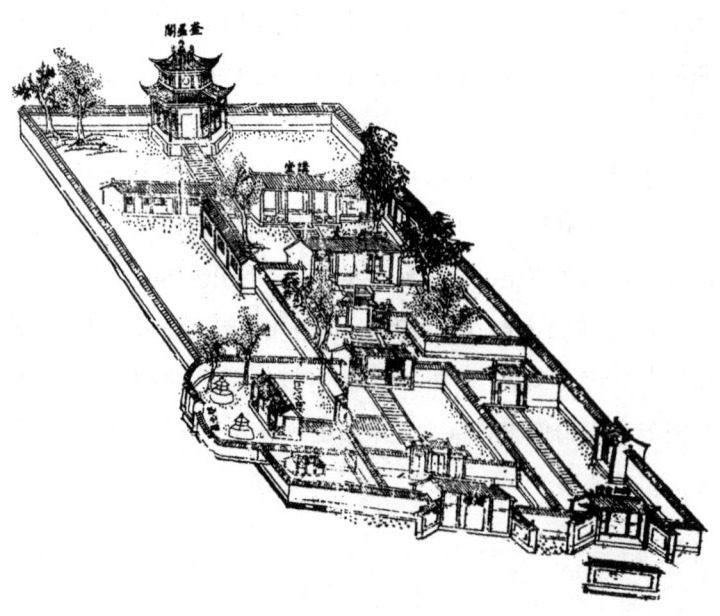

锦江书院清康熙四十三年（1704年）建于文翁石室　来源：清嘉庆《华阳县志》

高等教育结合的起始点,拉开了后来四川大学发展的历史序幕。学堂中,除身着长袍马褂的清廷鸿儒长声悠悠讲授四书五经外,也有了黄发碧眼、西装革履的洋人讲授现代科学:化学、物理、外文……

1900年,四川中西学堂第一届学生毕业。考得3/6学分者发给三等执照(文凭),考得4/6学分者发给二等执照,考得5/6学分者发给头等执照。获二等、三等毕业执照的学生,原则上可到原籍当中学堂的教习,也可自费出洋留学。获头等执照者,经严格考核,公费派送出洋留学或授以功名。[1]

1901年,四川总督奎俊从四川中西学堂毕业生中选拔出18人,从尊经书院选拔出4人,由知府李立元带队到日本和西方"国家公学堂"留学。

1901年9月4日,清政府命令各省城书院一律改为高等学堂。各府及直隶州改设中学堂,各县改设小学堂,并多设蒙养学堂。[2]

[1] 罗中枢:《历史精神 使命 四川大学》,四川大学出版社2009年版,第11页。
[2] 王继平:《中国近现代史纲要》,湘潭大学出版社2010年版,第62页。蒙养学堂,后融入近代学制系统,兼具幼稚园和初级小学的性质。

清末中国的学校进入了学习外语的时代

1902年，奎俊将四川中西学堂与尊经书院合并，组建"四川通省大学堂"（年底奉诏改为四川省城高等学堂，1903年将锦江书院并入），校址在南较场尊经书院旧址，校务由四川洋务总局总办翁道焜负责。[1]

1902年7月，岑春煊继任川督。他进一步推动新学堂，这时任"督署文案"的周询后来记载："全省学费，每年连庙产已可共得二百余万两。自得此两种固定之收入，各属中、小学校，数月之间成立者已数百处。盖公虽锐意兴学，而又不欲增重人民之负担，故歌颂遍全省。又于督署内设立学务处，以综核其事。"[2]

清末至民初，四川林林总总的新式学堂，大体可分为文武两类。

武校（军事学校），岑春煊开始在四川编练新军、试办警察，开办四川武备学堂和警务学堂。此后锡良、赵尔巽继任川督，陆续开办官弁学堂、陆军小学、陆军速成学堂、陆军讲武堂、四川陆军军官学堂等。

文校，岑春煊在原文翁石室，开办四川历史上第一个具有近代意义的中等学校——成都府师范学堂。这是四川最

[1] 谢和平：《世纪弦歌百年传响：四川大学校史展 1896-2006》，四川大学出版社2007年版，第3735-3736页。
[2] 周询：《蜀海丛谈》，巴蜀书社1985年版，第219页。

左图：清末四川高等学堂大门，校址在南较场尊经书院旧址

右图：清末拿着书本的小学生，从他左手拿着的西式硬壳书籍和右手夹着的写字板来看，应该已在接受西方教育

早的师范学校。1904年，改为成都府中学堂。民国后多次改名，1950年后改名为成都四中，1983年复名为石室中学，现为全国名校。[1]

岑春煊后，锡良、赵尔巽开办的新式学堂更多，1901年后短短十年间近百所学堂纷纷涌现。傅崇矩1909年概括说："学堂分官立、公立、私立、外人立四种。成都近来风气已开，负教育责任者颇多，城乡学堂林立，不能尽载……今约言之，其中官立学堂47所，公立27所，私立（未详查）5所，外国人立10所……"[2]

## 锡良《贡院废号记》的远见卓识

1903年秋，锡良入川任总督。为推行新政，1904年创办《四川官报》，"每月三本，分发各州县，散给四邻绅民购阅，使民间于朝廷政治、中外情形，了然心目……每月销报一万余本"，蜀中"风气渐觉开通"。[3]

锡良"首先注重学务"[4]。为促进新式教育，1905年2月他再创办《四川学报》（后改为《四川教育官报》），发行量近五千份。锡良自述："于教育普及之机，不无补助。"[5]

锡良说："行军，必医士相随……泰西东（按：指西欧、日本）皆精此学，金创（按：指外科手术）尤奏奇功。"光绪三十年（1904年）四月，他在四川首创"四川军医学堂"，聘法国军医罗尚德任教师，学员定额三十名，每营派送一人，毕业后轮换输送。[6]

光绪三十二年（1906年）三月初四，锡良上奏朝廷："比来科举既停，贡院遂成闲地"，他拟改贡院作培养留学生的"游学预备学堂"。[7] "皇城"贡院内，陆续兴办了

[1] 袁庭栋：《成都文庙街史话》，参见潘殊闲：《地方文化研究辑刊：第4辑》，巴蜀书社2011年版，第196页。

[2] 傅崇矩：《成都通览：上册》，巴蜀书社1987年版，第54—58页。

[3] 〔清〕锡良：《开办四川官报情形折》，《锡良遗稿》，第1册，中华书局1959年版，第443—444页。

[4] 周询：《蜀海丛谈》，巴蜀书社1986年版，第224页。

[5] 〔清〕锡良：《创办四川学报片》，《锡良遗稿》第1册，中华书局1959年版，第529页。

[6] 〔清〕锡良：《川省设立军医学堂片》，《锡良遗稿》第1册，中华书局1959年版，第400页。

[7] 〔清〕锡良：《拟改贡院作游学预备学堂折》，《锡良遗稿》第1册，中华书局1959年版，第664页。

各种新式高等学堂。

1906年，锡良亲自撰写《贡院废号记》，并立碑以志此举。此碑可以说是新旧教育体制变革的"分界碑"和"里程碑"，意义重大。

锡良此文中，说自己接任总督后"建立成都高等中学、工艺各学堂"。次年，下令在各州县兴办中小学，并派学子出洋留学。1905年废除科举后，利用贡院空号舍，兴办师范补习预科等各种学校。因官员请求，还拆毁原部分考棚建材，移建武备学堂和学务公所……锡良由此慨叹："昔时角逐文艺（按：指考八股文）之场，易为研究科学之地，亦云盛矣。"

锡良接着说："思欲毁废而更张之"，意思是要利用旧贡院"参欧化举世之风尚"，在此兴建各种新学堂。

非常可贵的是，锡良并不主张彻底拆毁"贡院"。他敏锐地预测到"倘数十百年之后，学制修明，校舍比鳞"（即现代化学校到处都是）。但那时"后生小儒未尝躬历大比之试（按：即科举考试），安知不有旷然远思概念旧制，欲问其轶事而不可得者？况此一朝之大政，尤考古者之所惓

左图：四川总督锡良晚年照

右图：1906年外国人参观正拆毁的成都皇城贡院

倦不能忘也"。

"一朝之大政"指"科举制度"；锡良认为是重要历史内容，不应完全摒弃遗忘。

锡良还以世界各国十分注意保护古迹为例："尝考泰西历史如埃及废墓、罗马古城莫不宝惜珍培，留为国人游览之所，以发舒其思古爱国之情。"但中国人对老祖宗留存的文明多不珍惜，锡良叹道："而吾国三辅皇图洛阳宫殿，仅于书册略具梗概（按：即只有文字简短记载），无复片瓦只石之存，此考古之所以多遗憾也。"

所以锡良坚持要保存部分旧建筑："拆号之日，余命存留若干间，封识而保护之，以待来者……余之存此废号并记其颠末，保存古物，以资历史之一证云尔。"

锡良的《贡院废号记》，写于光绪丙午嘉平月（即1906年农历十二月），次年春三月由代理按察使赵藩书碑。[1] 从锡良碑文，可以看出他的远见卓识和良苦用心，实在令一百多年后的我们敬叹。

[1] 锡良《贡院废号记》碑文，四川省博物馆收藏，可参阅谢凌：《蜀中废科举、办新学的纪事碑——成都府贡院废号记》，见《四川文物》，2005年第3期。

清末"皇城"成了"高校城"

皇城内前后办了这么一些学堂：留东预备学堂，通省师范学堂，优级师范选科学堂，通省补习学堂，甲等工业学堂，绅班法政学堂，通省师范附属高等小学堂等。1906年，锡良还在贡院创办补习学堂，锡良发布总督部堂告示：

"值今科场既罢，学校不兴，文明存输，科学日盛，就教育范围论，当无一人不学，就个人智能论，当无一科不学。……今就贡院开办补习学堂，堂不专等，教不专科，学者不寄食宿，不限年限，不定毕业期限，不拘入学资格，但使一艺成名，便亦生存有济。"

皇城内四川大学出入证有"明远楼"字样

补习学堂，类似后来的职业培训学校。锡良的告示，十分新潮。专业史料评论："这是全国最早的补习学堂。"[1]

此外，皇城内还开设了一些新政的机构，如劝业道、劝工总局、蚕桑传习所、陶瓷讲习所等。巍峨的皇城门洞外，长长短短挂满了学校名称的吊脚木牌。而且在"皇城"门洞两边，背靠城墙地方，还修建了两列平顶房子：西边叫教育研究馆，东边叫教育陈列馆。[2]

日本教师中野孤山说："整个皇城几乎被学堂充满。"1905年夏，暴雨成灾。皇城也成了青蛙的游泳池，各学校只得临时停课。铁道学堂情况最糟，须乘木筏。总督锡良命人冲天放炮、通示百姓禁杀牲畜，"祈天放晴"。[3]新旧文化，相映成趣。

尽管皇城不是办学校的理想之地，但从皇帝的皇宫，到明代蜀王府，再到清代贡院，都是封建社会性质。清末，皇城演变为四川近代新文化、新学校、新政机构的中心，这种变化是"质"的飞跃，是成都向近代社会性质转型的重要象征。

[1] 四川省地方志编纂委员会：《四川省志·教育志：上册》，方志出版社2000年版，第273页。
[2] 参见李劼人：《大波：第3部》，人民文学出版社2013年版，第331页。
[3] 中野孤山：《横跨中国大陆——游蜀杂俎》，中华书局2007年版，第136-137、140页。

"皇城内"为国求贤"牌坊后面的城门上有"国立四川大学"六字

从前贡院时期，寻常百姓难以跨进门洞一步。改成学堂后，尽管城门洞铁皮门大开，但门洞两边砖墙上，仍钉有两块粉底大木牌，刻有："学堂重地、闲人免进"。

贡院中创办的各种学堂，辛亥革命后曾迁出。贡院旧址，改作大汉四川军政府等长官公署。1918年，各官署迁走，又恢复为学校。至公堂、明远楼、牌坊与部分贡院旧屋，至20世纪60年代尚存，后被全部摧毁……

成都老皇城及贡院遗迹，如今"无复片瓦只石之存"，锡良九泉下，定当扼腕顿足。

### 成都及四川的近代化教育在中国名列前茅

留学热也在清末四川兴起。最初留学是到欧美，很快觉得日本明治维新居然跃为列强，大可效仿。当时全国上下都认为"游（留）学为当今第一要务"。1903年锡良到任，严令各州县集资选士，向海外（日本为主）派留学生。

《四川教育官报》1907年记载："吾蜀留学东瀛者，

民国初期皇城内四川法学院大门

来去合计已千人以上。"而当过留日学生总会干事的吴玉章回忆说:"从1904年起,四川留日学生顿时大增,最多的时候达二三千人。"[1] 留学生学习军事、政法、警察、师范、工科、农科、音乐、美术、体育、外语等专业。

锡良不但"派出去",还"请进来",先后聘用"洋教习"八十余人到四川高等学堂、铁路学堂、通省师范学堂、省优级选种师范学堂、中等工业学堂、武备学堂和军医学堂等任教。

1906年,近代化的四川教育总会成立(会址设在四川高等学堂),胡峻为总会会长,徐子休为副会长。[2]

1907年锡良卸任时,全省已有各类新式学堂7775所,仅次于直隶省(8300余所),居全国第2位。学生数高达24.2万多人,居全国之首,是排在第2位的广东省的学生数(7.4万多人)的3倍。1907年,全国共有各类学校教师

[1] 吴玉章:《辛亥革命》,人民出版社1961年版,第60页。可参阅吴康零:《四川通史·卷六:清》,四川人民出版社2010年版,第251页。

[2] 张达夫:《清末"维新变法"在成都》,参见成都市政协文史资料委员会:《成都文史资料选编:辛亥前后卷》,四川人民出版社2007年版,第22页。

1910年,四川全省共有女学堂163校,图为清末成都教会学校的女学生们

63873人，四川教师达12824人。锡良任川督三、四年之间，新式学堂比上任前增加50倍之多。[1]

1910年，四川官方统计的四川学务情况：全省共有男学堂11224校，共有学生336078名；全省共有女学堂163校，共有学生5660名；全省共有男女教员15291名，共有教学管理人员7599名……与1907年比较，又有了"跳跃式"的发展。[2]

新式学堂的开办和留学生运动的兴起，产生了一大批新型知识分子，是四川步入近代化的重要标志。

更重要的是，当时有人评论留学生："名曰游学，实朝夕与同人筹议实行革命，并无暇择校肄业也。"[3] 如其后留学生中邹容写下震惊海内外的《革命军》；彭家珍孤身刺杀清宗社党首领良弼；喻培伦、佘竟成、杨维等为推翻清

[1] 资料见《光绪三十三年京外学务一览表》。
[2] 四川省地方志编纂委员会：《四川省志·大事纪述：上》，四川科学技术出版社1999年版，第218页。
[3] 任竞、王志昆主编：《先贤诗文选》，重庆出版社2011年版，第155页。

清末教会学校的女学生们　来源：作者购于文物市场

廷而献身。可以这样讲：没有这样一大批新式学堂出来的时代青年和日本归国的留学生，就没有后来推翻清王朝的"辛亥革命"。大批接受过西方民主政治学说和科学文化的新型知识分子，如蒲殿俊、罗纶、颜楷、邹容、尹昌衡、吴玉章等精英人物，都成为在四川瓦解大清王朝的重要人物。

## ◎ 中外文化交流浓墨重彩的一页

### 世纪初日本教师的真实记载

从清末到民国初年，四川全省聘请外国教师百人左右，分布于32所高等、中等、初等学堂。其中日本80人，美国5人，英国2人，丹麦1人，法国1人，其他3人。他们分别教授日文、英文、德文、法文、物理、化学、算术、三角、几何、代数、自然、音乐、美术等20余门近代化课程。[1]

光绪三十二年（1906年）四月十九日，总督锡良咨报学部：四川13个学校聘请日本教员22人，月薪为银圆50至500两（个）。[2] 当时裁缝、木工等技术性工匠，月薪不到3个银圆（约3000文铜钱、2.4两银子），由此可测算出外国教师待遇之优。

成都及四川，也因外国人的宣传，被世界知晓。如1905年后在成都四川高等学堂任教的日文教师山川早水，写下20余万字并配有一百五十多幅照片的《巴蜀》，1909年由日本东京成文馆出版，影响甚大。

山川早水对中国文化之熟悉，远胜过普通中国酸秀才。书中，有许多对巴蜀文化的考证和研究：旅店、饮食、宿费、墓葬、船夫、娼窝等。山川早水还不留情地记录下清朝官场腐败、底层社会疾苦，如眉州城内："女丐尸体横于

[1] 四川省地方志编纂委员会：《四川省志·外事志：第六篇——专家、留学生、实习培训生》，巴蜀书社2001年版，第337页。

[2]《学部电》《总督部堂咨复学部电》，《四川学报》第2年第3册，公牍第4页。

第三章 成都的"维新"和"新政" 161

清末龙旗下的四川高等师范学校，图片第1排右2为英国人陶维新（该校兼职英语教师），右1是日本教师

路旁，口鼻生蛆，秽臭袭人……"

山川早水在《蜀人的气质》中，记录成都人和外国人已和睦相处：

"（1905年前后）在成都的外国人的国别为日本、英国、德国、法国、美国五国。除日本外，男女共计一百多人。其中法国人最多，美、英、德次之。""沐浴着丰富的自然给予恩惠的人民，其气质一般是平静的。蜀人对待外国人的态度也是平和的……""四川人不知道惧怕与顾忌外国人……蜀人与外国人可谓处于和谐的状态。""我也见到在物质上表现出的蜀人的风雅。就近的成都而论，青羊宫开办的花市、草堂人日的参拜、四月八日锦江的放生会、祠庙园池的布置、盆景的赠答等等。"[1]

一些中国学者把山川早水当成可亲近的文友。如夔州

[1] 山川早水：《巴蜀旧影——一百年前一个日本人眼中的巴蜀风情》，李密等译，四川人民出版社2005年版，第79、93页。

知府方旭，不但殷勤诗酒接待，还特赠十分难得的碑刻拓本。方旭后任主持教育的四川提学使，民国后是成都著名的"五老七贤"之一。

山川早水还记载了清末成都的新式教育：

明治三十八年（1905年）十一月，在成都练兵场（按：指北较场）举行运动会，城内公私各学堂都集中到这里。学校数达到三十七校，学生总计为二千八百二十一人。学校学生人数最多的是四百人，最少的是十人，由于学生年龄差别很大，很难确认其标准，既有十六岁读高等学堂的，也有五十二岁读高等小学的……

山川早水1906年6月14日离开成都前记载："除上述三十七所学堂外，又成立了铁路学堂、中央师范学堂、淑行女塾以及其他两三所学堂，学生人数可能远远超过三千人。学堂的种类有：高等学堂一所、中等学堂四所、小学堂十所、小学程度的公私立学堂共六所、中央师范学堂（高等师范）一所、师范讲习所三所、普通工艺的学堂三所、机械局工艺学堂一所、日本留学预备学堂一所、东文学堂一所、英法文学堂一所、测绘（测量制图）学堂一所、警务学堂一所。属军事方面的除武备学堂外两所、军医学堂一所、铁路学堂一所、淑行女塾一所、体育学堂一所、满洲八旗小学堂一所、华美学堂两所。教员有中国人，也有外国人。外国人中日本人占主要部分，人数也远超过西洋人……"[1]

日本人中野孤山，1906至1909年应聘任成都补习学堂、优级师范学堂教习。他记载当时成都的学校情景堪称珍贵：

"校舍大都沿用以前的书院和会馆……不过，目前也在陆续地修建新校舍。""门扉上，大多画有称之为门神的巨大立像，有的则画牌子以代替门神。""门槛过高，像我

[1] 山川早水：《一百年前一个日本人眼中的巴蜀风情》，李春德、李杰译，四川人民出版社2005年版，第89-91页。

等短腿的人,腿脚上常常磕磕绊绊。学堂入口处,必定挂设一块牌子,上书:'学堂重地,闲人免进'两句话。""考四海而为隽、伟群龙之所经……这些是悬挂在门柱或门楣上的格言。字的大小,大多有两尺见方。他们只重视门口的装饰,在门前修筑巨大的影壁,并在影壁上刻画巨大的龙、虎、麒麟和狮子等等。此乃中国建筑的特征。"

中野孤山以傲慢态度,记载成都本土教师令人恶心的落后情形:

"路过市区时,远远就可以听到朗朗的读书声……走近一看,有一些年龄相差悬殊的儿童正围在课桌四周蛙鸣蝉噪般地朗读,教师则抱着烟袋坐在教室的一个角落……""即使在上课时,他们也毫无顾及地随便吐痰,乱擤鼻涕,神圣的教室变成令人作呕的地方。对此现象已司空见惯……在中国无论多大的官员都没有用纸或手绢擤鼻涕的,他们都是压住鼻子的一边去擤,并把偶尔沾到手上的擦到墙壁或柱子上,最后还用衣服来擦鼻子……"

清末四川高等学堂的学生头戴瓜皮帽,身穿长袍马褂,围着火炉读书 摄影:[美]路得·那爱德,照片提供:海波、王玉龙

中野孤山记载了中国学生的优点:

> 学生普遍欢迎学堂多开课程,这大概也是因为他们渴求知识的缘故。他们耐性很强,这一点是日本学生望尘莫及的。每天上七节课他们也毫不在乎……他们做笔记时,虽然慢条斯理,但记得非常美观,字都象书法家写的一样漂亮,而且一定是楷书。学生最喜欢学的科目是理化、常识、数学和英语。日语也盛行一时……

中野孤山也记载了中国学生的缺点,虽说不尽正确,但可称生动:

> "学生经常罢课,每次必定获胜,达到目的……这绝不是真正的教育。""他们丝毫不认为在人前放屁等行为有失礼节,哪怕在先生面前也若无其事乱放。打哈欠、伸懒腰、打瞌睡是常有的事,不足以指责。据说在地方上,常常有学生在课堂上大嚼花生。""学生身着长衫……一副公子哥儿的样子。……与日本学生的活泼向上、精力充沛锻成强烈的反差,简直就像是些老头。更何况学生里面,本来就有不少头发花白、家有儿孙的人。尤其是我所在的那所学堂里大多是上了年纪的学生……"

不能说这个日本人是蓄意恶评,它反映了清末国民素质低下的一面。所以中野孤山说,一想到将来支撑中国的,"是这么一些国民,不禁心生悲凉"。[1]

[1] 中野孤山:《横跨中国大陆——游蜀杂俎》,中华书局2007年版,第143-146页。

### 中西合璧的华西协和大学的建立

到四川的外国人,有力地促进了中西文化交流,对巴蜀地区的近代化进程,产生了深远影响。仅以教育为例,从幼稚园到高等院校,各个层次都有。外国人办的学校开设英语、自然科学和音乐、美术、体育等崭新课程,有先进的教

1906年召开华西协和大学筹建会议后中外人士合影,陶维新在后排中间 [英]陶维新收藏

[1] 参见邓卫中:《基督教对近代四川的影响》,见《社会科学研究》,1999年第1期。
[2] 张丽萍:《教会大学在中国:华西协合大学》,河北教育出版社2004年版。

育手段和教材,如地球仪、望远镜、显微镜、电影放映机和幻灯片等。教会学校注重教学质量和校风校纪,在社会上颇有声誉。[1] 这同只讲"子曰诗云""四书五经"的中国守旧学校,有天壤之别。

学者章开沅说:"近代中西文化交流史,是个双向对流的运动过程……它长期被人们看作是帝国主义侵略中国的文化堡垒。但是,以现在的眼光来看,这种尖锐的批评虽然不无依据,但却失之笼统与有所偏颇。"[2]

1907年由毕启、启尔德、陶维新等联合英、美、加教会集资,在南台寺侧购地百余亩修建华西协合大学校舍,后来被称为华西坝。清末锦江南岸,华西协合大学拔地而起的中西合璧建筑群,开启了成都中西文化交流的宏伟新篇章。

首任校长毕启(Joseph Beech)1867年出生于英国。1899年,毕启大学毕业后来四川传教,次年1月抵达重庆,在曾家岩办学堂5年。1905年,毕启两年多奔走,取得英

美国教育考察团1909年4月12日和成都相关人士研究创办华西大学。这张珍贵老照片是近代成都中外文化交流的重要物证。1排左1是四川劝业道周善培,1排左2是欧内斯特·伯顿,1排左3是藩司王人文,1排左4是托马斯。后排左2是英国传教士陶维新,1排右1是加拿大医生启尔德 来源:郑光路收藏

国、美国和加拿大三国5个差会支持,同意联合在成都创办一所综合性大学。

华西坝建筑规划由英国建筑学家弗烈特·荣杜威(Fred Rowntree)设计。建筑物都具雕梁画栋等中国传统风格,但不少建筑物上有塔楼、烟囱、雉堞……成为沟通中西文化的象征,至今被中国建设部列为"近代优秀历史建筑"。

1910年3月11日,华西协合大学正式开学,开设文、理两科,成为中国西南地区第一所真正具现代化意义的高等学院。

从清末的四川总督,到民国大总统袁世凯及督军、省长,对于华西协合大学或题词嘉奖,或提供捐助。如1916年,四川督军兼省长蔡锷题词《敬祝华西协合大学校》:"立国之本,曰富与教。富以厚生,教以明道……贤哉西哲,有教无类。万里东来,循循善诲。文明古国,中华是推。文明大邦,英美是师。宏维西贤,合炉冶之……岷峨苍苍,江水泱泱。顾言华西,山高水长。"

1946年,79岁的毕启回美国前,国民政府主席蒋介石

民国时华西协合大学的标志性建筑钟楼

[1] 以上参见张丽萍：《中西合冶——华西协合大学》，巴蜀书社2013年版，第65、100、400页。

亲笔题"乐育英才""弼教爱人"相赠。[1]

华西坝成了巴蜀中外文化交流的中心。如许多学者所言：如果没有华西坝，四川人知道的世界一定很小；如果没有华西坝，世界上了解四川和成都的外国人也一定少得多。

20世纪40年代，许多学生在"华西坝的钟声"为题的

民国初年华西协合大学学习解剖学的学生，前面桌上放了一只人头骨

国文作文中,充满深情地赞美这所中西合璧的美丽大学,下面是一些句子:"华西坝的钟声,不同于深山古庙的,使人静心寡欲……它唤起人内心求知的渴望。""钟声响了,迎来西国朋友轩昂的气势……""钟声响了,夜幕低垂,有的教室变作临时舞场,灯火辉煌,高跟鞋、口红、篷篷咔咔,起舞翩翩,夜间草地,留下多少爱的痕迹……"[1]

我作学子时曾在这高等学府听课、做动物实验……许多次倘徉在这田园牧歌式的精美建筑丛中,追思巴蜀大地西学东渐的岁月。我常想:惊破巴山蜀水农耕社会古老幽梦的,或就是这坝上钟声?

[1] 参见咸亚男:《华西坝百年建筑物语》,见《成都日报》,2014年8月9日,第10期。

[2] 曾国藩:《议汰兵疏》,参见张玉田等:《中国近代军事史》,辽宁人民出版社1983年版,第30页。

## 第三节 "谘议局"和"新军"要了清廷的命

◎ 改革军制的"新军"最后"革命"了

### 清军"沙场秋点兵"如同儿戏

清代,四川正规军队主要由"绿营"和"旗营"(驻防八旗)两部分组成。晚清后"旗营"已无战斗力可言,"绿营"是主力。

"绿营"从汉人中招募,用绿旗标志,故称"绿营"或"绿旗兵"。清朝光绪年间,四川"绿营"兵共三万三千零八十一人。[2]

"绿营""旗营"清朝中期已腐败不堪。咸丰元年(1851年),礼部侍郎曾国藩一语道破地上奏:"黔、蜀冗

清末四川绿营中的传令兵

兵以勾结盗贼为业。其他吸食鸦片，聚开赌场，各省皆然。大抵无事则游手恣睢，有事则雇无赖之人代充，见贼则望风奔溃，贼去则杀民以邀功。章奏屡陈，谕旨屡饬，不能稍变锢习！"[1]

[1] 刘锦藻：《皇朝续文献通考》，商务印书馆民国八年版，卷二百一十二"兵"。

军队尽管不堪一击，花架子总要玩一玩。每年或春或秋，按惯例总督要代替皇帝，把省城内归属成都将军、总

清末四川执兵器的"绿营"清军士卒

督、提督管辖的三标人马及城守、游击共十营之兵,调集到成都东较场检阅一次,名曰"大阅"。这是中国古时"春蒐秋狝"之遗风。[1]

"大阅"要演练阵法,此阵法为杨遇春所创"阵图"。杨遇春(1761—1837年),清朝名将,四川崇州人,一生交战数百次,阵法多变,辞世后谥号"忠武"。清末周询说:"'阵图',系杨忠武公遇春,平白莲后所奏定者。阅百余年,仍墨守成规……"

因"大阅"乃"奉天子之命办理",仪式非常隆重。阅兵之日,按礼仪成都将军与提督皆同列坐于演武厅上,但成都将军常请而不来。这天,在东较场进口处,扎一营门及东、西辕门,各营皆整队以待。十营将官则"戴兜鍪、穿铠

[1]《尔雅》释义:"秋猎为狝。"郭沫若《中国古代社会研究》:"大规模的畋猎如周代的春蒐、夏苗、秋狝、冬狩……"

"兜鍪被甲"头盔上插雕毛的清末将军古香古色

第三章 成都的"维新"和"新政" 171

甲,佩箭囊",侯于营门内。甲胄悉为古装,唯头盔上一、二品武官于顶戴之长标外,左右各插雕毛一片,上用五彩绘一龙形。三品以下,则仅左边有一片雕毛。

总督轿子到了营门口,十营将官皆跪接,各官兵亦同跪,待轿前武弁高呼:"起去!"谓之"发放",然后起立。

按清制,武官作战受伤者,皆记入档案。重伤者赏给头等金牌,次则银牌。有头等金牌者,"大阅"时,免著甲胄及佩箭囊,并免骑射跪迎送礼。光绪年间有个武官况贤臣,贵州镇远人。他十余年中转战数省,受伤数十处。有一次枪弹从右颊入、左颊出,落齿十多枚竟未死,赏头等金牌。况贤臣在督标中军任副将时,每值"大阅",各营将官皆著戎服,总督来去时在营门下跪迎送,而且还须射箭五支考核武技。独有况贤臣翎顶公服、直立不射,其他武官都很艳羡……

总督至演武厅就座后,文武官员依次参拜完毕,方开始检阅。阵图有黄河阵、长蛇阵等名目。又以长幅巨布绘成砖纹城墙,枪炮一鸣霎时高竖而立起……城外被检阅之兵

左图:老城墙下清兵弯功射箭是重要考核内容
右图:清末成都阅兵"番子偷营"正在操练的清兵 摄影:约翰·伯奇,1900年

将,饰"番兵"来劫营。城内有绝高哨楼,警炮又一鸣,城内兵骑齐出,呐喊声声猛追"番兵"……这就是所谓"蛮子偷营"的实战演习,如演川剧大戏。

此后始为各单兵演技,刀枪剑戟皆备,谓之"打杂技",其后即为官兵枪与箭的"打靶射的"。看罢"打杂技"后,成都将军和总督多就打马回府,各将官仍在营门跪送……以下"打靶射的",则多由提督大人代阅了。

这一天,老百姓赶大庙会般"倾城往观",还有在较场附近高搭木架作看台的。东较场紧靠在东城墙内,城墙上"看大戏"者"尤不可胜计,观者层次席地而坐",在检阅台上的周询记载他遥望城墙上:"自对面视之,万头攒动,人面粒粒如豆。售小食者,尤逐处皆是,亦当时省城内每岁之盛况也!"[1] 那场面,简直可与后世看超级足球赛或军民大联欢比美。

"大阅"虽然有"沙场秋点兵"的浪漫与热闹,实际上与实战无关。周询感慨道:"其初只有火枪,光绪初年,始参用洋枪,然仍系前膛铅丸之式,无今之快枪也。海禁开后,外衅日及,而所演阵图,则年年皆循旧式,毫无改进。阵图以外,又分试发枪、射箭及刀叉等技。大阅之日,万人空巷,观者山积。盖不过循例举行。究其实际,直'棘门霸上'之儿戏而已。"[2]

[1] 周询:《芙蓉话旧录》,四川人民出版社1987年版,第50-51页。

[2] 周询:《蜀海丛谈》,巴蜀书社1985年版,第35-36页。"棘门霸上",出自司马迁《史记》,说将军刘礼、徐厉驻军霸上和棘门,军纪不严如同儿戏。

清末较场坝阅兵,老百姓可远处围观

## 四川清军的"军事维新"

腐败垂亡的清廷,深恐军队一不能抵抗外侮,二不能消灭内患,于是把训练"新军"视为救命良药。1901年后的两年中,清廷接连下诏各省,督催编练"新军"。如光绪二十七年(1901年)七月三十日上谕:"朝廷振兴戎政,在此一举……着各省将军督抚,将原有各营严行裁汰,精选若干营,分为常备、续备、巡警等军,一律操习新式枪炮,认真训练,以成劲旅。"[1]

1903年9月,锡良到成都继岑春煊后任川督。锡良上任后仅数天,在1903年9月17日便给朝廷上奏,要求训练新军。[2]

光绪三十一年六月初四(1905年7月6日),锡良向清廷奏报:四川省常备新军连同开离省城作战的四营在内,已共有步队六营,工程队一营,合计官兵2583名。到宣统二年(1910年),四川省已编足步队两协,炮兵三营,马兵、工兵、辎重各四队,共计兵丁8194名的"常备新军",由清廷编列为中国陆军第十七镇,朱庆澜任统制。[3]

军装,是军队的标志。以前外国人曾嘲笑清军:"制服是一条布袋式的裤子,一件颜色鲜艳而不合身的战袄,头上戴一顶头巾或圆锥形头笠……带着上阵的武器也许是一杆大抬枪,一杆火绳枪,一把长矛或大刀,或一张弓。只有极少数的时候,他才拿得到一支现代的后膛枪。上衣前胸还有一个斗大的箭靶式的圆心,这使人联想到他正好是炮灰。上衣的背后,说不定还称个'勇'字……"[4]

1904年,清政府制订"军服制略"。清军1905年军服与近代化军队已经接轨,仿照德国陆军。但装饰有"中国特色",如军官的大礼服配用暖帽(花翎帽),常礼服帽保留

[1]《大清光绪新法令》第一册"谕旨",转引自刘子:《中国近代军事思想史》,江西人民出版社1997年版,第229页。

[2]见《锡良遗稿》:《派道员程文葆统常备全军片》,《锡良遗稿:第1册》,中华书局1959年版,第345页。

[3]匡珊吉、杨光彦:《四川军阀史》,四川人民出版社1991年版,第13页。

[4]中国社会科学院近代史研究所中华民国史组:《中华民国史资料丛稿译稿第一辑1895—1912年中国军事力量的兴起》,中华书局1978年版,第18页。

左图：清廷编列四川新军为中国陆军第十七镇，朱庆澜（右侧高者）任统制　摄影：［美国］路得·那爱德，照片提供：海波、王玉龙

右图：清末成都的新军士兵，已具现代化军队形象　摄影：［美国］路得·那爱德，照片提供：海波、王玉龙

顶子……

宣统元年（1909年）七月，"少城"内驻防"旗营"照清廷统一之军制，改编为成都驻防"巡防队"，共成立三营，以301人为一营，共士兵903名。[1]

此外，由川省旧有"绿营"，改并成"续备新军"。1906年，川省奉上谕改名为"巡防军"："负巡缉防守之责"。[2] 驻成都巡防军两营，驻地在东较场，紧邻新军。到1911年保路运动爆发时，受清政府命令与同志军作战的，主要便是由"绿营"改组的各地"巡防军"。

"常备新军"最受清廷重视，但如意算盘正打反。恰恰是"新军"后来在消灭大清王朝中，大起"拆台"作用。

十七镇统制朱庆澜（1874—1941年），字星桥，浙江绍兴人，1911年11月27日，四川反清独立，任大汉四川军政府副都督。[3]

1911年11月，成都东郊重要关隘龙泉驿发生兵变。主角叫夏之时（1887—1951年），合江县人，陆军十七镇排长。夏之时率起义官兵230人，杀死清军东路卫戍司令魏楚潘；当晚举着火把翻越龙泉山脉，如同火龙行天行进重庆。1911年11月22日，重庆蜀军政府成立，夏之时

[1] 刘锦藻：《皇朝续文献通考》，民国八年商务印书馆版，卷二二三。

[2] 见《东华续录》光绪甲辰九月条。

[3] 参见任一民：《四川近现代人名录》，四川辞书出版社1992年版，第54页。

## 第三章 成都的"维新"和"新政"

任副都督。[1]

◎ 能量巨大的"谘议局"新生代官绅

"谘议局"议员都是有实力的绅商及新潮知识分子

1909年10月14日,一个令绝大多数人摸不着头脑的新衙门,出现在成都南门纯化街原督右副府和督右箭道位置。新衙门的主要建筑是圆形大会议厅,两层"斗笠式"屋顶,类似高雅庄严的北京天坛(天坛是三层)。新衙门外面门厅黑漆巨匾上,大书"四川省谘议局"烫金大字。

四川总督赵尔巽拨银二万七千九百余两,委任四品衔候选员外郎马长卿和同知衔拣选知县李念祖督工,修成谘议局建筑。[2](关于马长卿,见前文"双孝祠"。)我在百年前旧资料中,意外发现了这张十分珍贵的老照片。

[1] 参见任一民:《四川近现代人名录》,四川辞书出版社1992年版,第244页。
[2] 四川省省志编辑委员会:《四川文史资料选辑:第1辑》,四川人民出版社1979年版,第70页。

大清宣统三年四川省谘议局厅

1906年9月1日,清廷宣布预备"立宪"。1908年7月,慈禧太后以懿旨公布《谘议局章程》,命各省总督、巡抚一年内要成立类似"省议会"性质的"谘议局"。

1908年11月14日,光绪皇帝突然"驾崩"于中南海,年仅38岁。11月15日,慈禧在故宫也呜呼哀哉,死时73岁。皇帝和太后死亡相隔不到20小时,震动中国。年仅3岁的宣统皇帝溥仪即位,其父载沣摄政。小皇帝登基,全国"立宪"呼声更高。

四川立宪派领袖蒲殿俊

所谓立宪派,指20世纪初中国政坛出现的一个政治群体。头面人物,国内主要是以张謇为代表的要求发展资本主义的官绅。海外的代表人物,则是康有为和梁启超。立宪派对清王朝的专制独裁极为不满,主张君主立宪,但反对暴力革命。

四川立宪派头面人物,是蒲殿俊、罗纶、颜楷等人。

蒲殿俊(1875—1934年),字伯英,四川广安人。1904年中进士,官费赴日本东京梅谦法政大学留学。1908年秋蒲殿俊归国,在北京任法部主事兼宪政调查馆行走。次年,成都各界邀请他回川办宪政,1909年任四川谘议局议长。[1]

罗纶(1876—1930年),字梓卿、梓青,号康侯,四川西充人。罗纶14岁入成都尊经书院学习,1902年中举人;1908年到成都,任绅班法政学堂斋务长,兼游学预备学堂监督;1909年任四川谘议局副议长。[2]

颜楷(1877—1927年),华阳县人(今成都市)。颜楷1904年中进士,派赴日本东京帝国大学学习法政;1908年回国,官至翰林院编修加侍讲衔,后回川任川汉铁路股东大会会长。[3]

1908年夏天,朝廷颁发《谘议局章程》,规定参与竞

[1] 任一民:《四川近现代人名录》,四川辞书出版社1992年版,第314页。

[2] 任一民:《四川近现代人名录》,四川辞书出版社1992年版,第199页。

[3] 任一民:《四川近现代人名录》,四川辞书出版社1992年版,第327页。

第三章 成都的"维新"和"新政"

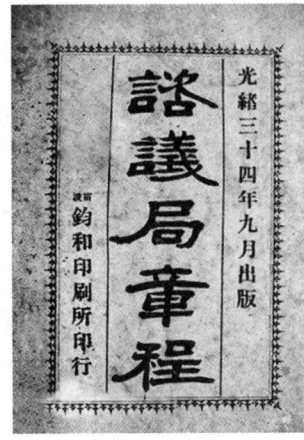

左图：1908年以慈禧太后懿旨名义公布《谘议局章程》

右图：1906年蒲殿俊（1排右3）、萧湘（1排右4）等三百余名留日学生在日本组织川汉铁路改进会，后来大都成为谘议局领导者

选谘议局议员必备五种资格：

"第一，曾在本省地方办理学务，及其他公益事务满三年以上，著有成绩者。第二种，曾在本国或外国中学堂，与中学同等，或中学以上之学堂毕业，得有文凭者。第三种，有举贡生员以上之出身者。第四种，曾任实缺职官，文七品、武五品以上，未被参革者。第五种，在本省地方有五千元以上之资本，或不动产者。"[1]

具有上述资格而又年满30岁，始有被选举权（女性不能参选）。当时据称全省人口为48129596人，造册选民为191530人，仅占总人口的0.39%。[2]

不难发现，按以上资格选举出来的议员，都为地方有名望和号召力的绅商及新潮知识分子，实力不小。全川各州县共选出议员127名。其中，进士2人，举人31人，秀才、廪生55人，道员一人，拥有各种官衔者27人，著名富翁、典商9人。成都府有选举人24608人，选出议员14人。[3]

竞选资格是否公平另当别论，这毕竟是中国近代历史上四川第一次带民主色彩的"选举"。

[1] 参见《大清法规大全·宪政部》卷2《谘议局》，吕铁贞、马韶青、刘双舟等：《中国法制史》，对外经济贸易大学出版社2014年版，第164页。

[2] 隗瀛涛：《四川近代史稿：上册》，四川人民出版社1990年版，第440页。

[3] 四川省地方志编纂委员会：《四川省志·大事纪述：上》，四川科学技术出版社1999年版，第211页。

## 谘议局成立大会上总督和议员各打算盘

1908年10月,四川总督赵尔巽奉朝廷之命,在川组织宪政筹备处,拨银15400余两进行筹备。宣统元年九月初一日(1909年10月14日)上午9时,四川谘议局在纯化街新完工的衙门召开成立大会。全川"议员"实到104人,齐赴成都出席大会。

总督赵尔巽[1]、成都将军马亮、布政使王人文、提学使赵启霖、按察使江毓昌、巡警道高增爵、劝业道周善培、盐茶道尹良、成都府知府于宗潼、成都县令史文龙、华阳县令钮传善等官员,早晨8时就齐集谘议局了。

上午10时起,选举正副议长。蒲殿俊以76票的过半数,当选为议长;肖湘和罗纶被选为副议长。

其后总督赵尔巽致训词,重点是六条:"融畛域、明权限、图公益、谋远大、务实际、循次序。"大意是:官绅要融洽;官权、民权有界限,谘议局不能侵占官权;谘议局应兴利除弊造福国民;要顾及本省本地眼前利益、也要考虑国家长远利益;劝谕议员对欧美民主政治有所取舍,要符合本国惯例习俗;告诫议员不可求治太急,要循序渐进。

最后,赵尔巽声泪俱下:"谘议局成立,皆出于孝钦显皇后(指慈禧)、德宗景皇帝(指光绪)念时事艰难,开千古未有之举。今日开局,而先后、先帝已不及见,实为臣民憾事啊。"说到伤心处,有些议员也以袖揩泪。

赵尔巽训话完毕,把谘议局关防大印亲手授予议长蒲殿俊。

蒲殿俊在答谢词中,措辞婉转地表示不同意见,大意是:谘议局并非花瓶式摆设,而是为国家大事设立的政治设计机构;所谓隔阂与权限,与国家大事相比就不必分得那么

[1] 赵尔巽(1844—1927),字公镶,号次珊,清末汉军正蓝旗人,祖籍奉天铁岭,赵尔丰之兄。历任安徽、陕西各省按察使、户部尚书、盛京将军、湖广总督、四川总督等职,宣统三年(1911)任东三省总督。1914年任清史馆总裁,主编《清史稿》。

重要了……他最后说:"殿俊代表全川人致其感谢。今又承督部堂称述朝廷德意,谆谆然以六事相期,我辈虽不才,何敢不勉。"

其后众人摄影完毕,相对鞠躬后散会。[1]

1909年后,中央资政院和各省谘议局相继建立,成为立宪派官绅和归国留学生等新潮人士的合法政治舞台,在很多事情上和清政府大唱对台戏,强烈要求参政、议政。

1910年8月19日,蒲殿俊在成都市东桂街,创办谘议局机关报《蜀报》。谘议局利用报刊、电报等新式媒介,与全国呼应。谘议局虽然也由总督、巡抚领导,但可以否决督抚要办的事情,具有一定的立法权和监督权。与督抚发生争执时,就上报中央资政院,寻求撑腰。这自然成为四川官场上,举足轻重的新生政治力量。

## 纠举"违法殃民"令官员心惊肉跳

谘议局成立后,曾纠举省城和江津、西昌、通江、城口等县官员违法殃民案。较大案子有:"巡警道周肇祥违法案"、崇庆州牧张溥"酷虐玩法案"、安岳县令王志昂"勒派非刑案"、"道员饶凤璪诬拷良民案"。

谘议局《纠举巡警道周肇祥违法案》,很有意思。这份纠弹文件中"主义""政治""原则"之类新名词比比皆是,很有现代化色彩。如一开始就是:"巡警为消极行政之一种,其主义固有取于干涉。顾干涉主义当用于必要不得已之范围以内,过则伤国本而损民气,此政治上之大原则……"

纠弹文件言辞激烈地说:"四川巡警道周肇祥自到任以来,寻隙苛罚、滥使权力。以修理街道为名,偶有触犯,

[1] 参见《四川省谘议局第一次议事录(摘录)》,见隗瀛涛、赵清:《四川辛亥革命史料:上册》,四川人民出版社1981年版,第2页。

辄罚石板数十百块不等。轻骑四出，夜无故入人家，声称拿赔，茫无所得，而人家已受其蹂躏者不一而足，是以省垣商民，岌岌不安……"

起因是一月前，成都300多家药铺接巡警道告示："深夜检药，必须闻喊即开（门），及不得以类似之品假冒……二十三日夜间派员（按：即官府秘访者）调查，竟不开门。"上全堂、存义堂、同善堂、益春堂等多家药铺，均因深夜没有人开门，被罚交纳青石板100条至400条不等。

谘议局纠弹文件说："于药铺素有嫌怨者，借此捏词诬报，或故提乱药品，或少戥分两，来相陷害。无辜之商，多受无端之累。现在三百余家泥人（按：指无人买药也得花钱派人）守夜，不遑安处。此该道违法扰民事实之一也。"[1]

成都药铺因此生意难做，应该是事实。但巡警道认为：受罚的大药铺事关救人，省城"各色人等退有大病重药，每向购用，似此漫不经心，必致有妨生命，情无可原"。

平心而论，巡警道第一要求大药铺夜间不得拒绝急于买药的人，第二不准出售伪劣假药，也并无大错。这是"寻隙苛罚、滥使权力"？还是谘议局议员们有心找碴？尚待推敲。

但谘议局纠弹到的其他一些案子，就很得民心了。

崇庆州牧张溥前任灌县时，即以肆行虐杀臭名远播。调署崇庆州后，借称地方多盗，凡认为形迹可疑者，即拘捕严讯，施用"满底抬盒""塌背烧香""坐懒板凳""吊鸭儿浮水""打马鞭""吊高笼"等非刑……冤死者数以百计，因刑成残废者不计其数。

谘议局的检举，迫使赵尔巽惩办一些贪官酷吏，百姓称快。[2]

[1]《蜀报》第六期，"省治汇录"，庚戌年十月朔日出版。

[2] 唐宗尧等：《摊开事实看四川立宪派》，见四川省省志编辑委员会：《四川文史资料选辑：第1辑》，四川人民出版社1979年版，第74—75页。

### "保路运动"成为改变封建帝制、建立共和的导火索

1900年昏聩的大清王朝闹出"庚子事变"后，政府中央权威早就严重削弱。这时的四川，"立宪派"蒲殿俊、罗纶等人的能量已非常强大，形成新生代官绅派系。四川总督不敢轻易得罪他们，而且许多事情上和他们联络一气，逐渐构成了利害与共的四川地方官绅利益集团，对清廷中央政权也屡屡"抗命"。

正如当时守旧派人士王中立说："谘议局就奇怪，又不像衙门，又不像公所，议员们似乎比官还歪。听说制台大人，还会被他们喊去问话，问得不好，骂一顿。以前的制台么，海外天子，谁惹得起？如今也不行了……如今官也背了时！受洋人的气，受教民的气，还要受学界的气，受议员的气。"[1]

再看看当时谘议局议员彭兰蓁叙述的这一幕：

1911年8月21日晚总督府内，川汉铁路股东大会会长颜楷，以"世愚侄颜楷"的片子谒见。赵尔丰未穿官服，只穿了一件汗衫，衣衫上加以宝石扣带，头上戴着官帽，正与蒲殿俊、罗纶争辩什么。颜楷等得不耐烦，高声叫唤仆人："给我脱去朝珠和官服袍褂。"还拿扇子连连扇风，嘴里说："天气真热得很。"

赵尔丰见颜楷无礼，心中不悦但面子上仍客气。颜楷不管他们正在谈话，插嘴说："朝廷如此糊涂。血是人所流，川人难道害怕流血么！"然后愤怒然与蒲殿俊走了。赵尔丰对藩台尹良说："颜太史究竟年少啊。"

颜楷官至翰林院编修加侍讲衔，最高不过为正四品衔。他在头品封疆大吏赵尔丰面前如此轻狂表现，赵自然视他为太不懂朝廷官仪，只好无奈地故意尊称他为"颜太史"。

[1] 李劼人：《死水微澜》，见李劼人：《李劼人说成都》，四川文艺出版社2001年版，第134页。

藩台尹良更是怒火中烧,骂道:"难怪朝廷说'川绅集会倡议之人皆少年喜事,并非公正士绅'!"[1]

1911年,由蒲殿俊、罗纶、颜楷等人发起的四川"保路运动",成为改变中国几千年封建帝制历史、建立共和国家的导火索。

这年11月27日,"大汉四川军政府"成立,蒲殿俊任正都督。罗纶任安抚(绥靖)局长,颜楷接提法使司事(即原先的按察使)。12月8日,"成都兵变"发生后,尹昌衡率军平叛诛杀赵尔丰,被推为四川军政府都督,罗纶为副都督。

清末在成都发生的"宪政"和"民主选举",四川谘议局新生代官绅的"议员监政",是两千多年来封建专制向近代民主政治转型,使成都向近代化城市迈出关键的一步。虽然只是昙花一现,但对后来成都的影响很大。

1912年中华民国建立。7月1日,四川省临时省议会在成都成立,规定省议会为本省最高立法机关。议长骆成骧,副议长胡骏、邓孝可,秘书长姚彌宪,议员共289人。会址设成都纯化街原谘议局旧址。原清末四川的多数议员进入临时省议会。[2]

清末"宪政"的背影虽渐行渐远,但民主、共和、人权的新思想已深入人心。民国时期成都街道上新添的"民主路""共和路",就是有力证据。

[1] 参见彭兰莱:《辛亥逊清政变发源记》,民国二十二年(1933年)铅印本,第46—47页。

[2] 许友书:《1912—1927年四川省议会述略》,见《文史杂志》,1997年第1期。

# 成都『变脸』
## ——中国城市近代化缩影

郑光路／著

西南交通大学出版社
·成都·

# 目 录

**第四章 清末成都的商业、金融、人口**

**第一节 成都商业文明的历史辉煌·184**
  农耕社会特色的商贸风情·184
  巴蜀商业"首街"东大街·192
  南方丝绸之路起点在哪里·199

**第二节 从传统庙会到近代化博览会和大商场·206**
  1906年"四川成都第一次商业劝工会"·206
  第三届劝工会现代化特征已经非常明显·216
  由临时性"劝工会"到大型"劝业场"·223

**第三节 清末成都的金融、人口及收入·233**
  清末成都人用什么样的货币·233
  造币厂、银行的创建及当铺和荒市·240
  清末成都的人口和工资收入·248

## 第五章 清末"衣食住行"等方方面面

### 第一节 "民以食为天"的真实情景·257
粮食、肉类及街头熟食品物价是高还是低·257
成都"名小吃"的源头在哪里·266
清末川菜体系的形成和高中档馆子·275
西方饮食文化"入侵"成都·282
清末成都天空上飘荡的酒香·288

### 第二节 清末成都人的穿衣、住房和厕所·294
清末成都各界人士穿什么衣服·294
清末怎样办房产证及交多少契税·303
古典式"栈房"向近代化"旅馆"演变·313
清末成都人怎样"方便"和对厕所改良·320

### 第三节 清末成都形形色色的交通工具·327
背夫、骡马、黄牛、鸡公车、街轿·327
最早的"公交车"：马车、黄包车、汽车·339
成都千难万险的对外交通·349
从"气球飞越东较场"到"凤凰山机场"·359

### 第四节 燃料、照明、通信是怎样逐步演变的·369
传统燃料、照明及近代化街灯、电灯的出现·369
从"驿传"到近代化电报局、邮政局、电话局·380

## 第六章　清末成都人生了病怎么办

### 第一节　传统中医药和医林之奇形怪状 · 391
清末成都的医疗状况和医疗改革 · 391
成都中药铺和麝香、虫草的灾难 · 398

### 第二节　"江湖医生"和"巫医"之内幕奇闻 · 406
清末成都"江湖医生"的真真假假 · 406
成都的端公、巫婆怎样"消灾祛病" · 415
"祝由科"的巫术真有那么神奇吗 · 422

### 第三节　清末成都的西医和红十字运动 · 429
西医艰难"登陆"和"成都教案" · 429
成都近代化医院、医学院的建立 · 437
成都有多少官办和民间慈善团体 · 443
成都红十字会成立的历史谜团 · 449

# 第四章 清末成都的商业、金融、人口

## 第一节 成都商业文明的历史辉煌

◎ 农耕社会特色的商贸风情

西汉六大都市之一，隋唐"扬一益二"

公元前311年成都城修筑后，商贸日兴。西汉时，成都成为中国六大都市之一（长安、洛阳、邯郸、临洮、宛、成都）。

晋朝左思（265—305年）写了气势辉煌的《蜀都赋》："既丽且崇，实号成都……市廛所会，万商之渊，列隧百重，罗肆巨千，贿货山积，纤丽星繁，都人士女，袨服靓妆。"左思先生这是说：当时成都已有上百条街巷、上千家商铺、货物堆积如山，男男女女身穿炫目漂亮的时装逛街……诗赋全国传诵。

李膺《益州记》记载：南北朝时（420—589年），成都城内有街坊120处。到了隋唐时期，成都列为全国四大名城第三位（长安、扬州、成都、敦煌）。而论商贸经济地位，当时人称"扬一益二"（扬州第一，成都第二）。

从唐朝到宋代，成都四城每年各种专业性市场不断。宋朝时，成都更繁富，号称"天下繁侈"。宋人赵抃（1008—1084年）于《成都古今记》中记载，成都一年中节市不断：一月灯市、二月花市、三月蚕市、四月锦市、五月扇市、六月香市、七月宝市、八月桂市、九月药市、十月酒市、十一月梅市、十二月桃符市。苏东坡（1037—1101年）评曰："成都，西南大都会也。"[1]

## "竹枝词"描绘的晚清成都繁华商业

明末清初战乱，成都遭到空前大破坏。清朝立国后重建，近代成都城市商业街道格局基本奠定。康熙时期，成都"人民廛市殊倍于昔"。[2] 乾隆、嘉庆年间，更是"商贾辐辏，闤阓喧闹，称极盛焉"[3]。

晚清时的"定晋岩樵叟"《成都竹枝词三十首》，[4]叙述各地商人到成都，产生许多"名牌"产品、"名牌"工艺和"名牌"街道，如"郫县高烟郫筒酒，保宁酽醋保宁绸。西（藏）来氆氇铁皮布，贩到成都善价求"。

"定晋岩樵叟"还观察到各省商人风貌各异：湖州人专开瓷器店，江西人专开银钱铺，陕西人会把成都本地织锦改头换面成其他品牌："瓷器店皆湖州老，银钱铺尽江西人。本城只织'天孙锦'，'老陕'亏他旧改新。"

甘肃文县人和陕西人讲价还价很有趣："核桃柿饼与花椒，文县人来赶岁朝。叫喊闻声知老陕，几回争价不相饶。"

从中原运来的古董器皿和通过南方丝绸之路运来的滇南玉石，成为当时的高档消费品："夏鼎商彝无处寻，笑他估客枉劳心。滇南来得新坑玉，翡翠些微索重金。"[5]

各民族经济商贸也往来频繁。清人山春于《灌阳竹枝

[1]〔宋〕苏轼：《大悲圣慈寺大悲国通阁记》//李之亮笺注：《苏轼文集编年笺注诗词附 二》，巴蜀书社2011年版，第214页。

[2] 语见〔清〕王士禛：《秦蜀驿程后记》//西华大学蜀学研究中心等编：《都江堰文献集成·历史文献卷·先秦至清代》，巴蜀书社版2007年版，第726页。

[3]〔清〕同治版《成都县志》卷2"风俗"。

[4]"定晋岩樵叟"，嘉庆年间人，生平不详，侨寓成都近廿载，晚年患痹疾。

[5] 林孔翼辑：《成都竹枝词》，四川人民出版社1982年版，第52—61页。

词》中，描写贩卖麝香的藏族、羌族商人边走边唱，经过灌县到省城贸易的情景："镇夷关下凤栖窠，来经夷人竞唱歌，莫怪麝香儿爱佩，年年番客贩来多。"[1]

"六对山人"杨燮于《锦城竹枝词》中也叙述了藏区和省城的商贸："大小金川前后藏，每年冬进省城来。酥油卖了铜钱在，独买铙钲响器回。"[2]

成都商业如此繁盛，所以光绪年间文人吴好山在《成都竹枝词》总结性地写道："名都真个极繁华，不仅炊烟廿万家。四百余条街整饬，吹弹夜夜乱如麻。"[3]

### 同类商品常集中形成"专业一条街"

清末成都注重商贸环境。街巷皆用石板、石条铺砌，许多街巷建有牌楼或栅门；东大街等繁华街道夏天沿街还搭设凉棚。时人邢锦生《竹枝词》云："万商云集市廛中，金碧辉煌户户同。春暮日长天渐热，凑钱齐搭过街棚。"[4]充满农耕社会古朴风情。

宣统二年（1910年）《四川官报》统计，成都共有街道438条，小巷113条。

傅崇矩在《成都通览》的"商铺街道类览"里记载了玉器帮、栏干帮、绸缎帮、银号帮、药材帮、油米帮、茶叶帮、炭帮、干菜帮、木柴帮等51种行帮。诸如玉器、纱帽、骡马、牛市、书市、盐市、绸缎、银号、油米、木柴、棺材……常集中某街巷而形成专类商品街市。

如弓箭鞍鞴铺在提督街，衣铺多在鼓楼街，银号多在东大街，绸缎铺多在总府街，帽铺多在福兴街，靴鞋铺多在王道正直街，戏剧行头铺多在纱帽街，鱼肉菜蔬多在湖广馆街及棉花街，玉器翎顶铺及纸扎铺多在科甲巷……[5]

[1] 李谊辑校：《历代蜀词全辑》续编，重庆出版社2007年版，第433页。

[2] 潘超、丘良任、孙忠铨等编：《中华竹枝词全编》六，北京出版社2007年版，第745页。铙钲，指藏区寺庙通用的锣、钹、鼓等铜质乐器。

[3] 潘超、丘良任、孙忠铨等编：《中华竹枝词全编》六，北京出版社2007年版，第628页。

[4] 林孔翼辑：《成都竹枝词》，四川人民出版社1982年版，第140页。

[5] 〔清〕傅崇矩：《成都通览》下册，巴蜀书社1987年版，第462—465页。

第四章 清末成都的商业、金融、人口

左图：许多街巷建有牌楼或栅门，图为清末成都街头上的节孝坊（郑光路根据1894年《四川省城街道图》，考证出其旧址大致为今牛王庙东头与一心桥街交界处）

右图：很有巴蜀农耕社会特色的商贸风情。
摄影：[美]西德尼·戴维·甘博

[1]〔清〕周询：《芙蓉话旧录》，四川人民出版社1987年版，第8页。

招牌最有古风，多把所售物品刻形于牌，一目了然。曾任清末华阳县令的周询总结说："招牌上，如金铺则作金叶形数方，贴金其上。帽铺则刻帽形，刀剪铺则刻刀剪形，戏剧行头铺则刻纱帽形……皆是。"[1]

"前店后坊"，是农耕社会商铺的最大特点。街巷商铺，也是工匠的生产场所。诸如蜀绣、衣帽、编织、玩具、纸钱、木器、铁器、铜器、银器……都是现做现卖。许多流传至今的成都街名，充分反映了成都农耕时代繁荣的地域经

清末成都珠宝街上的"天宝号"金银首饰商铺

上图：清末卖竹器具的一条街巷。摄影：[美]西德尼·戴维·甘博

下图：清末卖竹木器具的一条街巷

济，往往整条街道都是同一行业的聚集地、商业集市，如金丝街、银丝街、铜丝街、白丝街、金玉街、纱帽街、锣锅巷、油篓街、东打铜街、皮房街、南打金街、染坊街、烧房街、金鱼街、烟袋巷、丝棉街、棉花街、珠宝街、草市街、石灰街、羊皮坝街、豆腐街、鸡市街、簸箕街、浆洗街、暑袜街、鱼市坝街、杀牛巷、杀猪巷、坛罐窑街、肥猪市街、斧头巷、钯街、磨房街、线香街、刀子巷……

数量众多的以市场作坊命名的街道，构成成都历史街道地名文化的一大特色。上面不少街名至今犹存。虽然大都仅存虚名，但仍会引起我们对这座古城商业历史的深深遐想。

### 以街巷、桥梁"占道经营"的"街市"

历史上，成都一直有以街巷道路、桥梁或空坝为市的传统。

西汉时，成都城南一直繁华，江桥就叫"市桥"，桥南叫"南市"，都是自由买卖场所。1275年，意大利人马可·波罗到成都，看见与"南市"联为一体的万里桥上，竟然也是繁华集市，各种"商贾、工匠列肆执艺于其中"。[1]

以桥为市在历史上始终存在，这些往往是下层民众形成的低级市场。1905年，日本人山川早水看见"万里桥作为

[1] [法]海昂注、冯承钧译：《马可波罗行纪》，商务印书馆2012年版，第249页。

清末成都南门大桥，桥洞可见南城门，桥上有许多商业摊点

成都一直有以街巷道路、桥梁或空坝为市的传统。图为清末成都皇城西华门外的商摊和担挑菜贩

南门街唯一的通路,喧闹、拥挤一刻也没有停息。加之桥的两侧破烂不堪,饮食、废品摊点,比比皆是"[1]。

笔者收藏的一张清末成都南门大桥珍贵老照片,从桥洞可见南城门,桥的两侧还有许多搭有篷布的商业摊点"以桥为市"。

行人很少的小街小巷,小商小贩也不少。清人"定晋岩樵叟"《竹枝词》写道:"背得毡条凉帽缨,沿街走卖不闻声。价银十两五钱卖,单向冷清小巷行。"[2]

"以道为市"的集市,又称墟集、坝子、坊市、街市,常形成以某一货物为"主打"的市场,如粮市、盐市、鱼市、陶瓷市、棉花市、牛市、猪市、果市、花市、柴市……清末青羊宫附近的"米市""猪市坝",后子门外的"骡马市",城中心的"盐市口",东门外的"牛市口",都很有名。"骡马市""盐市口""牛市口"等,是至今犹存的繁华街道。

[1] [日]山川早水:《巴蜀旧影》,四川人民出版社2005年版,第124页。
[2] 林孔翼辑:《成都竹枝词》,四川人民出版社1982年版,第59页。

## 清末警察局有了"城管"功能

清末,城内有不少小摊贩四方游走。"市声"悠扬,构成丰富多彩的街头商业风情。

嘉庆年间人"定晋岩樵叟"描述了过年之前卖火炭、蜂蜜、灶马、门神、饴糖等叫卖情状:"风雪萧萧三九天,重裘犹自拥青毡。最怜人静黄昏后,听卖一声红炭圆。""蜂蜜沿街日叫呼,磨成米面露天腴。钉锤声响家家闹,知是新年打米酥。""一年好景到嘉平,灶马门神快似风。抬得饴糖街巷喊,灶王今夜上天宫。"

吴好山描写了乡下儿童夏天街巷叫卖蝈蝈的情景,更是有趣:"时当八月满街衢,麦草笼儿巧且苏。要搭南瓜花两朵,黄童挑买'叫姑姑'。"[1]

值得重视的是,当时商店派人挨家挨户"上门推销"已是普遍现象。商家伙计甚至有胆量到总督衙门去拉生意。学者王笛先生在中国第一历史档案馆的《赵尔巽档案》(1909年,卷507)中看到一本《稽查出入门薄》:仅在1909年某两天,就记录有20个商家去推销商品,包括时钟、丝绸、帽子、纸张、毛笔、煤、油、药物、衣服、食品杂货、皮毛和银器……但他们大多会被撵走,"未入即出"。[2]

对街头流动摊贩,清末成都警察局就有了"城管"功能。比如,市民天天要吃的蔬菜,当时官方就规定成都有十大菜市场:太清宫,普准堂,冻青树,福建馆,棉花街,康公庙,东门太慈寺,南门南大街,北门火神庙,北门新开寺。

傅崇矩1909年说:"成都地土肥沃,近城一带,蔬菜繁盛。城外则城根周围一带、城内之隙地,种菜者数十户……菜市原无一定,菜担甚多,沿街挑卖。近经警察干

[1] 林孔翼辑:《成都竹枝词》,四川人民出版社1982年版,第55、66页。

[2] 参见王笛:《中国城市的公共生活与日庆典——清末民初成都的街道、邻里和社区自治》//吴景平主编:《近代中国:经济与社会研究》,复旦大学出版社2006年版,第277页。

涉，不准在街乱搁，归入市上，方听其自由售卖。"[1]

看来，在百年前的成都，警察不准农民街上游走卖菜，这和现今的"城管"行为已经接近。

左图：20世纪60年代初的东门大桥，是东大街往西的起点。来源：成都市建设信息中心

右图：成都1907年东门城门洞人们进入东大街熙熙攘攘的热闹情景

◎ 巴蜀商业"首街"东大街

### 行走在清朝末年的东大街上

唐朝就存在的这条街，是清末四川最大的商业街道。

当年成都不大，所谓"穿城九里三"，府河上至东门大桥已是城外。倚桥边石栏杆远眺锦官驿渡口，涛声中舲公摆渡、渔翁搬罾垂钓，河畔岸树青青……过东门大桥，入城门就是东大街。苔藓斑驳的东城门上大书"迎晖门"，为东迎朝晖之意。进城门为月牙形瓮城，城门不远有马道，为练兵骑射之用。[2]

[1]〔清〕傅崇矩：《成都通览》（上册），巴蜀书社1987年版，第34页。

[2] 今尚有东西"月城街"名，即东西门原瓮城所在地，还有东、西马道街等。

东大街从城门洞向西走,有下东大街、中东大街、上中东大街、城守东大街、西中东大街、西东大街、盐市口,共七条街。清末官府统计,全城四门及附郭大小共516条街道,都很狭窄。较繁华的南大街、北大街、总府街、文庙街等,只有二丈左右宽,其余多不及二丈。科甲巷狭得更可怜,仅数尺宽……但这条东大街名震巴蜀,可并排走四乘八人大轿。

东大街路面全铺着红砂石板。两旁人家屋檐都与阶齐,下雨时行人可以在檐下避雨,晚上又可摆"夜市"。满街各字号的首饰铺、绸缎铺、皮货铺、土洋百货,以及专卖京、苏、广货的商家鳞次栉比。黑漆金字大招牌像比赛般一家比一家辉煌,行人熙熙攘攘。

下东大街处有座牌楼,横额大书"既丽且崇"[1]四字。街北有"府城隍庙",酒馆、汤圆面店、百货店、算命卜卦、杂耍跑滩……闹哄哄地罗列于庙内。

再西行是城守东大街,有全省司法中心即臬台衙门(按察使司),以及守护省城之城守游击署,故有此街名。

[1] 西晋左思《蜀都赋》有"既丽且崇,实号成都"文字。1924年杨森当省督办时,为拓宽东大街,拆除了牌坊。

下东大街街北有"府城隍庙"

再走几步是丁字路口，左边一条热闹街市是走马街，全是带铺板的青瓦平房。走马街再往左一拐，就是督院街。每年各州县数不清的官员骑着高头大马，去督院拜见总督大人，所以就叫走马街。

往前走到中东大街暑袜街南口。街南有宝元通百货公司，又有万钰银楼，为省城银器业最早最大之商铺。又有中西大药房，创设于光绪二十七年（1901年），为省城西药业之首创。

东大街上有很多两三层楼的铺面，高大且深；招牌全是黑漆金字，富丽堂皇。再往前走，是盐市口。从东门大桥至盐市口数里长街风物万千，是成都之"清明上河图"。

1920年前后的东大街

成都主要政府部门通常位于城市中央、商业繁华之地。以东大街为轴线，南北两侧一两华里内，有督院街的总督衙门、提督街的提督衙门、藩署街的布政使司、学道街的提学使署、盐道街的盐茶道使司等重要官衙，足见商业经济在城市中的重要地位。

### 海外来客盛赞东大街

清末东大街一线，是当时成都的金融中心，聚集了成都各种银行、票号、捐号、银号、金铺，如通商银行、百顺通、协同庆、日升昌、裕川厚、公顺同、兴隆号、亨盛号、永盛明、天长厚、恒丰裕……[1]

1905年开设的四川省官办银行"濬川源"银行，地址在暑袜街；1907年开设的"大清银行"，即当时的国家银行，地址在新街。暑袜街、新街，都紧临东大街。所以周询概括说："银号多在东大街、新街。"[2]

清末英、法、日、德等外国旅游者，无不盛赞东大街：商品陈列绚丽、油漆柜台发光、铺面美观、夹道凉棚、街道整洁、商招美艳……1897年，法国人马尼爱评论道："甚为宽阔……如沪上之大马路然。各铺装饰华丽有绸缎店、首饰铺、汇兑庄、瓷器及古董等铺。此真意外之大观。其殆十八省中，只此一比露出中国自新之象也。……（中国）尚有城市规模者，此为第一。"[3]

1905年，日本人山川早水说，东大街道与北京相似但"更为洁净"："其长度虽不过几百公尺，但商店宽敞，高高的屋檐有漂亮的橱窗，檐头所挂的招牌，长短参差，金碧炫目。试借《蜀都赋》之句来形容，即'金铺交映，玉题相辉，比屋连甍，既丽且崇'。作为中国的市街，并

[1]〔清〕傅崇矩：《成都通览》上册，巴蜀书社1987年版，第99页。
[2]〔清〕周询：《芙蓉话旧录》，四川人民出版社1987年版，第8页。
[3]〔清〕马尼爱：《戊戌时期法国人眼里的成都——游历四川成都记》，载《渝报》光绪二十四年正月，第九册。

## 成都"变脸"
### ——中国城市近代化缩影

非夸大其词。"[1]

1909年4月,美国的张伯林(Chamberlin, Thomas Chrowder, 1843—1928年)到成都,留下了极其珍贵的影像资料,使我们得以瞬间穿越到清末,目睹百年前这条古街风采。

一张照片中的木质过街牌坊,上方中间为"奏办"二字,下方中间书"億屡中"三字,两旁元宝图案四周有"光绪元宝"四字。"億"古文通"臆","億屡中"意思是心想事成;出处是孔夫子夸奖学生子贡会做生意(货殖),见《论语·先进》:"(子贡)而货殖焉,亿则屡中。"这个牌坊,是巴蜀"首街"商业地位的象征。

在几张照片中,店铺各式招牌清晰可见:大绸缎铺、大匹头铺、大首饰铺、大皮货铺、贩卖苏广杂货的店铺、钱铺、中西大药房……行人穿着清代长袍马褂,有的头戴瓜片小帽。红砂石铺砌的街道整齐,还可见中间供"鸡公车"行走的车辙。

左图:清末东大街是巴蜀"首街",牌坊上书"億屡中"三字,左侧有嘉定府(乐山)邓阳绸店铺的木牌。摄影:[美]张伯林

右图:清末繁华的成都东大街,木质过街牌坊上方中间为"奏办"二字,下方中间书"億屡中"三字

[1] [日]山川早水著:《一百年前一个日本人眼中的巴蜀风情》,四川人民出版社2005年版,第66—67页。

张伯林的照片中反映了清末东大街新老习俗杂陈、中西商品交融的情景。这是由传统农耕时代城市向近代化城市形态转型的折射。

### 流传千年的"夜市""灯市"

唐、五代时，大慈寺南（即今东大街一带）就为繁华集市，"夜市"习俗一直传承到当代，可说是"中国之最"。

清末"夜市"从大慈寺门口空坝起，扩展到盐市口。每天黄昏后街两边屋檐下摆满了货摊，游人摩肩接踵，一直到打二更为止。"夜市"约分四段：城守署至走马街口（现东大街春熙南段一带）多为饮食摊贩；走马街口至南新街口（现东大街青石桥路口一带）多售旧字画、铜器；南新街口以西售古玩、铜器、鲜花；再西至盐市口一段售旧书、玩具、乐器、铜器、首饰、鞋帽……

"夜市"情景千奇百怪。1909年9月8日《通俗日报》有篇《夜市上有人卖人脚板》的奇文：货摊上摆着一双敷满泥巴的"熊掌"，凑近才发现是打瞌睡守摊学徒的臭脚板……

清末开设警政后，东大街有了近代化色彩。日本人迟壕丽水在《新入蜀记》中写道：从东门入城，街上竖有写着"向右手走"的交通牌，还有身着制服的警察在指挥交通……[1]

"夜市"上洋货、广货不少，售彩票的摊子最多。白天的绸缎铺、洋布铺等，"夜市"时也变为彩票铺。卖假名牌等伪劣产品的奸商也不少，还有扒窃小偷："如剪辫子，抓小帽毡帽等。虽警察甚严，亦难防也。"[2]

---

[1] 王笛：《街头文化：成都公共空间、下层民众与地方政治（1870—1930）》，李德英、谢继华等译，商务印书馆2013年版，第56页。

[2] 〔清〕傅崇矩：《成都通览》上册，巴蜀书社1987年版，第275—276页。

民国时，夜市时间延长至半夜，附近各县商贩都到此进货。至今春熙路常有"夜市"；盐市口"九龙商城"等处，更是每天半夜三更大交易……都有清末东大街"夜市"遗风。

唐代的《放灯旧记》和元代的《岁华纪丽谱》都记载：唐明皇逃难到成都，由道教大师叶法善陪同到街市上观看元宵灯火。清代四川才子李调元在《正月十四至成都，是夜观灯》中也大赞："试灯节届渐闻声，次第鳌山压锦城。十字楼头星共灿，万家门口月初明。"

清末，东大街春节"灯市"名震蜀中。周询说："繁盛街道，大都有牌坊灯，细木作架，髹以金漆；上段幂以细纱，绘说部杂剧，中置灯烛，间三四十部，即安放一架。尤以东大街者为最精致，灯上绘三国演义全部，人物栩栩如生。"[1]

每年正月初九名"上九"，正式"开灯"。东大街各家铺户灯笼，有玻璃彩画，有绢底彩画，有《三国》《西厢》《水浒》《聊斋》《红楼梦》等画……还有大型龙狮灯队、放焰火、燃花灯、响爆竹、踩莲船、玩高跷、打连宵、擂太平鼓、百技杂耍等。

每夜人流如潮，脑壳上的帽子常被小偷乱中抓去，丢

[1]〔清〕周询：《芙蓉话旧录》，四川人民出版社1987年版，第58—59页。

左图：2003年后东大街"改造"时近东门大桥一段的情景，传统风貌已荡然无存。摄影：郑光路

右图：东大街街北"府城隍庙"，20世纪80年代成为立体电影院，2000年后被彻底拆毁

失怀表、烟壶、荷包、散碎银子的更数不胜数。乡土作家李劼人先生回忆：有年城守东大街臬台衙门照壁后，两个看灯火的少妇，被一伙流痞举了起来。"卡子"（即治安点）清兵总爷们一阵马棒乱打流痞，但两个女人红绣花鞋、玉手钏、镀金簪子，都勒脱抢走。少妇还着实被轻薄，粉红布兜肚都"春光泄露"……[1]

进入民国时期，1924年军阀杨森拆除旧臬台官署，修建春熙路，东大街形成"大商圈"，更是繁荣。

2002年4月10日，东大街开始拆迁重建，据称是"总投资约18亿元、横贯成都东西的城市大道拓宽工程"[2]。带有明清建筑风格的成都府城隍庙，柱头飞檐趴着的木龙双眼圆睁、大嘴张开，似对拆毁命运伤感无奈……大慈寺外老街旧巷，也被拆毁得一干二净。

对东大街非常有感情的清末华阳县令周询，20世纪30年代曾悲叹："九衢车马，尽花样之翻新……"[3] 周询所言似是谶语，预示古老东大街被拆毁"花样翻新"的命运。此后东大街果然更现代化了，但人们却越发怀念难以恢复的传统旧建筑。

◎ 南方丝绸之路起点在哪里

成都和南方丝绸之路关系的由来

丝绸之路，指中国连接亚洲、非洲和欧洲的古代商业贸易路线。近年来，随着国家"一带一路"[4]倡议的发出，学界对丝绸之路的历史研究越发重视。

历史上，成都在丝绸之路中有非常重要的地位和作

---

[1] 参见《李劼人说成都》，四川文艺出版社2001年版，第144—145页。

[2] 见四川建设网，2002-04-11。

[3] 〔清〕周询：《芙蓉话旧录》，四川人民出版社1987年版，"自序"第1页。

[4] 2015年3月28日，国家主席习近平在博鳌论坛演讲时说：中国"一带一路"建设的愿景与行动文件已经制定。新华社当天下午消息，国家发展改革委、外交部、商务部28日联合发布了与各国《推动共建丝绸之路经济带和21世纪海上丝绸之路的愿景与行动》倡议。

清末巴蜀妇女土法织丝的情景。摄影：[英]伊莎贝拉·伯德，1898年

用，但许多问题仍有待于进一步认识。

四川古称蜀，相传黄帝的后代蚕丛、柏灌、鱼凫相继为蜀王。蚕丛最早居于岷山，据说他长相古怪：眼睛像螃蟹向前突起，头发在脑后梳成"椎髻"。他后来率领部族迁徙到成都平原，教民栽桑养蚕，使四川成为中国最早养蚕的地方，因而他得名"蚕丛"。"蜀"字的古代写法就像一只"蚕"。中国最早的字典、东汉许慎的《说文解字》中解释："蜀，葵中蚕也。"

秦汉以后，成都织锦业就天下闻名。织锦作坊云集城南，由锦官管理。相近的流江成为"濯锦"之江，故其地名为"锦里"，其江因之名为"锦江"。后世成都也称"锦官城""锦城"。

因"锦"为蜀首创，故名"蜀锦"，其远销国内外。成都成为南方丝绸之路的口岸城市。

清末，成都半边街、机房街、红布街等，处处都是织绸缎、织布的"机房"，从早到晚机声轧轧。嘉庆年间杨燮所作《锦城竹枝词》描写道："水东门里铁桥横，红布

第一次使用"丝绸之路"名称的德国地理学家李希霍芬

街前机子鸣。日午天青风雨响,缫丝听似下滩声。"可见何其发达。

1877年,德国地理学家李希霍芬在他的《中国:我的旅行与研究》书中,第一次使用了"丝绸之路"(the Silk Road)这个名称,用以指中国丝绸西运中亚和欧洲的交通道路,并用以泛称中西交通。

现今中外学术界和联合国教科文组织,确认中国历史上有4条丝绸之路:北方丝绸之路、草原丝绸之路、南方丝绸之路、海上丝绸之路。

南方丝绸之路,是古代的"蜀身毒道"。蜀即四川,身毒即印度。古道始于先秦,盛于汉唐,沟通了南下出中国境至掸国(缅甸)等东南亚国家,再到身毒(印度)的民间商道。中国商人以成都丝绸、临邛铜器、武阳铁器,换取印度当地的宝石、犀角、象牙、黄金……以大秦(罗马)商人为主的商队,不惜长途跋涉到印度,购买成都丝绸等中国货物再到中亚、欧洲贩卖。

图为民国时期成都地区一家人纺织土棉布,用谷草打草鞋

司马迁的《史记》记载：公元前122年，出使西域回到长安的张骞对汉武帝说："臣在大夏（今阿富汗）时，见邛竹杖、蜀布。问曰：'安得此？'大夏国人曰：'吾贾人往市身毒（今印度）'。"

这段话的实际含义是：邛竹杖产于邛崃山间，蜀布产于成都，这两样蜀地特产通过"蜀身毒道"得以运销印度，再由大夏（阿富汗）贾人（商人）转贩至大夏。

欧洲商人甚至直接到成都购买丝绸。成书于公元80—89年、由一个希腊人撰写的《爱利脱利亚周航记》，记录作者通过"蜀身毒道"到成都购买丝绸的经过："过克里斯国（今缅甸白古）抵秦国（即中国）……有大城曰秦尼（即东汉时的成都）……由此城生丝、丝线及丝织成之绸缎经陆道……而至巴利格柴（印度孟买附近之巴罗赫港）。"

到清末，这条南方丝绸之路仍很繁荣。1909年后的成都府华阳县令周询记载：当时成都所织绸缎不仅销售国内，还远销"暹罗、安南等地"（即泰国、越南等国外）。

## 李希霍芬记载丝绸交易起点是簇桥

1872年，一个大胡子洋人兴致勃勃出现在成都街头，他就是第一次使用"丝绸之路"名称的德国地理学家李希霍芬男爵。

他盛赞"都江堰灌溉方法之完善，世界各地无与伦比"，他是把都江堰详细介绍给世界的第一人。他给本国友人写信："成都是中国最大的城市之一，也是最秀丽雅致的城市之一……街道宽畅，大多笔直，相互交叉成直角"。街道两旁房屋墙壁处处可见的壁画、雕塑，令他欣喜不已："这种艺术情趣在周围郊区随处可见，所有的旅

清末出成都南门南行的商帮甚多，右边第二人是戴白帽的外国人。摄影：[美]西德尼·戴维·甘博

游者无不为其精湛的艺术而感到惊异……其中一些不愧是中国的艺术杰作。这种优美在人民文雅的态度和高尚的举止上表现得尤为明显。成都府的居民在这方面远远超过了中国其他各地。"[1]

这位先生还记录，当时成都人穿着得体，丝绸是普遍使用的衣料；城内的许多店铺出售诸如绸缎、皮毛、银饰、宝石之类的商品。李希霍芬重点说到成都是丝绸的交易中心："川丝的买卖成交最大，它是成都府店铺中最特殊的货品。"

交易中心具体地点在哪里呢？李希霍芬明确记载了是簇桥镇。他下面这段记载簇桥镇的文字，非常重要：

其中距成都西南二十里的有一个簇桥镇，丝店林立，为最重要的丝市。这些丝店有些是成都最大、最高贵的丝店，都是丝的交易所。各地来的丝客都投到丝店，以丝求售。还有很多丝是从比较远的地方运来的。成交的丝主要是供应成都平原的极大消费。但是也有从其他地方来的丝商

[1] 见[美]罗伯特A·柯白：《四川军阀与国民政府》//《李希霍芬男爵书简，1870—1872》，四川人民出版社1985年版，第6页。

（主要是重庆丝商）在此地收买一部分丝货。有些重庆大丝行专门经营他们所谓'成都丝'。另外还有一些其他市场也从成都取得丝的供应……在由成都府至大理府的老路上，川丝是贸易的主要物品，川丝由这条路越过边境运往缅甸及其他各国。[1]

簇桥，唐、宋时期因蚕丝交易称为茧桥，清代称簇锦桥。"簇"，就是供蚕吐丝作茧的油菜秆、麦秆等。民国版《华阳县志》记载："宋时，成都蚕市最盛，载记可徵。近来吾县簇桥，每新丝熟时，乡人鬻茧及商贩贸丝麇集，官为催税，岁额常数万金。"

1872年3月11日，李希霍芬离开成都南行，原计划沿南方丝绸之路穿越雅安、西昌地区，进入云南再至缅甸。但自雅安南行几十公里后即遇麻烦，遂转赴嘉定府（今乐山），3月27日乘船经岷江、长江到上海后归国。[2]

**各种史料证实晚清时南方丝绸之路起点是簇桥**

南方丝绸之路起点是成都，这当然毫无疑问。但说具体一点，究竟在成都哪里呢？

2014年3月，媒体报道《"南丝绸之路起点"在新都奠基》，确定起点在成都北门外20里的新都三河场。[3] 中央电视台中文国际频道"走遍中国"栏目为此专门报道，有关方面发起以自驾车形式"从三河场出发重走南方丝绸之路"活动。

在漫长的历史长河中，南方丝绸之路的具体起点有变迁，很难准确地确定它究竟在哪一处。但至少在清代后期，这个具体起点绝不是成都北门的新都三河场，而是南门外的簇桥镇，笔者将理由概括如下：

[1] 王相钦、吴太昌：《中国近代商业史论》，中国财政经济出版社1999年版，第200页。

[2] 见《四川记》//郭双林、董习：《李希霍芬与〈李希霍芬男爵书信集〉》，《史学月刊》，2009（11）。

[3] 《"南丝绸之路起点"在新都奠基》，成都日报第3版"要闻"，2014-03-24。

第一条证据：在世界上首次使用"丝绸之路"名称的德国地理学家李希霍芬，明确记载成都丝绸交易中心和起点是成都簇桥（见上文）。

第二条证据：历史资料中记载的南方丝绸之路的线路，应是出南门而不是出北门。

南方丝绸之路主要有两条线路：一条为西道，即"旄牛道"。从成都南门外出发，经临邛（邛州）、青衣（名山）、严道（荥经）、旄牛（汉源）、阑县（越西）、邛都（西昌）、叶榆（大理）到永昌（保山），再到密支那或八莫，进入缅甸和东南亚。这条路最远可达"滇越"乘象国，可到印度和孟加拉地区。另一条是东道，称为"五尺道"。也从成都南门外出发，到僰道（今宜宾市）、南广（高县）、朱提（昭通）、味县（曲靖）、谷昌（昆明），以后一途入越南，一途经大理与旄牛道重合。

第三条证据：近年政府部门地方志史料如《簇桥乡建置沿革简述》中明确记载："簇桥不仅是川南重镇，还是古代南丝绸之路的起点。"[1]

第四条证据：学术界，如学者刘斌夫书中说：起点是"成都南门外簇桥"[2]。

第五条证据：最具权威性的官方"国家统计局农村社会经济调查总队"，2000年调查后认定："成都市簇桥乡位于成都市城南，是西通康藏、南接滇缅的重镇，也是古代南方丝绸之路的第一个驿站。"[3]

其实，稍有常识的人也会想到，要走"南方丝绸之路"的商人，不可能"南辕北辙"。说起点为成都北门外新都三河场，媒体声称主要目的是为了"打造成都北大门一流的商贸旅游综合体"，但这明显缺乏史料支撑。

[1] 刘矩：《簇桥乡建置沿革简述》//《武侯文史集萃》，四川人民出版社2000年版，第381—383页。
[2] 刘斌夫：《策划重庆，策划四川：构筑中国经济第四增长极》，清华大学出版社2010年版。
[3] 国家统计局农村社会经济调查总队编：《中国农村强乡镇》，中国统计出版社2000年版，第128页。本书为送中央各部门和省级党政主要负责人以及主要决策咨询研究机构的重要书籍之一。

## 第二节 从传统庙会到近代化博览会和大商场

◎ 1906年"四川成都第一次商业劝工会"

1904年四川通省劝工总局在成都成立

"劝业"一词,出自《史记·货殖列传》:"各劝其业,乐其事。"

近代日本维新强国,内务省下设劝业、警保、户籍、邮递、土木、地理六寮和测量司。其中"劝业寮"主管全国农工商业,通过举办劝业博览会、设立劝业场、发展工商业,使日本跻身强国行列。[1]

1877年,晚清著名诗人、外交家黄遵宪出使日本,1887年写成《日本国志》,第一次把日本的劝业寮和劝业场介绍给中国人。从此,"劝业"成为中国变革图存的时髦语。可以这么讲,清末"新政"最重要之处,就是以"劝业"为主要内容的社会改革,鼓励商品生产和贸易(即实行近代化资本主义生产),此即"劝工""劝业"之意。

旧时历来重农抑商,商人社会地位很低。

封建士大夫"士为贵、不言利"的假清高,必然为时代潮流淘汰。清末颁布新政上谕的第二条,即"振兴商务、奖励实业"。1906年、1907年先后颁布《奖给商勋章程》等,规定:凡在工业生产及商贸中优秀者,根据其贡献大小,均奖给各等"商勋"(即奖章、证书),还可赏加四品顶戴直至头品顶戴……[2] 悬赏惊人,商人地位一步

[1] 冯克诚、田晓娜主编:《世界通史全编》,青海人民出版社1998年版,第1852页。

[2] 参见《大清法规大全·实业部》卷4《商业》,高雄考证出版社1972年版,第2979—2980页。

登天。

1902年7月，岑春煊任四川总督。1903年2月，他委派成都知府沈秉堃、知州汪声玲，率官员、商人、工匠等20余人，携带参展物品赴日本参加大阪国际博览会。会后沈秉堃等转赴东京考察工商业，准备回川"以便推广"。[1]

1903年，锡良到成都任四川总督。1904年，四川通省劝工总局在成都成立，沈秉堃任首届总局办（1907年劝工总局改名为劝业道，周善培继任）。局址在旧皇城后子门内东端，原宝川局旧址。内分刺绣、陶瓷、卤漆、竹丝、丝绵、麻织品等项，建立了一系列新式组织方式——工厂和股份公司，促进本地、本省的工业发展。

晚清时期成都个体手工业虽发达，但政府并无主管机构，只有些小规模帮会组织在管理。如布匹商、机织业、鞋帽业等，设在南府街川主庙，肉案等业设在提督街三义庙，药材、医生等业设在陕西街药王庙，香蜡纸烛等业设在北门火神庙。其他如鲁班庙、雷神庙、马王庙等，也是较小帮会的宴会办事之所。[2]

1903年，在总府街成立成都总商会，这是成都早期的近代化商业联合组织。1904年，成立四川商务总局，事裁判

[1]《岑春煊附奏派知府沈秉坤等赴日本赛会并考查陆军，录奉朱批由》//王建朗、栾景河主编：《近代中国、东亚与世界》（上卷），社会科学文献出版社2008年版，第143页。

[2] 张达夫：《清末"维新变法"在成都》//《成都文史资料选编·辛亥前后卷》，四川人民出版社2007年版，第18页。

左图：1904年，四川通省劝工总局在成都成立，沈秉堃任首届总办

右图：1904年四川通省劝工总局在成都成立，地址在皇城内。摄影：[日]山川早水

1903年，在总府街成立成都总商会，民国时期为四川省商会联合会，旁有裘衣店，还有"裕昌源号"茶业公司，隐约可见"（蒙）山名茶"的招牌

所（附于总商会内）。[1] 1905年，成都总商会认为"川省僻在边远，风气未开"，而外国博览会"研究商情、比较工业，能者用劝、而不能者益以知勉，法至善也"。官方和总商会都积极推广外国"博览会"形式，"以图进步而利流通"。[2] 总府街总商会设立了川货陈列会，成都外国领事们都来参观，"均赞赏蜀产之丰饶"。[3]

## 传统庙会首次向近代"博览会"转型

庙会，可上溯到古老"社祭"风俗。庙会有三大目的："娱神"；"娱众"；商贸。成都庙会源远流长。清末成都有观音会、药王会、王爷会、土地会、五显会、老君会、佛祖会、川主会、牛王会……名目甚多。[4]

传说道教始祖李老君生日是农历二月十五，二月又是传统"花朝"节，唐代以来就形成成都最为重要的青羊宫庙会，通常称为"赶花会"。

光绪三十一年（1905年）十二月，四川商务劝工局总办沈秉堃，[5] 向总督锡良"呈文"，明确表明要模仿国外"博览会"形式，把青羊宫花会"利导扩充"。这年腊

[1] 四川省文史研究馆：《成都城坊古迹考》，成都时代出版社2006年版，第353页。

[2] 《四川官报》乙巳第31册，"公牍"。

[3] 参见《四川官报》乙巳（1905年）第32册，"新闻"。

[4] 〔清〕傅崇矩：《成都通览》，巴蜀书社1987年版，第72—74页。

[5] 沈秉堃（1862—1913年），湖南善化（今长沙市）人。1906年为权力至重的成绵龙茂道（川西道），头品顶戴。1907年迁甘肃按察使，后调云南。

第四章 清末成都的商业、金融、人口

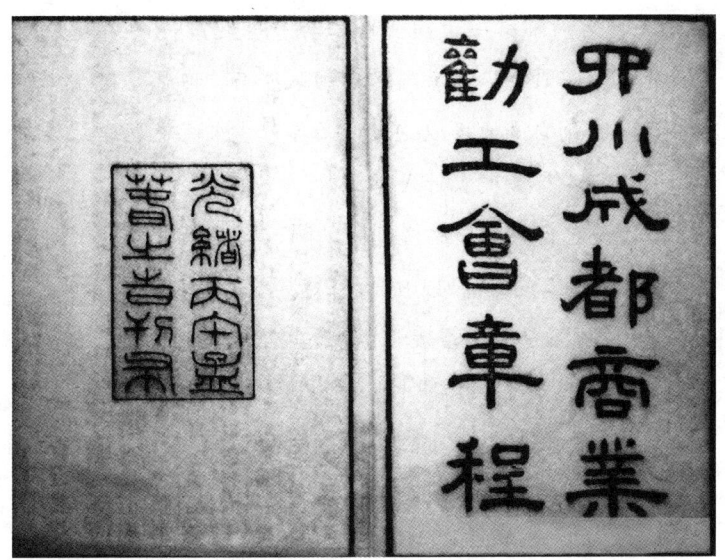

1906年青羊宫劝工会开办前所订《章程》封面。来源：成都市档案馆

[1]《四川官报》，丙午（1906年）第四册中"公牍"。

月，沈秉堃在青羊宫左侧二仙庵区域，"扩充会场、建筑列肆"，准备次年春举办全省性"劝工会"。[1]

不少专业书籍记载，会期为1906年3月10日至4月13日，但这是错误的，而且以讹传讹。

笔者掌握的第一手史料，即四川总督锡良的《开会训词》和《毕会训词》，明确表明这届"四川成都第一次商业劝工会"，是光绪三十二年农历二月初十（即1906年3月4日）开幕，农历三月初十（即1906年4月3日）闭幕，为期一整月。

### 四川总督锡良的"开幕""闭幕"训词

3月4日这一天，四川总督锡良亲临会场开幕典礼，并作"训词"讲演。他强调，要借鉴外国"博览""劝工"的先进经验，更要在中国大地上领先一步（即"先时"）开创"未之有"的先例：

今日为成都第一次商业劝工会开会之日，即川省工商业发达之第一日也……吾国达于四陬，而"博览"之会"劝工"之场，则自南北洋以讫、东西各行省未之有也。蜀居僻远，提倡斯举，旁观私计或恐先时……

这位总督大人最后说到激动时，还扯开喉咙地祝愿："我成都商业劝工会，必由一次以逮于亿万次，而永远不辍也。"[1] 意思是要一年接一年永远办下去。

从锡良所言"自南北洋以讫、东西各行省未之有也"来判断，这应该是近代中国第一次举办的"博览会"，具有里程碑意义。关于这一点，史学界似还无人论及。

当年官方汇刊《四川成都第一次劝工会调查表》记载：

锦城外西南隅百花潭上、二仙庵侧，有青羊宫焉……（会场）统分四区：自入场至二仙庵山门为第一区，自山门至庙内各处为第二区，复由二仙庵山门以至青羊宫山门为第三区，青羊宫庙内为第四区。凡百货物，各以类从，陈列井然……

[1]〔清〕锡良：《四川总督部堂锡开会训词》（载《四川成都第一次劝工会调查表》）//成都市地方志编纂委员会、四川大学历史地理研究所整理：《成都旧志·杂志类》（6），成都时代出版社2007年版，第1页。

1906年青羊宫劝工会开办前所订《章程》中，决定此后每年举办。来源：成都市档案馆

青羊宫劝工会入场大门情景

[1] 《四川成都第一次劝工会调查表》（《图说》）//成都市地方志编纂委员会、四川大学历史地理研究所整理：《成都旧志·杂志类》（6），成都时代出版社2007年版，第10页。

四区各有招待所、休憩所及诸般游戏品，或标以旗帜，或榜以牌匾，规模具备。[1]

这个区域的"入场"口，笔者根据当年《会场全体平面位置图》判断，大致就是如今琴台路文化公园大门一段的位置。

赴会陈列货物的有四川各州县21个官局，参展商品包括天然、制作、教育、美术、农业、植物、水族、机械、玩具、动物十大类别……"凡百货物，各以类从，陈列井然，有条不紊"；"聚中外货品，以资工艺考鉴，而贸易之盛，遂十倍畴昔！"

会场并融春游、庙会、交易于一体，有各种小吃摊、

青羊宫劝工会中参展全川各种老字号名牌商品。摄影：[美]路得·那爱德，照片提供：海波、王玉龙

大餐馆。还有传统川剧演出,甚至还有外国"留影戏"(幻灯)和"电戏"(电影)……[1]

1906年4月3日劝工会闭幕,锡良又到会场作了可谓"热情洋溢"的闭幕演讲。他先叙述了这届劝工会的可喜成绩:"……盛矣美矣,洵可乐矣。"最后对明年劝工会深深祝愿:"……暑往寒来,青春又届。今之会毕而往者,行将集会而来。本部堂知其必有美品佳制,以副此无穷之希望,而我川省之工商业,亦将由幼稚以渐及壮年!"[2]

## 外国人记录的1906年"劝工会"细节

日本藉教师山川早水的有关纪录,可以让我们了解更多的历史细节。他一开头就明确地评论:"如今名为花市,但实际上是四川大博览会。"

他看见:二仙庵为主会场,其西邻之青羊宫为副会场,不收入场费。"所以成都六十万(作者按:这是指成都府的大概念)人不用说,近府近县来参观者,老早就使一个寂静的锦江河畔,人马轿舆不断,烟尘滚滚,前后难辨。"

"劝工会"近代化色彩浓厚,有"流动照相馆",还有增加气氛的"乐队":"教育部、工艺部、美术部、演艺部等机关的红旗,在人群头上飘舞。二仙庵的殿堂走廊全成了展览的地方,道路分为往、返两条路。手执木棒的警察,在各个重要路段维持秩序。"

山川早水饶有兴致地观察到:"教育部的展品主要是官报局出版的教科书、挂图、体育器械等。工艺部展出的是劝工局的产品……另外还有西洋杂货店、中国杂货店、古书店、古董店排列于檐下与中庭,除通路外没有插足的余地。""从正门通往青羊宫的路上,用竹席临时搭起的饮食

[1] 参见《四川成都第一次劝工会调查表》//成都市地方志编纂委员会、四川大学历史地理研究所整理:《成都旧志·杂志类》(6),成都时代出版社2007年版,第12—32页。

[2] 〔清〕锡良:《四川总督部堂锡毕会训词》(载《四川成都第一次劝工会调查表》)//成都市地方志编纂委员会、四川大学历史地理研究所整理:《成都旧志·杂志类》(6),成都时代出版社2007年版,第1—2页。

店也不少。五香菜串、温酒、荞麦面条，热气腾腾有欲压人之势……"

他逛完二仙庵转向青羊宫，见写着"工农部"红底白字的大旗在迎风飘舞。展品主要是本地农产品、家用器具等杂货类……走出青羊宫，进入它前面的古青羊肆："异常拥挤，两侧全是饮食店"[1]。

山川早水还记录了一件趣事：有个日本女教师在一家五香菜串店，喝了一瓶酒，吃了一盘红烧鲫鱼和一碗荞麦面，店家收了她两个银圆。第二天她忽然生起气来，跑到四川总督锡良那里告状。山川早水觉得可笑，说："真乃僻乡之奇谈！"

这要算四川近代以来史有记载最早、最重要的一次"外国消费者投诉"，足可写入中外商业史。笔者详查当时物价水平：两个银圆可兑换制钱约2000文。市面上荞面每碗六文到八文（分大荤、小荤）；鲫鱼，每斤一百数十文。酒当时很便宜，每斤烧酒或低度黄酒（即上文说的"温酒"）不过二十至五十文……[2] 看来这位"老外"，确实被狠敲了竹杠。

另一个在成都的外籍教师日本人中野孤山，也留下了很具史料价值的记录："劝工总会召开期间，每天人山人海，拥挤不堪。会场还设有乐队，锦上添花。另外还建有拱门，设有外宾接待所和官吏接待所等等。妇女接待所位于会场的一个角落。"

中野孤山说，会场五分之三被中华物产占领。主要有蜀江锦缎、棉布、竹编等本地最著名的土特产，品种繁多，如木制品摊点堆放着很多菜盘、木桶、木盆、木凳……制作木桶的工匠，抡着锤子在"叮咚叮咚"地现场做桶。

日本进口的杂货，占据进口货物百分之四十的地盘。

[1] [日]山川早水著：《巴蜀旧影：一百年前一个日本人眼中的巴蜀风情》，李密、李春德、李杰译，四川人民出版社2005年版，第139—141页。

[2] 〔清〕傅崇矩：《成都通览》下册，巴蜀书社1987年版，第280—281页、第249—250页。

清末成都青羊宫劝工会情景

主要有名古屋座钟和挂钟、大阪伞、床单、毛巾、卷烟、折扇、团扇、玻璃镜、成药、浴衣布料、麒麟啤酒、挂图、书籍、运动器械、乐器、帽子……[1]

### 贸易额创纪录和总督颁奖

据不完全统计,这次劝工会售货品种达3437种。民间商人销售额计银28139两;官方"劝工局"等销售额计银5549两,另有铜钱1892多吊。贸易之盛,十倍于旧日花会。[2]

[1] [日]中野孤山:《横跨中国大陆——游蜀杂俎》,中华书局2007年版,第114—115页。

[2] 参见《四川成都第一次劝工会调查表》//成都市地方志编纂委员会、四川大学历史地理研究所整理:《成都旧志·杂志类》(6),成都时代出版社2007年版,第32—42页。

自1906年劝工会后,每届劝工闭幕均由官员和商会对参展商品颁奖。摄影:[美]路得·那爱德,照片提供:海波、王玉龙

第四章 清末成都的商业、金融、人口

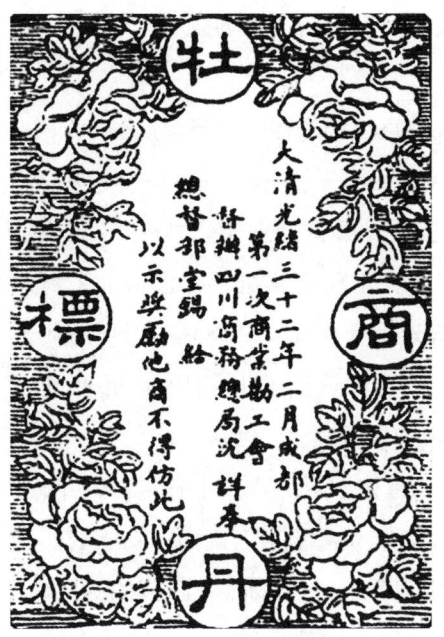

光绪三十二年（1906年）劝工闭幕后颁发的头等"牡丹"奖

1906年4月3日劝工会闭幕，由官员和商会对参展商品分一、二、三个等级评比。有21个参展商家得奖，17个州县劝工局得奖。总督锡良亲临会场为获奖者颁奖。

奖品很有意思，以花为名。其中成都技师余立堂发明"理化仪器"、成都商号杨世兴所制"点翠挂屏"、江津陈江卿所造"提花夏布"，都获一等"牡丹商标"奖。"通景织金鸳鸯"等6项，获"二等海棠商标"。"加重湖绉"（一种创新绸缎）等3项获"三等奖牌"。"竹丝"制品等20项，获"花红"奖。"十锦浣花布"等6项，获"用劝百工朱红湖绉彩"[1]奖。

主席台下人流如潮。欢庆锣鼓声中，颁奖的官员和得奖的商家，皆大欢喜。

1907年，接着举办了仍由沈秉堃主持的第二次商业劝工会。这年商品贸易销售额，计银达40万两，比首届更昌盛。[2]

[1] 参见《四川成都第一次劝工会调查表》//成都市地方志编纂委员会、四川大学历史地理研究所整理：《成都旧志·杂志类》（6），成都时代出版社2007年版，第11—12页。
[2]《四川官报》丁未（1907年），第七册中"新闻"。

## ◎ 第三届劝工会现代化特征已经非常明显

会展之前广泛的舆论宣传和严格的政府审批程序

1907年,裁劝工总局设通省劝业道。周善培出任总办,"官衔"为"二品衔农工商部议员、存记道、工商矿局总办"。[1] 当时人傅崇矩赞誉说:"周总办孝怀时代,商界遂大开生面矣。"[2] 成都近代工业、商贸、市政建设等,从此快步进入城市近代化进程。

光绪三十四年农历二月初十至三月二十日(1908年3月12日至4月20日),举办为期40天的第三次商业劝工会。这时沈秉堃已外调云南,由周善培担任这届劝工会的总办。

1908年"四川商务总局"内部出版了《四川成都第三次商业劝工会调查表》(封底注明为"非卖品"),周善培亲自题写书名。该书总计99页,内容有"图画、公牍、章程,职务员绅衔名表,驻会警察员兵名数区域表,会场贸易销数表,授奖官绅撮影,授奖训词,授奖执照,奖牌,授奖等次名目表,会场出入总数表,四川物产表"。

这是笔者珍藏的一本具有重要史料价值而少为人知的珍贵档案(以下简称《调查表》),近百年来似未见有公开出版版本。仔细研究,证实此届劝工会现代化博览会的特点已非常明显,具体表现为下面各点。

☆会展之前广泛的舆论宣传

周善培在开幕前两个月的1908年1月20日,向全川发布通俗易懂的《晓谕商民白话告示文》,这实际上是全民动员的官方"广告"。

《告示文》首先鼓励要科技发明、创新:"凡能够自己做出一样机器,或能仿照别人的机器,或是买现成机器,

[1]《职务员绅衔名表》//《四川成都第三次商业劝工会调查表》,四川商务总局内部刊印,光绪三十四年印,第63页。
[2]〔清〕傅崇矩:《成都通览》,巴蜀书社1987年版,第70页。

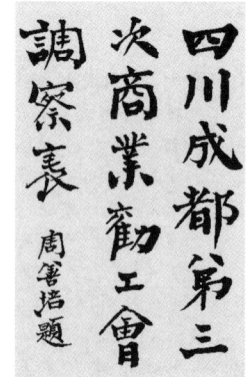

四川成都第三次商业劝工会调查表

做出天天人家要用的东西，就给他头等赤金牡丹奖牌；如能凭手做出四川向来没有的东西……就给他二等镀金荷花银奖牌……"

《告示文》强调要洋为中用，用现在的话说就是提倡"科技自主创新""发展民族工商业"："因为现在洋货来到四川，一年比一年多，赚四川人的钱，一天比一天多……只要真正做出好机器、好东西，本局不但给他头等的奖，并且可以替他请个专利的年限，并且可以替他招些股子（按：指公司股份）帮些本钱……"

《告示文》还为"场租"大做广告，制定免税等优惠措施："正月二十日以前，来会租定，迟了就怕没得地方了……外来客商运货赴会，免其纳税。"[1]

☆严格的政府审批程序，强调学习外国"博览会"先进经验

举办前（1907年11月），主办方正式呈文四川省级政府（护理总督赵尔丰）和大清国农工商部，经地方到中央严格审批后方才举办。[2] 总办周善培在致护理总督呈文中，强调了继续举办劝工会的重要性："伏维川省风气锢蔽、工业窳滞"，"提倡工艺之旨，首在挽回利权"，即以中国本土工商业抵制洋货，还说他一直在亲自奔波筹划……[3]

光绪三十三年（1907年）十一月初九日，护理总督赵尔丰在给商务局批文中，强调举办此会的"宗旨"，是借鉴外国"博览会"先进经验、发展本省工商业："劝工会乃当今之要政、商务之先驱。成都自光绪三十二、三两年两次兴办商业劝工会，系仿外洋'博览会'之意而变通之新辟工场……亟应递年赓续以成其美。"[4]

周善培在《扎各属解送动物文》中也明确表明要学习外国"博览会"经验："照得本局上年开办第二次商业劝工

---

[1] 《晓谕商民白话告示文》//《四川成都第三次商业劝工会调查表》，四川商务总局内部刊印，光绪三十四年印，第18—22页。

[2] 农工商部为清末新设中央机构之一，掌全国农工商政并森林、水产、河防、水利、商标、专利诸事。1908年尚书为庆亲王奕劻长子载振（1876—1947年）。

[3] 〔清〕周善培：《改订会场章程详护督部堂文》//《四川成都第三次商业劝工会调查表》，四川商务总局内部刊印，光绪三十四年印，第23页。

[4] 〔清〕赵尔丰：《护督部堂赵筹定会场经费扎商务局文》//《四川成都第三次商业劝工会调查表》，四川商务总局内部刊印，光绪三十四年印，第14页。

清末青羊宫劝工会（花会）二仙庵展区，有"商业劝工会"横匾

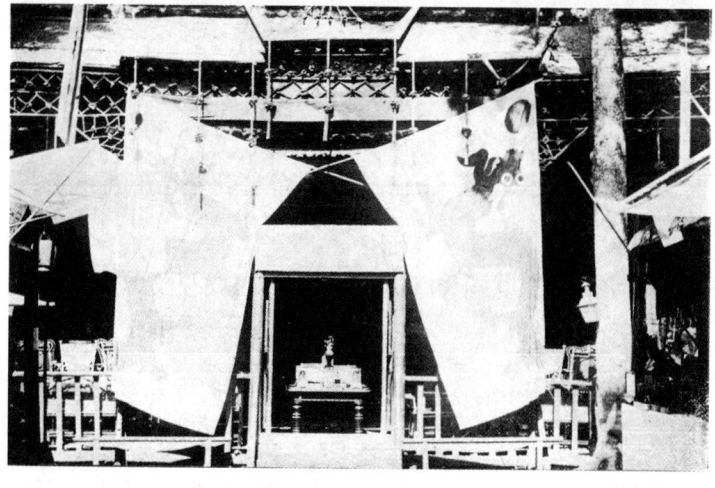

1908年第三次劝工会"劝工总局售货处"入场情景

会，于青羊（宫）附设动物园一区，盖仿东西洋'博览会'之一端，以增广民人闻见……"[1] 这则史料，对研究四川乃至中国近代"动物园史"，非常珍贵（为便于分类叙述，详见后文"公园"节）。

[1]《扎各属解送动物文》//《四川成都第三次商业劝工会调查表》，四川商务总局内部刊印，光绪三十四年印，第17页。

参会规则和现今"会展"已经接近

此届大会制定了严密的组织规程。除设有总办、会办、提调、庶务长、调查员、裁判员、招待员、授奖员、稽查员等机构总揽全局外,还分设接待登记、评选奖励、警务治安等组织机构,有清洁卫生、物品展出、游览规定等细则。

这些与一百多年后今天的现代化博览会组织措施基本上没有什么区别了。下以调查表中《租房规则》《赴会规则》《游览规则》等为例。

☆《租房规则》

包含优惠措施、签订合同、统一招牌、小摊贩划区经营等,非常类似于现今"会展"中的场租规则。

一、会场租屋凡本年(按:指1907年第二次劝工会)曾得头等奖牌再来赴会者,不缴租值。得二等奖牌者,照租价取十分之三。得三等奖牌者,取租价十分之五。得四等奖牌者,取租价十分之六,以示优待。

二、租价既由会定,由庶务长专管刊有凭单(按:即合同发票)。租时先给定钱全租之半,发给凭单一纸。开会十日一律交清。倘定后会前五日尚不陈列货物者,会场即将此房转给他人,其已付之半价不再退还。

三、会场售物小摊,均须领有租单及指定之处,方准

1908年第三次劝工会"农产陈列馆"入场情景

陈列。

四、凡卖饮食小摊，均须由会场租地安置，否则一律禁止，以免混杂。

五、各商铺所设字号招牌，均由会代制白粉模匾，代书各商字号，以期整齐划一。临时如自立招牌者，均令一律撤去此项粉牌，不另取费。

六、各商租定会中房屋以后，不得将此房加价转租他人。[1]

☆《赴会规则》

对参展客商，有严格约定及处罚措施：

"先期报到，指定陈列地段""均须向本会报明每家若干人，不准留闲杂人等在会""会场以内有防害治安者，均不准入会陈列，如发电煤油之类""会场以内来往道路及公共地方，均由稽查员会同警察局员，督率清道夫，各按地段打扫洁净，不得堆放物品，致碍行人""凡秽水渣滓及一切臭味之物，不得随地抛置。便溺有一定处所，如不遵章，由会议罚"……

☆《游览规则》

对游览劝工会的官绅、民众、会场管理人员，也定有严格的《游览规则》；对女宾及外国来宾，还有专项接待措施：

"均须步行入场，舆马概止会场外""各项陈列品，不得自行取携""茶社酒楼等处，游览人可以任便休憩，惟不得哗笑哄争，致害秩序""各种游戏，均系商业，应准自行售票。虽会场员司，非买票不得往观""茶社酒楼游戏，各处有专备女宾游憩之所，男子不得羼（音掺，指混杂）入……道路之间，严禁混杂丛集。违者会场有查究之权，立交警局办理""外国来宾入会游览者，均由招待

[1]《租房规则》//《四川成都第三次商业劝工会调查表》，四川商务总局内部刊印，光绪三十四年印，第50—51页。

员派人引导,另设休憩所。其酒食烟茶之费,由来宾自备"……

☆《贸易规则》

百年前就设置有公平秤(即"官平")、不准出售伪劣产品、买卖纠纷经公平仲裁等"现代化"条款:

"货物价值听其自议,但由本会派员稽查。如有以伪乱真,查出定予议罚""如有争执,应听本会裁判员之裁判,不得动辄哄闹"……

☆《奖励规则》

其中最值得重视的,是以能否"抵制洋货"和"创意"(即创新)为评奖标准,并以奖励民间人士为主,官办工厂不在此例:

"奖励,系专指制造品而言,且专奖创意制造之人……资本家不能掠美。冒领者查出追罚"……

☆《娱兴之设备》

会场中休闲娱众项目,明确表明要学习外国"博览会",强调游戏项目应避免低俗化和高消费,有利开发智力功用,还要凭票入场、不准乱收费等:

"开会宗旨,固在劝工;而士女游观,亦宜遣兴。故外国'赛珍博览'等会,游戏之具特多……有伤风化及无意识戏具,不得与焉。游戏各类,所以畅游观之意趣、拓灵敏之心思,酌取游资、无伤廉惠……不得多索""验票入场,以免拥挤。"[1]

第三次商业劝工会成功举办,销售总额达39万多两银子。此届劝工会已呈现出"现代化"特征。[2]

---

[1] 《贸易规则》《奖励规则》《娱兴之设备》//《四川成都第三次商业劝工会调查表》,四川商务总局内部刊印,光绪三十四年印,第50—62页。

[2] 博览会,通常指规模庞大、展出者和参观者众多、高档次的展览会,对社会、文化以及经济的发展有较大影响,英文可译为:exposition。

## 清末成都总共举办了六次劝业会

1909年第四次"劝工会",官方改名称为"劝业会"。1910年第五次劝业会,宣称此会宗旨定为"略工重农,抑制外国货"。因盲目排外的地方保护色彩太浓(参会以四川本土农产品为主),所以销售额大减(仅6.8万两),约为往届的六分之一。

1911年举办了清末最后一次即第六次劝业会。吸取去年封闭保守的教训,此次以工业、加工产品为主。

"会展经济"是现代经济领域常见术语,指能带来较大经济效益和社会效益的会议、展览、展销。2013年度,成都荣获两项中国"会展"大奖:中国十佳品牌会展城市和优秀会展城市奖。[1] 鲜为人知的是,一百多年前成都就积极借鉴外国先进经验力行会展经济,开创了中国最早且具备"现代化"特征的博览会,这一点实在不应该被忽视。

清末成都青羊宫花会——劝业会,融民俗、娱乐、商贸于一体,既具有传统巴蜀地方色彩,又初具现代化特征。这在当时中国确实是很有"改革"精神的盛会。

[1]《成都荣获2013年度中国十佳品牌会展城市称号》,《成都商报》,2013-12-16(第4版)。

1911年第六次青羊宫劝业会的"机器陈列馆"

左图：第六届青羊宫劝业会入场口

右图：1911年第六次青羊宫劝业会上游人如织。摄影：[美]路得·那爱德，照片提供：海波、王玉龙

◎ 由临时性"劝工会"到大型"劝业场"

### 古城中真实的"清明上河图"

从1906年到1911年举办的六次商业劝工会——青羊宫花会，构成古城中一幅真实的"清明上河图"。

每年农历二月十日后的四十多天花会期间，春光明媚、江流碧澈……老南门大桥一带人流如潮。轿夫们高吼："到青羊宫，六十文！"一番讲价还价，大多讲成

刚建成的劝业场大门及门外场景。清末傅崇矩绘图

四十几文钱一乘轿……轿夫抬起顾客一路喊着"得罪，得罪"往前冲。

出柳荫街眼界猛地就开阔了。马路左边是锦江，右面是巍峨的老城墙，城墙下是贫民辟的菜圃和居住的茅草房。木轮裹铁皮轴的"土东洋车"、吱吱嘎嘎叫着的"鸡公车"、滴滴答答跑着的"溜溜马"……许多老头、老太婆拄着红皮甘蔗作拐杖，各色人群嘻嘻哈哈都去"赶花会"。

到了百花潭水榭，乘船来赶庙会的人也手牵手上岸。青羊宫一带到处都是现搭的篾棚，宽敞的田畴菜畦变成临时街巷。会场门口大书"劝工会"三个红字，阳光下分外耀眼。男人沿旧大路的男宾入口，女人则走另一条新开的路进会场。为何如此防范？因"男女双方有嬲神"。

为防止混混流氓或暗娼在庙会中"乱风流"，二仙庵外专门立了两根"嬲神桩"，逮住这些男女就绑在"嬲神桩"[1]上抽马鞭子严惩。

赶庙会的人一潮一潮地涌来。女孩儿是"乡女村姑态若何？却把胭脂打一砣"；风流少妇是"行路手拿甘蔗嚼，短短青裙窄窄裳"；连老太婆也是"老去徐娘尚戴花，可怜半口已无牙"……这情景如另一首"竹枝词"中所说："青羊宫里似星罗，乘兴家家戴酒过。小妹戏呼阿姊语，今年人比往年多。"[2]

青羊宫内有古代铜羊两只，被民间视为神羊，俗传摸羊能治疾病。有人开玩笑写"竹枝词"："闻说铜羊独出奇，摸能治病祛巫医。求男更有新方法，热手摸他冷肚皮！"一些"扯师"更胡说八道："快摸羊屁眼儿，不生痔疮！""快摸羊脚板，不长鸡眼！""快摸羊鸡鸡，专医阳痿。"三清殿内嘻笑声一片……

庙会内到处都有茶园，如"绿天""同春""浣花

[1] 嬲（音妥或朵）神，指轻薄青少年。郭沫若《黑猫》："成都的所谓'嬲神'，总是要坐在戏场中的第一排，对于自己所捧的旦角怪声叫好。"

[2] 林孔翼辑：《成都竹枝词》增订本，四川人民出版社1986年版，第198页。

清末青羊宫花会卖竹器的地摊。来源：郑光路文物市场所购日本画刊

泉"……到处都有酒楼餐馆：既有大酒家"承香楼""五柳楼""聚丰源"，也有卖"卤鸭醉虾青果酒，每馔不过二百文"的小酒店"崧记""四座"等。[1] 还有卖各类日杂百货、竹木家具种种商摊货架不下几百家。无数卖糖饼关刀、风吹吹、香烟瓜子、豆花等小贩，叫卖于红花碧叶、春风杨柳之间。

花会期间各界人士倾城出观，挥汗成雨、呵气成云。"会把眼睛都看花"的花会——劝工会，在清末确乎为蜀中最具乡土风味并融合时尚潮流的庙会习俗了。

### 劝工会产品曾获国际性博览会大奖

青羊宫劝工会对全省工商业的现代化发展有很大的"示范"推动作用。自1907年第二次劝业会后，重庆、新繁、崇宁、彭县、金堂、乐山、彭山、双流、郫县、汉州、什邡、雅州等，都相继举办各州县的劝业会。[2]

1910年6月5日，清政府在南京举行规模盛大、会期持

[1] 庙会中餐馆酒家名称，参见林孔翼辑：《成都竹枝词》中各诗零散资料，四川人民出版社1982年版。
[2] 光绪三十三年四川劝业道编：《第一次统计报告书》。

续6个月的"南洋劝业会"。这是中国历史上第一次以官方名义主办的国际性博览会。中国各省组成分馆,中外近30万人参观,总成交额数千万银圆。美国、日本等国对此给予充分肯定和赞赏。[1]

在440类、近百万件展品中评出一等奖66个、二等奖214个。四川劝业会送去大量地方产品在"四川馆"参展。其中成都东门外豆子庵(痘疹庵)官办制革厂的参展制造品,获头等优奖。[2]这是四川工业品取得国际大奖的最早纪录。

## "劝业场"是成都走向现代化的"里程碑"

成都新式商场"劝业场"于1909年建成,是四川走向现代化的"里程碑"。

1902年,张之洞在武汉建立中国第一个劝业场。1905年北京设立劝工陈列所,附设劝业场。1907年,袁世凯在天津建成劝业会场……以上都属会展形式的商场。1906年建成的成都青羊宫劝工会,也属此类。

1904年,樊孔周在总府街建了"昌福馆",设四川商务总局。"昌福馆"南接总府街,北通华兴街,成为基本上为一楼一底的街巷。民国时期在此前后设有昌福印刷公司、刘师亮创办的"师亮随刊社"、宜园茶园、昌宜电影院等,是成都的文化中心。形成的一条小街巷,名为"昌福馆街"。笔者从一张"昌福馆"老照片上仔细辨认图中男人,还留有小辫子,应为清末时拍摄。

1909年成都正式建成固定劝业场,更与现代化意义上的室内大商场接近,在中国居领先地位。[3]

1907年,周善培让成都总商会协理、华阳县人樊孔周

[1] 参见许亚洲:《第一次南洋劝业会》,《知识窗》,2005(12)。
[2] 参见《护督宪王人文奏川省办理农林工业情形折》,《广益丛报》第9年第8期"章疏"//王笛:《跨出封闭的世界》,中华书局2001年版,第271页。
[3] 1917年上海建劝业场,1927年济南建劝业场,1928年天津建劝业场。

清末离劝业场西侧几十米远的"昌福馆",景况与劝世场大致相似(2014年"昌福馆"全新打造为复古"春熙坊老成都九条巷")。图片来源:成都市建设信息中心

召集各帮董、名流、绅商。周侃侃而谈:"工商业须崇尚竞争,与外省竞、外国竞,才有进步……青羊宫花会虽然设'劝工会',但时间短难达此效,须长期设置劝工场,望诸位集股商办共襄盛举。"

1908年,公司筹得股金白银4万两,把紧临"昌福馆"繁华地段的总府街与华兴街之间原老盐店一带地皮买下,包给当时很有名的工匠营造商江建廷设计施工。劝业场1908年7月动工,次年3月建成。劝业场主街长近百丈,南向总府街,北向华兴街,场中有东西支路。前后场口都有停马车的"舆马场"。主街两边是一楼一底的商铺,前后有走廊,楼栏回环相通,当时称为"走马转阁楼"。前后场口有"停车场"——当时称"舆马场地"。场口设栅栏,早启晚闭。

长期以街巷为市的成都商界,从此揭开崭新的一页。

1909年4月3日(宣统元年三月初三日),劝业场张灯结彩,喜气洋洋,隆重开幕。总府街前场大门仿西洋风格,气势辉煌：罗马柱、圆拱门、高耸的"塔坊"，正中间有比箩筐还大得多的报时"西洋钟"……拱门上方，是周大人亲笔手书"劝业场"三字，金灿灿射眼。右侧罗马柱上，高挂"商办成都劝工厂建筑部股份公司"大吊牌，洋溢着现代化气息。

周善培的开场演讲很精彩："中国自古而还，重农不重商，以为农者生存之本源，商者无聊之末流，故秦汉之制，商贾不得衣着文绣，盖贱之也，致使国贫民瘠。近观东洋之振兴，实为发展工商至之。愿诸君共振兴实业，裕国裕民。"[1]

劝业场内有百货、饮食、茶铺、客栈、书画、玉器、糖果、烟酒等各行店铺150多家，都是本行帮中的"名牌""正宗"。除本地产品外，京广货铺、苏广货铺、福建

[1]《成都市建筑志》，中国建筑工业出版社1994年版，第49—50页。

清末最繁华的商业场（劝业场）

烟铺等各省商铺也不少。此外，如巴黎香水、泰国纱缎、法国丝绸、英美烟草、八音钟表、金丝眼镜、五金杂件等"洋货"更独领风骚，打"各国通商货品"招牌的"马裕隆"百货店堪称第一……可谓土洋兼陈、中西结合。[1]

劝业场开创了巴蜀多种"现代化"之先河。

樊孔周筹股集资白银3万两，创立"悦来公司"并任董事长，建起"劝业场发灯部"。公司从上海买来40千瓦的电机，在劝业场内西北角建厂房。"发灯部"1908年完成安装发电。这是四川电力工业史上第一家公用电力企业。[2]

劝业场拱门上方二楼上高悬装有电灯的白色"大灯笼"，商铺家家户户安电灯。每天黄昏时分，当发电机发动的"铁笛"声骤响，劝业场内灯火辉煌，惹得市民惊叹声一片："洋灯燃啰！洋灯燃啰！"

于是，连川西坝子上有几个闲钱的"二簸簸粮户"，也头上裹着白帕子，穿起土布长衫子，邀邀约约从几十里、

[1] 参见姜梦弼：《商业场的变迁》//《成都掌故》第2辑，成都出版社1998年版。
[2] 参见四川省电力公司：《百年风雨坎坷，追寻世纪之光》，四川电力在线，2005-07-04。

清末"中西结合"的中国商人风貌

劝业场吃喝玩乐全有，图为1909年《通俗画报》上，一个在此大玩派头的醉鬼跌下楼梯的滑稽情景。来源：四川大学图书馆资料

几百里外专门来看稀奇、买洋货。不要嘲笑这些乡下土老财，就连当代大文豪郭沫若当时看到"电灯燃了"也兴奋地写诗惊叹："楼前梭线路难通，龙马高车走不穷。铁笛一声飞过也，大家争看电灯红。"[1]

劝业场第二个"扯买主"的，是在成都最先用上自来水（见本书"自来水"章节）。劝业场第三个绝招，是"一

[1] 《郭沫若少年诗稿》，四川人民出版1982年版。

条龙"服务：集购物、娱乐、休闲于一体。

劝业场内偏东处，修建豪华"悦来旅馆"，宣统元年5月18日开张，可接客近百人。旅馆有浴室、电灯、冷热自来水管等新式设备，还有味美可口、丰俭由人的中西餐馆、酒肆。

"悦来公司"在紧靠后场大门的华兴街老郎庙修建的"悦来茶园"，从1909起邀名戏班轮流上演。每日"光扯、光扯、光光扯"的锣鼓吼唱，声遏行云。戏院首次出售女宾票，虽然是"分门进出"，但成都女子有和男人一样公开进出戏院的权利了。劝业场内商铺、茶楼、酒肆、戏园、旅舍无不具备，自然成为成都时尚游乐之处。

"劝业场"不仅"洋货"独领风骚，还是成都新思想、新文化的发源地，在此可读到大量新潮刊报……

1909年，有人攻击周善培崇洋媚外。郭沫若曾说："刻薄的成都人当然又有他刻薄的品评，便是'周孝怀劝洋业发洋财'……'劝业场'的'劝'字，后来竟不能不改成'商'字以作敷衍了。"[1]

历史详情是，当初建劝业场的目的主要是发展本地工商业产品（即所谓"劝业"）。但是开场以来，却以洋货、

[1] 郭沫若：《反正前后》，华夏出版社2008年版，第111页。

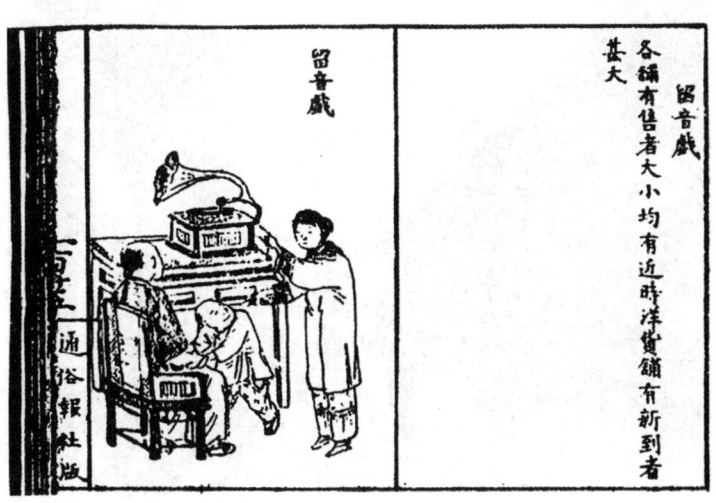

清末傅崇矩在《通俗画报》中介绍西洋留音戏（留音机）在洋货铺中有售

广货最为畅销。宣统二年（1910年）3月，成都商会具文请改劝业场为商业场以名实相符。经四川总督转咨北京农工商部，同年4月17日部复照准，5月18日督宪札谕正式改名。

此后，场内商家洋货、广货继续增多。宣统元年，全场全年各业交易总额为白银33万余两；宣统二年改名后，全场全年各业交易总额激增至白银46万余两，成为省会名副其实的商业中心。[1]

劝业场还开创了近代化商业服务模式。1909年，周善培主持的劝业道发布公告，以促进新商业文化，提高商业发展水平，如热诚待客、清验存货、引导顾客货比三家等。如果店主谩骂顾客，或违背职业道德，劝业道将给予警告，甚至令其店铺关门。劝业道要求所有商店将这一告示张贴在各家铺门上，严格照章执行，"总要从前恶习，从此斩草除根"。[2]

成都劝业场是四川向现代化迈进的重要标志。成都1910年仅股份公司便有数十家之多。这个数量在今天看来很少，但在百年前意义何其重大。

[1] 陈祖湘、姜梦弼：《成都商业的变迁》//《四川文史资料集粹》第3卷，"经济工商编"，四川人民出版社1996年版，第311页。

[2] 王笛：《街头文化：成都公共空间、下层民众与地方政治（1870—1930）》，李德英、谢继华等译，商务印书馆2013年版，第171页。

20世纪50年代后商业场（劝业场）已被拆毁，成为一条街巷。来源：成都市建设信息中心

## 第三节　清末成都的金融、人口及收入

### ◎ 清末成都人用什么样的货币

劳苦民众无缘接触的"银锭"

清末，市面上有多种货币流通：银两、制钱、银圆、铜元、纸币……

银锭，圆形略椭，大者重十两上下，以馒头形为多，又称小元宝；次者五两上下，有馒头形和马蹄形；还有数钱至二两不等的小锭，叫"福珠""滴珠""垂珠"。

偶有五十两方锭作"翘宝"形，那就是穷慌了的人睡梦中流憨口水的"梦拾大元宝"了。清末川剧《归正楼》中，叫化子甲刚做此白日美梦，被另一个叫化子乙叫醒吃馊稀饭。甲醒来不见大元宝急得拼命，硬说被乙偷了。甲乙两

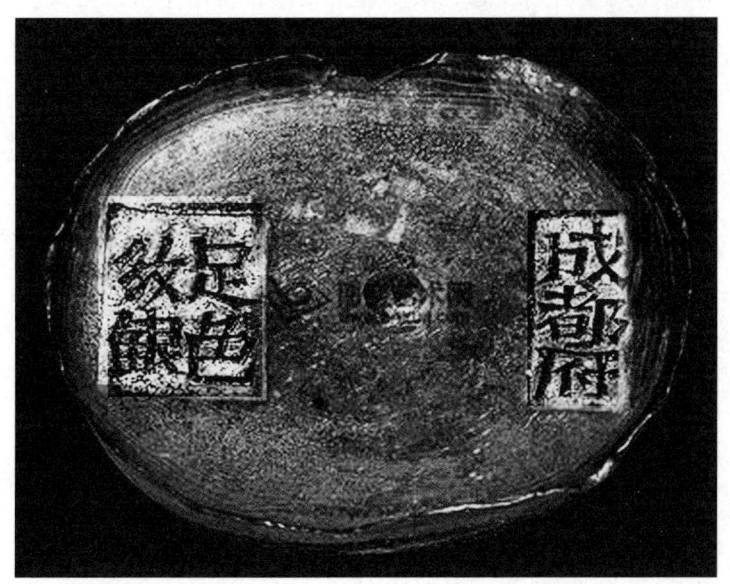

"成都府"的"足色纹银"银锭

叫化子大打,结果破砂罐打烂,弄得馊稀饭都没有吃了……

银锭多用于田赋征收、军政饷银和大额商业往来时使用。四川布政使司(藩司)的职责是"钱谷总汇",就是收纳、保管和上解户部的白银。藩库白银,成色品质要符合中央政府规定的标准。但各州县交到省城来的赋税银,大都为民间私铸和零星"散碎"。

当时有种特殊的"白银倾销业",就是把解送到省的白银尽行销溶改铸,再解缴藩库成为"库银"。改铸后的大银锭一般有年号、县名,或银两用途、银匠姓名、倾销铺名等,以便有案可查、负责到底。

清末华阳县令周询说:"省城有倾销铺二三十家,皆在藩署侧近……盖市上成色,九七即可通行。藩库所收,则须九八。"大、小银锭要在市场使用时,"多以整锭付铁(匠)铺锤作厚三分许之板,再截作十余小方块,以便分用。"[1]

影视剧中,买个烧饼、吃碗小面就甩出个银锭,那是导演没搞懂历史忽悠观众。烧饼或面,价格不过三五文一个(碗),一两银子要买两百个(碗)左右,有这样的傻

[1]〔清〕周询:《芙蓉话旧录》,四川人民出版社1987年版,第10页。按:"九七",即含银成色97%。

"成都县"的"足色纹银"银锭

蛋吃客吗?

光绪三十三年（1907年），省商务局以"九七平"为全省商界通行的"制平"银色。[1]

## 洋为中用的"银圆"

银圆，是银币通称，也称"洋钱"。清末，以墨西哥鹰洋在中国流通得最多。

1793年，大清国首次在西藏铸行"清乾隆宝藏"银币。1889年，广东开铸"光绪元宝"银圆，各省纷起效仿。中国银圆因有蟠龙像，也称为龙洋。1898年起，成都造币厂开始铸造银圆。到1911年所铸也不过五六百万元，故仍用银锭者较多。[2]

按中国计量，每枚银圆重库平七钱二分，含纯银九成（重量为六钱四分八厘）。换算成西制标准，即重量为27.47克，成色90.2%（含银24.76克）。银圆辅币，有二角银币、一角银币、五分银币。

[1]〔清〕傅崇矩:《成都通览》上册，巴蜀书社1987年版，第101页。

[2]〔清〕周询:《芙蓉话旧录》，四川人民出版社1987年版，第10页。

1909年4月东大街上的"钱店"，有人正兑换完毕。摄影:[美]张伯林

1908年时，一两白银可兑换银圆一元四角零八厘五毫。一个银圆可兑换铜钱1000文上下。[1] 银圆携带便利，成色、重量稳定，不似银两需要镕铸裁割。日常生活和完粮纳税大多用银圆，但商业往来还是普遍用银两。

最大众化的货币"铜钱"（"制钱"）

官铸铜钱称为"制钱"，为圆形内有方孔，被人戏称为"孔方兄"。正面刊有顺治、康熙、乾隆、嘉庆、道光、同治、光绪等年号之"××通宝"；反面有清户部宝泉局、工部宝源局或四川成都之宝川局铸造等字样。

宣统年间，一两银可换铜钱一千四五百文。清末成都有许多"钱店"（"钱铺"），业务是以银子换铜钱。有的因"资本极微"，往往还兼售米油，不能汇兑、存放款项。[2]

清末成都银市有东（门）市、南（门）市。还有专门兑换各种货币的"银市经纪人"，俗称"老大"，"发有规则"（即执照）的有79人。制钱很重，专门帮人背钱者俗称"老二"，每背一千文取一二文辛苦费。[3] 笔者收藏有清末成都"老二"帮人背钱的历史照片，非常珍贵。

[1]〔清〕傅崇矩：《成都通览》上册，巴蜀书社1987年版，第102页。

[2]〔清〕周询：《芙蓉话旧录》，四川人民出版社1987年版，第10—11页。

[3]〔清〕傅崇矩：《成都通览》上册，巴蜀书社1987年版，第392—393页。

成都钱铺帮人背铜钱的"老二"。摄影：[美]西德尼·戴维·甘博

民众生活商品买卖等零星小额多用制钱付款。升斗小民无缘和银锭、银圆亲近，过日子更纯以铜钱计算，所谓"一文钱要捏出汗来"。

日本人中野孤山为大清国货币混乱大倒苦水

日本人中野孤山说中国货币"不仅各省不统一，就连各县、各地区都存在差异。而且价格随时在变，上、下午都有所不同"，这令他感到"非常奇怪"。

旅途中银子兑换制钱也不容易。中野孤山说，各省都有银圆，但只在本省屈指可数的几个大城市里使用；"在任何地方都可以使用的通用货币，只有那种带孔的小钱"。而小钱里还混有一些薄而小的，被称为"乞丐钱"（即"毛钱"）。

尤令中野孤山恼火的是，银子兑换制钱每天"行情不同"，上蹿下跳："有时八百文换一个银圆，有时要九百文才能换到，还有的时候需要一千文方能换到一个银圆……"

清末兑换银圆的摊贩

制钱比银子更重:"因此,六七十人一同旅行的话,至少需要二个左右的挑夫来挑钱。并且,在换钱后的第三天左右,又要把小钱换成银锭或银圆……此外,还有一种叫铜钱(按:铜币)的货币……只在成都这样的大城市里使用。纸币最近也有发行,但流通范围非常狭窄,旅途中更没有用处。"[1]

### 流通较少的"铜币""纸币"和"钱牌"

四川铸造铜币始于1902年,由成都造币厂造。当时仅铸当十(即一分铜币,价值相当于十文)及当二十铜币。以紫铜为质,成分为铜九五、锡铅一。一面有龙纹,一面铸年号及当若干等字样。后成都币厂因铜缺乏,曾改铸二百铜币,市面流通较少。[2]

清末流通纸币种类不多,数量有限。1895年,蜀通官

[1] [日]中野孤山:《横跨中国大陆——游蜀杂俎》,中华书局2007年版,第88—89页。

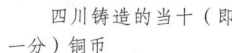

四川铸造的当十(即一分)铜币

[2] 重庆中国银行编:《四川金融风潮史略》,四川经济调查丛刊,1933年,第30—33页。

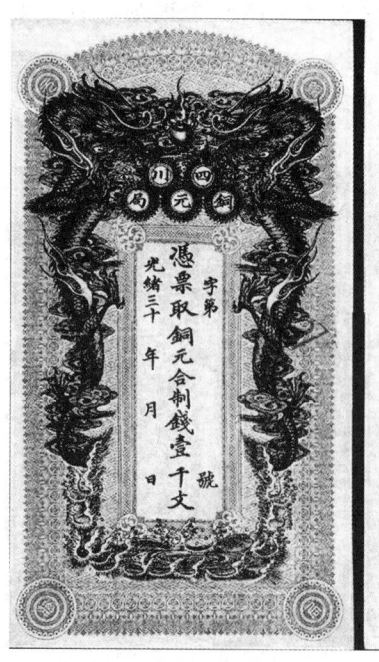

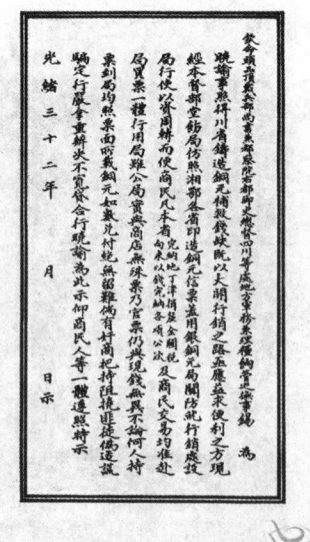

光绪三十年四川铜元局制钱票(壹千文)

钱局成立，发行一两银票。1905年，大清银行重庆分行开业，发行面额为一两、五两、十两、五十两、一百两的银两票和一元、五元、十元、五十元、一百元的银圆票。1891—1903年，成都的四川铜元局，发行过一百文至二千文面值的钱票。[1]

笔者收藏了光绪三十年（1904年）锡良督川时四川铜元局制钱票壹千文一枚，威武双龙捧珠于海波之上，票面宽阔雍容富贵。

1912年中华民国建立后，仍继续使用方孔制钱。但制钱越用越少，最终发生"钱荒"。于是，代替钱币的"钱牌"应运而生。最初，是一些商家用木片和竹片，上面写上如"欠钱十文"等，背面写上某商店的名称。不久，商家自制金属片"钱牌"，刻上某商店名称、金额多少，注明负责兑换。民众乐为接受，尤以茶馆发行最多。[2]

此后，官方则发行各种"军用票"等纸币，但信用极差。民众最乐使用的，还是前清的"龙洋"或袁世凯政府发行的"袁大头"，因为这些才是"硬通货"。

进入中华民国，多种货币仍并行使用。军阀任意创办

[1] 宋晓琴：《近代四川币制演变》，《成都大学学报（社会科学版）》，2007（3）：74。
[2] 夏详烈：《民国初期四川"钱荒"与"钱牌"》，《少城文史资料》第16辑，内部发行，第135—137页。

清末民初也有伪造假币者，但是这是犯法的，"伪造者斩"。来源：1912年成都《通俗画报》，四川大学图书馆资料

银行，滥发纸币及各种兑换券，滥铸银圆、铜币，情况远不如清朝。因为那时造币厂遵照清廷《币制则例》，银币、铜币都有标准，物价也较低。难怪成都文人刘师亮贴出趣对嘲骂："满市铜元破烂哑；三军都督邓田刘！"[1]

[1] 刘师亮（1876—1939），四川内江人，后人辑其著述为《师亮全集》。邓田刘，指军阀邓锡侯、田颂尧、刘文辉。

## ◎ 造币厂、银行的创建及当铺和荒市

### 1898年西方工业文明进入成都的有趣一幕

清末中国积极学习外国，开始生产具有近代化工业文明色彩的流通货币。

光绪二十二年（1896年）六月，四川总督鹿传霖上奏朝廷：请创办银圆局购机办造币厂，铸造制钱和银圆。这年清政府通过招标，决定由美国新泽西州的汉立克纳浦厂供应机器和技术。

官方利用成都东大街附近的锐钯街四川机器局空地，设立成都造币厂。聘请的外国技师叫强必尔（Henry Janvier），他于1897年12月27日启程。到上海后与茂生洋行的英籍雇员艾文澜（Henry Everall）会合，又找了位翻译。他们携带了两把左轮枪防身，1898年1月底从上海乘汽船溯长江而上。

强必尔后来回忆：旅程十分惊险，自宜昌抵万县费时二十天，多名中国船工溺水："首先是碰到礁石，船底撞破一个餐盘大小的洞，有位勇敢的老兄坐在那个洞上才救了全船……"

然后，中国士兵、轿夫由陆路从万县把强必尔等人护送到六百余公里远的成都。算起来，从上海到成都，整整

清末四川造币厂外观，气势辉煌且造型典雅

走了两个多月。而早于一年前运出的机器，两周后才陆续运抵……

1878年春，四川总督丁宝桢在东门内拱背桥到下莲池一带空地上，创建四川机器局（兵工厂）。旧址在如今拱背桥街区域，街东南有水东门，金河由此出城。水面设铁栅开启放运货船只，可由锦江穿城墙根直至机器局。

1898年6月，新建的造币厂房在机器局旁边落成。又高又厚的东门城墙，就兼作造币厂东南面的围墙……

成都狭窄的街道，是搬运机械的头道难题。官府准备的车辆被压垮，强必尔征调附近碾米厂的滚筒做车轮，才解脱困境。笔者收藏的百年前老照片，是当时情景的珍贵记录：民众密密麻麻地挤在狭窄的街巷上，前拉后推地艰难搬运造币机械；城墙根金河上拉起铁栅，城墙上许多人观望……这是西方现代工业文明进入成都的有趣一幕，更是清末鲜活的城市记忆。

开箱时发现有几窝万里旅游的大老鼠奔窜而出。部分包装机器的木箱子，在运输途中被中国人拆掉偷走了。成都

厂内,晚上有人从机械上盗取机油;还有人偷牛皮做的输送带。这些胆大包天的盗贼,被逮后鞭挞、脖子上戴枷锁半月,有的被砍掉脑袋。

7月12日试车开铸时许多官绅围观。拖着"猪尾巴"辫子的成都本地工人,与巨大齿轮形成极大反差。这张珍贵老照片是成都向近代化城市"华丽转身"的象征。强必尔后来回忆:"当机器到每分钟一百转时,群众瞪大了眼睛;一百五十转时,开始出现惧怕的神情;两百转时,房间内的人变少了;等到三百转时,这些人又跑回来,实在

左图:1898年初成都的工人在狭窄街巷艰难搬运造币机械的情景,城墙上许多人在观望

右图:拖着"猪尾巴"辫子的成都本地工人,与巨大齿轮形成极大反差。这是成都正在走向近代化的象征

外国技师强必尔在成都造币厂调试机器

令人好笑。"

强必尔指导本地工人，他的工资惊人：每天日薪约纹银三十五两……强必尔返国四十年后透露："该省的头头"（总督），提议强必尔驻厂监督五年，强必尔以健康为理由回绝。总督开始在薪资上加码，由两倍一路添成三倍。当总督语调变得有点胁迫时，强必尔与艾文澜晚上打包甩脚板开溜了……

强必尔回美国后在汉立克纳浦机器公司复职，1926年升任副总经理兼总工程师，直到1943年82岁时退休。[1]

### 中国货币有帝王肖像始于1903年的成都

自晚清始，英国造印度卢比银币垄断藏区金融。1901年，打箭炉同知刘廷恕力请四川总督铸造和印度卢比重量相同的银币，以抵制英造卢比。这一方案得到前后川督奎俊和岑春煊的支持。1902年，刘廷恕用土法铸造二十余万枚银币，次年铸造八十余万枚。银币正面有"炉关"两字，背面有藏文。"币为纯银，民间乐用"，后改由四川省银圆局代造。[2]

1905年，川滇边务大臣赵尔丰和四川总督锡良上奏清廷批准。成都造币厂用先进的机铸法，仿照印度卢比式样铸

成都造币厂所铸之藏洋

---

[1] 参见[美]孙浩：《谈四川光绪元宝银币中的"公宝"与"介宝"——兼录洋匠所述成都造币厂机器安装之经过》，《中国钱币》，2007（4）。

[2] 苏晔、李菊：《机制钱掌故——中国金银铜镍币选录》，中国金融出版社1992年版，第49页。

造"藏洋",只是将正面的维多利亚像改为光绪皇帝半身像,背面的英文改为"四川省造"四个汉字。

"藏洋"主币为一元,重三钱二分;为便于找零,还铸造了少量的一钱六分(1/2卢比)和八分(1/4卢比)两种辅币。中国历史上在币面上铸造帝王肖像,即创始于1903年成都造币厂铸造的"四川卢比"银圆。"藏洋"铸造精美,币面又有皇帝"圣容"。运到西藏、川康及川滇边区,边民乐于使用,基本上扭转了印度卢比垄断中国西南边区金融的局面。[1]

1906年,清政府裁撤归并造币厂,将银铜元总局改称"四川户部造币分厂",同年又将其改为"度支部造币蜀厂"。1910年,再改厂名为"成都造币分厂"。[2]

## 从私立票号到国家银行和民营银行

在清末,要想汇兑、存储货币又该怎么办呢?

清末成都有私立票号九家,皆为山西人所设。除汇兑、存放业务外,还代人报捐官职,所以招牌上都书写"某某捐号"。正大光明"跑官卖官",肆无忌惮。周询说,当时私立"票号每家仅用数人,开支极简",每年都盈利。[3]

1905年10月19日。四川总督锡良为流通"川省利源",上奏朝廷后成立"濬川源"银行(濬现写作浚,意为疏通挖掘)。这是清末至民国初期四川最大官办地方银行。总行初设重庆,后迁至成都,紧临东大街的暑袜街。

1907年9月17日,清政府度支部委派刘宇泰赴川,开办"大清银行"四川分行,由度支部拨资本120万两,这是当时的国家银行。1908年7月,成都分号成立(地址在新街)。

1907年9月,成都商人李念祖筹组的"信立钱业有限公

[1] 参见潘竣山:《成都造币厂史料》//《四川文史资料选辑》第41辑,四川人民出版社1993年版。

[2] 以上参见成都市金融志编写组:《民国时期成都造币厂概况》,《成都志通讯》,1988(4):37—38。

[3] 〔清〕周询:《芙蓉话旧录》,四川人民出版社1987年版,第10页。

司"开业。这是清末至民国初期成都地区第一家具有近代银行性质的私营金融组织。[1]

### 存款贷款利息和"黑道"高利贷

清末汇往北京、上海两地的"汇水",[2] 高时每汇千两收四五两,低时则收二三两,即收2‰～5‰。存款高者年息四厘,低者三厘。但官绅有余钱,大都买田买房置产业,存钱者不甚多。当时要贷款,"非信用素坚不可"。[3]

民间放账牟利的人也不少。曾任四川按察使的牛树梅(1791—1875年),谈到了晚清民间高利贷的黑暗情形:"照得民间放账取利,例不得过三分……[4] 有等射利之徒,在于城乡市镇,见有本朴贫民或富家浪荡子弟,乘其窘迫之时,放以重利,照日滚算。"如不能按时还付,放账人就关押借钱人,"统率多人,如阎罗索命,甚至灌鼻塞耳,不给饮食……种种习恶,殊堪发指"。[5]

### 清末成都有五十余家"当铺"和两大"荒市"

清末站在成都街头会看见这样的特殊商家:粉白的外墙和影壁上,有个令人望而生畏的楷书"当"字,大到几乎占了整整一面墙。

这是专门以借债牟取高利的质铺(即当铺)。"质"之意,为典押以取信。当铺两扇大门包着铁皮钉,阴森可怖似衙狱。

当铺门前招牌有一尺多长,上书"当"字或"质"字。店堂横门,是一溜青砖砌的高柜台,只有仰着脸、踮着脚、举着双手才能交货接钱。短招牌、铁门槛、高柜台,是

---

[1] 《巴蜀文化大典》上册,四川人民出版社1998年版,第612页。

[2] 票号、银行按汇款金额所收的手续费,称为"汇水"。

[3] 〔清〕周询:《芙蓉话旧录》,四川人民出版社1987年版,第10页。

[4] 分、厘、毫,是借贷计算利息标明利率的方式。十厘为一分,十毫为一厘。民间借贷所说3分利,就是借1万元,每月需支付300元利息,即年息30%。

[5] 牛树梅:《省斋全集》卷九,"示谕"。转引自鲁子健:《清代四川财政史料》(上),四川省社会科学院出版社1984年版,第672页。

## 成都"变脸"
### ——中国城市近代化缩影

清末的"当铺",气势吓人

成都当铺三大特色。黑黝黝的四壁上贴着一些红纸条,写着"失票无中保不能取赎""虫咬各听天命"……小的当店还写有"本店屋小棉被暂行不当""神袍戏衣一概不当"之类的文字。

当铺中重要角色称"坐柜",又名"朝奉"。"坐柜"一边看物,一边长声悠悠地高唱;柜台后面写当票的伙计,必须眼耳手皆灵,听清"坐柜"唱的名称、数量、金额等,并将其一一写在当票上,典当人到时赎物便据此票。

当铺对所当物品的估价,一般仅为该物品价值的二三成。押期一般3月到1年,到期不赎为"死当",抵押品归当铺任其处理。[1]

清末质铺（当铺）,"每月以三分行息……四川通省如此"[2]。成都人傅崇矩也记载：当铺都是"每月三分"利息,只在农历十一月（即冬月）初一日起,至腊月三十日止,这一个月"钱利减为二分"。[3]

这大概是当铺的"善举",因为要不是逼慌了走投无

[1] 参见张稚庐：《说当》,唐昌：《成都的当铺》,均见《龙门阵》杂志1983年第1期。

[2] 〔清〕钟体志：《溁雪堂文钞》卷8//鲁子健：《清代四川财政史料》（上）,四川省社会科学院出版社1984年版,第673页。

[3] 〔清〕傅崇矩：《成都通览》上册,巴蜀书社1987年版,第100页。

路，临近除夕谁会去当铺呢？嘉庆年间的成都"竹枝词"也记载了这种社会现象："典当衣物总是银，利钱按月要三分。每逢岁底穷民苦，吵闹相争足色银。"[1]

宣统年间成都出名的当铺有：济昌当（布后街），新生当（北门大街），谦益当（义学巷），惠远当（草市街），恒茂当（东门内），清贶当（打铜街），德裕当（东门外黄伞巷），致和当（西门外），庆顺当（骡马市），利贞当（前卫街），益亨当（羊市街），积庆当（沟头巷），益丰当（打金街），泰和当（华兴街），恒隆当（桂王桥南街），积芳当（鼓楼北街）……[2]

1909年官方普查户口时统计：成都大当铺有32家，小当铺18家。[3]

随当铺而生的是"荒市"，最初专门代销当铺"死当"，后又收购旧货、旧衣，逐步由地摊发展成为商店。成都

[1] 林孔翼辑：《成都竹枝词》，四川人民出版社1982年版，第59页。

[2] 〔清〕傅崇矩：《成都通览》上册，巴蜀书社1987年版，第100页。

[3] 《成都市志·公安志》，四川人民出版社1999年版，第284页。

清末收荒匠挑着箩筐在吆喝

两大荒市，一在忠烈祠西街白家祠内，一在南门纯化街，规模都大。尤其是忠烈祠"荒市"，一直延续至公元2000年后。

私人挑箩筐游走街巷收购旧货的，称收荒匠。1908年统计有714人，当时对此行业已有严格的近代化管理，巡警道颁发有收荒规则："凡收荒的……都要来警察局报名，填上册子，领了牌照之后，才准收荒……若无牌照私做生意，是要治罪的。""不准收买贼赃。"[1]

这个职业流传至今，在成都挑箩筐演变为骑三轮车、电瓶车；吆喝声从"收旧衣服、旧东西、旧家具啊……"演变为用录音小喇叭播放"收旧电视、旧手机、旧电脑啊……"

## ◎ 清末成都的人口和工资收入

### 1909年成都的人口大普查

清末1908年，在成都四门的城门洞，四川总督赵尔巽贴了白话告示："今奉大清国民政部令，晓谕军民人等如实具报人口……"这是清政府因"清理户口为宪政之始基"，在中国进行有史以来的第一次人口普查。[2]

1910年上半年，完成了全省户口调查。[3] 川督赵尔巽奏报，清末四川省人口为920多万户、5021.7万多人。但有学者认为，四川省当时人口可信数字大约为4414万。[4]

清末成都有多少人口？华阳县令周询说："清季调查户口，全城及四门外附郭人家，正号共六万户有奇，连附号九万余户；人口共三十万之谱。"[5]

这只是粗略说法。1909年上半年完成的户口普查，对

[1]〔清〕傅崇矩：《成都通览》上册，巴蜀书社1987年版，第390页。

[2] 参见《总督部堂白话告示》，《四川官报》1909年第24册。

[3]《督宪批巡警道详调查户口办理不力各员恳请处罚文》，《四川官报》1910年第4册。

[4] 王笛：《跨出封闭的世界》，中华书局2001年版，第80页。

[5]〔清〕周询：《芙蓉话旧录》，四川人民出版社1987年版，第4—5页。

成都城内的户口底数、各行各业、三教九流及其从业人员有分别统计。1910年的《四川官报》附有统计表，现将统计表数字整理如下：

街数：438条。巷数：112条。杂院数：1011个。

正号数：23478个（杂院在内）。附号数：30296个（杂院在内）。

男丁数：203547个；女口数：120425个。

寄宿舍数：291个。寄宿人家数：788家。

官署数69处（文武并计）。局所数：71处（领事公房在内）。会馆数：28处。庙宇数：263个。祠堂数：135个。

区正数：48个，"区正"即一区之负责人。街正数：397个，"街正"即一街之负责人。

教堂数：17个（英、法、美三国）。外国人数：114人（各国领事、教士、医士、教习）。教民数：1245人（福音、天主两项）。回民数：2615人。

学堂数：314个（官立公立各项）。男学生数：7194人。女学生数：737人。学龄数：10308人（六岁以上十一岁以下）；

病院数：3家。医馆数：24家（中西两项）。中医数：624人（有证书者）。西医数：15人。

水井数：2824口（公私均钉有牌，以为消防之备）。太平缸数：1053只（系各街公置，为街边贮水供救火的大石缸）。厕房数：1393处。

公司数：9家。工厂数：6家。大当铺数：32家。小当铺数：18家（不准加增，发有规则）。"发有规则"，即政府颁布的营业之应遵守条例，类似于营业执照。

大戏班数：9家（发有规则）。戏园数：2个（发有规则）。影戏班数：14个（发有规则），影戏即皮影戏之类。

傀儡班数：1个（发有规则），即木偶戏之类。

旅店数：320家。流差铺数：79家（专指长路脚夫住宿处）。茶铺数：518家。酒肆数：558家。

轿铺数：243家（发有规则）。剃发铺数：691家。官膏店数：5家（即官府允许之鸦片烟店）。批发膏店数：98家。宰房数：78家（即屠宰场）。

房经纪数：70人（即房屋中介人）。银市经纪数：49人（发有规则，即银钱交易中介人）。

人经纪数：47人（发有规则，只能代雇女佣，不准私贩女口），即"人市"中介人。"人市"，也是穷人家卖儿卖女的地方。富人家需要书童、马夫、老妈子、丫鬟，都到"人市"来选。官方虽然"不准私贩"，但男女小孩脖子后头插个"草标"，哭哭啼啼由爹妈牵着卖的情景司空见惯。

挑水夫数：589人（发有规则）。背夫数：380人（发有规则）。收荒人数：900人（发有规则，不准收买贼赃）。装水烟人数：931人（发有规则，不准收年幼子弟为徒）。

巫教数：95人（发有规则），巫教指"端公""巫

民国初期穿草鞋的川西更夫

婆"。阴阳生数：38人，指扶乩的"乩童"。接生婆数：41人。静居道人数：108人，指全真教道士。火居道人数：161人。男僧数：597人，尼僧数113人（发有规则），指有受戒度牒。

优伶户数：111人。娼寮户数：311人（发有规则）。[1]

清末华阳县令周询，曾记载成都人口的主要职业组成：

成都为"阖省政治中心地"，各级官吏及附属人员、仆隶，约占人口的五分之二。成都以工商业、手工业为主，工匠人等居全城五分之二；其余则售食品及小贸易之人……[2]

一句话，成都人的职业组成以政府系统、工商业、手工业、小商贩为主，此外还有城内外的农民、流民、乞丐。

## 官员和普通民众的工资收入悬殊

### ☆清末成都城内的官员能挣多少钱

古代官员的工资叫俸禄、薪俸。一般发钱外还发粟、谷之类粮食，"吃皇粮"一词便缘于此。清朝四川总督、成都将军、四川布政使、四川学政等高级官员，每年合法收入至少三万两以上（详见前文）。

1911年任华阳县令的周询记载：清代四川官场，以"冲""繁""疲""难"四字进行等级划分："冲"，即任缺是否为要冲之地；"繁"，即事务多少；"疲"，指"民顽曰疲"，治理不易；"难"，即办事艰难。以此四字划分为"最要缺""要缺""中缺""简缺"。[3] "最要缺""要缺"，实际上就是肥缺、好缺，责任重，油水也多。

大约而论,正四品的道台（相似如今之省厅级），月薪百两；知府（相似如今之市长），月薪五十两；县官（县

---

[1] 以上根据《四川官报》1909年各期中相关资料，本书作者作了整理和说明。参见《成都市志·公安志》，四川人民出版社1999年版，第284页。

[2] 〔清〕周询：《芙蓉话旧录》，四川人民出版社1987年版，第46—47页。

[3] 〔清〕周询：《蜀海丛谈》，巴蜀书社1985年版，第60页。

级）三十两上下；县官以下佐杂（相似如今之科级），十两或数两……

1909年前后，在"新政"改革旗号下，官员队伍膨胀、薪俸飙升。周询披露："月薪，道员多者至五百两，知府有至二百两，同、通、州、县有至百余两，佐杂有至数十两者。若身兼数差，则收入更不止此……然官场奢靡之风，亦由此开矣。"[1]

清末崇尚西方法律，司法官薪俸要高一些：省城高等审判、检查两厅长，每人年薪公银四千两。地方审、检厅长，每人月二百两。民事、刑事庭长，每月各一百数十两。各级推事、检察，每月各六十至八十两……局内还有工作餐，每日供给点心午饭一次。

当然，这只相当于"基本工资"，此外还有"养廉银""公费"等合法收入。至于官员账外"灰色""黑色""血色"收入，神鬼也难知晓。

清末，科技人才也吃香。如东门内的成都机器局，厂内工匠常有数百人。总办月薪二百两，会办一百两，提调月薪五十两。下面"制造委员"（相似高级工程师）月薪二百两，而其余采买、监工、文案等委员，只有三四十两。[2]

政府之所以能支撑官员庞大薪俸，是因为清末四川财政收入还能勉强应付。以1908年为例，四川省共收入库平银1532万两余（15320657两）。本省共支出库平银14964924两。支出款分四类：行政财政等费2239634两，民政费360792两，教育费289749两，军政费3773004两。[3]

行政财政、民政费两项为260万两余（2600486两），主要是官员薪俸；粗略计算约占四川省总收入的17%。

☆清末军人工资有多少

省级最高军事官员四川提督，养廉银年3000两和公费

[1] 〔清〕周询：《芙蓉话旧录》，四川人民出版社1987年版，第9页、第11—12页。

[2] 〔清〕周询：《蜀海丛谈》中卷二，巴蜀书社1985年版。

[3] 《督宪致度支部电文》，《四川官报》，己酉第35册。参见匡珊吉、杨光彦：《四川军阀史》，四川人民出版社1991年版，第20页。

银数千两,加上其他每年收入二万两以上。[1] 其他各级军人工资又有多少呢?

1905年清政府练兵处制定陆军军制,计划在全国编练新军三十六镇。每镇包括步、马、炮、工程、辎重等兵种,额设官兵12512人。[2]

镇设统制(类于师长)率领。镇下分协、标、营、队、排、棚,分别由协统(又叫统领,类于旅长)、标统(类于团长)、管带(类于营长)、队官(又叫哨官,类于连长)、排长和正副目(类于正、副班长)率领。

下为1908年四川防军官兵每月薪饷:统领,二百两;管带,一百两;帮带(类似于副营长),七十两;哨官(类似于连长),五十两;哨弁(类似于副连长),三十两;差弁(类似于排长级别),二十两;什长(类似于班长),四两五钱;正兵,三两五钱;长夫二两五钱;火夫,二两。[3]

清末新军普通士兵饷银:每兵月饷四两二钱至四两五钱银子[4],换成铜钱为六千文以上,其收入和技术性工匠(木匠、泥水匠)比较,是他们的2倍以上。

☆成都劳苦民众的收入

"上等人"和"下等人"工资,收入悬殊。

华阳县令周询记载:官员及绅士、商家所用工仆,"皆给工资,大都每月仅数百文,多者千文而已……其余司阍(守门)及小工等月资皆与仆从相同。雇妇(指仆妇、丫鬟等)月资亦数百文"。庖人(厨师)和乳母(奶妈)工资稍高:"多者每月银数两,少亦二三千文。"[5]

傅崇矩也曾谈到清末成都普通"打工"民众的收入:

技术性工匠,如裱背匠、木工、泥工、石工、漆工、裁缝,每日不过一百文左右。铁匠工资稍高:每日工钱二百文或二百五十文,原因是铁匠并非仅打铁。傅崇矩说:"铁

[1] 〔清〕《总督、将军、都统、提督、学政》//周询:《蜀海丛谈》,巴蜀书社1985年版,第49—51页。

[2] 《清文献通考·兵一》//自夏征农主编,郑中侠编著:《大辞海军事卷》,上海辞书出版社2007年版,第339页。

[3] 〔清〕周询:《蜀海丛谈》卷一《防军》,巴蜀书社1985年版,第39页。

[4] 〔清〕傅崇矩:《成都通览》上册,巴蜀书社1987年版,第108页。

[5] 〔清〕周询:《芙蓉话旧录》,四川人民出版社1987年版,第32页。

清末底层百姓收入菲薄，图为穷得无鞋子穿的赤脚修伞匠

匠，能包人烧银、宰银，每锭不过取钱十六文或二十文。北打金（街）一处，能将七八成之银锭用矾水煮烧，可以变为十足成色之银件（银件指银饰品之类），每锭工钱四十文或八十文。"

而佣工、看门头、打更等底层民众，每月工钱五六百文至一千文不等。

当时一两银子根据成色，可换铜钱1200—1500文。[1]也就是说，佣仆、仆妇、丫鬟等底层草民每年总收入，不过十来两银子。

而上述总督、成都将军、学政，每年合法收入三万两以上，至少是这些"草民"的3000倍。再说形象一点，这些"草民"工作3000年，才抵得上四川高级官员一年的收入（还不包括官员贪污、受贿、卖官等可能更为巨大的进账）。如成都将军玉昆说赵尔巽是大贪官："在川不满三年，身得数十万（两银子）之资。临行将省中黄金买贵起行，实说得饱载而归……"[2]赵尔巽年收入至少十万两以上，则是"草民"的30000倍以上了。

[1] 〔清〕周询：《芙蓉话旧录》，四川人民出版社1987年版，第9—11页。

[2] 〔清〕玉昆：《蓉城家书》//《辛亥革命史丛刊》第一辑，中华书局1980年版，第203—204页。

第四章 清末成都的商业、金融、人口 | 255

清末成都草民百姓许多行业收入不稳定，很难用"月收入"来叙述。如茶铺中为人修脚指甲，每次取钱二十文；如一天不开张，就只有饿肚皮。又如接生婆（稳婆）："生男给一千，或二千文，生女给数百或一千文，以产母生产时之吃力与否为定。"[1] 重男轻女观念由此可见，接生婆的钱荷包也只能碰运气。

[1] 〔清〕傅崇矩：《成都通览》上册，巴蜀书社1987年版，第384页。

茶铺中为人修脚指甲，每次取钱二十文

# 第五章 清末『衣食住行』等方方面面

## 第一节 "民以食为天"的真实情景

◎ 粮食、肉类及街头熟食品物价是高还是低

清代成都的米价是怎样变动的

"衣食住行"是反映一个民族、国家或地区社会生活方式最为直观的"镜子"。清末成都处处映射出这座农耕城市向近代化城市过渡的印迹。

粮价是反映一定时期物价水平的重要指数。

明末清初连年战乱,四川已近毁灭。亲身经历当时浩劫的新繁县人费密描述了当时惨景:"成都空,残民无主。强者为盗,聚众掠男女,屠为脯(按:人肉干)……呜呼痛哉!"[1]

清初江南一带,粮价通常仅一二两一石,甚至仅六七钱一石。[2]相同时期,四川米粮价格是天文数字,当时人费密记载:"米一斗银十余两,嘉定州三十两,成都、重庆四五十两。"[3]清初定例:知县一年正式俸银仅二十七

[1] 〔清〕费密:《荒书》// 何锐等校点:《张献忠剿四川实录》,巴蜀书社2002年版,第437页。

[2] 〔清〕叶梦珠:《阅世编》卷7《食货一》,上海古籍出版社1981年版,第175页。

[3] 〔清〕费密:《荒书》// 何锐等校点:《张献忠剿四川实录》,巴蜀书社2002年版,第367页。

两。按一石粮食仅卖300两银子计算,知县一年全部俸银买米不到20斤……事实上,此时四川残存老百姓除了"人吃人",已无其他任何办法可以苟延残喘。

1690年后,四川生产较快恢复而且人口稀少。雍正九年(1731年),四川总督黄廷桂上奏,该年四川谷价"每石约价三钱",其后甚至贱到不及三钱,[1]一时令天下人艳羡。

清代咸丰、同治两朝后粮价大幅上涨。笔者根据大量史料梳理出,晚清成都米贵时一石值银五六两,贱时则三四两。光绪初年,曾一度贵至九两。光绪十二年(1886年)后十年丰收,每石只售银三两多,是晚清数十年米价最低之时。[2]

1910年前后,大米每石(300斤)[3]售银四两至五两(合制钱5000—7500文)。因物价波动、大米等级不同等因素价格有差异,折算每斤米在18—40文之间波动。

上文说周询记载工仆、仆妇、丫鬟等每月工资"仅数百文,多者千文而已"。这些底层打工者,一月收入全用来买米,也只能买几十斤。木工、泥工等有技术的工匠,一月收入约3000文,即使全用来买米,也只能买一百多斤,其艰难可想而知。

2016年,打工族如每月仅挣2000元,则至少可买一般大米400斤。19世纪德国统计学家恩格尔得出一个规律:用来购买食物的支出占家庭收入的比例越大,则表示这个国家或地区越贫穷。清末成都普通民众为了生存,工资收入绝大部分都用在"吃"上,说明生活处在贫穷状态中。

当时在重庆海关工作的英国人华特森叙述了1902—1911年四川的生活费情况:

"整整这十年间,生活费是一贯上涨的。这段时间的前期,米价一斗(四十市斤)约值制钱1000文;但由于大量

[1] 王纲编:《大清历朝实录 四川史料》(上册),电子科技大学出版社1991年版,第361页。

[2] 〔清〕周询:《芙蓉话旧录》,四川人民出版社1987年版,第22页。

[3] 清末度量衡十分混乱,1908年11月16日,总督赵尔巽统一川边度量衡:规定每斗折算为30斤。1909年11月13日起,又规定成都各粮食市场一律使用新斗量器,标准为一市斗32斤。

运往下江救荒和接济宜昌铁路劳工，米价渐升至每斗需制钱1500～1600文……其他生活必需品也比照上涨……房租已上涨将近一倍。"[1]

1902年，发生历史上有名的川西"壬寅大天干"（旱灾）。"饥饿死亡之状，目不忍睹"；受灾各州县米价"三倍平日"。[2] 1903年《蜀报》报道，成都发生惨剧："省城入夏以来。米价涨至每斗一千五百余。闻某妪年六十余，因无米，不甘行乞自行缢死，可谓惨矣。"[3]

1906年四川劝业道周善培建立近代化的成都商务总会。成都油米银钱行帮改组为"大同会"和"裕国会"。"大同会"代表油粮业，实行帮董制，订有会规12条。在四门分设董协，按单间粮食铺面年交银7两、双间14两收纳会费。[4] 商会对囤积居奇的奸商有一定限制，此后在川西平原的成都，米价略有下降。

## 城内粮仓"供全城人民之食"可吃三年

自古"民无粮则乱"。当时地方政府是怎样通过"仓储"来保障粮食供应安全的呢？

华阳县令周询说："仓储之关系民命，重大密切。"[5] 他还详细叙说道，成都、华阳两县都有各自的粮仓，由县官专管；"丰裕（豫）仓"还储有三十四万余石，由布政使（藩台）派专员管理。成都城内粮仓，共储稻谷六十多万石，"供全城人民之食，足支三年，亦可谓富矣。遇岁歉米贵，或久雨路泞，牛车不能运米入城时，则开仓碾米粜济平价。秋收后，仍以所得粜价购谷还仓"，始终保障原有三年的"仓储"数量。四川农村用牛力石碾谷米的居多。周询还说，成都城外"有水碾二十余座，皆引渠水冲碾"，水碾之

---

[1] 华特森：《重庆海关1892—1901年十年调查报告》//《四川文史资料》第11辑（内部资料），1979年，第236—237页。

[2] 参见《四川省志·粮食志》编辑室编：《四川粮食工作大事记1840—1990》，四川科学技术出版社1992年版，第11页。

[3] 《蜀报》光绪廿九年，闰五月，第一期。

[4] 参见《四川省志·粮食志》编辑室编《四川粮食工作大事记1840—1990》，四川科学技术出版社1992年，第13页。

[5] 〔清〕周询：《蜀海丛谈》，巴蜀书社1986年版，第158页。

米比人力或牛马所碾的匀净而白，"故省城食米，最为优美"[1]。

成都"水碾河""罗家碾"等清流淙淙的田园，一百多年后成为混凝土"森林"。幸好演变成街名，聊供人们怀旧吊古。

满城内建有"永济仓"（又叫"禄米仓"）。旗兵食米，按旧例藩司每年在旗饷中拨银招商承办，由米商送米到成都将军衙门验收，谓之"旗米"。"永济仓"旧址在现人民公园辛亥保路纪念碑一带，原叫仓房街，俗称禄桥街（也称六桥街）。

傅崇矩也说："成都仓储本富……丰豫仓在北较场丰豫街，常平仓在北较场。丰豫分储仓在皇城贡院内。内城永济仓，在内城仓房街。"[2]

光绪年间，每天全城需米约五百石。凡运米入城者，皆盛以大麻袋，每袋约重二斗。牛车、独轮车（即鸡公车）为运输工具。后来警察局开办，因独轮车最坏街石，就禁止入城，

[1] 〔清〕周询：《芙蓉话旧录》，四川人民出版社1987年版，第21页。
[2] 〔清〕傅崇矩：《成都通览》上册，巴蜀书社1987年版，第47页。

1898年人们用鸡公车送米到成都城内。摄影：[英]伊莎贝拉·伯德

第五章 清末"衣食住行"等方方面面　　261

清末成都"晓来铺面两边开，个个囊携斗粟回。一片铃声天向午，黄牛驮米进城来。"

[1] 〔清〕周询：《芙蓉话旧录》，四川人民出版社1987年版，第22页。

[2] 林孔翼辑：《成都竹枝词》，四川人民出版社1982年版，第140页。

粮食专恃牛运。当时成都四城门内都有米市：东门在东大街府城隍庙，北门在火神庙，南门在南大街，西门在西大街。此外，城内各街都有零售米铺，共计不下二三百家。[1]

清末邢锦生写"竹枝词"描述了成都运米的情景："晓来铺面两边开，个个囊携斗粟回。一片铃声天向午，黄牛驮米进城来。"[2]

这到底是什么样的真实图景，实在难以想象。笔者常在文物市场艰辛寻购百年前老照片。一位著名收藏家把清末成都"黄牛驮米"的照片转让给笔者，价格虽贵但笔者仍激动得几乎落泪。这张充满农耕社会古朴风情的珍贵照片，就是邢锦生"竹枝词"的生动图解：许多条黄牛驮着米口袋，在两边开着铺面的成都街道上缓行。我们从照片上似乎听到了驮米黄牛身上"啫啫"的铜铃声，看到饿着肚子的市井小民粮铺购粮后，背着米袋子匆匆归家煮饭的情景……

## 肉禽鱼食材及街头熟食品物价

了解清末成都禽肉类消费价格，就可了解当时的饮食风尚。

牛耕田辛苦，因此古代农耕地区的汉族人是不怎么吃牛肉的。1909年后任成都府华阳县令的周询，曾概述成都食品物价："猪肉每斤值钱百文，牛肉不过五六十文，羊肉又略贵，鱼虾又较猪肉略贵，鸡鸭生者与猪肉同。"[1]

当时猪油每斤一百四十文，比猪肉贵得多。猪脊髓、蹄筋、鸭舌等低脂肪动物"下水"（内脏）及牛肉都较便宜：蹄筋，每根六文。烧腊店的鸡爪，每个三文。鸭掌，每个一文半。鸭舌，每个一文。鸭翅，每个三文。郡肝，每个十二文……而鱼，多为有钱人家才买；鲫鱼为上品，每斤一百数十文。虾，每斤自一百八十文至三百文不等。[2]

从上可以看出清末肉类以肥腻油多为贵，与如今相反。工薪阶层整月收入（从底层600文到技术性工匠3000文），最多只能买6—30来斤猪肉。所以，吃荤叫做"打牙祭"，比喻为让牙齿沾肉如同祭祀鬼神。

[1]〔清〕周询：《芙蓉话旧录》，四川人民出版社1987年版，第33页。

[2]〔清〕傅崇矩：《成都之肉脯品》//《成都通览》下册，巴蜀书社1987年版，第280—281页。

左图：清末成都农民背猪进城出售

右图：清末成都人把买肉视为让人羡慕的大事，围观者多而真买的人很少

清末成都街头可见到种种"小吃"。

荞面：每碗六文至八文。糖豆腐脑：二文。熬醋豆腐脑：每碗二文至四文。蒸蒸糕：红糖的每十个价九文，白糖的每十个十八文。糍粑：有开铺者，有肩挑者，六文、八文、十二文不等。馓子：四文钱一把。

醪糟：挑担者兼煮汤圆、糍粑、鸡蛋，数文至十余文不等。汤圆：挑担者均红糖、洗沙、白糖三样。每三枚价五文，加芝麻酱另给钱二文。油糕：三文至四文。天鹅蛋：米粉油炸者，三文至四文钱一个。珍珠馍馍：米团中包红豆粗沙，每个三文，三个八文。艾蒿馍馍：每个三文。锅魁：有和糖、椒盐、油旋子、白吉子、糖饼子五类。四文钱一枚，七文钱两枚，十文钱三枚。

甜水面：挑担者卖六文一碗。炉荞面：每碗六文。杂酱面：每碗十六文至二十四文不等。素面：每碗六文。牛肉面：十二文至十六文。水饺：每枚二文，有相料。肉饺子：每个三文。羊肉烧饼：每个六文。糖包子：每个四文。大肉包子：六文。火腿包子：六文。口蘑包子：十二文。春卷：十二文。烧麦：四文。粽子：四文。红蛋：每个十二文……[1]

大致而言，当时工薪较高者每月挣3000文，约能吃杂酱面150碗（以每碗二十文计）。如今（2018年）若挣3000元，则能吃杂酱面近300碗（以每碗10元计）。

### 华阳县令周询记载的街头名小吃及价格

周询也曾饶有兴味地记载了当年成都种种"名小吃"及其价格：

冻青树街之亢姓水饺最驰名，业此百年，每枚售钱二文。"亢水饺"每日只卖一定限度，售毕即关门。佐料极

[1]〔清〕傅崇矩：《成都之街市普通食品》//《成都通览》下册，巴蜀书社1987年版，第262—266页。

精，尤以"辣子面"为他家所不及，故还多专购其辣子作家常之用，或当礼品送远方亲友，"亢姓亦以此致富"。

老玉沙街口肉包子最有名，每枚三文；购至十枚，减为二十八文。兼售汤圆，亦极精细，每枚二文。后三倒拐街之王姓，肉包子亦继起有名。王姓兼售蒸饺及酿肠，也精美。

豆花，各饭店均有，然以山西馆街者为最善；专售豆花，连调和每碗钱三文，不售饭，只兼售锅魁以佐之，每日食者几无虚席……

油条更为普通，由作坊发与各小贩，用扁竹篮盛往各街叫卖。每条三文，购至三条，则减为八文。锅魁每枚四文，购至两枚，则七文，三枚则十文。又洗沙包子，作方形，上印'囍'字，大倍于肉包，每枚四文。米蒸黄糕，每枚二文……

周询说："当时成都人家，殆无不以此数种作早点者，亦生活低下之一斑也。"[1]

[1] 〔清〕周询：《芙蓉话旧录》，四川人民出版社1987年版，第68—69页。

街边极简单的小吃店。摄影：[美]西德尼·戴维·甘博

第五章 清末"衣食住行"等方方面面　　265

左图：一个卖烧饼的小摊

右图：清末成都一个乞丐手拿一双筷子"跪地求哀"的可怜情景

清末成都饮食物价水平是高还是低

周询身为四川"首府首县"的华阳县令，每月合法收入在三百两银子以上，兑换制钱为400多吊。他的收入比每月仅挣1～3吊钱（1～3千文）的劳苦百姓高百倍以上，所以说成都"生活低下"（即物价低）。

与周询同一时代的小官吏徐心余，则记载底层民众挣钱之艰难：

"米粮虽极贱，而寻觅银钱则甚难。如裁缝泥木等工，每日仅百余文或数十文。等而下之，他可知矣。……（轿夫）以两人轿计之，每十里每人仅得钱三五十文……可以知寻银钱之难与食力者之苦矣。"[1]

两个苦力流臭汗抬轿十里，仅能买十来个小烧饼（锅魁）。他们还要养家糊口，会认为物价低吗？

清末或民国时期的成都常可见到那种历史镜头：饭馆门口有人头顶板凳、面街而跪。这是当时街头常见悲剧：穷

[1] 徐心余：《蜀游闻见录》，四川人民出版社1985年版，第10页。

人饿慌了进饭馆，吃了饭给不出钱。饭馆想打他于心不忍，放他走又于心不甘，只好让他头顶板凳跪地求哀……有的乞丐饿慌了也跪地求哀，希望有善人给他买碗饭吃。笔者收藏了这样一张照片，非常珍贵。

## ◎ 成都"名小吃"的源头在哪里

### 成都菜品和小吃为什么极其丰富

清末普通民众的"川菜"和市井"小吃"，极为平民化、大众化。它们原是"下里巴人"，但许多已演变为现今海内外闻名的"川菜名肴"和"名小吃"。

清末成都人习惯用甑子蒸饭。或米煮成半熟后用筲箕滤起，锅底加苕菜、红苕等粗粮、蔬菜，再将米饭放菜上烘好。如有碟泡菜或炒豆芽、烹豆腐下饭，则是小康人家的大享受。

但稍有两个闲钱的，就要吃出花样、吃出舒服、吃出派头。比如，守旧派要吃出"华夏礼仪"，新潮派要吃出"西洋文明"，文人骚客还要吃出个风流浪漫。成都人之所以有这些"追求"，主要原因是：成都人沾李冰老爷恩泽，"天府之国"物产丰饶。其次，各地移民饮食文化空前大交融，如清代杨燮"竹枝词"云："大姨嫁陕二姨苏，大嫂江西二嫂湖。戚友初逢问原籍，现无十世老成都。"[1] 家庭成员来自五湖四海，食品多样毫不奇怪。

傅崇矩罗列了清末成都普通民众的"家常便菜"，部分摘录如下：

韭黄炒肉、炒腰花、炒猪肝、炒羊肝、炒细粉、炒片

[1] 谭继和主编：《竹枝成都：本土文化的经典记忆》，四川人民出版社2008年版，第20页。

粉、冬菜肉丝、肉焖菜头、滑肉、回锅肉、牛肉芹菜、肉焖豆腐、蒸蛋、煎鱼、蒸肉、酥肉、烧白、连锅子、清汤圆子、姜汁鸡、辣子鸡、椒麻鸡、炒鸡杂、烧鸭子、炖心肺、凉拌肚子、拌猪耳、泡缸豆炒肉、牛肉豆腐、烧豆筋、带丝汤、炖牛肉……[1]

从上不难看出这些菜肴的"娘家"可能在广东、湖北、江西、陕西、贵州、福建……可说遍布全国。以上菜品，一百多年后仍是成都老百姓餐桌上的"家常便菜"。回锅肉等许多品种，已享誉中外。

1909年，傅崇矩还记载"成都之著名食品店"：

"澹香斋"之茶食，"亢饺子"之饺子，"陈麻婆"之豆腐，"大森隆"之包子、"钟汤圆"之汤圆、包子，"都一处"之包子、点心，"嚼芬坞"之油提面，"开开香"之蛋黄糕，"广益号"之豆腐干，"厚义园"之席面，"王包子"之瓤肠腌肉，"楼外楼"之甜鸭，"便宜坊"之烧鸭，山西馆之豆花，科甲巷之肥肠，九龙巷口之大肉包子，王道正直街之酥锅魁，青石桥之水粉……[2]

## "陈麻婆豆腐"是清末著名的"苍蝇馆子"

清末低档平民化饭馆，类似于如今所说的"苍蝇馆子"。不同的是当时可以来料加工，最具农耕社会特色："饭馆可任人自备菜蔬交灶上代炒，每菜一锅给火钱八文，相料钱八文。"[3]

周询说："饭馆，仅有家常肉蔬之品，以白片肉为最普通，皆以分计，每分八文。每人二分或四分，即足果腹，其价特廉，盖以卖饭为主体，劳工多资以饔飧（按：指吃饱），官商中无入此馆者。"[4]

[1]〔清〕傅崇矩：《成都通览》下册//《成都之"家常便菜"》，巴蜀书社1987年版，第279—280页。

[2]〔清〕傅崇矩：《成都通览》下册，巴蜀书社1987年版，第262页。

[3]〔清〕傅崇矩：《成都通览》下册，巴蜀书社1987年版，第262页。"相料"，即调料、佐料。

[4]〔清〕周询：《芙蓉话旧录》中"肴馔"条，见四川人民出版社1987年版，第33页。

最著名且影响深远的当数陈麻婆豆腐饭铺。其创业于同治初（1862年）。如今论述者不少，什么陈麻婆随老公姓陈？还是本人姓陈？陈麻婆是美女还是丑婆？是老公脸有麻子？还是陈麻婆脸有麻子？……大多是姑妄听之的"龙门阵"，在此不浪费文字去考证了。

最有史料价值的莫过于清末华阳县令周询的一条原始记载："北门外有陈麻婆者，善治豆腐，连调和物料及烹饪工资一并加入豆腐价内，每碗售钱八文，兼售酒饭。若须加猪、牛肉，则或食客自携以往，或代客往割，均可。其牌号人多不知，但言陈麻婆，则无不知者。其地距城四五里，往食者均不惮远……"[1]

八文钱可吃一碗色香味俱全的"麻婆豆腐"，连卖苦力的下层民众也可以"潇洒走一回"，难怪出名。

乡土作家李劼人说：陈麻婆饭铺，是成都北门外万福桥头一家"纯乡村型的小饭店"，原叫"陈兴盛饭铺"。《大波》书中描述了1911年时顾三奶奶到万福桥边的情景：有几家住家的小铺子，一家是卖草鞋、麻绳、草纸等东西的杂货铺，一家是陈麻婆饭铺，食客主要是推大油篓鸡公车进城的脚夫。

陈麻婆由此便发明了豆腐的做法：将就油篓内的菜油在锅里大大地煎熟一勺，而后将一大把辣椒末放在滚油里，接着便是猪肉片、豆腐块，还有将葱啦、蒜苗啦，随手放了一些。一烩、一炒，加盐加水，稍稍一煮……几大土碗盛到桌上，临吃时再放一把花椒末，肉与豆腐既嫩且滑。

1937年，李劼人携儿带女到陈家老店，所见还是和清末一样古风犹存："油腻的方桌，泥污的窄板凳，白竹筷，土饭碗，火米饭，臭咸菜。"李劼人叫做碗豆腐来，十分土气的"幺师"（即跑堂伙计）"犹然古典式的问道

[1] 〔清〕周询：《芙蓉话旧录》中"小食"条，四川人民出版社1987年版，第69页。

第五章 清末"衣食住行"等方方面面 269

这张珍贵的老照片中的店铺，收藏家说可能就是清末民初的成都"陈麻婆豆腐铺"，不过尚待考证

'客伙，要割多少肉？半斤呢？十二两呢？豆腐要半箱呢？一箱呢？'而且店里委实没有肉，委实要幺师代客伙到街口上去旋割，所不同于古昔者，只无须客伙更去旋打菜油耳。"[1]

清末民初的陈麻婆饭铺到底是什么图景，这是让人极想知道的事。

一位资深收藏家以很高的价钱转让给笔者一张珍贵的老照片，他说这就是清末民初陈麻婆饭铺。老照片中的情景和李劼人叙述的完全一样："纯乡村型的小饭店""推鸡公车进城的脚夫""窄板凳""方桌""白竹筷""土饭碗"……一个"婆婆"正在烹饪，图片右侧竹筛中还有两箱豆腐……到底是不是真的，还有待考证。但至少清末民初陈麻婆饭铺大致就是这样的情景。

陈麻婆豆腐色泽红亮，牛肉粒酥香，麻、辣、香、酥、嫩、烫、形整，极富川味特色。现由国家命名为"中华

[1] 李劼人：《漫谈中国人之衣食住行》//《李劼人说成都》，四川文艺出版社2001年版，第263—264页。

老字号"老牌名店,其品牌价值无法估计。谁能想得到,百年前它却是"土得掉渣"的民间最底层的小饭铺。

### 皇城坝"牛肉肺片"的历史风情

"小吃"的"小",指简单、价廉、易得,主要供下层民众消费。一种是小贩先在家中(或店中)制作好,再挑担提篮地走街串巷吆喝叫卖。另一种是小贩挑着小炉灶和食品原料,游走街头现烹现卖。

小吃摊贩大多也是可怜穷人,做可怜生意,就是到了20世纪50年代初也是这样。笔者外婆当时住在南门城墙下的贫民棚户区,她20多岁时守寡,每天凌晨即起床,拌一瓦钵大头菜丝和一瓦钵"冲菜"(类似芥末味的嫩青菜),然后叫醒我。我想吃几根大头菜丝她也不许,说:"去卖了要买米的,不然要饿饭。"然后牵着睡意正浓的我,一手提着竹篮子,到上池街、陕西街等处哀声叫卖:"买大头菜丝子啊,买冲菜啊……"至今声犹如在耳,笔者忆之眼湿。

清末成都还有一种"鬼饮食"。夜风中,一盏"油壶子"灯光影影绰绰;一架用小背篼糊成的炉子闪烁着蓝幽幽的火苗。小贩"敲当当"(小铜锣)或敲竹梆,寒冬腊月半夜三更,冷巷中叫声悠悠充满凄凉:"醪糟汤圆,红油抄手,酸辣挂面,担担面……"

这些小吃原是"下里巴人",但许多已演变为现今之"阳春白雪",名小吃"担担面"就是其中一例。

成都"皇城坝",即今天的天府广场,是成都回民聚居区。1911年皇城坝的小食摊,五花八门:凉粉担子、荞面担子、抄手担子、蒸蒸糕担子、豆腐酪担子、鸡丝油花担子、马蹄糕担子、素面甜水面担子、茶汤摊子、鸡酒摊子、

第五章 清末"衣食住行"等方方面面

左图：1911年皇城坝的小食摊，五花八门。摄影：[美]路得·那爱德，照片提供：海波、王玉龙

右图：清末风景如画的十二桥头担担面小吃摊

油茶摊子、烧腊卤菜摊子、蒜羊血摊子、虾羹汤摊子、鸡丝豆花摊子、牛舌酥锅块摊子……每个摊子竖有巨大的油纸伞，下雨天都做买卖。

此外，还有更多提着竹篮子在人丛中窜来窜去的小吃流动摊贩：卖瓜子花生的、卖糖酥核桃的、卖橘子青果的、卖糖炒板栗的、卖黄豆米酥芝麻糕的、卖白糖蒸馍的、卖三河场姜糖的、卖熟油辣子大头菜和红油莴笋片的……还有一些带赌博性的糖饼摊子，用骰子掷糖人、糖狮、糖象的摊子。

皇城坝肺片，则是清末最享盛名的小吃。用料是牛脑壳皮、牛蹄、牛肚、牛心舌、牛肺等。如今"牛肉肺片"中无肺片，有人说应写成"废片"，理由是牛杂乃废物。回族老前辈说：其实此菜早年是有牛肺的。清末回民买学忠在皇城坝高家酒铺旁边租了个肺片摊，此后有"周肺片""冯肺片"等摊位相继经营。

皇城坝肺片特点之一是以牛脑壳皮和肉用卤汁煮熟，切成片，薄得几乎"照透人影"，每片有半个巴掌大。再拌得色彩通红鲜明，咬在嘴巴里脆砰砰的，又辣、又麻、又香。李劼人描述小摊贩做买卖的情景很有趣：

> 皇城坝摊子上短凳一条，一头坐肺片摊贩，一头牢置瓦盆一只，盆内四周遍插竹筷。牛脑壳皮及牛脸肉则调和拌匀，堆于盆内辣香四溢。贫苦大众聚而食之，各手拿一双筷子拈食入口。凳子上肺片摊贩则一面喝卖，一面叱责食客说："筷子不准进嘴！"一面以小钱一把：食客食吃一片，就把一个铜钱掷于有格之木盘中分别计数。食毕算账：两文钱三块，三文钱五块。有穿长衫体面人路过，被其色香勾引，想吃又不好意思，怕熟人看见笑话。走过了，又舍不得而转身回来，在摊头疾拈一二片置口中，一面咀嚼。一面两头望：有熟人察见否？故此食品又名"两头望"。[1]

### 外国人追捧的"宫保鸡丁"

1876年任四川总督的丁宝桢，曾加"太子少保"衔，尊称宫保。丁宝桢是贵州省平远人，生活俭朴。烹饪界传说：有天丁大人亲自下厨，把干辣椒剪成小段，与鸡丁一并下油锅爆炒，再加麻辣酸咸甜五味。菜将起锅，丁大人突发灵感，把昨天下酒吃剩的炒花生米干脆也倒在锅头！四川名菜"宫保鸡丁"就这样发明了。

笔者曾在贵州偏远山乡采风，见到处都有卖油酥辣椒段的，大多填充些花生米。当地人不晓得啥"丁宫保"，但炒的菜每每辣中带酸甜，很像"宫保鸡丁"味道……所以笔者认为与其说"宫保鸡丁"是丁宝桢"发明"的，还不如说他把贵州平民化大众菜肴引进成都，后来发展为川菜名肴。

"宫保鸡丁"如今究竟有多火？2005年10月12日，中国航天员乘"神六"飞船上天，在太空所吃的太空餐，也有"宫保鸡丁"。[2]

[1] 李劼人：《漫谈中国人之衣食住行》//《李劼人说成都》，四川文艺出版社2001年版，第262—263页。

[2] 《鱼香肉丝宫保鸡丁，航天员太空吃川菜》，《天府早报》，2005-10-12（3）。

第五章 清末"衣食住行"等方方面面　273

[1]《德国总理默克尔成都学做宫保鸡丁》,"中国新闻网"（http://www.chinanews.com/tp/hd2011/2014/07-06/371795.shtml）。

[2]《媒体：宫保鸡丁在APEC成员中最受欢迎》,来源：央视网。凤凰网资讯>大陆>2014APEC峰会,2014年11月11日（http://news.ifeng.com/a/20141111/42443827_0.shtml）。

德国总理默克尔2014年7月6日第七次访华,在成都兴致勃勃地观摩厨师张为制作宫保鸡丁的全过程,其后边尝边赞。[1] 2014年11月11日,北京举行过"驻华大使馆才艺大赛",来自60多个国家和地区的驻华使节及夫人,全部参与炒"宫保鸡丁"比赛。"央视"称"宫保鸡丁"甚至成了中国菜的代表……[2]

### 贫民饮食"十二象"

清末,一些小饭馆常从高档大馆子廉价买来残汤剩水（潲水）。潲水中,有光剩骨架的"灯笼鸡",有只留鱼脑壳和鱼刺的"篦子鱼",有仅存一绺硬皮的"月亮肉",咬了半边的萝卜、芋头和烂菜叶子……甚至还有从酒杯里收拢来的、沾满油珠子的"星星酒"。老板把这种"高级潲水"倒在锅里头"回炉",再加些锅巴、剩饭……

市民说那锅头"十二属相"的动物肉都有（鼠牛虎兔龙蛇马羊猴鸡狗猪）,美其名曰"十二象"。笔者有个初中同学的爷爷,曾在东城门外搞过这穷生意。据这老爷子说,

左图：清末街头卖"十二象"情景

右图：民国时期的"火锅",一人一小灶。

来源：20世纪40年代美国《生活》杂志

当年常有人和他开玩笑："你锅里头哪会有虎肉、龙肉？"老爷子一本正经回答："锅头有掉到汤里的壁虎，爬到菜上的地龙（即蚯蚓）。"问者哑口无言。

在李劼人的小说《死水微澜》里，清末韩二奶奶对邓幺姑吹嘘成都生活之美："连讨口子都是快活的！你想，七个钱两个锅魁，一个钱一个大片卤牛肉，一天哪里讨不上二十个钱，就可以吃荤了！四城门卖的十二象，五个钱吃两大碗，乡坝里能够吗？"

李劼人并作脚注："成都四城门外，有这样一种小饭铺，把瘟猪、死猪的脏腑，死猫肉，死狗肉，甚至活鲜鲜的老鼠肉，总之，凡是动物的肉，煮一大锅，专门卖给一般穷人、乞丐，平日难得吃油荤的人，叫作十二象。意思说，从鼠到猪十二属相的生物全有。"[1]

"十二象"甜、香、咸、辣、麻、酸、苦……百味俱全、油气直冒、热气腾腾。如果运气好，还可能吃到富人嚼不动的半片海参、嫌太腻人的一砣肥肉。瘪肠寡肚的下力苦命人，吃了这说不清楚是香还是臭的汤汤水水后，会抹一把油亮亮的嘴巴，笑骂一句："老子总算打了回牙祭……龟儿子这'十二象'，还真他妈抵事！"

如今川菜中"大杂烩""烧十锦""连锅闹"等，除了不用"潲水"外，烹饪方法都有"十二象"的影子。另外，民国时期也演变为较高级的"火锅"，什么玩意儿都可以一锅煮，包括"潲水油"。

[1] 李劼人：《死水微澜》，译林出版社2013年版，第32页。

## ◎ 清末川菜体系的形成和高中档馆子

### 各省移民饮食习俗在成都大融合

康熙二十年（1681年）后，一场规模浩大、悲壮的移民运动在中国大地进行，史称"湖广填四川"。各种食品原料也随之传入，如丝瓜、马铃薯、甘薯、玉米……

《华阳国志》谈到蜀人"尚滋味、好辛香"，说明成都人早在汉代之前就注重舌尖刺激。16世纪末，一个洋玩意儿传入中国——这就是辣椒。嘉庆二十年（1815年），《成都县志》《华阳县志》说辣椒又称"番椒"，证实辣椒是从海外经移民传入四川的。

辣椒入川尽管只两百年左右，却与两千多年"尚滋

"湖广填四川"时，各种食品原料也随之传入

味、好辛香"的蜀人老传统一拍即合。光绪年间著名的成都藉女厨师曾懿，她写的《中馈录》中有"制辣豆瓣法""制豆豉法""制腐乳法""制泡盐菜法"……都有辣椒。[1]

清末傅崇矩记载，当时成都各种菜肴品种达1328种，辣椒是主要调味品，品种齐全：大红袍海椒、朝天子海椒、钮子海椒、灯笼海椒、牛角海椒、鸡心海椒……成都之咸菜（泡菜）家家均有：鱼辣子、泡大海椒，及鱼乍海椒、辣子酱、胡豆瓣……[2]

清同治十三年《重修成都县志》"物产"中记载的调料种类有姜、花椒、海椒、茴香、葱、韭、大蒜、火葱、芥菜、芹菜、香菜、豆豉、辣酱……还记载了很多酱园行商家。北门头福街的"酱园公所"，是咸丰三年（1853年）酱园行捐资公置。当时商帮"公所"不多，只有烧酒房、屠宰行和酱园。可见晚清时成都酱园行业已十分兴盛。

成都还流传歌谣："卓秉恬，卖过酱，道光年间拜过相。"卓秉恬（1782—1855年），华阳（今成都）人，历任兵部、户部、吏部尚书等。卓秉恬祖上在广东开酱园铺，其后人清初从广东梅州入川，在棉花街开广益号酱园。民众信

[1] 曾懿，华阳（今双流）人，生卒年不详。其夫袁学昌，光绪五年（1879年）举人，曾任湖南提法使。

[2] 〔清〕傅崇矩：《成都通览》下册，巴蜀书社1987年版，第296—297页。

左图：清末酱园铺照壁上塑有巨大的"酱园"字样

右图：清末成都街头杂货店有辣椒、木耳、姜蒜、调料等，店铺格局和如今非常类似

赖几至痴迷,有条趣闻:有人买酱油回家,家里认为不是广益号的令其退掉另买。其人只好途中吐口唾沫,回家谎称已换买。家里人一看酱油,大喜说:"这才是广益号的好酱油嘛,泡沫儿还没有散呢!"

卓家酱园铺有一大照壁,塑了巨大的"酱"字,与官派典当铺墙上的"当"字可媲美。据传这也是广益号始创,以后各家酱园沿袭仿用。晚清成都名牌酱园行,有广益号、永茂号、太和号、豫昌隆、秀谷园、正昌德、生山号、时昌号、同太号等数十家。[1]

清代川菜丰富多彩,注重色、香、味特色。而辣椒及酱园行调味精品,是川菜的物质基础。清末,则是近代川菜体系形成的重要历史时期。

## 高档"包席馆"之冠"正兴园"

清代,官宦、贵族、富商等"有身份"的人,不屑出入市井餐馆。宴会通常在衙门、祠堂、寺庙道观、私家花园举办。清末华阳县令周询说,晚清"通城包席馆有三四十

[1] 参见胡叔樵提供、姜梦弼整理:《百年酱园太和号》//《成都文史资料选编》工商经济卷,四川人民出版社2007年版,第131—132页。

清代"官府宴席"是常见情景。来源:[英]托马斯·阿罗姆绘画

家，当时宴客者无不设筵家中，且以此示敬重。故包席馆只到人家出席，无一卖堂菜者。"[1]

所谓"卖堂菜"，即在店中设散客餐饮。

清咸丰十一年（1861年），满人关正兴（又名关治平）开办高档包席馆"正兴园"，地址在棉花街原址卓秉恬老宅（今东风路大慈寺外一带）。门前高悬黑底金字招牌，书法精湛。"正兴园"荟萃成都满族名厨戚乐斋、贵宝书的"京派"满汉全席，还有汉族名厨周志诚、游炳全的拿手川菜。

"正兴园"专事"官厨"（即官方公费吃喝）。瓷盘、瓷碗古色斑驳，被视为"排场好而派头高"。当时人傅崇矩说："席面之讲究者，只正兴园一处。"[2]清末四川劝业道周善培写诗赞道："成都百馆共宴客，正兴园为蓉之冠。"[3]"正兴园"在清宣统三年（1911年）停业，前后存在50年。

清末有名的包席馆还有"复义园""西铭园""双发园"，及劝业场一带"楼外楼""第一楼""一家春""聚丰园""可园"……包席馆中鱼翅燕窝、山珍海味为常菜，平民百姓只能"望洋兴叹"：燕窝菜全席加烧烤猪十八两至二十两，燕窝菜席十五两，玉脊鱼翅全席十二两，寻常鱼翅席六七两……"九斗碗"则一两多可定。[4]

佣仆、仆妇等底层草民每月仅挣几百文，两三个月收入还不能订一席普通"九斗碗"，三年收入也不能订一席燕菜全席。

包席馆吃的主要是"排场"。宣统年间成都"包席馆"仅正菜前的碟子，"有十六碟者，有用十五碟者，有用九碟者，有用四大镶盘中用醉虾四角摆水果者，有十三碟而用四碟为热菜者，有用碟后即用四小汤碗者"。各种菜名和吃法更多，仅"成都席面常用之菜"中的海味品种鱼翅、海

[1]〔清〕周询：《芙蓉话旧录》，四川人民出版社1987年版，第33页。

[2]〔清〕傅崇矩：《成都通览》下册，巴蜀书社1987年版，第253页。

[3]四川省地方志编纂委员会、省志人物志编辑组：《四川近现代人物传》第一辑"蓝光鉴"条目，四川省社会科学院出版社1985年版，第281页。

[4]〔清〕傅崇矩：《成都通览》下册，巴蜀书社1987年版，第254页。

民国时期成都最有名的高档"包席馆"——"姑姑筵"

[1]〔清〕傅崇矩:《成都通览》下册,巴蜀书社1987年版,第257—260页。

参等,就达到56种。[1]

民国时期成都最有名的高档"包席馆",是卸任县太爷黄敬临于1930年后曾在青羊宫百花潭之间的马家花园(即"双孝祠")内营业的馆子。这可说是四川有史以来最牛的馆子,食客多为名流、富绅、高官,需要提前几天甚至十几天预定。门外挂出了由主人黄敬临撰写的名联:"提起菜刀,拿起锅铲,自命炉边镇守使;碗有佳肴,壶有美酒,休嫌路隔通惠门。"

把"姑姑筵"和前文"双孝祠"两张老照片对照,发现随着岁月流逝,物是人非,很有意思。

## "南馆"翘楚"聚丰餐馆"和"枕江楼"

"南馆"又叫"南堂馆",是"江南馆子"的简称。

"南馆"经营方式多样:菜可以出堂,也可以先定价(相当于包席),食毕另加饭钱、茶钱、洗脸水钱、水烟钱、咸菜钱、堂倌的赏钱。清末成都有许多著名"南馆":

劝业场的"楼外楼"、成平街的"曲香春"、玉纱街的"醉霞轩"、湖广馆的"式式轩"、纱帽街的"龙云园"、总府街的"腴园"……[1]

清末合江县人李九如（1861—1946年），在成都华兴街创办了清末最有名的"聚丰餐馆"，将川菜、京菜、江浙菜融合。1905年，官府办"皇会"为慈禧太后七十岁祝圣寿，李九如借机"打广告"：扎了个很大的"海参鱼翅牌坊"，轰动全城。

1907年，署理四川通省劝业道的周善培筹划"满城"的开发。1909年春节前夕，李九如祠堂街的"聚丰餐馆"新店正式开业。成都将军绰哈布及周善培等大员亲往祝贺。这里可办席两百多桌，供近两千人进餐。

这年秋天，成都将军玉昆上任。此后每月初一、十五带随员从将军衙门乘金河上小船到关帝庙祭祀，事毕便到聚丰餐馆吃"满汉全席"，由李九如亲自下厨掌灶。玉昆必请李九如同餐，还问菜的做法。

李九如开创了成都近现代餐饮业管理之先河。据学者罗开玉叙述，李九如花大力气对堂倌从站迎姿势，到桌椅安排、碗筷摆放都进行专业训练……还推出新式婚宴、寿宴，民国后又兼营西餐。开业后营业额长期在成都餐饮业中雄踞第一。仅上门包席一项收入，便可与专门包席的"正兴园"匹敌。

1909年官府开始修建"少城公园"。李九如又在公园内开设大众化餐馆"永聚餐馆"和大型茶厅"永聚茶社"，荷池中建有横卧湖面的船形餐厅"聚丰园"。每年青羊宫举办"劝工会"（花会），聚丰餐馆都要去参展，[2] 酒旗荡悠悠地飘扬在春风杨柳间，最扯游人眼球。陈宽在《辛亥花市竹枝词》中赞誉："填鸭最肥油最大，南堂要数'聚丰源'。"[3]

[1] 〔清〕傅崇矩：《成都通览》下册，巴蜀书社1987年版，第260—261页。

[2] 参见罗开玉：《李九如与聚丰餐馆》，《龙门阵》，1998（1）。

[3] 林孔翼辑：《成都竹枝词》，四川人民出版社1986年版，第151页。

第五章 清末"衣食住行"等方方面面  281

左图：青羊宫庙会内有名的聚丰餐馆

右图：万里桥枕江楼是成都著名的"南馆"

民国后成立餐馆行业组织"成都宴蒸帮"，共推李九如为第一任山长。

万里桥岸北江畔的枕江楼，开业于1905年，知名度也高。该店最初只是普通小饭铺，后由马鹤琴、张小楼等十一个股东集资完善。匾联更增添酒楼雅趣："百花潭上三秋水，万里桥头一酒楼"。桥下河坝老杨树下是卖鱼虾的小码头，客人亲自买鱼虾，厨房大师傅趁活做出，非常好吃……几年后枕江楼名声大震，变成一家别具风格的中等南堂馆，以致就餐都要抢座头。[1]

其价格，如清蒸鸭子八百文，八块鸡四百八十文，酱烧鸭子八百文，干炸鸡三百二十文，香糟鱼三百二十文，蒜烧鲢鱼四百二十文，椒麻鸡四百八十文……每月仅挣几百文可怜血汗钱的守门老汉、仆妇，哪敢问津枕江楼？

包席馆、南馆许多川菜品种，形成如今所谓"公馆菜"的源头。

从上面不难了解成都"川菜名肴"和"名小吃"的源流演变：既融会中国东南西北各方特点，又善于创新。据称，如今"川菜名肴"多达300余种。2010年，联合国教科

[1] 参见《李劼人说成都》，四川文艺出版社2001年版，第377—388页。

文组织授予成都"美食之都"称号,标志着成都成为亚洲第一个世界级别的"美食之都"。[1]

## ◎ 西方饮食文化"入侵"成都

### 外国人和"洋教"教民增多促使西餐发展

1907年在成都会见到写有各种"番文"的洋学堂:青龙街广益学堂、文庙西街华美学堂、方正街妇女学堂、四圣祠街华英中学堂、陕西街华美女学堂、桂王桥北街法文书院、金马街传教学堂、南台寺华西高等学堂、古佛庵福音初等小学堂……[2]

时人傅崇矩概括说:"成都福音、天主两教,从教者共一千八百余人。据所知者言之,福音堂三,天主堂四,医馆四,领事行馆三,学堂七,讲堂二……"[3] 傅崇矩又说:"洋教福音、天主两教(教徒)共3979人""道教266人;释教男僧486人,女僧111人;回教2594人。"[4]

换言之,信"洋教"的成都教民数量比道、佛、回三教总和还多。如以当时成都人口约30万计,"洋教"徒占总人口比例的1.2%。

清末,成都由传统农耕社会的古城向近代化商业贸易大都市转型。人们对西方物质文明的认识,从"鄙视"转向认可。对外国人的称谓也发生变化:"夷人"改叫"洋人";"西番"改称"西洋";涉外不称"夷务",改称"洋务"。许多成都人以"洋派"为荣,把"洋派"读为"洋盘",吃西餐叫"开洋荤"……这些词汇至今仍广泛流传。

最初,中国人称西餐为"番菜";一个"番"字,鄙

[1] 《成都被联合国教科文组织授予"美食之都"称号》,《北京青年报》,2010-03-01。
[2] 〔清〕傅崇矩:《成都通览》上册,巴蜀书社1987年版,第57—58页。
[3] 〔清〕傅崇矩:《成都通览》上册,巴蜀书社1987年版,第60页。
[4] 〔清〕傅崇矩:《成都通览》上册,巴蜀书社1987年版,第111页。

左图：清末古城内追随传教士的大量信徒

右图：清末青羊宫劝工会（花会）中的"新式之餐馆"，门上方有"中西美食"字样。来源：《四川成都第三次商业劝工会调查表》

[1] 筷子古称箸，古籍《韩非子·喻老》："昔者纣为象箸。"纣王为商代末期君主，可见早在公元前11世纪已出现用象牙精工制造的筷子。

[2] 朱文炳：《海上竹枝词》，民国第一图书局1913年版，第9页。

[3] 《会场贸易销售表》//《四川成都第三次商业劝工会调查表》，四川商务总局出版，光绪三十四年印，第70页。

视不屑之意已显露无遗。民间通常认为，那是"洋花椒麻中国人"：半生不熟的牛排、带腥膻味的牛奶奶酪、冰冷还要加冰的饮料……而且还要手持杀气腾腾的刀叉。守旧人士认为：洋鬼子的饮食不过是野蛮不开化罢了，须知我们中国人早在3000年前的商朝，就改"匕"（餐刀）割肉、用"箸"（筷子）夹菜了。[1] 何况刀叉有"杀伐"不祥之意，寿宴、喜宴、婚宴国人尤其忌讳使用刀叉。当时有首"竹枝词"说："寿头最怕请西餐，箸换刀叉顶不欢。"[2]

晚清《官场现形记》描写洪大人吃西餐时"一个不当心，手指头上的皮削掉了一大块，弄的各处都是血。慌的他连忙拿手到水碗里去洗，霎时间那半碗的水都变成鲜红的了。"虽是小说，实际上隐含当时国人对吃西餐的疑虑和拒绝。

随着西化日盛，带贬意的"番菜"改称为带崇敬色彩的"大餐"。1908年第三次青羊宫劝工会销售统计：西餐销售收入为9230.82两白银，茶社为9210.18两白银，中餐为15557.634两白银，零星食店为8027.484两白银。[3] 西餐销售收入比茶社还高，也超过零星饮食店的销售总和。

当时成都著名的"大餐馆"（即西餐馆）有"一家

清末中国人和外国人在吃西餐

春""第一楼""楼外楼""金谷园""可园"。

傅崇矩记载清末传统点心铺的"洋化":"省城以总府街'淡香斋'为第一……现今有改良者加用外国派式。"又记载清末成都戏园中"西餐点心价目表",罗列甚多:千层蛋糕每份三角,卷筒蛋糕三角,莲蓬蛋糕一角……[1]

清末成都戏园大多销售西餐点心:松仁酥饼、牛奶酥饼、葡萄酥饼……这充分说明西餐和中餐已经并驾齐驱,进入成都人的日常生活。如光绪三十二年(1906年)吴碧澄创立于会府北街的"可园",是重要戏剧场所。傅崇矩评价"可园":"成都人故好观剧,入览者甚多……大餐(按:即西餐)、中餐、点心、茶水均有售者"[2],竟然把西餐列为第一。

### "开洋荤、吃大餐、喝洋酒"图个"洋盘"

傅崇矩统计了当时166种西餐菜名和价格,如石响布丁一元、藩格布丁五角、牛奶布丁一元、水晶(冰)激凌五

[1] 〔清〕傅崇矩:《成都通览》下册,巴蜀书社1987年版,第284—288页。

[2] 〔清〕傅崇矩:《成都通览》下册,巴蜀书社1987年版,第277页。

角、金银（冰）激凌五角、牛奶冻八角……价格通常在一二角到一元多。[1]

酒类、饮料等外国货影响也很大。傅崇矩记载：成都"用西法提汁制成"的有桃糖汁、蜜桔糖汁、香蕉糖汁、杨梅糖汁、柠檬糖汁，出欧洲迄南及印度海岛等处者最佳；无花果糖汁，土耳其者为佳；葡萄糖汁；外地果品糖汁，每瓶三角，每打三元……[2]

这些反映出清末成都西餐业已相当成熟，并受到一些市民热捧。

但是，西餐始终同国人有距离，即使有钱人也未必真正对西餐感兴趣。富贵人家偶尔去"洋盘"，回家后恐怕仍茶水泡饭，大嚼其回锅肉和熟油海椒拌泡萝卜……吃西餐只是赶时髦、充门面、夸耀财富、显示品位的手段。新潮成都人享受的只是"洋盘""高级"的崇洋心理，顾客终究不会很多。

所以，西餐馆也不得不对洋人的东西偷偷进行"本土化"改良。从傅崇矩记录的166种大餐（即西餐）菜品中，可以发现此中奥秘：西餐馆把老外通常厌恶不吃的猪羊等动物内脏加入西餐，还"发明"了中菜西吃、西菜中吃的许多菜品，如"葱烧斑鸠"（卖一角五）、"加力（即咖喱）野鸡"（卖三角）……

西餐价高，缺乏大众消费基础，它对成都传统饮食文化的冲击自然也相当有限。对广大成都人而言，用冷冰冰的西洋刀叉把每份一元二角血淋淋的黄油牛排送进嘴巴时，感觉可能还不如皇城坝两文钱三块、三文钱五块的牛肉肺片好吃。须知一元二角可换制钱一千四百文，可吃两千块牛肉肺片。每月仅挣几百文可怜血汗钱的守门老汉、仆妇，一个月收入还买不到两只冰激凌。

[1] 〔清〕傅崇矩：《成都通览》下册，巴蜀书社1987年版，第254—256页。

[2] 〔清〕傅崇矩：《成都通览》下册，巴蜀书社1987年版，第282—284页。

## 西餐对传统饮食文化有什么影响

对"洋鬼子"的西餐,成都人多少有"冷眼旁观"的心理。但想想"洋鬼子"牛高马大体格强壮、坚船利炮……又不得不对"西餐"心存几分敬畏。

与其说国人接受了西餐这种饮食本身,还不如说有识之士更主张吸收西餐的"科学"及管理。他们认为:"东亚病夫之名,由来已久……最大原因在食物的营养不讲究。"[1] 中餐宴席铺张浪费"吃派头、吃排场",而西餐则大多讲求实际、营养、卫生。

成都趋新人士仿效西餐,对饮食进行改革。如李九如开创了成都餐饮业现代化管理之先河,推出新式婚宴、寿宴,民国后干脆兼营西餐。其他许多大餐馆也模仿西宴,如"食器宜整齐雅洁,案上有布覆之。每座前,杯一,箸二,碟三,匙三,巾一,凡各器,食时宜易四次"。

[1] 章绳以:《家事学概论》,中国文化服务社1946年版,第112页。

成都的外国人和中国人举杯言欢。摄影:[德]魏司

西餐"文明"礼仪也被借鉴:"席之陈设,男女主人必坐于席之两端,客坐两旁……及进酒,主人执杯起立(西俗先致颂词,而后主客碰杯起饮,我国颇少),客亦起执杯,相让而饮……食时,勿使餐具相触作响,勿咀嚼有声,勿剔牙。进点后,可饮咖啡,食果物,吸烟……并取席上所设之巾,揩拭手指、唇、面,向主人鞠躬致谢。"[1]

这里显示餐桌上男女平等甚至女子地位高于男子,"执杯起立""先致颂词""相让而饮""勿咀嚼有声""鞠躬致谢"等所传达出来的优雅、文明、安静,与中餐划拳闹酒、看戏听唱的传统宴客方式,形成鲜明的对比。

民国时期,成都所谓"西餐"已入境随俗。当时的旅游指南明确说:"来成都而吃西餐,实有许多不妥。盖一材料太贵,二材料太缺,做法更不得不两样也。"成都西餐馆名有"小巧"(走马街)、"国际"(春熙西段)、"涨秋"(总府街)、"嘉丽"(祠堂街)、"沙利文"(东胜街)……[2]

[1] 徐珂编纂:《清稗类钞》第四十七册,"饮食"(上册),商务印书馆1928年第5版,第50—51页。

[2] 胡天编:《成都导游》,第五编"食"//成都市地方志编纂委员会、四川大学历史地理研究所整理:《成都旧志·杂志类》(4),成都时代出版社2007年版,第30页。

民国时期成都春熙路上的西餐店铺。来源:作者购于文物市场

成都最著名的西餐馆是耀华餐厅，由民族企业家赵志成创办于抗日战争时期。1958年3月7日下午，到成都召开中央会议的毛泽东参观杜甫草堂后，突然来到耀华餐厅（当时叫耀华西餐部）。他看了菜单后点了五个菜：回锅肉、宫保鸡丁、麻酱凤尾、开水白菜和椿芽炒蛋，吃得津津有味……[1]

[1]《一座成都人记忆深刻的西餐厅》，《华西都市报》，2009-09-28，第三版。

当时中国最高领袖到成都最高档的西餐馆，却只选吃传统川菜。这折射出西餐对中国根深蒂固的传统饮食文化不可能产生多大的冲击。

◎ 清末成都天空上飘荡的酒香

### 老街上震惊世界的考古发现

成都历史的天空上，始终飘荡着酒香。

早在4500年以前，成都地区先民已有较为成熟的酿酒技术。从成都地区出土的汉代画像砖上"宴饮""酒舍""酒肆""酿酒"的情景，不难想象成都历史上酒业的繁荣。《史记》说西汉成都才子司马相如，"买酒舍，乃令文君当垆"，两口子就很有点开酿酒作坊的味道。

寓居成都草堂的唐朝大诗人杜甫（712—770年）说："蜀酒浓无敌，江鱼美可求。"岑参（约715—770年）说："成都春酒香，且用俸钱沽。"张籍（约766—830年）《成都曲》云："万里桥边多酒家，游人爱向谁家宿？"雍陶（约789—873年）称："自到成都烧酒熟，不思身更入长安。"李商隐（813—约858年）赞叹："美酒成都堪送老，当垆仍是卓文君。"

宋朝张能臣在《酒名记》中说成都酒楼处处都是，名酒有"忠臣堂""玉髓""锦江春""浣花堂"等。难怪大诗人陆游（1125—1210年）说："益州官楼酒如海，我来解旗论日买。"汪元量（1241—1317年）说："锦城满目是烟花，处处红楼卖酒家。"

明末清初，长期战乱使成都酿酒业衰落，清代中期逐渐恢复并发展。晚清后，许多文人诗句里更是跳荡着"酒"字。

杨燮在《锦城竹枝词百首》中描写了成都城中各省名酒荟萃情景："北人馆异南人馆，黄酒坊殊老酒坊。仿绍不真真绍有，芙蓉豆腐是名汤。"还说民众以井水自酿酒成为民俗："家家春酒客来忙"。

在清末吴好山笔下，九眼桥头的酒宴鲜活生动："九眼桥头凉意足，邀朋畅饮一楼风。"他还记录了一些"名牌"："酒数'森山'与'玉丰'，别家香味总难同。'泥头'好又'陈年'好，引得人人困此中。"[1]

1963年秋天，笔者考进成都35中。学校在水井街，成都酒厂离学校不过百米。古风犹存的老街不时微风吹过，浓浓酒糟香味飘荡入教室……笔者的亲戚杨姑爷是酒厂老职工，他于1984年对笔者说："厂里挖筑新酒窖，从地下挖出一块刻有文字的碑……挖出的东西被当成垃圾，连同破砖碎瓦一起倒了。"5年之后，又挖出了一些破旧玩意儿。直到1998年8月后，省、市考古队联手"考古"，又有发现。1999年3月后，水井街上热闹起来。许多嘴巴上㧟根叶子烟的老头、手提大白菜的老太婆，凑在酒厂大门口探头探脑："挖了古董了？有没有金翘宝？"

结果远远比"金翘宝"珍贵：埋藏了500多年的明代酒窖和各种陶瓷器、酒具，露出了地面。专家兴奋地得出结论：此遗址兴于元末明初，历经明清延续至今。在成都并不

[1] 以上竹枝词引自林孔翼辑：《成都竹枝词》，四川人民出版社1982年版。

起眼的水井街，一下子名传海内外。

从"福升全"到"水井坊"的由来

清乾隆年间，有个从陕西凤翔府出发的"王氏客商"，翻秦岭、过剑门，风尘仆仆来到成都。乾隆五十一年（1786年），"王氏客商"第三代的王氏两兄弟，在东城门外水井街开设烧酒坊，店铺是一座元、明、清三代川酒老烧坊的旧址。

水井街在府河、南河交汇处不远。烧坊不远的安顺桥旁有个大佛寺，王氏兄弟把寺内的"全身佛"谐音倒用，烧酒坊取名"福升全"。安顺桥下游有薛涛井，旧名玉女津。清康熙三年（1667年），成都知府冀应熊手书"薛涛井"三字刻立石碑，至今犹存。王氏兄弟取薛涛井水酿酒，被人称为"薛涛酒"，大受欢迎。

清代名诗人张问陶（1764—1814年），写诗题咏薛涛酒："浣溪何处薛涛笺，汲井烹茶亦惘然。千古艳才难冷落，一杯名酒忽缠绵。色香且领闲中味，泡影重开梦里缘。我醉更怜唐节度，枇杷花底问西川。"

1824年，"福升全"烧坊已门庭若市，生意做大了，又另择暑袜街生产"全兴酒"。烧坊古色古香，门额上有黑底金字新名匾额："全兴成"。大门两边是清代著名学者梁章钜（1775—1849年）似俗实雅的对联："入座三杯醉者也，出门一拱歪之乎"。

"全兴酒"甘醇、浓香、绵甜，风格独特。名流刘咸荥（1857—1949年）《咏全兴大曲》云："盏底清浮别有香，秋光酿出浅深黄。室中有酒无人送，带月归来笑举觞。"

"水井坊"（"福升全"烧酒坊）遗址，被评为

1998年成都酒厂大门（"水井坊"旧址），郑光路摄

"1999年全国十大考古新发现",震惊世界。这是中国发现的古代酿酒作坊和酒店结合的唯一实例,被誉为"中国白酒第一坊"。2001年7月13日,成都"水井坊"被国务院列为全国重点文物保护单位,以"最古老的酿酒作坊"载入吉尼斯世界纪录。[1]

[1] 韩理：《最古老的酿酒作坊——水井街酒坊遗址》，《锦江文史资料》第八辑，2004年，第90页。

### 清末成都有四百九十六家专业酒坊

其实,清代成都的烧酒作坊很多,"名牌"不少。

清末傅崇矩说,宣统时期成都专业酒坊有四百九十六家。最负盛名的有暑袜街的"全兴成",北打金街的"金谷园",东大街的"八百春",提督街的"永兴敬",南大街的"乾元和""福兴荣",总府街的"广裕和",学道街的"鸿盛源"……此外还有"邓兴泰""金源长""拔瓮云""聚顺和""新泰源""天成源""义兴源""荣丰堂""云云房"等。

左图：街边的烧酒摊子

右图：清末老百姓饮酒情景

成都酒坊是"前店后坊"，现制现卖，被称为"杯杯酒"或"冷啖杯"。酒坊铺面大都不甚宽敞，摆三四张桌子，安放点黑油油的高板凳。所卖下酒之菜以花生、瓜子、豆腐干为大宗，余系腌卤肉品，酒客也可以自带佐酒物。

清末傅崇矩记载了成都本地一些名牌酒及价格：

白老酒，每坛五百六十文、每斤三十六文。大曲酒，每斤三百二十文。玉兰酒，每斤八十文。香元酒，每斤八十文。玫瑰酒，每斤五十六文。烧酒，每斤五十二文。桂花酒，每坛六百六十文。百花酒，每斤五十六文。青果酒，每

左图：清末各种外国的洋酒和保健养生酒也进入成都

右图：清末出售各种外国洋酒和保健养生酒的商店

坛五百六十文。其他未注明价格的还有：毛酒、竹叶青、荫酒、葡萄酒、家常酒……

外地一些名牌酒及价格：渝酒，仿绍每坛一两六（绍酒在慈惠堂及梓潼桥、冻青树买，允丰正最著名）；花雕酒；眉州酒；嘉定酒；泸州酒（以毕刘轩最著名）；内江烧酒；白沙烧酒；绵竹大曲；潞酒；陕西大曲酒；茅台酒。

值得注意的是，清末各种外国的洋酒和保健养生酒也进入成都，如玫瑰香酒，三百二十文；兰花香酒，二百四十文；东洋消湿，二百四十文；西洋消湿，二百四十文；卫生消湿，二百四十文……[1]

## 清末四川每年制酒"在二万万斤以上"

以上介绍的，仅是专门制酒的商家烧房。

华阳县令周询说："川省田膏土沃，民物殷富，出酒素多，糟房到处皆是，私家烤酒者尤众……酒则各邑各乡，几乎家家皆能烤酿，直是一种最普遍之农民副业。且自烤自饮，以为冠、婚、丧、祭及度岁等事宴客之用者，尤复不少。"

周询还披露了令人震撼的数据：清末要征收酒税，以江津、泸州、什邡、绵竹等产酒之区，收数为最旺，"每年全省收（税）银，在九十万两上下……彼时川省每年，应共出酒在二万万斤以上，漏税者尚不在内也"[2]。

此外，乡间农妇最善酿糯米酒。糯米在成都又称酒米，所酿之酒又称为"醪糟酒""醪糟儿浮子""酒酿子"。城乡习惯在重阳节前蒸酒，成都人日常喜用醪糟煮鸡蛋或糯米粉子。久酿的"醪糟酒"其味甜润，比酒精度低的啤酒、红酒好得多。

[1] 〔清〕傅崇矩：《成都通览》下册，巴蜀书社1987年版，第249—250页。

[2] 〔清〕周询：《蜀海丛谈》，巴蜀书社1986年版，第23—26页。

记得1973年笔者去广汉，经乡间一"幺店子"，连喝两碗店主自酿"醪糟酒"，趴在酒桌上醉睡了两小时。自此才明白《水浒传》中，为什么总说酒能"解渴"，为什么武二郎能连喝"十八碗"……

可惜，如今已很难喝到那种真资格的"醪糟酒"了。

## 第二节　清末成都人的穿衣、住房和厕所

◎　清末成都各界人士穿什么衣服

### 成都满汉服饰的区别和变化

秦汉以后，成都织锦业就天下闻名，专设锦官管理。流江中"濯锦"最佳，故其地名"锦里"，其江因之名"锦江"。后世成都也称"锦官城""锦城"。因"锦"为蜀首

清朝男人留辫子，头戴瓜皮帽，穿袍服、褂、袄、衫、裤

创,故名"蜀锦"。其远销国内外,成都成为南方丝绸之路的口岸城市。

清末,成都半边街、机房街、红布街等,处处都是织绸缎、织布的"机房",从早到晚机声轧轧。嘉庆年间杨燮的《锦城竹枝词》道出了织锦业之发达:"水东门里铁桥横,红布街前机子鸣。日午天青风雨响,缫丝听似下滩声。"[1]

中国衣服质料,主要是丝、棉花、麻、毛和兽皮。绸,是薄而软的丝织品。缎,是质地厚密、一面光滑的丝织品。官商富贵人家多用绸缎制衣;春夏季用绸,秋冬季用缎。官员在官场中穿不同品级的官服及补褂,在家则穿"常服"(普通衣物)。

1644年清兵入关,对男子全面推行"剃发易服"政策:改换满人的辫发,改穿满人服饰,否则要被处死。而对汉族妇女、儿童、僧道、戏曲服饰及寿衣,总体上放松一些。

[1] 林孔翼辑:《成都竹枝词》,四川人民出版社1982年版,第43页。

汉族富贵人家妇女裹小脚,上袄下裳(裙),两截穿衣,裙内再穿裤

所以，清朝男人的穿衣打扮，满族与汉族区别不大。大体上男人留辫子，主要穿袍服、褂、袄、衫、裤，而穿长袍上罩"马褂"者最常见。

满族与汉族妇女的发式、衣服和鞋子，则有明显区别。

汉族女人缠足，发髻梳在脑后，有上袄下裳（裙）、两截穿衣的特点，裙内再穿裤。如果只穿裤子外面不套裙装，往往招来议论："这个婆娘穷家小户，身份卑微。"

满族女人都是天脚，头顶梳髻，俗叫"两把头""大拉翅"。她们穿袍服而不穿裙，袍里面穿裤。满族妇女服饰、鞋靴精美高雅，富贵人家还有马蹄袖和"镶滚"等繁复装饰，如同艺术品。

清末一个满族家庭全家男女老少穿戴不同服饰，官员之妻穿戴"诰命夫人"服饰

## 富贵人家多穿价格昂贵的绸缎、毛皮

光绪二十三年（1897年）三月，县级官吏丁治棠到成都谋差事。[1] 从他的日记中，可了解当时成都上层人士的一些"常服"衣物价格："到半边街买龙光宁绸马褂料，每尺实价银四钱。""到暑袜街买松播羊皮……少亦需六钱银。随到海会寺买狐皮，劣者甚多，稍佳者价不低，无十两银一件者。问猴皮腿裤，青色带黄者亦二两银以上，金线者价加倍。""狐褂系缎面，批银（即喊价）十八两。狐袍系绸面，批银二十八两。"

丁治棠谈到"藏呢"在成都很受追捧，反映了藏汉间紧密的经济联系，值得重视："藏（族）人……所携各品，沿途销售。最佳者藏呢一种，细密无可比喻，二蓝色者居多，以之作成夹袍，可百年不坏亦不褪色，每料须三十金（即30两银子）……曾在成都衣市购到一开叉袍。价近廿金。"

丁治棠还谈到外省衣物："川省冬令，有毛袜一种，全系羊毛积成。先将羊毛搓之成线，女工手制为袜，亦有制小孩衣裤者。价值极廉，着足极暖。袜桶能长至膝者，不过四五百文。小而短者。数十文足矣。陕省制者最多，贩之入川，多获厚利。"[2]

清末华阳县令周询记载：1900年前，花绸每尺最高价值银一钱四分，素绸每尺一钱多点。花缎每尺最高值银四钱，素缎每尺三钱多。江浙出产的绸缎，价比本地出产约加倍。周询说："非豪华之家不肯购也。"[3]

宣统年间，银一两可换铜钱一千四五百文。也就是说，月收入仅一千至三千文的工薪族，每月还买不了一两尺绸缎。至于皮货，则做梦也不敢想。

成都买卖皮货多在海会寺（在兴隆街）进行。皮衣店

[1] 丁治棠（1837—1902年），名树诚，号仕隐子，四川合川人，十六岁为州生员，四十三岁中举人。光绪初年受知于张之洞，调住成都尊经书院，1890年选为仪陇县训导。

[2] 《丁治棠纪行四种》，四川人民出版社1984年版，第150—151页。

[3] 〔清〕周询：《芙蓉话旧录》，四川人民出版社1987年版，第25页。

坊在街边竖有不少木板，脱脂后的狐皮、猞猁、羊皮等紧绷在木板上，皮子四周以铁钉紧固。店坊伙计以汤圆粉洒在皮毛上，再用竹鞭反复"啪啪啪"地抽打，以之增白。毛色有黑羔、白羔之分，毛长有大毛、二毛之别……

这些店铺，穷人不敢问津，冬季衣不蔽体的讨口子常望此哇哇悲哭。成都前辈何蕴如先生曾写竹枝词《海会寺羊皮衣》："黑白羔分大二毛，板钉上粉用皮硝。一装羊裘身倍暖，寒冬檐下有啼号。"[1]

[1] 何蕴如：《锦里少城行业记街（竹枝词）》，《少城文史资料》，第14辑，2001年9月。

### 普通百姓穿"布衣"乞丐"穿谷草"

普通百姓穿什么呢？只能穿棉花织的布衣，自古"布衣"成了平民的代称。所以，大诗人李白倾诉他倒霉时说："白陇西布衣，流落楚汉……"

清代成都周边州县农村家庭土法织布的情景

清代，成都周边州县农村家庭手工业生产的棉布，不仅供应本土，还是和西藏、云南、贵州等地交易的重要物资。县官周询说成都的布价"乡间自纺之土布，每尺二三十文"[1]，但缝件衣服也要两三百文。1900年后洋纱入川者渐多。洋布每尺价约一百文，价格是土布的三倍以上。

更穷的人只能穿"褐"衣，四川人称之为"粗布"的衣服。它用粗麻、杂毛等捻成线编织而成，质地粗劣保暖性能很差，还不如现今的麻布口袋。我儿时就穿过这样的"农家土衣"，上身不到一两个月就烂如鱼网。

有句成都俗谚流传至今："有朝一天时运转，衣服裤儿重起穿。"这是说穷人根本没有多的衣裤，往往补丁重补丁。日本人中野孤山描述过成都的补烂婆：

"经营这种行当的都是一些满脸皱纹、面如土色的老太婆；应该称为针线盒的东西是一个竹篓，里面放有破旧的布片。她们在十字路口、码头等苦力聚集的地方，摆一个小板凳做生意。苦力以及其他无家可归的人全靠此等补衣人缝补破衣烂衫；一般都是穿在身上补，偶尔也有光着身子等着

[1] 〔清〕周询：《芙蓉话旧录》，四川人民出版社1987年版，第25—26页。

"补烂婆"正在补衣裳，竹篓里面放有破旧的布片

缝补的。缝补业的路边摊相当兴旺，在蜀都的皇城门前，摊摊相连……"[1]

靠苦力生存的补烂婆，其生存状态其实已接近讨口子。而乞丐，许多人除了一块烂围席或粗糙的大麻布以外，更是无物蔽体。中野孤山记载了他到成都途中所见：

"三个光着身子的年轻人，他们在身上竖着稀稀拉拉地排放一些稻草，然后用草绳横着把那些稻草捆在身上。他们走起路来简直就像是草袋子在移动，双腿完全暴露在外。由于身上没有几根稻草，所以他们的肌肉清晰可见。颈部捆有稻草，显得滑稽可笑……看到他们瑟瑟颤抖着身体在路边饭馆里讨食的样子，实在是令人感到可怜。"[2]

笔者收藏的几张清末老照片，和以上描述几乎完全相同。

外国传教士维尔（J.Vale）亲眼看到："在严冬的清早，时常看到三四具尸体躺在东门外的桥边。"另一个西方传教士哈特韦尔（G.E.Hartwell），看见街头挤满了乞丐："除了一块烂围席或粗糙的大麻布以外，无物蔽体。"

[1] [日]中野孤山：《横跨中国大陆——游蜀杂俎》，中华书局2007年版，第96页。

[2] [日]中野孤山：《横跨中国大陆——游蜀杂俎》，中华书局2007年版，第85页。

左图：清末衣服极其破烂的乞丐手端饭碗乞讨
右图：清末身上"穿"破布片、稻草片的乞丐

为避免冻死，他们聚在小食摊留下的热碳灰周围。小食摊一般都有一个烹饪大土炉，当天生意结束后小贩把炉子留在街上，乞丐们冲上前去为争抢热灰而打架……"[1]

## 外国服饰成为清末的"洋盘"打扮

清末西风东渐，成都人思想观念、衣食住行……发生了很大变化。李劼人叙述当时人王中立说："成都从前也不讲穿，也不讲吃。做身衣裳，穿到补了又补，也没有人笑你……如今的成都人，几乎没有一个不用洋货的！"[2] 这句话，把百年前西方"现代文明"，和农耕社会传统旧生活方式的激烈碰撞，活灵活现地描绘出来了。

清末，西方服饰随着大批留学生"海归"而带入四川。傅崇矩记载："青年子弟好戴眼镜冒充学生，及学洋派。"[3]《通俗画报》上有幅《推屎扒》画，画上有一只戴眼镜的推屎扒（又名屎壳郎），上写："目非近视，而眼镜四季不离，成都人之推屎扒戴眼镜也。面像斯文，其实以推粪为运动，以逐臭为生活。"还有幅《中西人》漫画，讥讽成都的"假洋鬼子"：一个八字胡老头，头戴撮箕帽（鸭舌帽）、口衔香烟，手持文明棍，神态忸怩。画旁题词是："一身洋装，满口华语；周身洋货，不遗下体。又非讨口，狗棍夹起。好像闷头，软帽穿起。又不屙屎，把烟咬起。金钱外输，国货不喜。只恨父母，非洋种子。不中不西，人而无耻。改良社会，个个笑你！"[4]

清末崇洋媚外已成一时风气。傅崇矩批评："游东洋，求实际，不是会说两句'哀皮西的'（即ABCD），就自命为通西学；不是改穿两件皮鞋紧衣，就自夸。"[5]《通俗日报》刊登一篇《真阴沟跌假洋人》，嘲讽身穿洋服的假洋鬼

---

[1] 参见王笛：《走进中国城市内部从社会的最底层看历史》，清华大学出版社2013年版，第285页。

[2] 《李劼人全集》第二卷《暴风雨前》，四川文艺出版社2011年版，第237页。

[3] 〔清〕傅崇矩：《成都通览》上册，巴蜀书社1987年版，第115—118页。

[4] 《通俗画报》，1912年，第24号。

[5] 《启蒙通俗报》，甲辰第2年第3期《拟小学堂开堂演说》。

左图：清末《通俗画报》上《中西人》漫画

右图：清末《通俗画报》上《公母人》漫画

子掉进土坑弄破衣服，惹人嘲笑。[1] 报上还讥讽：某甲从国外归来，亲友见他剪掉长辫子、身穿西服、蓄外国小胡子，真是"文明的了不得！"他炫耀外国人东西都比中国好，最后拿出一个小枕头说："……是机器做的，我们中国人是万万不能的。"旁边一老人道："先生这藤子枕，是阁下祖上传下来的东西，你临上外洋去的时候，带了走的。"某甲面红过后说："虽然是中国作的，可是从外洋游了一趟回来，可就显得高（贵）的多了。"闻者无不大笑。[2]

女子装束也因"文明戏"的时兴而日益时髦："妇女衣服，近时分三派：一旧派，则大袖大衫，镶缘宽阔也；一时派，窄袖窄腰，不满不汉也；一学生派，小袖窄边，淡妆无华也。衣服装束，随时改变，一年一变，大约因戏上优伶衣服式样，为妇女衣服改革之模范。"[3]

1912年，《通俗画报》上又有幅《公母人》漫画，讥讽女性打扮"不男不女，或梳刘海头发，或穿缘边衫裤"。[4] 这是对当时女子剪短发、着时装的谑称，有守旧心态。

但时代潮流不可阻挡，民国初年"中西结合"已是男

[1] 《通俗日报》，1909-09-19。

[2] 《通俗日报》，1909-10-18。转引自王笛著：《街头文化 成都公共空间、下层民众与地方政治（1870-1930）》，李德英、谢继华等译，商务印书馆2013年版，第167页。

[3] 〔清〕傅崇矩：《成都通览》上册，巴蜀书社1987年版，第112页。

[4] 《通俗画报》，1912年，第22号。

民国初期成都人服装从传统到现代的有趣对照

人流行服饰：长袍、马褂、便鞋（或皮鞋）、瓜皮帽（或西洋礼帽）……年轻女子典型装束，头梳刘海，上身穿喇叭口圆领袄，下身穿黑裙，脚穿长腿线袜。满族女子臃肿的"袍服"，也演变为苗条的"改良旗袍"，一直流行到今天。

◎ **清末怎样办房产证及交多少契税**

### 从大毁灭到清末绚丽多彩的民居建筑

1644年12月14日，"八大王"张献忠在成都建大西国，称孤道寡两年就逃离成都，令将士全城四面纵火："转瞬间，川中首城已成焦土，人畜同化灰烬……"[1]

清顺治十六年（1659年）八月，身着戎装骑高头战马的四川巡抚高民瞻，在秋风瑟瑟中率大军入成都。明末华阳县令沈云的儿子沈荀蔚到成都，看见"成都城中绝人迹者十五六年，惟见草木充塞，麋鹿纵横，凡市廛间巷，官民居

[1] [法]古洛东：《圣教入川记》，四川人民出版社1981年版，第39—40页。

址,皆不可复识……"

沈荀蔚又看见:甘肃、陕西一些早期的移民百姓,这时随清军到已是"死城""空城"一座的成都。高民瞻实行多劳多得的占地修房政策:建房土地官府一文钱不收,他命令移民们各自去砍伐树丛、荆棘、杂草……各人以砍伐面积为界占地。沈荀蔚看见,这时"强有力者,得地数十丈不止"。这些移民先在"髑髅瓦砾间"搭些暂住工棚栖身;接着砍树作房柱,割下齐人高的蒿草作屋顶……随军百姓和兵士,才慢慢有了清代成都最早时期的简易住房。[1]

康熙二十二年(1683年),四川学政方象瑛入川,这时成都城仍一派残破,没有官衙。他只好借宿民宅,看见城中野兽出没"虎狼且攫人"。尤其是城中西北隅"颓墉败砾,萧然惨人"。方象瑛看见城中主要大道上,只有"瓦房百十余所",其余都是茅草棚:"茅屋皆松潘苗人造,每冬月苗携妻子至郡县,营工给食,妇女能负重,子女帽覆顶,

[1] 参见沈荀蔚:《蜀难叙略》//《张献忠剿四川实录》,巴蜀书社2002年版,第102页。

1909年成都城内建筑群。摄影:[美]地质学家张伯林

嵌以蚌壳。"[1] 这里说的苗人，实即羌族、藏族人。

移民把各省建筑精华带到成都。泥、木等工匠，多参加"鲁班会""女娲会"等行帮组织。清代成都的建筑，具有多地域文化交融特征：小青瓦、白墙、青砖、雕梁画栋……三合院、四合院或串联式多层庭院，花树绿化、处处水井，是成都传统民居建筑的基本元素。此外，大小官廨、庙宇、祠堂、民房、各省会馆，千姿百态、风格各异。

### 清末成都近代化西洋建筑

晚清，成都建筑又新添中西文化交融的特点。

现存最早的近代建筑物是平安桥街的天主教教堂，始建于清光绪二十年（1894年），由当时的法籍主教杜昂监造、骆书雅等法籍神父设计和施工。木工掌墨师则大都是川西农村的天主教徒。建造历时十年，耗银二十万两。整体建筑采用砖木结构、斜坡顶，是中国唯一中西式合璧、仿古希腊"拜占庭式"天主教堂建筑。[2]

1877年，四川总督丁宝桢在成都东门内下莲池街创办四

[1] 〔清〕方象瑛：《使蜀日记》//刘致平：《中国居住建筑简史——城市、住宅、园林》，中国建筑工业出版社1990年版，第158页。

[2] 梁地：《成都建筑风貌简介》，《成都志通讯》，1986（2）：48—49。

1908年洋人设计修建的华西坝建筑。摄影：[英]陶维新

川机器局。1904年，四川总督锡良在成都外东建造四川机器局新厂。新厂由三名德籍工程师监督施工，基础以混凝土浇筑，梁柱屋架采用钢结构，为成都近代工业建筑之始。[1] 新厂旧址在如今三官堂街望江嘉苑（望江公园对岸）。这些仅存的清代工业文明，是"洋务运动"和"新政"在成都的见证。但此地现今（2016年）已变成毫无历史文化价值的普通楼盘。

1909年建成的成都新式商场"劝业场"，是四川商业建筑走向现代化的"里程碑"（详见相关章节）。

有学者认为，成都的国际化，是从清末华西坝开始的。1905年，英国人陶维新、美国人毕启等教会中人，商议在城南野村坟山中创办华西协合大学。1910年3月11日建立后举行开学典礼。

[1]《成都建筑志》，中国建筑工业出版社1994年版，第3—4页。

1908年华西坝建筑工地脚手架上的工匠们。这张老照片珍贵之处在于展示了成都最早的建筑"民工"。摄影：[英] 陶维新

左图:成都的住宅老照片。日本人评论成都是"文化中心","风雅""闲静",是适宜居住的中国城市。来源:郑光路文物市场所购日本画刊

右图:清末成都的戴维森博士和夫人居住的建筑,中式为主,又融入西洋元素。摄影:亨利·威尔逊

建筑英国著名建筑师弗烈特·荣杜易等人精心设计,把中国古典建筑形式如飞檐、斗拱,嵌入西洋建筑;把中式大屋顶与西方洋楼结合为一体。无论是从文化价值还是从建筑艺术上看,华西坝建筑群中西合璧、典雅绝伦,是东西方文化和谐统一的典范,影响很大。

此后成都传统建筑开始转型,出现了大量中西合璧的新式建筑。著名的有暑袜街邮政局,由加拿大人设计。还有一批官邸、公馆、民宅、医院、纪念碑……这与古旧成都农耕时代遗留的众多穷人棚户、草舍、小瓦房,形成了强烈对比。

城市建筑是可以触摸的历史碎片。2005年调查成都市近现代建筑,发现成都最老的建筑是光大巷37号高家大院,建于乾隆年间。当时实地调查了128处,选了33处为优秀近现代建筑并登记造册。[1]

20世纪80年代后,轰轰烈烈的所谓"城市改造""城市建设"潮流,使中国城市变得千城一面。有多少人意识到:我们正在埋葬自己的历史?现今成都不少所谓的"老街""旧建筑",赝品假古董居多。究竟还有多少"真货"能幸存于今?

[1] 何兵:《让建筑传承老成都的记忆》,《成都日报》,2012-04-01第13版。

# 成都"变脸"
## ——中国城市近代化缩影

### 公馆、杂院、烂棚户、铺面、租金

清代成都民居房屋大致分"公馆""杂院""铺面"三种。走进城内,会看到:黑漆公馆门外一对对石狮子,青瓦屋墙伸出红梅、老槐、修竹……更多的是沿街矮小连排的普通百姓瓦房,或七歪八倒的泥壁草屋、竹棚。

"公馆",即富贵独家豪宅:大门外多筑照墙,大门内数步即中门,左为侧门,右为"司阍室"(即传达室);中门内是"天井",进去为大厅,再进去是厨房、花园、菜圃、茅厕……清末成都最大的公馆,月租不超过五十两银子,以月租十两至二十两者为多。若分租正房或厢房,月租不过数两。

"杂院",即普通百姓多家人同住一个院子,俗称"十家院子"。租金每间每月制钱数百文。以木匠、泥水匠等技术性工匠为例,每月收入3000文左右,房租是笔大开销。

至于赤贫市民,根本无力租房。成都四城门内外河沟、城墙边洼野地……搭建许多东倒西歪的烂棚子,在夕阳

左图:1909年成都东大街上繁华的商铺。摄影:[美]地质学家张伯林

右图:民国初年成都皇城坝正在修建的民房及贫民居住的"鸭儿棚棚"

鸦噪声中呈现出一幅末世苍凉的图景。

"铺面",就是街面商店。铺面上层多有楼,后面无房屋者老板一家人即住楼上。"繁盛街道"上的三间"铺面",年租金四五百两。单间年租百两或数十两。公馆、杂院租金多按月交纳,铺面则多按季或按年交。[1]

当时报人傅崇矩说:"省城内,南北多公馆,东多铺户,西多陋室。"意思是南门北门富人多,东门商家多,西门则穷人棚户区多。[2]

### 营业性用房("铺面")为什么越来越贵

2012年12月20日,成都市房地产交易中心"房产契证陈列馆"开展。

馆藏成都最早的房地契是康熙三十年(1691年)的,堪称"成都第一房契"。区域为东御街中段一块空地,交易金额为白银50两。这里值得重视的是:第一,市中心的东御街居然有"空地";第二,买卖为双方自立契约,中间人作保,官府收契税银并监理存档。这两点体现了当时政府已对房产交易进行正规化管理。

从另一份乾隆年间的老房契可以看出,成都民居多为前房临街,房后有菜园。这可见所居市民虽然类似如今的"城市户口",其实又是种菜、卖菜的农民,说明当时的成都具有典型的农耕城市特征。

另一些房契多具体描述了院落有水井几口及附属"林园"花草树木品种及数量……折射出成都历史上房屋建筑注重生态环保,有浓郁田园城市的风貌特点。

19世纪后的嘉庆、道光时期,城内临街"铺面"多起来了。

---

[1] 〔清〕周询:《芙蓉话旧录》,四川人民出版社1987年版,第5—8页。

[2] 〔清〕傅崇矩:《成都通览》上册,巴蜀书社1987年版,第303页。

一份南暑袜街上交易的房契表明，道光十四年（1834年）"袁陈氏"因丈夫死了缺钱用，把南暑袜街上两间铺面，以580两银子的价格卖给了王同兴。当时粮价每石（300斤左右）仅一两左右，580两足可买大米17万斤。

这说明成都在遭大屠杀170多年后，又发展为商贸大都市，所以商铺价格步步走高。当时有许多人投资铺面"坐收租金"。如一张"咸丰五年"（1855年）签订的契约显示，一个名叫"尤颐山"的人花了纹银1000两，买下盐市口坐西向东的4间瓦铺房，租给方干盛、龙泰号两个商家经营。另一份光绪九年（1883年）的房契显示，总府路的两间铺面就卖了1100两。当时技术性工匠（木匠、裁缝等）月收入不到2两，工作50年也挣不到这么多银子。

清末成都商铺也越来越近代化。傅崇矩说："铺面近多改良形式，东大街、城守街、学道街、青石桥、总府街等处之铺面，租金甚贵。改修门面者，多系洋广货及彩票生理。茶坊、酒馆、旅店亦逐渐布置，皆近年成都之进步。"[1]

所谓"改良形式"，是指新式商业建筑常修成一楼一底。底层店堂开敞营业，以招徕顾客；并置活动长条形木质拼排门板，早卸晚上。为防行人日晒雨淋，店铺楼上多向外挑出1米左右，作阳台、通道之用。檐口设垂花柱、栏杆或飞来椅等建筑装饰。有的为扩大楼上空间，用木格花窗将挑出部分封闭起来……表现了成都临街商铺的传统特色。[2]

成都收藏的清代前中期房契数量少。清末至民国的房契数量大增；房产交易人涉及民房、会馆、教会、学校、寺庙、企业、军队等。这既说明城市逐渐繁荣发展，也体现了政府对房产交易税收越来越重视。

[1] 〔清〕傅崇矩：《成都通览》上册，巴蜀书社1987年版，第303页。
[2] 参见《成都市建筑志》，中国建筑工业出版社1994年版，第49页。

### 清末已在征收类似现今的"教育附加税""印花税"

民间买卖双方订立、有中证人签字但未经官府验证的,叫"白契"。买卖双方经过官府备案并纳税,加盖官印,后称"红契"。

道光二十九年(1849年)任四川按察使的张集馨记载:各级地方官都从地亩、房产交易中雁过拔毛、层层盘剥,"沾润税契银两以肥身家"。所以在茶坊酒肆中,老百姓"每讲论田土,差役必从中百计怂恿",甚而买卖双方"讲论未定差役即报官勒税"。老百姓"稍涉辩争即押入卡房(即拘留所),其风由来久矣"[1]。

傅崇矩记录,1909年之前房产交易都由地方官衙门直接经手,"以此为大宗进款"。成都县买卖房产,过户时税银要收总房价的8.2%,华阳县收总房价的6.835%。

1909年,四川省总督赵尔巽成立专门省级税收机构"经征总局"。各州县派有委员,设立分局(相似税务分局)。各分局大致把税收总数的十分之一拨为办公经费,十分之九上缴省藩库。[2]

值得注意的是,当时已征收类似于"教育附加税"了。从宣统元年(1909年)十二月起,新执行的房产交易税如下:

成都县,"税契六分,库平收兑,又代收提学司高等小学堂并练费等款,通共一分九厘"(即教育附加税为1.9%),共收房屋交易总额的7.9%。比如房产价值一百两,纳税7.9两。比原来未设"经征总局"前收8.2%,税负少了一点。

华阳县,"税契五分六厘八毫,库平收兑,又代收提学司中学堂、实业学堂等款,总共一分一厘二毫"(即教

---

[1] 张集馨:《道咸宦海见闻录》,中华书局1999年版,第116页。

[2] 四川省地方志编纂委员会编《四川省志·大事纪述》上,四川科学技术出版社1999年版,第205页。

育附加税为1.12%），共收房屋交易总额的6.8%，比原来收6.835%，也少了一丁点。

"经征局"比以前地方官统办时"过户"效率高了一些："五日内换填官契"，[1] 相当于今天所说的五天"换本本"。

[1]〔清〕傅崇矩：《成都通览》上册，巴蜀书社1987年版，第35—36页。

### 一张"官契"（产权证）宰人没商量

清代也有类似现在"过户"时贴的"印花税"。藩司衙门（即布政使，掌管一省财赋、民政）专门印制有一种"契尾"，盖有省级布政使大印。纳税款外另缴银数钱即给"契尾"一张贴于契约之后，"表示此项产业之转移，亦经布政使证明也"。

光绪三十四年（1908年），契税改归经征局管理，即将"契尾"废除。另由布政使（藩署）制发一种"官契"（相当于现在统一格式的正规过户产权证）。民间买卖产

1911年（宣统三年）成都地方政府的"官契"（产权证）。来源：四川省档案馆

业,一律以"官契"为准。"每官契一张,须缴工本银二两,以一两归藩司,一两呈总督署作办公费。每年约发官契六七万张,督、藩两署由此亦各增收入六七万两。"

清末华阳县令周询评论:"此项工本,在契价较巨者,加缴银二两,尚不为难,若买价仅数十两或十余两者,则担负殊重耳!"[1]

用现在话来讲就是:如果买了套值一百万元的房子,除税费外还要另外多交两万元"工本费",那可以忍受。但如果买套只值十万元的小旧房子,除税费外也要另多交两万元"工本费",给当官的"作办公费"(实为官员自由支配的小金库),则不成了"活抢人"吗?

清末也有职业房屋中介,称"房经纪"。宣统元年(1909年)官方普查户口统计,"发有规则"(即执照)的"房经纪"有70家[2],说明清末成都房产交易也火爆。

民国时期,房地产买卖一律以"官契"为准,管理更加规范。1914年,财政部颁布《验契条例》,这其实类似"不动产登记制度":不论新旧契纸均须政府再审核,颁发格式统一的契纸,并收"验契"费。[3]

薄薄一张"房产证",越来越向现代化靠拢了。

## ◎ 古典式"栈房"向近代化"旅馆"演变

### "幺师"吼唱歌谣"办交涉"

中国旅馆业至清末已有三千余年历史。它名目繁多,如"驿""逆旅""邸店""传舍""客舍""火房""四方馆"……清末成都的旅馆,从农耕社会的古旧"栈房",

---

[1] 〔清〕周询:《蜀海丛谈》,巴蜀书社1986年版,第11页。

[2] 《成都市志·公安志》,四川人民出版社1999年版,第284页。

[3] 左治生:《中国财政历史资料选编第11辑(北洋政府部分)》,中国财政经济出版社1990年版,第142页。

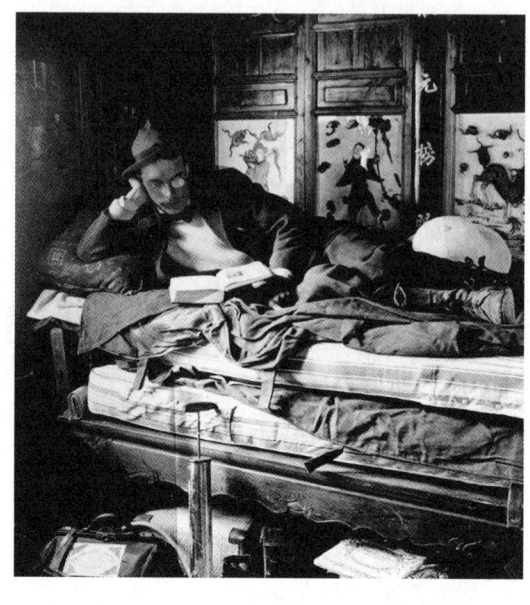

成都一家客栈床榻由长椅改造而成，床后屏风上有"状元、榜眼"字样，应当是这家客栈最好房间了。摄影：[美]西德尼·甘博

开始向近代化"酒店""宾馆"演变。

清末成都，入夜后会在街巷远远看见客栈的标志：悬挂屋檐下的长方形白纸灯笼。灯笼两面一般有写"未晚先投宿，鸡鸣早看天"的，有写"日暮君何往？天明我不留"的；也有写"未晚先投二十八，鸡鸣早看三十三"（指"二十八宿""三十三天"）的，意含俏皮。

栈房伙计被称为"幺师"。你进屋要睡，往往会听到院子里"幺师"长声悠悠地吆喝："楼上客，楼下客，听我幺师办交涉！要屙屎，有草纸，不要扯我的床笆子。床底下，有桶子，不要在床上堆金子。要屙尿，有夜壶，不要在床上画地图！门窗要关严，灯盏弄吹熄。嫖赌搞不得，小心有盗贼！……"

四川人好幽默，这是"幺师"在交代旅客注意事项。扯床笆子干啥？原来旅客常常解大便后乱扯床笆子揩屁股。

黎明时分，又会听到院子里"幺师"吆喝："楼上楼下客，东方已发白！鸡鸣早看天，早走好早歇。铺陈交清

第五章 清末"衣食住行"等方方面面 315

左图：1898年成都城外一家乡村客栈门外的情景。摄影：英国女旅行家伊莎贝拉·伯德

右图：这家"官店"客栈的"幺师"穿长衫，显得精明狡猾

楚，来去要清白！"吆喝完，"嘎"的一声大门打开。在"幺师"躬腰谢声"客官走好"中，送出一个个住店客人。

### 日本人眼中的肮脏旅馆

清末在成都任外教的日本人中野孤山，谈到他到成都途中投宿的经历时，痛心疾首："中国旅馆，惟有红漆招牌华丽气派，字大有力饰以金泥。受璀璨夺目招牌之诱惑，跨进一家旅馆举目一看，客房角落一般都有明显尿迹，柱子和墙壁上留有鼻涕……房间内蜘蛛网纵横交织，大小蜘蛛得意洋洋地在玩耍……那些床通常是三尺宽、五尺七八寸长、一尺五寸高。中间有三五根横木，横木上竖着摆放竹条，竹条上薄薄地铺垫着一层稻草，通通显得陈旧不堪，已经成了臭虫的窝。"

不仅设施差，而且服务人员素质也差。中野孤山接着倾诉：

"旅馆'幺师'大都不讲卫生、不懂规矩，用衣裤擦饭碗。鼻涕肯定是用手来擤，一旦沾在手上，就将其擦在衣裤上（这种现象极为普遍，有一个省总督也是这么做的）。事后，他们又用那样的衣裤来擦饭碗。虽然也有擦碗布，但这种布又兼做擦桌布用，用来擦蹭过鼻涕的床、柱子、桌子、鞋台，还有饭碗、筷子、饭盆。清洗这种抹布的桶也只有一个……咸菜，是用'幺师'的长指甲撕碎的，决不用菜刀来切。……旅馆里绝对没有洗澡的地方。通过洗澡来消除旅途疲劳这种事情，连做梦都不敢想。"

他还专门谈到了厕所："设施不善而且极不卫生，其中大部分厕所都与猪圈并排着。在一个大坑上架着桥板，桥板只有一块，看上去很悬乎。解手时蹲在桥板上，要么与猪相对，要么屁股冲着猪，二者必居其一。由于桥板不牢靠又狭窄，而且还有一半已经腐朽，因此，旅客就在宽敞的庭院或安全的室内墙角方便。"

只有一样使这位日本先生赞扬了几句："旅途中的饭馆，饭菜都是论碗卖，一碗一般都只要十五六文钱。虽然普通的一餐饭只花二十来文钱，但是，如果要点特别的菜，饭钱就得另算。尽管这样，仍然比想象的便宜。""旅馆的费用，每人一晚一般是一百五六十文到二百五六十文。菜三十文，茶五六十文就能解决。"[1]

这个日本人的叙述，足以让我们看到清末国民素质的低下和旅馆的丑恶。百年后，不少旅馆上述肮脏现象仍不少见。

### 傅崇矩概述1908年成都"客栈"收费及数量

傅崇矩说："城内之客栈，以东大街、西大街为最多，然商号住者甚火。若'官店'，则以打金街、青石桥、华兴街、棉花街、水花街、湖广馆为佳。"

"官店"，旅客多是来省办公务的官吏，或是有钱的

[1] [日]中野孤山：《横跨中国大陆——游蜀杂俎》，中华书局2007年版，第91—94页。

第五章 清末"衣食住行"等方方面面 | 317

这家"官店"客栈高大宽敞,可停放车轿货物,一条黑狗在天井中

绅粮。"官店"高大宽敞,可停放车轿,床铺清洁,并可供伙食……笔者收藏的一张清末成都"官店"老照片就是这种情景,连"幺师"也穿长衫,面露精明狡猾形态。

清末成都好一点的"客栈"有:棉花街的高升店、联升店、天源店,湖广馆的天禄店、会昌店,青石桥的明阳店,东大街的裕成店、天恩店,暑袜街的吉祥店、同盛店,华兴街的明源店;提督街的凤集店……

清末低档客栈,睡通铺的男人的长辫子下垂在通铺外,真像一根根"猪尾巴"

民国初期成都客栈门前情景，柜台上有绍兴酒坛、菜肴。左侧墙壁上有"（客）栈"大字。来源：郑光路文物市场所购日本画刊

档次更次的，是南门外浆洗街、柳荫街，北门外破簸箕街、迎恩楼和东门的紫东街、牛市口的旅馆，这些地方便于进出成都的过客长途起程。傅崇矩说：最差的就是"城外者，恶劣无比。东门又有鸡毛店者，贫苦及乞丐游民所住，恶劣无比。"住宿者睡通铺、滚谷草、人挤人……

官店中呼跑堂者曰"幺师傅"，住客除给店账外得另给小钱（小费）。傅崇矩记载了成都"客栈"规矩："店中床、桌、柜、几均有。油量须自己添用，菜油自己购办。只有炭火及饭食分上下官房。上官房每日每人店钱二百四十文，下官房一百二十文。如今夜入店，即须算一日之钱。如今夜入店，明日早膳后行，仍算一日之钱。若迟至午膳后行，则须算两日之钱矣。"

照明费要住客"自己购办"，大有农耕社会的古风。但"迟至午膳后须算两日之钱"，类似于现代酒店的规矩。

客栈一般二更后关店门。棉花街、青石桥一些"客栈"有弹唱者夜间入店，以备旅客消闷。但东大街之客店不准弹唱，因恐扰及商家生意。尤其是"鼓楼街之店多住西商"，更不准弹唱者入内。

清末成都有多少"客栈"？傅崇矩记载："省城店房其三百一十八家，外有寄宿人家三百六十七处。"最值得注意的是，当时周善培曾下令成都旅馆学习外国先进管理经验："周孝怀观察访令该良，通取空气，遂一变从前秽浊之习。"[1]

"悦来旅馆"开创成都近代化宾馆的新纪元

清末一些大"客栈"的老板都有些背景。除官场关系外，往往还有"袍哥"帮会身份，这样才吃得开，否则警察、烂兵、流氓往往会来生事。光绪二十三年（1897年），合川县教谕丁治棠到成都谋差事，在日记中记录他从北门进城投宿时的情景：

"入北门，喧声潮涌，红尘四合，毂击肩摩，（拥）塞而进……进城由鼓楼大街，过沟头巷，穿暑袜街，出东大街入南打金街，到'荣隆店'寓焉，占西一房。见店主谢星五叙寒温。谢西充人，熟悉宦途，（督）院司、书吏，皆其故旧。受友托，有肝胆。凡教职公务多倚办焉……"[2]

从丁治棠的记录中可知，店老板谢星五和总督衙门官吏关系烂熟，常穿针引线般为住客办些类似买官卖官"走后门"的事情。

栈房老板认钱不认人，如欠房钱则撵走不商量。所以在《隋唐演义》中，"山东第七条好汉"秦琼为给店钱，不但"卖马"，还把防身家伙双锏也送了当铺，成了"一文钱逼死英雄汉"的经典故事。

1903年锡良当四川总督时，其故友陈宧穷愁潦倒来成都，住在南门外柳荫街一小栈房内，备受店家白眼。陈宧去总督衙门递帖求见后久无下文，店主黑脸秋风下逐客之令。

[1]〔清〕傅崇矩：《成都通览》上册，巴蜀书社1987年版，第276页。寄宿人家，指非长期、正规的可临时寄宿的民居。

[2]《丁治棠纪行四种》，四川人民出版社1984年版，第151页。

恰在这晚，一人带随从来访，因陈宦外出便，留名片而去。店主见名片上赫然写着"锡良"两字，吓得屁滚尿流，才知是总督大人便装回访。陈宦回店，店主赶紧具备酒席，长跪请罪……[1]

川剧中著名的折子戏《迎贤店》，挖苦栈房老板"前倨后恭"，描述的也是这种情景。

宣统元年（1909年）农历五月十八日，成都劝业场内"悦来旅馆"开张，有可接客近百人的小洋楼。前有舆马场地（停车场），后有专供商旅客人携带眷属住宿的小院。旅客的楠木家具，一律在专门制作高档家具的"梁八折"商号定做（号称可以八折回收所售家具，信用极好）。旅馆设有现代化浴室、电灯、冷热自来水管等新式设备，床铺华丽整洁。此外，还附设味美可口的中西餐馆、酒肆。收费当然不低，住一天四个银元可兑换制钱约4000文[2]。泥水匠等技术性工匠，当时每月收入也才3000文左右。

傅崇矩记载，"悦来旅馆""近来商会同人集资，又建立文明旅馆，可称（成都）第一（旅）店矣"[3]。

"悦来旅馆"常在报纸上刊登广告招徕宾客，可以说开创了成都近代化宾馆、酒店的新纪元。

[1] 参见唐觉从：《解放前成都的旅馆业》，《武侯文史资料选辑》（内部资料），第2辑，第97页。

[2] 参见姜梦弼：《商业场的变迁》//《成都掌故》第2辑，成都出版社1998年版。

[3]〔清〕傅崇矩：《成都通览》上册，巴蜀书社1987年版，第276页。

◎ 清末成都人怎样"方便"和对厕所改良

"拉野屎""臭茅厕""活动夜壶""私厕"

中国人似乎从不大讲究厕所（这里主要指公厕），一般在粪坑上搭块木板就供"方便"。《左传》记载，约2600年前，一国之君的晋景公肚子胀痛，"如厕，陷而卒"，也就是上茅坑失脚淹死在粪坑中。

直至明朝、清朝，堂堂北京城也是"京师无厕"（公厕）。晚明时有个小品文名家王思任记载："愁京邸街巷作溷"，意思是人们随地乱屙，大街小巷就是露天大厕所，让人厌恶……清朝《燕京杂记》记载：北京公厕入者须交费，故市人都在街道中便溺，甚至妇女也当街倒马桶……北京尚且如此，成都等"二三线"城市，当然更糟糕。

今人所称之"厕所""洗手间"，古人称便所、厕屋、厕轩、厕溷、圊……《西游记》中孙猴子称为"五谷轮回之所"，最能道出事物本质真相，可惜不通用。成都人则一般叫作茅房、茅厕。

清末成都，人们是怎样"方便"的呢？

街头巷尾"拉野屎"，曾是城市顽疾。1897年，法国人马尼爱到成都。他记载：官衙、商贸等面子街道"金碧辉煌""宽衢华厦"。但更多偏僻街巷不仅狭小，还"随路秽积""恶陋无比"。这位马尼爱先生坐一顶小轿子，两个轿夫时时"跨过垃圾之堆""又踏遗粪"：踩了一大脚街巷中乱屙的臭屎，弄得"跌撞不止一次"，极为狼狈……[1]

清末成都任外教的日本人中野孤山，谈到了成都地区的旅馆："房间不分内外，到处都是前夜住客随意方便的屎尿……我总是打头阵的，因此就与这些粪便撞了一个正着！""（厕所）设施不善而且极不卫生，其中大部分厕所都与猪圈并排着。在一个大坑上架着桥板，桥板只有一块，看上去很悬乎。解手时蹲在桥板上，要么与猪相对，要么屁股冲着猪，二者必居其一。由于桥板不牢靠又狭窄，而且还有一半已经腐朽，因此，旅客就在宽敞的庭院或安全的室内墙角方便。"[2]

成都城内茶馆、街巷也有"臭茅厕"（公厕），但基

---

[1] [法]马尼爱：《戊戌时期法国人眼里的成都——游历四川成都记》，载《渝报》光绪二十四年正月，第九册。

[2] [日]中野孤山：《横跨中国大陆——游蜀杂俎》，中华书局2007年版，第94页。

本上无女厕。阴暗偏僻处半截破砖墙、破布帘子稍作遮掩，挖一小坑（或埋个大陶缸），搁几条木板，摆只尿桶——这就是公厕了。这些公厕大多小、烂、脏、臭，屎尿遍地，臭气冲天，几乎无处落脚。厕所中蚊蝇飞舞、老鼠聚集……省城四门外，泥路两旁则露天粪坑星罗棋布。

早期在成都电影院，有些穷家小孩提几个粗竹筒暗中走动，小声说："尿筒！尿筒！"观众尿急了不必离座，给几文铜钱接过"活动夜壶"，哗啦啦大屙……后来警察以"有伤风化"进行禁止。[1]

富贵人家公馆、独院里也有私厕。粪缸储满了，叫沿街收买粪便的农民运走，还可以卖点"小菜钱"。讲究点的人家，厕门外还供一个木偶或纸偶做的小"厕神"。此神名紫姑，原姓何名媚。相传她是唐代山西寿阳刺史李景的小老婆，被大老婆害死在厕所，武则天闻之封为厕神。

人丁多的官绅人家，在厕门外放一只草鞋、一只尖脚鞋。男人入厕便将草鞋捡起来挂厕门上；如果是女人，自然便挂尖尖鞋了。[2] 这相当于如今厕所门上的烟斗或高跟鞋，代表男或女。

[1] 参见景朝阳：《旧电影院逸闻》// 冯至诚编：《市民记忆中的老成都》，四川文艺出版社1999年版，第168—169页。
[2] 参见铁波乐：《老成都的厕所》，《成都晚报》，2008-11-30（14）。

### 擦屁股用草纸、竹片或"狗舔屁股"

便后怎样擦屁股？"雅人"们会觉得这个话题很俗，其实这已成为新兴学科。日本学者西冈秀雄就著有《卫生纸文化考》。如今去过日本的人都知道：该国便纸是可溶解的，不需另设肮脏不雅的"便纸筐"。中国人抢购不用便纸的热水冲屁股的日本马桶，更是近年人尽皆知的大新闻。

唐宋之前，中国人常用木片或竹片，雅称"厕筹"。

史学界有人认为，"厕筹"之法在东汉后随印度佛教传入中国。根据是《毗尼母经卷》第六中，释迦牟尼说入厕应符合戒律："用筹净刮令净……所应用者，木竹苇作'筹'……是名上厕用厕筹法。"

中国远古猿人或许不擦屁股。但秦汉以前的中国人，难道就不会便后就地取材，找些植物叶、石块、瓦片、木片来解决便后干净问题？这又何需"引进外国经验"？把"使用厕筹"的"发明权"归印度，笔者认为乃忽略常识之谈。

至少在隋朝、唐朝后，中国人已广泛使用"厕筹"。《资治通鉴》唐纪四十七记载，韩滉任镇海节度使，运送大量物资至关中，其中就有大批"厕筹"，说明此时"厕筹"已是军队重要后勤供应物之一了。

清末成都人怎样揩屁股？用草纸是其一，但要花费。贫苦百姓所用仍是"厕筹"，但不会如此雅称，说成"用篾片刮"。

清末到民国时期，旅馆伙计常吆喝提醒住客："楼上客，楼下客，听我幺师办交涉！要屙屎，有草纸，不要扯我的床笆子。床底下，有桶子，不要在床上堆金子。要屙尿，有夜壶，不要在床上画地图！"这里"幺师"提醒住客：诸公排泄务请自备草纸，不要乱扯咱家床笆子"用篾片刮"啊……

直至公元2000年后，笔者到成都东郊大面铺农村走亲戚，我的三舅妈、幺舅妈家，茅坑土墙上都放了不少竹片子。这不一定全为节约资金，更多的是传统习惯难以根除。

如今说来很难令人相信还有"狗舔屁股"。且看清末在成都任外教的日本人中野孤山写的原文：

当地苦力等无家可归的人很多，随地大小便者不乏其人。然而，那些狗很快就把污物舔食得一干二净。一个苦力在大路上方便的话，就会有二三十只狗围在其四周，竞相争食还冒着热气的粪便。我曾遇到过一件滑稽可笑的事情：当时我在市里散步，看见一个妇女抱着一个婴儿把屎。等婴儿解完便后，做母亲的就把婴儿的屁股冲着在那里的狗。狗一溜烟跑过来舔拭婴儿的肛门。等狗舔来舔去把婴儿屁股舔干净以后，妇女抱着婴儿离去……[1]

这个日本人的描述让人恶心，但须知这就是百年前历史的真相。笔者本人也不止一次在成都街头目睹狗舔小儿屁股的情景——那已经是20世纪50年代后的情景了。

### 官方征收"粪税"和开始环卫管理

经营"粪肥业"，古已有之。清代有篇话本小说《掘新坑悭鬼成财主》叙述了一个"经商创意"的故事：

穆太公是乡下人，一天进城发现城里道路两旁"粪坑"（公厕）要收费。穆太公脑中灵光一闪："倒强似作别样生意！"回家后，他请工匠"把门前三间屋掘成三个大坑……到城中亲戚人家，讨了无数诗画斗方贴在这粪屋壁上"，并请读书人题写雅名："齿爵堂"；又求教书先生写了百十张"报条"（广告）四方张贴："穆家喷香新坑，远近君子下顾，本宅愿贴草纸！"

免费"公厕"还提供免费草纸，而且又打"文化牌"："壁上花花绿绿，最惹人看，登一次新坑，就如看一次景致"，相当于当时的"五星级公厕"了。吸引得"那蓬头大脚的婆娘来问：'可有女粪坑？'"穆太公便又盖起一间女厕……于是肥源滚滚，卖给种田的庄户人家，果然"强似作别样生意"。[2]

清末化肥尚未问世，成都的"粪肥业"十分兴旺。成都"官茅厕"（即公厕）并非政府所修，而是由穆太公这类

---

[1] 〔日〕中野孤山：《横跨中国大陆——游蜀杂俎》，中华书局2007年版，第107—108页。

[2] 〔清〕酌元亭主人：《照世杯》，华夏出版社2013年版，第171页。

清末省城内用鸡公车载粪桶、水桶的清洁工

"粪老板"修建的,只是毫无穆太公的"文化创意"。

四川总督奎俊1902年督川时,"见农民入城担粪,即抽粪税:每担取数文,每厕月取数百文"。当时革命党人批评:"税至于粪,真无微不至!"[1] 据说1924年后军阀杨森在成都主政,也派军警征收粪税。文人刘师亮写对联嘲讽:"自古未闻粪有税,于今唯有屁无捐。"

到了清末,四川推行警察管理制度,城市卫生状况好了许多。光绪二十七年(1901年),留学海外学习"新政"的学子归蜀,在成都开办学堂,设立卫生专科,这时"始知卫生有学"。警察机构制定卫生规则,包括改善各街厕所,将街边尿缸尽数填平,以改善街道卫生。

1909年户口普查时统计,成都城内茅厕数为1393处。[2]

城区"官茅厕",要依靠粪商雇佣运粪夫从城中运至城边"粪塘子"。近郊农民也每天入城,肩挑粪桶沿街吼叫:"倒马桶子啰!"婆婆、大娘们手端马桶一拥而出……自然难免一路"抛撒黄金"。所以警察署规定,收运粪便须在早晚,不得白天过市——这和如今垃圾运输通常在夜间进行类似。

[1] 《四川革命书》丛刊本,载《辛亥革命》(二),上海人民出版1957年版,第311页。

[2] 根据《四川官报》1909年中相关资料整理。

真正认真整理街市厕所是在1924年。据笔者掌握的第一手市政史料记载:

"成都市街厕,全属私人所有,共数有一千七八百所,大半均属污秽窄狭,其厕屋之修造亦未合法。"1924年,成都市政公所派卫生科人员四出调查后,"照式修造"公厕;过于污秽窄隘或逼近水井者,立予封闭,计取消数百所,并颁布厕所清洁规则,勒令遵守。于是"厕所遂得次第改良,虽未能普及全市,然亦较前清洁多矣"[1]。

1928年,成都才开始设置女厕所。1941年,有关方面认为"成都市为后方重镇",设置成都市政府卫生事务所,制定《成都市厕所管理规则》,并在提督街中山公园内建模范公厕……[2]

从清末直至20世纪60年代,成都府河、南河上,皆有"尿水码头"。粪坑至码头连有木槽,粪尿能顺槽流入停在河面的"尿水船",每船能运数千斤,远销双流、青神、眉山等外地州县作肥料。[3]笔者那时常在天仙桥后街和九眼桥等河岸码头,遥望粪尿顺十多米长木槽流入"尿水船"

[1] 杨吉甫等编:《成都市市政年鉴》,民国十七年(1928年)铅印本,第501—502页。

[2] 成都市档案馆第34全宗《民国时期成都市卫生事务所》第1册,转引自吴达德主编:《西南社会历史论丛》,四川出版集团2009年版,第94页。

[3] 参见《成都市志·环境卫生志》,四川人民出版社1994年版,第50—51页。

图左:从清代至20世纪60年代,锦江沿线"粪水船"很多

图右:20世纪50年代成都肩挑粪桶和用板车转运粪水的清洁工人。来源:档案馆资料

奇景，会莫名其妙地联想到李白"遥望瀑布挂前川"风雅诗句，感觉无比滑稽可笑……至今已算市中心的浆洗街，当年也有很多"粪塘子"。浆洗街紧临的桓侯巷还有个狗屎市场，专做"肥气重"的狗屎买卖，更是臭气熏天。

如今普遍使用化肥，严重破坏土壤。而使用面天然粪肥又必须花费巨资处理污水，还多少会污染下游水质。想到这里，不禁对"穆太公"之类粪商，以及运粪夫、"尿水船"老板们肃然起敬。

2001年，30多个国家500多名代表在新加坡举行第一届厕所峰会，决定将每年11月19日定为世界厕所日。2004年11月17日至19日，第四届"世界厕所峰会"在中国北京召开。

从清末到民国，成都俗谚有"东大街的茅房——难找"之说，至今"厕所难找"仍是中国常见的"城市病"。

## 第三节　清末成都形形色色的交通工具

◎　背夫、骡马、黄牛、鸡公车、街轿

"背夫""黄牛驮米""溜溜马""瞎子背夫"和"鸡公车"

在清末成都，街巷古色古香，九曲回肠如迷宫。

地面皆用石板、石条铺就，许多街巷建有牌楼（如节孝坊）或栅门（如双栅子街）。常见的交通工具竟然是人——"背夫"。"背夫"又称"背子"，他们通常能背负两百多斤。各街巷有许多石桩，由市民捐资而立，供上下骡马或"背夫"歇肩休息。操此业者甚至有盲人。史料记载：

有个盲人"年已七旬能负三百斤，持竹竿引路"[1]。

笔者收藏了一百年前成都搬家力夫的旧照片：一个"背夫"就相当于当年一个搬家公司。还有外国游人骑跨"背夫"的珍贵旧照片。客观而言，不能用"洋人骑在中国人头上"简单地对其批判，这只是一种古老的交通工具罢了……宣统元年（1909年）官府统计，成都"发有规则"（即执照）的正规"背夫"，有380人。[2]

左图：一个"背夫"就相当于当年一个搬家公司

右图：外国游人骑坐在行李包上，成都"背夫"连物资和"乘客"一起背行

[1] 〔清〕傅崇矩：《成都通览》上册，巴蜀书社1987年版，第393页。
[2] 根据《四川官报》1909年相关资料整理。

清末成都"背夫"背着甘博沉重的箱子。摄影：[美]西德尼·戴维·甘博

驴、骡马、黄牛也是重要的交通运输工具。专门交易的骡马市，现街名仍存。清末邢锦生的竹枝词"一片铃声天向午，黄牛驮米进城来"，[1] 就是生动写照。

有一种"溜溜马"，兼供交通和娱乐。当代中国文豪郭沫若，1910年到成都求学。一次他和同学们骑了将近十匹马，由南门进城向着东门穿城而过，去游望江楼。"马已经是很老很瘦……你打它几鞭，它跑快几步，接着又迂缓下来。"但"溜溜马"又装怪，"它会突然跑得很快，把你扔下背来，便一溜烟地溜了"[2]。

"鸡公车"传说就是诸葛先生所创的"木牛流马"，实际上就是手推独轮车。车架、轮、轴等均为硬木，后插木框竹编靠背供坐人。车夫以软绳系左右木车柄，上挂肩背，两手握之前推。

为什么叫鸡公车？老百姓说：轮子嘎吱嘎吱如同公鸡"踩蛋"时的怪叫。"鸡公车"多运米、菜入城，街面中心修有石槽，专供"鸡公车"用。此车因损坏街石，加之"妇

[1] 林孔翼辑：《成都竹枝词》，四川人民出版社1982年版，第140页。

[2] 刘元树主编：《郭沫若创作精编郭沫若自传 上》，安徽文艺出版社1997年版，第138页。

成都龙泉驿镇上的鸡公车，曾登上美国《生活》杂志。摄影：[美]卡尔·麦当斯

清末四川省城内的粪水,主要靠这种鸡公车载运至乡下作肥料

女乘坐鸡公车甚不雅观",街民常令推车者出过街钱,常一文、二文不等,或强令车夫将车抬走,不准推行。清末后期,只准"鸡公车"推行城边一带及城内之空地,如运石、运米及渣滓。省城内的粪水,也主要靠这种鸡公车载大粪桶外运乡下作肥料。

"鸡公车"是成都郊县主要载人工具。时人傅崇矩

鸡公车价甚廉,乡下无论男女乘者极多

第五章　清末"衣食住行"等方方面面

"车坐鸡公价不奢，如有日出布篷遮"。摄影：[美]西德尼·戴维·甘博

[1] 〔清〕傅崇矩：《成都通览》上册，巴蜀书社1987年版，第300页。

[2] 1941年《成都市陆路人力运输同业公会筹备会呈市政府文》记载："前清道光年间，其神会定名为公益夫行，原有同业十余家……"转引自廖鹤林、邓显金：《清末到民国时期成都的轿子》，《成都志通讯》，1986（3）：46—49。

说："鸡公车能走灌县、汉州、郫县、龙泉驿、中和场等处，价甚廉，乡下乘者极多。"[1] 刘师亮所作"竹枝词"说："车坐鸡公价不奢，如有日出布篷遮"……直至20世纪50年代，笔者所住家城东椒子街，仍常听见"鸡公车"一路嘎吱嘎吱哼唱，从水碾河郊野进城而来。

轿子的种类、价格和轿夫风貌

轿子古称肩舆。1800年后成都商业日渐繁荣，轿业开始兴旺。道光年间（1821—1850年）成都有轿铺、流差铺十余家（轿夫、挑夫都叫"流差"），成立了同业帮会性质的"神会"，名为"公益夫行"。轿铺门前灯笼上，多写有对联："包挽四路流差，便利各行商旅"。轿行客货兼运并附带邮局功能（送信）。[2]

咸丰末年，名气很大的"麻乡约"大帮轿行，在成都

清末成都背运沉重木材的力夫

上东大街六十六号及龙泉驿设立分行。[1] 同治三年（1864年），"田全兴"轿铺在中新街开业，以后发展为成都最大"力行"。轿铺通常只供应"流差"（轿夫），城内坐出赁轿子的人不多。

清末实行"新政"后，成都人口大增，"街轿"成为成都最常见的交通工具。轿子"各街都有"，轿铺多开设于各街口及城门附近。制造轿子的商铺，以升平街、暑袜街、康公庙等处最多。

[1] "麻乡约大帮信轿行"，约创立于清代咸丰二年（1852年），到1949年业务结束为止，是中国西南地区规模最大的民间运输行。麻乡约主要业务有客运、货运、递信和汇兑。客运分为长途和短途，运输工具有官轿、小轿和滑竿。

清末成都地区二人抬"街轿"。摄影：[英]女旅行家伊莎贝拉·伯德

总督乘坐八人抬大轿的场面

[1] 根据《四川官报》1909年各期中相关资料整理。

[2] 成都市地方志编委会编：《成都市志·公用事业志》，四川大学出版社1996年版，第8页。

[3] 〔清〕傅崇矩：《成都通览》上册，巴蜀书社1987年版，第308—309页。

宣统元年（1909年）官方普查户口时统计，成都"发有规则"（即执照）的轿铺，有243家[1]，还成立了四川轿商的"普益分会"，管理成都府县的轿帮。[2]

"街轿"为竹木结构，轿身矮小，设备简陋，空气闭塞。客坐轿中颠闪厉害，不时头触轿棚加上靠背壁立、坐垫污浊，甚感局促气闷。傅崇矩说："病者伤者坐过之垫，并不晒洗，好人亦易于传染。"[3]

### 官轿、花轿、短途"街轿"、长途"鸭篷轿"

官轿，为官员自备，等级严密。省级最高领导人（四川总督和成都将军），例用八人大轿。司道、州县级官员，例用四人大轿。总督、将军及道员中获得二三品衔者，轿顶罩绿呢轿幔；自知府以下皆蓝呢轿幔。有五品衔的知县等杂吏，蓝幔下饰用红拖泥，五品衔以下拖泥只能用黑色。

官轿轿夫，称"大班"。当时全城事无巨细，总督都叫成都、华阳两县令"终日奔忙",所以两县令各有三十六个轿夫,四人一班,组成九班,轮番上阵。两县令坐的"拱竿"(凸竿)轿子,轿顶高得几乎要碰屋檐。清末华阳县令周询说:"轿行如飞,非凸竿不能速其行。"[1]

候补州县级等官吏所乘之"便轿"则只用三人,前后两人抬轿,中一人为"跟班"。长期雇用的轿夫,每月工资连所提供的伙食,每人"不过三千文钱"。

花轿(又名彩轿),为城内租赁给婚嫁人家新娘专用。

短途营运的"街轿"(过街轿),二人抬的叫"二姑鲁",三人抬的叫"三丁拐"。这是市民用的普通小轿,都是临时从轿铺租赁的,从四十文起码,类于如今出租车的"起步价"。每多一两条街,则加钱十文。[2]

但问题来了,清末成都街巷五百余条,起止并无明显标记。乘客与轿夫往往吵闹,轿夫怪乘客"无故吝与",乘客责"轿夫估要"。1906年,巡警道周善培令警察总局专门作了牌示规定:

一定,四条街以内,每二人轿一乘,钱十文;四条街

[1] 〔清〕周询:《芙蓉话旧录》,四川人民出版社1987年版,第26—27页。

[2] 〔清〕周询:《芙蓉话旧录》,四川人民出版社1987年版,第26—27页。

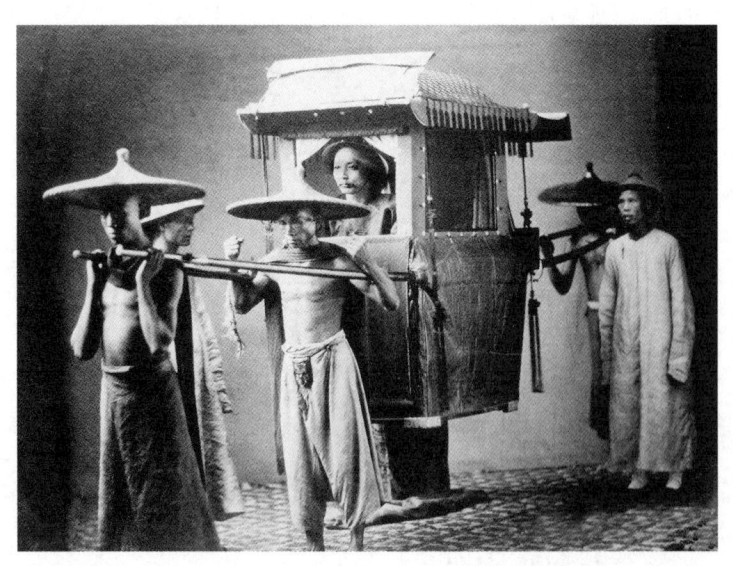

清朝下级官员乘坐的"三丁拐"轿子

以外，照十字口计算，每多一条街，每乘加钱五文。二定，拜客等候，如在一点钟之内，每夫一名，加钱十文；待候过多，依此递加。三定，包天，每轿夫一名，钱一百六十文；上灯后每名再加四十文……[1]

长途营运的"鸭篷轿"，形似乡下看鸭人的篷子。轿夫分散在近城街口拉客，有"打抢轿"之恶名，形容轿夫争客形同"棒客"（土匪）抢人……傅崇矩说："其形式简朴而秽恶，其抬夫蓝缕而劳苦，其质底轻便而价廉。每站价，每夫一名不过三百五十文，或三百文，酒钱俟到时再添。"

傅崇矩专门提醒当时人："此等轿夫均无着落之人，凡行李一切，均宜小心，不可靠此等抬夫看守。"他说这些轿夫还有一种恶行：把你抬到十里或二十里外，就把你"顶与他人"另外换人轿，名为"放竿"。[2] 这种伎俩，很像

[1] 〔清〕傅崇矩：《成都通览》上册，巴蜀书社1987年版，第312页。

[2] 〔清〕傅崇矩：《成都通览》上册，巴蜀书社1987年版，第311页。

长途营运的"鸭篷轿"，轿夫分散在近城街口拉客

美国人西德尼·戴维·甘博坐长途滑竿软轿

如今个别长途客车中途"甩站""卖客"。

跑长途的除"鸭篷轿"外，还有一种竹竿绑扎的简单"滑竿"。人坐其上，荡悠悠地上下起伏，说不清楚是享受还是在遭罪。

### 轿夫沾染很多恶习，形象不佳

日本人中野孤山说："轿夫每人一天的工钱，一般是一百六十文至二百文。"轿夫经常"宰客"，尤其是"外国人付的工钱要高出很多。"他后来成都久住变精，才不至于"挨宰"。

全城数量不少的轿夫，纯属底层"下等人"。他们在龌龊的封建社会末期，沾染了很多恶习，他们的行为很受社会诟病。

中野孤山说："无论到哪里，看见的轿夫都是衣衫褴褛，皮肤患病，满身疮癣。歇脚时，他们一定会抓虱子。如果休息时间延长，他们就会不择地方倒头便睡，要么就去抽鸦片。乘轿人要上路的时候却找不到人。打发伙计去找，结果发现轿夫在前面两三条街的地方抽鸦片，竟恍恍惚惚地进入梦乡。他们揉着眼睛、慢吞吞地走回来……轿夫一定要向乘客讨些酒钱。如果忘记给他们，就会遭到强行索要。"[1]

傅崇矩的评价比这个日本人更为恶毒："轿夫等索钱，厌人已极，凶横无厌，估索形状，无人不恨。所以成都有谚云'旱骡子死了，连板板（按：指棺材）都无人施'！"

傅崇矩对私人轿夫（"大班"）同样厌恶："鄙人招'大班'已十年，故深知其弊。"他罗列了轿夫的许多弊害：

"此等人心多叵测，见财起意者甚多""此等人穷凶极恶，动辄打架，最好赌钱，往往邀别公馆之大班同赌。倘一输滥，则主人翁之朝衣箱将不保矣""此等人最易生事……或发气生厌，将轿子东排西歪，使主人坐卧不安。或赴各署各局生事打架，以伤主人面子。或见柴抱柴，见菜取菜，令人生庆。或在街不报不喊，以致直冲，故意撞人……种种讨厌，难以笔述。"[2]

[1] [日]中野孤山：《横跨中国大陆——游蜀杂俎》，中华书局2007年版，第109—110页。
[2] 〔清〕傅崇矩：《成都通览》上册，巴蜀书社1987年版，第309—310页。

民国初期轿子行进在成都街上

虽然轿夫口碑不佳，但这座城市却离不开他们。轿夫们一旦抬起轿子来，脚下生风，快步如飞。中野孤山说："如果行人动作迟缓、躲避不及的话，就会被他们撞倒在地。"

在道路不平或人多的地方，他们一前一后吼叫呼应："王三槐——反起来！""之字拐——两边甩！""睬左——睬右！""照高——弓腰！""天上亮晃晃——地下水荡荡！""天上亮晶晶——地下屎一堆！"安静的街巷不时飘荡起轿夫长声悠悠的悲凉吼声，这是成都当时最常见的市井风情。

### 成都的轿式改良和轿行的消亡

街轿式样古拙，坐垫污秽，夏生臭虫、冬生虱子。在清末提倡"文明""维新"的时代风潮中，街轿受到广泛指责。

宣统二年（1910年），一种改良新式藤轿问世：轿体用藤条编制，四方开窗，坐垫柔软清洁；轿夫年轻力壮，着蓝色镶红边"专业性"号褂。与旧轿轿夫滥褛拖沓相比，令人耳目一新。

新式藤轿形成与旧式轿帮对立的新帮，二者存在激烈竞争："无日不有冲突，无日不有交涉，无衙不有控案，干讼累年，案积如山。"旧帮处于劣势，倒闭者越来越多。[1]

1924年后，成都拓宽街道修筑"马路"。1928年出版的《成都市政年鉴》记载："本市在修交通器具以前，唯一之交通器具，只有肩舆……及马路初成，街面一新……（肩舆）渐次归于消灭。及至今日，自用之家亦多改用黄包车或自行车。"[2]

在筑马路前的1920年，成都还有街轿3326乘。马路初成的1925年，街轿减少到2310乘。至20世纪30年代，成都街

[1] 成都市交通志编委会编：《成都市交通志》，四川人民出版社1994年版，第36页。

[2] 杨吉甫等编：《成都市市政年鉴》，民国十七年（1928年）铅印本，第328页。

轿基本消失，仅存包办红白喜事的花轿辅。[1] 街头轿夫苍凉的号子，遂成绝响。

◎ 最早的"公交车"：马车、黄包车、汽车

1906年开始使用七辆马车作为"公交车"

作为现代化城市标志之一的公共交通，与上海、广东等开放城市相比，成都起步很晚。

1900年前，成都人每年去青羊宫"赶花会"，由老西门、老南门出城，蜿蜒数里才能到，轿子、鸡公车、溜溜马、游人挤成一团。1906年春，劝业道为举办成都"花会"（劝工会），在老南门外锦江北岸修筑了长三里多的马路，以达青羊宫东之马家花园；又由商人自上海购回新式四轮马车载人往来——这是成都最早的"公交车"。

这时只有"轿车一辆，篷车六辆"。所谓"轿车"，即封闭如轿的马车，篷车即开放式敞篷马车，"女宾宜乘轿车，然欲豁目，仍以篷车为快"[2]，路线从南门柳荫街到青羊宫。票价每人每回取银二角（相当于二十文）。

1912年后，每日街头马车铃声嘡嘡，车上有五六个座位，招手即停。马车总站设在城守东大街口，这里马粪骚臭冲天，行人掩鼻而过。1924年后，军长杨森不准马车再通行繁华市区，马车只能走城外。

马车作为成都正式的公共交通工具，大规模投入营运则是在1943年后。1947年，有官营客运马车101辆，骡马200余匹，及私营客运马车300余辆。营运范围除城区外，还设有成都至温江、双流、华阳、龙泉驿等郊县线路。[3]

[1] 成都市交通志编委会编：《成都市交通志》，四川人民出版社1994年版，第36页。

[2] 〔清〕傅崇榘：《成都通览》上册，巴蜀书社1987年版，第300页。

[3] 成都市地方志编委会编：《成都市志·公用事业志》，四川大学出版社1996年版，第9—10页。

左图：庙会时的马车行进在城外的土路上

右图：清末营业性马车与马夫

直到1960年后，笔者在牛王庙、洪济路等处看到还有骡马行，但此时多用来运货了。九眼桥高拱，骡马拉车趔趄难行，以致跪倒于地，危急之际车夫多以鞭狠抽。我辈学生等多不忍，常车后聚众而推之，车夫连声道谢，连可怜的骡马也通人性，泪眼涔涔地望着我们点头……

成都最初的黄包车是谁"首创"的？

黄包车，因车篷用黄油布制成而得名；又称"东洋车"，源自日本。这款西风东渐下的中国近代交通工具，具有现代工业化色彩：橡胶轮带、金属轮轴，轻便有弹性，乘坐舒适。

当时人傅崇矩说：1898年前后，成都就出现了"东洋车"，是"宋云岩太史所创"。这个"宋云岩"，就是宋育仁（1858—1931年），他是自贡市仙市镇人（原属富顺县），光绪十二年（1886年）中进士。1894年，他被授以二品顶戴参赞衔出使英、法、意、比四国，驻节伦敦。他写了在国内引起巨大反响的《泰西采风记》。所以，此公被誉为四川历史上"睁眼看世界"的第一人。

1896年3月，宋育仁被举荐回川办理商务、矿务。他在

宋育仁是倡办成都黄包车的鼻祖

重庆设商务局，以"保地产，占码头，抵制洋货，挽回利权"为宗旨，推动开办了东洋车、洋烛、玻璃、烟卷、药材、白蜡、竹棕、青麻等33家公司，促进四川民族资本主义工商业的发展。1897年，他在重庆创办了四川第一份新闻报纸《渝报》，此成为四川现代报业的先驱。

1898年，宋育仁到成都，任尊经书院山长（院长）。他同杨道南、吴之英、廖平等组织"蜀学会"，创办成都第一家报刊《蜀学报》。[1] 据宋育仁后人讲，宋育仁还曾在成都狮子山种竹子试办造纸厂，但未能成功。[2]

如今没有多少人知道大清王朝的"翰林"（也称为"太史"）。[3] 因为傅崇矩写成"宋云岩太史"，史学界也就少有人知道其实曾任翰林院庶吉士的宋芸岩，即宋育仁。

在宋育仁的倡导下，成都大致在1898年出现黄包车。当年出版的《蜀学报》曾作宣传："拟交轿行及车夫承领。乘车者价廉，挽车者力省。车有篷帘，妇女乘之亦觉严整。"

黄包车一出现，就和旧的轿行竞争。车夫、轿夫常为争夺生意肇事打架，加上当时街道不好，于是官府禁止黄包车进城营运。

[1] 参见《四川近现代人名录》，"宋育仁"条目，四川辞书出版社1992年版，第153-154页。

[2] 见《曾外祖父宋育仁纪事》，载互联网《为之60的博客》，（http://blog.sina.com.cn/u/1897088240），2014-03-26。

[3] 太史，官职名，传夏代末已有此职，专事修史。明清两朝，修史之事由翰林院负责。

清末繁华街市上的黄包车和轿子

制造"木轮土东洋车"一百余辆的清末改良名人傅崇矩。

## 1906年成都最早的近代化"交通管制"

1905年，商务局总办沈秉堃正式"札委"傅崇矩："创办东洋车，并发给官本银两，预备青羊宫花会时之用。"

于是，清末成都的"公交车"——马车、黄包车，1906年2月在"花会"期间正式营运，同时出现了成都最早的近代化"交通管制"模式。

在南门城门洞前，人很拥挤。城墙上支着警察局新制的木牌告示："出城靠右手走"。挤出城门洞，几个道口上都站有警察在指挥。当时警察服装为土黄色，头上的德国式帽子上别着一枚带"警"字的银白色徽章，手持一根约三尺长的青冈木棒，脚穿一双肥大的皮鞋。

1906年的黄包车夫却和普通人不同，头上只有垂在前额一寸多长的"留海儿"，显得滑稽，而且面黄肌瘦，营养不良。原来官方"临时抱佛脚"，在乞丐工厂找了些人充当车夫。当时在成都教书的日本人中野孤山评论:"作为文明先驱而出现的东洋车,居然是经过这些乞丐的双手才开始了它的初始运转,此等现象可悲可叹。"

拉车时情景更滑稽:"两个乞丐一前一后地推拉着运转。前面拉车的,挺着胸;后面推车的,心不在焉地扶着车身。而且,他们以中国的走路方式慢吞吞地挪步,车轮吱呀吱呀地转动,给人一种要死不活的感觉。客人坐在车内,身体往前弯曲,显得极为不安……车夫和乘客对人力车都不习惯。"

中野孤山又评论道:"(成都)那些路只能过独轮车或轿子,因此,要想使东洋车这种双轮车盛行,首先必须改造道路。"[1]

一百多辆黄包车,当时规定只能在南门外城墙下的江边路上营运,管理人为姚印三、沈康全。从南门柳荫街乘车到二仙庵青羊宫,车钱为三十文。为期40来天的"花会"一结束,黄包车"即搁置一半"。总督锡良仍"不准入城推行,只准在乡路行走。"成都商务局和警察局认为,黄包车必须"俟街道修平,方能畅行",而且应归官办。宣统元年

[1] [日]中野孤山:《横跨中国大陆-游蜀杂俎》,中华书局2007年版,第112页。

左图:坐"东洋车"赶庙会的妇女当时很时髦
右图:民国后黄包车成为成都主要的公共交通工具。图为成都总府街上排队等客的黄包车。摄影:[美]威廉·迪柏

（1909年），劝工局在成都安乐寺设厂制造黄包车，由商人雷俊章承领包租。其后黄包车准许通行城内，乘坐者渐多。车夫均穿特制衣裤，以二十文为起码价，以街巷远近议价，"坐者甚多"[1]。

1913年留学日本的郭玉珊、韩子葵等人归国后，在包家巷成立省甲种工业学校，大量生产仿日本式黄包车，各民间作坊也纷纷仿造。[2]

成都老交通玩意儿"轿子"风光不再。黄包车逐渐成为城市主要公共交通工具，叮当之声不绝。

### 民国时期黄包车成为城市主要公共交通工具

清末民初，成都市内主要商业街道多由石板铺成，非破烂不堪不会修理。僻静街巷多为土路，下雨天全无下足处。

1916年，省督军熊克武修筑东城根街靖国路通行黄包车，但路线短，路又不平。1923年1月，陈泽沛督办成都市政，派"技正"（即工程师）杨宝康修筑少城马路约一公里，名同仁路。1924年，军阀杨森督理四川，成都近代化建设掀起高潮。杨森令师长王缵绪督办市政，以交通为要务。第一期拓宽街道、修马路，遭到市民强烈反对。工毕，交通改善后民众反对声渐消，于是开始第二期筑路。至1926年秋，师长罗泽洲督办市政仍以交通为重，一年后成都交通焕然一新。这年，成都市内黄包车（这时又叫人力车）达4000多辆。[3]

1960年后，黄包车逐渐减少直至绝迹。

[1]〔清〕傅崇矩：《成都通览》上册，巴蜀书社1987年版，第300页。

[2] 马士弘：《成都人力车史话》，《武侯文史资料选辑》第4辑，1995年，第140页。

[3] 杨吉甫等编：《成都市市政年鉴》第三章《交通》，民国十七年（1928年）铅印本，第29—30页。

## 相继出现的自行车、摩托车、汽车

清末，成都已有从外国进口的脚踏车（自行车）。当时报纸以夸张笔法介绍："西人有奇技，能以钢铁制两轮两角之怪兽；人乘其上，行走如飞。"1904年春，《申报》记载："脚踏车之在成都行者有七架。一为英牧师启君所用，二为法君所用，三为何君所用，四为邮政局他君所用。其余三架，皆中国人自用者。"[1]

史料记载：从1900到1907年，上海、天津车价始终在80个银元的高价上下浮动[2]。综上成都本地也有人试造，但"笨拙无匹"。有个崇宁县人王惠吉造了一辆，以铜板作轮子，重一二百斤，须四个壮汉抬起方能过门槛，这情景让人发笑。[3]

1912年后，自行车渐多，大都是英国"邓禄普""三枪"等牌子。自行车价却更昂，每辆需银元150元左右，相当于店员打工三年多的工钱。一些人只能买以旧翻新的"洗澡车子"。成都人"展言子"说，这种"车骑了又漆，漆了又骑"。[4]

[1] 《纪脚踏车》，《大公报》，1904-04-11。

[2] 闵杰：《近代中国社会文化变迁录》第二卷，浙江人民出版社1998年版，第190页。

[3] 〔清〕傅崇矩：《成都通览》，上册，巴蜀书社1987年版，第306-307页。

[4] 王泽华、王鹤：《民国时期的老成都》，四川文艺出版社1999年版，第54—55页。

左图：清末土造脚踏车（自行车）"笨拙无匹"

右图：清末有辆自行车堪比百年后的今天有辆"奔驰""宝马"汽车

### 成都第一家公共汽车公司的"夭折"

1925年,成都"立案"(即注册)的汽车公司有六家,但开业者只华达汽车公司一家。公司地点在泡桐树街,注册资金5万元,经理是胡又新,于1926年1月28日开始营业。车为美国福禄特公司所造,车壳为本市装配。

官方颁行《成都市市政公所取缔汽车暂行章程》,规定:"验车给(执)照""汽车牌照每车一张……依牌照所列号数发给号牌";考核后发"驾驶照""应开具姓名、年龄、籍贯、住处,并缴四寸半身像一张。如在别埠领有驾车照者,应随文呈验""应按月缴纳车捐""车照捐据均置车内,驾驶照随带在身,牌照应钉在指定地方";制定有《汽车致伤抚恤暂行规则》……这些,与现今考核驾照、行驶证、交养路费、汽车保险等现代化管理已很接近。

汽车初入成都,"行人多不识趋避……风气未开,市民常起反对,故行驶未久,即行停止"[1]。

另有史料说,华达汽车公司由客居成都的营山士绅何羽仪、天全石棉商人胡又新集资组成。他们从上海购回7辆美制1.25吨汽车,改装成公共客车。线路由东城门洞到西城门洞,途经东大街、东西御街、祠堂街……这7辆改装的客车是木炭车,靠蒸汽机带动运转。发动时要"突突突"地狂吼,声如轰雷、浓烟阵阵,实在是大煞风景。于是,守旧的人大骂公共汽车是"洋房子走路,花轿打屁,有啥子了不起嘛?"鼓楼街市民还拦车大吼:"鼓楼下有'海眼',辗爆了全成都城就变成汪洋大海了!"

关于汽车还有一事:北门有座贞节牌坊,有一天汽车轰地撞在石柱上。成都"五老七贤"联名上告:"汽车隆隆其声,巍巍其状……形如市虎。"[2]

[1] 杨吉甫等编:《成都市市政年鉴》第三章《交通》,民国十七年(1928年)铅印本,第321—325页。

[2] "五老七贤"是民国时期成都一些前清遗老、耆宿、名流的统称,通常认为有方旭、曾鉴、曾培、张忠信、宋育仁、赵熙、颜楷、刘咸荣、邵从恩、徐炯、骆成骧、文龙、尹昌衡等人。

[1] 参见成都市交通志编委会等编：《成都市交通志》，四川人民出版社1994年版，第141页。

左上图：1944年成都东大街上斯蒂贝克豪华轿车与黄包车相映成趣。注意：右侧还有一个戴头盔的交通警察

左下图：民国时期成都街道上已汇集了各种交通工具

右图：民国时期用人头骷髅画警示行人注意汽车，图中有两个交通警察

　　同时，黄包车夫们见要"打烂饭碗"，也百般阻挠。省督办刘湘为顺"民意"，下令禁止汽车在城内行驶。华达公司只得改开春熙路至百花潭赴青羊宫花会游览一线。时人作花会竹枝词记其事："便利交通说有年，汽车今日见吾川。春熙路到青羊去，'厂板'才收一块钱。"

　　"五老七贤"仍指责华达公司阳奉阴违，刘湘遂实行武装制止。华达公司不得已，又移到城外改行南门柳荫街至百花潭，勉强维持到花会结束时才停驶。成都第一家城区公共汽车车行，营业仅两个月就告"夭折"。[1]

　　坐落在青石桥口与西东大街拐角处的"马裕隆"商铺1907年开业，是省城最早、最大的百货商店，招牌上大书"各国通商货品"。

1926年,上海"马裕隆"为成都店订购了一辆英国"哈雷"牌巡警用双缸大型摩托车。店主的大公子读中学,居然无师自通驰骋自如了。摩托车轰隆轰隆,烟雾滚滚,连街头野狗也追随其后怪吠……妙龄女郎秋波频送,青年后生艳羡无比,均站在东大街上齐呼:"啊哟,打屁车开来了!"

不久,"马裕隆"又从上海运来一部四缸"小奥斯汀"小轿车。店主两爷子大起胆子学开车,在东大街上冲烂一家店铺、挂伤人,赔偿几十个大银元才完事。"小奥斯汀"被刘文辉部下"花花太岁"旅长石肇武买去。1929年6月的一天,石身着大绸长衫,头戴软草帽,挂副墨镜,与两个女郎从宽巷子石公馆直奔东大街横冲直撞兜风。在凤祥银楼前,石肇武把一个讨口子和一个挑担卖汤圆的小贩碾死。

卖汤圆的老婆八方喊冤,得了100元安埋费。讨口子由凤祥银楼老板俞凤岗捐钱,抬到五桂桥塔子山乱葬岗坟掩埋了事。这是成都早年最著名的"汽车交通肇事案"。

此后街上又可偶见黑色老式卧车轰轰而过,此车被市民称为"推屎爬汽车"(因形状像"屎壳郎")。1937年抗日战争爆发后,摩托车、吉普车、各种汽车都常见了。[1]

[1] 王泽华、王鹤:《民国时期的老成都》,四川文艺出版1999年版,第54—55页。

左图:1935年成都牛市口成渝公路联合公司起点站,市民围观运输客车。[美]福尔曼摄

右图:1952年7月1日成都从盐市口到梁家巷的第一辆公交车。来源:档案馆资料

笔者收藏的几张民国时期老照片生动地反映了这一点。至于长途汽车运输，旅途仍十分困难。著名画家丰子恺因此画了一辆破旧的汽车，题词："一去二三里，抛锚四五回，修理六七次，八九十人推。"

1952年7月，成都市内十几辆旧货车改装的公共汽车，开始在梁家巷到盐市口之间运行。1957年，市政府购置9辆中小型汽车，开始运营出租汽车。[1]

2014年3月8日，《华西都市报》报道："昨日，成都市交管局局长李文胜在2014成都公安交管工作会上，公布了成都现有的汽车保有量数据：268.59万辆。成都地区已经连续62个月新车上牌数月均超过2万辆。"[2] 据称，成都汽车保有量仅次于北京，居全国第二。

从清末农耕时代幽静街巷轿夫长声悠悠的吼声："睬左——睬右"……到现今"雾霾"污染、汽车拥堵、喇叭喧嚣的闹市，不过一百来年。对此，我们是自豪？还是悲哀？

◎ 成都千难万险的对外交通

外人要到成都苦不堪言

清末民初，成都近代化公路、铁路连影子都没有。

四川被险山恶水封闭，唐朝诗人李白《蜀道难》中道尽了成都对外交通的艰难险阻："危乎高哉！蜀道之难，难于上青天！"

道光二十七年（1847年），四川按察使张集馨到成都赴任，"十月初九日，携眷属赴蜀。经山（西）、陕（西），秋雨沾足……十一月初八日到蜀任事"[3]。从北

[1] 《成都第一辆公交车生于1952》，《成都商报》，2014-10-02。
[2] 《成都汽车保有量遥近270万辆》，《华西都市报》，2014-03-08。
[3] 张集馨：《道咸宦海见闻录》，中华书局，1999年版，第88-89页。

京到汉中,再翻秦岭、越剑阁走川北驿路"大北路",千辛万苦整整走了一个月。"大北路",实在太艰险。清末,外地人入川很少走这条路。

清末,重庆、万县相继"开埠",但成都没有现代化交通工具连接开埠城市。傅崇矩记载清末成都沟通长江中下游的交通要道有两条:一是出东门顺岷江到重庆,航程760余公里;二是出北门经顺庆府(今南充市)到万县,行程600余公里。[1]

1903年6月,四川总督锡良和随他上任的幕僚赵尔丰离开北京赴成都。一路风尘鞍马劳顿到上海,转乘长江营运的外国轮船到湖北宜昌。此后入川有两条路:一是继续乘船溯长江到重庆;二是舍舟陆行从宜昌走山道入川,他们选择了后者。群山起伏,山道如九曲回肠。锡良和赵尔丰或乘轿、或骑马、或步行,艰难行进……1903年9月9日,在梧桐黄叶潇潇飘落的秋天才到成都——水陆兼程千辛万苦,整整走了两个多月。[2]

从宜昌到成都如选择水路,则乘船溯长江一直至重庆,约需三十天;到重庆后由陆路(即"东大路"),再走约十二天(约1071华里)才能到成都。

走水路最让人头痛的,一是逢洪水暴涨要等到水落,往往要用一两个月的时间,大多数人耗不起这时日。二是四川境内长江上游(又称川江),滩险水急船翻人亡的悲剧从不间断。

如走陆路,就是到了宜昌像锡良一样从陆路入川,大概要用十四天(约1083华里)才能走到万县。也可先乘船由宜昌溯川江至万县(约868华里),然后再由万县从陆路即"中大路",走路约需十四天(约1360华里)才抵成都。

清末傅崇矩根据自己出入川的经历,记述由宜昌到万

[1] 见傅崇矩:"成都之川江水程"和"成都之旱路道程"综合数据,《成都通览》,下册,巴蜀书社1987年版。

[2] 锡良从宜昌陆路入四川,参见〔清〕锡良:《四川总督部堂锡奏请自设川汉铁路公司折》//《锡良遗稿》第1册,中华书局1959年版,第340页。

日本人行进在宜昌到万县崎岖山道的情景。来源：郑光路文物市场所购日本画刊

县陆路的艰辛："由宜昌到万县之旱道，山荒石滑，路狭站短，力（夫价）贵，客苦人稀，店恶食粗""每名力夫到万县价钱五千五百文，犒钱二百文，酒钱二百文，定规照给，万不能少，一带难觅加班……臭虫则千百成群。旅客多支木板，另架为床。"

这种到成都的旅店有多简陋？笔者收藏的日本人拍摄

日本人拍摄的《客栈——成都途上》，旅店之简陋令人难以想象。来源：郑光路文物市场所购日本画刊

的老照片，其中的情形实在让人咋舌。

傅崇矩记述到"四渡河"一地时，"山路逼仄，泥滑难行，攀藤援木，万一失足，则跌入悬岩矣"。小桥又被水冲走了，有当地人（土人）赤条条的"裸体接行李迎客，保险送渡过岸，每一土人索钱二十文，每挑行李加钱二十文，轿则索费一百文，众手擎竿而渡……过此河后，大家亦相大庆贺矣""自侯家垭下坡，凡下二千数百石级之大山坡，数步一转折，陡如立壁，心意惊悸，目不敢旁注，舆（按：即轿子）中人步行，否则将倾坠出矣！"可见简直是在玩命搞野外"探险"了。

途中而且难买饮食："人烟稀绝……常有失事者。又无加班可觅，且在万壑之中，米饭红恶，砂石相杂，凡过此者，须自家多备路菜，否则一野蔬万钱难购也。"[1]

日本人山川早水叙述了他1905年到成都的情景：

"宜昌、万县之间（陆路）一般为十四日行程，但实际上要用十六七天……本来中国旅行处处有苦境，恐怕再也没有比此路更难的路了。……然而，论其危险，我认为与其说在陆路不如在水路。水路与陆路不管选哪个，要付诸行动都绝非容易之事。古今皆曰蜀道难，不无道理。"

这位山川早水先生在宜昌雇了一只小船，有船老大一人，船工六人。船费共五十两，饮食薪炭等费用还全部由船客自理。1905年3月6日下午两点半上船，船夫们鸣爆竹祭河神求平安。一路万分艰险，山川早水在江中还看见翻船淹死的德国人……3月17日总算平安到了万县。

山川早水说，旅行时不管是本国人还是外国人，只要提出要求，衙门便可派遣几名士兵作为警护和杂役……旅客一天要支付给一名士兵三百文钱左右。因不堪酒钱的高昂，一般只雇用一人至两人，这种士兵在沿途各县换班。

[1]〔清〕傅崇矩：《成都通览》下册，巴蜀书社1987年版，第440—444页。

1926年日本人拍摄的由宜昌到万县山谷中的崎岖山道。来源：郑光路文物市场所购日本画刊

轿夫、挑夫一律每日三百文。从万县出发走"中大路"历时十四天，行程共1360华里，山川早水等人总算疲惫不堪到了成都。[1]

[1] [日]山川早水：《巴蜀旧影——一百年前一个日本人眼中的巴蜀风情》，李密等译，四川人民出版社2005年版，第50—62页。

另外一个日本人中野孤山，1907年到成都时也慨叹："大概再没有比在中国旅行更需要小心翼翼的国家了……雨伞、皮包被盗的情况司空见惯，还有很多行李被洗劫一空、

清末外国人行进在到成都旅途中，右1为穿号衣的"护兵"，其余为轿夫、挑夫

民国初年外国人乘长途营运的敞篷轿子到成都近郊的情景。摄影：[美]西德尼·戴维·甘博

旅行陷入困境的例子。"物价也上涨了，跟随护送的士兵一天要五百文左右，"但是如果当天他们工作卖力，就酌情给六百文"[1]。可见出入成都不仅山川险阻，而且庞大开销，连外国人也心痛。

如果要从成都出川，路线则与上述相反。尤其是夏秋大水季节，为避免危险，出成都大多走"中大路"先到宜昌，然后再搭江轮到上海等处。如不想甩脚板走路，而且又不怕川江风波险恶去"见龙王爷"，也可选水路：先乘岷江木船经彭山、乐山、宜宾，再沿长江东出三峡离川。

### 川江近代化轮船通航一波三折

不要认为谈成都对外交通对研究成都城市史意义不大，实际上，每一条出入川的驿路、航道，如同敏感神经，牵扯到成都城市方方面面的历史进程。如清末英国、美国、法国等，都以到省城成都交通往返不便为由，要求清廷在成都设领事馆，才使成都向近代化大大迈进一步。

[1] [日]中野孤山：《横跨中国大陆——游蜀杂俎》，中华书局2007年版，第86—87页。

1883年3月18日，45岁的英国商人兼冒险家立德乐，对川江航线进行探险。他雇了一艘被称为"神婆子"的小木船，从宜昌出发。一入三峡江水如雷声，波涛汹涌令人恐怖。岸边全身赤裸的纤夫，脑袋低垂，挨近岩石，拼尽全力拉纤，悲凉的号子声声传来……

立德乐乘坐的这只小船，就雇有4名固定纤夫。险滩处，又得另雇12名以上纤夫帮忙，小船才一寸一寸地顺着岩石岸边蹭着过滩。川江上的大帆船大多有上百名船员，其中就有70至80个纤夫。大帆船上险滩时，简直如同上战场一样：船上舵手指挥鼓手擂鼓，在"咚咚咚"的鼓声中，12至20人留在船上手忙脚乱地撑竹竿以避礁石撞击。船上另外一些"水纤夫"一丝不挂，立德乐形容他们"像亚当一样光着身子"，随时跳入水中将被水中岩石钩住的纤绳拉开。岸上上百个也光着屁股的纤夫则拼命拉纤，痛苦的吼声撕裂心肺。激流中如拉不动船，或纤绳断裂，刹那间船只就会被冲入下游打旋并翻沉。暗礁、险滩、激流、漩涡……处处可见船翻人亡的悲剧。

立德乐这叶扁舟拉纤过曳滩时，纤夫们被急流拽倒，

木船过险滩时险象环生，随时可能翻沉

两位纤夫一死一重伤。小船艰苦航行整整21天，才抵达重庆。而大船，至少要40天。[1]

## 1898年辟川江航道

1898年2月15日，距初次冒险的1883年已过去十五年，立德已58岁。这天，立德乐亲自驾驶一艘木壳蒸汽小轮船"利川号"从宜昌出发，以验证近代化"火轮"开辟川江航线是否可行。过新滩时雇了100多个纤夫；过云阳兴龙滩纤夫多达300多名，才将船拉上去。从宜昌到重庆，全长650公里，有13个大险滩、72个小险滩。过万县剪刀峡时"利川号"忽然触暗礁，船底洞大如桶，不少人惊叫着要弃船而逃。立德乐高吼着命令船员盆舀桶泼，用衣物堵漏，才逃过一劫。一路上出生入死，险象环生。遍体鳞伤的"利川号"，终于在1898年3月9日历时21天后，抵达重庆。[2]

立德乐的冒险经历，证明险阻横生的川江是可以通行蒸汽轮船的。剑桥大学出版的《大不列颠名人录》，至今仍称赞他是"开发中国西部的第一人"。[3]

[1] [英]阿奇博尔德·约翰·立德：《扁舟过三峡》，云南人民出版社2001年版，第46—110页。

[2] 参见[英]阿奇博尔德·约翰·立德：《扁舟过三峡》，云南人民出版社2001年版，第209—218页。

[3] 章创生、范时勇、何洋：《重庆掌故》，重庆出版社2013年版，第22页。

立德乐"利川号"开辟川江航线首航成功抵达重庆靠岸时的情景

第五章 清末"衣食住行"等方方面面　357

1899年6月12日川江开航行驶的第一艘外国商运轮船"肇通号",英国人蒲兰田为船长

"利川号"试航成功后,英商又购置了一艘商轮,名"先行号"(Pioneer),译名"肇通号"。1899年6月12日开航,英国人蒲兰田为船长。这是在川江行驶的第一艘外国商运轮船。

1900年12月27日,德国"瑞生号"由宜昌直航重庆。船过崆岭时触礁沉没,出现"尸身漫江,不寒而栗"的惨状。这是在川江沉没的第一艘近代化轮船。此后,人们对川江航行蒸汽火轮的可能性产生疑虑,川江暂停商轮达8年之久。此间,行驶川江者仅外国兵舰。[1]

### "蜀通号"忠州搁浅倾覆了整个大清王朝吗

[1] 王文圣:《晚清重庆海关的历史考察》,安徽大学出版社2012年版,第92页。

[2] 王文圣:《晚清重庆海关的历史考察》,安徽大学出版社2012年版,第92页。

1907年末,重庆官商合办了一家"川江行轮有限公司"。1909年12月19日,公司的"蜀通号"轮船,聘用英国人蒲兰田为船长,从宜昌出发后于29日抵达重庆南岸码头。当地官民"穿衣顶帽倾城出现",欢呼中国人自营轮船第一次在川江通航。1910年2月"蜀通号"正式定航于宜渝间,每月往返两次,标志着川江航运正式进入轮船时代。[2]

## 成都"变脸"
## ——中国城市近代化缩影 中

这在成都首先有了反应：少城公园修建了以"蜀通号"轮船为模型的"船房"。最扯眼球的是湖中"船房"（貌似轮船）楼顶还有桅杆、烟筒，楼房正面悬小匾额绿底粉字，上题"长风万里"，地面石桩上有一条手腕粗细的生铁链……[1]

1911年由成都引起的"保路运动"，很快发展为全川的武装反清运动，大清王朝摇摇欲坠。清廷急派"督办粤汉川汉铁路大臣"端方，率鄂省新军精锐约二千兵力，于1911年9月15日起程武汉，欲入川直杀成都"救火"。

在这火烧眉毛的危急时刻，运送清兵的"蜀通号"轮船在忠州搁浅。端方惊惶失措上奏清廷："由宜昌至重庆之航路，仅有蜀通轮船可行，正值搁浅……如由宜（昌）遵陆（路），约需经月，始达成都，殊嫌迟缓……"

此时成都的反清运动风起云涌。交通险阻，救兵难至；端方和四川总督赵尔丰，都因此被先后砍了脑壳。

所以，学者谢天开评论："蜀通号轮船在忠州（县）搁浅，虽属于偶然发生的小事件，却极具戏剧性与爆炸性，正是这个溅出的小火星，让四川'保路运动'乘机而

[1] 《李劼人说成都》，四川文艺出版社2001年版，第68页。

1952年7月1日，成渝铁路举行通车典礼

1952年7月1日，成渝铁路举行通车典礼，西南军政委员会主任贺龙剪彩

[1] 谢天开：《1911：致命的蜀通轮》//《厚历史·最有料的历史事件》，九州出版社2013年版，第191页。

[2] 中国航空工业史编修办公室编：《中国近代航空工业史（1909—1949）》，航空工业出版社2013年版，第18页。

成燎原大势，进而引爆了辛亥武昌首义，倾覆了整个大清王朝。"[1]

成都对外交通险阻，对中外人士出行、工商贸易兴衰乃至对政局都有重要影响。沟通成渝的公路，直到1933年才告竣工。1952年7月1日，成渝铁路通车；1958年1月1日，成都至陕西的宝成铁路正式通车，四川对外交通才有较大改善。

近几年笔者多次往返宜昌、成都，坐飞机仅一小时，坐"高铁"不过7小时。对照上文，百年间交通巨变，真是不可"同日而语"。

## ◎ 从"气球飞越东较场"到"凤凰山机场"

### 袁世凯的飞机在成都遭"空难"

1908年11月，3岁的溥仪继承帝位，其父摄政王载沣开始兴办军事航空工业。1910年，留日归国的刘佐成、李宝焌在北京南苑组建飞行器研究所，研制飞机和气球……这是中国兴办航空工业的开始。[2]

1908年，清政府在成都新军——陆军第十七镇，成立了混成协试验气球队，用于空中侦察，这是四川最早的军事航空组织。1909年第3号《通俗画报》，有一幅名为"东较场混成协试验气球队"的图画。这是成都与近代化航空相关最早的重要史实。

巴山蜀水虽然交通闭塞，但成都人初见飞机，说起来在整个中国还真不算晚。

1915年2月，"洪宪皇帝"袁世凯派亲信、参谋总部次长陈宧统领北洋军开入巴蜀大地。亲历者李藻麟回忆：因为四川人反对复辟"帝制"，袁为恐吓四川人，抽调南苑航校法国制"高德隆"飞机三架，组建"航空连"随同入川，"以壮军威"。李藻麟任少校连长，吴振玺、刘既长任飞行员，编入冯玉祥第十六混成旅序列。

这三架飞机不是"飞"来的：先在北京拆卸装箱，由京汉铁路"坐火车"运至武汉；再装船逆长江而上，"乘轮

清末新军的试验气球队

成都东较场民众看气球升空。来自1909年《通俗画报》

"船"到重庆;最后"马拉人抬",由成渝旱路呼儿嗨哟地才拉到成都……历时一月,一路风波一路坎坷。

为了迎接这三个宝贝,成都北城外十里的风景名胜凤凰山上,匆匆刨整了一个大平坝。这就是成都最早的机场——"凤凰山机场"。飞机组装调试完毕,接着将举行隆重的飞行表演活动。成都人议论纷纷:"《封神榜》上雷震子才长得有翅膀飞上天,如今硬是有活神仙啦?"老百姓潮水般爬到附近城墙上,要看"铁鸟"是咋个上天的……飞行连长李藻麟后来说:"四川人目睹飞机翱翔于蓝天,实始于此时。"

封为"成武将军"的陈宧、旅长冯玉祥等武将,威风凛凛亲临西较场(现琴台路东边区域),"检阅"飞行表演,还请来成都名流士绅瞻仰袁的新式武器。言外之意为:"你们胆敢反袁,就让飞机屙几个'炸蛋'下来,让你们

袁世凯派到四川"以壮军威"的法国制"高德隆"飞机,机翼酷似鸟翅膀

'川耗子'尝尝厉害。"

飞机提前从"凤凰山机场"飞停西较场。"检阅"开始了,不消说,陈将军昂头挺胸得意洋洋,连本土名流士绅们也伸长颈项,眼珠子瞪得溜圆……一架飞机颤颤巍巍上了天。可是另一架飞机不争气,刚起飞却脑壳一歪猛然撞在演武厅翘檐上,如断线风筝般翻滚在地,飞行员受轻伤……

但此后飞机多次在成都上空耀武扬威,可惜又发生"空难":李藻麟驾机正在天上,发动机突然熄火,飞机失控下落。在这千钧一发之际,李藻麟竭尽全力控制,才使飞机一头栽到一棵大树上奇迹般"软着陆",避免了机毁人亡……事后检修发现,是汽缸出现了细小裂缝,飞机机械师却束手无策。李藻麟求助成都东大街金银器作坊的老银匠,用极细银丝把汽缸裂缝填实,再焊接打磨。机翼损坏处,则请来成都制伞匠,仿制做油布雨伞,共缠了三层,布涂了三层桐油……这架飞机居然再次颤巍巍地飞上了蓝天。[1]

陈将军"航空连"的飞机,最远飞到新都、温江、双

[1] 李藻麟:《我的北洋军旅生涯》,九州图书出版社1998年版,第309—310页。

流,半径不超过30公里,旋圈子、显摆威风。很快,"袁皇帝"死了,三架飞机最后结局无人能道其详。总之,此后成都人与飞机久违,"凤凰山机场"荒烟蔓草,可牧牛羊……

## "沪蓉航线"开通,机票昂贵

1920年4月22日,"京汉号"飞机京沪航线京津段试飞成功,中国民航由此拉开序幕。1929年,中国与美商合资开办中国航空公司(简称"中航");1930年,中国又与德国汉萨公司开办欧亚航空公司(简称"欧亚")。

1933年6月1日,"中航"一架翅膀上写有"蚌埠号"的美制史汀生型飞机,在轰隆声中落在"凤凰山机场"——重庆至成都航段正式通航了,航程275公里。至此,从上海到成都的"沪蓉航线"全线开通,全长2037公里,快速飞行需9小时15分钟。沪蓉航线管理处先后购置6架史汀生型单翼300匹马力6座位飞机,飞行路线是长江沿线重要商埠:上海—南京—汉口—宜昌—万县—重庆—成都。[1]

这是成都民用航空的第一条航线。当时《新蜀报》等报刊兴奋地报道:"欧亚、中航两公司,俱于成都设有航空站,故蜀道虽难,已解决不少。"最初以邮件运输为主,老

[1] 四川省地方志编纂委员会编纂:《四川省志·交通志》(下册),四川科学技术出版社1995年版,第288页。

左图:1920年4月22日,"京汉号"飞机京沪航线京津段试飞成功
右图:欧亚航空公司的旅客登机牌、行李标签

百姓称之为"邮政飞机";飞机漆成绿色,机身上有一个大大的"邮"字。

不过,飞机很快开始客运了。笔者查阅第一手原始史料得知,"中航"售票办事处在华兴街,"欧亚"航空售票办事处在春熙北路。办事处外张贴有《乘客须知》:(1)文武官员购票应具备服务机关之证明文件。其他各界人员应由殷实商号或合法团体出具保证。(2)公司机中不备餐膳。(3)牲畜、鸟类不得携带⋯⋯

"坐飞机"要多少钱?笔者又颇费气力查阅到票价(法币)如下图:"欧亚"成都(单程)至汉中135元,至西安225元,至汉口330元,转广州540元,转香港565元,转兰州405元,转宁夏545元,(单程)至昆明200元。"中航"成都(单程)至重庆90元,至万县175元,至宜昌270元,至沙市290元,至汉口330元,汉口至长沙45元,渝转贵阳90元,渝转桂林180元,渝转香港300元。[1]

左图:1933年6月1日,"中航"从上海到成都的"沪蓉航线"全线开通

右图:中国航空公司的旅客登机牌

[1] 胡天编:《成都导游》//成都市地方志编纂委员会、四川大学历史地理研究所整理:《成都旧志·杂志类》(4),成都时代出版社2007年版,第22—24页。

中航沪蓉航空史汀生SM-1F六座单发"邮政飞机"

再查阅当时原始物价史料,1933年前后,大米每斤不到0.1元,菜油每斤0.22元,猪肉每斤0.25~0.30元、白糖每斤0.15~0.20元……当时工资收入情况是,成都工人(工匠)根据不同行业月薪5~12元;士兵每月仅5元、少尉12元、上尉24元、少校40元……[1]

说形象点吧,一个工薪族一年工资大约只能单程"飞"一次重庆,五年多工资才能"飞"一次广州。就是熬打多年的少校营长,也要一年多工资才能"飞"一趟广州。而且飞机票价此后随物价水平一路飙升。

由于价格昂贵,航空当然主要服务于军界、政界和富贵阶级,以至平民中有句口头禅:"你想坐飞机?白日做升天梦嘛!"

[1] 《四川物价志》编纂委员会编:《历代四川物价史料》,西南财经大学出版社1989年版,第225—229页、第322—330页。

民国时期女人能乘飞机,绝对令其他女人羡慕之极

### 蒋介石逃离成都和民航由凤凰山机场转至双流机场

其实,当时飞机并不先进,坐飞机并不舒服。

1936年10月27日晨7时,著名学者马叙伦从北平乘欧亚航空公司六号小型机,于下午4时45分才抵成都凤凰山;候机逗留费时80分钟,飞行了8小时40分时;最难受的是"机中所苦惟耳如雷鸣不绝耳"[1]。

空难也时有发生。民国二十五年(1936年)圣诞节这一天,"中航"的DC-2型编号28号飞机(载客十多人),在成都"凤凰山机场"失事坠毁……

当时中国航空事业处于起步阶段,又没有天气预报和高质量的飞行地图。欧亚航空公司的德国籍飞行员卡斯特(Graf zu Castell),曾回忆:

一次他在成都附近紧急迫降,整个Ju52飞机的起落架都陷进了农田泥地里。没有任何现代化机械,很难将重达8吨的飞机从烂泥巴中拖出。卡斯特想到了救星——当地耕田的水牛,大概需要10头水牛。卡斯特和他的机械师花了两天时间,才说服当地水牛的主人们。卡斯特后来说:"他们都认

[1] 马叙伦:《石屋余沉》//《锦城行记》,建文书店1948年版,第86页。

左图:紧急迫降的飞机陷进成都附近农田泥地,卡斯特请当地农民帮助

右图:飞行员卡斯特卡斯所摄成都"牛拉飞机"的珍贵镜头

为这会伤害到水牛,为此我们费尽口舌才说服他们。"卡斯特将水牛两头一组拴在了机身上,但徒劳无功。"这些水牛们和他们的主人们一样保守——几百年来它们只知道拉犁,谁会想到需要它们来拉飞机呢?"几个小时过去了,水牛们仍然无法往一个方向使力,最后绳索都被拉断了,而机身几乎纹丝未动,旁观的村民们大笑不止……[1]

卡斯特用摄影机留下成都"牛拉飞机"的珍贵镜头。这是中国航空史上少为人知又极其有趣的尘封往事。

早期飞机上也没有服务。1937年"中航"才首次招聘空姐,直到1938年1月,才有了6名合格的"空中小姐"。直至1948年,"中航"的空姐也才20多人。[2]

1949年前,成都共开辟国内航线9条。直至1949年3月1日,才开辟了成都民用航空第一条"越南海防至成都"的国

[1] [德]格拉夫·楚·卡斯特:《西洋镜:一个德国飞行员镜头下的中国(1933—1936)》,台海出版社2017年版,第2页。

[2] 林千、邓有池主编:《中国民航大博览》上卷,京华出版社2000年版,第111页。

1937年"中航"首次招聘的空姐

际航线。

由于票价高昂，乘坐飞机者寥寥无几。史料记载：1946年因抗战胜利大量官员返回南京，"中航"成都始发的旅客为2184人；但1945—1946年，"央航"（原"欧亚"）两年仅发运旅客494人。

民国时期，成都最早、最主要的民航机场就是"凤凰山机场"。它于1915年草创，1933年10月扩建竣工。1937年抗战开始，因军事需要，在川西修建12个机场，包括凤凰山机场、双桂寺机场。[1]

1949年11月30日上午，蒋介石飞到成都，住在北较场国民党军校校长官邸。12月10日早晨，机要室送来截获的电报，是云南省主席卢汉打给川系将领刘文辉的，建议在10日发起第二次"西安事变"，扣留蒋介石。

很多史料说蒋介石是从新津机场飞逃台湾的。但笔者查

[1] 成都市交通志编委会等编：《成都市交通志》，四川人民出版社1994年版，第309、325页。

左图：蒋介石从"凤凰山机场"黯然逃往台湾登机时的情形

右图：2015年6月12日，郑光路（左）接受中央电视台采访，讲述成都机场的历史。摄影：刘元

阅了蒋经国的日记："（1949年12月）10日……午餐后起行，到凤凰山上机，下午二时起飞，六时三十分到达台北。父亲返台之日，即刘文辉、邓锡侯公开通电附共之时。此次身临虎穴，比西安事变时尤为危险……记之，心有余悸也！"[1]

这是成都航空史上非常重要的历史大事件。因为从蒋介石登机这一刻起，象征中华民国在中国历史上彻底落下了帷幕。

1956年12月12日，双桂寺机场由军用划归民航，更名为"成都双流机场"。1957年后，成都民航的飞行由凤凰山机场转至双流机场。截至2015年，成都双流国际机场是中国第四大航空港，2015年旅客吞吐量突破4000万人次，全球排名跻身前三十。

[1] 蒋经国：《蒋经国自述》，台海出版社2014年版，第260页。

## 第四节  燃料、照明、通信是怎样逐步演变的

### ◎ 传统燃料、照明及近代化街灯、电灯的出现

**成都主要烧外州县运来的木柴和煤炭**

清末，成都的燃料、照明和取暖，处处可见农耕社会的古旧。

成都地处平原，柴薪主要来自百里外的彭山、眉州一带。不能做房屋器具的椿树、栎树、桤树之类，采伐后锯作一尺多长、打成重百斤的捆子，经水路运输到成都木柴大码头，再集散到城内各处。

成都锦江九眼桥附近的木柴码头。来源：郑光路文物市场所购日本画刊

东门外水津街是重要的"柴炭一条街"。木柴运至省城后，由转售店铺劈开再绑成各式小捆。大捆卖钱百余文，小捆重二十斤左右卖三四十文。[1] 更小捆的重两三斤，粗如手腕，卖四五文。穷人挣一天吃一天，买"升升米、把把柴"的很多。就是到了20世纪50年代初，笔者家中也常到椒子街粮铺买一升米，再到柴铺买一把谷草捆的"把把柴"，维持当天生存……

成都附近州县则多混烧柴草，其土灶百年后也变化不大。笔者收藏的一张民国时期四川农村煮饭的老照片：两口大铁锅一口煮饭，另一口锅炒菜（也可专煮猪饲料）；灶台上方悬吊大土砂壶，利用灶膛溢出火苗加热壶中的水……20世纪70年代，笔者在邛崃乡下当"知识青年"时，笔者的"扎根屋"内仍是这种情景。

清代成都烧煤炭（当时又称石炭）的人家很多，数

[1] 〔清〕周询：《芙蓉话旧录》，四川人民出版社1987年版，第23页。

第五章 清末"衣食住行"等方方面面 371

左图：清末肩挑木柴转售的小贩

右图：民国时期成都农村的大铁锅，燃料为柴草。摄影：[美]卡尔麦当斯

量惊人。清人王培荀（1783—1822年）记录："省垣烟户（按：指成都烧煤人家）不下数万，加以衙署官寓用煤炭最多，价亦最昂，居者苦之。"据他说，煤炭多由乐山等地用船运来，成都很多富户都囤积煤炭。

在运输过程中，最苦的是"肩挑背负"运煤转售的小贩，绳索如刀、肩磨血流……一个叫潘紫垣的文人曾作《炭夫吟》，把炭夫们在成都运煤分售的辛酸叙述得生动凄怆："成都不易居，米珠而薪桂。烟火千万家，石炭实兼济。此物产嘉州，鬻卖无征税。峨峨大□（缺字不详）来，一缆江干系。贩夫转售人，锥刀利亦细。运送藉贫民，担挑作家计。赪肩血染襟，胼手汗流袂。数步必回头，几番聊小憩。渴饮惟清泉，饥食但粗粝。百钱度朝昏，数日卒年岁。只知养妻孥，那暇忧身世！"[1]

四川煤矿不少，清末在重庆海关工作的英国人华特森说："土法开采的煤矿数目是惊人的。"1892年至1901年，"煤炭在矿洞门口能以银1.5两至2两购得1吨，在许多乡镇

[1] 王培荀：《听雨楼随笔》，巴蜀书社1987年版，第258页。

"肩挑背负"转售煤炭的小贩"几番聊小憩"

零售每吨位银3两。"[1] 折算下来,每两百斤值银仅三钱(约500文)。

清末华阳县令周询则记载,清末成都烧的炭有两种,价格比华特森所述贵,可能是省城消费水平高:一是有烟的"煤炭",二是无烟的"岚炭",都来自彭县等处。"煤炭"每筐重二百斤,值银八九钱(折算一斤5—7文);"岚炭"重一百多斤,值银一两多(折算一斤12—15文)。当年贫家人少者都烧柴草,人多而稍有钱者则烧炭。[2]

### 街头奇怪的行当:"卖烘笼儿炭火"

傅崇矩记载当时成都市面还有"炭元",分为"枫炭元""黑炭元",均由炭渣团成。火盆、烘笼中用它,炭铺售每十枚二十余文。黑炭,零售每斤十七八文。黑炭以青

[1] 华特森:《重庆海关1892—1901年十年调查报告》,《四川文史资料》第9辑,第218页。
[2] 〔清〕周询:《芙蓉话旧录》,四川人民出版社1987年版,第23页。

"卖桴糟"（"卖烘笼儿炭火"）。来源：〔清〕傅崇矩《说成都》

[1] 〔清〕傅崇矩：《成都通览》下册，巴蜀书社1987年版，第249页。
[2] [日]中野孤山：《横跨中国大陆——游蜀杂俎》，中华书局2007年版，第99页。

栎树煅成，专以御寒。有钱人家，冬天以铜盆、铁盆燃之取暖。桴炭，则由杂木细枝烧成，俗称"桴糟"，每斤值钱十文上下。贫苦者用烘笼，中置瓦钵，燃桴炭取暖。[1]

在清末的成都，会在街头巷尾看到有种摊子，周围偶尔还有外国人伸长颈项看。到成都任外教的日本人中野孤山，曾津津有味地写道：

"此地的炭火小贩在世界上大概绝无仅有……各个路口，就有炭火小贩在大瓦盆里放入少许熏烧的炭，用灰蓄盖着，以卖给过往行人。徒步往来的人，一到这个季节，一般都把双手揣在怀里，胯下吊一个烘笼（竹篾条编成的笼子，里面放一个土陶火钵）。换一次炭火，价格是二至三文钱。顾客一到，就把烘笼从胯下取出来。接着，炭火小贩（贫妇）就从大瓦盆底部翻出早就蓄好的炭火，再在上面添一些细软的小木炭，用竹扇子扇几下。等木炭燃旺以后小贩把那些木炭放进烘笼，并在木炭上盖一些稻草灰。最后，顾客不声不响地接过烘笼吊在胯下，双手揣入怀里，迈着外八字方步离去。"[2]

直至20世纪50年代，笔者在成都街巷仍常见中野孤山叙述的景象。

### 菜油灯盏、牛油蜡烛照明和成都产火柴

普通百姓无事早睡，确需灯烛时用菜油灯盏。穷家小户往往在破调匙中倒些菜籽油、浸条灯心草点燃照明，油灯如豆，人影昏黄……灯心草是一种草本利尿中药，清末成都街头常有可怜小贩扎成小把沿街叫卖。

清末菜籽油供照明和食用，每斤卖六七十文。成都周边郊县大量种油菜。光绪末年，四川特兴"油捐"，每斤纳捐钱十文。按亩计收，每年可得捐银三十余万两。依此估计，每年全省约出菜油，在四千万斤以上。[1]

富户也点蜡烛，以土产牛油蜡烛为主（以牛油略加白蜡制成），皮面红色。小烛每枝重约一两，大者二两；每斤

[1]〔清〕周询：《蜀海丛谈》，巴蜀书社1986年版，第25页。

民国时期成都卖灯心草的可怜小贩。来源：郑光路文物市场所购日本画刊

钱一百二十文；零售小者每枝八文，大者加倍。1900年前，夜行无街灯，人多秉烛而行。故客人离时，主人往往赠送牛油蜡烛，口中说"走好！走好！"，灯笼中皆燃此烛。最常见的灯笼有"手提子""轿灯"以及官用"伞灯"等。[1]

清末，四川已广泛使用火柴点火。

光绪三十年（1904年），外国火柴进入四川，民间消耗者很多。四川劝业道周善培深感必须"抵制外货，兴艺拯贫"。在他的倡议下，政府租借九眼桥白塔寺侧慈惠堂地盘，筹办火柴厂。1906年正式投产，定名"惠昌火柴厂"。他又派人赴日本考查学习，1908年回川改进药头配方，增建厂房，民间习称"官厂"。这是成都历史上第一家火柴厂。1911年调查，该厂已得纯利约一万两白银。[2]

每盒四川生产的火柴零售价仅四至五文，内装约七十支。四文钱仅可买一个锅魁（烧饼），所以外国人说："外国制品要和这样低的价格竞争，当然是难想象的事。"[3] 此堪称本土早期工商业近代化的成功范例。

### 路灯是"清油灯"，破坏者要杀头

1903年4月，始建的"四川警察总局"推行"新政"，在四城门及各街口栽立专制灯桩，上挂四方形玻璃清油灯，后来逐步发展约2000盏街灯。乡土作家李劼人曾描述："每百步之遥，一盏菜油街灯，——大家都呼之为警察灯，因为自光绪三十年开办警察时，才有了这个创举。"[4]

来成都的传教士韦尔描述得更详细：街灯每100码（一码等于0.9144米）一盏，置于6英尺高（1英尺等于0.3048米）的灯柱上，由警察雇用的更夫负责点灯。每当夜幕降临，更夫一手提盛装油壶的长形竹篮，肩扛高约一米的木

[1]〔清〕周询：《芙蓉话旧录》，四川人民出版社1987年版，第27—28页。

[2] 赵子艺：《解放前成都火柴工业概况》//《成都文史资料选辑》第三十二辑，四川大学出版社2002年版，第457页。

[3] 彭泽益编：《中国近代手工业史资料（1840—1949）》第二卷，生活·读书·新知三联书店1957年版，第333页。

[4] 李劼人：《李劼人全集》第3卷《大波》（上），四川文艺出版社2011年版，第5页。

1903年4月后成都在四城门及各街口放置专制的灯桩，上挂四方形玻璃清油灯

凳，把点燃的灯壶放入支架。清晨，更夫把灯壶收起来，擦拭干净并把油灌满，晚上再放入灯具内。[1]

清油街灯，形制为四方框架并安装玻璃。从笔者收藏的珍贵老照片观察，其形状与现代已颇类似。每盏灯每月大约用油5斤，全成都一年用油开销为14400元，由警察每月向市民征收，时称"灯油捐"。警察局"对有意破坏街灯和灯柱者，可处以杀头的严厉处罚"[2]。

自从有了清油街灯，轿夫可以根据街灯来估计路程并计价收费。夜晚，民众有了户外活动，城市商业更加发达……清油街灯虽昏黄朦胧，却照亮了成都走向现代化城市的时代背影。

### 外国煤油灯和电灯的出现

同治年间（1862—1874年），成都出现了煤油灯、洋

[1] 《华西传教士新闻》，1904年，第四期；另参见司昆仑《成都最早的街灯》，《蓉城周报》，1990年5月1日。按：司昆仑时为四川大学美国留学生。

[2] 《四川官报》，己酉第19册，"公牍"。

左图：清末巴蜀场镇上的广告"点美孚油"。摄影：[德]魏司

右图：清末"亚细亚火油公司"免费赠的精美年画

蜡烛，但价昂，用者少。

1867年煤油进入中国，人们称之为"洋油"。美孚石油公司创建于1870年，创始人是美国人洛克菲勒，其被称为"石油大王"。清末，外国煤油大量进入四川，比菜油还便宜。各州府县通衢大道，随处可见油漆或粉刷"点美孚油"的大字广告。美孚公司还免费赠送铁皮座玻璃罩油灯、精美日历……不到10年，美孚油几乎销售到全川各地。[1]

1875年，世界上第一个发电厂在法国巴黎诞生。1879年5月28日，中国第一盏电灯在上海点亮。[2]

1905年，四川总督锡良购回1台小型发电机，供城东下莲池街银元局照明。[3] 这是巴蜀古老土地上点亮的第一盏电灯。

1908年，成都商会樊孔周等人建立"劝业场发灯部"。公司从上海买来40千瓦的电机，在劝业场内西北角建厂房完成安装并发电，向清政府请准在成都供电专利权20年。这是四川工业史上第一家公用电力企业；除供劝业场商户外，还向附近各街出租电灯约600盏。成都民用电灯即创

[1] 参见《美孚洋行百年前已施行职工退休金》，《重庆晚报》，2009-12-07，(31)。

[2] 《中国第一盏电灯始于哪里？》，《东方早报》，2009-08-10。

[3] 1877年，四川总督丁宝桢在成都城东下莲池组建四川机器局。1901年，四川总督奎俊在机器局内开办银元局并铸造银币。

始于此时。[1]

1906年，以陈雍伯为首的16家商户，在中新街集资筹办成都启明电灯公司。1909年陈雍伯去世，其子陈养天继承父业，于1909年5月29日终于发电亮灯。厂房门上书写"光明之源"四个大字。

初期，供营业的电灯只有300多盏。每盏灯15瓦，每月定价一元五角，自午后六点钟起到十一点钟止，供电五小时。当时点盏菜油灯，每月不过一两角钱；煤油灯也不过每月三五角钱。以一元五角点盏15瓦的电灯，最初用户寥寥。陈养天等人急了，学习英国人推销纸烟的办法：送照一月不取费，以后或七折、六折收费⋯⋯电灯比油灯亮，又无黑烟和油垢，成都人认为很"洋盘"（即时尚），不久申请安装户纷至沓来。[2]

劝业场和启明公司，天黑开灯和晚上10点钟停止发电前，都要鸣一次汽笛通知用户。古老成都因此多了些现代化，文豪郭沫若那时写诗惊叹："铁笛一声飞过也，大家争看电灯红！"[3]

电灯用户逐渐供不应求。1924年5月，启明公司在东

[1] 参见四川省电力公司：《百年风雨坎坷，追寻世纪之光》，四川电力在线，2005-07-04。另据《四川省志·大事纪述》上册载："1908年10月25日，成都总商会周均德等发起，招集股银25000两，创设悦来电气股份有限公司。"参见四川科学技术出版社1999年版，第202页。

[2] 参见赵星洲：《成都启明电灯公司剖析》//《四川文史资料选辑》第25辑，四川人民出版社1982年版。

[3] 陈浩望：《民国诗话》，广西民族出版社1996年版，第273页。

民国时期成都东门外椒子街河边的启明电厂。来源：成都市建设信息中心

门外椒子街河边，建设新发电机厂一座。当时租出灯数计五千五百余盏，全年收入约四万元。全厂有员工63人，杂役22人。[1]

2005年10月，百岁老人黄玉书回忆：成都人戏称清末民初成都的工业是"三根半烟囱"，就是造币厂、兵工厂、启明公司，还有半根就是火柴厂。黄玉书能听到每天像打雷一样轰鸣的机器声。那时候，除了大的公馆、政府机关以外，普通百姓很少能用电灯……[2]

### 民国时期街灯是"电灯"加"菜油灯"

1924年，成都市内大街开始修马路。市政公所决议："于各街安设街市电灯，以期壮美观瞻、便利交通。"经费由各条街的"街正"会同警察所，在"灯油捐"项目下收讫，照付电灯公司。1926年3月调查，市内街道电灯总数为460盏。电灯仅上半夜（约晚上12点钟以前）亮，下半夜仍由警察点放"菜油灯"，堪称奇观。

1925年11月开街完工的春熙路，号称"模范街市"，特设"春熙路电灯事务所"。全路电灯均为"五十烛光之灯"（即50瓦灯），[3] 当年算是顶呱呱的"光彩工程"了。

此后许多街巷仍以"菜油灯"为主，1931年清油灯达2924盏。有史料称：1938年后成都市实施第二期街灯安装计划，公共路灯逐渐取代菜油灯街灯。至1942年，全市主要街道都安装了路灯，总数为1900余盏，电源均由启明公司供给。[4]

1950年后，笔者家住在与椒子街相连的望平街。笔者夜间常从启明公司发电厂经过，木头电杆上的街灯昏黄，大多15—20瓦，几丈外即难辨人影。

---

[1] 杨吉甫等编：《成都市市政年鉴》，民国十七年（1928年）铅印本，第597—598页。

[2] 参见《成都旧工业：三根半烟囱》，《华西都市报》，2005-10-25。

[3] 杨吉甫等编：《成都市市政年鉴》，民国十七年（1928年）铅印本，第600—601页。

[4] 何一民编：《变革与发展：中国内陆城市成都现代化研究》，四川大学出版社2002年版，第529—530页。

## ◎ 从"驿传"到近代化电报局、邮政局、电话局

### 官方"驿传"、民间"麻乡约民信局"及猪贩子捎信

中国古代官方通信,主要是"驿传"。

清末成都至京师的"驿传"可分三等:最快者日驰六百里,次则四百里,寻常则二百里。日驰六百里及四百里者,皆有规定,滥用者即使为总督、将军,也要降二级处分。

比如用六百里者,只限于总督、将军、提督、学使四人在任病故或丁忧,以及遇到城池失守等紧急时才用。周询在四川总督府内任幕僚七年,所见使用六百里仅两次:一为奏报驻藏帮办大臣凤全在巴塘被当地土人杀害;二为奏报提督马维骐克复巴塘,足见非常郑重。

成都距北京五千七百里,若日行六百里,九日半即到;日行四百里,则需十四日到。督署通常的奏咨文书日驰二百里,每月初汇发一次,由总督专派本署一员武弁(即侍从护卫,又称"戈什哈")前往。四川北路驿站共十八处,起点第一站是成都锦官驿,第十八站是广元县的神宣驿。翻秦岭出川则由外省负责。每个驿站供给马一匹,口粮一份,另外派两名马夫,各乘马一匹伴送至前个驿站交换马匹,所谓"换马不换人"。这个武弁风餐露宿,约历十八九日方能到北京……折返成都可松口气稍缓行,前后费时近两月之久。[1]

民间传书送信更麻烦,大概每个人都有"家书抵万金"之感慨。

大约在清代咸丰、同治期间,綦江县陈家坝人陈洪义,逐步创办了"麻乡约"大帮轿行。之前他抬过街轿子时,常为商号捎带信件。因此,他设立的"麻乡约",业务

[1] 〔清〕周询:《蜀海丛谈》,巴蜀书社1985年版,第42—44页。

在客运、货运、汇兑之外，又专设"民信局"。同治五年（1866年），陈洪义在重庆设立了总局。[1] 其后，在成都上东大街六十六号及龙泉驿设立分行。[2]

"麻乡约"铺面高悬招牌，店名之下详列信件投送地点以招徕顾客。店门内设柜台，邮件来时管事议定信资后，分派送信夫头负责投递。邮件分为正站、快站两种。正站相当于现在的平信，当时从重庆送封平信到成都，费时8天，需信资32文。

快站相当于现在的快信，尤其是"火烧信"，烧去信封一角表示十万火急，类似于如今的"快递"；在特殊情况下雇用马帮日夜兼程。快信收费由双方面议。在"麻乡约"遗物中曾发现过一封信，信封上写"正资200文，快跑赏5两银子"。"麻乡约"信用度高，重庆的大票号、自流井的大盐号，所付快赏费，有时多到数十两或百余两纹银……[3]

周询曾记录："当时邮政未兴，信件亦由夫行承寄；每封不过给钱数十文。物件则以斤计，每斤近者百文，近者数十文，惟启行有班期，每月约九次，然以视邮政之便利迅速，殊不及耳。"[4]

"麻乡约"仅在重要地点设分行，很多州县的书信传递方式仍很原始。以离成都约70里的彭县为例，如果有人要与在成都的亲戚通信，只能委托去成都的鸡贩子、猪贩子顺便捎去。信尾巴上必写一句："收信后交来人酒资一百文。"[5]

## 1884年成都已开设电报局

1865年，上海利富洋行英商雷诺，在浦东擅自树立木杆架设天线，这是外国人第一次在中国领土上架设电报线路。

---

[1] 沈志交：《西南民间运输巨擘"麻乡约"》//《四川文史资料集粹》第3卷"经济工商编"，四川人民出版社1996年版，第695—696页。

[2] 廖鹤林、邓显金：《清末到民国时期成都的轿子》，《成都志通讯》，1986（3）：46。

[3] 沈志交：《西南民间运输巨擘"麻乡约"》//《四川文史资料集粹》第3卷"经济工商编"，四川人民出版社1996年版，第695—696页。

[4] 〔清〕周询：《芙蓉话旧录》，四川人民出版社1987年版，第45—46页。

[5] 肖华清：《辛亥革命前后的彭县》//《四川文史资料选辑》第27辑，四川人民出版社1982年版，第19页。

清末盗窃电线必严惩，图为老明信片上的刑罚：木枷站笼酷刑

当地农民认为"坏了祖宗风水"，在上海道台丁日昌的支持下，6月21日一夜之间将沿途227根电报木杆全部拔掉……[1]

随着"洋务运动"的开展，在李鸿章、盛宣怀等人的倡导下，中国电报业飞速发展。不到二十年，电报网络已在大清帝国建立。

1884年（清光绪十年），知府衔的周保臣在南府街创办成都电报局（民局），建成四川第一条电报线路，经重庆到宜昌向可全国各省转发电报。[2]

1886年（光绪十二年），根据湖广总督李鸿章的提议，由上海官督商办电报总局自汉口开工架线，经沙市、荆门、宜昌、夔州、万县、重庆、泸州架抵成都，成立了成都电报局。因为是官督商办，常称商电局，局址在文庙前街。[3]又特派报务员两名在总督衙门内设置报房，专发军政紧急公文。[4]商电局采用莫尔斯人工收发报机，单工制通报，速率为每分钟25个汉字的四位数字代码[5]。

电报传输之神速，令中国人惊异，有诗为证："中国古今重驰传，驿亭分设各郡县。海外偏多缩地方，天半往来如掣电。大臣谋划操胜算，军民通报称利便……从此千里争

[1] 《上海电信简史1871-2010》，上海人民出版社2013年版，第6页。
[2] 成都市地方志编纂委员会编纂：《成都市志·科学技术志》（下册），四川科学技术出版社1999年版，第1652页。
[3] 青羊区地方志编纂委员会编：《成都市西城区志》，成都出版社1995年版，第136页。
[4] 四川省地方志编纂委员会编：《四川省志·大事纪述》上册，四川科学技术出版社1999年版，第80页。
[5] 成都市地方志编纂委员会编纂：《成都市志·科学技术志》（上册），四川科学技术出版社1999年版，第594页。

第五章 清末"衣食住行"等方方面面 383

清末的电报房,中国第一代高科技人员正在发电报

片刻,地角天涯连一线。"[1]

未有电报之先,官方紧急公文,全靠驿站递送,故视驿传为要政。周询说:设电报局后,紧急要事件虽可先发电报,"然得电后,仍须俟奏报或咨文到来始能为(根)据,因电报可作伪也"[2]。

初期电报费用极高。史料记载:上海发往香港、广东、四川等地的电报,每10字需银洋3元,不满10字的按10字计算。[3] 如此昂贵,自然只能在官方军事、政情通报时方用。到1908年,傅崇矩叙述了成都电报收费情况:"本省价目,每字一角";外省更贵,如成都要打电报到北京,每字二角七分,到上海每字一角一分,到河南、吉林二角八分……当时银洋(元)一角,可买约3个锅魁(烧饼),打封十个字的电报到北京,足可啃80个锅魁(近十天口粮)。

傅崇矩说:1908年大清邮传部下文:"以中国电费太重,特照定价特减二成。"[4]

[1] 来新夏主编:《津门杂记》,天津古籍出版社1986年版,第70页。
[2] 〔清〕周询:《蜀海丛谈》,巴蜀书社1985年版,第42—44页。
[3] 熊月之、周武主编:《上海一座现代化都市的编年史》,上海书店出版社2007年版,第101页。
[4] 〔清〕傅崇矩:《成都通览》上册,巴蜀书社1987年版,第85—86页。

## 杨开甲艰难创办成都第一个国家邮局

杨开甲，字少荃，1862年出生于武昌。1887年，他接受汉口圣公会教区推荐获得留英奖学金，1888年赴英国留学三载。1901年学成回国，由大清邮政总局委派到成都任邮政督办，并在嘉定中学、成华两县中学等处教书，后又办外国语专门学校。

杨开甲1908年加入同盟会。1908年初，他与成都的圣公会、英美会的传教士、医生、教师等，共同创立成都华西协合中学，众推杨开甲任校长。华西协合大学校成立后，杨开甲被推选为唯一的由中国人担任的校董会副董事长，任期达三十年之久。

1912年中华民国成立，孙中山大总统委任他为四川外交督办。他对创建省城红十字会很有贡献，民国后是重庆著名的银行家。杨开甲是20世纪初期难得的学贯中西的人才，受到中外人士的敬佩。[1]

杨开甲曾自述："最可怕者，就是中国的人不懂同外国人办事的方法。大凡同外国人办事，不是媚外，就是排外，这两样都不是适当的办法。要晓得外国人与我国人是一样的，凡是以理持之，未有不融洽的。我国所缺乏的，就是明了中外情势的人才，若多得这样的人才也可以为中国做一些建设的事业。"[2]

1896年（光绪二十二年），清政府创办大清邮政官局，即清代国家邮政。官局，是为了区别当时并存的民局。1906年9月20日，成立大清国邮传部，相当于后世的邮电部、铁道部。

1897年，重庆大清邮政局成立。1901年，北京总税务司邮政总办赫德（Robert Hart）指派汉口邮局的杨开甲创

[1] 参见文宝瑛：《缅怀母校十九世纪毕业的祖辈校友——杨开甲老校长》，见http://www.wcwhzx.com。

[2] 《华西协中首任华人校长杨少荃（杨开甲）自述》，见成都13中网站，校史拾贝，2008-7-10，http://www.cdhxzx.cn。

杨开甲任成都邮政督办，这是清末成都邮政局二进堂内的营业厅

办成都邮政局。杨开甲和其妻到成都。

当时邮政局规定，办公租房只付租金不付押金，还要求房东"只准客辞主，不准主辞客"，如此规定之下租房不易。杨开甲几经周折，才在小什字街（暑袜北一街和兴隆街口）租得房屋。除月租外，另预付3个月的押金利息，共8000文，并以杨开甲的朋友陈竹庵开设在后子门的商店作保。

当时邮政部门对工作人员要求高，须具备以下条件：（1）须有相当英文程度；（2）须略有簿记学经验；（3）须备有妥实铺保；（4）须有近代思想。

1901年12月24日，成都邮政局正式开张营业，成都进入近代化邮政时期。开办第一年，局内只有3人、现银百两和一百块钱的邮票。杨开甲担任供事（襄助局长工作），朱蒲生担任窗口服务，曾福担任投递工作。次年（1902年）春天，英国人纽满（E·F·S·Newman）奉调来蓉主持局务。

开创之初，成都人误认为又是洋鬼子的什么外国机构。有人还以为邮局是卖油的。在中坝（今江油县），当地油行以为邮局要垄断清油生意，全行业拒绝向邮局出售清油，以示抵制。绵竹县的县太爷，在邮局开局的第三天即派衙役查封，邮局人员被迫迁住旅店。时任成都邮局邮务长的纽满，坐着拱竿大轿赶赴四川总督府交涉。总督赵尔巽见洋人登门，怕惹起外交纠纷，下令绵竹县官启封。

在这种时代背景下，成都邮政局业务清淡，每周只封发重庆邮件两次，每月开支七八十元，而收入仅有其半数。窗口售卖邮票非常困难，有一天仅售出一枚1分邮票。为了招徕顾客，杨开甲3人有时还在局门口猛敲铜锣宣传……人们寄信仍然相信"麻乡约"。[1] 这个时期，邮局、驿传、文报局、民信局几种通信组织，各显其能而并存。邮局可以向成都输送大量的信件、书籍、报刊和小件货物，尤其是书报。傅崇矩评论说："四川文明之进步，邮局实促助之。图书局首先代办（邮局）分局，报章、地图、新书之输入，成都风气实赖以渐开。宣统元年，英人李锜到成都，改建局所，大加改良。"[2]

大清邮政当一元邮票（小一元）

[1] 成都市地方志编纂委员会编：《成都市志·邮政志》，成都出版社1993年版，第203—204页。
[2] 〔清〕傅崇矩：《成都通览》上册，巴蜀书社1987年版，第89—90页。

左图：大清邮政信差之一

右图：大清邮政信差之二

1937年12月中西合璧的成都邮政局在暑袜街建成

成都邮政局一直设在暑袜北街口。1932年7月6日、1933年9月20日，邮政局发生两次火灾。1935年3月27日，隆重举行重修奠基典礼。交通部次长俞飞鹏和西川邮政管理局局长、意大利人克法理洛（E·A·Cavarliere）等参加典礼。加拿大人莫理逊和叶溶清负责设计和指挥。建材选购珍贵高级木材如楠木、红松等，红瓦由汉口买进……1937年12月邮政大楼建成并使用，占地近七亩。建筑具欧洲中世纪建筑风格，是成都现代化标志之一[1]。

### 1911年开办成都电话局后的逐步发展

清末，电话主要用于军事、政务。1909年赵尔丰在川边"改土归流"，赶修打箭炉、巴塘至察木多之电报线路。钟颖的进藏川军，已配有长途电话等先进装备。[2]

1910年10月，四川总督赵尔巽接到四川巡警、劝业道申报开办省城民用电话咨文后，批示："电话为交通机关，传达信息，颇资便利；而于商务、警务尤多神益，筹办自不宜缓。"

[1] 王大炜：《忆成都百年邮政二三事》//《少城文史资料》第15辑，2002年，第49—50页。

[2] 任新建：《康巴历史与文化》，巴蜀书社2014年版，第185页。

1911年大汉四川军政府成立后都督尹昌衡（中）、师长周骏（左）、杨开甲（右，当时负责外交事宜）

电话是当时的尖端高科技，商人不敢轻易吃螃蟹，招集商股困难。先由巡警、劝业两道共同筹设"省城电话公司"，由公司借官银35000两试办。电话局设于华兴街，至1910年11月，预定安设电话用户已有百余处。[1]

民国时期有专门史料详细记载："川督赵尔巽以省会城厢内外幅员辽阔，居民众多，加以机关林立，商贾云集，尤非速为安设电话，不足以灵通消息，便利市民。于是电请北京邮传部选派专门技师来川，以资传习训练。"

邮传部派技师周学春赴川，由赵尔巽委令沈燕诒为局长，会同周技师于1911年成立成都电话局。电话少，用户除各重要衙署、军队、警局等国家部门外，学校、商会、报社和一些重要商号也有。这就是成都电话事业之发端。

民国后，市民用电话者寥寥，电话主要为军界及政界所用。军界干脆把成都电话局改名为陆军电话局："归督军署管辖，直与辎重、军械同类而等视之矣。"直至1924年3月，王缵绪呈报杨森批准，才拨归市政公所管辖，"更正其名曰成都市电话局"。

这年"决定招收女司机生"（即接线员）。当局目的

[1] 《四川官报》己酉十月中旬，第三十册中《公牍》；《四川官报》庚戌十月下旬号中《新闻》，十一月中旬号中《新闻》，转引自《四川省志·大事纪述》上册，四川科学技术出版社1999年版，第216页。

第五章 清末"衣食住行"等方方面面　389

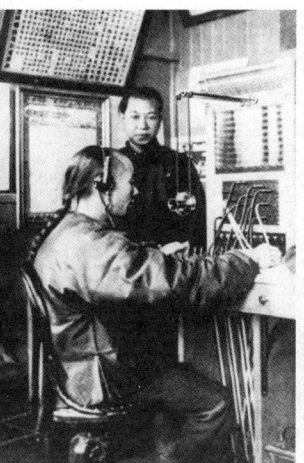

左图：清末的电话局，工作人员正在接插电话

右图：民国时期电话局的女性增多，体现了时代进步，这是1926年成都电话局的老照片

之一是"欲于风气闭塞之成都借此提倡女子职业，促进女子之地位。"考核国文、算术二科，招收高小毕业生，投考者一百余名，只录取三十名，竞争激烈。

民国时期，电话局的女性工作人员日益增多，也体现了时代进程。笔者收藏的1926年的老照片，真实地证实了这一点。

这时成都电话用户有207家。每部电话先收保证金20个银元，每月收铜元十五钏（每一钏即一千文铜钱），成都市电话局每月共收入铜元三千多钏，折合银元九百多元。[1] 1925年10月，成都谷价每石（约300斤）为银元6.5元，保证金20个银元可买谷近千斤；当时一个临时雇工每天仅挣500文，[2] 一个月才能挣十五钏。由此可想象，当时电话纯属高消费。

1925年10月，少城公园内绿天茶社、中城公园内中城茶社、商业场内宜春茶楼三处"繁盛区域"，共安置了市民公共电话三部。每通话一次，缴费一百文。

这是成都公用电话之开始，[3] 此重要史实，后人知之者甚少。

[1] 杨吉甫等编：《成都市市政年鉴》，民国十七年（1928年）铅印本，第585页。

[2] 《四川物价志》编纂委员会编：《历代四川物价史料》，西南财经大学出版社1989年版，第223、319页。

[3] 杨吉甫等编：《成都市市政年鉴》，民国十七年（1928年）铅印本，第581、582、592页。

# 第六章 清末成都人生了病怎么办

## 第一节　传统中医药和医林之奇形怪状

◎ 清末成都的医疗状况和医疗改革

1892年后成都多次瘟疫流行，主要靠中医和"送瘟神"对付

清末，成都人缺医少药，随时处于瘟疫恐惧中。

成都东较场每年五月初五端午节，有"打李子"传统习俗（又称"掷果会"）。民间传说吃到这种打来的李子，能猛生男娃娃。1892年的一天，市民买来廉价水果李子，相互嘻嘻哈哈投掷取乐。周边城墙上站满看热闹的市民，乐不可支……于是，一场可怕瘟疫流行了。

生于同治年间、14岁就开始行医的苟觉卿老先生，88岁时回忆：

"成都壬辰年（1892年）时，流行过'麻脚瘟'。此病是在东较场'打李子'玩后，不知什么原因发生的。患病者上吐下泻皆为清水，突然昏倒，倾刻就死亡了。成都城内死亡3万多人……死人无人抬，棺材也卖空了，只好找叫花

子（乞丐）把人拖出去'软埋'（无棺材）。九眼桥附近（当时洪济路一带为乱坟岗）人都埋满了。当时成都和华阳县府出告示要送'麻脚瘟'，三天内家家户户扎'方船'，拿到东门去烧，把瘟神送走……从五月起病至九月初二才止。"

这应该是大吃脏李子后的菌痢、伤寒、霍乱之类肠道传染病大流行。所谓"麻脚瘟"，不过是"上吐下泻"脱水无力等休克症状。

苟觉卿老先生接着说："次年即癸巳年春天，又发现一种病，头昏、上重下轻、心跳，脑子就不断撞，头痛得睡不得……得病后只有跪倒才舒服些（屁股向上头钻到枕头内）。由于患病的人多，医生忙不过来，只好将药方贴在街上，让人们照着处方去买药……"[1]

这个"怪病"可能是流行性脑炎之类的传染病。

清末成都，"中医"是医学界的"主力军"。"中医"诊病讲究"望闻问切"（即观察、闻味、问病、把脉）。"中医"大夫各有各的"成才之路"：（1）宦途或经商失意后"半路出家"。（2）家传师授，以疮疡外科为多。（3）"抓抓将"（药铺配药小工）出身，后升格为

[1] 苟觉卿：《成都瘟疫流行及医事制度点滴》，《四川卫生史料》（内部资料），1984年第2期，第8页。

左图：清末民间巡街送神、祭神驱瘟疫的队伍。来源：作者购于文物市场

右图：清末民间"扎方船"送神、祭神驱瘟疫的队伍

左图:"旧时中医'诊脉'看病情景。来源:美国《生活》杂志

中图:20世纪40年代成都的中医正在炮制研磨中药。来源:美国《生活》杂志

右图:20世纪40年代成都的中医及他的针灸铜人像。来源:美国《生活》杂志

"大夫"。(4)"草药医生",挑担走街串巷,或固定开铺摆摊。[1]

"中医"开业地点也可分几种:(1)在家行医(此类人家境宽裕,不专靠行医找饭吃,多号称"儒医")。(2)开铺面行医(所谓"悬壶"在市)。(3)依附药铺行医(俗称"坐堂医生")。(4)自开药铺兼行医(清末如北大街之"王惠安堂"、上西顺城街之"王云丰堂")。(5)流动摆摊行医卖药(以骨伤、疮疡等外科为主),俗称"四平摊子"。[2]

## 医林陋俗恶习"现形记"

当时人对中医评价不高。傅崇矩说,成都医生分坐轿、官医、摆摊、跑街等名目,没有上等医生,连中等医生也不多……他还客观评论:"摆摊、跑街者,价廉,然亦有中肯之方,高出于坐轿及官医者。亦有送诊贫苦,不索脉礼者。"

关于清末的诊疗费用,医生大多是"看碟下菜"。傅

[1] 廖蕙阶:《成都名医事迹点滴》,《四川卫生史料》(内部资料),1984年第2期,第15页。

[2] 苏友农:《成都中医情况》//《成都文史资料选辑》,第7辑(1984年),第152—154页。

崇矩说："中等人户脉资，或数十文至二百文不等，富户则随意加增。"医林奇形怪状，恶习很多。一些所谓名医上门治病，故意招摇过市：要乘坐三人或四人抬的轿子；轿钱要病家给（从一二百文到五六百文不等）。"脉资"（即诊疗费）有定规：以二百文起码，或四五百文至一千文或银元一元。

当时劳苦打工族每月收入不过一千文至三千文，所以傅崇矩说："贫人每每一病倾家，故病者愿死，不愿求彼等医也。"

尤其可恶的，有些医生还大耍派头：不管病者为急病还是老病，往往要提前一夜礼请，他们还每爽约不至，或直到次日晚上才故意姗姗而来，病人此时已转为危症了……其实，这些"名医"是故作忙态以增身价，表示病人在"排班站队"等他。傅崇矩浩叹：面对这种看病难，病家只有"忍得""受得""等得""耐得"了……

有的医生写的药方单子，龙蛇飞舞如狂草，药铺常抓错药而伤害病人。有的医生借诊病推销自己的药物："希图得价，多方要挟"，不达目的不罢休。有的中医外科医生

左图：清末四川的病人（之一）。摄影：[英]伊莎贝拉·伯德

右图：清末四川的病人（之二）。摄影：[英]伊莎贝拉·伯德

"祖传恶习"更坏透:倘有索不遂,便故意用药使疮溃痛或久不收口,以便任意索要药资……

为了多挣钱,有些医生沽名钓誉叫亲朋好友制送"华佗再世"之类匾额、锦旗装门面,或打虚假广告"假托病家登报颂扬"[1]。

傅崇矩说当时"乏良医",是有切身体会的。1901年,他的长子玉荪、长女寿珍,患喉症、风症误服中医热剂,十日内相继死了。1906年,他的三侄女患"风症"、第四女患"咳症",找西医治疗,前后也死了。1909年,他第三个儿子患"病风",也"误于医药"早夭……所以傅崇矩痛苦地说:"可见中西医均不可恃也!"[2]

"庸医误人"固然是因素,但主要原因是当时整体医疗水平不高。要知道,1929年英国细菌学家弗莱明才发现青霉素。有人估计:由于抗生素的发明,全人类平均寿命此后增加了10岁。[3]

其次,清代对执业医生缺乏全国性管理,人人可以挂牌行医,使中医界从医者良莠不齐。

## 成都人唐宗海"中西医汇通",誉满海内外

当时报纸揭露:"门前凡悬有'妙手回春'诸匾额者,其下莫不有冤鬼,相聚啾啾诉苦……"在西医的冲击下,人们对中医的不满上升为质疑中医学本身。如光绪三十三年八月二十《顺天时报》上,有篇《论圣躬应慎重医治》文章,鼓动多病的光绪皇帝要请外国洋医生诊治:"盖外国医术,优于中国者远。"该报认为中国皇帝延聘外医,就可以使"四万万国民咸知中医之不如洋医,必将起而学其术,日进于改良"[4]。

---

[1] 〔清〕傅崇矩:《成都通览》上册,巴蜀书社1987年版,第195页。

[2] 〔清〕傅崇矩:《成都通览》上册,巴蜀书社1987年版,第197页。

[3] 参见崔建霞等主编:《走进马克思主义的另一种方式 案例解读》,北京理工大学出版社2014年版,第79页。

[4] 《论圣躬应慎重医治》,《顺天时报》光绪三十三年八月二十,"论说"。见路彩霞著:《清末京津公共卫生机制演进研究——1900-1911》,湖北人民出版社2010年版,第31页。

一些懂"中医"的人士于是试图"中西医汇通"——如今称为"中西医结合"。其中最有名的先驱者是唐宗海（1846—1896年）。他是四川彭县三邑镇人。他16岁考取秀才，23岁涉猎医学。1884年，他写出《血证论》，提出中西医各有所长，也各有所短，应当融会贯通。此书一出，"名闻三蜀""声誉远播"。光绪十五年己丑科（1889年），他中二甲进士，授礼部主事。

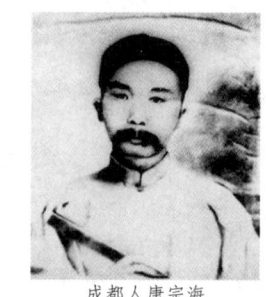

成都人唐宗海

此公不仅于北京、上海、广州等地大有医名，而且蜚声东南亚。其好友刘光第（"戊戌六君子"之一）称赞他"活人有奇术"。他行医治病以中医理论为基础，又汲取西医解剖学、生理学等现代医学，写成《中西汇通医经精义》2卷，于1892年刊行于世，是中国最早汇通中西医学的著作。1894年，他刊出《中西汇通医书五种》，行销海内外。

1896年，清廷授他广西来宾知县职。次年母丧，他扶柩返川。时成都地区又瘟疫流行，他染病回家不幸辞世，终年50岁。《清史稿》赞誉他的医学著作："西医所未及⋯⋯足以启后者。"[1]

### 清末医疗制度改革和警察局考核医生的趣闻

清政府实行"新政"后，开始医疗制度改革，首先对医生实行执业资格考试。

1905年，清政府在巡警部警保司内设卫生科，职掌考核医生给照、管理清道、防疫⋯⋯这是中国政府首脑机关第一次出现"卫生"一词，也是中国近代化医疗卫生事业的创始。1906年巡警部改为民政部，卫生科升为卫生司，设保健、检疫、方术三科。[2]

光绪二十九年（1903年）四月初一，成都警察总局正

[1] 中国文史出版社编：《二十五史（卷十五）清史稿（下）》，中国文史出版社2003年版，第2488页。
[2] 甄橙主编：《医学与护理学发展史》，北京大学医学出版社2008年版，第216页。

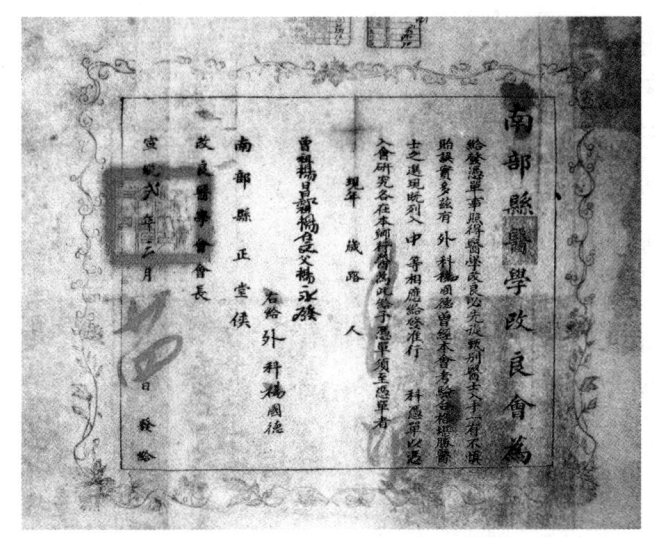

1910年南部县医学改良会遵照省城成都命令，考核后发给外科医生杨国德的行医凭证。来源：四川省档案馆

式挂牌。1905年扩大为通省警察总局，管理全川警政兼管成都市区警务。1908年，改设为四川通省巡警道，属下综理全省警政，兼管省城警务，并增设卫生科。[1]

当时没有国家统一考试规则。荀觉卿老先生回忆：周善培曾把成都所有医生800多人，集合一起进行考试，不合格者取消行医资格。考试题目如下图：（1）壬辰年"麻脚瘟"从何而来？（2）"伤寒"与"瘟病"的区别。（3）病情条件的分析。（4）"痈疽"阴阳何以分别？考试时周善培参加监考，谁写"别字"马上取消考试资格……[2]

1905年，贺伦夔任四川警察总监（又称总理），又令成都医生"赴局考验，分别给凭，无凭者不准受医"。1908年，高增爵接掌巡警道，对医生进行更严格的考核。考核结果有"优等"24名、"中等"40名。其中内科如沈绍九、张子初、陈心甫等，儿科如谢跃衢、王朴诚等，外科如黄雅亭、吴介诚等良医，都名重一时……傅崇矩说，经此整顿成都的"庸医已稍敛手"[3]。

清末地方政府也引进西方医学。当时"天花"（痘

[1] 四川省地方志编纂委员会编：《四川省志公安司法志》，四川人民出版社1997年版，第9页。

[2] 荀觉卿：《成都瘟疫流行及医事制度点滴》，《四川卫生史料》（内部资料），1984年第2期，第8页。

[3] 〔清〕傅崇矩：《成都通览》上册，巴蜀书社1987年版，第195—197页。

疹）死亡率极高，尤其是小娃娃。民间信仰中于是有专司痘疹的女神——"痘疹娘娘"又称"天花娘娘"。成都城东有痘疹庵，乾隆十四年重修，专收留城中患痘疹之人。

1908年11月，接任巡警道的高增爵令人用现代医疗手段为儿童接种痘苗，以预防天花。[1] 警察局六总区各设官办牛痘局，所以傅崇矩在当时报纸上赞誉说："善政也。"[2]

清末医疗制度改革，尤其是考核医生验证行医，延续至中华民国时期。民国五年（1916年）成都警察局考查"诊治单"，规定诊病时要把"诊治单"的"半边纸"给病人（即左右双份填写，类似后来的"病历"）。医生看病后，次日要病家追查病情变化，并向警察局汇报。

1917年发生"霍乱"。医生害怕治不好病还惹祸事，就玩"失踪"；或者声称自己治不好，要病人"有困难找警察"……弄得病人大集合，一窝蜂去警察局大闹。警察局被迫一年多就取消"诊治单"制度。

这期间，成都警察总局曾颁发"名誉医生员"牌子，相当于如今颁发的"名医证书"。警察局专设"卫生科"，科长是阆中人。成都医生当然不会喜欢芒刺在背的监管上司，私下奉赠外号"杨宝气"，四川话就是"瓜眉瓜眼"之意。[3]

清末民初医疗制度的改革当然说不上完美，但无疑已迈出重要的历史步伐。

[1] 1910年2月《四川官报》。
[2] 〔清〕傅崇矩：《成都通览》上册，巴蜀书社1987年版，第198—199页。
[3] 参见苟觉卿：《成都瘟疫流行及医事制度点滴》，《四川卫生史料》（内部资料），1984年第2期，第9页。

◎ 成都中药铺和麝香、虫草的灾难

成都的"药市"在历史上天下有名

宋代词人张仲殊的《望江南》描绘了成都药市的盛况：

左图：清末四川是全中国药材集散中心，尤以成都为荟萃处

右图：清末同仁堂老照片。来源：作者购于文物市场

"成都好，药市宴游闲。……愿求朱草化金丹，一粒定长年。"南宋陈元靓的《岁时广记·吸药气》载："成都九月九日为药市。诘旦，尽一川所出药草异物……是日早，士人尽入市中。相传以'吸药气'愈疾，令人康宁。"

这说明至少从宋代开始，成都"药市"不仅有药物交易，还是市民健身休闲的重要场所。

清代"药铺"经营有两大类：（1）"咀片"（即零碎中药），（2）膏丹丸散（即成品药"）。大多"前店后坊"：店堂前面供医生坐堂和配方售药，店堂后面加工炮制。药铺人员有管事、先生、学徒，大家各司其职。

晚清以来成都以存仁堂、半济堂最有名。半济堂经营者姓李，每逢朔（初一）、望（十五）半价售药"行善济世"，"半济堂街"因此得名（旧址在现上西顺城街）。街西侧还有名中医王朴诚（人称"王小儿"）坐诊的大中药店。鼓楼北二街，有以制膏丹丸散享誉省内外的庚鼎药房。[1]

成都的"同仁堂"也有名。创办人陈发光，江西清江府临江县人，早年跋涉数千里辗转到成都。他先走街串巷卖

[1] 张绍诚：《锦里街名话旧》，巴蜀书社2005年版，第82页。

膏丹丸散，慢慢发了财。乾隆四十二年他将湖广馆街口地皮买下，修起一楼一底的药铺（今"成都同仁堂"即大致在原址）。乾隆四十五年（1780年）四月二十八日药王会节药铺正式开张，店堂高挂"陈同仁堂"金匾。此后子孙繁衍，生意兴隆……

咸丰年间彭县人吴好山的《成都竹枝词》说："同仁丸药有谁先，数过京庄数二川。"是说成都同仁堂生产的丸药，和北京同名老店一样名扬中国。所以傅崇矩在"成都之著名百货及发售所"（意即成都名牌产品）中，将"同仁堂之丸药"列入其中。

清末成都有中药铺347家。"言不二价"的著名诚信大药铺有：陈同仁堂、王上全堂、肖长兴堂、黄泰山堂、李半济堂、庚鼎药房、肖集翰堂……这些大药铺，价虽略高

清末南门金字街上的陈记"鼎丰堂"，药铺外底层民众表情生动

第六章 清末成都人生了病怎么办 | 401

而药真。[1]

那时哪怕是偏僻街巷的小药铺，没有拣不齐的"药单子"（即处方）。遇到缺几味药时，药铺假说有一味药还没有制好，叫病家等一会儿来取。然后药铺急忙派人去其他药铺或买或借……[2]

清末南门金字街上的陈记"鼎丰堂"，就是这类小药铺。傅崇矩在"药材帮"中，收录了"陈鼎丰堂（金字街，药材）"。笔者收藏的珍贵老照片，生动地再现了一百多年前金字街"陈鼎丰堂"药铺外的众生相。

成都各药铺所售"咀片"（成品药），种类甚多且好。1907年，仅傅崇矩就列有成都药店经营品牌三百多种：从治小儿病的回春丸、妇女血崩丸、顺肺止咳丸之类，到类似"伟哥"的"春药"壮阳广嗣丸、九鞭种子丸……[3] 可说应有尽有。

成都最早的西药房，是1901年开始的中西大药房，位置在青石桥街口的东大街。1905年中法大药房也在东大街，其总部为1890年商人黄楚九于上海所设。1910年，法国人穆雅克在平安桥"情爱圣修医院"附设圣修药房。此后，还有

[1] 〔清〕傅崇矩：《成都通览》下册，巴蜀书社1987年版，第359页。
[2] 陈茂昭、聂鹤秋：《解放前成都的药铺、药材行栈和择药号》，《成都志通讯》（内部资料），1985年第5期。
[3] 〔清〕傅崇矩：《成都通览》下册，巴蜀书社1987年版，第353—359页。

左图：民国初期成都的西药房。来源：《华西坝》，四川人民出版社，2000年版

右图：1905年中法大药房在东大街建有典雅的牌坊。摄影：美国地质学家张伯林，1909年

日商办的若林药房等。

其中以中法大药房最著名，笔者收藏的老照片显示，它在东大街修建了很气派的典雅牌坊式店牌。奇怪的是，笔者费力在旧史料中发现这家药房所售91种药品中，却几乎全是中成药（各种膏丹丸散），仅"头痛内服药"等数种可能是西药[1]——或许当年西药品种本来就不多吧？

### 巡警道规定药店通宵营业和不准卖假药引发轩然大波

那时小药铺也常卖伪劣假药，如以灯草皮代替麻黄，以芋母子代替茯苓……街市上流动卖伪劣假药的人更多。

卖根茎状假药，江湖上叫"根根棚"。如天冬做假人参，桔梗做假洋参……假货用木匣珍贵装包，还附有大药铺的红票（即发票）。骗子说："哥子，我买来本要送某贵人的，路过此地缺钱。唉唉，只好大减其价卖点盘缠费……"想买欺头（便宜）的"空子"（即如今说的"瓜娃子"），就常常上当。

卖假血竭、假三七、假麝香等名贵中药，在江湖上叫"老寡"。有的跑滩匠用猪血拌些染料"土红"，在街头上逢人便兜售："这才是真正的'猴血竭'，是母猴子经血所凝，百病皆效！"还有跑滩匠用普通中药"姜黄"加卤水一煮就红如血水，再用酒坛子一泡就摆个地摊子"扯棚"大吼大叫："这广三七，真正是'铜皮血心'，包治百病！"

有个汶川县来的跑滩匠，专在青羊宫"花会"（庙会）上便宜卖香獐牙和麝香。其实这个老兄以獐牙为幌子卖假麝香，生意兴隆。有天一个内行揭穿说："他把猪血晒干，装入麝壳内又加些樟脑，当时虽微有麝气，久之就一点香味没得了！"[2] 结果大打一场。

[1] 〔清〕傅崇矩：《成都通览》下册，巴蜀书社1987年版，第360—361页。

[2] 〔清〕傅崇矩：《成都通览》上册，巴蜀书社1987年版，第476页。

左图：民国初期街头耍蛇卖蛇的"跑滩匠"

右图：民国初期成都街头卖假麝香及各种野兽骨头"药材"的地摊

清末成都警察局不准卖假药，并要求中药铺日夜配方，否则罚款。但"咨议局"成立不久就纠举"巡警道周肇祥违法殃民案"。起因是上全堂、存义堂、同善堂、益春堂等多家药铺，均因深夜没有人开门卖药，被罚交纳青石板100条至400条不等……议员们"纠举"的结果，迫使总督赵尔丰只好将周肇祥这个省级警政第一大官，撤换下台（详见本书前文）。

### 为了一两干麝香要猎杀3只獐子

宣统元年（1909年），清廷派遣协统（旅长）钟颖率四川新军一协（旅）1700人从成都进藏。有个人叫陈渠珍（1882—1952年），时任川军一标三营督队官（连长）。此人后来成为民国时期湖南地方军阀，人称"湘西王"。

他回忆，獐肚脐中产麝香每枚重三五钱。进藏两年他通过多种途径收买、收藏麝香二百余枚，重达170两。1911

年辛亥革命爆发，进藏川军溃逃离藏。他将麝香装了一个背囊，令护兵刘金声背上随他逃亡。

刘金声是成都人，年仅17岁。驱赶驼牛担任夫役的当地人知晓他们行踪后，将刘金声杀死并夺取了麝香。这些当地人乘着黑夜路过江达，被谢管带营中汉族川兵知道了，派一排士兵将麝香夺回，并杀了那十多个当地人。最后谢营兵败也多被杀，这些麝香又重新落入当地人之手……陈渠珍浩叹："为了争夺这批麝香，互相杀戮，因此而死的竟有数十人之多！"[1]

清末，麝香是最重要的贵重货品，几乎所有从西藏出来的人都会随身带一些。在打箭炉（康定），价格大致是其重量的13倍。[2] 也就是说，1两（旧称每斤为16两）麝香要卖13两银子，带到中原当然更贵得多（20两以上）。

据清末英国人华特森写的重庆海关史料，从1892年至1901年，四川共输出麝香473174两。[3] 陈渠珍说"每枚不过

[1] 陈渠珍：《艽野尘梦》，重庆出版社1982年版，第118页。

[2] 华特森：《重庆海关1892—1901年十年调查报告》，《四川文史资料》第9辑（内部资料），1979年印，第176—177页。

[3] 华特森：《重庆海关1892—1901年十年调查报告》，《四川文史资料》第9辑（内部资料），1979年印，第181页。

清末灭杀野生动物不犯法，贩卖虎、豹、獐、羚羊毛皮的人不少

三五钱重",即取一两干麝香要猎杀2—3只獐子。即使按取一两干麝香只猎杀2只獐子计算,也要猎杀236587只獐子,更不要说不通过重庆海关而猎杀数量更多的獐子了……

这份海关史料也说:"麝香大部分销到华北,海关报告册所列仅是历年运入四川的一小部分。麝香运到时是封闭在雄麝脐皮中的(它是雄麝的脐部分泌物),一个'脐包'很少含到一英两的1/3以上。"

一英两等于31.1035克。清末旧称每斤16两,1两为31.25克。可见华特森和陈渠珍的描述类似,更接近取一两干麝香要猎杀3只獐子。这个英国人在1901年时还预言:"麝在西藏东部随地可见,但据说大群常集于青海附近各平原上。这些动物所受的摧残,必然是相当巨大的,若照现时这样继续屠杀,必致绝种。"[1]

## 麝香、虫草百年来价格的惊人对照

一百多年过去,现今市场上天然麝香来源几乎完全断绝。一些药材公司库存天然麝香每克至少1000元(每斤50万元)以上,而且价格还不断攀升。现在制药都用合成麝香(人工麝香),每斤20万元左右。

1901年时虫草价格又是多少呢?虫草每斤根据大小每500克有1000—2500根。傅崇矩记载,1907年时茂州每100根虫草值银2钱。[2] 当时一个泥水匠每月可挣2两银子,可买1000根虫草。

1975年药店虫草每根卖5分钱左右。当时笔者在灌县某单位当医生,工资约30元,每月可买600根。

2007年9月12日,国内《健康报》以《冬虫夏草何以卖'疯'了?》报道:"20世纪80年代初期,在主产区

[1] 华特森:《重庆海关1892—1901年十年调查报告》,《四川文史资料》第9辑(内部资料),1979年印,第182页。

[2] 〔清〕傅崇矩:《成都通览》下册,巴蜀书社1987年版,第147页。

青海省玉树藏族自治州杂多县,冬虫夏草的收购价每500克仅5元钱。短短30年,冬虫夏草成了名副其实的'软黄金'。"[1]

2014年,同仁堂冬虫夏草10克礼盒装为5388元,平均1克要538元。按此计算,每斤值人民币近27万元。如你每个月能挣5388元,大致可买30根稍粗大一些的虫草。

以上粗略估算,揭示了短短一百年,麝香、虫草等自然资源已被掠取殆尽。关于这方面的论述很少,以上笔者辛苦挖掘出的史实,或许读者会很感兴趣。

[1] 邹时民:《冬虫夏草何以卖"疯"了?》,《健康报》,2007-09-12。

## 第二节 "江湖医生"和"巫医"之内幕奇闻

◎ 清末成都"江湖医生"的真真假假

"江湖医生"的分类和精彩的"江湖言语"

清末看病难、看病贵。劳苦大众同"江湖医生"打交道最多。笔者早年业医、嗜武,接触的武术、医学前辈中有不少是江湖中人。以下所述,皆有根据。

旧时"跑江湖"又叫"跑滩匠"。初学者叫"下海",常跑江湖者称"老海"。江湖术一般分为四种行当:巾、皮、李、卦。巾门,为看相算命、测字圆梦、跳端公等民间宗教迷信职业者。"皮门",泛指江湖行医。李门,又称彩门,即变戏法、弄幻术、杂耍等。卦门,为使拳弄棍、走马卖解表演武术等。

地区不同而名目各异,也有分为"惊、疲、飘、册、

清末四川城乡处处可见这类摆摊行医卖药者

风、火、爵、要"八门的。由上可知：江湖中各色人等均有，文武雅俗、僧道医匠，三教九流，五花八门。

"皮门"中的"江湖医生"古时称"草泽医"，指其地位卑微；因行医时多摇铃招揽，又称之为"铃医"。

清末成都的"江湖医生"有"文武"之分。文者，常在成都东门、北门的城隍庙及街头巷尾摆药摊子行医，江湖话叫"做台面""摆四平摊子"。这种人也"望闻问切"，但多靠卖嘴劲或卖药挣钱。清末报人傅崇矩瞧不起这些人，说："摆内科摊子，名曰'文四平'，或看脉呈单者为'抽扯'，卖丸药为'油甲子'……真者少，假者多，哪个好医生还来摆摊子卖药！……行假者而今甚多，不识字者充儒

民国时期一个江湖卖艺者为卖"大力丸",表演"力开强弓"

医,不识药者充大夫。"[1]

武者,常在皇城坝等"扯谎坝",或到成都各场镇"赶溜溜场",也就是所谓"卖打药",还常搞些正骨按摩之类。

无论文武者大都要卖药,此中又有分类:专兜售草药、中药者谓之"做旱货";专兜售面面药(药散),谓之"耍末擦子";专卖打虫药者谓之"耍肉汉",专卖膏药者谓之"耍砣汉";专买小包包药者谓之"耍包坎";先卖武艺再兜售药物,谓之"做大棚"……名目甚多。

[1] 〔清〕傅崇矩:《成都通览》上册,巴蜀书社1987年版,第476页。

清末成都摆摊行医卖药的江湖医生,挂着穿山甲、蛤蚧等中药

江湖行医卖药很讲究口才，行内叫"操嘴钳子"。

一位很熟的"老海"曾对笔者说："江湖前辈传秘诀是'头棚醒，中棚紧，下棚狠'。'醒'是四川方言，即诙谐滑稽。'卖钱不卖钱，摊子要扯圆'，'头棚醒'就是先要疯说乱说逗人笑乐。但心头要警觉，要不露痕迹地转到卖药正题，这叫'中棚紧'。'下棚狠'，就是当卖药挣钱时，要带哄带劝，多挣一文算一文……跑滩学问深沉得很！"

笔者早年拜师学武艺的陈师傅，是一位江湖祖传"积年老海"。陈师傅经常给徒弟们演练他父亲清末"卖打药"时的"江湖言语"和动作：

"乡亲老表，大哥大嫂！我家膏药，祖传秘方，已传五代。有人问啰：'你家膏药哪好？'我家膏药，内有十二味'上药'：麝香、虎骨、三七、天麻……，还有十二味'中药'：藏红花、狗脊、穿山甲、血竭……还有十二味'下药'：推屎爬、灶叽子、打屁虫、偷油婆……三十六味药，文火练就、武火熬成。又有人问啰：'你家膏药，能治啥子病？'我家膏药，走三关、通九窍，行四肢达百脉，能治头痛、牙痛、腰杆痛、妇女月经痛……除了雷打死、水淹死、上吊抹喉死的医不好，其他诸般杂症，贴它无不神效！有人又说了，你哥子的膏药如何用法？告知诸位，手杆痛贴手杆、脚杆痛贴脚杆，哪里痛贴哪里！有人又说了，老子周身都痛，未必周身都贴？他妈的贴成个穿山甲？告知各位，话不是这般说，周身痛就选穴位经络贴，还要加服我的祖传秘方'九龙飞仙散'！又有人问啰：'你哥子的膏药那么好，究竟是哪一家？哪个招牌？'今天告知诸位，本人就是九里三分成都省有名伤科医生'陈膏药'，家住牛市口，抵拢倒拐，一问便知。嘚嗨！……"

陈师傅声赛洪钟、滔滔不绝，不时又插科打诨，把人笑得前俯后仰。精彩处再来几个"武松打虎"之类的武术亮相……比相声演员还胜一筹。

## "江湖医生"中藏龙卧虎

清初著名儒医赵学敏曾写过一篇《串雅·序》，说世人普遍瞧不起江湖医生，认为他们卖药治病到了"吮痈舐痔"的下贱地步，就像乞丐；依仗技术唯利是图，用心又像盗贼；懂一点医学知识皮毛，就危言耸听……以上很能代表对大部分江湖医生的评价，常斥之为"江湖骗子"。

历史上，江湖医生对保护底层民众健康和促进中国医学发展，有一定的作用。历史上许多名医，其实开始都是地地道道的江湖医生。江湖医生妙手回春的趣事很多：宋朝文学家欧阳修患痢疾几乎丢命，请了个江湖医生的郎中用车前子的单方治好了；宋徽宗宠妃患痰嗽病，御医李防御久治无效，差点被砍脑壳，后在江湖郎中那里买了一帖验方才治好了宠妃，才保住官位……[1]

所以，赵学敏辛辣嘲讽那些"峨高冠、窃虚誉"的"官医"，同时客观评价江湖医生："质其道颇有奥理，不悖于古，而利于今。"[2]

笔者苦心钩辑到一则少为人知的珍贵医学史料。四川总督骆秉章有一年眼病加剧，多次要辞官回广东老家。慈禧太后说："川事艰危，安所得替（你之）人？"慈禧把自己所戴的墨晶眼镜，命京中侍卫飞驰入川赐之。骆秉章"隆恩"之下，只好坚持在任。这时成都有个民间针灸郎中金某，自告奋勇登门愿为总督大人治疗。衙门中人问他怎样治疗，他说："须从总督大人两眼角施针，针刺入眼五六

[1] 事见〔南宋〕张杲（1149—1227）所撰《医说》。
[2] 周一谋：《历代史医论医德》，湖南科学技术出版社1983年版，第274页。

四川总督骆秉章的"奏议",清代刊本

分。"成都将军崇实担心伤害骆,不准。金某写下保证书:"具状,有误愿处死刑;愈则索酬万金。"

骆秉章所患应该是白内障,中医自古有"金针拨障

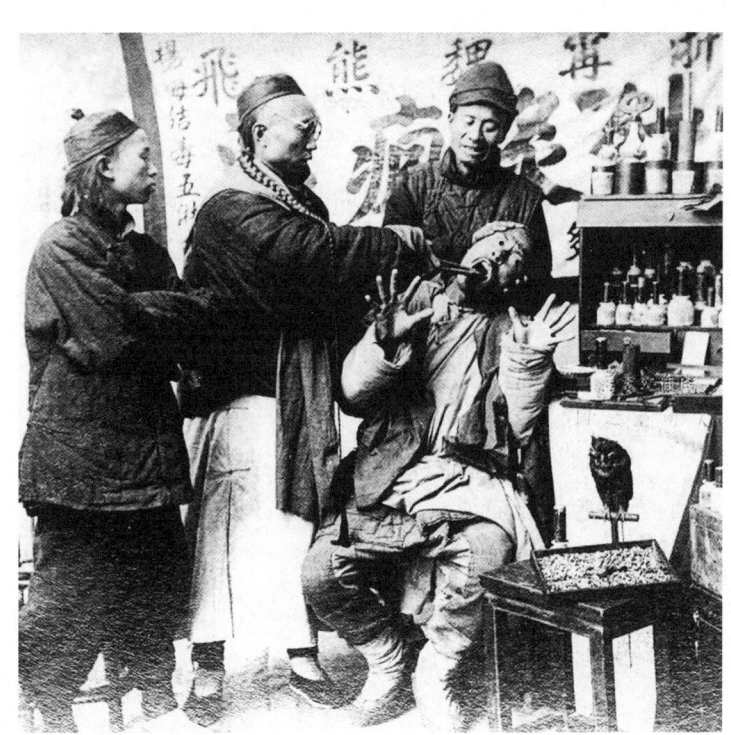

清末街头拔牙老照片,盒子里铺满拔下的烂牙齿,被拔牙的病人痛得手脚乱舞,场景相当有趣

术"。结果,金某"两针而愈。(骆)阅牍搦管(即读书写字)一如常时,(金某)竟获酬以去……"这个民间土郎中金某,艺高胆大要价高,可以说是吃了豹子胆。这则史料出自曾在总督府任幕僚7年之久的周询记载,周询还盛赞金某:"技亦神矣哉!"[1]

也有江湖医生街头"取虫牙",多取冰片硼砂、川乌、蟾酥等药细末作"麻醉"后,"挑牙虫"或作"拔牙手术"。笔者收藏了一张清末街头拔牙老照片:盒子里铺满拔下的烂牙齿,这是最好的"广告";被拔牙的病人痛得手脚乱舞,场景相当有趣。当年无专门西医牙科,江湖牙医便英雄有了用武之地。

### "医骗""医托"的把戏

清末成都的"江湖医生"中,骗子也不少。傅崇矩在报纸上披露了清末成都的种种趣闻怪状。

"叉棚":街头巷尾常有人"占病卖药",手摇铜圈唱卦占病。有挂虎皮的,名叫"叉棚"。他们把牛骨挫成虎骨,红香面子做中药血竭面子,卖时声称"买了的不重卖!"这时,几个同伙当"诱子"(即如今说的"医托"),装成乡坝头的老实人,对"空子"(江湖上称容易上当的"瓜娃子")说:"我才买了一包,还想再买一包……我把钱交给你,你去帮我买一包。"那钱上早有记号,卖药的接钱一看说:"已经买过了,我不卖二道!"立时把钱退还。"诱子"对"空子"说:"这才准得很呢,隔了手他都晓得。你们有病的,还不快去试试!"

"空子"就信以为真,上前说:"先生,我的娘有两个毛病……"

[1] 〔清〕周询:《蜀海丛谈》,巴蜀书社1986年版,第184—185页。

"诱子"忙把"空子"拉在一旁说："我们考他一考嘛！"听"空子"吐出实话后，"诱子"就在旁边嘻嘻哈哈，说些"空子"听不懂的隐语……卖药先生一手接钱一手摇铜圈，嘴巴在"唱病"，把"空子"老妈的毛病一一道出，真是不差分毫。"空子"越发相信了，见人就传名……这种哄钱的把戏，皇城坝"扯谎坝"上多得很。

"念劝世文送药"：江湖上叫"老送"。跑滩匠声称："这是某员外许愿行善事送药，分文不取！"圈子扯开，跑滩匠又吼道："要药者开腔！"围观的"空子"想不花钱吃"欺头"，都说："我要点！"跑滩匠就拿一叠空纸各散一张，说："我主人存心送药，你们可舍得请先生吃碗茶吗？"

跑滩匠这时如看你变色不肯出钱，就将话头掉过说："看你才不大方呢，人家送药都舍得，你连碗茶钱都舍不得！"说好说歹，最后总要把钱哄到手。末了，还要把"空子"们当"瓜娃子"戏耍一下，正色告诫"空子"们道："你们连茶钱都心甘情愿敬了，回去就莫说是'买'的药了。若论此药，原要值好几十文一包呢！你们这点钱哪能买？是行善事'送药'！"

### 装僧道花言巧语、欺哄吓诈

"化水打卦治病"：江湖上叫"干鼻响"。跑滩匠声称："吾乃异人传授，专行法水符章治病！"然后叫你坐在板凳上，他"口内又在念咒，手内又在打卦，东说西说、打胡乱说"。还有"烧神艾"的把戏：用木头雕个"药王"菩萨，脑壳可以活动。跑滩匠暗装一点铁在药王头，他袖子内藏一个磁铁石，手一动"药王"脑壳就点一下。跑滩匠问：

"板凳上先生这个病,得好不得好?若得好请菩萨点头一下,不得好就摆头一下!"跑滩匠手一指,"药王"就点头。跑滩匠又问"药王":"要好多钱才治得好?要三十点三下,要五十点五下!"就这样把"空子"们的血汗钱哄下来了……

"乔装僧道异人":成都街面上常有一些奇形怪状的端公、道士、尼姑、和尚,或敲木鱼,或打铁磬,叮叮当当挨家挨户猛敲,嘴里念念有词:"治病传方!消灾除邪!"又说几句"道话"、打几句"禅语"……或要你施舍七粒米交他手中,他耍个障眼手法变成七粒丸药。又说:"你家中今岁要遭病患,贫道特送救命丸来了!但要化你白米三升,拿在茅山打斋行善,方保你一家无事!"你若不出钱,他就大说恐怖之语,就像活鬼已经爬在你屋顶上了……必缠得人家心头害怕,只好施米施钱图个心安,得几张揩屁股手纸般皱巴巴的"治病仙方"和几颗"仙丸",这些"异人"才嘟嘟囔囔找第二家去了……

"表演火炼金丹":清末"花会"时节常有一个跑滩匠,自称:"贫僧乃峨眉名山大庙和尚,今朝南海路过此地……"又说他师傅乃某大和尚是也,已有"半仙"之分,临行对他说:"今年将时疫大行,拿些秘传仙药去救世济人!"和尚囊内有些丸药大如炒黄豆,外染红衣;他用火点燃放在手心乱摇却并不烫手。摇一阵手上即有洁白细灰,和尚哈哈笑道:"此乃'火炼金丹'专治百病,不信且试!"和尚用指甲刮些点在别人眼睛内,果然即觉凉悠悠的(其实内含樟脑),"空子"们被说得"百朵直搞",就赶紧掏腰包买药丸……[1]

[1] 〔清〕傅崇矩:《成都通览》上册,巴蜀书社1987年版,第463—497页。

## ◎ 成都的端公、巫婆怎样"消灾祛病"

### 成都的巫医和巫术揭秘

古时巫师，半人半"仙"：既代替"人"向"神"祈祷祛病延年、占卜祸福，又以"神"的状态向"人"转达神的旨意、降福赐瑞。男性称觋，女性称巫。

专以治病为主则为"巫医"，其术为"巫医术"。可分为：（1）道士（火居道士为主）。（2）法师，即专行巫术的巫师、神汉，四川"端公"即此类。（3）乩童，作法时失魂落魄、狂呼跳跃，又称"跳童"；作法时刀棍等砍打自身以显"通神"者，称为武乩、武坛。（4）尪姨，即女巫，又叫"关亡""关落阴"，传达死人要说的话，也为小儿喊魂祛病。（5）扶鸾，术者手持鸾笔（乩笔）进入"神灵附体"状态，鸾笔在沙盘上划出类似文字的痕迹以"传达神之旨意"。

清末成都独具巴蜀风味的巫术是"跳端公"，乃巴蜀

左图：清末"端公"头戴道冠手握拂尘和法器，被恭请骑马游街去做法事。来源：作者购于文物市场

右图：民国初期一个老"端公"头戴莲花冠，手握念珠和法器，被恭请坐高档黄包车前去做法事。来源：作者购于文物市场

傩戏又称傩堂戏、端公戏。图为清末成都府山区的傩戏人员。摄影：[英]伊莎贝拉·伯德，1904年

巫教之遗风。1907年后，警察局发有规则（类似营业执照）的"端公"有89人，"乩童"有38人。[1]

一般人称"端公"为"掌坛师"，多在自家门前挂黑漆招牌，上书"×姓坛门"。另有小字，写些"烧胎、延送、庆坛、净宅、治病"之类。其家中多设神坛，供"五猖神"等神像。

有生病、失窃、关亡等，请一两个"端公"到自己家中来个"招魂""卜占""烧胎"等小法事，叫"小跳"。规模隆重的，请几十个"端公"大锣大鼓地跳几天神，叫"大跳"。更大型的，称为唱"傩戏"、跳"端公戏"、演"神会"。

请"端公"前主家讲明缘由，如生病、闹鬼、保小孩过"关煞"（天花水痘）等，先议定费用。"端公"多说这是"生病之人有鬼魂缠身"，再择黄道吉日到主家。"端公"将"五猖神"供在桌上，焚香点烛敲锣鼓、写表文、扎替人送死的"茅人"……左邻右舍都会赶来看热闹。

[1] 《四川官报》1909年中相关资料称："巫教数：95人（发有规则）。阴阳生数：38人"，见《成都市志·公安志》，四川人民出版社1999年版，第284页。巫教指"端公""巫婆"。阴阳生，指扶乩的"乩童"。

民国时期的巫师作法

"小跳",一般是"端公"单枪匹马上门挣饭钱。他口诵:"今有四川×县×里×街信士××,为×事,请弟子代奏天庭……"一长串鬼话读完,和主家一起叩头,焚化表文。"端公"要显法力,右手会握把尺多长的"司刀",左手拿只写有红色"令"字的木头"令牌",这两样都是最重要的"法器"。"端公"请神唱跳,以刀、牌碰击作伴奏。至今成都人说某人为某事竭尽全力,就常形容为:"看他龟儿子哇,司刀、令牌都耍尽了!"

有的"端公"还搞些"捞油锅"之类的把戏以显神力。先在泥巴炉灶上安口铁锅,燃上熊熊柴火,铁锅内热油翻滚……他围绕油锅又唱又跳,时而将颈下挂的牛角号"呜呜呜"狂吹……凄厉怪诞的号声戛然而止,"端公"右手臂赤裸,"啊嗨"一声猛然插进沸腾油锅内并一阵搅动,然后抽出右手从左手接过"司刀"高吼:"送神啰!"

油中加醋水或皂角水,看似沸腾温度却不是很高。当然,也需长年累月"换皮"数次。换句话讲,这是"端公"长期苦练而成的谋生之技。1990年后许多"气功"表演如

"捞油锅""踩钢刀"之类,都源于此。[1]

### "端公"作法事"大跳"犹如表演杂技、戏剧

"端公"或戴道家四棱帽,或戴佛家莲花冠,或身着"道袍"、手执云帚。他口诵"今有四川×县×里×街信士××,为×事,请弟子代表天庭……"一长串鬼话读完,和主家一起叩头焚化表文。

"大跳",往往晚饭后正法事才开始。在香烟缭绕中,"端公"表演"灵祖祭坛"。先由"掌坛师"焚符恭请,再由一巫师扮"王灵官",手执木鞭吼几声:"吾神金鞭一打,妖魔鬼怪不得作祟,一方保你平安!"

"灵官"七歪八倒舞跳一阵后去卸装,在一张白布上拓下他的脸谱,再画上符令,粘两根鸡毛,然后挂于病家房门上,就称可以"诸邪回避也!"

[1] 本书作者20世纪70年代后,曾对此专门采访成都地区老"端公"做过田野调查。可参阅郑光路:《中国当代热点问题透视——中国气功武术探秘》,四川人民出版社1995年版。

左图:清代水陆画——瘟疫"五猖神"

右图:清代五猖神画像为五人,据说专下界制造人间瘟疫

最恐怖的是三更后"发五猖"（又叫"打梅山"）。在阴森的锣鼓声中，"端公"们阴阳怪气哼唱："五猖郎，五猖郎，好酒好茶你不吃，雄鸡血酒你先尝！"扮演"五猖神"的"端公"，披红挂绿光着脚板在屋内飞转旋舞，再杀公鸡取鸡血"衅法器"。其后将燃烧的蜡烛含进口内，昏暗屋内但见两脸颊红透（因烛火仍在口内燃烧），如此将蜡烛取出又含入口内数次，随即双手挥舞燃烧的纸卷满地打滚，有时还口中喷火……此时锣鼓益发紧凑，其他"端公"纷纷撒出"打鬼"的米豆。

怪啸声中，装"五猖神"的"端公"周身火苗乱窜，奔进病人房中数次，伏地怪叫："××啊（病人姓名），拿魂来啊！"叫声怪诞惨厉，听者心惊肉跳，病者往往吓得昏死过去……屋内"掌坛师"又撒出米豆，将"五猖神"打出病房。然后拿出红丝、红布、小瓦罐，念动咒语："太上老君急急如律令！"其后令牌齐出、锣鼓激鸣，装"五猖神"的"端公"就地一滚，悄然退场（表示"五猖神"已被收伏）。

"掌坛师"伸出五指凌空一抓，其状似将恶鬼收入瓦罐，再封上红布、贴上捉鬼符——至此"跳端公"便大功告成，收银子打道回府。

傅崇矩对此也有简单记载：

"凡病重请巫者，三更后必有'打梅山'一剧……巫者画脸、现怪相，助以粉火，大声疾呼，在病人室中大肆搜索，开门驱鬼，出外而返。尤可笑者，凡近邻之有小儿已熟眠者，其父母呼之醒，谓不如此，恐小儿之魂被"梅山"带去。并用米一杯，布包杯口，放置枕上，候七日后，必将此米煮粥以饲小儿。"[1]

"端公"活动成为清末成都重要民风。办一场像样的

[1] 〔清〕傅崇矩：《成都通览》上册，巴蜀书社1987年版，第556页。

法事，要花费十多吊乃至数十吊铜钱。傅崇矩说："今成都此风不绝……凡有病人之家，不知求医，唯知祷鬼。倘不用此辈，仅求医药，则亲戚邻里群非之……愚民信之甚深。"[1]

### "巫婆"请神附体、人鬼通话

清末成都的巫婆也叫"觋娘子""童子仙娘"。傅崇矩说："女巫如观仙、画蛋、走阴等……所演之法事有解结、度花、打梅山、接寿、打保符、收鬼等名目……"[2]

巫婆行法事活动，常带"法器"（铜磬、小鼓、铁剑、观音像等）到事主家。你若问病叩神，她先探你的口风。然后她头上红帕一包，点起香蜡，口吐白沫昏昏迷迷，口内就尽说"神"话："你先人坟山有条窄路，亡魂不安……若要治好先得画道阳符，要阳钱一百二十文。再画道阴符吃，三六九退病后，你再来拿符！"

隔了三到九天后（所谓三六九），大多病也拖好些

[1]〔清〕傅崇矩：《成都通览》上册，巴蜀书社1987年版，第394页。

[2]〔清〕傅崇矩：《成都通览》上册，巴蜀书社1987年版，第394页。

清末巫师故作神秘在向女主顾传授"逢凶化吉"妙法

了，她就自夸"全仗本仙娘神光大，你要磕头拜礼送钱哟……"傅崇矩说："这才叫哄死人不要本钱！"

当年成都拦河堰有个"觋娘子"，外号张滥形头。一天正在蹲茅房，有个寡妇前来高叫："张大娘，我要问神！"张滥形头怕误生意，在茅房一边答应一边扎裤子，口内急说："神来了！神来了！"好像神仙就装在她荷包内，说来就来。刚问了几句她就忙着说："现钱只要舍得三百六，明年生个儿子胖嘟嘟！"那寡妇听了气得脸红筋胀起身就走，边走边骂……[1]

除"请神"外，巫婆还"送祟"，即送鬼怪祛病邪。"过阴"，又叫"观花""下神"，巫婆称自己可以"脱神"从阳间跑到阴间，为事主传达已逝亲人要说的话，或代问正生病的家人危险与否。此外又有"拴胎"，咒语多为"招魂"之类："凡小儿久病或受惊者，每延拴胎者念咒、叫魂，可笑之至。"[2] "男女无论大小，凡有疾病，多请术士'拴胎'。术士所念咒语，多系'招魂'之类。如遇喇嘛僧，尤为钦佩。念咒后，将红线系置颈上及手足上，谓如此然后可免梦魂颠倒。"[3]

在城市近代化进程中，1907年后官府开始禁止巫婆的职业活动："女巫如观仙、画蛋、走阴等，均经警局禁革。"[4]

笔者于20世纪80年代研究四川民俗，做过大量田野调查。"端公"、巫婆"请神附体"时种种胡乱言语，也并非完全装模作样。他们长期从事这项活动，很容易进入癫狂状态（类似癔病发作）。他们的法事，有时对一些病人有"暗示疗法"作用。另外，他们也大多懂些医道，法事后顺便给事主提供一些药物及按摩、刮痧、保养等治病方法。所以有些病者，也能转危为安。[5]

[1] 〔清〕傅崇矩：《成都通览》上册，巴蜀书社1987年版，第477—478页。
[2] 〔清〕傅崇矩：《成都通览》上册，巴蜀书社1987年版，第461页。
[3] 〔清〕傅崇矩：《成都通览》上册，巴蜀书社1987年版，第556页。
[4] 〔清〕傅崇矩：《成都通览》上册，巴蜀书社1987年版，第394页。
[5] 郑光路：《中国当代热点问题透视——中国气功武术探秘》，四川人民出版社1995年版。

## ◎ "祝由科"的巫术真有那么神奇吗

### 稀奇古怪的"符水治病"镜头及其"神效"

祝由科在巫风浓郁的巴蜀大地一直盛行。"存仁堂里药材高,半济堂卖眼药膏。跌打损伤延医士,不如收水张刀刀。"[1]这首晚清"竹枝词"指出了成都中药店以存仁堂、半济堂最有名。而"张刀刀"擅长祝由科(即"收水"),疗效比一般中医外科医生都好。

"祝由科"的特点是"符水治病",其实就是巫医。清末新潮人士傅崇矩批评江湖医生时非常尖刻,却多次肯定"祝由科":"鱼骨及诸骨鲠喉者,亦能以符治之。安胎、催生、安神,亦有以符治之者。省城三巷子余姓,素以符水治病。其人茹素,并烧黄连纸,用剑猛砍水碗等法……""有习祝由科者,能噀水止痛医病。又有习水法者,能噀水止血、接骨。鄙人素来痛斥迷信者,乃此术曾在安定营中亲验了,实有其事。""又有收水一门,祝由科一门,针灸一门,其止痛去毒等事,确有奇验,予曾亲验之。予非迷信者,予病项疽一年,经黄雅亭医愈。"[2]

[1] 林孔翼辑:《成都竹枝词》,四川人民出版社1982年版,第65页。

[2] 〔清〕傅崇矩:《成都通览》上册,巴蜀书社1987年版,第197页。

清末老画——"祝由科"街头治烂腿图

成都人廖蕢阶（1889—1975年），1935年创办成都国医讲习所，1955年奉调北京中医研究院，因年老而谢辞。这位名中医也盛赞"祝由科"："祝由科一门，近于迷信，然其定痛徙毒、收水止血，确有奇验，非迷信也。"

他以亲身经历来说明：他幼时肩胛上患痈，肿痛难忍。请来"疡医"（中医外科）每天用溃脓化毒之剂敷之终不溃，痛苦万状。"疡医"之兄是搞"祝由科"的，他的治法稀奇古怪：找来一只雄鸡，画了道符丢在水碗中。此巫医口含符水"向鸡噀之"（向鸡喷水）。接着用大钉子把雄鸡钉在柱头上，鸡像死去一般。

巫医即用利刀穿刺廖蕢阶的痈疮，脓汁喷出而人不知痛。接着洗净疮面以药散封口，几天后就好了。再拔出鸡钉投米于地，鸡伸颈啄食若无其事……

另一病例更如天方夜谭。廖蕢阶邻居中有个妇女患乳痈，乳头已腐烂，脓血交流呻吟不止。仍是那个巫医"书符水中，令妇吞下。另以清水一碗，咒之，洒水乳上红肿处，渐洒渐消，乳房缩小而乳头肿大如鸡卵矣。"

巫医接着在墙壁上画一个墨圈，大小与乳头相同；接着又画几十个圆圈，渐画渐小，一直到圆圈"其小如豆"。这时巫医以利刀向墙壁上圈中直刺"深约分许"，"回视乳头已破，脓血泉涌，亦杳不知痛；须臾脓尽，病若失。复以黄纸书符念咒贴以乳头上。三日后结痂而愈"。

廖蕢阶最后说："其他化水止血，尤多奇验。但此术在当时非其人不传，并谓习此术者，不穷则孤，人益畏学之。以故习之者甚少，今更寂无所闻……偶一谈及，人辄以神话笑之矣！"[1]

[1] 廖蕢阶：《成都名医事迹点滴——"祝由科之奇验"》，《四川卫生史料》（内部资料），1984年第2期，第15—16页。

## 成都"祝由科"高手医病方法与华佗类似

古时没有现代化手术和高疗效药物，人们只能希望神灵佑护。

"祝由"，即以咒语、符箓、宗教仪式等形式进行医疗活动。《黄帝内经》书中《素问》篇载，黄帝问道岐伯："余闻古之治病，惟其移精变气，可'祝由'而已。"说上古巫师治病，就主要靠"祝由"方法。

古时医、巫是一家，所以中国最老的"医"字，就写成"毉"。

"祝由科"自隋代开始，正式被纳入官方医学范畴。唐朝时在医署设立"咒禁科"。从著名的宋代《清明上河图》中，可看到挂有"祝由科"招牌的屋舍。至元、明后，"祝由科"被列为中医"十三科"之一。

据说华佗创造了"麻沸散"，说他是外科手术的祖师爷，大为中华增光。但笔者认为华老先生极有可能是一代"祝由科"高手。

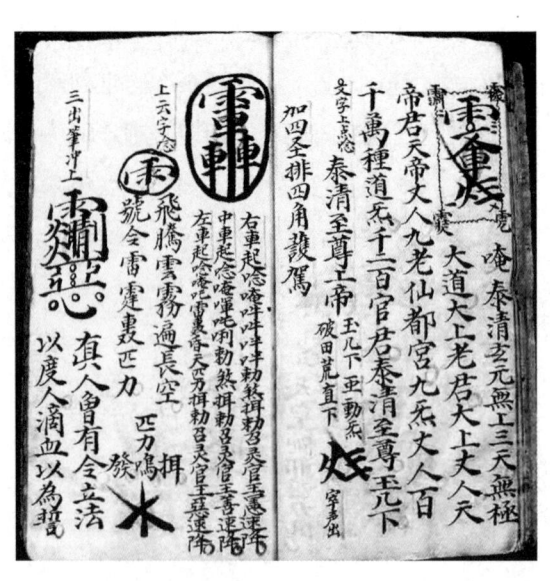

清末成都刊印的巫医符箓咒语秘本

请读者看下面一个"病例":琅琊太守刘勋之女患膝疮。华佗先生的医法是,先拴了只黄狗,让两匹好马拖起黄狗乱跑了五十里;再让太守之女喝麻醉药后昏睡,接着用大刀砍断黄狗后腿,以所断之处挨近太守之女疮口。过了一会儿,从太守之女膝疮处,竟然牵出条三尺长的蛇,被华佗先生拿钉锤敲烂脑袋……接着,华佗"以膏散着疮中,七日愈"。

这段描述并非"聊斋",而是出自正史《三国志·魏书·华佗传》。其中写得虽热闹,但如今幼儿园小朋友也不会相信。黄狗云云都是扯淡,"长蛇"只是华老先生耍的魔术戏法。真正起作用的,倒是那敷的药膏药散。前文廖冀阶所述成都巫医"钉雄鸡",与华佗大宗师"拖黄狗",有异曲同工之妙。

此种巫术至今在菲律宾等国仍盛行:巫医施"无痛手术"剖胸开膛、切腹取肠,还血淋淋地把从病人"体内"取出之"病变物"给患者看,治好了许多人……美国医学专家乔装成病人去考察,发现所谓"剖胸开膛"纯属乌有:病变物不过是暗藏的猪尿泡、羊心肺,巧妙"魔术"手法而已。[1]

[1] 参见《美医学博士亲身经历"巫术治疗",揭开"巫医"谜团》,www.fjsen.com 2010-04-09,来源:科学世界。

## "祝由科"为什么能治愈一些疾病

巫医施以催眠、暗示和激发等手段,使病人相信自己的病是鬼怪作祟,再以"符水神咒驱鬼怪"。病人在弄神捣鬼特殊氛围中感觉到"神灵佑我",病邪将被消灭或已转移他处(如上文之"蛇""雄鸡")。于是病人"正能量"瞬间陡增,内在的防御机能被充分诱发出来——这就是《素问》所谓"移精变气"的真实含义。

说直白一点,是特殊精神暗示(心理疗法)发挥了重

左图：清末成都城郊的"镇邪"石碑，刻有"泰山石敢当""阿弥托佛"。摄影：[英]亨利·威尔逊

右图：清末川西房子门楣的"吞口"石碑，用以"镇邪驱鬼"。摄影：[英]亨利·威尔逊，1910年

要作用。

但不能忽略的是，"祝由科"也配合药物治疗。如书符念咒后将黄符纸贴伤口后再喷水，确可止血止痛。因为黄符纸用姜黄、明矾等制作，本具止血消毒、敛口生肌之效。又如朱砂画符叫病人烧灰服下，对治高热、疟疾等也有效，因为朱砂本有镇静安神去毒之功。许多巫医画符后，还嘱病家以姜汤、陈皮、黄连汤……为"药引"冲服纸灰。

此外，综合治疗也很重要。上文廖蒉阶所叙述的巫医，用利刀刺痈"引流"；华佗以"牵蛇"幌子掩护，其实也是在"引流""清创"……最后又都辅以药物治疗。

傅崇矩和廖蒉阶的亲身经历，至少说明清末成都"祝由科"盛行。1909年成都出版了《轩辕碑记医学祝由十三科》二卷、增补一卷，在国内很有影响。此书署名"清涵谷山人撰，西蜀青城山空青洞天藏板刊本"。空青洞天，是清末四川道教刻书中心。这证明以"符咒禁祝"为特色的"祝由科"，和道教同为一脉嫡传。

2014年4月，笔者在网上搜索到如下信息：《轩辕黄帝医学祝由符法禁法师资班6月1日在四川青城山开班》："陕

第六章 清末成都人生了病怎么办　427

左图：1909年成都出版有《轩辕碑记医学祝由十三科》

右图：民国时期成都地区道家装束的摆摊者，身后墙上有"测字如神"等字样。来源：美国记者哈里森·福尔曼，1940年

西炎黄文化研究会祝由科研究所和四川青城山道学院，联合举办祝由符法禁法师资班。"[1]

成都地区的"祝由科"，看来真是源远流长……

## 清末成都与巫术相关联的传统民风民俗

"打清醮"：各街巷春二三月间，必筹募资金延请道士设醮坛祭神求安。醮事将毕扎纸龙船（又叫方船、方舟），内坐国人敬而远之的纸扎瘟神、火神，送出城外焚烧。

"参灶"：每逢醮事完毕，道士和会首到每户居民家中厨房内喃喃念诵。户主封钱数文至数十文交予道士，谓之"参灶"。

"供天"：凡各庙诵经、民间道场或街坊醮事完毕后，必于夜间"供天"：搭台设灯烛及花果点心，燃烛三百六十支。供品多为馒头、糍粑，第二天分给各户人家吃，认为可祛病防病。

"庆坛"：设"坛场"祛病除邪，写上"千千兵马、万万神军"等字，亲族及近邻送鞭炮香烛，聚众拈香。

[1] 《轩辕黄帝医学祝由符法禁法师资班（2014年）6月1日在四川青城山开班》，blog.sina.com.cn/s/blo...2014-04-19。

"过关煞""打百家锁"和"止小儿哭":小儿出疹、天花之类叫"过关煞"(即难关)。大人用红纸封米一包,求亲友各人出钱十文,实即以米换钱后将钱打锁,故叫"百家锁"。小儿夜啼不止,父母多在街口巷尾贴红纸单上写十六字:"小儿夜哭,请君念读。如若不哭,谢君万福。"至今成都场镇电线杆或墙壁上,还有此遗风。

"化恶梦"和"止眼跳":凡夜梦凶恶者,常在小方纸上写十六字:"夜梦不祥,书在东墙。太阳一照,化为吉昌"。成都人又常说"左眼跳财,右眼跳岩"。凡眼跳者,常在小方纸上写十六字:"眼跳不祥,贴之东墙。太阳一照,化为吉昌",也贴之向阳处。

"求药鉴":成都陕西街药王庙及武侯祠等处,都有药签。民众有疾痛,跪神默求药签,归家照签票之药方饮服。

"游百病":每年农历正月十六,男女上城墙步行畅游,谓之百病不生。

"药王庙摸虎"和"青羊宫摸羊":清末药王庙内,有铁虎一只。民众有疾痛者,都去拜虎神后摩抚,据说可不药而愈。青羊宫大殿外有铜羊,相传摸羊也能医疾痛。凡去摸虎摸羊,道士必索取铜钱一二文。至今进青羊宫,常满欢声笑语:"快摸羊屁股,不生痔疮!""快摸羊鸡鸡,专医阳痿!"

无生育求生子的"拴童子":民间求子嗣者,亲友能在娘娘庙中由妇女用红线随意拴系一童子像,暗中"通明"(祷告),谓可以得子。又有元宵偷汤圆、中秋偷月之说,谓妇女食之可以得子。[1]

对于这些"迷信"色彩浓厚的传统习俗,如今人们已从另一角度审视。如四川苍溪县,就将"游百病"正式"申遗"。[2]

[1] 〔清〕傅崇矩:《成都通览》上册,巴蜀书社1987年版,第554—559页。
[2] 《苍溪正月十六"游百病"全民健身活动正式申遗》,新华网四川频道 2013-09-05。

## 第三节　清末成都的西医和红十字运动

◎ 西医艰难"登陆"和"成都教案"

外国"传教士"到底是些什么人

西医指近现代西方国家的先进医学。清末，西医在成都的艰难传播，有令人惊心动魄的历史镜头为证。

至今许多中国人搞不清"传教士"的真实内涵。基督教会的传教士们，以传教为目的，同时也介绍、传播西方科学文化和西方文明。大多数传教士从三方面进行工作：传教、医药和教育。

清末到四川的外国传教士，多为外国的基督教"差会"派遣。"差会"是西方国家的基督教会负责集资、派

西方医学随传教士传播到中国

身穿中国服装的外国传教士医生在成都地区为妇女讲解小儿健康生长知识

遣人员到国外传教布道的机构。必须强调的是："差会"派出去的人员，无论从事何种工作，如传教的牧师、医院的医生和护士、学校的教职员等，一概都称为"传教士"（Missionary）。[1] 金色十字架标志基督精神，绿色十字架标志现代医学科学，红色十字架标志人道主义。[2]

换言之，这些到中国的外国传教士，并不全是宗教徒，也并不全以传教和侵略为目的，有一些是以人道主义或传播现代文明为主的志愿者，是抱着善良愿望到中国的。如美国医学传教士莫尔思经过惊涛骇浪的三峡时，岸畔衣不蔽体的中国少年，光着脚板成群结队地追逐轮船，友好地挥手、欢叫……这让莫尔思深深感动，他渴望为落后的四川百姓作贡献。[3] 他们服务于最贫穷、最偏远的人群，过着艰苦的日子，开设学校、医院、孤儿院……他们有不少人积劳成疾而死，长眠在巴蜀大地。

1877年前后，第一批基督教传教士进入四川。传教士在生活、起居、衣着等方面，尽可能地"入乡随俗"。据成都老教徒回忆，清光绪七年（1881年），内地会有一个自称

[1] 《华西医科大学校史》，四川教育出版社1990年版，第3页。

[2] 张丽萍编著：《教会大学在中国：华西协合大学》，河北教育出版社2004年版，第6页。

[3] 张丽萍编著：《教会大学在中国：华西协合大学》，河北教育出版社2004年版，第5—6页。

张普善的传教士初到成都。他身穿中式长袍,头戴中国人的假"猪尾巴"辫子,背着写有"上帝爱世人"的纸牌,常在大街缓缓行走。许多传教士还在茶馆一边吹口琴、拉小提琴或手风琴,一边散发小册子,用"夹生"的中国话宣传"福音"……

封闭的四川"男女有别",风气不开化。为便于在妇女中争取信徒,许多传教士都是夫妻同行。据统计,先后来川的女传教士共有1091人,占来川传教士总人数的60%。[1]

### 四川现代医学的拓荒者启尔德、甘来德等人

在四川最早开拓现代医学和红十字运动的人,是加拿大传教士启尔德(O.L.Kilborn)。

启尔德,英国金斯顿王后大学医学博士,自愿作为医学传教士前往中国。与他同行的,有妻子詹妮·福勒(Jennie Fowler),牧师赫斐秋(Virgil. C. Hart)夫妇,传教士何忠义(Hartwell. G. E)夫妇、司蒂文孙(Stevenson)医生、赫尔医生等,共计9人。他们在上海登上蒸汽小轮,又在宜昌换乘木船,经数月艰难坎坷的行程终抵成都。

1892年,启尔德与妻子溯长江而上到重庆,于这年5月21日到成都。他们在四圣祠北街12号租用了几间民房,创办了福音堂和一个以红十字为标记的福音医院;因只收男病人,后定名四圣祠仁济男医院。"仁济"二字,是加拿大基督教英美会对教义Love(爱)和Mercy(同情怜悯)的中文概括。

很不幸,启尔德的妻子詹妮·福勒到成都当年就染上

---

[1] 邓卫中:《基督教对近代四川政治的潜在影响》,四川省人民政府参事室、四川省文史研究馆编:《神州心声》第4辑,2002年,第135页。

左图：1892年启尔德与妻子到成都在四圣祠北街租用民房，创办了福音堂和福音医院

右图：清末四圣祠街的情景，中外人士在合影。注意：左侧还有新式"菜油街灯"

霍乱身亡。他续娶的妻子启希贤（R.G.Kilborn）也是医学博士，1893年在成都惜字宫街建立了仁济女医院。[1]

启尔德后来回忆："我将永远记住1892年11月3日"，因为这一天他们的诊所在成都正式开诊。第一天有18位病人，以后病人持续增加。他们一周开诊3天，每天有50至60位病人，因为疗效良好，病人越来越多。1893年初，他们在四圣祠街购买了一个中等大小的院落，靠近东较场，那处房屋经修缮后适合三家人居住。1894年初又添置了两个毗邻的小院落，于是成都第一所外国人的医院成立了。[2]

四圣祠北街是成都地区现代医学和红十字运动的最早据点，此后住有启尔德医生夫妇和孩子勒士礼（即启真道）、司蒂文孙医生夫妇和三个小孩、贾克生牧师，以及本书前文谈到的被中国小娃娃"摸羊子尾巴"的何牧师（何忠义）夫妇和他们的两个女儿吉洛丁、白大。

1911年在四圣祠街又建立了仁济牙症医院。在此期间，基督教各差会还在成都办了一批医院和诊所。如密西根大学医学博士、著名外科医生甘来德（H.L.Canright，美），克阿林牧师夫妇创办的存仁医院，初名陕西街美以美

[1] 《华西医科大学校史》，四川教育出版社1990年版，第13页。

[2] 启尔德撰，戚乐、戚亚男译：《成都开办首家西医诊所》，《成都日报》，2016-09-26（15）。

第六章　清末成都人生了病怎么办　433

启尔德（中排右1）、启希贤（中排右2）夫妇和谢道坚夫妇（中排左1、左2）两家人摄于1904年，启尔德前1排的男孩为其子启真道

[1]《华西医科大学校史》，四川教育出版社1990年版，第13页。

诊所，始建于1892年（一说1894年），后改为眼耳鼻喉专科医院。[1]

## 1905年"成都教案"的真实历史镜头

1894年，中日发生甲午战争，中国惨败。中国朝野上

1894年中日甲午战争中国惨败，朝野上下仇恨一切洋人。图为当时列强瓜分中国的"时局图"

下，都仇恨一切洋人。1895年成都开始流传谣言：成都东门九眼桥下有头饮水的母牛，有天竟然开口流泪对一个道士说人话："洋人留四川，四川闹'天干'。天干不下雨，百姓要饿死！"更有古怪荒诞的传说蔓延："洋和尚专门拐骗小孩，不仅摆人肉宴，还挖小娃娃双眼来制药！"

还有两件倒霉事加深了成都人对洋人医院的恶感：

第一件事，有一次启尔德福音医院收治了一位要戒鸦片烟的妇人，但这妇人的"淫妇"名声在当地十分糟糕。于是又传说："外国人不是专和恶徒、淫妇结伙的么？"

第二件事，赫尔医生诊治了一位患严重浮肿病的妇人，这妇人的病一度减轻，但后来死了。从医学上讲，病重不治是正常的事。但病人家属设了个圈套要陷害医生：他们又来延请赫尔医生，赫尔再到妇人家时却被扭住要绑送官府惩治。幸好赫尔医生身体健壮，挣脱逃了。

那病人家属哭喊着把这个妇人的尸体移到天井之中，让街头巷尾的许多人来看外国医生手术时所留下的伤口，说这就是洋人害死人的证据……[1]

1895年5月28日，发生了震惊中外的"成都教案"。笔者根据大量史料梳理，事件经过大致如下图：

这天是中国传统的端午节，成都东较场"撒李子"等民间竞戏（互相投掷价格低廉的水果李子）。城墙的高坡之上挤满了看热闹的市民——这是当时成都端午节的风俗，俗称"掷果会"。

传教士何忠义后来回忆：这天气候炎热，他们在四圣祠街上住处，从楼上窗户可以望见不远处东较场景况：当日有六百多人聚集、观看打李子的游戏。城墙的高坡之上挤满了装饰华丽的妇孺，殊为美观……这日平安过去，薄暮之前约一小时忽然出现了惊人事变。[2]

[1] 《美国传教士何忠义谈成都教案》//四川省档案馆编：《四川教案与义和拳档案》，四川人民出版社1985年版，第499页。

[2] 《美国传教士何忠义谈成都教案》//四川省档案馆编：《四川教案与义和拳档案》，四川人民出版社1985年版，第500页。

黄昏时,有游民突然在东较场人丛中"扯地皮风",高喊:"去打洋人哇!"他们很快跑到司蒂文孙和启尔德的住宅外,想破门而入。司蒂文孙和启尔德惊慌了,冲出门向街面"砰砰"放了两枪想吓退众人。大众先是吓了一大跳,后来怒吼着要冲入。

情况越发紧急,幸亏衙门派了些人来,掩护司蒂文孙和启尔德等人进了宅内。群众呐喊着使用棍棒击门。住在街对面另一处宅内的何忠义后来回忆:"我们听见群众击破大门之后的巨大喊声、窗户的破裂声、屋瓦的坠毁声。那时顿生恐惧,以为我们的传教士伙伴已为那些愤怒的群众所捉住了!"

值得注意的是,也有曾在福音医院治疗受益的成都民众挺身而出,保护这些狼狈不堪的洋人。

何忠义回忆:"就在这时,我们的邻居(一位中国太太,曾到诊所医治过耳疾)邀请我们到她的家去避难。她的邀请,就当时的情况而言,实是一件极为令人心感的事!直到第二天我们才知道对面的外国人是如何逃走了的。两位医生(指司蒂文孙和启尔德)进入他们的住宅之时,他们听见

身穿中国服装的外国传教士医生在成都地区诊疗病人

轰击大门之声，知道再进行抵抗已无用了，于是同他们的妻子儿女们迅速由小门逃入医所院内，心慌意乱地躲在一堆木板下面。一位曾到医所治过病的中国人发现了他们，带他们迅速逃走……"

这个中国人带领启尔德等人从僻静处逃出风暴中心，奔往一条街上的兵营。但清军兵士们拒绝保护他们，还把他们驱逐出营，并且用脚踢了司蒂文孙的妻子。启尔德等人只得沿着城墙逃往内地会的外国人住宅。[1]

启尔德后来回忆："城里迅速掀起暴乱，人们从贫穷区的墓地刨出死人骨头拿到街上，用作外国人从事可怕实验的证据。他们声称那是我们害死的人的骨头。一罐酒泡的樱桃被人从传教士的储藏室里偷出来，公开展览，并伴随着大声喧嚣，说是我们榨取婴儿的眼睛制成的药水。"[2]

1891年，英美会的女医生福吉丽医生（R. Gifford M.D）到成都，在一洞桥创办了第一家具有红十字色彩的育婴堂。骚乱中民众不但捣毁了四圣祠教堂、诊所和教士住宅，还乱吼着跑到一洞桥，放火捣毁了那条街上的天主堂、育婴堂。福吉丽医生受惊吓后死去（1896年，英美会为纪念她，

[1] 《美国传教士何忠义谈成都教案》//四川省档案馆编：《四川教案与义和拳档案》，四川人民出版社1985年版，第500页。
[2] 启尔德撰，咸乐、咸亚男译：《成都开办首家西医诊所》，《成都日报》，2016-09-26（15）。

外国传教士慈善机构里收养婴儿的情景

在成都四圣祠创办了第一家正规红十字育婴堂，历年来养育了不少弃婴）。[1]

[1] 刘吉西等编：《四川基督教》，巴蜀书社1992年版，第68页。

## ◎ 成都近代化医院、医学院的建立

### 清政府对"成都教案"是怎样善后的

躁动的老百姓对传教士和医院大肆"打、砸、抢、烧"。成都、华阳两个知县来安抚百姓，反而挨百姓臭骂，官轿被打得稀烂。

第一天的暴动至此告一段落，深夜12时四圣祠街上的骚乱者们始散去。启尔德等人东边的住宅全部被捣毁。何忠义回忆："包括赫斐秋博士所建筑的美丽礼拜堂以及新医所等，私人的一切什物，全部被劫走或破坏了！"

第二天，又谣传在启尔德宅内发现一口箱子，内藏一个聋哑小孩，说这就是外国人拐走小孩的实据。于是全城的人都激动起来了，四圣祠街上的教士住宅上午10时被焚毁……甚至地方官员们也相信这是预备来做人肉筵席的，并且传来两个外国人审问。

骚乱者把这个地方捣毁后又往玉沙街去女布道会。逃往这里的何忠义等人翻越后墙逃走，一些邻居的中国人把他们送到内地会。

但两小时之后，骚乱者们又跑往内地会。传教士们又翻越后墙跳进一户中国人家中，许以重谢请求保护。气候炎热，空气恶浊，他们却整天躲在邻人的污浊床上，放下蚊帐不敢露面。启尔德医生夫妇和他们的小孩子也都挤在那邻居的一间小床上，吓得不敢出声。屋外喊打之声不绝于耳。

当时华阳县衙门（在正府街）成为在成都外国人（英国人、美国人、法国人等）的集中保护地点。天晚之时，启尔德等人也偷偷从藏避的地方来到这里。

何忠义住在一个姓范的成都医生家里。这家人对这个加拿大来的传教士很友好。他们给何忠义穿上中式服装，又用一张红帕子给他盖在头上，将其伪装成新娘。范医生雇了一乘轿子把惊恐不安的何忠义送到衙门。

陕西街上的四川法国主教杜昂（1841—1915年）年事已高，坐一乘小轿急急忙忙去少城的将军衙门，请求派兵保护。路上被人打坏轿子，杜昂主教也被拖了出来……如果不是官军及时赶到一阵乱抢，把主教先生抢救到街边的一个茶馆里，杜昂主教纵然不死也必重伤。

"成都教案"中四川法国主教杜昂差点被打死

骚乱仍在发展，到处吼声连天，石子瓦块乱飞……四川总督刘秉璋气喘吁吁地由卫队护着亲自出面，仍无力恢复秩序。下午5时，成都知府发动地保、甲长等一同协助弹压，但成都教堂和红十字福音医院还是全都被烧光了。

幸运的是，除法国主教杜昂曾受殴打受伤外，其余都平安无事。

何忠义回忆："此后10日回想起来，实是一场不断的噩梦，每一小时都充满了惊人之事！"过了几天之后，官吏对传教士的态度由敌视转向温和，送来些衣服、食品之类的必需之物。10天后，省城一个官员来说："有一个秘密的消息，就是你们准备好，以便午夜之时一齐往锦江大码头去。"

沉沉深夜，许多轿子和力夫排成了一条长线，经过这些寂静无人的街巷到了江边——所有传教士和他们的家属被官府转送，坐船逃离了成都……[1]

[1]《重庆海关（英）代理税务司华特森给海关总署（英）总税务司赫德的报告》（1901年12月31日），《美国传教士何忠义谈"成都教案"》//四川档案馆编：《四川教案与义和团档案》，四川人民出版社1985年版，第496—503页。

## 四川人为盲动"打教"付出沉重代价

为什么会发生这次震惊中外的"成都教案"？

首先，外国传教士中良莠不齐，确有一些人刺探情报，勾结不法教民横行霸道。于是发生中国人群起捣毁教堂、驱逐教士、惩办教民事件。这些"打教"事件，统称"教案"。

四川是外国传教士的重点地区，发展教徒的数量占全国第三位。自1840年鸦片战争后到1900年的义和团运动，全国发生重大"教案"25起，在封闭的四川就占了7起。[1]

这次"成都教案"，是一次由少数游民、无知儿童首先挑起事端的偶发事件，传教士并无太大过错。究其重要导火索，是甲午战争中国惨败，丧权辱国的《马关条约》签订，老百姓对列强欺侮中国愤恨之极，传教士就成了成都民众泄愤的靶子。

成都"打教"消息传遍四方，嘉定、叙府、重庆等10余州县也都开始打洋人、毁教堂……全省共计捣毁基督教堂30处、天主教堂40处。

在列强的压力下，1895年9月29日，光绪皇帝降旨：将四川总督刘秉璋革职，永不叙用。10月14日又降旨：将地方官员成都知府周承烈、署华阳县兼成都县知县黄道荣、署城守营游击向兹等11人"交部议处"，参与"打教"的百姓被处死6人，枷杖充军流放17人。[2]

"成都教案"后，计赔偿天主教川西北教区银70万两，川南教区银21余万两；赔偿四川基督教各教会银10余万两。所有赔款银101万两，圣旨说赔款"须由川省筹划"。[3]

[1] 四川档案馆编：《四川教案与义和团档案》，四川人民出版社1985年版，第1—2页。
[2] 《东华续录》，光绪朝一百二十九。
[3] 四川省地方志编纂委员会：《四川省志·外事志》，巴蜀书社2001年版，第455页。

## 近代化医院和医学院的落地生根

令启尔德等人未曾预料到的是,"成都教案"后居然产生了好的结果。

1905年后,在成都各方面的扶持下(据说成都政府出了1500多两黄金),1907年修起一幢极其堂皇的四层楼医院,是西洋教堂式建筑。1913年1月30日,这所医院举行正式开院纪念。当天,教会医生、英国总公使、法国副公使、德国牧师等外籍人员和四川军界要员、社会名流以及中国红十字会代表等都出席了盛会。医院正式命名为"四川红十字会福音医院",成为华西协合大学医科学生临床课的教学与实习基地。大学的教师和医院的医生可在两处互相兼职(华西协合大学的建立,参见本书前面《中外文化交流浓墨重彩的一页》章节)。

甘来德创办的陕西街美以美诊所建筑,也毁于"成都教案"。之后,甘来德利用清政府的赔款和差会的资助筹划重建存仁医院。日本教师山川早水叙述甘来德筚路蓝缕的壮

1907年时成都四圣祠街修起四层楼西洋教堂建筑式医院。文佳兰供图

举:"据说,居成都达二十年。在我旅居其间,他所修建的三层楼大医院就要落成。兴此土木,非一朝一夕的事。从前几年,就开始托来自美国的熟人,一点一点地运来木材、玻璃、镶嵌玻璃的拉窗门,以及其他在中国买不到的材料。待材料备齐后才开始动工,这是他亲口对我所言。过去成都没有设立气象台,因而也没有标准时间报时,各自使用简略的日晷。可能是甘来德发现了这个问题。在新建的医院附近设一高两丈左右的时钟台。其钟声,虽然不能完全达到城内的四个角落,但成都的时间,毕竟可以以此钟为标准……"

存仁医院建筑为三层丁字形楼房,主楼中央有四面形钟楼一座,高于主楼6米左右,为成都第一座砖木结构西洋建筑。[1] 医院钟楼成为成都崭新的一大景观,农耕社会时间观念落后的成都人,从悠荡钟声中听到了近代化的召唤……

甘来德也是华西协合大学医科的创办人之一。1910年后他担任大学医科的首任科长,1928年回国。存仁医院1929年由普通医院改为耳鼻喉科专科医院,是我国最早的专科医院,并定为华西协和大学医学院的教学医院,后来成为全国

[1] 郑尚维、石应康主编:《四川大学华西临床医学院·华西医院史稿》,四川出版集团2007年版,第8页。

陕西街的原存仁医院及福音堂等建筑群

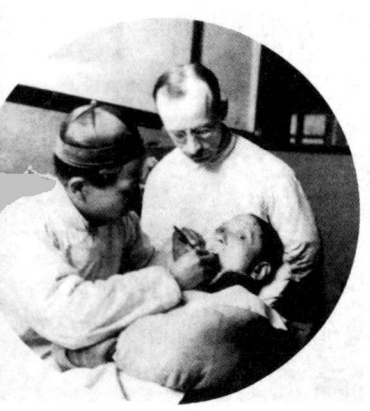

左图：1919年华西协和医院外国医生林则（右），指导中国学生黄天启（左）进行牙科诊疗。文佳兰供图

右图：创办陕西街美以美诊所的甘来德（后排右3）和启尔德（后排右1）等，1914年与华西协合大学第一届医科学生合影

乃至东南亚最好的耳鼻喉科专科医院，1950年后并入华西医大医院。

20世纪七十年代末，陕西街原存仁医院及福音堂等建筑群相继都被无情拆除，在原址盖起毫无特色的商业楼房。

学术界现在评论：启尔德、启希贤、甘来德、林则等人，分别是四川现代内、外、妇产、儿、牙等科医疗业务的开拓者，"体现了前所未有的人道主义精神"[1]。

为了给病人看病，启尔德苦学四川方言，以便同他的病人交流。他编写了 Chinese Lessons for First Year Students in West China（《华西第一年学生用中文教材》），什么"抵拢倒拐""请巴到左手坐""角角上药好生洗干净""桌子脚脚不大脏"……这些连外省人也听不懂的四川话，启尔德专门编写教材给来成都的外国人学习。创办华西协合大学后，这本书又被用作中国学生学习英文的教材。全书32个专题，四川话和英文对照，涵盖生活的方方面面。

1920年，启尔德休假回加拿大时不幸染肺炎病故。消息传来后，成都各界社会名流在蜡烛燃烧、香烟袅袅的文庙，为这个外国人举办了隆重的中国传统祭奠仪式。

四圣祠街启尔德创建的那所医院历经沧桑，1952年后

[1] 郑尚维、石应康主编：《四川大学华西临床医学院·华西医院史稿》，四川出版集团2007年版，第9页。

更名为成都市第二人民医院。20世纪70年代,笔者作为医生曾在这里上班。每天笔者从"成都教案"后重建的这座哥特式塔楼下来往,仰望大楼上方"1907"大字,会生发出无限遐想和神往……

1988年,二医院正式命名为"成都市红十字医院"。20世纪90年代,那幢1907年修的珍贵建筑也被无情拆除,连同它的历史逐渐被人淡忘。

启尔德逝世后启尔德一家的子女,都继续在华大医学院工作。其中1895年出生在中国乐山的大儿子启真道,长期任华西大学医学院院长直到1951年。启真道的妻子、妹妹、女儿也都坚持红十字精神,在成都从事医务救治工作。启真道1951年后到香港大学医学院任院长。成都人至今不忘启尔德三代七人为四川现代医学事业作出的杰出贡献。[1]

[1]《华西医科大学校史》,四川教育出版社1990年版,第16—17页。

◎ 成都有多少官办和民间慈善团体

清末"粥厂"怎样对贫民施粥

在中国历史上,社会公益和慈善行为,主要由"宗族""宗教""政府""社会团体"四类机构实行。

笔者少时家居城东府河畔望平街,每天坐渡船穿过一条古旧曲折的小巷,去天仙前街小学读书,巷头钉了块木牌:"茗粥巷"。街上有个被大家叫"吴督学"的补锅匠老头,他在民国时期当过教育局的"督学",新中国成立后成了所谓"阶级敌人"之一的"管制分子"。吴督学每天蹲坐街檐边,苦着一张黄瘦老脸,叮叮咚咚敲打破锑锅挣钱糊口。有一天笔者问他:"吴大爷,'茗粥巷'三个字是啥子意思?"吴督学的幺儿子是笔者同学。他想都没想张口就说:

"茗就是茶,粥就是稀饭。明朝以前这里是大慈寺地盘,修有一个茗粥庵,专门给贫困造孽人施舍药茶和稀饭。"

当时正是"大跃进"运动之时,茗粥巷中也贴了不少"亩产十万斤、跑步进天堂"之类的标语。但我们学校里,饥饿的师生人人菜色,黄皮寡瘦。学校食堂用大大小小的盆子找来许多童尿暴晒,尿水中便慢慢长出绿茸茸的毛。原来当时有科学家声称"尿液可提炼出高蛋白",其名甚美:"小球藻"。学校就用那"尿毛"液体合在红苕粉中蒸"尿水馒头",按粮票定量卖……所以饥肠辘辘的我听了吴督学讲施粥,瓜兮兮地冒一句:"要是茗粥巷现在还施舍稀饭吃就好了。"吴督学大惊失色,忙结结巴巴说:"如今生活这么幸福,你、你小娃娃莫乱球说哦!"他不再理我了。他惊慌失措的神情非常滑稽,事隔几十年那情景还历历在目。

笔者详查史料,清朝成都有两个粥厂,天仙前街这里是东厂,北门外痘疹庵还有个北厂。清朝乾隆皇帝年间,成都官府筹措善款20万两银子,发交城内各家银号商铺,按年息一分,每年可获利息2万两,拿来作为粥厂行善基金。清末成都食粥饥民每天两千余人,大致占全城人口的百分之一。

寒冬腊月穷人"又冷又饿,日子难过"。粥厂在春节前后四个月施粥:每年农历十月初一开厂,第二年正月底停止,以"成绵龙茂道"(又叫川西道)道台大人为"总办",成都知府为"会办",成都、华阳两个知县官为"提调",还有十来个"副委",再加上打杂烧火的若干人……[1]

清末华阳县令周询说:"厂外围以巨栏,食粥者至栏外,人先给一长竹签,签之上端染以土红为识。得签后,即入栏,司粥者即收签给粥,人得粥一鱼碗……粥甚干,每日只晨间施粥一次,然穷民尽可度日,不能食尽者且准

[1] 〔清〕周询:《芙蓉话旧录》,四川人民出版社1987年版,第39—40页。

清末成都慈善粥厂施粥时乞儿食粥的情景

其携具带回。"

从史料中可见清末施粥时的情景：天寒地冻，北风呼号，衣不蔽体的贫民和讨口子，老的、少的、男的、女的、瘸的、瞎的……全瑟瑟发抖，可怜巴巴地聚集于粥厂。粥厂外边围以大栏杆，食粥者在栏杆外排着长队，伸长颈项眼巴巴地看着粥厂竹棚内，数口巨大铁锅热气缭绕……食粥者从入口急不可耐地奔入栏内，司粥者收签舀粥，每人可得干粥一鱼碗。鱼碗，就是土窑烧的"大土巴碗"，有普通饭碗四倍大可装大鱼，所以叫鱼碗。

周询说："每米一升可煮粥十碗，故每日需米约三石"，清末三石即900斤。周询又说："食粥穷民，日二千余人"。即使仅按两千人计，算来每人食米不过0.45斤，还不到半斤。

所谓"穷民尽可度日"，不过仅可吊命而已。

周询又说，以施粥四个月120天计算，每年共需米三千多石。当时米价每石不过四两银子，粥厂基金除米钱外足可开销各副委及"弹压差役"们的薪水了，"故费用从不患缺乏"。

煮粥者如想偷米，会暗中掺杂石灰，这样就"出饭"多，但贫民要吃出毛病来。所以各个"副委"必须"每日监视下米，及维持秩序，使强壮者不至争先，老弱废残者不至向隅"。周询说：不要小看粥厂，曾经救活过不少穷人："此厂始自何时，已不可考，然行之多年，所济实（功德）无量也。"[1]

[1] 周询：《芙蓉话旧录》，四川人民出版社1987年版，第40页。

### 清末成都有哪些重要慈善团体

周询还说："省城慈善团体甚多"，著名的还有下面几处常设公益救济机构。

玉沙街的"育婴堂"：收养因家贫而乱甩在街头巷尾的穷婴及偷情而孕的"私娃子"，以60名为限。每个婴儿雇奶妈一人，工资伙食都由堂里供给。婴儿"隔奶"后就由人认养。育婴堂为官办，由"布政使"委任州县级吏员管理堂务。育婴堂街名至今犹存。

"慈惠堂"：至今也留有街名，创于清雍正十三年

清末成都一个慈善团体的孤儿和看护他们的妇人。摄影：[美]路得·那爱德，照片提供：海波、王玉龙

左图：图为慈惠堂总理尹昌龄。来源：尹大锡供图

右图：尹昌龄亲办"培根火柴厂"的"麒麟"火柴商标，印有"本厂所得余利，专养孤穷子弟"等文字

（1735年），有田数百亩作为办堂基金，官府每月有津贴，以一候补道员负责主办，称为"总理"。收养鳏寡孤独及瞎子等残疾人数百人，教他们"唱道情"（弹琴卖唱）及"推算星命"（当"算命先生"），到"业成能自谋生为止"。客观而言，对最为弱势人群的这种救助，确实可说是"胜造七级浮屠"了。

"普济堂"：俗称"孤老院"，堂在成都东门，"专收养年老无依，或残废不能谋食之人。除供给口食外，每人月给钱三四百文"。[1]

另据史料，"普济堂"创建时间为诸堂之首。四川巡抚杨香撰在《普济堂碑记》中说："京师有普济、育婴二堂，老病无依及孩□（缺字不详）不能养者赖以全活。雍正二年（1724年）钦奉上谕令各省督抚照京师例推而行之。"四川以省城东郊外隙地千余亩，及华阳县五块石、温江苏坡桥等地公田及放债收入"悉为普济堂之用"。[2]

这说明，至少在1724年，已从国家层面在全国建立类似养老院、孤儿院的社会福利机构，这点值得重视。

"恤嫠局"：设在骆公祠内（祭祀清同治年间四川总督骆秉璋，现街名改为和平街）。"嫠"（读"离"音），就是寡妇；"恤嫠局"，就是救济寡妇之专门机构。这些

[1]〔清〕周询：《芙蓉话旧录》，四川人民出版社1987年版，第38—39页。

[2] 光绪年重刻嘉庆本《华阳县志》卷三十九"艺文·今碑记"，杨香撰《普济堂碑记》。

"贫嫠"不住堂内,每人发给牌照,按月赴堂领救济款,每人每月可领得几千文钱。"恤嫠局",当然有让寡妇们大树"贞节牌坊"的迂腐含意。但贫家寡妇生存很难,的确难免沦落,故设"恤嫠局"仍有积极意义。

周询说:"以上三堂,亦皆有定额,欲补入者,须俟有缺额始能递补。此三堂皆由地方人士创设,故悉归绅管。"[1] 所谓"绅管",即清末已由官办转为民间自办的慈善团体。

宣统元年(1907年),一位有心人在其书中介绍了清末成都林林总总的慈善公益团体。"官办"的计有:"掩骼骨,幼孩婢女迷失所,幼孩教工厂,乞丐各路工厂,苦力医院,废疾院,牛痘局,育婴堂,采访局,利民局,济良所,军人病院,戒烟总会";"民立"的有:"孤老院,慈幼堂,捞尸会,盂兰会,施棺木,施义地,栖流所,育婴公社,中立公社(戒烟),普益公社(戒烟)"……[2]

这位先生就是傅崇矩,他于民国早期曾任成都红十字会会长。虽仅有上述寥寥文字,但让我们了解到清末成都这个城市里,大大小小的公益团体竟然有如此之多,实在令人惊奇。对于慈善人士和机构,政府还会颁发奖章和徽章。

### 官办慈善机构建立四川总督锡良功不可没

光绪三十三年正月十九日(1907年3月3日),锡良上奏朝廷说:"乞丐工厂、幼孩工厂、老弱废疾院、苦力病院,皆由奴才督饬周善培于去年六月以后次第开办,责成警察局管理。除苦力及笃老、少不能任工之外,无不筹养以全其生。"[3]

锡良又说,四川轿夫、背夫等底层劳工,"此辈肩背

[1] 〔清〕周询:《芙蓉话旧录》,四川人民出版社1987年版,第39页。

[2] 〔清〕傅崇矩:《成都通览》上册,巴蜀出版社1987年版,第71—72页。

[3] 笃老,谓衰老已甚;少稺,即少稚,即幼弱。

上图:民国初期四川的慈善公益奖章

下图:民国初期成都公益奖章"尽心桑梓"徽章

自食"挣一天活一天，一有疾病顿入绝境，"至可哀矜，尤宜救护"。所以，官方"又于北门外建筑苦力病院一区，专为收养因力致病之人"。锡良先在总督衙门"按年认捐银四百两，以外由各署局设法撙节捐助，共得常年经费5420两。病人医药所费较多，以每名岁费十八两计之，可以诊养三百人以上"。又在北门圆通寺改设老弱废疾院一所，收容老弱废疾男妇一百余人。

以上举措效果显著，锡良说："计自去年入冬以来，举向来街而不忍见闻之状，一律净绝，耳目气象为之一肃。"[1] 锡良自述上述社会福利事业是"近仿欧西，远师前古"[2]，即既师法中国古代慈善传统，又学习西方近代化社会管理经验。

清末成都慈善行为还浸透到社会各个角落。笔者祖父在清末当过椒子街"街正"。听父辈讲：每年岁终各街"街正"大家要约集本街"善人"们，给穷民施米、送钱、送旧衣。至于平时施舍棺材、掩埋"干鸡子"（讨口子）等无主尸骸的善事，更属本地区分内之事，这已是不成文的"乡规民约"。

这些都说明百年前成都民众善良仁厚，共同孕育了这座历史名城的优良文明传统。

[1] 〔清〕锡良：《奏开办习艺所及各项工厂情形折》//《锡良遗稿》第1册，中华书局1959年版，第646—647页。

[2] 〔清〕锡良：《奏开办习艺所及各项工厂情形折》//《锡良遗稿》第1册，中华书局1959年版，第644—645页。

## ◎ 成都红十字会成立的历史谜团

### 1911年启尔德等人为创建红十字会奔走

"红十字会"，是近代社会出现的非政府性国际组织，与联合国、奥林匹克运动委员会，并称世界三大组织。

1859年，欧洲发生苏法利诺战争。一个叫亨利·杜南（1828－1910年）的瑞士银行家，呼吁成立一个民间中立的救援组织，为伤兵提供人道的援助——这就是"红十字运动"的源起。

"红十字运动"的核心价值是：跨种族，跨民族，跨国界，跨时空，推崇"人道""博爱""奉献"精神。这种以"人道"理念为宗旨对人世苦难充满关切同情和无私奉献的精神，成为"红十字运动"遍及全世界的基础，是人类文明进步的象征。[1]

1863年2月9日，亨利·杜南促成"伤兵救护国际委员会"，1880年改称红十字国际委员会，在瑞士日内瓦成立。1901年，亨利·杜南荣获首次颁发的诺贝尔和平奖。

1892年，启尔德等传教士进入成都，就一直开始倡导"红十字运动"。笔者查阅到一条重要史料：过来人肖华青回忆当时成都地区的老百姓，"为了娃娃不被洋人吃掉，许多小孩的衣服背后都出现了红十字。我的母亲也用红布条做成十字缝在我衣服背上，说红十字是洋人的上帝，他们不敢抱走背有红十字的娃娃"[2]。说明1900年前，"红十字"能减灾避难和救护危弱者的观念，已在成都地区流行。

1904年3月10日，中国成立"万国红十字会上海支会"，1907年更名为"大清红十字会"，继而又改名"中国红十字会"。[3]

1911年5月后，成都发生了"保路运动"。巴山蜀水陷入大动乱之中，死难者无数。

发起赈恤这些死难者最重要的慈善组织，是"四川恤济公会"，宣称"以红十字为宗旨"[4]，基督教徒吴颂尧、张祥和、杨国屏、李绍严等人，在启尔德等外国医生的带动下，成为筹建红十字会的核心成员。他们为救治战乱中

[1] 参见《国际红十字与红新月运动基本知识传播手册》及郝如一、池子华主编：《红十字运动研究 2010年卷》，安徽人民出版社2010年版，第23页。

[2] 肖华清：《辛亥革命前后的彭县》//《四川文史资料选辑》第27辑，四川人民出版社1982年版，第21页。

[3] 中国红十字总会编：《红十字与我国》（红会资料），1981年，第30页。

[4] 池子华、郝如一主编，苏州大学社会学院、苏州市红十字会编：《中国红十字历史编年 1904-2004》，安徽人民出版社2005年版，第15页。

第六章 清末成都人生了病怎么办 451

1909年7月15日电影广告上有"日兵战败，赤十字会收负伤兵士"的节目预告，这是成都宣传"红十字运动"的重要史实

的兵、民而尽力奔走。后《申报》追述："……不日即有战事。该会中人现已组织救护队，以备战地救护之用，推举启尔德、谢道坚为队长……"[1] 权威书籍也记录：华西协合大学创办人之一启尔德医生，"作为红十字会的一位组织者，曾积极参加抢救伤员的工作……"[2]

### 清末民初成都成立了好几个红十字会

1912年2月12日，清廷的隆裕太后以哀怨悲泣之音，宣布宣统皇帝溥仪退位，结束了清朝两百多年的统治。

1912年10月6日，中国红十字会常议会重组成立，公举大总统袁世凯、副总统黎元洪分别为名誉正、副总裁；选举吕海寰为正会长，沈敦和为副会长兼常议会议长，江绍墀为理事长。[3]

[1] 《救护队出发记》，《申报》，1913-09-11。
[2] 参见《华西医科大学校史》，四川教育出版社1990年版，第13页。
[3] 《中国红十字会二十年大事纲目》//中国红十字会总会编：《中国红十字会历史资料选编》，南京大学出版社1993年版，第454—457页。

1912年10月的30日、31日连续两天,上海总部隆重召开"中国红十字会统一大会"。草创阶段的成都红十字组织,派去参会的代表是杨国屏、彭少卓、陈凤石。重庆代表是廖换廷。[1] 成都还专门发出热情洋溢的贺电:"中国红十字大会鉴:我国红字统一联合,仁风普及,盛德日新。谨祝我民国万岁!红会万岁!成都分会贺。"1912年后红十字会的宗旨和重要工作是:恤兵、拯灾、振饥、治疫、医药、救护、瘗亡。[2]

成都红十字会是什么时候正式成立的?又是哪些人发起的?具体成立过程又是怎样的?长期以来一直是难以说清的历史之谜。2011年,为纪念中国红十字运动一百周年,成都市政府相关部门特别约请笔者撰写专门史,挖掘整理红十字运动在成都的萌芽、发展、壮大,以及在各个历史时期的巨大贡献。

笔者查阅大量档案材料,发现了一个有趣的事实:1912年初已经成立并且有史可查的,在成都至少有5个红十字会,名称分别是:中国红十字会四川省分会(领导人:文椿、李士桢、王放等)、四川红十字会(领导人:刘锡玲等)、中国红十字会四川省分会(有两家,领导人分别是张祥和、李继祖和陈光弼等)、中华民国四川红十字分会(领导人:宋育仁等)。

[1] 中国红十字会总会编:《中国红十字会历史资料选编》,南京大学出版社1993年版,第259页。

[2] 中国红十字会总会编:《中国红十字会历史资料选编》,南京大学出版社1993年版,第261—262页。

左图:成都档案馆藏"四川红十字"的募捐册和发起人的原始档案资料。摄影:王宝明

中:成都档案馆藏"四川红十字请保护"的原始档案资料。摄影:王宝明

右图:成都档案馆藏"四川红十字会刊刻图记具文咨请巡警总监"的原始档案资料。摄影:王宝明

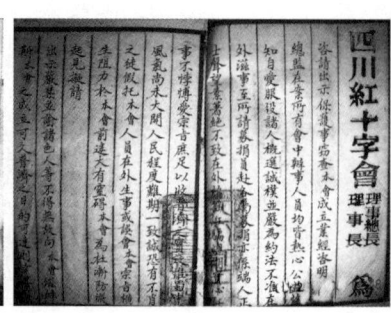

第六章　清末成都人生了病怎么办 | 453

由此可以想见，在当时的成都，红十字会作为一种新生时髦事物，有众多社会贤达、中外人士的热情参与，遂各立山头。大体而言，参与者中有两个人群：

一是本土的士大夫、名流、富商，如刘咸荣（清末四川省咨议局议员、成都"五老"之一）、刘锡玲（自号聋道人，著名画家，创办四川省女子师学校、四川蚕桑学校）、谢无量（1906年任四川存古学堂学监）、李士桢（成都富绅）、王铭新（保路运动领导人之一）……[1]

二是与在成都的外国传教士、外国医生启尔德等关系密切的人，如基督教青年会的重要干事杨国屏、陈维新，基督教徒吴颂尧、张祥和、李绍严等人。

从严谨的以所刻组织印章向政府立案起始日的角度来说，成都红十字会正式成立于1912年3月3日。[2]

成都的这几家红十字会，最后合并成了一家：中国红十字会成都分会。几个红十字会的领导人如李士桢、王放、刘锡玲、张祥和、李继祖和宋育仁，都曾先后担任过成都红

[1] 参见成都档案馆藏《蓉档第1804卷，第32号》。
[2] 参见成都档案馆藏《蓉档第1800卷，第6号、第7号》。

启尔德创立的福音医院，1913年1月30日正式命名为"四川红十字会福音医院"。文佳兰供图

十字会的领导（会长、副会长或理事长）职务。

按中国红十字大会规则，民国时期实行二级会员制，即总部以下为各市、县分会，不存在省一级的总会。成都档案馆保存的原始权威档案史料明确记载：中国红十字总会下属"四川分会即成都分会"。[1]

启尔德在成都四圣祠街创立的福音医院，以后和华西协合大学联为一体，成为医科学生临床课的教学与实习基地。1913年1月30日，这所医院正式命名为"四川红十字会福音医院"。

### 红十字会在巴山蜀水的发展壮大

成都红十字会的办公地点在哪里呢？笔者在民国档案中查实，成都红十字会于1912年11月正式迁入东桂街文昌宫。抗战时期（约1942年），会址才迁移到成都鼓楼北三街74号。

成都红十字分会其后功绩累累。1916年"护国战争"中四川战场最为激烈。杨国屏等人组成的救护人员亲赴前线，除战地救死扶伤之外，还"掩埋双方阵亡兵士并民人，尸骸共200余人（具）"[2]。中国红十字会总会高度评价："疗伤瘗亡，厥功尤著。"[3] 1917年军阀"成都巷战"时，红十字会收埋尸骸4000多人……[4]

截至民国十三年（1924年）5月30日，中国红十字会全国分会共计277处，四川分会总数47处，占了全国总数的六分之一。[5]

四川在抗战时期更是总会的中流砥柱：从抗战开始的1937年22个分会发展到33个，占全国红十字会总数的三分之一多。而四川各红十字分会所设医院数和诊疗所数，占全国

[1] 1919年10月2日四川军事警察厅签署的文档，档案号："蓉档1080卷第34号"。
[2]《红十字会之川西消息》，《申报》，1916-04-08。
[3]《中国红十字会20周年纪念册》//中国红十字会总会编：《中国红十字会历史资料选编》，南京大学出版社1993年版，第465页。
[4] 参见《华阳红十字会救济团武城门掩埋记事》《罗戴祸川纪实》《刘戴成都巷战血迹记》//《四川军阀史料》第一辑，四川人民出版社1981年版，第141—147页。
[5]《中国红十字会20周年纪念册》//中国红十字会总会编：《中国红十字会历史资料选编》，南京大学出版社1993年版，第153页。

民国初年成都法国教会医院中红十字会人员治疗的大量受伤兵民

[1] 《中华民国红十字会战时工作概要（民国三十五年六月）》//中国红十字会总会编：《中国红十字会历史资料选编》，南京大学出版社1993年版，第525—526页。

红十字会总数近二分之一。中国红十字会在抗战胜利后的1946年5月，高度评价了成都及四川各地红十字分会在抗战时期的贡献："尤以川省成绩为佳"。[1]

启尔德等西方人士从海外带进来的红十字运动，终于经由中国人在巴山蜀水扎下根来。至此，除本土传统慈善组织之外，还有了完全近代化意义且与国际接轨的"人道主义"组织。

中国民间传统慈善思想，通常只能治标不治本。而红十字运动则体现了近代西方新的社会慈善福利观和公益思想：它不仅只救助贫困和弱势，还要发展社会公共事业，改良社会环境，去除社会不良习俗，提高民众教育程度和健康水平，使整个社会的人都受益。

1921年，成都红十字会为适应时局的迫切需要，联合本土传统慈善团体，组织了一个面目全新的慈善公益团体——"成都中西组合慈善会"。这实际上也加快了红十字运动在成都近代化的步伐。这种"中西结合"的形式，国内外罕见，具有浓厚的巴蜀地域特色：公益慈善不再由富绅、士大夫和政府担任主要角色，而形成了一种"爱国""爱家乡"的民族精神。在1937年后的抗日战争中，直至2008年汶川"5·12"地震时，巴蜀大地几乎全民都投入到"献金救国""抗震救灾"等公益慈善行列中。

成都的百年"红十字运动"，构成近代中国中西文化交流史上独具特色的重要组成部分。[1]

[1] 关于成都及四川红十字运动的详尽史实，可参阅郑光路专著《百年红十字运动在成都》，四川文艺人民出版社2011年版。本书是成都市政府相关部门为纪念中国"红十字运动一百年"，特约本书作者写成的专门著作。

# 成都『变脸』

——中国城市近代化缩影

下

郑光路／著

西南交通大学出版社
·成都·

# 目录

## 第七章 近代化生活方式和传统的碰撞

**第一节 最具巴蜀特色的茶馆和川剧**·458
　　清末传统"茶社"和"新式茶座"·458
　　剧场、川剧改良及川剧"变脸"真相·469

**第二节 摄影术和电影是怎样传入成都的？**·483
　　从传统"捏相术""画真子"到摄影术·483
　　从灯影戏、西洋镜到电影·493

**第三节 公园和动物园最具城市近代化象征**·504
　　创建"少城公园"的历史迷雾·504
　　民国时期成都有多少个城市公园·515
　　成都是中国最早设有"动物园"的城市·526

**第四节 从传统"国术"到西洋"体育"**·536
　　清末巴蜀武术的难解"谜团"·536
　　"青羊宫打擂"和武术向近代体育"接轨"·547

清末兴起的近代体育和运动会风波·557

田径、球类等新式体育在成都的兴盛·564

第五节　向近代化迈进的"中外通婚"·573

引发国际纠纷的中外通婚·573

两位世界名人的中外通婚·580

第六节　西方色彩浓厚的"彩票"和"报刊"·586

彩票进入成都的风风雨雨·586

报刊的蓬勃发展和"广告"的产生·595

# 第八章　社会陋习恶俗的近代化改良

第一节　反"缠脚"和剪"辫子"·608

成都的反"缠脚"运动·608

清末成都"剪辫子"风潮·615

第二节　"禁烟"和"禁赌"功亏一篑·623

鸦片烟祸和禁烟运动·623

赌风猖獗和禁赌失败·631

第三节　对娼妓、乞丐、游民的整治·638

周善培是中国设"红灯区"的创始人·638

清末管理娼妓办法沿袭至民国时期·645

对乞丐、游民的社会改良卓有成效·651

# 第九章 成都向现代化"冲锋"

## 第一节 1911年成都引发了中国历史巨变 · 664
成都为什么会发生"保路运动" · 664
成都从保路发展到号召武装反清 · 672
成都向近代化冲刺的历史丰碑 · 679

## 第二节 城市现代化的里程碑：正式"建市"和春熙路建成 · 686
民国初期"城头变幻大王旗" · 686
从"市政公所"到成都"建市" · 689
杨森修建春熙路的风波 · 693
"春熙路"街名由来是怎么一回事 · 699
杨森90岁回忆《成都建设》的史料价值 · 703
民国时期已经强调植树绿化、城市环保 · 706
民国建立后成都市政三次大变化高潮 · 708


## 关于本书图片来源的说明


## 特别鸣谢

# 第七章 近代化生活方式和传统的碰撞

## 第一节　最具巴蜀特色的茶馆和川剧

◎ 清末传统"茶社"和"新式茶座"

1909年成都有"茶社"518家

说成都茶馆的文章不少，但少为人知的史实仍多。

首先，清末成都人把茶馆叫成什么呢？那时通常叫茶铺，正式的名称则是"茶社"。如清末华阳县令　周询在关于成都茶馆的记载中，概称为"茶社"。[1] 清末傅崇矩说得更直白："成都之茶铺多，名曰茶社。"[2]

其次，现今人谈到成都及四川茶馆，多描述为：传统茶具都是"三件头"：茶盖、茶碗、茶船子（茶托），合称"盖碗茶"；坐的是有靠背和扶手的竹椅……这些描述是不准确的。

须知清末成都的"茶社"，是街头最大众化、平民化的休闲聚会场所。周询记载："'茶社'无街无之，然俱当街设桌，每桌四方各置板凳一，无雅座、无楼房，且无'倚

[1] 〔清〕周询：《芙蓉话旧录》，四川人民出版社1987年版，第24页。

[2] 傅崇矩：《成都通览》下册，巴蜀书社1987年版，第253页。

第七章 近代化生活方式和传统的碰撞　459

清末成都街头大众化老茶社

[1]〔清〕周询：《芙蓉话旧录》，四川人民出版社1987年版，第24页。

凳'（按：即靠背椅子），故官绅中无人饮者。""碗皆有盖，惟碗底少有托船。"[1]

清末"茶社"以方桌、长板凳、无茶托的茶碗为主。当时有在"茶社"评理"吃讲茶"判公道的习俗，因此有句很流行的民谚："高桌子、高板凳，说得脱，走得脱！"笔

清末成都茶社，以方桌、长板凳、无茶托的茶碗为主，"警署发有规则"的正规茶社"每铺皆用栏干"

者收藏的十多张清末成都茶铺的老照片,也证实如此。

街头空坝、祠堂会馆、佛寺道观……处处都挂有写着"河水香茶"的布幌子或红纱灯笼,成为城内独特风景。还有非常简陋和有趣的"茶社"。我从文物市场淘得一张清末成都的珍贵照片:一条长案茶桌放了几只茶碗和一个小炉灶,破草屋梁上用树杈吊了一把烧水茶壶;卖茶水的"老板",是赤裸上身抽旱烟的穷老头……这似乎可称为清末成都最简陋的营业性茶社了。

清末成都"茶社",有多少家呢

1909年《四川官报》统计,省城成都有街巷516条,有茶社518家。华阳县令周询说"无街无之",此言不虚。当

清末成都非常简陋茶铺的珍贵照片:破草屋梁上用树杈吊了一把烧水茶壶;"老板"是赤裸上身抽旱烟的穷老头

时警察局规定:"茶社"不准沿街乱摆桌子占道经营,必须"每铺皆用栏干"。据此,"警署发有规则"(即营业执照)的正规"茶社"为454家。[1]

### "茶社"社会服务功能丰富

清末最普通的茶叶是"毛茶",即普通素茶,每碗售钱三文。细嫩点的素茶叫"白毫""雨前""雀舌",和普洱茶一样,每碗售钱四文,而且"任客久坐"。[2] 哪怕你从天亮坐到晚上,伙计照样一次次来掺水,绝不敢发半句"言语"。

清末泥水匠、裁缝等工匠,大致每月挣3000文,可进"茶社"喝"毛茶"1000碗(次)。设想如今你每月挣3000元,成都茶馆的普通素茶大多每碗10元左右,仅能喝300碗(次)。

吃茶的人唾沫乱飞谈古论今、大摆龙门阵,以之听新闻、广见识。许多茶馆还附设讲评书、唱竹琴、说相书、灯影戏……多给一两文茶钱,可尽情享受。时人冯家吉竹枝词写道:"生意数它茶馆好,满堂人听说评书。"茶铺晚上还多有"打川剧围鼓"的习俗,"票友"们一边咿咿呀呀地吼

[1] 傅崇矩:《成都通览》下册,巴蜀书社1987年版,第253页。

[2] 〔清〕周询:《芙蓉话旧录》,四川人民出版社1987年版,第24页。

民国时期的成都茶馆里掺水的伙计。摄影:[美]卡尔麦当斯

唱,一边拉琴打锣鼓,异常投入。无钱进戏园的穷民,三文钱泡碗茶就免费听得耳朵直扇,也可尖起粗喉咙跟着哼两句《马房放奎》:"明亮那个嘛亮,灯那个呀那个光……"穷愁潦倒,尽可暂忘。

"茶社"开得早、关得迟,还代客煎药、外卖开水热水。周询说:"烧柴之家不能终日举火,遇需沸水时,以钱二文,就社购取,可得一壶,贫家亦甚便之。"[1] 开水是用河水,而洗脸水等用井水,所以傅崇矩说:"瓮锅之名瓮子,水多系井水,俗名圆河水,可以随意买回,一文一罐或一文一竹筒,可做洗脸之用。"[2]

"茶社"也是谈生意之地,有的甚至就以"茶社"为市场,双方袖子里比指头、讲价还价大说暗语:"老子要这个价——'倒川横目'。""龟儿子太心凶啰,我只出'中工旦底'。"

"旦底"即一("旦"字底下为一),"中工"即二("二"字中加一画是"工"),三说成"倒川",四说成

左图:清末万年台(戏台)下的大众化老茶社

右图:清末"茶社"还代客煎药、外卖开水热水。图为"茶社"后的"老虎灶"和瓮锅,引起外国人极大兴趣。摄影:[美]西德尼·戴维·甘博

[1] 〔清〕周询:《芙蓉话旧录》,四川人民出版社1987年版,第24页。
[2] 傅崇矩:《成都通览》下册,巴蜀书社1987年版,第253页。

"横目"……三十四就是"倒川横目",二十一就是"中工旦底"。

正因为清末"茶社"消费低廉、社会功能丰富,才成为成都人主要休闲社交场所,"茶社"才那么多。

### 茶铺各有特点叫法不同

官绅富贵人士,另有品茗交际之处,所以饮茶的营业场所叫法混乱。

如文庙街斯文人多,街上就有"瓯香馆";顺草湖有水,就有"临江亭";山西馆楼阁典雅,街口就有"广春阁";巍峨老皇城外贡院街,就有"吟啸楼"……此外还有××轩、××厅、××处、××庄、××居……官方或行业帮会,不管你东拉西扯,统统称为"茶社业"。

"茶园",则多指戏园子。到1911年,成都主要的专业性戏园子有三个:少城公园里的万春茶园、会府北街的可园(即咏霓茶舍)、劝业场外的悦来茶园。

寺庙等处也卖茶但多无招牌。武侯祠的荷花池养有大乌龟,池边有茶座。游人都愿意在临水八仙桌前坐下,喝一碗道士卖的毛茶。茶客多为安了心来消闲的生意人和手艺人,披着布汗衣、叼着叶子烟竿……李劼人描述:"有打纸牌的,有下象棋的,也有带着活路在那里做的。"有身份的人到武侯祠用不着去抢茶桌子,找当家道士打个招呼,会被请到大花园"抱膝独吟轩",道士恭而敬之泡上顶好的青城茅亭茶,摆出香油素点心……当然,香火钱布施比茶钱肯定要高一大截了。[1]

青羊宫、草堂寺、文殊院内饮茶,大致情景也与武侯祠差不多。清末成都流行俏皮话。如你问:"哥子,今天我

---

[1] 李劼人:《大波》第一部,人民文学出版社1958年版,第164页。

们到哪里吃茶?"他回答:"到武侯祠、草堂寺,去看乌龟、吃茶。"你一气念完不打顿,自然明白这老兄在说谁是乌龟了。

### 成都"新式茶座"的产生

随着城市近代化,1909年"劝业场"建成,建有"成都前所未有的茶铺"——"新式茶座"宜春楼、怀园、同春……当时被誉为"茶香、水好、座雅、楼高",[1] 是官绅"上流社会"光顾之所。"劝业场"自开场以来各行各业生意顶好的,据说就要数门楼上那所"同春茶楼"。男人在"劝业场"吃茶,还"可以看很多女人"。[2]

这几家"新式茶座"都是西式陈设。这里既设"普通座",还有视野宽阔的"特别座"。[3] 清末街头市井"茶社",妇女是从不去喝茶的。但富贵人家妇女到"劝业场"吃茶,当时已渐成风气。

"劝业场"对面的"第一楼",也是高档新式茶座。楼上安有十张蒙着白台布的麻将牌桌,靠着玻璃窗的几张茶桌也蒙有雪白的台布,还有摆花瓶的大餐桌和新式立背餐椅……这光景,和百年后的成都高档茶楼已完全"接轨"。

且看李劼人《大波》书中,1911年时三个官绅到"第一楼"的消费水平:三个人刚坐下,一个干净利落的堂倌便端着一个茶盘从楼下飞奔上来,把三把洋磁小茶壶,和三只洋磁有把茶杯,分送到各人面前。伍平问茶钱是多少?郝又三掏出一枚当五角的银元(约值500文),堂倌找补了值320文的铜元。也就是说,这里单饮茶每人至少需60文,是街头茶铺20倍。堂倌还热情兜售:"要不要点心?盐花生米?白瓜子?……好的,各装一盘来。水烟袋呢?"

[1] 傅崇矩:《成都通览》下册,巴蜀书社1987年版,第253页。
[2] 李劼人:《大波》第一部,人民文学出版社2013年版,第41页。
[3] 李劼人:《大波》第三部,人民文学出版社1958年版,第390页。

清末成都官绅富贵人士消费的高档茶楼

三个官绅喝这回茶,至少每人要花掉100文以上。难怪堂倌走后,军中当"管带"(营长)的伍平把头一摇道:"我这个土生土长的成都人,竟不晓得成都有这样茶铺,这样贵的茶!……花钱太多。我们从血盆里抓来的卖命钱,那样出脱,不犯着。"[1]

又一次,另外三个官绅到劝业场喝茶。从日本留学回来的尤铁民卖弄说:"国家愈文明,生活程度愈高……"田老兄大为吃惊道:"不图成都茶钱,贵至于此!……成都要是文明到这步,那日子便不好过了!"[2]

1913年,聚丰餐馆老板李九如在少城公园开设新式"永聚茶社",设立多处包厢以便女性来喝茶。当时初次相亲,很多由媒人牵线约见于此……之后,省内女性进茶馆渐成风气,所以当时竹枝词戏谑道:"公园啜茗任勾留,男女

[1] 李劼人:《大波》第三部,人民文学出版社1958年版,第80—82页。

[2] 李劼人:《李劼人全集》第二卷《暴风雨前》,四川文艺出版社2011年版,第147页。

民国时期的成都茶馆，左上角有女茶客。摄影：[美]卡尔麦当斯

20世纪40年代美国《时代》杂志上的成都茶馆，"三件头盖碗茶"和靠背竹椅已成套。摄影：[美]卡尔麦当斯

[1] 林孔翼辑：《成都竹枝词》，四川人民出版社1982年版，第92页。

双方讲自由。"另一首更说得露骨："社交男女要公开，才把平权博得来。若问社交何处所？维新茶馆大家挨。"[1]

如果说消费高只是近代化茶馆特点之一，那么"维新茶馆大家挨"，则更具男女平等的近代化本质了。

"永聚茶社"最早使用矮桌子和竹马夹子（活动竹躺椅），其他茶馆都仿效。后因马夹子太占地方改为竹椅，各处又迅速推广。于是，成都茶铺由早先的大方桌、长板凳，慢慢发展为后来常见的"三件头"和靠背竹椅子了。

### 清末"茶社"的历史大辉煌

街头"茶社"很多还是袍哥（哥老会）"码头"所在地。外地袍哥新来此地，进茶馆后按江湖暗号叫茶，摆茶碗、取坐势……与伙计用"黑话"搭上线，再介绍给本码头

在茶社"码头"上接头的"袍哥"，充满诡异的"黑道"气氛

的交际五哥引见本地舵爷。哪怕来者身负重案、亡命江湖，都可得到几分庇护。当地袍哥大都胸脯拍得咚咚响："你哥子尽管在鄙码头耍，食住、鸦片烟，我们管啰。"

1911年12月8日，发生"成都兵变"，各州县袍哥队伍"同志军"入城维持治安，众至数万。四川军政府都督尹昌衡公开号召袍哥（哥老会）在各街成立"公口"（码头）。大小街巷茶铺里一面面大旗帜迎风飘扬，上书某某保路同志会、某某路同志军，刀光剑影一片，江湖黑话满天飞。富贵士绅、官宦想保身家，都争着出钱"嗨袍哥"。

尹昌衡也自封为"大汉公"舵把子，天天到成都各街"茶社"的码头拜客。各码头在街头焚香以迎，为尹"挂红"进酒。袍哥码头越来越多，尹昌衡只好把这些红纱、红绸、红布从身上脱置左右战马上，竟然五匹马也堆不完。他每出去一次，必披一身红纱、红绸、红布回来，堆在床上之后便又去拜"茶社"码头，如是往返拜客披红……[1]

[1] 王右瑜：《大汉军政府成立前后见闻》，载《四川文史资料选辑》第1辑，1977年，第98页。

民国时期成都茶馆内情景，和80年后的今天已没有区别。摄影：［美］卡尔麦当斯

这时，高档"新式茶座"萧条了；大众化平民茶铺，迎来空前绝后的历史大辉煌。

## ◎ 剧场、川剧改良及川剧"变脸"真相

### 从"坝坝戏"到专门戏园

川剧又称川戏，由昆曲、高腔、胡琴、弹戏和灯戏五种不同的声腔杂陈。晚清后，发展到所谓"五腔共和"新时期。2006年5月20日，川剧列入第一批国家级非物质文化遗产名录。

清末成都，是川剧兴盛的黄金岁月。演出场所，大致有：坝坝戏、普通茶馆、专门戏园。

"坝坝戏"的盛况

川剧早期多在寺庙、会馆演出，叫"神戏""会戏"；或在官绅私宅，叫"堂会"。李劼人在《死水微澜》中说：成都有很多会馆，每个会馆单是戏台就有三四处。仅"江南馆"一年就要唱五六百整本大戏，一天总是两三个戏台在唱戏。[1]

清末成都华阳县令周询说："光绪三十三年（按：1907年）以前，省城当无戏园售坐之设，除官商团拜及寿贺等事外，只有各庙及各会馆之'会戏'。然'会戏'无日无之，且有一日之间，多至七、八处者。"

各处庙宇、会馆，大殿对面都有戏楼，称"万年台"。大殿以内又大都有内殿或偏殿，所以一处庙宇、会馆内，多的可有七八个戏台。正对大殿的叫"外台"，在内殿、偏殿的叫"内台"。"外台"演"坝坝戏"，任何人都

[1] 李劼人：《死水微澜》，转引自《李劼人说成都》，四川文艺出版社2001年版，第62页。

清末成都川剧"坝坝戏"人潮拥挤,外国人照相时都回头观看。摄影:〔美〕张伯林,1909年

可去观览。"内台"则视情况而定,有禁局外人观者、也有不禁者。戏班子常设临时长木凳,观者每人给钱数文至十多文。站立观看,不收分文。[1]

戏班每日收入,不过十二三吊铜钱,分到每个艺人手中很少。艺人(优伶)俗称"戏娃子",等级按"娼优隶卒",社会地位极低贱,还排列在娼妓之下。

光绪二十三年(1897年)三月,仪陇县当"训导"(类似今天的教育局长)的丁治棠到成都谋差事。丁治棠前后在成都湖广馆、浙江馆、火神庙、王家坝、三义庙、府城隍庙等处看戏,有庆华、文星、泰洪、宾乐、复兴等戏班子在上述各处交叉演出。从他的日记中,可了解当时成都"坝坝戏"的盛况:

四月十九日,他在王家坝看宾乐班演坝坝戏:"人山人海,几无立足处。演《活捉三郎》扮三郎者身法灵活,随媳娇手翩翩舞,如提风灯……"二十五日,"雨止……踏泥过火神庙看庆华班,演《山海关》一场,颇紧饬。扮吴三桂

[1]〔清〕周询:《芙蓉话旧录》,四川人民出版社1987年版,第49页。

清末"跑滩"的川戏班子下乡演出时情景

者为满人某,驰名优也。次场为《活捉王魁》,杂以阴曹,亦森森动魄。"二十六日,他到火神庙看文星班演出:"观剧人伙,万头攒簇,庙坝为满,茶担木凳,无隙可坐。立看《空城计》一出。复演《夜明珠》一大围……如此熟戏,演得簇簇生新,真绝艺无双。是时人涌如潮,吹哨喝彩者,应声四起。女边坐凳,随挤而倾,诸茶担为之震摇。一国如狂,信有目共赏之名优也。"[1]

"坝坝戏"人多拥挤,丁治棠说把小贩茶担子都拱翻了,就是滑稽场面。

### 从普通茶馆到唱戏为主的专门戏园

晚清,稍大点的成都茶馆常有小戏班子"跑滩",作小规模简单演出。这些茶馆虽然也演戏,但主要是为了卖茶。

川剧最早进入专门剧场,当数"可园"。1885年后,

[1] 《丁治棠纪行四种》,四川人民出版社1984年版,第153—155页。

华阳人吴彌臣（又作碧澄）在会府北街（今忠烈祠北街），仿苏杭园林风貌修建。1903年，吴增建一处可容纳800人的小型戏园，称为"咏霓茶社"。这里虽然也卖茶，但主要是为了演戏。

吴彌臣聘请康子林、杨素兰、黄金凤等名角。光绪三十二年（1906年），将"咏霓茶社"改成新式剧社"可园乐部"。此园兼设西餐、中餐、点心、茶水，每日张贴演出剧目，还在《通俗日报》上大打广告。

傅崇矩主办的《通俗日报》上"可园"刊登的剧目广告

"可园"开放后，官绅纷至沓来。座位分等级定价，女宾也可入园观戏（后被禁止）。宣统二年（1910年）重建，座位增至1020个。

"可园"是川剧进入有正式剧场之发端。傅崇矩记载："（成都）在前并无戏园，光绪三十二年吴碧澄创立于会府北街之'可园'。成都人故好观剧，故官许之，入览者甚多。虽不及北京之布置文明，然尚属规矩。每座五角，原有女座，因本地风气未开，人多以妇女为奇事，屡滋事端，因官局禁革……现在提学使、警察局，商务局又提倡商会所设之戏曲改良会，排演新戏以感化愚顽，成都之戏局，遂一大变。"[1]

[1] 傅崇矩：《成都通览》上册，巴蜀书社1987年版，第277页。

周善培亲身前去"可园"购票看戏后，觉得"可园"经验颇可借鉴，决定修建一处更大更正规的戏园。他同商会樊孔周等人商定：选址"老郎庙"建个"悦来茶园"最合适，因此处与劝业场仅一街之隔，而且又本是川剧同业公会所在地。

川剧艺人会首康子林等人，闻讯"老郎庙"将收为官方，最初是震惊和对抗。但樊孔周等人以推行"新政"而理直气壮。最后相互退让达成协议，将"老郎庙"的太子菩萨，移往城西"猫猫巷"小庙供奉。又由周善培出具一个"二十七

清末民初川剧艺术家康子林

华兴街"悦来茶园"的川剧艺人们

[1] 蒋维明、唐剑青：《巴蜀梨园掌故》，成都时代出版社2012年版，第253-255页。

[2] 李劼人：《暴风雨前》，四川文艺出版社2012年版，第238页。

字文约"，交与川剧艺人为凭证："园址为伶人度让与悦来公司，承办改良戏曲，为伶人永远谋生之所。"[1]

1909年，商会樊孔周等人建立悦来公司，在成都华兴正街的老郎庙建成了"悦来茶园"，每天各戏班轮流演出。实行买票（以有号铜牌为票）对号入座。座位宽大舒适、供应茶水点心。三楼每座三角，普通座一角，特别包厢每座五角，包厢每间五元（价以龙洋计），座票昂贵但观者如潮场场爆满。"悦来茶园"专设有女宾厢，在封建传统的成都，男女自由交际由此转变。

李劼人描写清末的《暴风雨前》书中，守旧人士王中立大发牢骚："悦来戏院一开，更不成话，看戏也要叫人出钱，听说正坐五角，副坐三角，我倒不去，要看哩，我不会在各会馆去看神戏吗？并且男女不分的……""吴鸿道：'那是分开的，女的在楼上。''就说分开，总之，男的看得见女的，女的也看得见男的。我听见说过，男的敬女的点心，叫幼丁送信，女的叫老妈送手巾，慈惠堂女入口处站班，约地方会面，这成啥子名堂！"[2]

当时文人冯家吉《锦城竹枝词》也说："梨园全部

隶茶园，戏目天天列市垣。买座价钱分几等，女宾到处最销魂。"[1]

"悦来茶园"，是近代化意义上的成都早期正式剧场。郭沫若在《反正前后》书中记述："成都最首出的新式

[1] 冯家吉：《锦城竹枝词百咏》，载林孔翼辑：《成都竹枝词》，四川人民出版社1982年版，第91页。

康子林（右）、周慕莲在劝业场悦来茶园合演《情探》

1912年后悦来茶园的戏台

民国时期《蜀伶杂志》，壁经堂出版，出版时间1924年

戏团，名叫'悦来茶园'，是采取官商合办的有限公司的体制，那儿初是唱的川戏，所谓'改良川戏'。自行招集了一批孩子来教练，很有些像日本的'帝国剧场'……这算是戏剧的资本主义制度化。"[1]

"悦来茶园"一直成为川剧精品表演的"老窝子"，及川剧代表性班社"三庆会"的演出场所。

此后成都继续兴建大批剧场。据1924年《蜀伶杂志》记载：1912年，建有"锦江"（三圣街）、"品香茶园"（上升街）、"大观茶园"（梓潼桥街）；1913年，建有"蜀舞台"（下东大街）、"群仙茶园"（总府街）、"蜀剧部"（祠堂街）；1914年，建有"万春茶园"（少城公园内）；1915年，建有"锦新舞台"（中新街）；1918年，建有"钧乐剧院"（湖广会馆）、"濯锦茶园"（外东锦官驿）……[2]

### 对"淫戏、凶戏"的声讨

清末有人批评：各种川戏班子喜演"淫戏、凶戏"，用如今的话说就是涉嫌"黄色"和"暴力"。

"淫戏"，如舞台上"目成眉语""手足勾挑""生旦狎抱也，袒裼露体也，帐中淫声也，花旦独自思淫、作诸丑态也"……傅崇矩说："凡在良家少妇，何堪瞩目！若孀居处女，无属不堪设想。"

"凶戏"，则指场面血腥。如戏台上"真军器比武也，开腔破肚也，分解尸体也，活点人烛也，装点伤痕、血流被体也"……连思想新潮的傅崇矩也认为，这会让"失教之子弟习于斗狠，将入下流"；"淫戏之关目（剧目）禁，可使成都奸淫之风渐稀；凶戏之关目（剧目）禁，可使成都

[1]《郭沫若选集》第一卷上册，第192页，转引自《成都文史资料选编·教科文卫卷》上卷，四川人民出版社2007年版，第255页。

[2]《蜀伶杂志》，1924年成都壁经堂印。

人命案日少。"[1]

"淫戏"和"凶戏",不外乎就是许多传统神怪戏、爱情戏、公案戏、功夫戏。

比如离开"目成眉语""手足勾挑",何谈表演艺术?如今舞台上和影视剧中,接吻、搂抱习以为常,更不用说大街上女人露背露脐、超短裤裙,都无人过问。但百年前人们的思想还比较传统和守旧,把有这类亲密举止的戏剧表演称为"淫戏",其目的主要是防范女人越界(会使之"思春"而"不堪设想")。直到宣统三年(1911年),翰林院编修伍肇龄等人还为此上书总督赵尔丰,要求"取销戏园女座,以正风俗"[2]。

所谓川剧"凶戏",则大多是武功绝技瑰宝。四川著名学者任乃强曾经叙述:"'飞刀',即我国古代投壶、击剑的武技……'翻叉'比较更难,抛出钢叉后要经过首柄翻转一周,才依原定处着物。叉尖铮锐,着木后深入难拔,中人必死。"

[1] 傅崇矩:《成都通览》上册,巴蜀书社1987年版,第278页。
[2] 《四川官报》,1911年,第35号。

左图:清末戏台上一对夫妻,女的为"男旦"

右图:传统川剧有丰富的武功绝技,图为清末的武生演员

任乃强回忆清末他幼年时观看川剧《搬目莲》，令人惊心动魄："这个戏连续多天都要打叉，两个叉手是用重金聘来的，一扮刘氏，一扮鬼王。刘氏为'滚叉手'，鬼王为'翻叉手'。叉随人转打出多次，皆近身着木而人无伤。最令人眩目惊心的是刘氏奔抱台柱时，一叉翻来，正中颈侧，入柱甚深。又一次正中掌指之间。又一次刘氏面柱引衣领护头，叉中衣领，领入于柱，刘氏离衣逃去（柱上先钉固木板，叉中板上）……这些都是我亲见的。"[1]

这些舞台绝技在声讨中禁演，民国初年就湮灭无存了。

### 川剧改良和中国早期的"剧本审查"

清末"维新"之风既成时尚，文化艺术方面也打出"革命""改良"大旗。如1896年谭嗣同等人倡导"诗界革命"，1902年梁启超倡导"小说界革命"和"文体革命"。此后，戏剧界也兴起"梨园革命军"。清末慕优生汇编的《海上梨园杂志》中说："十数年来，中国凡举一事，莫不舍旧而谋新，于是戏剧亦有改良之名分。""昔者法之败于德也，法人设剧场于巴黎，演德兵入都时之惨状，观者感泣，而法以复兴……戏剧者，学校之补助品也……愿吾国戏剧家咸知此义！"[2]

清廷实行新政后，1903年巡警部尚书徐世昌组织制定了《检查戏本肃清戏场规则》，要求各个戏班"先以其所有戏文呈验警察局，凡'悖逆淫荡、有害风俗'者，应行禁止"。清末戏文审查的历史大幕就此拉开。

光绪三十一年（1905年），曾任内阁中书的士绅刘紫骧等人，向四川警察总局呈请开设正规戏园。四川通省警察局总办周善培大力支持。[3]

---

[1] 任乃强：《建国前南充体育情况回忆》，载《四川体育史料》（内部资料），1984年第6期，第5、11页。

[2] 傅谨主编、谷曙光副主编：《京剧历史文献汇编·清代卷》，江苏凤凰出版社2011年版，第503页。

[3] 《四川官报》，1906年，第34册。

光绪三十三年（1907年），在"悦来茶园"成立了官办文化的"戏曲改良公会"，周善培主持。此"公会"由成都商务总会、商务总局、提学使司、警察总局等向总督都堂正式立案，提出"改良戏曲、辅助教育"口号，采用"官督商办"方式进行改革。

"公会"具体措施有：组织人员把各戏班演唱的剧本调去审查；随时召集演员训话，纠正不良作风、考核演技艺；禁止"淫戏"和"凶戏"而"以正风俗"；延聘著名剧作家黄吉安等到公会创作、整理剧本……"戏曲改良公会"每月初一、十五"朔望集会，官绅伶工咸与焉，宣会旨、行赏罚，缕析分明"。[1]

1919年四川省会警察厅发给川剧"伶人"杨素兰的演出许可证存根

"戏曲改良公会"，是清末"新政"中"建置改革"在文化艺术方面的典型官办行政机构。据传，周善培还亲自担任过"戏园总管"。黄吉安、赵熙等人写出大量"改良"剧本，"戏曲改良公会"出版和推广的改良川剧本有：黄吉安写的《审吉平》《邺水投巫》《三尽忠》《绵竹关》《江油关》《弦高犒师》，赵熙写的《情探》，及《双义图》（作者待考）。"公会"把这8个改良剧本，发至四川各州县戏班照演，并要求不准改动文字。研究者称这是清末8个"改良样板戏"。

这些剧目，除在剧名前冠以"改良"二字外，还让戏中人物当"改良"传声筒。如《邺水投巫》剧中，戏中主角西门豹说："现在是改良时代，当办的事顶多，最要紧的是整顿风俗……"这种情况，在"改良"剧目中比比皆是。[2]

各地戏班演出时有专人对照剧本审查，对认真按本子演出的颁发奖章，如康子林获得大银奖章。不合格者则被责打手板心，演出"淫戏""黄戏"者，不准再上舞台。

清末有人把四川"戏曲改良"，归纳入"新政干将"

---

[1] 蒋维明：《移民入川与舞台人生》，成都科技大学出版社1998年版，第138页。

[2] 邓运佳：《中国川剧通史》，四川大学出版社1993年版，第829、330、331页。

左图：图为康子林（右）、谢国祥（左）、周慕莲（中）在悦来茶园合演的《断桥》

右图：民国时期三庆会演出的《济公活佛》，肖楷臣饰济公（右二）

周善培的"娼厂场唱"中的"唱"。这也成为中国近代以来"剧本审查"的早期记录之一。

民国初期，以政局、时事为基础创作的川剧应运而生，如为了"以警世风"，创编了《烟鬼现形》《洋烟误》……为了配合政局发展，创编了《武昌光复》《保路血》《辛亥风云》等"时事戏"。

"川剧改良"，从主要为大众娱乐，逐步发展为服从当权者"上层建筑"领域的"政治宣传"，影响数十年。

### 蒋维明先生谈川剧"变脸"的"历史真相"

近年来川剧"变脸"大出风头。在很多人眼中，"变脸"不仅代表了川剧，甚至还成了巴蜀文化的形象标签。川剧变脸秘技，炒得最火的，是香港影星刘德华也被吸引，诚心下跪拜师，一时媒体闹闹哄哄……因笔者长期研究巴蜀历史，2006年6月成都报纸曾就此采访笔者，笔者要表达的观点是："川剧自明清以来有300年左右历史，变脸的历史也就100年左右。尽管变脸在近年来川剧复兴中起过重要作用,但变脸不能等同于川剧。如果误以为川剧就是变脸,这是对川剧的贬低。"[1]

说归说,如今有耐心去看完咿咿呀呀一场川戏的观众,恐怕太少了。如果酒酣耳热、茶余饭后,来一个川剧的"吐火""变脸"表演,则连年轻人都不吝惜大拍巴掌……近年来成都旅游景点中短短的一条宽巷子里,搞此表演的就有很多家。

那么,川剧"变脸"是如何"诞生"的呢?我曾与著名川剧史专家蒋维明先生品茗闲坐,我向他虚心请教关于川剧"变脸"的梨园野史。蒋老先生作如下畅谈:

川剧高腔戏《三变化身》(又名《归正楼》),故事情节是:富家子弟邱元顺抽鸦片、赌博,将家产荡尽卖绝,"打烂条"逼妻子苏月娘去接客卖淫。苏月娘幸遇侠客贝戎相救而逃离苦海。剧中贝戎由武生扮演,根据剧情要善于乔装"易容",戏中有三次神秘莫测的"变脸"。

清末扮演贝戎的演员,上台前带上事先准备好的纸脸壳,出场一亮相,扯去纸壳子再开唱——这便是"化身"最初的萌芽。后来曹俊臣改用草纸蒙在脸上,涂上色彩。演出时,撒上一把粉火(松香等物做成),用手一抹脸抹去纸脸谱现出原形,然后开板起唱……蒋维明先生说:"这是很大的改进。"

川剧名家康子林原先也采用过先辈传授的"纸壳变脸"技法,还很认真地用黄泥巴捏成头像,制作过适合自己头型的纸脸壳。他在曹俊臣演技的启发下,先是放弃纸脸壳,也不撒粉火,只是扯草纸变脸。继后又反复琢磨,变草纸为韧性较好的夹皮纸,变一层为三层,连揭三次即变换容貌三次。但表演中揭纸常有差错。他从"拉洋片"(西洋镜)中得到启发,于是设扯线:线头一扯便揭开一层脸谱,

[1]《"变脸门"开还是关》,载《成都日报》,2006年6月8日。

获得成功。

康子林演《八阵图》，不用扯线变脸，而是"吹灰变脸"：他饰演陆逊误入"八阵图"，左冲右突难以脱险。忽然花枪脱手而飞，他一个"单手虎跳"用手接枪，在"虎跳"之际已将预先安置好的"灰粉"吹向面颊（面上涂有油），接枪亮相时猛然"面如死灰"，画龙点睛地表现了陆逊绝望惊恐的心境。

蒋老先生说："吹灰变脸"特技，简称"吹脸"，其起源还要早于"扯线变脸"，是晚清跑码头的江湖戏班的发明，目的是以特技吸引观众。

按"吹灰变脸"原理，艺人又创造了"吹金粉变脸"，运用在川剧《乐羊子·啜羹》之中：东周列国时，中山国攻打魏国，把乐舒烹成的肉羹，送给乐舒之父魏国主帅乐羊子。饰演乐羊子的演员端起瓦钵仰喝羹汤，趁势用巧力一吹，瓦钵内盛有的金粉飞扬，沾在演员化妆时抹在脸颊的油上，顿时变成"金脸"；同时演员低头、抬头的一瞬间，脸上挂着的"髯口"（胡须）也由青色变为白色……真切表现了乐羊子内心的哀痛：瞬间脸色剧变、胡须尽白。

还有一种"抹脸变色"。20世纪30年代，"悦来茶园"演《白蛇传·断桥》，萧楷臣（继康子林之后任"三庆会"会长）扮许仙、周慕莲扮白娘子、谢国祥扮青儿。青儿原是男身，故《断桥》由男武生扮演。谢国祥在剧中运用"耍獠牙"与"变脸"特技：谢国祥用的獠牙是亲自到屠宰场精挑细选来的，又将猪牙送到玉带桥玉石作坊打磨，獠牙底部缠以棉线便于安在口腔内"吃紧"控制。当青儿与负义的许仙狭路相逢时，顿时显出青面獠牙的鬼怪形象……谢国祥演出前还要为"抹脸"作准备：他用纸烟盒内锡箔纸，包了团鸽蛋般大小的白、红、黑釉彩，开口的一方向上。演出时,青儿站在脚箱上面面对负心的许仙怒斥:"你是姑爷,不得活!"左手虚晃衣袖一抖,右手从额间往下一抹——"白彩"先已夹在"包额"之下开口朝下方,脸便抹成白色意即"脸都气白了"。白娘子求他不要鲁莽护住许仙,青儿伺机将左手夹着的"红彩"往脸上一抹盖住白色,于是"脸被气红了"。青儿又追赶许仙下场去,迅速在盆里洗手揩干,又夹着"黑彩"追赶上场。在扑向许仙、抓拿之际,将脸抹黑;同时口中獠牙伸出,左右翻动,表现青面獠牙的狰狞……

蒋老先生说:川剧"变脸"给观众带来极大的冲击力和欣赏乐趣。近年来在娱乐圈里大行其道,甚至出现多人同时变脸,连木偶也大演"变脸"。其实仅以川剧特技为例,除"变脸"之外还有"藏刀""变髯口(胡须)""钻火圈""打粉火""踢慧眼""梭椅子""大刀走路""软索套壶""滚灯""打叉"……川剧这些技巧、特技,是和展示剧情、人物性格心态紧密结合在一起的,单纯炫耀技巧是不足取的。[1]

[1] 蒋维明:《川剧"变脸"的"历史真相"》,载白郎主编:《锦官城掌故》,成都时代出版社2013年版,第231页。

## 第二节　摄影术和电影是怎样传入成都的？

◎ 从传统"捏相术""画真子"到摄影术

成都"捏相术"和吴焯夫的人物肖像画

摄影术传入成都的历史，是中国城市近代化的重要内容。曾有零散文字涉及这个话题，但谬误实在不少（包括专业地方志书）。

摄影术传入中国之前，国人要把自己的"真容"保存下来，只能求助塑像师和画师。

清末成都暑袜街东头，有个以"捏相术"谋生的民间艺人姓陆。人们皆称"其术极神"，技艺只传子孙而不招授学徒。其先祖是江苏人，大致在乾隆末年至嘉庆期间（约1800年前后）入蜀。至陆某这一辈，定居在成都操"捏相

民国时期成都卖泥人的摊子。摄影：[美]卡尔麦当斯

术",已流传至第五代人了。

陆某捏相时,与被塑像者隔一张小案桌对坐。陆某全神贯注观察对方,两手则缩藏袖中,在茶案下手捏泥团……捏好头面后,颈以下的身躯手足及衣冠常服,则根据顾客要求,无论男女、四季各种衣服装饰皆可。每捏成一相加以装饰,并以玻璃匣子装好。

清末民初的徐心余,记载了上述情况。赞叹不已:"犹忆昔年在川,常经该店门首,有捏成前四川总督丁文诚公(按:指丁宝桢)之相,栩栩如生,诚绝艺也。""不仅得其形似,且能传以神,近今摄影家,恐无此神妙也。"[1]

清末傅崇矩记载当时成都以"捏相术"为业的艺人有很多家,多集中在会府东街、科甲巷:"捏像科以科甲巷为第一……其价视装置及衣服而定,或十两至一百两不等,会府东街亦有业此者。"[2] 收费实在惊人:当时十两银子足可买大米约1000斤。这些史实如非过来人亲眼看见,实难相信。

再说"画真子"。画家开设"画楼"或者"影像铺",清末称为"画真子"(就是画人物肖像)。吴绍伯字焯夫,贵阳人,生于道光十九年(1839年),同治年间由贵州来成都,在双栅子街开设一家"涤雪斋",主营"画真子"。[3]

吴焯夫与法国神父杜融交往密切,接受了很多西方观念和文化。杜融告诉他:影印人相比绘画人相更为真切。吴焯夫最初利用法国传教士送给他的一部老式三脚架照相机画人物像:先给顾客用"水片"把相照下来,然后再对着相片用方格放大绘画法,一幅肖像要画十多天。

清末成都"画真子"的画师有"南派、广派、洋派"之分。傅崇矩记载:"写真科,以照像楼吴焯夫为妙手,彭春谷亦佳。价格是只画头面,收银二两至四两;画全身,十

[1] 徐心余:《蜀游闻见录》,四川人民出版社1985年版,第114页。
[2] 傅崇矩:《成都通览》下册,巴蜀书社1987年版,第96页。
[3] 谭大敏:《成都最早的照相楼》,载《成都志通讯》,1985年第4期。

第七章 近代化生活方式和传统的碰撞　485

左图：通过这张清末老照片，可看到"写真子"（即"画真子"）是挂在神龛上享受后人香火跪拜的

右图：清末"写真子"（即"画真子"）的画家。摄影：[英]汤姆逊

两至三十两……放像写真、铅笔写真（按：相当于现今炭精画速写），收银四两。"[1] 如此价昂，如非亲历者记载，后人也实难相信。

当时日本把摄影术称为"写真科"。"写真子"与当时的摄影照片比较，优点是可以为被画像者"遮丑"，如把麻子、皱纹抹掉，把表情凶恶画得慈祥……这种"写真子"，通常是富贵人家画后挂在神龛上，供其后人香火跪拜的。

## 吴焯夫的"涤雪斋"开始照相

光绪八年（1882年）冬，吴焯夫由杜融介绍，到上海徐家汇土山湾印刷所学习照相和石印技术。半年后学成返成都，购回照相机和手摇小石印机各一台。1883年，吴焯夫将"涤雪斋"迁至桂王桥南街有名的当铺"恒隆当"对门，修建一楼一底亮瓦楼房，开设起双间门面的"涤雪斋"照相馆。从此，市民常称其为"吴照相楼"。[2] 这是成都最早的照相馆。

照相楼开张后，据说曾给四川总督照过相。总督见了惟妙惟肖的"真容"后大喜过望，派人送银400两。其后"藩

[1] 傅崇矩：《成都通览》下册，巴蜀书社1987年版，第96页。

[2] 参见四川省志工矿志印刷篇编辑小组：《关于文伦书局、成都图书局、聚义和、成都照相楼》，载《四川文史资料选辑》第12辑，1964年，第242页。

台""桌台"等大人们也闻讯去照相,酬银依旧如此。[1]

至1908年,成都照相楼增多,收费已大幅度降低。"吴照相楼"照相收银标准是:"四寸六钱,六寸一两二,八寸二两四,一尺四两八,十二寸九两六,十六寸十九两二……"照张四寸相片要六钱银子,可换铜钱约900文,当时一个佣人、丫鬟月薪大致也只有这么多,所以摄影与劳苦大众仍是无缘。

那时照相只有黑白照,许多人喜欢相片上添色彩,着色最佳的就是吴焯夫的照相楼。傅崇矩1907年记载成都照相业概况:"照相者以恒隆当吴焯夫之照相楼为最早,初用水片,今则纯用干片矣。现在以'有容'照相为佳,又有照女相者数家,今之业此者,不下数十家矣,其价目大致相同。又有放相者二家。着色以'吴照相楼'为妙。"[2]

民国7年(1918年)吴焯夫病故,影楼由其孙吴和斋继承。至1931年,又由吴和斋妻赖淑瑶经营,至30年代末歇业。[3]

"涤雪斋"不仅是成都最早的一家画像馆和照相馆,也是成都最早的一家石印社。开业四五十年中,先后传授画像、照相、石印艺徒一百余人,吴焯夫功不可没。

更少为人知的是吴焯夫还精于昆曲,在成都传播此古典音乐艺术。1909年6月29日《成都日报》曾报道:"涤雪斋"照相楼成立了一个曲学研究会,每晚7点到9点钟讲解昆曲。报上写道:"昆曲虽小道,然声情绵邈,感人最深……本馆主人四十年来学习此曲,蜀中几成绝调,为保存昆曲拟开会研究……"

[1] 四川省地方志编纂委员会编:《四川省志文化艺术志》,四川人民出版社2000年版,第404页。
[2] 傅崇矩:《成都通览》下册,巴蜀书社1987年版,第112-113页。
[3] 四川省地方志编纂委员会编:《四川省志文化艺术志》,四川人民出版社2000年版,第404页。

1908年四川省政要人物与外国人合影照，成都"鑑容照相馆"摄

[1] 参见四川省志工矿志印刷篇编辑小组：《关于文伦书局、成都图书局、聚义和、成都照相楼》，载《四川文史资料选辑》第12辑（1964年编），第242页。

[2] 谭大敏：《成都最早的照相楼》，载《成都志通讯》，1985年第4期。

## 张纪常的"鑑容馆"是清末专门照相馆

专业志书上说，吴焯夫的大徒弟张纪常"民国初年"在总府街民亨里，开设成都最早的照相楼"鑑容照相馆"，[1] [2] 这是错误的。

根据笔者收藏的老照片资料，"鑑容馆"至少在1908年已很有规模，甚至应比"吴照相楼"更有名。原因为吴焯夫本是画家，开照相馆主要目的是配合经营石印业务和"画真子"，摄影业务倒是次要的。而其大徒弟张纪常开的"鑑容馆"则主营摄影。1908年张纪常为四川总督赵尔巽等四川省政要们接见外国领事、传教士的合照摄影，就是最有力的证明。

这张有幸能保存下来的老照片，历史信息丰富、十分珍贵。笔者根据相关史料判断，这张照片是在1908年以赵尔巺为首的清朝四川军政要员，接见刚到任不久的法国驻成都候补领事韦礼德、德国驻成都领事弗瑞兹·魏司，及到成都的天主教主教的正式外交场合时拍摄。摄影师，就是吴焯夫的大徒弟张纪常。

笔者结合多种史料，考证出照片中主要人物为：

成都将军绰哈布（第1排右起第4人）、四川总督赵尔巺（第1排右起第5人）、赵尔丰（第1排右起第3人，时任川滇边务大臣，这时应是回成都办事，故未穿官服，他1911年任四川总督）、四川提督马维骐（第1排右起第2人）、巡警道周善培（第2排右起第1人）。

外籍人士为：天主教主教Monsignor Dunaud（第1排右起第1人），韦礼德（第2排右起第2人，1908年后任法国驻成都候补领事，1930—1935年担任法国驻华大使），德国驻成都领事弗瑞兹·魏司（第2排左起第3人）。

根据高大豪华的房厅和照片右侧众多侍卫情景，摄影地点应是成都督院街的四川总督府官衙内。最有意义的是相片下明白无误地写有"鑑容馆照像"，证实了"鑑容馆"绝不会在"民国初年"才开办。

吴焯夫曾自拟一副对联贴在"鑑容馆"铺门两旁："点石成金，财恒足矣；以人为鑑，容光照焉"。"点石成金，财恒足矣"，是说自己的店铺主要业务为石印和"画真子"，也会赚大钱。"鑑"为繁体字，如今通常写为"鉴"，意思是：摄影照片比镜子更让人容光焕发和真实。张纪常开设的相馆取名叫"鑑容馆"，不仅表明自己由吴焯夫一脉相传，而且表明自己的店铺只主营摄影，决不会抢师傅吴焯夫的生意。

"鑑容馆"是总府街一个大公馆，有两个大客厅，四壁悬挂军、政名人大照片及名人字画。据说张纪常有文人雅

第七章　近代化生活方式和传统的碰撞　489

士风度，培养摄影艺徒不少。

## 成都照相馆清末后的发展

清末，拿着照相机到成都地区的外国旅游者、传教士、外侨越来越多。一些外国人，在极其简陋的旅馆内冲洗相片。而且，他们沿途也会向中国人宣传西方摄影术，极大地促进了摄影术在成都及四川的影响，而民众也不再相信摄影机"摄人魂魄"的传言。1909年成都街头，吸烟老妇人面对美国地质学家张伯林的摄影镜头，大有"洋鬼子照你的，老娘吸我的"的坦然之状。

清末成都照相业已比较发达了。光绪三十年（1904年）11月上旬的《成都日报》，有两家照相馆为招徕顾客，连续登了五至七天的广告。

一是"有容照相馆"，设在华兴街皇华馆西辕门前，老板是广东人梁笑山。公馆内亭台楼阁、假山水池，成了摄

1909年《通俗日报》上的成都北打金街"照相馆"广告，宣称配有各种化妆服装、指挥刀等

左图：美国人西德尼·戴维·甘博笑着向山区老百姓讲解照相机。摄影者应该是西德尼·戴维·甘博的助手

右图：外国人在极其简陋的旅馆内冲洗相片。摄影：美国地质学家张伯林，1909年

成都街头，吸烟老妇人坦然面对外国人的摄影镜头。摄影：美国地质学家张伯林，1909年

影的天然背景。院内还设日光照场（又称"坝坝光"）。室内筑有半圆形阶梯，可供50人拍摄合影照……另一家是"张萃贤照相馆"，设在东玉沙街贵州馆口刘姓公馆内。《成都日报》广告介绍：这两家的照相技术，分别从广东和上海传来，"留影明洁可爱"。[1]

1906年，日本人山川早水看见成都青羊宫"花会"期间"二仙庵前面人如潮涌……左侧有流动照相馆"。[2]

这是成都公众游乐场所设流动照相馆的最早记载。私人有照相机的也多了，有次"花会"期间，一名带相机的男子看见几个漂亮女孩在荷花池边喝茶，他假装拍景物拍摄了那几个女孩。于是他被警察当流氓抓了起来，处以鞭刑……[3] 这可视为中国"侵犯肖像权"的早期记载。

1910年8月12日，《成都日报》报道："梨花街'流芳照相馆'可以拍'特别快片，立刻成功，新法放大，系用日光'"。同天还有一条报道，介绍成都已自制照相用的化学药品。[4]

清末，在成都的重要政治人物，都注意以照相作为政

[1] 何承朴：《简介清末成都第一张日报〈成都日报〉的报道》，载《成都志通讯》，1989年第2期。

[2] ［日］山川早水著，李密等译：《巴蜀旧影——一百年前一个日本人眼中的巴蜀风情》，四川人民出版社2005年版，第139页。

[3] 《通俗日报》，1909年12月10日。

[4] 何承朴：《简介清末成都第一张日报〈成都日报〉的报道》，载《成都志通讯》，1989年第2期。

治宣传工具。

1911年9月7日,川督赵尔丰制造了"成都血案",下令开枪打死冲进总督府请愿的平民百姓26人。赵尔丰将摄影术这种当时的高科技手段用于政治斗争,以争取舆论支持。他令人将死难者手中光绪皇帝的"先皇牌"取去,"另以兵器执手中,拍照存案……"[1]

另一明显例子,是革命党人杨维运用摄影术。杨维(1886—1928年),四川叙永人,留学日本时加入同盟会。1907年在成都密谋起义,事泄被捕入狱。成都反清独立前一天(1911年11月26日),杨维被释放出狱,当上大汉四川军政府的巡警总监(相似全省警察厅长)。他出狱后,就叫人"摆拍"了一张他在监狱门前英武不屈之状的照片,又摄了当上巡警总监的戎装照,广作宣传……

军政府初建,成都一佛寺有个和尚和尼姑私通。有一天两人正在鱼水之欢,为民众拿获,绑送到巡警总厅。众人认为肯定被杨总监严惩。谁知杨维审讯后,提笔作判词:"本总监素来主张'内无怨女、外无旷夫'之意,长存愿天下有情人都成眷属之心。且佛祖原有子,何令方外人独无?

[1] 《民立报》,辛亥年九月十三日—十五日,引自戴执礼编:《四川保路运动史料汇纂》下册,台湾"中研院"出版,1994年,第2205页。

左图:四川革命党人杨维被释放出狱后"摆拍"了一张在监狱门前英武不屈之状的照片

右图:四川反清独立后杨维当上大汉四川军政府的巡警总监

成都"变脸"
——中国城市近代化缩影

民国时期美国记者哈里森·福尔曼拍摄四川老百姓

当国尚共和,自应从权曲宥。情真堪悯,法可从宽,断令还家,准其完配。此判。"[1] 胆战心惊的和尚和尼姑,感激涕零地磕头作揖欢喜而去。

且看杨维当上巡警总监的戎装照,既风流潇洒又一脸正气。如果没有这张照片,很容易把杨维想象成舞台上"糊涂官乱判野鸳鸯案"的三花脸丑角。街头巷尾老百姓,在报纸上看到曾是清廷囚犯和当上总监大人的戎装照,连赞:

[1] 中国人民政治协商会议四川省委员会文史资料研究委员会编:《四川文史资料选辑》第35辑,四川人民出版社1985年版,第72页。

"反清英雄，好官，有胆识！"这就是照片的"魔力"。

进入民国，成都摄影术更加发达。1914年7月16日创刊的《四川公报》，每月出2期，每期都要发表几幅或十几幅高质量的照片，是成都新闻史上第一家发表新闻照片的报刊。这说明至少在民国早期，摄影术已进入成都大众媒体了。

1937年抗日战争时期，成都开设了不少有名的照相馆，如"留真""庐山""光艺"……至1949年，成都有照相馆118家，从业人员391人。[1] 1950年后，成都约有20家较大型的照相馆，全都是国营相馆。我所见有名的如"火星""新上海""成都""和平""艺峰""望江""胜利"……

至20世纪90年代，照相机日益普及。2000年后，进入不要胶片的数码时代。2010年后手机大普及，人人都是摄影师，摄影术的发展，记录了时代巨变。

◎ 从灯影戏、西洋镜到电影

清末的"灯影戏"和"西洋镜"

早在2200年前的中国汉武帝时，就产生了灯影戏的雏形，被史学家称为"电影发明的先导"。[2]

灯影戏，又叫皮影戏，成都人叫成"看灯影儿"。清末"跑滩"的民间皮影班子很多。茶客花十来文钱在茶馆内，就可以舒舒服服一边喝茶，一边欣赏白布单上的灯影儿——那是兽皮或纸板做成人、动物等剪影，在川剧锣鼓声中活蹦乱跳地表演诸般故事。配音艺人在布单后伸长颈子卖力地科白、吼唱，和川剧演出差不多。很多川剧名角儿如贾

[1] 四川省地方志编纂委员会编纂：《四川省志·商业志》，四川科学技术出版社1996年版，第178页。

[2] 李以庄：《电影理论初步》，江西人民出版社1984年版，第10页。

培之,就从这些灯影戏班"出道",慢慢走红。

清末成都华阳县令周询,曾赞誉说:"灯影戏各省多有,然无如成都之精备者。"皮影班子制作全部皮影道具,所费需千两银子左右。当时有个财主宋某酷好皮影戏,花费两年时间制作了一套皮影,神怪鸟兽、无奇不备,所费多达三四千两。成都有个唐某从业数十年"得心应手、熟极而化",是清末灯影界杰出者。

周询叙述具体演出情形:以木柱扎一台,长宽不过丈许,以白夏布六七幅作银幕,俗称"亮子"。唱工及锣鼓管弦和川剧类似,操纵皮影和唱者各是一人,有如演双簧,但也可一人兼之……当时雇演皮影班子一夜价约三千文,如昼夜都演则加倍。成都人遇寿辰喜事或设庙会多以此娱乐,成为盛极一时的休闲娱乐一大特色。[1]

清末办报人傅崇矩记载:"灯影戏,有声调绝佳者,不亚于大戏班。"省城有十六个大皮影戏班子。道具最齐全的是万公馆,唱腔最美的是唱旦角的"红卿"。[2]

"春乐图"也是大班子,开设在下东大街的李锦伦茶铺。成都皮影做得大,人物有2尺高(因为皮影太小远处观众看不清楚)。人物胡子用马尾巴,演出时飘飘摇摇十分逼真。至今四川大学博物馆民俗馆里,收藏有"春乐图"戏班50多件皮影道具和唱本,如周瑜打黄盖、地狱十殿图……这些皮影制作,距今一百多年色彩仍艳丽如新。[3]

清末成都的西洋镜,也值得一提。

镜箱里藏的"洋片",一是用摄影术拍摄的海外风景、人物,二是外国人色情"洋画"。清代大文豪袁枚的后人袁祖志所写竹枝词:"洋画纷纷笔墨捉,琉璃小镜启睛看。爱看露逐知何时,为说波斯大体双。"意思是西洋镜箱里,多为西洋人所绘的"暴露"男女裸体画。

**西洋镜**

清末灯影戏漫画:以木柱扎一台,长宽不过丈许,以白夏布六七幅作银幕。来源:1909年傅崇矩:《说成都》

[1] 〔清〕周询:《芙蓉话旧录》,四川人民出版社1987年版,第24页。

[2] 傅崇矩:《成都通览》上册,巴蜀书社1987年版,第296页。

[3]《百年前的成都人过得真是风雅》,载《成都商报》,2014年10月19日,第09版。

这张照片显示庙会看西洋镜的大都是看"春宫"的成年男人

西洋镜箱里有光源,加上一些"洋片"即成。结构虽简单,但足以成为江湖艺人谋生的工具。他们找块空地就可做生意,扯开喉咙吆喝:"往里那个看来往里那个瞧,看那洋鬼子和洋婆娘——在嘛在洗澡!"

清末傅崇矩在他办的报纸上刊有西洋镜漫画,聚精会神看西洋镜的不是小娃娃,而是成年男人,可能正在欣赏裸体"洋婆娘"。画下还有文字说明:"西洋镜乃油画山水人物照于镜中,亦颇足观。一文钱可观六换。向有春宫等图,最坏风气,现已被警察禁止矣。"[1]

西洋镜这个词,由peepshow翻译而成:peep,即"偷看、窥视";show,即"演出"。透过小小镜口,不出国门就能"放眼世界"。

[1] 傅崇矩:《成都通览》上册,巴蜀书社1987年版,第287页。

### 电影早期在成都的艰难传播

电影,是照相术发明后又一全新的、以工业文明为支撑的光影艺术。

1895年12月28日下午,人类电影时代宣告到来:法国青年卢米埃尔兄弟在法国巴黎普辛路14号大咖啡馆的印度沙龙内,正式放映了他们摄制的《墙》《婴孩喝汤》《火车进站》等影片。电影展示了惊人魅力:银幕上火车呼啸冲来,观众惊恐万分吓得大叫以至逃走……[1]

1896年8月11日,上海《申报》副刊刊登了上海徐园的"又一村"放映"西洋影戏"的广告,这是在中国最初的放映电影的预映广告。[2]

成都深处中国内陆,什么时候开始有了电影放映?

1904年12月9日(农历十一月初三),官方为慈禧太后70岁"圣诞",在《成都日报》上刊登了一则电影广告:"美国活动电戏,本月初三日开演,售女客票、男客票。初四日愿观者速来买票。每位五角,仆童减半。住所新街后巷子二十五号门道。华昌公司白。"

[1] 李以庄:《电影理论初步》,江西人民出版社1984年版,第8页。

[2] 李道新:《中国电影史研究专题》,北京大学出版社2006年版,第224页。

成都文人刘师亮等人集资兴建的昌宜影院电影票

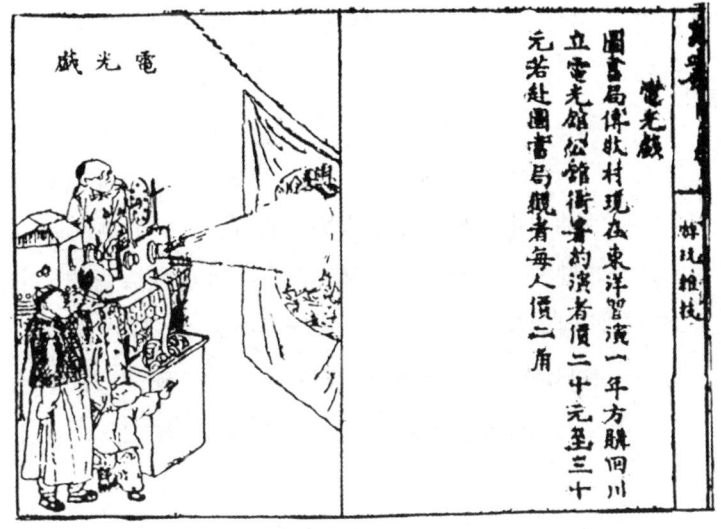

清末电光戏漫画。来源：1909年傅崇矩：《说成都》

[1] 《简阳文史资料》第16辑，1990年，第80页。

新街后巷子，即现在春熙路三益公背面。华昌公司，应是比傅崇矩办的图书局规模更大的成都早期电影放映地。票价5角（半个大洋）约值白银3.5钱，可换350文铜钱左右，大约可买3～4文钱一个的锅盔100个。在月收入仅1000文左右的穷人眼里，无疑是天文数字。

由此证明成都至迟从1904年12月9日起，就有了电影公开放映活动，也有了电影广告。这是世界电影发明后的第9年。

1905年，傅樵村派五弟傅牧村赴日本学习幻灯机和电影放映术[1]。傅崇矩绘有《电光戏》一图，图下文字注明："图书局傅牧村在东洋（按：即日本）习演一年，方购回用，立电光馆。公馆署约演者，价二十元至三十元，若赴图书局观，每人二角。"元、角均指银元。这条小注，使我们知道了清末成都最早有名有姓的电影播放员——傅牧村。放映地点是傅崇矩办的图书局（桂王桥北街33号）。

宣统元年（1909年）五月二十七日，《成都日报》上有篇留学东洋的陈果打出的电影广告《玉带桥活动电戏改良广告》：

"启者，鄙人等添列学界，前留学日本，研究光学理化各科专门。归国时，为转输文明、开通风气，不吝数千巨资，特购活动大电戏机器数架来蜀，新片百种，光线明晰，久为社会欢迎。现开演时间，又经改良，坐场整洁宽敞，布置完善，照料周洋，空气亦足，决无受暑之虞。茶叶系用顶上龙井，水亦清洁，正座各有纸烟、西点、瓜碟，每日午后六点入场，七点开演。九点止演，正座4角，普座2角，童仆减半，座设无多。"

从上面广告可以看到：此时放映电影之处多了，已有强烈竞争。所以陈果打出"电戏改良"旗号，不仅票价减少了，而且正座还免费供应纸烟、西点、瓜子碟……

广告中还登有第二天晚上的戏目，都是纪录片：《日俄全洲城大战》《西洋电术变化美人》《西洋洗澡之新趣》《日俄对马岛海面大战》《西洋料理店争斗》《美国火车开行之光景》《美国大开马会》《英国伦敦风景》《被挤落水之恶趣》《西洋客店盗窃大门术》《日俄辽阳

民国时期电影院前的电影广告和香烟小食摊

大陆战》《比国马房被烧之惨状》《西洋鸡蛋之变化》《两人巧变各国军士》……

脑壳上还拖着"猪尾巴"辫子的成都人,看到外国的"布单洋戏",感觉比老祖宗的"皮灯影"活灵活现得多。所以成都人早期称电影为"活动电戏""电光戏""活动写真""西洋影戏"……叫法有十几种之多。直到民国8年(1919年),才有"电影"这个正式名词。[1]

[1] 成都市文化局、成都市电影发行放映公司编:《成都电影志》(内部发行),2003年,第58页。

### 中华民国后成都电影的发展

1912年后,在"开通民智""辅助教育"的名义下,成都电影放映有了较快发展。但谈不上正规"电影院"性质,大都只能在一些茶园、川剧戏院,和川剧、曲艺等同台交叉兼映。

1924年4月,新明电影院(后改为青年宫电影院)隆重开业,这是成都电影史上首家以"电影院"命名的专业电影院,有1200个观众座位。1926年4月15日,在群仙茶园地址创建的智育电影院落成(今总府街王府井商场地址),有座席1200多个。1928年11月,由文人刘师亮等人集资兴建的昌宜电影院开业,坐落在昌福馆内(2010年时为总府街东风商场地址)。1930年12月,少城公园(今人民公园)内万春茶园的大光明电影院开张。

新明、智育、昌宜、大光明,是20世纪30年代成都四大电影院。

1930年前,上映的大都是未经译制的"哑片"。银幕旁边配有中文字幕对白的幻灯机(俗称"打玻板")。男主角搂抱洋妹妹打情骂俏,观众也齐声朗读:"小乖乖,我太爱你啦"……但也有大雅之极的情况,如成都上映

《魂断蓝桥》，片中女主人公玛拉因误传丈夫洛依在前线阵亡，她沦为舞女。后来洛依凯旋，玛拉无颜相见留信出走，银幕旁"打玻板"的信中文字是："妾本秋菊，复遭风雨，而惹草沾泥，万难再傍君子，萎谢听之，勿以薄命人为念也！"[1] 这真是古为今用、中西结合了。

电影院有时也请人拿着话筒，根据剧情现场解说，一口俏皮成都方言："龟儿子啥子名堂？""他要干啥子？""乔治惹毛了！"观众边看边哄堂大笑。这种搞笑的快乐，

[1] 成都市文化局、成都市电影发行放映公司编：《成都电影志》（内部发行），2003年，第62页。

民国时期总府街的智育电影院非常热闹

左图:四川"土产电影"《峨眉山下》由四川妹子黄今、黄候、黄美三姐妹集资、监制并担任主角

右图:1944年前后成都福广馆街"蜀一电影院"前的热闹情景。来源:来华美国士兵摄

远超出电影本身。

1930年后陆续增建的有:春熙北段基督教青年会院内的明记青年会电影院(后迁街对面原三益公剧院);福广馆街的蜀一电影院;提督街的国民电影院(1950年后改名为解放军影剧院);盐市口的蓉光电影院(1950年后改为人民电影院、1990年后改为西南影都);西御街的中央电影院(后改为新声剧场)……这些影院大都在繁华市区。

1930年,"有声片"进入成都,首映影院是青年会电影院。

1934年,成都成立了一家大同影片公司(附属大同电影戏剧学校)。1935年,四川黄今、黄候、黄美三姐妹集资、监制并担任主角,约请"南国社"名演员金焰助演,拍摄了四川有史以来第一部"土产"故事片《峨眉山下》。蜚声影坛的万籁天任特聘导演,剧本由名作家田汉修改加工,讲述的是一个退役军人不愿参加军阀混战,在乡村搞"生产救国",但后来梦想无情破灭的故事。

这部电影很有特色,一度轰动国内。当年"上海百代公司唱片厂"还专门出了一张黑色的胶木唱片,上面印有"峨眉山山歌——四川方言"。在唱片的一面印有歌名《种高粱》,另外一面印着第二首歌曲《牡丹歌》。曲作者是沙梅,词作者是孙瑜,由"百代国乐队伴奏",演唱者是黄今、黄候、黄美三姐妹。[1]

《峨眉山下》是成都大同影片公司第一部、也是最后一部产品,公司很快无疾而终。

当日本"红膏药"标志的飞机炮弹尖厉呼啸着,在巴山蜀水炸响时,四川人和电影的距离突然拉近:四川竟成为中国电影业的中枢。1938年,中央电影摄影场("中电")和中国电影制片厂("中制")迁到重庆。抗战期间,电影作为宣传工具,受到政府和各界极大重视。

1938年秋,"西北影业公司"在成都灯笼街一家公馆内挂牌成立。此公司1935年5月由山西军阀阎锡山投资开办,抗战后迁蓉,拍摄了《华北是我们的》等抗战纪录片。还摄制有故事片《风雪太行山》。冼星海谱写的《在太行山上》随着影片风靡全国,成为风靡海内外的著名抗日歌曲……

### 成都电影院骚乱悲剧记入中国电影史册

除了中国电影,好莱坞等英美电影伴随援华美国飞行员们,在成都大受欢迎。当年客居成都的学者何满子说:"昆明、桂林、重庆进口的影片,都不及成都先到先放……"[2]

当时一份社会调查说:1939—1944年5年间,成都共上映电影2260部,外国片有1265部,占了56%。[3] 据估计,

[1] 《70岁老唱片"收藏"峨眉山歌》,载《乐山日报》,2004年11月29日。
[2] 《文化人视野中的老成都》,四川文艺出版社1999年版,第256页。
[3] 李声震:《成都市电影业之让会地位》,华西协合大学文学院社会学系毕业论文,1944年,载《民国时期社会调查丛编》(第3编·四川大学卷下),福建教育出版社2014年版,第54页。

20世纪40年代中期,成都电影观众每年300万人次以上。看电影,已经被成都民众广泛接受和喜爱。[1]

[1] 何一民:《成都通史民国卷》,四川人民出版社2011年版,第500页。

1945年元旦,青年会电影院改名为大华电影院。哪晓得开张不利——在头一天岁末之夜举行开幕首映式时,发生了灾难性的悲剧事件,成为中国电影史上重要一页。

放映技师李敦厚这天生日,饮酒后来工作放映。大概酒意犹浓,才开映几分钟放映机接连"扯拐",连续断片七八次。当晚观众爆满,满场秩序混乱,大部分观众骂骂咧咧相继离去。影院内还剩二三百人时,李敦厚走出来,被未散观众围住。李从身上掏出把自卫手枪鸣枪示威,不料打中一名叫范仲明的观众,送医院抢救无效身亡。次日大华电影院被四川省会警察局查封。

李敦厚入狱,社会各界如成都警备司令部副官长孙岳军、军阀谢德堪、彭焕章等出面营救。但警察局坚持应严惩凶手。1945年1月13日晨,在成都东门外天祥寺刑场,李敦厚被执行死刑。

1949年,成都有新明、智育、国民、大华、蓉光、蜀一、中央等七家主要的电影院,从业员工300多人。12月27

左图:20世纪50年代初成都总府街智育电影院,正上映《解放了的中国》

右图:1959年的人民电影院,正在上映《五朵金花》

日，成都和平解放，解放军举行入城仪式。大华电影院首映国产影片《欢天喜地》以表示欢庆。

1959年7月1日，成都正式挂牌成立"峨眉电影制片厂"，据称为全国六大电影制作基地之一。1985年秋天，笔者曾应邀参加此厂故事片《草莽英雄》的拍摄。此后得知几十年来，峨影厂先后摄制了各种类型影片、电视剧共计400余部（集）。先后有20余部故事片、电视剧及科教片，在国际、国内获得过50余次奖项。

电影，给中国带来了前所未有的西方观念和生活方式；对于成都城市娱乐现代化，产生了巨大的影响。农耕社会老祖宗留传下来的传统"灯影戏"，很快由辉煌走向衰落。与此类似的木偶戏、川剧、清音、竹琴……莫不如此。

## 第三节　公园和动物园最具城市近代化象征

◎　创建"少城公园"的历史迷雾

### 成都将军玉昆是个什么样的人

"公园"，最具城市近代化象征意义。"少城公园"，即如今的成都人民公园，不仅是四川最早建立的公园，也是中国第三个国人自建的公园，蕴藏了近代成都极为深厚的历史。

大清国宣统元年（1909年）岁末，一位叫玉昆的满洲将军，翻秦岭、过剑门，风尘仆仆入川而来。玉昆，满洲镶

身着一品麒麟补服的
成都将军玉昆

红旗人,字石轩,1902年(光绪二十八年)任凉州副都统。1909年11月12日,清廷降旨升任玉昆为成都将军。[1]

关于玉昆,详实的史料不多。笔者搜寻到玉昆从成都写给北京儿子的亲笔家书,论述极少。

玉昆是庆亲王奕劻的"胞衣"(奴仆)出身,他和前后任四川总督的赵尔巽、赵尔丰兄弟,属于不同的政治圈子,矛盾重重。清末总督实权非常大,名义上全省官阶最高的"驻防八旗将军",形如"花瓶"虚设。

清末成都华阳县令周询说:"因总督主政",成都将军"事务仍极清简"。在成都的省、司、道、府、县各级官员,只每月朔望(初一、十五)日去参谒一次,"余时非有要事不往见也"。[2]

1911年正月,玉昆家书中痛骂赵尔巽是"老奸";他说赵在川不满三年,搜刮到数十万两银子,卸任时把成都黄金市场都买贵了,"饱载而归"。玉昆怨恨说:"论官秩我可谓第一人,论力权至微至弱",以致省城下属官员公然不理他,成都将军衙门"可谓冰署一班(般),自己实觉无味!"[3]

玉昆找钱门道不多又生性怯懦,因而比较清廉。他升任成都将军一年多来,单孝敬老主子庆亲王奕劻的银子,就有一万六七千两。而他一年多来"进项"仅两万两有零,仅积蓄下四五千两银子。

此时赵尔巽调任东北,玉昆担心赵到北京对朝廷说他坏话,"十分害怕"。为此,他专门到武侯祠"祈得一签,其语甚佳",心里才稍安稳,还将此签远寄给北京的儿子:"寄你看看"。

这种背景下,套用现今流行话语,玉昆确实想尽量"搞好本职工作",以杜谗言。

[1] 钱实甫编:《清代职官年表》,中华书局1980年版,第2422页。
[2] 〔清〕周询:《蜀海丛谈》,巴蜀书社1985年版,第51页。
[3] 〔清〕玉昆:《蓉城家书》,《辛亥革命史丛刊》第一辑,中华书局1980年版,第203-204页。按:括号内文字为便于读者理解所加,下文不另注明。

清廷规定旗民不得务农经商,晚清后"少城"旗民生活极其贫困。清政府在革命党"排满"和立宪派"立宪"改革的双重压力下,把"平(息)满汉畛域"作为"新政"重要举措,拟十年内尽行裁撤各地驻防八旗。但由此造成的"旗人生计",形成巨大政治危机。

成都旗民曾哄闹将军衙门,近于"暴动"。(可参阅本书第一章里"成都'少城'兴衰录")光绪三十三年(1907年)八月二十七日,杭州还发生自焚悲剧:卧病在床的驻防旗人噶噜岱,得知即将"裁旗",夜间将火药聚于地。他强迫妻子伏于床,骗两个小女儿上前玩耍说要放"烟火",然后引爆火药举家同尽。其中一女只有五岁,焦头烂额自火中爬出,为众人述说当时情形,但伤重不久也死了……此时距接到朝廷"裁旗"上谕仅七天。[1]

玉昆入川后承继前成都将军绰哈布,将旧有八旗官学修葺改名为工艺传习所。又把原设正红旗满蒙佐领旧署的空地,定名为农业试验厂。宣统三年(1911年)二月十九日,护理总督王人文及周善培等司道各官,随同玉昆在旗民工艺厂参观、午宴,他们对玉昆改革"少城"举措很赞誉。玉昆家书中说:"(众官员)无不羡慕,看厂内分作三处,工艺(厂)在东边,农林(厂)在中,蚕桑(厂)在西边。共计新建房百余间,计占一条大街约计二里许。"

玉昆还说:青羊宫"劝业会"(即二月花会)上,"本厂工艺销路甚快,但系货少不敷卖。若照办法,如有三年,(满)营中甚丰,获利愈厚,使人人驱利之心,自然富强之基立矣。近日(少城)市面新建三条大街,油饰新鲜。新开各样贸易,看之甚丰。况且旗人由此作生意者多……将来无论如何裁撤成防(即成都驻防八旗),谅无意外之虑也。"[2]

[1]《八旗公函述噶噜岱死事》,载《盛京时报》,光绪三十三年(1907年)十月十七日。

[2]〔清〕玉昆:《蓉城家书》,载《辛亥革命史丛刊》第一辑,中华书局1980年版,第204页。

## 玉昆修公园的初衷和过程

晚清，成都古迹园林虽不少，但大都是祠堂庙宇或私家所属。宣统元年（1909年），成都公家"花园"有：方正街之丁公祠、贵州馆、城外之武侯祠、望江楼、二仙庵、草堂寺。私家"花园"有：布后街孙家花园、小福建营龚氏邃园、三槐树街王家花园、东门外双林盘钟家花园、草堂寺侧冯家花园、百花潭对面双孝祠花园（即马家花园）、忠烈祠街可园……[1]

私家园林中，值得一叙的是骆公祠。"晚清八大名臣"之一的骆秉章（1793—1867年），1862年升任四川总督。1863年他在大渡河一带，围剿"太平天国"翼王石达开部，在成都凌迟处死石达开。骆秉章因此被视为"同光中兴"名臣。同治六年（1867年）十一月，骆病逝于任上，终年74岁。

骆秉章廉洁奉公，其清贫令人难以置信。他死后其侄儿拿出骆所有家当，仅箱筥五六具：除官服外其余全是旧

[1] 傅崇矩：《成都通览》上册，巴蜀书社1987年版，第25页。

左图：清末成都古迹园林不少，图为纪念杜甫的工部草堂

中图：民国时期杜甫工部草堂里的一览阁。来源：作者购于文物市场

右图：1908年5月14日，成都南门外1.6公里处武侯祠内。摄影：[英]亨利·威尔逊

左图：民国时期国内公开出售的成都昭烈庙风景照片。来源：作者购于文物市场

右图：清末的成都骆公祠

衣，还有粗布缝制的。其余只有银子八百两，每封都有藩司印花，证明全是官俸银。朝廷"赏银五千两治丧，乃获归。柩由水道回粤。舟行所经城镇，人士夹岸罗拜，香烟千里不绝"[1]。

民国《华阳县志》记载，四川提督周达武此前以数千金购买成都名胜"赵云洗马池"，街名子龙塘（传此街是蜀汉五虎上将之一赵子龙故第）。骆死后，周达武在子龙塘建骆公祠，街便改名骆公祠街。子龙塘处多花木亭台，为成都人乐游之地。周询说："每年元旦开放，十五闭祠。此半月中，人民瞻拜骆秉章遗像者，络绎倾倒，历数十年不改。遗像大小各一，皆泥塑。"[2] 骆公祠清末民初仍很有名，连上海有名的商务印书馆，也印有明信片《四川成都骆公祠内赵子龙之洗马池》，发行全国，笔者收藏有此文物。

可惜如今不仅古迹全毁，连骆公祠街1954年也在"保卫世界和平"的口号声中改为和平街了。

以上所述公、私"花园"，不具有现代化意义的城市"公园"性质。

玉昆1909年年底到成都时，同省内高官们商议，大意是：现朝廷筹备立宪，要废除旗米供给，成都旗民生计日

[1]〔清〕周询：《蜀海丛谈》中《骆文忠公轶事》，巴蜀书社1985年版，第182-187页。

[2]〔清〕周询：《骆文忠公轶事》，载《蜀海丛谈》，巴蜀书社1985年版，第182-187页。

窘，奈何？

四川"新政"干将、"劝业道"总办周善培说："少城与大城间满汉人的界派大明，少城遂形成一个死气沉沉的区域。旗民过于保守，不思振奋，宜先把少城开放，择一适中地址，建立一个小型公园，令旗民从中布置一些小型职业，如能招引游客，则旗民的生计亦可随之活动。"

玉昆欣然表示：一者，平息满汉畛域为当今要务；二者，旗民生计不能不代谋出路；三者，堂堂成都岂能无百姓共同游玩之地而遭洋人之讥？建造公园当有一举三得之效。

周善培向玉昆推荐一个工程人员，"为之画图设计，何处宜建立亭馆，何处宜种植花木，何处宜凿池，何处宜堆山……" [1]

民国早年专业史料记载："本市未辟有公园以前，市民娱乐之所，厥为茶社酒肆，或终年不出户庭……卫生之道既乖，人民之体质日弱。""是园创自前清宣统三年，时驻防将军玉昆因清廷有裁兵归农之诏，乃于旗营培修营房之款内划拨银五千两，建筑公园戏园，谋公共娱乐、藉作旗民生计。" [2]

[1] 石体元：《周善培事迹杂迹》，载全国政协文史资料委员会编：《文史资料存稿选编第1辑 晚清北洋》（上册），中国文史出版社2002年版，第808页。

[2] 杨吉甫等编：《成都市市政年鉴》，民国17年（1928年）铅印本，第534-535页。

左图：民国初期商务印书馆明信片《四川成都骆公祠内赵子龙之洗马池》

右图：清末满城内"旗营"的武将。来源：作者购于文物市场

大致在1910年下半年玉昆开始筹划，委派了四个协领为监督，八个佐领为监修，每天五百多人做工急修。成都的人工和材料价格都比较低，如四丈多长楠木料仅卖银二十余两，工匠工资每日仅一钱二分，玉昆赞叹："北方安能如此办法也？"[1] 所以建公园的工程顺利。

玉昆叙述他开发"少城"的进展和收益：

少城东门内（现祠堂街一带）的莲花塘，建成了景色幽雅的"聚丰"大餐馆，每月可收租金五十元。玉昆以每月租款作抵押，向官方银行借银一万数千两，在"少城"祠堂街关帝庙后侧数百亩水田荒地修盖公园、戏园。公园、戏园两处统归"正兴"餐馆包租。戏园每日上交旗营三十元、公园每月上交旗营一百元，售票由旗营派人经理。

玉昆自己算了一笔经济账，以上"合计全年旗营中可增进款一万八九千两银子"。笔者查阅当时物价水平，大约可买130万斤大米。以清末旗民约为2万余人计，受益匪浅。

玉昆家书说自己开发"少城"全无私念："以成（都旗）防二千多户老幼将来以此糊口，不至冻馁之虞。非为自谋，实为他人谋也。""无非我作提倡，我分文不受。"

玉昆概括开发"少城公园"的工作量："自（去年）九月至今，通盘合计，共添建铺房五百八十余（间），共十六次工程。册结手存（按：指工程花销账本），共需三万（两银子）有零。可称自落名望（按：指仅落得个好名声），清风两袖、半文未染，上天可知乎！"

开发"少城"时，四川"保路运动"正将掀起大浪头，局势不稳。玉昆在农历四月二十五日家书中说，每月到"少城"外大城拜客仅一二次。近日又添派武卫十名，都系精壮、武技纯熟。同他关系不错的护理总督王人文，还送给他十响新式手枪四杆、子弹二千发，每支枪至少要卖一百多

[1] 成都管理旗务的官员，从上到下有将军、副都统、协领、佐领。

两银子。

玉昆接着叙述:"但满城内不时出去阅操、调查工艺两处,工程处亦不得不随时亲阅。"

少城内已经"异常繁华",大城汉民的"各行生易迁移(少)城内甚多"。玉昆"切饬警局加意保护,又不准摊派各捐"。

玉昆强调说:他很检点自重:开发公园中戏园、餐馆,"并非为我作乐之地,一处亦不应出去,每请客仍在衙门叫铺预备。"所以成都官绅兵民,无不感激他"筹策生计之要端,大家拟在南门内修建德政牌楼……"他感叹自己花了一年半的光景,"尚不空费心力,虽然两袖清风,名誉亦实难得……刻值艰危之秋,虽无扶社稷之权势,而亦能尽一分苦衷,必尽一分苦力,非图虚名,而求实事也。"

这位看似高高在上的成都将军,内心其实很痛苦。私事上,他"屡接各亲友来信"借钱,让他"难处万分"。公事上,他开发的"少城"——"从前满城荒凉偏野,无人过问。而今繁盛,汉城官绅人人垂涎",想由此抽捐,自己"又不敢得罪于他人,虚心附合实在难维"。

他叹道:"所以我无论公私事体,力耐一年,将债还清,稍存千余(两银子的)路费,即行回京……这碗饭真不容易吃。""往往我夜间睡不着,一人秉烛苦思,长吁短叹……在外边倏忽十年,百苦备尝,至今手中空乏,外人谁能体恤于我乎!"

他一个女儿在北京刚死不久,他又不能亲见安葬,"痛哭一日……心昏迷乱",右胁下经常疼痛难忍。[1]

[1] 〔清〕玉昆:《蓉城家书》,载《辛亥革命史丛刊》第一辑,中华书局1980年版,第207页。

## "少城公园"什么时候正式建成开园

"少城公园"到底在何年何月建成？迄今记录多有谬误，如有专业文章说："1908年，清末玉昆将军，开辟少城公园"。[1] 玉昆1908年时，根本还没有到四川，又何谈建公园？

笔者根据玉昆亲述，证实正式开园是宣统三年六月初六（即1911年7月1日）。玉昆谈到开园盛况："是日天朗气清，阖省大小官员前来致贺，人人赞成，诚为善政。"午后官员始散，即售票让普通民众进公园。门票大人每张二十文（当时约可买4～5个锅盔），小娃儿十文。头一天卖出门票3200多张。因戏园不卖女座，但男座也卖出门票1000多张，此后一连四天都如此，"合计每日（满）营中可得五十两银之谱，捐项房租尚不在内"。玉昆说成都旗营这种做法领先国内各地："各省驻防恐无此开源之法"。[2]

自开放"少城"后，不限民族、任人游观。公园内设楼亭、荷池、茶铺、餐馆、戏园，满汉百姓都可入园经商。长期隔绝的满汉两族，得此交融甚至通婚、友情日增。

到1911年下半年公园已略具规模：西御街西口的少城小东门原先破破烂烂的城楼，油漆彩画得焕然一新，楼檐下悬了新做的蓝底金字大匾，上书"既丽且崇"。进城门洞原先是长伸的喇嘛胡同土道，街牌上现改写成"祠堂街"。土道两畔原先冷冷清清，现变成两排铺房，有酒铺、烧腊铺、茶铺、杂货铺、茶食铺子，最引人注目的是有处双开间门面，金字招牌上书"苏州老稻香村"。公园门外空地上的戏园，用石灰在门额上塑出"万春茶园"大招牌。"万春茶园"是戏园子，1911年成都连悦来茶园、可园，一共有三个大戏园。

[1] 李德英：《城市公共空间与社会生活：以近代城市公园为例》，载何一民主编：《川大史学专门史卷二·城市史》，四川大学出版社2006年版，第217页。

[2]〔清〕玉昆：《蓉城家书》，载《辛亥革命史丛刊》第一辑，中华书局1980年版，第208页。

第七章 近代化生活方式和传统的碰撞

[1] 李劼人：《李劼人全集》第4卷《大波》（重写本上册），四川文艺出版社2011年版，第100–101页。

[2] 随后，外国人在中国租界内先后建造了一批公园，如1902年上海的虹口公园、1906年哈尔滨的董事会花园、1908年上海的法国公园、1917年天津的法国公园等。

公园这时的建筑有"静观楼""沧浪亭""夹泥壁假洋式楼""养心轩""荷花池塘"及很像财神庙的"聚丰园"。最扯眼球的是湖中"船房"（貌似轮船），楼顶还有桅杆、烟筒，楼房正面悬小匾额绿底粉字，上题"长风万里"。船房楼上楼下都在卖茶，也卖面条、包子、花生瓜子。[1]

1868年，中国最早的公园在上海外滩建成，但这只是外国人的租界公园。[2] 1906年，无锡士绅集资建造"锡金公花园"，被认为是第一家国人自建的公园。1907年，北京

上图：清末民初的少城公园

下图：20世纪50年代少城公园改名人民公园，正门金河上的石桥已经破旧，图右为祠堂街

农事试验场附属公园对外开放。1916年,武昌建造首义公园。1918年,广州建成中央公园、黄花岗公园。[1]

由此可见,1911年7月1日建成开放的成都"少城公园",应是中国第三个国人自建的公园,更是四川历史上第一个"公园"。连1891年3月1日就正式对列强"开埠"的重庆,最早的中央公园也始建于1929年。[2]

## 玉昆之人生结局

1911年11月27日,成都"老皇城"召开数万人大会宣布"四川独立",脱离大清王朝统治。成都将军玉昆十分绝望,哀哭声中拔剑自刎,幸被家中人救免。玉昆挣扎着又要拿手枪自杀,"手颤不能发亦被救,如是者数次"。[3]

1912年4月6日,四川军政府为护送前清将军玉昆和都统奎焕回北京,发出全国通电:

"北京袁大总统、南京孙大总统、武昌黎副总统、各省都督均鉴:前清四川将军玉昆、都统奎焕,于川人争路及十月反正之事,两公均能深明大义,苦心维持,并剀切开导旗军,一律呈缴枪械,故川人对于两公异常感佩……敝处从优备送川资,以利通行。除派员护送及饬所过地方官沿途保护外,并请沿江各省都督一体饬属护送,以表示民国对前清官吏若能赞成共和,均能得一律优待之意。至为祷盼。川都督(尹)昌衡、(张)培爵三十一日叩。"[4]

成都望江楼下码头,江水滔滔。玉昆和奎焕两家人将乘舟东下。青衣布袍的玉昆和奎焕立在船头,和江岸上满汉民众对望着,彼此不住地挥手。他们不久前恨不得插上翅膀逃离成都。现在,却依依不舍这座西蜀古城了……桨声之中船已离岸,玉昆和奎焕不禁泪流满面。

[1] 北京市公园管理中心、北京市公园绿地协会编:《北京市公园分类及标准研究》,文物出版社2011年版,第23页。

[2] 欧阳平:《旧重庆的中央公园》,载《红岩春秋》,1997年第1期。

[3] 事见秦梅:《蜀辛》。按:秦梅当时在四川总督府供职,录每日见闻而成,民国时期有竹纸排印本《蜀辛》一册,收入戴执礼编:《四川保路运动史料汇纂》,台北"中研院"出版,1994年。

[4] 张鹰、曾妍编:《张培爵集》,重庆出版社2011年版,第25页。

玉昆回北京后，1913年病重，曾上书民国总统袁世凯，大意是因家贫请总统照顾后事："病势垂危，图报无日，谨缮遗呈恳祈鉴察……"

玉昆死于何时？史无详载。笔者查阅北洋政府国务院总理熊希龄1913年10月17日《请优恤前成都将军玉良呈袁世凯文》："查该将军玉昆在前清时报官，夙昭声誉……近因南中倡乱，感愤时事，忧郁病故，殊堪悼惜……"由此推测，玉昆大致死于1913年10月上中旬。

10月17日，袁世凯批复国务院："据呈已悉。应由财政部拨给治丧费二千两，以示优恤。此批。"[1]

◎ 民国时期成都有多少个城市公园

"少城公园"发展为令人眼花缭乱的"多功能"园林

清末，公共图书馆概念作为宪政内容被引进中国。

1909年，开始筹建四川图书馆。民国元年（1912年）10月20日，四川图书馆在少城公园西侧成立，它是中国历史最悠久的公共图书馆之一。名士林思进（字山腴）任馆长。图书馆拓址建楼时种松八十株，故别号"八十松馆"，1928年更名为成都市图书馆。[2]

1914年，四川都督府委任内务司司长尹仲锡扩建公园，引来金水河水经园内流向东边半边桥。凿渠之土堆成至今犹存的假山遍栽林木，假山之西凿荷花池。池中有座慈眉善目的观音大士持瓶喷"甘露"雕像。

民国初期有人记载"少城公园"盛景：

"成都初无公园（少城公园）占地百余亩，亭榭多

[1] 《政府公报》1913年10月20日，载周秋光编：《熊希龄集》，湖南人民出版社2008年版，第340页。
[2] 胡凤亭：《四川省图书馆事业志》，四川大学出版社1993年版，第5-6页。

民国初年少城公园，是成都综合性文化、体育活动中心

处，水陆交通。有泛舟当歌而管弦入听者，有蹴球为戏而足战声酣者。其酒馆茶楼，掩映于垂杨古木中者，更不可入指数。游人春夏为多，门票仅铜元五枚。晨钟甫动，游者即络绎而来，车水马龙，非至夕阳西下，明月东升不息也。园之南有牲畜场，虎豹等居之，山禽水鸟，以铁丝环绕天空，飞鸣上下，颇具奇观。京班文明等戏，须另购票，方可入座。又有清洁西式浴堂，在园之左偏，游兴既阑，浴罢披襟而归，其乐趣真不可言喻矣"。[1]

"门票仅铜元五枚"约50文，比公园初建成时已翻倍，约可买大米3斤。这从一个侧面说明公园功能进一步完善，更受市民喜爱，所以门票上涨。

1916年，少城公园改由警察厅管辖。1922年，公园改属市政公所管辖。公园的公众性、平民性、娱乐性、教化性，对城市的近代化进程产生了重大影响。

1924年后，少城公园迎来"黄金发展期"。这年川军20军军长杨森任四川督理，推行"新政"。杨森驻军泸州时，曾"三顾茅庐"聘合川县人卢作孚（1893—1952年）当

[1] 徐心余：《蜀游闻见录》，四川人民出版社1985年版，第58页。

扩修少城公园做出卓越贡献的卢作孚

[1] 凌耀伦、熊甫编：《卢作孚文集》增订本，北京大学出版社2012年版，第509页。

[2] 杨吉甫等编：《成都市市政年鉴》，民国17年（1928年）铅印本，第535页。

永宁道尹公署教育科长。1924年2月，杨森急电卢作孚去成都，卢建议创办四川通俗教育馆并自任馆长。

卢作孚在少城公园内把"通俗教育馆"办得红红火火，修建起包括有自然、历史、农业、工业、教育、卫生、兵器、金石等陈列馆的博物馆，以及图书馆、运动场、音乐演奏室、游艺场、动物园，并成功地举办了四川省第一次大型体育运动会。前来公园观赏者一度每天万人以上。少城公园成为四川科学、文化、艺术和游览的中心。[1]

通俗教育馆陈列室（博物馆）里面有刀枪戈戟、明清铁大炮等绣迹斑驳的各种旧兵器。有赵尔丰被斩首后之照片，还有汉画砖、古石碑、"大西皇帝"张献忠的"七杀碑"中央广场有"杨森督理筑路纪念碑"，碑后有庄严静肃的佛教说法堂。园内有万春戏园、元记照相馆、枕流浴室、弹子房、木球场、晋龄饭店、聚丰餐馆……

1925年前后的少城公园是什么样的情景？请看当时官方记载："金河蜿蜒、楼台倒影，茂林参天、桃柳护岸，群山起伏、渔艇待渡。每当春夏之际，游人云集，竞赏芳华，流连美景……"[2]

不料"风流将军"杨森1925年发动统一四川大战，败得落花流水。杨森出逃前夕密访卢作孚，两人黯然相别。卢作孚

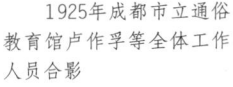

1925年成都市立通俗教育馆卢作孚等全体工作人员合影

## 成都"变脸"
——中国城市近代化缩影

左图：少城公园博物馆内，展有钱币、青铜器、戈矛、古瓷器等。来源：郑光路文物市场所购日本画刊

右图：少城公园内博物馆内，展有古碑、石刻、石塑等。来源：郑光路文物市场所购日本画刊

后来离蓉去创办实业，成为中外闻名的民生公司"船王"。毛泽东曾称赞他是中国四个不能忘记的实业家之一。[1]

卢作孚郁郁然走了，但少城公园"多功能园林"规模已成，其后还不断增添。

在假山东边有省国术馆，馆门两侧刻有"仁者必有勇、君子无所争"的对联，这里有时同青羊宫一样要摆擂台比武。馆内不时传出"强国必先强种，强身必先习武"的雄壮吼声。从这里出公园后门即半边桥。园之东部为餐馆茶舍

[1]《重庆百科全书》编纂委员会编：《重庆百科全书》，重庆出版社1999年版，第612页。

1925年少城公园内博物馆情景。来源：郑光路文物市场所购日本画刊

区,假山后有静宁餐馆、桃花源等饭馆,烹炒"回锅肉""麻婆豆腐"时香气四溢,令公园外行人也馋涎欲滴。

纪念碑东为体育场,碑西侧空地有茶舍,舍前为有较射场。前清状元骆成骧和民国时期军阀邓锡侯、刘文辉、田颂尧等人前后是"射德会"会长,常在此古意盎然地"雕弓较射"。

最吸引人的,是公园内浓荫、绿天阁、永聚、鹤鸣、枕流、同春、射德会、文化、荷花池等各个茶馆,每天坐满形形色色的茶客。竹椅子、盖碗茶、吃瓜子、谈生意、冲壳子(川话,即吹牛闲聊)……茶铺里不时有人七嘴八舌大呼小叫:"来碗茶!""堂倌"高吼一声:"来啰!"便左手夹着重重叠叠的茶碗、茶船和盖碟,右手提着长嘴铜壶风风火火跑来,变戏法般哐哐当当把"三件头"抛在茶桌,眨眼间桌上已泡上沸沸滚滚的香茶。茶客便熟练地用茶盖轻轻搅动茶叶,一面慢慢呷着热茶,说:"巴适,巴适!"(四川方言,舒服之意)

三教九流把这里当作结交聚会的好去处。各茶园就是一个小社会,各行各业大都在某一个茶园聚会。如"射德会"茶园是社址所在地,茶客多是国术、体育界人士,绿荫阁、浓荫的茶客多是文化人。

满族老先生刘国源回忆,荷池上有"聚丰园"船形餐厅横卧湖面,两面玻璃窗,夏日就餐开窗,荷香扑鼻。戏园"万春茶园",著名川戏班"三庆会"常在此上演,锣鼓阵阵、名伶荟萃(这里也演电影)。枕流茶馆附设澡堂,因是引入金水河清波,名曰"龙园",浴后舒坦无比。[1]

宗教界也视少城公园为人间乐土。曾任云南讲武堂教官、川军团长兼川北清乡司令的龚缉熙先生,大彻大悟后信仰佛法。1914年他与刘洙源、谢子厚诸居士,在公园楠木林

[1] 刘国源:《成都第一个公园》,载《成都文史资料第30辑》,四川人民出版社1997年版,第356页。

南边创设了成都佛经流通处及少城佛学社,常延请法师、居士在此讲经说法、诵经悠扬。龚缉熙,即后来誉满全国的中国佛教协会副会长能海法师。[1]

公园里名人贤士不少,穿长袍、踏芒鞋的、拖辫子的……各种各样的人都有。许多外省人到成都,也首先朝这里跑。比如"国学大师"南怀瑾抗战前夕到成都,几十年后他都很怀念少城公园:"里面有茶座、有棋室。泡上一壶茶,坐半天一天都可以,走的时候再付钱。中间有事离开一下,只要把茶杯盖反过来放,茶博士就不会把他收掉。没有钱的不喝茶也可以,茶博士问你喝什么,你说喝玻璃,就会送来一玻璃杯的开水。这种农业社会的风气现在大概不会再有了!"[2]

中华人民共和国元帅陈毅和曾任国家主席的杨尚昆,青少年时代在成都上学,课余都爱到少城公园大操场"踢坝坝球"。杨尚昆踢球前先去"鹤鸣"茶铺买一碗"报到茶",给"堂倌"打个招呼就离开,赛罢返回鹤鸣,买一盆热水洗脸,再端起凉冷了的酽茶一边细品、一边"侃"球经……直到1983年,杨尚昆来成都还指名要去公园坐茶馆,他回忆往事:"当年不是'一次性消费',人暂走茶虽凉,座位仍然有效……花钱不多,其乐无穷!"[3]

少城公园也是成都最大的公众集会场所。抗日战争时期,少城公园更是讲演、聚会、募捐的首选之处。《大刀进行曲》《义勇军进行曲》《三江好》《放下你的鞭子》《民主万岁》等抗日歌曲和戏剧演出,令蜀中父老热血沸腾。川军将领王铭章1938年3月17日在山东滕县保卫战中壮烈殉国,少城公园内由雕塑家刘开渠铸塑了王将军的骑姿铜像一座,更令川人自豪。[4]

"少城公园",是民国时期成都社会方方面面的"缩

[1] 参见宋大鲁居士:《能海上师传·出家因缘》,互联网资料。
[2] 南怀瑾:《李宗吾与厚黑学》,互联网资料。
[3] 汤明辉:《"鹤鸣"生意经》,载文史杂志《龙门阵》,1994年第6期。
[4] 关于抗战时期少城公园的详情,可参阅本书作者郑光路所著《四川大抗战》,四川人民出版社2013年版。

成都少城公园里浸透巴蜀茶文化色彩的"鹤鸣"茶园20世纪90年代情景。摄影：郑光路

成都少城公园是抗战时期经常召开大会的场地

影"，蕴藏了近代成都深厚的历史。1950年后改名为人民公园。

### 清末民初成都陆续建成的其他六个公园

**草堂寺乐群公园**

西郊外的草堂寺，是纪念杜甫的地方，原有亭池花圃

规模小。清末,周善培在西郊外草堂寺侧,辟地数百亩让商家集资入股筑郊外公园,名为乐群公园。

建造公园时,在百来亩稻田当中挖一个大湖,挖湖的泥土高高低低堆了假山,种了些花树竹子。湖心亭上四面瞭望,有几处油漆得大红大绿的木架泥壁房子,新筑的黄土

左图:20世纪90年代少城公园后门半边桥市场(现已拆毁)。摄影:郑光路

右图:20世纪50年代的少城公园改名为人民公园,公园的金河仍可行小船

清末周善培在西郊外草堂寺侧筑乐群公园,形状和如今杜甫草堂后门仍大致相似。来源:作者购于文物市场

墙。据李劼人书中邓乾元说:"西门外草堂寺旁边,把庙产划出一百亩来,大家集股新修的。我们号上也认了一股,响铛铛五十块龙洋……走马街马长兴的马麻子举人很内行,就拜托他打样监修。听说挖了好大片池塘,比他双孝祠的荷舫大十几倍。也有茶馆,也有酒馆,还有卖点心的,办得很热闹。游人不少……"[1]

1911年辛亥保路战役中,乐群公园为保路同志军所毁。[2] 乐群公园旧址,大致在2000年后打造的浣花溪公园范围内。

### 北城公园

在省城之北,接近成都县文庙,即前清成都县教谕衙门所在地。民国元年,辟为成都小学校园。民国13年(1924年),市政公所改为北城公园。公园地址偏小,但布置曲折甚有幽趣。且地接文庙,园中树木掩映,为城北市民乐游场所。

### 支矶石公园

民国13年(1924年),成都市政公所委派卢作孚,在同仁路西侧沿城墙狭长地带,开辟森林公园(此处本有楠木近千株)。园内古树森森,浓荫蔽日,命名为"支矶石公园"。公园为长方形,西背城墙,东临同仁马路,地广一百多亩。此园旧址是前清正黄、正蓝、正白各旗箭道数所,及同仁工厂北部和支矶石庙组成。庙址即公园正门,内有巨石巍然独立,这就是传说的汉代张骞携回之支矶石。园东建有礼堂,供市民举行典礼之用。园北有森林茶社。园西为城墙、遍植花木,游人可登临,城西郊野俱收眼底。

民国史料记载其风情:"古木罗列、翠云弥空,赤日不下、浓阴满园。凡游人未入园时,即可遥瞻葱浓之状况矣。常局处软红尘中,一但绿色满畴,胸襟俱阔矣。是园之

[1] 李劼人:《大波》第1部,人民文学出版社2013年版,第93页。
[2] 杨吉甫等编:《成都市市政年鉴》,民国17年(1928年)铅印本,第539页。

建筑，虽不及他园宏壮，而登城则青城远照，眼底阡陌；回顾则万家灯火、房屋栉比……一游此地，无不徘徊尽日……更有一般讲摄生术者，视此园为无上呼吸地点。"[1]

支矶石公园旧址，大致在公元2000年后打造的宽巷子景点西边范围内。

中山公园

此处前清时为提督衙门，民国后常成驻兵之所，历年失修为荒芜之地。民国11年（1922年），由市政公所规划：公共场所由公家兴造，其余各地均划段招商自行建筑，次年工成。因此园居省城中央提督街，园外商店栉比、车水马龙，故名为中城公园。"国父"孙中山于1925年逝世，次年成都召开纪念会，改名为中山公园。公园后卖鸟雀的小街巷"汉阳街"，也改为"中山街"。

入园门翠柏夹道，土山耸峙。右侧有西式房社一幢为公园事务所，被时人誉为"碧甍凝霜、绿窗映日"。与事务所紧接是"乐观茶社"，茶帘高挑游人争入。茶社之左，为"沧浪歌浴室"、"协记"体育球房及木球场。"乐观茶社"之右有草亭，旁边为"宜风酒肆"，买醉者多问津于此。园之后有市立藏书楼及儿童图书室、十数亩宽之公共体育场，场边有"群社""中城""羽经"等茶社，多为各行

[1] 以上各公园史实，参见杨吉甫等编：《成都市市政年鉴》，民国17年（1928年）铅印本，第538页。

左图：提督衙门1911年后改为"中城公园""中山公园"，1950年后改名为劳动人民文化宫

右图：20世纪50年代的成都市劳动人民文化宫，售票处上方横幅标语"以苏联为首的社会……"

业及袍哥"码头"……当时资料概括:"园地广数百亩,房所占五分之一,花木占五分之一,阔地占五分之三。"[1]

1950年后,公园改为劳动人民文化宫。2015年后,修成混凝土商业楼盘。

**成都市第一郊外公园——望江楼公园**

清光绪十五年(1889年),四川总督刘秉璋约集蜀中士绅伍肇龄、罗应旒、马长卿等筹集资金,在成都东门外九眼桥下游约里许锦江南岸,修建崇丽阁,取西晋左思《蜀都赋》中"既丽且崇,实号成都"之意,老百姓称为望江楼。后陆续增建吟诗楼、濯锦楼、薛涛井等。

清末外国人也喜欢到此游玩。日本人山川早水1906年记录:"过回澜塔顺流而下,到望江楼,旧名叫玉女津,是成都城外的第一游乐园……此园才是游人最喜欢集聚的地方。门前的标牌上写道:禁止携带妓女进入。""普通酒饭,一般在园内小店皆可办理。临江处有濯锦、吟诗二楼,在上眺望远处甚感玄妙,摆酒设宴全在此楼。两楼之间有一座塔,名叫崇丽塔,有三层楼高……塔顶颇适合于眺望,不用说对江中的往来的船只。一览无余,向东可望到九眼桥、回澜塔;向北可将成都城的一角收入眼底;西南可遥望峨眉山之淡影;这是此塔最大的优点。""望江楼除供游园之外,还为送客的饯行场所。由成都沿水路赴吴者,在东门外大码头发船,到望江楼停泊。主客共上濯锦楼,再次举杯话别。"[2]

1928年,市政当局将望江楼辟为"成都市第一郊外公园",由川军将领邓锡侯书写公园匾牌。望江楼高30余米,至今被视为老成都的象征。[3]

**成都东城公园**

1933年,市政府在东较场开辟东城公园,其规模及影

---

[1] 杨吉甫等编:《成都市市政年鉴》,民国17年(1928年)铅印本,第539页。

[2] [日]山川早水著,李密等译:《巴蜀旧影——一百年前一个日本人眼中的巴蜀风情》,四川人民出版社2005年版,第132—134页。

[3] 国家文物局主编:《中国名胜词典》(精编本),上海辞书出版社2001年版,第1030页。

1928年辟为"成都市第一郊外公园"的望江楼公园，当时的省长邓锡侯题写

响不大。

要之，至20世纪30年代，以上所述加上"少城公园"，成都已有七所"公园"。成都公园的开设，是城市近代化的重要里程碑之一。

◎ 成都是中国最早设有"动物园"的城市

1907年3月成都就有了动物园

1905年9月24日，清廷受立宪运动影响，派端方、载泽、戴鸿慈、徐世昌和绍英五大臣出使西方十国考察宪政，被人戏称为"五大臣西天取经"。

1906年10月13日，戴鸿慈、端方等连上三道奏折，一奏军政，二奏教育，第三奏如下："各国导民善法，拟请次第举办，曰图书馆，曰博物馆，曰万牲园，曰公园。"至此，社会公共文化事业的图书馆、博物馆、公园、动物园……作

民国时期成都园林景观全国有名，图为上海最重要的报刊《申报》上《成都风光》专版

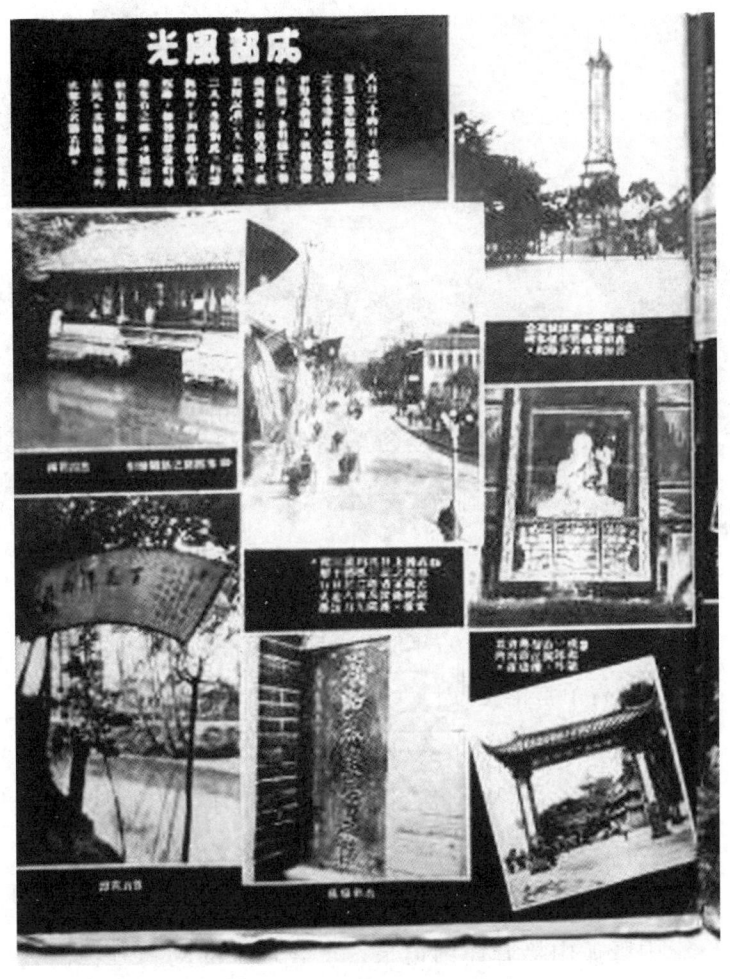

[1] 陈平原：《图像晚清：〈点石斋画报〉之外》，东方出版社，2014年，第119页；史明正：《走向近代的北京城——城市建设与社会变革》，北京大学出版社1995年版，第138页。

为"新政"重要内容，得到清政府认可并积极推行。

1907年6月5日，端方出洋期间定购的动物抵达天津塘沽，随后转运北京。这批动物包括斑马、花豹、狮子、老虎、袋鼠、鸵鸟等，一共装运了59笼。以五大臣买回的动物为基础，1907年7月19日对外卖门票开放，当时叫"万牲园"（现北京动物园前身），通常认定是中国最早的公共动物园。[1]

令人吃惊的事实是：地处西南内陆的成都，在1907年

1907年7月19日对外卖门票开放的北京"万牲园",原名"农事试验场"

农历二月十五日(1907年3月28日)开幕的第二届"劝工会"(即青羊宫花会)上,就有了营业性动物园。

当时在成都的外籍教师日本人中野孤山,留有极具史料价值的记录:"从(花会)右侧进去,有一个被称为'动物园'的设施。在其入口处,每人要付十文的参观费。我付十文钱进去……"

中野孤山接着详细记录,从各地来的动物有:篙鸡(理番)、野鸡(松潘)、锦鸡(理番)、马鸡(松潘)、金鸡(广元县)、竹鸡(懋功)、孔雀(贵州)、岩雕(松潘)、松鼠(云南)、地虎(金州)、鹿子(金州)、狐(打箭炉)、猫虎(理番)、豹子(打箭炉)、猿(理番)、熊(松潘)、为子(庆符县)、已羊子(庆符县)、獐子(西番)。[1]

如果中野孤山的记录没有遗漏,就共有19种动物。除了来自云南的松鼠与贵州的孔雀之外,全都出于四川。尽管这个日本人将其与外国先进动物园比较,傲慢地评论为"这

[1] [日]中野孤山:《横跨中国大陆——游蜀杂俎》,中华书局2007年版,第114-115页。

"万牲园"动物来自外国,见华人就咆哮。图为清末《星期画报》上《兽欺华人》图

个动物园简直是徒有虚名",但他忽略了一个基本事实:京师"万牲园"1907年7月19日才对外开放,而1907年3月28日成都开幕的"劝工会",就有了中野孤山记录为"被称为'动物园'的设施",并已公开卖票开放。

如果没有更早于成都的可信史料被发现,我们完全有理由得出结论:成都是中国最早设有营业性"动物园"的城市。而以上论述,似从未有人提出过。

### 民国时期成都动物园设在少城公园

1907年11月,四川劝业道的总办周善培,为举办1908年第三次劝工会,向全川发布《扎各属解送动物文》,明确表明要学习外国而扩大"动物园"的规模:

"照得本局上年开办第二次商业劝工会,于青羊(宫)附设动物园一区,盖仿东西洋'博览会'之一端,以增广民人闻见。惟本年解到之物(按:见上文中野孤山的记录），均系寻常习见之品，不足以新耳目。转瞬明年开会，若旧物之外仍无所增加，不惟游者厌观，亦且滋人笑柄。川省地大物博，该厅、州、县、屯辖境，山深林密岂无寻常罕觏（按：觏即遇见）之物？……有能生捕新奇飞走之属，为平时不多见者，无论大小均令自行送省赴会，尽正月底到省。届时本局验明，如实系异常之品即行照价购买，并计程酌给川资，兼与格外奖赏，断不使徒劳往返，赔贴运费……"[1]

这说明：清末四川地方政府对发展"动物园"，并不是随意的临时行为，而是有计划地积极推行的政策。这则史料，对研究四川乃至中国近代"动物园史"，非常珍贵。

1908年第三次四川劝工会时，成都动物园展出的动物肯定比前一年多，可惜具体情况已难以考证。大致情况是：非劝工会期间，成都固定性动物园设在少城公园内。

少城公园建园早期就专门开辟有动物园，区域为荷花池与假山之间占地两三亩地，养有熊、虎、豹、猴、禽鸟等奇禽异兽。当时人徐心余记载："园之南有牲畜场，虎豹等居之，山禽水鸟，以铁丝环绕天空，飞鸣上下，颇具奇观……"[2]

曾在少城公园工作过的邓穆卿老先生，20世纪80年代回忆："时驻成都将军玉昆……在园内栽花种树，并以现园内之盆景园那片地区，豢养飞禽走兽，虎、豹、熊、孔雀等，作为'动物园'。"[3]

邓穆卿老先生还回忆动物园的有趣往事：

民国时期公园养了一头凶猛的东北虎，虎圈设备很差，极不安全。饲养员叫温兴发，人称"温老虎"。他原先是个小摊贩，生意做不起走，胆大妄为自称会喂老虎。那头东北虎却毫不客气，常常咆哮如雷、对他张牙舞爪。"温老

[1]《扎各属解送动物文》，载《四川成都第三次商业劝工会调查表》，四川商务总局，光绪三十四年（1908年）印，第17页。

[2] 徐心余：《蜀游闻见录》，四川人民出版社1985年版，第58页。

[3] 政协成都市青羊区委员会文史资料研究委员会编：《少城文史资料》第5辑，1992年，第25页。

左图：民国初期成都少城公园内的动物园。来源：作者购于文物市场

右图：民国初期动物园内一大一小的两匹斑马引起游人围观

虎"鸦片烟瘾很大，被老虎弄得胆战心惊时心生妙计：他去喂虎时，口中饱含鸦片烟子，向猛虎一口一口喷去。久之，猛虎便很想闻那扑鼻异香，当"温老虎"去时，它不但不张牙舞爪，反而摇头乞怜。一时"老虎吃烟"，成为当年成都趣闻。"温老虎"驯虎有功，公园内把他的大儿子弄来管金钱豹、二儿子管黑熊、幺儿子管小动物和飞禽，连他的妻子也当上了勤杂工。后来，这头东北虎终于以"阿芙蓉"癖太深而呜呼哀哉。该园舍不得它，留下这头死老虎，让他在陈列馆的大楼上一角之地待着。过后，"温老虎"又与第二只东北虎打交道……[1]

[1] 邓穆卿：《成都旧闻》，成都时代出版社2005年版，第26-27页。

### 民国时期华西坝上的大熊猫

1869年的春天，四川宝兴邓池沟天主教堂的法国传教士戴维，路过一户姓李的人家。挂在墙上的一张黑白相间的奇特动物皮吸引了戴维。主人说：当地人叫这种动物是"白熊""花熊"或"竹熊"。戴维异常激动，他估量这种动物"将是科学上一个有趣的新种"，而且这次发现将填补世界动物的一个空白。

1869年5月4日,当地猎手捕到一只"竹熊"和6只"长尾巴猴"。经过戴维的认真思考,他给"竹熊"取名"黑白熊",给"长尾巴猴"取名"仰鼻猴"(后来命名为金丝猴)。

这只"黑白熊"运到成都就奄奄一息,戴维只好惋惜地将它的皮做成标本,送到法国巴黎的国家博物馆展出。博物馆主任米勒·爱德华兹充分研究后正式定名为"大猫熊"。戴维成为第一个向世界介绍四川大熊猫的外国人。

到了1939年,重庆平明动物园举办了一次动物标本展览,其中"猫熊"标本的标牌采用了流行的国际书写格式,分别注明中文和拉丁文。当时中文习惯读法是从右往左读,所以参观者一律把"猫熊"读成"熊猫"。"大熊猫"这个现代名称就这样诞生了。

民国时期,猎人可以任意捕猎这种"熊",政府也没有任何保护的规定和措施。从1936年到1941年,仅美国就从中国弄走了9只大熊猫。这些熊猫出国之前,大都在华西协合大学训养和中转。

民国时期,成都华西坝的熊猫

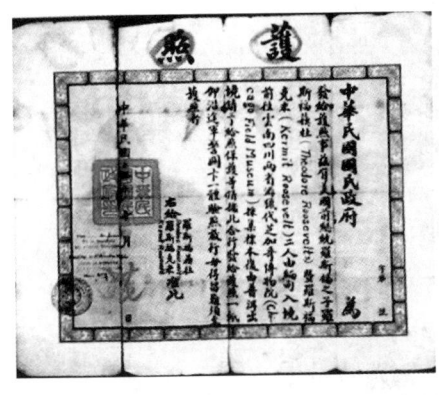 

左图：美国前总统西奥多·罗斯福的儿子，持中华民国政府"采集标本"的合法手续，在凉山猎杀大熊猫

右图：美国前总统西奥多·罗斯福的儿子，1928年在四川凉山猎杀大熊猫

熊猫在国外大出风头以后，在中国的地位迅速攀升。从20世纪40年代开始，政府开始限制外国人的捕猎活动。也许正因为如此，大熊猫才得以幸存。[1]

据档案史料，华西协合大学博物馆馆长、美国人葛维汉，也曾在四川宝兴"抓住了两只大熊猫，并将它们作为中国政府送给美国的礼物，送到了布朗克斯动物园"。1938年3月，华西协合大学生物教授丁克生（Frank Dickinson）的夫人，又亲自到灌县（现都江堰市）的大山中带回了一只活泼可爱的大熊猫幼仔，宠物般地养在华西坝，并取名为潘多拉（Pandora）。[2]

许多年以后，潘多拉的后代同类已被视为国宝（1988年12月10日经国务院批准大熊猫为中国国家一级保护动物），在世界各地传递中国人民的友情。

华西协合大学不是动物园。但要谈成都动物园，绝不能绕过这段历史。

### 成都动物园从百花潭到昭觉寺的口述史

成都西郊百花潭区域，原有旧川军将领邓锡侯的私人别墅"康庄"，和四川省财政厅长甘典夔及军长孙震等人的

[1] 《人类是如何发现大熊猫的？》，新浪四川（http://sc.sina.com.cn），2009年09月14日18:43。

[2] 《华西坝上的小公举——大熊猫潘多拉》，四川大学华西医院宣传统战部（http://www.cd120.com/htmlzthdhuaxilishigushi/74434.jhtml），2016-08-09。

熊猫家乡的山民为即将去大城市的潘多拉践行。来源：四川大学华西医院宣传统战部供图

别墅、果园。

据中华人民共和国成立后成都市动物园首任园长丁耀华回忆：

少城公园动物区，因兵荒马乱管理不善，里面的动物死亡殆尽，不过残存着几间破损的栏舍。1952年秋，宜宾地区有个农民抓到一只金钱豹，专程送到成都。那一年，丁耀华20岁出头，负责接管成都的中山公园、望江楼公园和少城公园。他看到笼子里令人不寒而栗的豹子有些犯难，最后由领导拍板，暂时安置在原有栏舍里，让没有任何经验的贺正源担任饲养员。没想到，自此后，原本非常冷清的栏舍旁，游人络绎不绝。

当时恰逢亚洲及太平洋区域和平会召开，代表团要路过成都，但"当时成都啥子都没得，连像样的街道都没一条"。市政府紧急决定对少城公园进行整修。淘沙、筑河堤、修路、栽树……短短一个月，公园焕然一新，但只留了个鸟苑和金鱼苑，金钱豹被暂时挪到了青羊宫后林盘的柴房内。与此同时，市政府紧锣密鼓筹划，开始建造"成都百花潭动物园"。

1953年2月，丁耀华、贺正源等三人，前往北京、武汉、青岛等地学习管理动物的经验。丁耀华说：那时国内还没有一座专门的动物园。3个月学习期满，北京西郊公园[1]友情赠送了梅花鹿、猴、狼、金鱼等动物。壮观的车队路过石家庄，石家庄又立即从乡坝里抓了几只鸡，"有寿光鸡、芦花鸡，还有来杭鸡，反正只要是有点稀奇的，都来凑个数"。一出成都火车北站，又坐着架架车来到百花潭。

1953年10月1日开园，当时《工商导报》和《川西日报》以顺口溜形式报道："成都市，百花潭，如今建成动物园。动物园，飞禽走兽样样全，门票只要5分钱，人人看了都了然！"

1953年成都百花潭动物园开园时，只有30种共93只动物，吸引了约36万人次前往参观。此后又增加了华南虎、鬣狗、非洲狮、大熊猫、扭角羚、蓝牛羚、赤列羚、鬣羚、食火鸡、丹顶鹤等大批珍贵动物，到1965年，展出动物增加到225种2000只。游客人数，1954年达到了64万；到1956年，

[1] 北京西郊公园即原清末万牲园，1949年时园内只剩下13只猕猴和一只鹈鹕，园名改为北平市园艺试验场。

左图：1953年10月1日成都百花潭动物园开园。来源：《四川日报》，2013-04-08

右图：1953年10月1日开园的成都百花潭动物园。摄影并供图：王文相

高达133万；1964年约为145万，1972年为239万。

1959年时，正逢"大跃进"年代，动物园准备搬迁扩展。领导派丁耀华四处选址：塔子山、多宝寺、河心村都去看过，最后锁定在城北的将军碑白莲池。"那里有成都市上的渔场和一个公社渔场，很宽。"丁耀华说。方案既定，一整座村子都要占。有关领导一下令，三天之内就搬完了，一共腾出了3000多亩空地。正好赶上三年自然灾害，"白莲池动物园"计划匆匆流产。1962年，征用的土地悉数退还给了当地的农民。

成都动物园本来已经拥有了200多种动物，但经过"文革"年代，下降到130多种1000多只动物。丁耀华说："动物园成了批斗场所，就连鸳鸯都不能称为鸳鸯，而只能说是野鸭子！成天都是文斗武斗，上街游行……动物疏于管理，自然死得很多。"

1974年，百花潭动物园迁到北郊昭觉寺后门的一片林盘，占地20多公顷，1976年元旦开园展出。[1]

以上成都动物园前世今生之掌故，如今已鲜为人知。

[1] 《成都动物园，从一只金钱豹起家》，载《成都晚报》，2008年2月27日。

## 第四节　从传统"国术"到西洋"体育"

◎ 清末巴蜀武术的难解"谜团"

### 成都地区武术源头在哪里

成都是西南政治、经济、文化中心，成都武术，通常也是"巴蜀武术"缩影。巴蜀文化丰富多彩,巴蜀武术尤为神秘莫测,为中外人士广泛关注。

巴蜀是中国武术、导引(气功)的发源地之一。《列仙传》记载,容成"能善导引之事……发白更黑,齿落更生"。著名学者蒙文通先生考证,先秦之前养生术代表人物容成,就是居住岷山之蜀人。

另一位古代著名养生家彭祖,更是导引武术代表性"祖师爷"人物。《庄子·刻意》说:"吹呴呼吸、吐故纳新、熊经鸟伸,为寿而已矣。此导引之士、养形之人彭祖寿考者之所好也。"至今彭山尚存彭祖仙室、彭祖宅、彭祖冢等遗迹。后世五禽戏、象形拳,都受此影响。

1965年,成都百花潭中学发掘战国墓葬,出土一个铜壶。壶高40厘米,勾画了200多人的形象,其中有水陆攻战图,武士长戈短剑、姿态各异;射猎图上鸟翔蓝天,射手跨步张弓标准武术动作……这件文物,真实反映2000多年前,蜀人武术水平已达到相当高度。所以《华阳国志·巴志》记载:"周武王伐纣,实得巴蜀之师。"

秦汉以后,成都地区武术更为发展。如成都人司马相如,人们只知道他是西汉大文人,拐了卓文君私奔。但这位先生也是武林高手,知者就不多了。他少年时"好读书,学击剑",大概习武太疯了,父母因此骂他是狗娃子("犬子")。汉景帝时,他还当过武官呢(武骑常侍)。

漫长历史进程中,不同时代武术名称不同。约2300年前的战国时期《荀子·议兵》中说:"齐人隆技击。"此后"技击"一直流行到近代中国。文武双全的成都才子司马相如在著名的《子虚赋》中,说楚国云梦区"有白虎玄豹",楚王命令勇士"'手格'此兽"。

"手格"同"技击"一样也是较早出现,而且一直流行的武术名称之一。

生动再现古代成都武艺表演形象的，要算成都市郊和彭县太平乡出土的两块汉代画像砖。其中，定名为"百戏画像砖"上，上右"舞剑"人和下中类似"打拳"人，非常形象而且很有难度，大有"翩若惊鸿，矫若游龙"之势。

西晋人陈寿（233—297年，四川南充人）在《三国志·刘封传》中记载：成都登基的蜀国皇帝刘备，他的干儿子刘封"武艺、气力过人"。说明至少在1800年前，巴蜀武术中已经使用"武艺"一词，并广为流传至今。

汉末魏晋以后，道教、佛教、各种民间宗教，先后在巴山蜀水兴盛。道士"吐纳、引导"等内练法门，和尚"参禅、内观"等内容，民间宗教（巫祝、白莲教之类）仪轨，都曾融入巴蜀武术中。

成都百里外的青城山是道教发源地，对巴蜀武术发展影响甚大：一、道教哲学思想，如易经、阴阳、太极、八卦、贵柔、重生、内外合一……这些理论，成为历代巴蜀武术修炼者的指导思想。二、道教养生技巧，如服气、存思、胎息、导引、练内丹……三、道教宗教成分，如经咒、避邪、降妖、伏魔、雷法……峨眉武术中"会门""神拳"就受此影响。

秦汉以后，有过多次移民入川。各省外来武术流派渗透巴蜀，川人兼收并蓄。漫长历史中，逐步产生了"内外双修，神形合一、风格独特、神秘迷人"的巴蜀武术。

明朝，巴蜀武术进入鼎盛时期。明朝末年，四川60多年兵火动乱，许多地方人迹灭绝。清朝康熙年后，历史上空前的"湖广填四川"大移民运动，使得巴蜀武术又绝处逢生。1937年抗日战争全面爆发，各省大量武术家入川（如中国武林泰斗人物郑怀贤、张英振、李雅轩、王树田等此后定居成都），巴蜀武术更现辉煌，并逐渐发展为现在十分成熟的各种拳种、流派。

## "反清"运动对巴蜀武术的影响

明朝，巴蜀武术进入鼎盛时期。明末清初，兵火动乱使许多地方人迹灭绝。清代"湖广填四川"，全国各地众多武术流派入川，和四川残存的本土武术交融，逐渐形成如今千姿百态的巴蜀武术。如乾隆八年（1743年），四川巡抚纪山奏称："川省数年来有湖广、江西、陕西、广东等省外来无业之人，学习拳棒，并能符水架刑，勾引本省不肖奸棍，三五成群，身佩凶刀，肆行乡镇，号曰'啯噜子'。"[1]

有人认为"啯噜"谐音"哥老"，是哥老会（袍哥）的起源。现在四川武术中的"绿林派"，就和此有直接渊源关系。

入川的"啯噜子"，后来和四川"红灯教"等融合，改设"坛"为"棚"（即采用"啯噜子"棚居习惯），以

[1]《大清高宗实录》卷203，引自蔡少卿：《中国近代会党史研究》，中华书局1987年版，第208页。

左图：清末古城内的习武者，中坐者为此门派的老师傅

右图：清末民间武人，一看就充满叛逆"匪气"

"棚"作为练武功的武装单位。至今成都武林人士,仍常称聚众练武为"扯棚子""扯武棚"。

清末对现今巴蜀武术流派理论形成影响最大的,是晚清时湛然法师,俗名何崇政。

据《名山县志》《蒙寇志略》等史料记载,何崇政,蒲江县干溪保(甘溪镇)人,绰号"何蚂蚁",是个落第秀才。他生于清朝道光年间,名蒲。他少年时很有膂力、精通武艺,据说还得到术士李御风的一本"神授兵书"。他"豪侠好义,急人之急,远近恶少争附之"。咸丰六年(1856年)何崇政参加府试,因针砭时弊遭到主考官斥责和杖责。[1]

何崇政被乱棍打出,怒火烧心。但他仍想当官,后来在路上遇到提督马天贵,拦马高呼要献他的《擒蓝李策》。马提督哪瞧得起这个土头灰脸的村夫子?对这个冒犯官威者下令:"给老子用马鞭乱打这乡下狂徒!"

咸丰九年(1859年)李永和、蓝朝鼎起义反清。大概出于"此处不留爷,自有留爷处"的义愤,何崇政转而投入李、蓝大营,将《擒蓝李策》改为《擒马天贵策》。他精于枪法和棍法,在军中常教士兵习武,深孚众望。何崇政建议打出"杀贪官以救民,分豪富而济众"旗号,联络川南啯噜会党共同反清。何崇政以足智多谋任蓝朝鼎部"护国军政司",即军师。何崇政献计,终于擒斩了打他屁股的提督马天贵,及张万禄、余振海等清军重要将领,吐了心中恶气。[2]

1865年后,李、蓝义军全部兵败。据说何崇政从此遁迹江湖,曾在峨眉山当过和尚,号"湛然法师"。但他仍常奔走川西成都、川东重庆等地,联络反清。

据1998年出版的《四川体育志》说:何崇政写过一本《拳乘》(残本),开头有十分关键的诗句:"一树开五花,五花八叶扶。皎皎峨眉月,风义满江湖。"其后列有青

[1] 陈力主编:《中国野史集粹3》,巴蜀书社2000年版,第232页。
[2] 胡汉生:《何崇政考辨》,载《名山县文史资料》第3辑,1987年。

城、青牛、铁佛、黄陵、点易五个地名，每个都列有香、垓、山、水；接着写了"洪、化、字、慧、僧、岳、赵、杜"八个字，等等。[1]

现今武林人士通常这样解说：何崇政（"湛然法师"）的《拳乘》，把"峨眉派武术"（很多人以此泛指巴蜀武术）比喻为"一树"，而峨眉山是其发源地；"五花"，指灌县的青城、丰都的青牛、通江县的铁佛，开县的黄陵和涪陵县的点易五个武术重要活动地方；"八叶"，是四川"洪、化、字、慧（会）、僧、岳、赵、杜"八个武术门派的名称。这成为近三十年来很多人阐述"峨眉派武术"的理论根据，并由此把"峨眉""少林""武当"列为中国"三大"流（门）派。

"五花八门"是成语，比喻各行各业事物繁多、变化莫测。巴蜀武术分为"五花八门"，只是近三十年来才越说越热闹，有攀缘附会的痕迹。事实上巴蜀武术远不只"五个地方""八个门派"。一百多年前的何崇政，又哪可能对巴蜀武术有如此系统精确的归纳总结？

[1] 四川省地方志编纂委员会编：《四川省志·体育志》，四川科学技术出版社1998年版，第7页。

清末四川民间武人"授徒演艺图"

我认为何崇政的《拳乘》，主要是哥老会的"海底"秘籍。历来相传，康熙年间郑成功占据台湾反清，创"金台明远堂"。其军师陈近南携《金台山实录》潜入内地活动，路遇清兵。陈怕暴露将《实录》丢在海内，后被渔人捞得。道光二十八年（1848年），永宁（今叙永）人郭永泰以重金购取，并据此书在永宁创立"荩忠山"，四川开始有了反清的"山水香堂"。

"荩忠山"如水泊梁山称哥论弟，又称为哥老会。制订的组织秘密活动章程，即所谓"海底"（因为是海中捞出，又称"江湖海底"）；还逐步形成了"切口"，即联络隐语（江湖黑话）。

何崇政《拳乘》中"皎皎峨眉月"，是指"峨眉武术"吗？不是的。笔者详查史料，咸丰二年（1852年）进士、四川剑阁人李榕记载四川民间反清活动说："蜀中尚有啯噜会……十余年勾煽成风，流毒遍湘楚，而变其名曰'江湖会'。每起会烧香，立山名堂名，有莲花山'富贵堂'、峨眉山'顺德堂'诸名目。"[1]

这里明确告诉我们：峨眉山的"顺德堂"，是四川"江湖会"（哥老会）的极重要"龙头"基地。1859年后李永和、蓝朝鼎起义的基本力量就是哥老会。

苏东坡《与陈季常书》中说："先生笃于'风义'，至自割瘦胫以啖我，可谓至矣！"夸赞陈季常真够哥们义气，到了可以割腿上肉给我吃的程度。《拳乘》诗中"风义满江湖"的关键含义就是如此。所以与其把《拳乘》说成是"武功秘藉"，还不如说是哥老会供联络用的"海底"秘籍，这才更合乎江湖袍哥中"你哥子、我兄弟，你不吃、我怄气"的历史真实。

再说明白一些：诗中"一树"是指哥老会峨眉山"顺

[1] 秦宝琦：《中国洪门史》，福建人民出版社2012年版，第250-252页。

德堂"反清"总舵";"五花",是指五个川中反清活动中心;"八叶",应是指八大反清"武棚"。

历史上总是先有武术活动事实,后来才上升到理论阐述高度。今人以《拳乘》借题发挥作为巴蜀武术发展的理论根据有其合理性,也有利于把巴蜀武术上升至拳种、流派的研究分析,所以也不能轻率全部否定。

## 武术在巴山蜀水的大普及

1900年前后的北方义和团,以操练"神拳"为号召。"神拳"特点,就是将民间迷信的降神附体、画符念咒,与武术中金钟罩、铁布衫、排打功、技击术等传统练功法相结合。

成都地区"神拳"由来很久。如道光年出现"青莲教","只用清水一碗,燃烧檀香,在碗上画符念咒,吃水之人即有神附体,自能打拳弄棒,名为少林神打,男女皆可学习"。清末彭洵纂修的《灌记初稿》记载:同治十三年(1874年),灌县红灯教徒李三少、余道士"往来温、彭、崇、灌中,以照光拜灯拳勇各术煽惑愚民,复假鬼神谈隐秘,人多信之"。

北方义和团失败后大量成员流落四川,也将各种北方拳种带入巴蜀,形成"五花八门"多彩多姿的四川武术流派。他们与红灯教、哥老会等合流,使四川反清运动1902年前后达到高潮。据当时清廷地方政府的"汇报""奏折"等称:"自上年直隶义和团肇乱之后,其党流入川境……近且屡变其名,曰'神打',曰'阴操',曰'红灯教',其实皆系'拳匪'"。

这些反清力量最后演变合流为四川"袍哥""保路同

志军"，为辛亥革命做出巨大贡献。

清末四川反清运动，也极大地促进巴蜀武术的普及发展。据史料记载：1902年后四川大部分州县都有反清团体打拳习武，如遂宁"乡里演其术者，几于十室而九"。著名的有金堂东部唐顺之，资阳李南山、何耀山，资中凌天顺、曾洪春，简阳李永洪，仁寿熊青禾，三台李青山，射洪税玉堂，中江廖高亭……他们自称"神佛""天师""元帅"，每日操练"神拳""阴操"及冠以各种神奇名称的武功。

影响最大、几乎攻占成都的是大名鼎鼎的廖观音。

清末佩戴神符的义和团少年

### 红灯教徒在老皇城"登基"

"神拳"曾在清末四川大普及，清朝灭亡三十多年后，居然还发生红灯教徒在成都老皇城"登基"的天下奇闻。这个稀奇古怪的龙门阵是这样的：

1945年春夏之际，有一男四女出现在川北小道上，年龄均在四五十岁左右。五人身挂大小口袋，健步从绵竹走到新都县城，寻栈房住一夜。次日一早叫了五辆长途黄包车，把他们拉到成都时，已近中午。他们沿途询问"皇城在哪里"最后乘坐市内黄包车到了皇城坝。

五人一到"为国求贤"石牌坊下，从口袋里掏出四面杏黄大旗，四个女人各执一面呼呼展开。男人则头扎黄巾手拈信香，在四个女人簇拥下，从城门洞开始"三跪九叩，四礼八拜"，一直磕头作揖拜到至公堂前。最后男人登上大殿盘膝坐于正中，四个女人一本正经地分立两旁。

当他们展开黄旗参拜皇城时，皇城坝看热闹的人就蜂拥而至。至公堂大殿上，此时围观者已是人山人海。那男的登殿后，两眼紧闭口中念念有词如梦呓。看热闹的人听清楚几句，是什么："上天派朕来当人王，本王率天兵天将，今天来此登基"；还说什么要封那四个土头土脑的女人为"王妃"……诸如此类，尽是疯子发癫。

五个妄人煞有介事表演"孤王登基大典"时，早有人报告省会警察局局长方超。方立即派了一个保警中队，跑步奔向皇城。警察包围至公堂，驱散看热闹的。正要逮捕"皇上""王妃"，五个男女立马成为武林高手，忽地从布袋中抽出明晃晃的马刀旋风般乱砍。警长马林，猝不及防脑壳被削去半边，倒地身亡……五个男女凭借至公堂殿柱房壁和警察玩命拼杀，警察远远围着干瞪眼。后来方超急了，亲到皇城训斥警察头目："你们把五个草寇没办法，都是贪生怕死之辈！"

队长张全说："局长咧，不是我们怕死。牺牲也得有个代价嘛，何况你命令要抓活的问案。"班长屈成康也说："局长，这几个是'红灯教'，刀枪不入有妖法！马警长去逮他们，那男的刀尖一指，马警长脑壳就要脱了……"其余的也附和说："局长，这都是真话。我们开枪，子弹拐弯，都打不中他们！"

次日十点，这五个男女待不下去了，拼命突围。方超仍下令捉活口，不准开枪。这五个人奔到贡院街时，警察高呼："红灯教来了！"街巷居民早纷纷传扬污秽之物可破"妖术"，此时家家户户揭开马桶作秘密武器，将屎尿稀里哗啦泼向五人……霎时间，这五个人变成了屎人，满街臭气熏天。"皇上""王妃"被大大激怒，嗷嗷怪叫手执马刀乱砍乱杀，一连砍倒数人。警察被迫举枪还击，五个男女被全部击毙在贡院街头。最后打扫战场，搜出死者身上一些纸条，证明这伙人来自绵竹山区，是红灯教中练"神拳"走火入魔、脑壳进水的妄人。[1]

[1] 戴文鼎：《"皇城"今昔观》，载《少城文史资料》（内部资料）第1辑，1988年12月，第36—37页。

左图:1909年安县红灯教首领肖应典、李开方被捕后照片和四川总督赵尔巽劝喻民众的告示

右图:1900年成都将军绰哈布和四川总督奎俊镇压义和团的告示。来源:四川省档案馆

这个事例,生动地说明"神拳"弄神捣鬼,给后世武术发展带来的消极影响。"神拳"后来演变为巴蜀武术中"南宫"门派,讲究"观师默像",自称能刀枪不入。因为该派倡导怪异,1950年后已少有人提及。

许多人因反对"神拳"弊端而矫枉过正,民国早期,这甚至成为文化精英主张完全废弃中医、武术、各种"国粹"的时尚观点。鲁迅就尖刻地写道:"北方人可怜南方人太大弱,便教给他们许多拳脚:什么'八卦拳'、'太极拳',什么'洪家'、'侠家',什么'阴截腿'、'抱桩腿'、'潭腿'、'戳脚'……收了互害的局面罢!"[1]

认为传播中国传统武术就是"互害",这是标准的"为倒洗澡水把婴儿都掉掉"。这种社会氛围下,不仅是巴蜀武术,连整个中华武术处境都岌岌可危了。精武会创办人陈公哲曾悲凉地说:"'拳术'二字之引起世界人士之不良印象者,厥为拳匪之乱……以为凡练习拳棒者,皆为拳匪余孽。于是父禁其子、兄诫其弟,不许练习矣。"陈公哲还说世人斥责武术为"下流末技",浩叹当时"提倡武术,其难可知!"[2]

[1] 鲁迅:《随感录六十四有无相通》,载《鲁迅全集编年版第1卷 1898—1919》,人民文学出版社2014年版,第754页。

[2] 陈公哲:《精武会50年》,春风文艺出版社2001年版,第27页。

## ◎ "青羊宫打擂"和武术向近代体育"接轨"

### 清末走向末路的传统武术

体育（Physical education）一词，是"舶来"西方概念。《辞海》解释是："狭义指身体教育，即以强身健体、医疗保健、娱乐休息为目的的身体活动……广义指体育运动，包括身体教育、竞技运动和身体锻炼3个方面。"[1] 可见近代化西方体育，核心内涵是"教育"民众怎样运动。

清代成都人传统健身竞赛活动，有赛马、游泳、踢毽、下棋、散步等，多属少数人的私家活动，很难纳入"运动"范畴。能与体育沾点边的，大约只有武术。

武术，以搏击、格斗技术为根本特征，紧密融合中国传统文化（儒、佛、道、医等），并形成一千多年历史的"武举考试"制度。所以，历史上的武术内涵，远不是"体育"这个现代词汇所能包容的。

1900年后，北方义和团失败后大量成员流落四川，与红灯教、哥老会等合流反清。1902年，成都的"川西道"和重庆的"川东道"，"遍为张贴"一篇自称"慈悲道人"写的劝世文《解毒散》，文中反复强调朝廷严禁老百姓教拳、学拳的"律例"：

"大清国的律例上有两条。一条是：左道异端假降邪神书符咒水者，为首绞（首），为从各杖一百，流（放）三千里。一条是，自号教师以演弄拳棒教人者，（脊）杖一百，流（放）三千里。学习者（脊）杖一百，徒（刑）三年……乱去学拳，便算违犯国法了。"[2]

朝廷1900年废除武科考试，及义和团闹"拳乱""神拳"，武术可以说名声扫地。这种高压下，清末练武之风大

---

[1] 辞海编委会：《辞海》，上海辞书出版社1999年版，第624页。

[2] 四川省档案馆：《四川教案与义和拳档案》，四川人民出版社1985年版，第710页。

"拿石墩子"是清末武科考试是必考项目,头号300斤,二号250斤,三号200斤

受打压。1909年,傅崇矩披露成都厌恶武术的状况:"打拳者均自省外来,本城亦有习者……近因'拳匪'肇乱,人皆(厌)恶打拳之名,习者少矣。"[1]

"武术",在民国以前称谓甚为混乱:技击、国术、国技、武艺、武功、把式、功夫、打拳……清末民初,许多人却把武术叫成"柔术"。意思是:人家日本的"柔术"就是从中国武术中学去的,如今成了日本之"国技"。这实质上是"拉大旗作虎皮",是"崇洋媚外"的变态称呼。1926年,才正式定名为"中国武术",简称"国术"或"国技"。这段史实,至今为人忽略。

四川人还将武术称为"扁卦",更少有人能详其义。第一,"扁卦"是技击时的常态(侧身对敌称"扁")。1966年,笔者向成都著名武术家李孟常拜师习武。[2] 李老

[1] 傅崇矩:《成都通览》上册,巴蜀书社1987年版,第462页。
[2] 本书作者郑光路自幼习武,获国家体委颁发的武术六段段位,有关部门授予四川"武术名家"终生荣誉称号,收入《中国武术名家名校辞典》等近十部大型武术专业工具书、辞典。

师常示范说："'抢手'（指较技）时身子要'扁'，要'卦'后就打。"卦即挂，指格挡。第二，清末很多武人沦落江湖当"跑滩匠"，这在江湖行当中属"扁卦门"。有以上两层含义，所以叫"扁卦"。

## 打擂之地为什么名为"柔术场"

近代成都可考的最早擂台赛，是1898年在成都举办的省制台衙门擂台赛。1905年四川举办第一次运动会，设有"较技"项目。

1912年，居住成都的武林名家马镇江、马宝、刘崇俊

清末一个江湖卖艺者在表演痛苦的"吞宝剑"，手里拿铜锣准备要钱

清末父子江湖卖艺，父亲脚踏儿子正伸手要钱

等，以"提倡国粹、强国强身"为宗旨，在成都忠烈祠正街正式成立"四川武士会"。为找个大靠山，该会礼聘四川大都督尹昌衡为名誉会长，马镇江为会长，刘崇俊为副会长，尹昌衡的镖师"铁人"马宝实际负责。

1918年，四川军政当局以"团结尚武"为号召，在成都青羊宫举行首次全省打擂。当时共设三组擂台，第一组擂主为督军的查马长李国超，副擂主为唐伯坍、唐公辅。第二组擂主为余发斋，其子余鼎三为副擂主。第三组擂主为马宝。每组主台三日。比赛结果，公认李国超武技精湛高超。[1]

青羊宫每年农历二月十五日举行庙会，又称为"花会"，人山人海。每年的打擂比赛，最给"花会"增辉添彩。青羊宫内有一大片空旷草坪，由土筑成一个六尺三寸高、三丈六尺见方的大擂台，上搭竹棚遮太阳。擂台四周有竹棚遮拦成极大圈子，门口大书"柔术场"三字。

武术打擂之地曾叫柔术场，至今罕为人知。笔者收藏

[1] 孙仲达：《四川传统体育》，载成都体育学院体育史研究室编：《体育史文集》（内部资料），第209-210页。

第七章　近代化生活方式和传统的碰撞　551

左图：青羊宫打擂台的入口大门情景

右图：1927年以"成（都）郫（县）新县联合武士会"名义打擂赛后颁发的奖章

有一枚"民国十六年第一次柔术场奖章"，由成都、郫县、新都县联合武士会颁发的打擂奖章，直径2.6厘米，是十分重要的文物实证。

春节后，各路英雄纷纷而至。参赛不限地区、身份，死、伤自负，故要报名注册。比赛由武士总会主办，由军政各界人士赞助资金。

受到西方新式竞技体育思想的影响，擂台赛规则在民国初变更为分组淘汰赛，以及增加女子组和少年组的较合理方式，30年代还制定了《比赛暂行章程》，进一步规范了擂台赛。

比赛方法是"拈阄"（或抽签）配对，不像现在散手比赛要分重量级配对。也就是说，你如果体重一百斤，却可能遇上一个两百斤的大汉。比赛顺序是：先赛"资格"，再赛"蓝章"（类似现在优胜纪念章）。再复赛"银章"（银质奖章），取十名。最后复赛"金章"（金质奖章），分为打金章一选、二选、三选；三选胜了，参加金章决赛，最后分一、二、三名。以上各奖均有证书。

进场看打擂须买入场券。圈子里设有茶座，观者品茗饮酒喜笑颜开，真所谓"坐山观虎斗"，一些文人们酒酣耳热、诗兴大发，往往一边看打擂一边摇头晃脑，即兴吟几首竹枝词、打油诗。如徐重蕃写有成都花会竹枝词："'柔术场'中尽教师，多少先生学打捶……"[1] 1922年后，又增加了女子打擂、学生打擂，有人作竹枝词惊叹："'柔术场'中技艺精，登台较手看分明。更有一言须记取，打擂来了女学生。"[2]

主擂者多为"四川武士会""省国术馆"中的武林名手，或军政要人。但有时也邀请其他人士主擂。1931年刘竟成写竹枝词："男女红拳本不差，但无绝技动人夸。吾川赖有《新川报》，鼓吹云空与铁沙。"附注《新四川日刊》新闻："本报讯，湖北武当山云空长老约峨眉山铁沙和尚，不日莅省主擂……"[3]

[1] 林孔翼辑：《成都竹枝词》，四川人民出版社1982年版，第236页。

[2] 林孔翼辑：《成都竹枝词》（增订本），四川人民出版社1986年版，第263页。

[3] 林孔翼辑：《成都竹枝词》（增订本），四川人民出版社1986年版，第212页。

打擂台的有趣历史细节

"打擂"时，一名主裁判手拿小铜铃在台上，宣布比

灌县国术馆1937年正、副馆长赴任就职时合影

赛开始或暂停时摇铃铛；还有"执旗评判"执蓝白小旗二面，蓝胜举蓝旗，白胜举白旗。如赛手"打毛"光火、乱打胡扭，则上前用旗隔开。

比赛实行淘汰制，三打二胜。规定不准挖眼、锁喉、摘桃（抓下身）；流血、倒地、下台、闭法（即丧失打擂技法）为全输。除了打擂，有时还穿插有套路、器械等单人表演，行家叫"外场功夫"，以供交流和台下看客观赏。

比赛时间一般两三个月，也有较短时间就结束的；也有从春节后赶"花会"一直赛到近端午节的。除了青羊官，有时又在少城公园省国术馆内比赛。

比赛一结束夺得"金章"的一跃龙门、身价百倍，由主持擂台赛者将金章挂于胸前，然后骑上高头骏马、身披红色绸带，依一、二、三名获金章的顺序打马逛街。前呼后拥，吹吹打打，鞭炮齐鸣，好不威风荣耀。还有专人飞奔前往获金章者的住家处或机关工作单位张贴烫金大喜报，明显照搬清朝考中武状元、榜眼、探花时的"过场"，亲朋好友多要为获金章者设酒席祝贺。

惨败者自然相反：或垂头丧气、愧对江东父老；或皮肉受损，从此大彻大悟再不争气斗狠；或怨天尤人，发誓再精打苦练，待明年报仇雪恨……

笔者所拜的一位师傅李孟常，就夺得1946年擂台金章。这是他一辈子最风光之事，中华人民共和国成立后他卖了金章在九眼桥附近买了两间瓦房。1967年的一天，李老师家里来了位客人温老师。他半边脸畸形，牙床外露很是吓人。李老师对我们说："温老师功夫很好，但打擂台时运气霉。抽签碰上比他重二三十斤的莽大汉，一贯锤甩成下巴骨折，把嘴巴打豁了……"温老师十分坦然地说："当时老子差点被打死！"

获金章者可以堂堂正正受聘去军队中当教官，民国时期的军队中，上至军、师级，下至连、排级，一般都设有武术教官；也可受聘于机关单位，大、中学校，取得一个说起嘴硬的饭碗；还可被巨商大官聘为"镖师"；最不济者，也可以正大光明开设"武棚"授徒弟收学费，不致招人"说闲话"。

所以打"金章"既有名又有利。决定胜负的，第一是水平，这即所谓"一打功夫"，也就是武人常说的"比砣子硬"。第二，抽签配对存在偶然性，如抽签碰上比你重几十斤的壮汉，结果就有可能连"资格"都打不到，这即"二打运气"。第三是所谓的"三打人缘"：武林江湖旧习甚浓，帮派"袍哥"插手。赛手凭交情或"塞包袱"（贿赂），如取得主持者暗中偏袒，如甲分明打中乙，裁判却可视而不见。

笔者听吴老拳师讲：有一年比赛，成都西郊有个"刘一锤"（形容拳头刚硬，一拳就能获胜）的农民，在赛金章时将和旧川军中一个手枪连长相遇。那连长头一夜找"刘一锤"进行"私曰"（即现今所谓"钩兑"）：要他输给自己，答应暗中重酬。"刘一锤"年轻好胜，次日擂台上毫不相让，那连长败阵。刚下擂台，"刘一锤"的师兄急忙报信："哥子，情况不妙，台下有许多手枪连的丘八要生事弄死你！""刘一锤"连忙跳出青羊宫高墙落荒而逃，才未丢命。可见要纯粹靠武艺获胜，也难。

1950年2月"花会"开始。因已改朝换代，省国术馆不敢办打擂。因商会联名请求，国术馆负责人叫廖泽、景书堂、谢春华、刘玉斌四人为代表，去找解放军代表马任弘接洽办理。这次参加的有二百多人，第一名张松林，第二名黎自根（仅17岁），第三名郭涛，均获金章。

此后国术馆被解散。近代名闻中国的成都"青羊宫打

[1] 关于打擂台和武术家详情，可参阅郑光路：《解放前闻名全国的青羊宫武术打擂》，载《体育文化导刊》，2003年第1期；郑光路：《四川近代武林人物》，连载于《体育文化导刊》，2003年第2、3、4期。

擂赛"，遂成绝响。[1]

### 传统武术运动转向规范化、组织化、官方化

清末，传统武术多为民间私下活动（私家武棚、拳社、门派）。受西方体育传入的影响，成都及四川的武术，逐步呈现出规范化、组织化、官方化的特点；之后武术专业学校成立。

1912年，四川武士会在成都成立。这是四川省第一个官办武术组织。1925年，少城公园内修建了四川省国术馆，四川省武术总会正式成立，前清状元骆成骧被首推为四川会长。

1928年，四川省国术分馆成立，尹昌衡任馆长，孙兆鸾任副馆长。1929年8月，在成都举行了民国以来首届四川国术省级考试，并向甲、乙等获得者授予"武士""壮士"头衔。9月，国民政府颁布《省市国术馆组织大纲》，并电令取消"分馆"，四川省国术馆即正式成立。馆址仍设在少

左图：1929年国术馆武人合影的风貌

右上图：四川武士会内江分会会员徽章（正面）

右下图：四川武士会内江分会会员徽章（反面）

城公园。首任馆长为四川省主席刘文辉,副馆长为陈国栋、冷遇春。国术馆经费由刘文辉按月在24军军部拨给大洋400元。省国术馆成立后,接掌了一年一度的成都花会期间武术擂台赛的主办权。

此后任馆长者,多为四川军政要人,如1934年,由四川善后督办刘湘兼任;1936年,由四川省教育厅厅长蒋志澄兼任;1938年,由四川省政府主席王缵绪兼任(省教育厅厅长杨廉兼代正馆长);1940年11月,由中央国术馆函聘贺国光为馆长,省教育厅厅长郭有守、体育编审刘慎旃任副馆长,12月贺国光调任宪兵司令,由省政府主席张群兼任省国术馆馆长……

1929年,创办"四川省国术馆国术专门学校",1935年改称"四川省国术馆国术体育专科学校",足见已向近代化体育"靠拢";课程设置拳术外,还设有手球、跳高等近代体育项目。仅1929年至1934年间,该校共培养国术人才500余名,输送至各县国术馆及机关团体担任国术教官。[1]

1949年中华人民共和国成立,原有武术组织被官方的单项体育协会——"武术协会"取代。至此传统武术与近代化体育,已经完全"接轨"。

现今,传统武术的精髓更多地保存在民间。这些民间高手如去参加强调安全性、表演性的现代"武术体育"比赛,他们长期坚持训练的传统"狠招""绝招""毒招",和古朴实用的传统套路,会在种种规则下吃大亏。由此可见,传统中国武术如果完全变成了花拳绣腿的"武术体育",也并非好事。

[1] 参见朱飞编著:《四川广记》,成都天地出版社2008年版,第442-444页。

◎ 清末兴起的近代体育和运动会风波

最早一般人都认为"体育"就是"体操"

1902年，四川总督奎俊在成都昭忠祠（后迁北较场）设立四川武备学堂，课程主要为德式体操。这可视为官方在成都"引进"西方体育之始，"兵操"代替了传统武术。

1904年，清政府颁布《奏定学堂章程》，规定各类学校一律要开设"体操课程"（即体育课程）。这一章程正式确立了西方体育在中国教育中的法律地位。[1] 这时的体育课程，主要是日本式的哑铃、体操及球类运动。

当代文豪郭沫若回忆在家乡乐山读书时说："蒙学堂先生姓刘，是嘉定人。他是成都新开办的师范养成所的第一批学生……他的一来到，我们乡里人才知道有洋操了。""那时的洋操真有趣，在操洋操的时候，差不多一街的人都要围集拢来参观。""那时候的立正并不叫立正，是叫'齐奥次克'。叫向右转是'米拟母克米拟'，向左转是'西他里母克他里'，走起步来的时候便'西、呼、米，西、呼、米'的叫着。大家莫名其妙，只觉有趣，又觉好笑……这全是日本的口令，所谓'西呼米西呼米'者，就是'一二三，一二三'而已……"[2]

成都府中学及四川高等学堂附设中学堂的兵操、体操课，每周三至五小时。1904年时，体操教习是湖北将弁学堂毕业获五品蓝翎衔与五品军功衔的人，以及湖北武备学堂毕业的人。四川高等学堂"兵操"，领有笨重的九子枪三百支，因为怕学生把废枪修理出来造反，在枪管里塞满了泥土。

最先占据近代中国体育舞台的，是以兵式体操、德国

[1] 薛有才：《体育文化学》，航空工业出版社2013年版，第187页。
[2] 刘元树主编：《郭沫若创作精编·郭沫若自传》上，安徽文艺出版社1997年版，第33—34页。

图为清末军队中的"兵操",曾为高等学堂等采用

体操、日本体操为主要内容的"军国民体育",一般人都认为"体育"就是"体操"。1903年,成都坊间刻有《认操图式》。1904年,成都官书局出版《体操教科书》《小学体操术、哑铃》和《小学新体操》等。这批早期出版的教材,对西方体育在成都的传播起了重要作用。

1906年,留学日本大森学校专攻体育的新津县秀才邓莹诗,以《四川新津县廪生邓莹诗呈请立体育学堂意见书》,上书到大清国学部(类似教育部)。邓莹诗对"体育"内涵的认识在当时堪称先进:"夫其厮谓体育者,非特体操已也,有卫生,有运动,有休息,有营养,而教育、心理、生理、性育亦在其中。"[1]

邓莹诗还说各省学堂任体操教师者多为军人:"目不识丁,口不言文"。这些体育教师虽然有副好身板,但被其

[1]《四川新津县廪生邓莹诗呈请立体育学堂意见书》,载《四川学报》第五册,1907年。

他教员和学生轻蔑,以"动物标本"来嘲讽他们。学部转发了邓莹诗的函件,表示支持,并通令全国开办体操专修科或体育学堂。[1] 在中国近代体育史上,邓莹诗为四川很添了些光彩。

成都由此建立了四川体育专门学堂。此校原为省城高等学堂附设的体操科,1906年12月独立建校。1906年,仪陇县人朱德考取此校;1908年初毕业后到仪陇县高等小学堂任体育教习。他后来成为中华人民共和国元帅。

一些归国留日学生私人也曾办过一些体育学堂,如1907年邓莹诗在昭忠祠创办成都体育学堂。这个学堂课程较为齐全,除各式体操外,还开设有修身、教育、生理卫生、心理、体育学、学校管理法等课程。[2]

## 1905年首次四川全省运动大会已具近代化运动会性质

光绪三十一年十一月十九日(1905年12月15日),四川第一次全省运动大会在成都北较场举行,举办时间在中国名列前茅(最早是天津1902年)。[3]

大会由四川学务总理方旭任会长,武备学堂总办沈秉堃、会办陈宧任会场主任;留日返川的周道刚、张天培等八

---

[1] 成都体育学院体育史研究所:《中国近代体育史资料》,四川教育出版社1988年版,第273-274页。

[2] 《四川新津县廪生邓莹诗呈请立体育学堂意见书》,载《四川学报》第五册,1907年,转引自郭付人、谭继和等:《成都城市研究》,四川大学出版社1989年版,第668页。

[3] 罗时铭:《中国体育通史》第三卷,北京人民体育出版社2008年版,第139-146页。按:很多专业史料都把"光绪三十一年十一月十九日"记述为"1905年11月19日"(如《四川省志体育志》,四川科学技术出版社1998年版,第233页),这是错误的。郑光路查阅万年历,这天公历应为1905年12月15日。

1905年成都北较场举办"四川第一次运动会"的老照片非常珍贵,摄影:英国传教士陶维新

人任审判员。

竞赛项目有34个：普通体操、器械体操、徒手竞走、蛇形竞走、提灯竞走、球术竞走、传旗竞走、投轮竞走、传球竞走、分柑竞走、一人一足竞走、武装竞走、投囊竞走、乘马竞走、哑铃体操、三人四足竞走、二人三足竞走等。

四川高等学堂、武备学堂等40个单位参加了竞赛；共有运动员8508人；大会工作人员约140人。大会对运动员的服装、参加单位的徽章都做了规定。会末，法文书院、华美、华英等学校做了运动表演。[1]

在成都的外籍人士如日本人今村辰三等十人，参加了这次运动盛会。大会还发行有银质纪念章：币径20毫米，重4克；纪念章正面外周，环书"光绪三十一年十一月十九日"字样；中部篆书"运动会"三字；背面为双龙抢宝图案，中部篆书"纪念"二字，制作精美。[2] 发行大会纪念章，显示已很具近代化运动会性质。这次运动会，在国内和国际上都有一定影响。

## 1908年四川全省运动大会的骚乱风波

1908年秋，成都南校场举办"四川大运动会"，实即四川省第二次运动大会，会长为教育会会长徐子休。

参加单位有：四川高等学堂、铁道学堂、通省师范、成都府中学、富顺自流井王氏树人学堂及重庆运动代表队等20多个单位。

运动场的设备：有椭圆形的跑圈，跑圈外沿立有竹栏杆，栏杆外面有利用城墙斜坡布置的男女观众看台；会场正面搭有高级官员的看台；场中竖立着高耸的旗杆。沿城墙原有的气桥、平台、假城、木马、浪桥、杠架等器械，都修整

[1] 孙仲达：《四川近代的运动竞赛》，《体育史料》第6辑，人民体育出版社1982年版，第9页。

[2] 黄岳明：《一枚清代四川第一次运动会纪念章》，载《四川文物》，1998年第2期，第55页。

如新。

运动项目有：兵式体操、柔软体操、哑铃体操、球竿操、木棒操、木马、单杠、算术竞走、英文竞走、障碍竞走、高栏竞走、100米竞走、500米竞走、1000米竞走等。[1]

这里的"竞走"，实即田径赛跑，但许多研究者对此少有辨析（如今的体育项目有"竞走"，双脚不能同时离地"腾空"，跑步则可以有——这是竞走与跑步的主要分别）。

李劼人当时正在四川高等学堂分设中学堂读书，他描述这次运动会"竞走"即赛跑的情景，就是铁证："五百米竞走预赛集合。几个同学遂偕同郝又三一齐来到出发处……教体操的教习也来了，接了郝又三的夹衫，又亲自打了两个生鸡蛋给他吃，又鼓励了他几句……哨子一响，飞跑了。"结果，郝又三"跑得了第一。几个同学与体操教习一齐笑着奔来，架住他两膀，缓缓走着道：'你跑得不错！'"[2]

开会前两天，议定了"秩序单子"。四川总督赵尔巽接见徐子休，看了单子连说"赞成赞成"，还赞助了几百元钱"叫买成东西，作各学堂的奖励品"。

开会那天，赵尔巽亲临台上观看。运动场上军乐齐奏、旗帜纷飞。各学校运动队入场后先绕场一周，然后到指定地区排列。当时虽无女子比赛，但成都的淑行、毓秀两个女学堂的学生也到场参观。赴会的学生队伍从女看台前走过，多要掉过头去看女学生，"行个有力的注目礼"。

男女看台并不很大，但城墙和墙边斜坡上，可容纳不少观众。城墙上临时设了许多小生意摊子，从卖茶汤、锅魁到卖白斩鸡、烧酒，应有尽有。

开会了，一个骑自行车的人沿着跑道，向栏杆外面的学生队伍大喊："预备！——预备！"

---

[1] 孙仲达：《四川近代的运动竞赛》，载《体育史料》第6辑，人民体育出版社1982年版，第9页。

[2] 李劼人：《暴风雨前》，四川文艺出版社2012年版，第212-213页。

霎时间军乐齐奏,一道写着"四川大运动会"字样的白旗,一直升到中央一根旗杆顶上,随风展开。机器局特为大会制的大气球,也从场中升到空中。

学生们的兵式操正在举行,又来了两支队伍:一支全是小孩子,前面一道旗写着"幼孩工厂"。另一支则是全副武装年纪稍长的大汉,前面一道旗子写着"巡警教练所"。巡警教练所的兵式操表演得整齐严肃,其他学校无一能及。尤其是幼孩工厂的哑铃操表演者全是小孩子,他们每一个整齐动作,都引起轰轰烈烈的拍掌声……

据过来人李劼人叙述,因为运动会本是学界办的,未邀请学界以外的团体参加。一场表演之后,便有几个身穿五色衣服的杂役摇着铃铛,拿着运动会新闻编辑部即时油印的比赛新闻,沿跑道向众人散发。在第三张新闻上,说不应该叫幼孩与巡警来参加,因为两者都与学界无关。

当时中学堂学生,其资格相似秀才。而幼孩工厂收容的娃娃们,都是些讨口子。所以自视甚高的学界认为:"巡警并非学生,学生是何等的高贵,学界是何等的清高,巡警则官吏的走狗,与皂隶士卒相去一间的东西,如何能与学生比并?"这种观点,如今看来实在无理。

教体操的教习更其不平,他们说:"我们劳神费力教学生操练,我们只能在自伙子当中来比长短,怎么会钻出一伙巡警来扫我们的面子?要是容他们比赛下去,我们学生一定会失败到得零分的!"

运动会主持人徐子休,与主办幼孩工厂的劝业道道台周善培商谈,要他们退出。周善培登时就答应了,叫带队的速将幼孩工厂的队伍开走。

巡警教练所是巡警道办的,道台贺伦夔偏不在场。巡警教练所提调路广钟昂头愤然说:"怎吗!难道巡警的资格不够吗?我这个人却还有点骨气,也不像周观察那么软弱,不让!断乎不让!"

器械操比赛开始,各学堂的选手走到杠架、平台、木马跟前,依然有巡警教练所的选手在那里。各学堂的选手就吵了起来:"咋个仍是叫我们同巡警们比赛吗?……莫把我们资格耍矮了!"一个个跑步,各自散了。

巡警们扫了大面子,也愤恨起来:"老子们非同他们娃儿伙争一争不可!"

于是障碍竞走时,一个巡警强硬加入,又趁一个学生钻麻袋时抓住那学生的脚,隔麻布就是几拳……这激起全场学生愤怒,几个成都府中学的学生跑到巡警站立区去吵闹。巡警们上刺刀的枪尖一举,登时就有三个学生倒将下去,其余的回头便跑,一路大喊巡警杀人了!参加兵式操的学生们也把填满泥土的废枪挥舞着,满场喊打……秩序大乱。

赵制台带着好些穿公服的官员不免骇异,从看台上步行下来。他的湖南卫队,已把刺刀上在枪尖上,一个个横眉瞪眼……教育会长徐先生一头大汗,急走在赵制台跟前一躬到地之后说道:"大人只管放心……不妨事的!"赵制台深不可测一笑:"该没有乱党作祟?"

学生既流了血,提调路广钟才气平下来下令叫巡警撤退,自己带着卫兵坐着拱竿大轿飘然而去……

会后,学堂几乎闹到罢课。官场总督赵尔巽、路广钟等,认定那天的事曲在学界:"不该无礼拒绝巡警参加,也不该去凶扑巡警。"学界则理直气壮,刘志士、杨英文几个举贡生员到制台衙门去,"同老赵大人争执了一番"。他们走后,赵尔巽说:"两个矮子真厉害,学界中有这等胆大嘴利的人,倒得留下子心了。"

当时新政之下,四川咨议局来势正旺,遂弹劾路广钟纵警行凶……最后，骆广钟被撤职，运动会军学冲突事件才告解决。[1]

以上这两次运动会，学界（教育界）将其名为四川全省运动大会，但又把其他人士拒之门外，反映了近代体育"初期传播"中的狭隘、封闭特点。

[1] 李劼人：《暴风雨前》，四川文艺出版社2012年版，第221—229、239页。

◎ 田径、球类等新式体育在成都的兴盛

美国基督教青年会大力发展"西洋体育"

1908年之前，成都近代体育活动范围，主要局限在新式学堂。运动形式，主要是由日籍教师及归国留日学生开展的日本体操。

美国的近代化体育，这时也逐渐传入到成都，并逐步取代日本体操的支配地位。外国传教士中，美国基督教会最重视教育。1905年起，美国基督教会先后在成都办起了

基督教青年会内情景，有人在下象棋、打桌球。摄影：[美]西德尼·戴维·甘博

华西协合中学（1905）、华美中学（1907）和华西协合大学（1910）等学校。这些学校，较早开展了田径、球类等运动。更起重要作用的，是基督教青年会成都分会的建立。

1910年7月，美国人谢安道、霍德进（Henry Hodkin）来成都，和中国人杨国屏、杨少荃等在文庙西街，发起组织了成都基督教青年会。杨少荃任董事长，杨国屏任会长，霍德进为总干事长，谢安道为干事。青年会宣称以发展"德、智、体三育为宗旨"，发展"西洋体育"。青年会想法弄到附近土地数十亩，在靠君平街位置的汪家拐修建了一个正规足球场，此外还修了网球场、羽毛球场、克罗克球场（有四个小门和中心柱，类似门球运动）。

1911年前后，谢安道等派教徒到文庙西街附近的铁道学堂和成都高等学堂附设中学、成都联合中学（现石室中学）等处大力宣传，要青年学生到该会踢足球，看体育杂志、画刊及幻灯片，还组织参观洋人每周两次的球类比赛。青年会不定时地举办运动会，进行球类比赛和越野赛跑等。

1913年谢安道又与四川督军胡文澜协商，将旧臬台衙门后面百余亩地皮（即现在春熙路北段及南段的地方）买下，修建基督教青年会会所，设立了体育部。还修建足球场、篮球场、网球场、排球场、乒乓台、弹子房、浴室，还有木马、爬竿、武术等项目，以后又办"童子军训练班""舞蹈训练班"等，售卖美英制造的足球、篮球、排球、运动服装、跑跳鞋及运动书刊。1918年，青年会在成都举办"四川第一次夏令会"，活动项目主要为球类和游泳。[1]

另一支引进西方体育的力量，是1905年后由毕启、陶维新、启尔德等人联合发起筹建的华西协合大学，1910年正式开学。修建校园时，陶维义也来到成都，他也把足球引入了华西，从此在华西坝上就有了成都最好的足球场——华英

---

[1] 参见成都市人民政府外事办公室编：《成都市外事志》，世界知识出版社1996年版，第186—187页。

足球场。

1916年，华大华美学院的路易斯网球场建起，这是成都修建的第一个网球场。据说一位中国老学究满腹疑惑："如果必须把球从网的这一边打到另一边去，这些'洋人'为什么不雇苦力来干呢？"

渐渐地，西方体育运动风靡起来，球类、田径、体操、游泳等项目被学生接受。1924年9月，华西协合大学招收了第一批8个女学生，都喜好各项西式体育活动，成为成都女子的时尚榜样。

近代体育在成都初期传播的完成时间，大致在1925年。"督理"四川的军阀杨森，非常热爱体育活动。他大搞"杨森语录"，如"杨森说，赌钱打牌壮人会打死，打球、打猎弱人会打壮！"[1]

1925年，四川省运动会在成都西较场举行，大会会长为杨森。运动会以学校为单位参加，竞赛项目有：田径、球类及团体操、兵式操、武术表演、射箭表演等。这次运动会的特点，一是竞赛项目较齐全；二是运动会基本摆脱了外国教会的控制，由中国人自办。但由于拒绝体育水平较高的教会学校参加，所以这次运动会奖牌"含金量"值得怀疑。

[1] 杜重石：《杨森的"新川政"》，载《民国政要百志》，中国文史出版社2002年版，第191页。

左图：青年陶维义（左）和大哥陶维新清末在四川合影

右图：陶维新、启尔德等人联合发起筹建华西协合大学，1910年正式开学，从此华西坝上有了成都最好的华英足球场

要之，近代体育在成都的初期传播，经历了两个阶段：第一阶段，从1902年至1910年前后，以日本体操占主要地位，主要是靠日籍教师和留日学生进行；第二阶段，从1910年成都基督教青年会成立，至1925年举办四川省运动会，以田径、球类为主的美式体育占主要地位，主要是通过基督教青年会进行。[1]

肚皮都填不饱的劳苦大众，"体育"与他们无缘。近代体育在成都，主要局限于学校和军队，对整个社会影响并不大。

## 足球运动清末就已经传入成都

现代足球始于1863年的英国。地处西南一隅的四川，足球运动的开展在中国算很早的。1901年，25岁的英国皇家足球队预备队员陶维义（Algnid Daindqon），受英国公谊会派遣从伦敦来到重庆，在黄桷垭创建了广益中学。1903年，长江南岸文峰塔下学校内，四川第一个正规足球场建成了，巴蜀大地首次响起龙腾虎跃踢球比赛的哨笛声。[2]

1905年11月，成都开始筹建华西协合大学。陶维义的

[1] 韩磊：《近代体育在成都的传播》，载《成都城市研究》，四川大学出版社1989年版，第675页。

[2] 熊正德、文复阳：《陶维义先生与广益中学的足球运动》，载《四川体育史料》（内部资料），1985年第4期，第27页。

1903年重庆长江南岸文峰塔下学校内，四川第一个正规足球场建成

哥哥陶维新（R.T.Davidson）是重要开创人，足球活动很快由重庆带到成都。让外国老师哭笑不得的是，学生们体育锻炼时也总是穿着长衫，排成一个圆圈斯斯文文地向另一位踢足球或扔篮球。那时候，在任何公共场合，不穿蓝色长衫都被认为是不礼貌的行为。"[1]

1906年，成都开办的四川体育专科学堂已设有足球课。著名物理学家魏时珍1988年在92岁时回忆：1907年，他在成都高等学堂附中读书。英文老师从上海圣约翰学校毕业，他来校时带来一个足球，每天夜饭后即和同学一道在操场，你一脚我一脚地乱踢一气。球常是蔫瘪瘪的，因为是鼓起腮帮子凭口吹胀的。一年后，这位英文老师离开了学校，也带走了当时颇稀奇的足球。

当时足球昂贵，小学生踢的是小皮球。怕踢烂鞋袜爹妈骂，很多人嘻嘻哈哈甩光脚板乱踢。中学生、大学生，则买成都仿制的易变形的"土足球"，或者用猪尿泡吹胀气当成足球踢。冯蓉先老先生1988年时回忆：学校当局最初视踢球为调皮，尤其小学生还要受校方训斥。学生们只好利用节假日或课外时间到校外大敞坝去踢球，大家围成圆圈，球放在中间，踢来踢去，谁踢得高踢得远，就算足球大明星了。

那时的比赛，就是把球向对方踢过去，全场人"啊呀呀"乱吼冲过去；对方一脚踢转来，大家又"啊呀呀"乱吼冲转来……冲来冲去，就是比赛。比赛时常用的术语：裁判员一般喊"Just"！守门员喊"Door"！后卫喊"Back"！中卫喊"Center"！边卫喊"Side"！前锋喊"Forward"！这些似是而非的"洋盘"喊法，连小学生都吼得烂熟。

成都当时还"发明"一种极为普遍的踢法，叫作"登尖子"，就是把脚趾翘起来，利用球落地刹那间反弹力把

[1] 罗中枢：《历史精神使命——四川大学》，四川大学出版社2009年版，第143、146页。

球捅出去，捅球来得突然又很快，不仅中学生、大学生爱"捅"，连小学生光脚板也"捅"。

比赛时也是这样，总是先整人后踢球。整人的方法招数类似武侠绝活："飞勾子"，就是猛跑去跳将起来用大屁股冲撞人；"甩叉腿"，就是双脚跃起来去蹬人，或一计扫堂腿先把人绊倒再说……这些整人花招是那时公正的"游戏规则"。[1]

足球运动早期传入成都的特点，是具有趣味性、竞技性、活动量大、群体参与性，所以受到青少年学生的普遍欢迎，越来越兴旺。1918年前后，正式的足球竞赛运动才普遍开展起来。

### 陈毅和杨尚昆民国初期都热爱足球

成都市最早的足球场，要算文庙西街中华基督教青年会1910年后修的那个足球场。此外，还有少城公园足球场和华西坝大学的五个草坪球场，后来南较场又兴建一个。偏僻街道空地上，也常见三五成群的小娃娃在比赛小皮球。

其中以少城公园足球场最受学生们喜爱。不管相识与否，凑足人数就开踢比赛。两队结束场外又组织两队上来。特别在星期天，中学生和足球爱好者，相互邀约笑闹着吼："走啊，踢球赛去！"

陈毅和曾任国家主席的杨尚昆青少年时代在成都求学时，课余都爱到少城公园踢足球。陈毅晚年回忆："民国四年，入成都工业讲习所，读了半年，同时还在青年会学英文。那时喜欢踢足球，我是中锋，差不多每次比赛都要登场，诨名'陈Forward'。"[2]

1916年陈毅15岁，考入成都甲种工业学校，校址位于

---

[1] 参见冯蓉先：《民初成都市体育活动概况》，载《四川体育史料》（内部资料），1988年第1期，第23、24页。

[2] 聂元素、陈昊苏、周祖義、郭桂兰：《陈毅早年的回忆和文稿》，四川人民出版社1981年版，第16页。

成都市包家巷82号。陈毅经常到近在咫尺的少城公园去踢足球。他和其他穷学生没钱买足球，就从市上买回个猪尿泡，先用酒搓揉，再用竹笔管把它吹起来，这就成了"球胆"；又找几张破皮子缝起来把"球胆"放进去，一个"足球"就做成了。踢破了怎么办呢？他们用膏药贴，贴补好了再继续踢。[1]

杨尚昆晚年回忆：踢球前先去公园内"鹤鸣"茶铺买一碗"报到茶"，给"堂倌"打个招呼就离开，赛罢返回鹤鸣茶园买一盆热水洗脸，再端起凉冷了的酽茶一边细品、一边"侃"球经，其乐无穷。[2]

当时成都地区最著名的足球代表队，首先是华西大学足球队。1984年，体育界前辈、老足球运动员唐次斌先生，给四川省体委提供了一份珍贵史料，文中有当年成都足球队员的一份名单："1917年前后，甲工校和华大（按：指华西大学）足球队也常有比赛。甲工校足球队员有陈毅（学名陈允明，中锋）、杨名肃、安子初（安大、安承达，绵竹人），安子正（安二、安承遥，绵竹人）、金安仁、张星武（绰号张飞机）、雷国纲（雷少舫，绰号雷婆）等。"[3]

[1] 纪辰：《陈毅的故事》，河南人民出版社1980年版，第10页。
[2] 汤明辉：《"鹤鸣"生意经》，《龙门阵》，1994年第6期，第84页。
[3] 唐次斌：《建国前四川及成都足兰球运动发展概况》，载《四川体育史料》（内部资料），1984年第4期，第11页。

民国早期的华西足球队。来源：杨光曦供图

另据杨光曦先生介绍：成都最好的足球场，是华西坝草坪中央的华英足球场，又称一广场或大坝子。足球场四周是标准的四百米跑道，这个足球场在当时号称"东亚第一"。华西大学的洋人们经常在球场上踢足球，并教学生踢。如像丁克生、苏维廉（William Small）、副教务长罗成锦（H.D.Robertson）等人都热衷于足球运动，有的兼任体育教师。1941年，英国皇家空军足球队，在华英足球场与华西足球队进行精彩的比赛。华西足球队以5：2战胜了来自足球强国英国的这支强队，成为华西坝上一段佳话。

### 少城公园是成都最早最大的公众体育场所

成都将军玉昆开建少城公园后就修建了运动场，当时人称体操场，设有日本式的平台、木马、天桥、浪桥秋千、木墙、单杠、木球房等体育设施，后来又建有足球场。此后几十年中，少城公园一直是成都的民众体育场，有"体育公园"之称。

绿茵场上，生龙活虎的踢球青少年学子，高吼"ok"的碧眼高鼻子洋人……组成一幅幅优美画面，给当时古老封闭的成都带来不少生气。竹枝词写道："场平草浅夕阳红，如织人来罩画中。学子争夸腰脚健，皮球高蹴入云空。""公园吸茗任勾留，男女双方讲自由。体育场中添色彩，网球打罢又皮球。"[1]

民国时期，成都除了少城公园没有别的公共体育场所（学校除外）。热爱体育的人常为争夺场地发生纠纷。1920年11月27日，成都资属中学和储才中学在少城公园举行足球赛。军阀刘存厚的驻军，突然开来几排士兵下操强占球场，与学生发生争执，打伤学生多人，抓走十多人。当天下午学

[1] 林孔翼辑：《成都竹枝词》，四川人民出版社1982年版，第231页；《成都竹枝词》1986年增订本，第196页。

1941年英国皇家空军足球队与华西足球队比赛，华西足球队以5∶2获胜

生在老皇城开大会抗议，会后两千多学生到北较场刘存厚驻地请愿。29日，全城30余校实行总罢课，发表宣言和快邮代电……成为影响全国的大事件。[1]

1924年卢作孚把公园、图书馆、体育场融为一体，另新辟体育场；地点在纪念碑东侧，竖有"公共体育场"木牌一面。又在"民众教育馆"下增设体育部（健康部）。聘请成都高等师范学校体育主任陆佩萱为体育部主任。陆修建一个三百公尺的跑圈和一个足球场。又在纪念碑南侧修建两个网球场、一个篮球场、一个排球场。在纪念碑西侧建有平台、木马、浪桥、单杠等，还设有室内乒乓台两张。

民国时期国内体育明星，如足球界李惠堂、网球界林宝华、篮球界王玉增、鲍文沛等，都曾在少城公园里大显身手。

很值一提的是，成都围棋国内享有盛名。20世纪30年代，成都专门组织"围棋社"，在少城公园绿荫阁茶铺楼上开展活动。参加棋社手续很简单，基金一元，每月常费两角，只要你到公园楼上向管理主任包文勋把手续加入，随时可前往对弈。[2] 公园"永聚茶馆"则是成都中国象棋的窝子，围棋名家杜君果、象棋名家贾题韬都是从少城公园成长

[1] 中共成都市委党史工作委员会办公室编：《民主革命时期成都革命斗争史大事年表》（讨论稿），1983年，第7页。
[2] 周清源：《成都围棋社简介》，载《四川体育史料》（内部刊物），1984年第6期。

起来的。[1]

每到周末和星期天，成都各界人士来场进行各种运动、比赛者络绎不绝。四川参加全国运动会的国术、篮球、足球、网球等选拔赛，也都曾在公园内举行。

至此，西方国家传入的近代化体育，在成都已具主流地位。

[1] 袁庭栋：《成都街巷志》下卷，四川教育出版社2010年版，第706页。

[2] ［日］中野孤山：《横跨中国大陆——游蜀杂俎》，中华书局2007年版，第127-128页。

[3] 《四川涉外婚姻达961对，演绎中西合璧跨国恋》，载《成都晚报》，2007年6月18日。

## 第五节　向近代化迈进的"中外通婚"

### ◎　引发国际纠纷的中外通婚

英国领事馆向四川总督交涉

清末中国人的婚姻，大致可用"父母之命，媒妁之言"8个字概括，自由恋爱很少。因此不般配的甚多，大都婚后凑合过一生。清末在成都的日本人中野孤山就观察到，成都婚俗，大致也和中国其他地方差不多：婚前双方测八字、相亲、报期、送彩礼、迎娶、拜天地、入洞房、三天后回娘家……"所有的婚约都按双亲的意思办"。[2]

婚姻方面向近代化迈进，莫过于中外通婚。

1991年四川才开始正式办理中外通婚登记，到2007年已成功登记3000对以上。此后涉外婚姻现象越来越多，仅2007年1至6月就有961对。而上述登记数中，成都市民占50%以上。[3]

但是，百年前的中外通婚又何其艰难，成都曾发生过中外通婚，惊动海内外、开一代风气之先。这可说是中国婚俗史上必不可缺的一页，如今却已少为人知。

清朝宣统三年正月二十日（1911年2月18日），成都督院街四川总督衙门。

四川护理总督王人文

这个月，四川总督赵尔巽调任东北，布政使（相似管民政的省长）王人文被清廷委任为"护理总督"。王人文，云南大理白族人。他刚接印几天，成都永兴巷四川洋务总局总办李开江（字河源）匆匆求见，说有英国总领事陶乐尔的重要公事上呈。

王人文问：这次英使公事，可要紧么？李开江说：卑职以为倒也不十分要紧，洋人却当成要紧之事。李开江接着介绍事情的来龙去脉，大意是：1903年湖广总督端方上奏朝廷，请派遣留学生赴西方以强国，四川派出13名官员、士子赴欧洲。其中有一个胡继曾，在英国期间结识一个叫海伦的英国女子，在英国登记结婚。胡继曾留学期满，于前年携洋妇回到成都，现已生有一子一女。岂料去年岁末，有一个侨居成都的英国女人莱丽沙，写信向英国驻四川总领事陶乐尔告状，现在陶乐尔要找王护督讨个说法。

王人文听罢沉吟一阵，问：中外通婚之麻烦事，在其他省多么？不妨借鉴处理。

李开江回答的大意是：说起中外通婚，多由外洋留学生兴起。如最早留学美国的容闳，留学英国的何启……后来外交使臣长期客居异国，与所在国洋女人成婚渐成风气。如素有才子之称的陈季同，在海外任翻译、参赞，就娶法国洋女人为妻……内阁中书曾朴写的《孽海花》一书，还绘声绘色叙述陈季同的法国老婆和他的英国情妇争风吃醋、闹决斗的笑话。

清末中外互通婚刚开始时，结婚者大都男方为华人，女

第七章　近代化生活方式和传统的碰撞　575

清末中外通婚的胡继曾和英国女子海伦夫妇，海伦完全是中国妇女衣着

[1] 陈重伊：《中国婚姻家庭非常裂变》，中央编译出版社2005年版。

[2] 林永匡：《清代旅游文化通史》，合肥工业大学出版社2008年版，第297页。

方为欧美人或日本人，少有中国女子嫁给外国人。1898年有个挪威女传教士在山西霍州传教时，与中国教徒成秀琪结婚。女传教士并随中国习俗改名为"成玉英"。婚后两人"偕至英国"，生一女满四岁时，夫妻二人又到山西，在晋城（即太原）地区开设"戒烟局"，生意兴隆日子美满。[1]

清末四川也常有留学生讨洋老婆者，如1906年留学日本的陈新知，娶日本女子山口智慧为妻，留学期满携妻归川，教习"东语"（按：即日语）为业，过得其乐融融。山口智慧后在重庆创办幼稚园，附设保姆师范科培养女教员，山口智慧为教习，陈新知为助教。[2]

清末，急求改革的湖南人唐才常甚至发出《通种说》的怪论，主张"黄人与白人互婚"，以消灭中外差别而强

中国……[1]

但中西种族、文化、国情不同，绝大多数中国人视洋人为"异类"。另外，洋人大多也瞧不起贫弱中国。1899年，美国女传教士什尔弗斯，在广东佛山和一位叫蓝子英的中国男人相恋将成婚。附近几十里的中国居民闻讯大惊，把娶洋妇视为就像娶猪狗为妻一样……在中国的美国人也惊讶万分，怀疑这个执意嫁给"东亚病夫"的美国女子是否患了"病狂"（精神病），还请美国驻华副领事派医生去检查。此事转到美利坚国法律部门，最终美国领事馆以"洋妇嫁华人例无禁阻"，表示并不干涉此事。[2]

### 胡继曾、海伦得到舆论的广泛同情

再接着说成都胡继曾娶洋老婆，惹出外交纠纷一事。

胡继曾在英期间结识英国女子海伦（Helen Ghwoo），婚后回川且生有一子一女。胡氏本有妻室，婚前曾告之海伦，海伦并不介意。1911年年初，侨居成都的英国女人莱丽沙，写信向英国驻四川总领事陶乐尔告状，说胡继曾在四川已娶有一个中国老婆。按英国法律一个男人是不能正式娶两个老婆的。莱丽沙说，为维护英国妇女和法律的尊严，请总领事与清政府交涉：第一要判胡继曾犯重婚罪；第二要判胡继曾、海伦离婚，安排海伦回英国。

英领事陶乐尔接到来信，致函四川护理总督王人文："胡某有妻再娶，应将其按法律治罪。"

王人文问四川洋务总局总办李开江：胡继曾蒙骗洋妇么？李开江答：卑职专门去问过胡继曾和其洋妇。胡继曾说，在英国结识海伦时就说在成都已有妻室，乃是秉父母之命、媒妁之言的包办之婚，自己并不情愿。洋妇海伦也对卑

[1]《唐才常集》，中华书局1980年版，第100—104页。

[2] 陈重伊：《中国婚姻家庭非常裂变》，中央编译出版社2005年版。

职讲，她当初曾对胡继曾说过，她深爱胡继曾，并不介意胡在中国已有妻子一事。

王人文对李开江说：洋人既以法律为题，你不妨以中西法律各异答之。李开江回答：胡继曾对卑职说过，他是胡家两房（即父亲和伯父）唯一独子，就是不讨此洋妻，长辈为子孙繁茂计，也要为其纳妾的。

于是王人文回复："按英人西法，胡是有妻再娶，可将其按法律治罪。但据中国律例，胡某所以娶二妻者，系因"乃为孤子、承祧两房"，是可以纳妾的……李开江回去，以"中西法律各异"为理由，回复英国四川总领事陶乐尔。海伦也明确对陶乐尔表示不愿离婚。领事馆无话可说，遂将此事呈报北京英国驻华公使。

笔者花很大力气，查阅到1911年6月16日的《大公报》。报上记载：英公使亲自打电报给海伦，陶乐尔向海伦述电报内容，原文是：

"胡之先妻在，汝之婚姻为无效，子女为私生。汝及子女三人，皆记入英藉并受保护，愿出汝于现今之卑位。并命我勉汝须回英国，一面为汝筹款。且谓胡某败类，将来必弃汝。今彼固能养汝，将来参官问罪后，汝必苦无地矣，汝当思之，速回我信。"

海伦在给北京英公使的回电中，表示不愿离开胡继曾，决心万难改变，原文是："即使氏夫果如汝所说之坏人，我亦不愿与彼离！"

成都英国总领事陶乐尔去劝说海伦，语带恐吓：你如果不急速离开中国，清朝官方为避免中英间纠纷，必将判处胡某有罪，你将无处容身，"不若速行移出，暂寓他所"。海伦坚定回答：依中国法律不容我为胡某之妻，"我愿为彼之妾，至死不离"。如果你们再干涉我，我就告诉天下，我离开胡某不是胡家不肯要我,也不是我不愿给胡家做媳妇,而是"英国人之逼我也!"

1911年6月20日的《大公报》,记载陶乐尔因屡劝无效,侮辱性地指责海伦说:"作妾,英国决不认可;若曰妓女,则英国妓女不准逗留中国!"言外之意妾与妓女没有什么区别,并且下了"最后通牒":如不离婚回英国,将视为放弃大英帝国之国籍。

海伦的不屈,使英国领事馆十分难堪,通过洋务总局多次向王人文施加压力,必欲拆散双方以挽回面子,报刊就此报道:

"英领事可谓煞费苦心、竭尽其能力矣。乃胡郝氏(按:海伦之译音)仍不为压力所制服,英领事无可如何,于是要求护理川督(按:指王人文)将胡姓所有差使尽行撤去,改派其充当中渡桥工稽察(按:报纸此处原注有"近西藏蛮地也"),名为调委,实与徒流荒野罚作苦工无异;且使其所得薪资不足供一己衣食。明明将其一家祖孙父子夫妻分离之、冻馁之,领事此计可谓妙矣,可谓恶矣……"

原来,在英国人压力下清政府撤去胡继曾在成都"劝工局"的职务,把胡派遣到接近西藏极为偏僻的川边,去当个渡桥工地上的稽查。英国领事馆还专门规定:成都的英国侨民一律不许资助海伦。这一招,是想让海伦在胡继曾外出、一家人陷入困境之际,被迫同意回英国。

最妙的,是《大公报》上一段文字:"本地之行政官(按:指王人文、李开江等官员)曾向英领事曰:'若胡郝氏甘受苦楚,仍不思分离,将如之何?领事曰:'我将劝导之,威迫之。'行政官曰:'如是须若干日。'领事曰:'半月不成,则须一月。'行政官曰:'若胡郝氏始终不从,将若之何?'领事曰:'无法矣,只可作为罢论。'"

这件国际“跨国婚姻”风波，表面看来是因为两国婚姻制度差异，英方为维护一夫一妻制的现代婚姻制度而引起，实际上还体现出英国浓厚的“强权外交”色彩。胡继曾、海伦为保护自己的婚姻幸福不受威逼，获得舆论的广泛同情。所以《大公报》最后评论此事说：

“胡郝氏与胡姓结婚，为个人情爱上之问题，与第三人毫无关涉。今英领事强以国际问题牵涉，逼令胡郝氏离婚，质言之强国妇女不肯嫁于弱国人民，而弱国妇女尽可作强国人民之妻之妾之玩物。噫，可胜叹哉！今胡郝氏至死不离亲爱，如此坚忍，如彼真不愧为英国之妇女气（质），可敬可叹！”[1]

[1] 参见《大公报》，1911年6月20日。

这场外交风波本来还要掀起些浪头，因为“保路运动”风云突变，英国四川总领事发出文告进行威胁，声称：

life. With this end in view, the forms are carefully explained, and some legal business forms, such as power of attorney, agreement, etc., are included. Trade terms and phrases are explained in the appendices.

H 36 The Commercial Press, Publishers

Scientific and Technological Reader

COMMERCIAL PRESS, LTD.

中華民國六年八月初版

（英文工業讀本一册）

（每册定價大洋陸角伍分）

（外埠酌加運費匯費）

編纂者 胡繼曾

發行者 商務印書館

印刷所 上海北河南路北首寶山路 商務印書館

總發行所 上海棋盤街中市 商務印書館

分售處 商務印書分館

北京 天津 保定 奉天 吉林 長春 龍江 濟南 東昌 太原 開封 洛陽 西安 南京 杭州 蘭谿 吳興 安慶 蕪湖 南昌 九江 漢口 武昌 長沙 寶慶 常德 衡州 成都 重慶 瀘縣 達縣 福州 廈門 廣州 潮州 韶州 汕頭 香港 桂林 梧州 雲南 貴陽 石家莊 哈爾濱 新嘉坡

此書有著作權翻印必究

三五九九

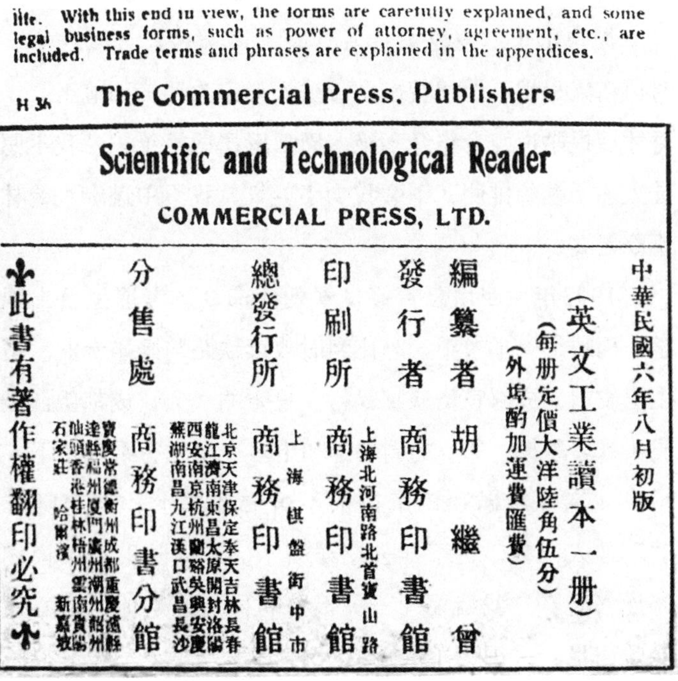

胡继曾学术有成，上海商务印书馆出版有他的英文工业读本

"如果中国不赶快平息四川的反叛,英国就要进行干涉。"此后保路同志军进逼成都,英领馆人员撤离。[1]

1911年10月10日武昌起义,清朝政府垮台,胡继曾和他的海伦夫人,也就继续在成都,过他们自得其乐的小日子了。

[1] 四川省地方志编纂委员会:《四川省志·外事志》,巴蜀出版社2001年版,第35页。

## ◎ 两位世界名人的中外通婚

### 清末驻法公使当媒人的"中比通婚"

清末的成都正府街,古色古香。与扬雄故宅相邻处有所大户人家,人称"洗墨池上周家"。主人周道鸿,曾任锦江书院监院。周道鸿长子叫周启樾。周启樾1885年添了个次子,名叫周炜,又叫周映彤(1885—1958年)。

周映彤十六岁以案首(县府考第一名)考取秀才。当时风俗兴早婚,他相貌出众,被人形容为"美如冠玉",中秀才后提婚说媒者络绎不绝。周映彤严词拒绝:"我不愿以佳人才子缠绵悱恻,销磨我少年英气。我不中进士入翰林,不娶老婆。"

1903年,四川总督锡良奉朝廷命令,考取生员出国留学。周映彤一举考中,赴比利时攻读铁路与采矿专业。留学生出发前,成都官员盛宴饯行。夏末的一天,成都望江楼下码头蝉声悠扬。18岁的周映彤和十多个学生将乘舟东下。

父亲周启樾和母亲依依不舍立在岸上,声声叮咛:"不准入洋教,更不准去交洋婆子。"周映彤泪眼模糊,连连答应:"我赌咒——决不会的!"这是他的真心话。他曾回忆:"因为不久前有人告诉我,洋婆子长着很长的毛茸茸的尾巴，才穿上那么多褶子的裙子，目的是要遮盖她们的屁股。"

一路风波到了上海，转乘"帕索斯"号海轮，船上周映彤初次看到欧洲女人。他不久后写信给弟弟说：欧洲女人是"世界上最丑的人"，她们穿了皮鞋的脚，比他的脚还大。她们的手、她们的鼻子、她们笑时张开的血盆大口……她们什么都叫他害怕。怎么有人会把她们当作女人啊？[1]

1904年寒冷的二月，终于到达比利时。他从读中学到上大学，在这里度过十年余。

1905年，布鲁塞尔市的干酪市场，一个叫玛格里特的姑娘在瞧干酪。周映彤则呆呆看着她：鹅蛋脸、琥珀色的大眼珠，裸露的肩头。阳光映照她金红色头发，他感觉就像一道金色瀑布般乱眼。他平素最讨厌干酪"骚臭"，这时捂鼻子的手绢却忘形地掉了下来……这"一见钟情"的一刻，彻底改变了他"欧洲女人"不是女人的看法。

他不去上课了，"跟梢"其后，下午他又到她居住的街上，来回踱步窥视。玛格里特的母亲发现诡异："呆站我家对面的那个小中国佬是谁？"大门忽然开了，玛格里特走了出来。他手足无措，她也全身哆嗦。

她和周映彤同在1885年出生，她美丽、浪漫、任性，又好幻想。她猜想：一定是大清国的王子从天而降？她想向他说："请问殿下，我能随你去贵国吗？"但她说的却是："你可以进屋喝一杯咖啡吗？"周映彤进屋了。从此他们堕入情网。

玛格里特出身于贵族家庭——丹尼斯家族。父亲是比利时内阁大臣，知晓此事勃然大怒骂道："你怎么不自爱，想去嫁给一个黄种人、异教徒？"丹尼斯家人都说她被魔鬼缠了身，举行了祈祷和洒圣水仪式。还有人主张把她关到精

[1] 韩素音：《伤残的树》，生活·读书·新知三联书店1983年版，第64—65页。

出国前的周映彤（左）和婚前的玛格里特（右）。来源：韩素音：《伤残的树》

神病疗养所去。

她的母亲以泪洗面，但对他们幽会却睁只眼闭只眼。她的父亲每次怒气冲冲把周映彤撵出大门。周映彤却又从后门钻了进来，那是泪流满面的母亲开的门……

终于，她父亲把她锁在屋子里。一天早上父亲出门了，玛格里特尖叫着把房门踢了一个洞逃出屋，和周映彤双双逃到法国……丹尼斯家的人都说她真的疯了。就在这短短几天私奔中，玛格里特怀孕了。一个月后，她得意地向家人宣告："现在你们还不让我们结婚吗？"

这对异国男女勇敢地"把生米煮成熟饭"。1908年春天，当地主教和中国领事不得不郑重晤谈，处理这件极"烫手"之事。领事最初主张严惩，把这个影响外交的周映彤押送回国。主教最后一摊手说："我们只好把这看成上帝的撮合吧。"

但这时，周映彤又担心成都的家。他说："中国乃礼仪之邦，男女婚配皆出自双方父母之命，还要媒妁之言，否则称之为'野合'。"

据周映彤的妹夫陶亮生先生1983年讲：比利时贵族女郎和中国留学生私奔、其当内阁大臣的老父被气得发昏、到欧洲"踉跄寻女"一事，早被记者写出大新闻发表于各报。此事为中国驻法公使刘式训看到了。[1] 留学生周映彤成了海外"名人"。刘式训说：现女方父母既已同意婚事，他甘作"冰媒"，撮合美缘。

公使先生亲笔写信邮寄成都法国领事，请转致周家。周映彤父亲周启樾乃召集家族郑重商议此事。一家人全部反对，七嘴八舌地说："周家乃诗礼旧族，如今却要娶怪腔异服之洋妇，大不相宜。"

刘式训十分热情，再次来信劝说："吾国贫弱交困，

[1] 陶先生及其他一些文章说这位驻法公使是郭嵩焘，这不准确。郭嵩焘1891年已病逝，终年73岁。笔者详查外交史料，驻法公使1905至1911年是刘式训。

不为列强所齿，留学生在外亦垂头丧气。今异国望族女子看上中国学生，乃国家之光、闾里之荣也……望释除疑虑，曲予成全。"信到成都，周映彤父母反复商议后说："我们儿女多，割舍一个给外国人，似也无碍。"终于复信，应允了中国驻法公使当媒人的这桩婚事。

1908年7月1日，一对冲破两国家庭阻碍的新人美梦成真，在比利时隆重举行婚礼。据说比利时还将夫妻二人照片制为邮票发行……婚后仅四个月（1908年10月），他们生了一个儿子，名芷春。

1913年，28岁的周映彤西装革履，挽着金眼碧发的洋太太回到成都。玛格里特刚入门，先立正再一脚退后，然后深深鞠躬……周映彤含泪对母亲说："这是外国隆重大礼！"玛格里特因漂洋过海几十天，旅途劳顿已很疲惫消瘦。但这时父亲周启樾刚逝世不久。丧事行三献礼（即祭奠三次），玛格里特披麻戴孝，一切祭拜如中国礼仪。

父亲丧事完毕，周映彤在四川高等学堂任教授职。玛格里特非常喜爱成都，尤其嗜爱成都饮食。一年后，中国交通部任命周映彤为京汉铁路天津段长，乃移家住天津。周映

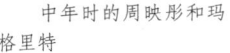
中年时的周映彤和玛格里特

彤一贯不问家事。玛格里特很会持家,子女衣物皆亲手制裁。一日三餐,中西迭换。玛格里特对子女教育尤严,家中说话多用法语。一家人生活方式十分健康:运动、看书报、唱歌曲……真可说中西合璧、其乐无穷。

周映彤夫妻风风雨雨厮守40多年。据陶亮生先生讲:1950年改朝换代,"使玛格里特大惧",她执意要周映彤出国与海外儿女团聚,周映彤却难舍祖国。恩爱几十年的老夫妻,在未来吉凶难卜的时代背景中吵闹分手。玛格里特由香港转巴黎,依长子周芷春。

周映彤与爱妻分离时已64岁,后任建工部总工程师,1958年在讲坛上因脑溢血病逝,终年72岁,葬于北京八宝山公墓。玛格丽特1965年寿终于意大利次女月华处。

这对夫妻的悲欢离合,折射了时代沧桑巨变。这对跨国夫妻的名字,如今人们已非常生疏。但他们生的一个女儿,却非常有名——她就是世界知名作家韩素音。[1]

### "诺贝尔文学奖"终身评委马悦然是成都女婿

民国时期,中国男女婚嫁明显有了"中西结合"的色彩,中外通婚已较多。值得叙述的是1948年峨眉山报国寺,出现的一个年轻的"马洋人"。

这就是马悦然(N.G.D.Malmqvist)。他1924年出生于瑞典,1946年入斯德哥尔摩大学随著名瑞典汉学家高本汉学习。1948年大学毕业,他到峨眉山报国寺拜高僧果玲等人为师,当了8个月小和尚。

难怪几十年后,他一听记者说重庆话,立即用地道川话回应:"原来你娃儿是重庆崽儿!"

1949年9月,马悦然寄住华西坝陈可行教授的"可

---

[1] 陶亮生:《记韩素英父亲周映彤先生》,载《四川文史资料》,四川人民出版社1985年版。韩素音:《伤残的树》,生活·读书·新知三联书店1983年版。

左图：1950年成都姑娘陈宁祖和年轻的马悦然在香港。来源：马悦然：《另一种乡愁》

右图：1990年马悦然和陈宁祖。来源：马悦然：《另一种乡愁》

庄",为其刚满18岁高中毕业的二女儿陈宁祖补习英语,浪漫故事由此开始。陈宁祖贪玩,马悦然拿出很难买到的可可粉"贿赂"。这招非常有效,但马悦然的可可粉吃光,陈宁祖开始逃课,常引马悦然到玉带桥"新明书屋"淘旧书。1950年秋,马悦然要离开成都了。离别的夜晚,陈宁祖弹着钢琴,含泪唱民歌:"在那遥远的地方,有个好姑娘……"

他怅然到香港,急忙给陈行可教授打电报求婚。这年9月20日,穿蓝布旗袍的陈宁祖和他终于相聚在香港。他们生育了三个儿子,过了46年的幸福生活。

1996年,宁祖女士去世。马悦然80岁时仍每天散步到她墓前,和她单独待一会儿……

笔者翻开成都女婿马悦然写的中文书《另一种乡愁》。封面就是当年"马洋人"和他的中国妻子。高瘦的他西装革履,娇媚动人的妻子短发旗袍紧偎"马洋人"——这段异国情缘就是书中描写的重点。[1]

[1] 马悦然：《另一种乡愁》，生活·读书·新知三联书店2004年版；王京川：《乐山之子,魂兮归来》，载《乐山日报》，2005年9月4日,第3版；任敏姗：《名人专访:瑞典汉学家马悦然品评汉语芬芳》,载《人民日报海外版》,2006年2月8日,第2版。

586　成都"变脸"——中国城市近代化缩影

1981年马悦然（中）到成都和岳父陈行可教授（左）。来源：马悦然：《另一种乡愁》

## 第六节　西方色彩浓厚的"彩票"和"报刊"

◎　彩票进入成都的风风雨雨

### 晚清菲律宾（吕宋）彩票独领风骚

18世纪以来，欧美国家出现了一种近代化的社会性公开赌博形式——彩票。

这款舶来品19世纪60—70年代进入中国，长期为菲律宾彩票独占。当时称菲律宾为吕宋，故称彩票为吕宋票。民间又俗称白鸽票，意思是买彩票的钱"如白鸽之飞去而不还也"。

无数中国人梦想一夜暴富，走火入魔。当时人欧阳昱记录："凡中国二十二省府县，为商贾凑集之所，即设有局。高悬'吕宋彩票出卖'六字。或悬'发财票出卖'五字……"

欧阳昱遍历中国各大城市，"见因买票而倾家丧命者甚多，得彩者甚少"。有一年，他坐轮船时，忽见一人投长江寻死，不知何故。船主忙检查投江者行李大皮箱，"开看，满箱皆吕宋票。有簿一本，记欠债家银数万两，皆十余年借买吕宋票所负者，自知难偿，不死亦死矣"。

欧阳昱慨叹："此予（我）目击也，未经余目击者，又不知多少？甚矣！（吕宋票）毒害人之深也！"[1]

吕宋票由侵占菲律宾的西班牙殖民当局发行。1898年，美国对西班牙宣战，西班牙战败割让菲律宾，吕宋票停止发行。

[1] 欧阳昱：《见闻琐录》，载朱德裳：《三十年闻见录》，岳麓书社1985年版，第145—146页。

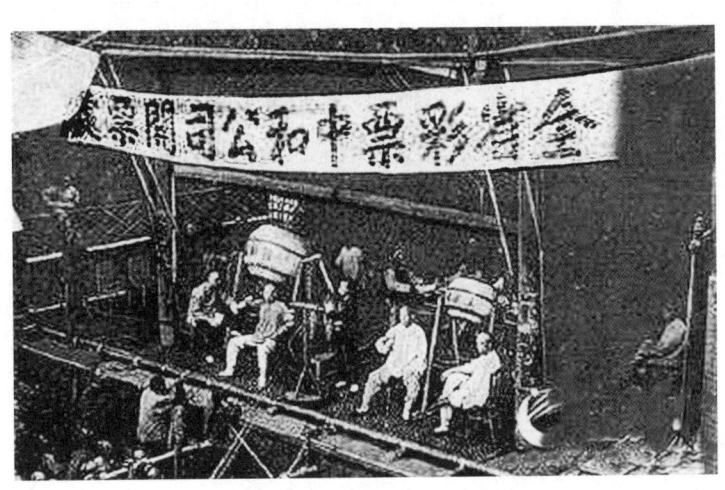

图为清末彩票开奖时主席台情景

1899年，广东商人庞乃客呈请两江总督刘坤一，设立了"广济公司"经营彩票。这年4月23日，江南义赈彩票在上海张园开彩，这是中国第一家经政府批准成立的正式彩票公司。[1]

[1] 参见张伟：《沪渎旧影》，上海辞书出版社2002年版，第263—264页。

此例既开，这一本万利的生意在中国各省纷纷登场。1901年中国和列强签订《辛丑条约》后，各省每年凑钱还赔款。湖广总督张之洞"奏办湖北签捐彩票"。彩票收入除偿还赔款外，还有甚多盈余。不少商人把彩票带到成都、重庆等地卖给四川人，还有人伪造彩票。

四川制定了中国第一个最为正规完备的彩票章程

眼见外省彩票来捞四川人的钱，四川总督锡良自然坐不住了。

光绪三十一年（1905年）冬，他指令成都设立彩票总公司（在成都七家巷），制定《四川彩票章程》。任命试用道台熊承藻充任四川彩票总公司总办（后为道台翁又申），会办则是花翎二品衔调川差委的浙江候补道尹良。

四川初办彩票时，并未上报中央政府批准。光绪三十二年正月初八日（1906年2月8日），总督锡良才为此事上奏朝廷说："川省地处僻远，而近来如重庆口岸等处，辄有奸徒托名外来售票，伪造朦销。虽经严禁，而狡诈百出，仍不免密相买卖。与其坐视愚民耗伤，何若竟由公家开办。奴才现拟照各省彩票章程，派员经理。先从少数试办，仅在省城、重庆设所，听民自购……如获盈余，拟即拨归练兵制械之用。"

但朝廷以"练兵筹有专款"不准。但此后四川发行彩票并未中断。原因是，当时清廷统治力已大为削弱，各省封疆大吏尾大不掉。1906年12月15日，锡良再次奏请正式开办彩票："财政奇绌之时，得此要不无小补。"[1] 这次清廷批准了，四川办彩票从此名正言顺。

[1]〔清〕锡良：《四川改设法政学堂折》，载《锡良遗稿》第1册，中华书局1959年版，第556、621页。

《四川彩票章程》，是当时中国关于彩票最为完备的官方法令。章程共计二十条，要点是"官办商销，售买听民"。

所谓"官办"，是政府为发行彩票提供合法性，收一成左右的利润；其次，在各地设立彩票分公司：成都有一个彩票销售点，成都之外设有29个。

所谓"民办"，指彩票总公司不直接售票，而是批发给票行经销。章程规定：销票40张以上，打95折；300张以上，94折；600张以上就是93折。成都之外的地区买一百张彩票，付2元（银洋）邮费。

为防造假，彩票用红蓝两色石印，西方化色彩浓厚；票面正中间，是彩票号码数，分别用中文大写和阿拉伯数字

图为清末一家专卖"天平戥称"的商铺也售卖各种彩票

标明。下面有中英文说明,十分精致。

章程最后,附有四川彩票第一次开奖说明,时间为光绪三十二年正月二十八日(1906年2月28日)。发售了两万张彩票,每大张售银洋5元;每大张彩票又分为10条,每条售银洋5角。

最值得称道的是为避免舞弊,章程规定:凡是彩票公司的工作人员,不准购买彩票。如匿名购买,中了奖也不兑奖。开彩之后,由总办、会办、监视彩场委员三人,共同署名将中彩号码及售出该票的场所等情况,呈报督宪。[1]

彩票公司1908年改为票捐局,当时人傅崇矩说:"四川彩票发起于光绪三十一年之冬,川人争相购买,以贫而得大彩立刻成富翁者,无期不有……每次开彩,毫无弊窦,故川省之彩票得以销行无滞。每期子正额外又加出副票。"

每期开奖,省内各经营彩票的商行处,都贴有公布中奖号码的告示;省外的则在外省报纸上(如上海《中外日报》《新闻报》等大报),公开刊登中奖号码、对奖办法。[2]

有学者依据宣统二年二月票捐局资料统计,自光绪三十一年(1905年)十月二十四日开办第一期起,至宣统二年(1910年)正月底第四十九期止,共售彩票1 508 000张,每张售价银元5元,合价银元754万元,净利润为1 011 900元,盈余率达13.4%。截至宣统元年(1909年)十二月底,盈余中共解交机器新厂(兵工厂)946 200元,其中拨付警务公所3万元。[3]

学术界认为:四川彩票总公司的创设,首次制定了晚清第一个最为正规、最为完备的彩票章程,建构了一套完善的彩票发行机构,使晚清彩票业发展到较为成熟的阶段。[4]

清末成都彩票业十分发达,傅崇矩说:"又有绸缎铺、洋布铺等,至夜市时一变而为彩票铺矣,到白天仍售洋

[1] 参见《四川彩票章程》,四川省档案馆藏,全宗号6缩微号47,档案号5216。
[2] 傅崇矩:《成都通览》下册,巴蜀书社1987年版,第220、223页。
[3] 杨祖昆:《四川彩票溯源》,载《文史杂志》,1993年第1期。
[4] 刘力、罗晓蓉:《晚清四川彩票述略》,载《重庆师范大学学报》(哲学社会科学版),2010年第6期,第10页。

布绸缎也。成都之售彩票者，亦以夜市上为最多。[1]

## 傅崇矩惨遭官员以权谋私

清末"新潮"人士傅崇矩，在各种近代化变革中大出风头，也是四川彩票业历史上早期"吃螃蟹"的人。只是这只"螃蟹"实在难吞，把傅崇矩弄得几乎倾家荡产。

初办彩票时很多人不晓得这玩意儿为何物，"众商缩手"不敢经销彩票，而傅崇矩一马当先跳将出来。1905年寒冬，傅崇矩办的桂王桥北街图书局大门右侧，又挂起块"富记彩票分行"的大吊牌来，开设了成都第一家专营彩票的分行。

[1] 傅崇矩：《成都通览》，成都时代出版社2006年版，第131页。

清末大街上有专卖彩票的店铺

原来有个当过县丞的冯昆山,这时当上监印彩票委员。他找到傅崇矩说:你的图书局每期认销三千张,彩票公司给你特别折扣。彩票局总办翁又申大人委任你为"商董"和售票委员,并"悬牌奖励"。

冯昆山是以权谋私的高手,不出分文借机和傅崇矩合伙,所得利润却要"干分三成",即双方以三七分成。而到彩票公司领取彩票需现银,傅崇矩又无此财力,只好约朋友曾雅仓合资。曾雅仓不认冯昆山的"干股",只允傅崇矩占利二成;而冯昆山也不认曾雅仓的入股,只认傅崇矩一个人。原说好的照三七成分账,傅崇矩在曾雅仓处只得二成之利,在冯昆山处却须付出三成之利。傅崇矩暗自叫苦:"不唯白效(劳)奔走,徒拥三千票之虚名,并每期赔出一成之利以归冯。"

到次年(1906年)三四月间,傅崇矩实在玩不下去了,就不再给冯昆山的"入股利润"。冯昆山大怒:"你既毁约,我只好把什邡钟知县托我经手、在你处所取彩票该付的银钱'借'来,充我该得之红利。"

傅崇矩哀叹:"彩票畅销时冯委员昆山占利干三成,彩票滞销时万委员小村占票亦干三成,委员之权力甚大,故敢怒而不敢言也。"

开办之初,每月发售彩票一次,共印票20 000张,百姓争相购买。票捐局就正额之外又加出副票,每期要印50 000张左右,把市场弄得混乱。当时省城彩票由各彩票商领销,发全省各地销售。销售滞阻后,十家九剩卖不脱。傅崇矩处所剩尤多,外无人买、内不准退。傅崇矩剩了无数卖不脱的彩票,一年之间共亏损一万多两银子,弄得几乎去撞南墙。[1]

清末华阳县令周询记述:每期约以所售彩票金额的50%为中彩奖金,"余利除(票捐)局(办公费)用及月提二万

图为傅崇矩曾经营过的清末四川彩票

[1] 傅崇矩:《成都通览》下册,巴蜀书社1987年版,第221—222页。

元补助兵工厂外,余款悉解藩库。"

周询又说,票捐局官员工资丰厚:内设总办一人,月薪大洋200元;会办一人,月薪100元;下设文案、收支、稽核、管票等员若干,月薪数十元。另外,"惟自总办起,月薪均加倍发给。盖(按:每期彩票)大奖内,例有百分之三回扣,即以此加薪一倍,以当年终分红。"[1] 实际上是发双份薪水,巧取豪夺。

### 清政府严惩彩票舞弊及完全禁止彩票

清末中国有两家规模最大的彩票公司,一是上海的"南洋彩票公司",前身即上文所述的"广济公司",1905年因6年专利期满收归官办改名,后台是两江总督刘坤一。另一家是"湖北彩票公司",后台是湖广总督张之洞。

"南洋公司"有一期头彩为公司职员所得,经查事属偶然,无作弊嫌疑;刘坤一下令,此后公司中人不许购买本公司彩票。湖北彩票初办时,从广东招来两名摇号员发生舞弊。张之洞下令该期彩票头彩停发,两名摇号员被处死。

1905年,福建彩票公司第17期彩票开彩,头彩一直未见,原来摇号人与主持者串通作弊。博彩者上台与主持开彩人理论,遭警察棍殴,触众人之怒群拥而上,捣毁公司……《申报》报道:"福建彩票公司闹事一节,已迭纪报章……闻督宪电复,饬将舞弊之陈振宽于重开此次头彩之日就地正法。"[2]

另外,安徽铁路彩票公司也曾发生舞弊。最后福建、安徽等作弊彩票公司都被取缔,被取缔后这些省份就不准再设立彩票公司,财政收入受到很大影响。可见,清末在这方面的监管是很严厉的。

---

[1] 周询:《蜀海丛谈》,巴蜀书社1986年版,第138页。

[2]《福建彩票公司舞弊之陈振宽拟即正法》,载《申报》,1905年8月29日,第4版。

清末政府规定，中彩人姓名、住址要公诸报刊，让众人知晓有案可查，表明无弄虚作假现象。而中大彩的人也不觉得姓名、身份被公诸报端有什么不妥，并不担心暴富而被偷、被抢、被勒索、被绑票。

百年后的今天，买彩票中大奖者，几乎都是头戴面具遮遮掩掩去领奖。有人评论：让人看来清廷社会治安也许并不是那么糟透顶，尽管它即将谢幕。[1]

四川开办彩票，虽有官员以权谋私的弊端，但同其他省份相比较要算轻的。难怪傅崇矩虽然深受其害，也说："四川彩票……每次开彩，毫无弊窦。"[2]

1910年后，清朝为加快宪政步伐严厉禁赌，撤销各省的彩票公司。当时人周询说："至宣统二年，新刑律成立，彩票在禁止之列，是局（按：指经办彩票的四川票捐局）遂裁撤。"[3]

宣统三年（1911年）的《大清暂行新刑律》，专设"关于赌博彩票之罪"一章。规定：发行彩票者，处四等（一年以上三年以下）有期徒刑或拘役，并处一千元以下罚

[1] 孙萍主编：《历史不忍细究》，江苏凤凰出版社2010年版，第312页。
[2] 傅崇矩：《成都通览》下册，巴蜀书社1987年版，第220页。
[3] 周询：《蜀海丛谈》，巴蜀书社1986年版，第138页。

清末东大街上，有专卖彩票的店铺。摄影：[美]张伯林

金。购买彩票者，处一百元以下罚金。这标志着清政府在法律层面上完全正式禁绝彩票。[1]

1912年，中华民国建立，《中华民国临时约法》也明令禁止发行彩票。1918年后，彩票业又开始风靡全国：各省督军竞相发行"善后""济实""慈善"等名目的彩票。

1949年中华人民共和国成立，彩票被列入"黄、赌、毒"而禁止。1987年7月，类似彩票的"社会福利有奖募捐券"出台，1995年公开改名为"中国福利彩票"；其后体育奖券，也改称为"中国体育彩票"。[2]

中国彩票业从此又迅猛发展，成为无数百姓"一夜暴富"的幻梦。

◎ **报刊的蓬勃发展和"广告"的产生**

报刊出版界先驱傅崇矩的屡败屡战

1872年4月30日，《申报》（原名《申江新报》）在上海创刊，是中国近代化报纸的开端。

光绪二十六年十一月初五（1900年12月6日），成都桂王桥北街，寒空中突然鞭炮声声……许多人齐集一家大公馆前，门上高悬"成都图书局"黑漆大匾。人们议论纷纷：啥子生意又开张啦？

一个时年28岁、身材矮小的黄脸青年对众人朗朗演说，大意是：

我们不是做生意，是办《算学报》。诸位总晓得，省城里早有用锅烟子印刷"上谕""辕门抄"之类的《京报》《纶音捷报》。但这些官府时文只在官场流通，与百姓无

---

[1] 周少元：《中国近代刑法的肇端：〈钦定大清刑法〉》，商务印书馆2012年版，第356页。

[2] 朱玲、柳伯力、谢晋达等编著：《体育博彩论》，四川科学技术出版社2009年版，第21—22页。

缘。西洋各国的报纸，是老百姓也可以开办印刷、老百姓都可看的，既传送消息、又启发民智。西洋各国最为流行，所以人家也最先进。光绪二十三年十月上旬，宋育仁先生在重庆办了个《渝报》，这就是我们四川最早的报纸。次年他调省城当尊经书院的山长，《渝报》办了16期也就停刊了。光绪二十四年三月十五，也就是西历1898年5月5日，宋先生又在省城同杨道南、吴之英、廖平等先生创办《蜀学报》，其实就是《渝报》的延续，也是成都开天辟地以来的第一份报纸……《蜀学报》多议论时政、倡导维新。敝人和苏星舫先生合办《算学报》，又开设"算学馆"，则是宣传西学博算、开启民智，是成都办的第二家报纸。"算学馆"聘苏星舫先生任总教习，收徒教授西洋算学。

人群中有人说：戊戌变法失败，"六君子"被杀，《蜀学报》响应康、梁，被衙门查禁。你们今天开张的《算学报》，又当如何？

那青年高声说：是呀，这几年四川"莫得人敢说报字了，谁个又敢开报馆呢？"他接着说：《算学报》是"专说算学，不敢干涉地方事件。"[1]

"成都图书局"客厅墙上，挂着傅崇矩龙飞凤舞写的一首诗："一觉黄粱梦未成，男儿有志事长征。上书空入红莲幕，投笔难随细柳营。阮籍途穷怜壮士，江淹才尽愧儒生。风尘万里逢知己，愿见荆州识姓名。"

有人问：这首诗愤世嫉俗，先生志向非凡。只是百业甚多，先生为何独要办啥子报纸？

傅崇矩说：我自幼不务正业喜杂搜博蓄，所以仕途无缘，年前随家父举家迁省城。自思如今列强凌辱、国事日非，又见蜀中闭塞、民智不开。而西洋各国之振起，莫不以民智为基础、科学为先导。所以敝人斗胆创办报纸以开启民

[1] 参见《四川开官报说》，载《启蒙通俗报》，第1年，第17期。

智为己任,还望能多遇知己啊。

这位青年就是四川近代报刊、出版界的先驱傅崇矩(1872—1917年),字樵村,此外还有新樵、樵春、樵斧、过来人、樵新子、亦天等笔名、别号。傅樵村是简阳县石盘铺人,青年时代求学成都并定居,遂以成都人自居。他1898年肄业于成都尊经书院,在《蜀学报》当过"访事"(编辑记者一类)。初为廪贡生,30岁那年即1902年冬月,赴合江县学署任教谕,时间短暂。次年去职后,曾加捐道员虚衔。民国4年(1915年)任松潘县长,1917年署屏山屏山县知事。秋,卒于任所。[1]

当时知己太少,他创办的《算学报》曲高和寡,傅崇矩叹气道:"可叹可怜,办了两期,莫得二十个人肯要。"[2] 只好停刊。其发行量之少,为世界报刊史上罕见。但《算学报》是四川继《渝报》《蜀学报》之后最早的报纸之一,也是四川有史以来第一份自然科学类的报纸,从此永载史册。

傅崇矩并不气馁,又在1901年创办《启蒙通俗报》,木版印刷。初为半月刊,第14期起改月刊,影响渐大。出资支持者除一些官绅外,还有德国驻宜昌领事米尔雷,法国驻重庆领事安迪。

[1] 徐正唯:《傅崇矩年表》,载《简阳文史资料》第16辑,1990年,第76—81页。

[2] 《四川开官报说》,载《启蒙通俗报》,第1年,第17期。

左图:很可能这是至今唯一存世的傅崇矩像。来源:郑光路收藏傅樵斧《松潘》(1916年石印本)

中图:傅崇矩署名傅樵斧1916年发行的石印本《松潘》

右图:清末的《渝报》和《蜀学报》

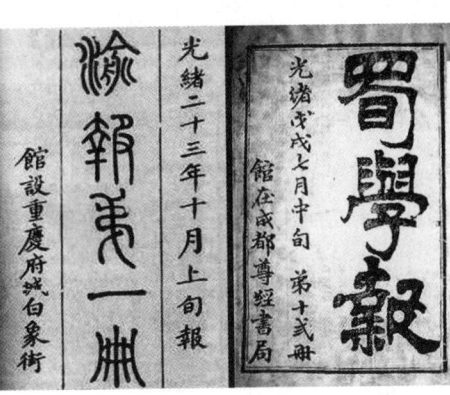

《启蒙通俗报》声称："本报不臧否人物，不诽议政事，专以启蒙通俗为主。""本报为中下等人说法，文义浅显，兼列白话。"[1] 该报有论说、中外历史、杂录、歌谣、图画、教科书、讲义等栏目，介绍西方文化和科学常识。如一篇文章中说："可笑可笑！古来说日食月食，是不吉兆的事；古来说雷公火闪，是专打恶人的。如今格致学明，才知道日月食，是算得着的；雷火闪，是考得出的……并莫有吉凶一说。"[2]

当时民众不了解报纸的重要性，《启蒙通俗报》1902年8月曾登了条趣闻：这年7月间，四川制台奎俊要选拔人才，出的考题是"欧洲国际法协调约皆无平等权议"。此题一出，参考的人都傻了。原来，此题出在东京出版的《译书汇编》上，蜀中只有启蒙通俗报馆卖过5本。据说全川仅刘信臣、傅崇矩、龚向农三人读过；选拔后三人分列一、三、六名。

傅崇矩曾专写了一篇文章《看报有益说》，发表在《启蒙通俗报》癸卯第1年第5期。他把那些不看报的人，比作"瞎子""聋子"和"又瞎又聋"的"混沌人"（即"傻子"）。

《启蒙通俗报》第十七期报道："此报已销到外洋去了，天下都有来买的，就是教堂，也常来买。偏偏本地方人，看的不多，说是句法太俗。"[3] 该刊每期发行量约一千多份，比之《算学报》，"莫得二十个人要"，已是生意兴隆。但毕竟发行量太小，加之派送报纸的又常拖欠报费，收入只达支出的三成，不足之数皆由傅崇矩一人垫赔，因此，只办了两年，共出19期就维持不下去停刊了。[4]

1906年，傅崇矩将《启蒙通俗报》改为《通俗日报》。最初用土纸单面印，每份一张半，傅崇矩一人编辑，多用白话。初出的时候，因印刷人技艺不熟，常不能按时发

[1]《改良启蒙通俗报》，第1年，第19期。
[2] 匡珊吉：《启蒙通俗报》，载《辛亥革命时期期刊介绍》第二集，人民出版社1982年版，第150—151页。
[3]《四川开官报说》，第1年，第17期。
[4] 王绿萍：《四川近代新闻史》，四川大学出版社2007年版，第117页。按：关于傅崇矩的资料不多而且零散，学术界常有分歧；以我接触到的史料，本书是傅崇矩的资料搜集最为详细的。

[1] 孙少荆：《1919年以前的成都报刊》，《四川文史资料集粹》第4卷，四川人民出版社，第239页。

[2] 徐正唯：《傅崇榘年表》，载《简阳文史资料》第16辑，1990年，第76-81页。

行，或经济困难停版几天。但它社会新闻多，文艺"副刊"也不少，还随时出"诗钟""灯谜"：参加者每人每字出钱二文，作中奖人的奖金，每次收入十到二十串钱，《通俗日报》因这种办法居然大有获益。傅崇矩又聘杨叔尧主持笔政褒贬时事，于是报纸销数日增……其后《通俗日报》分为启蒙、通俗两类，由史嵩峰主持，又改名为《通俗报》《通俗新报》。报纸也改在三道馆街文伦书局用机器排印——在成都这是最早采用现代先进排印技术的报纸之一。[1]

1908年后傅崇矩撰写了《成都通览》8卷近70万字，注重实录清末成都文化、风俗、民生，是一部清末成都社会的百科全书。[2]

清宣统元年三月一日（1909年4月20日），傅崇矩又创办《通俗画报》，这是四川第一份画报，作为附刊随《通俗

20世纪之初西方排版印刷术已传到成都

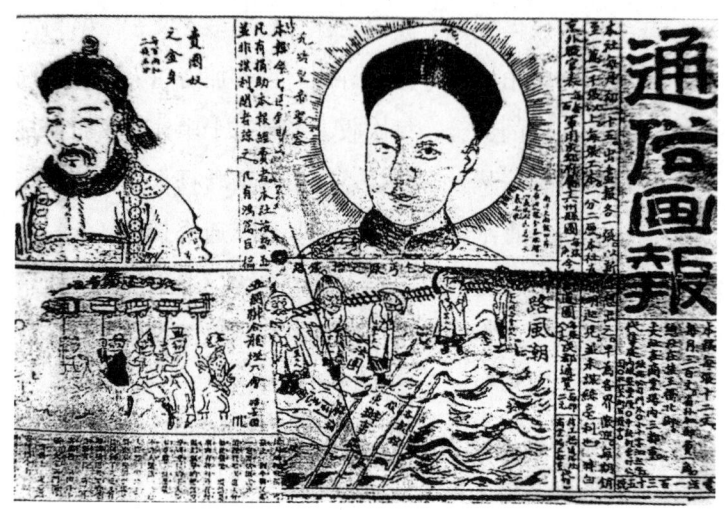

傅崇矩1911年办的《通俗画报》多为宣传"保路"的内容

报》附送，讥讽官场的漫画活灵活现……

清末的傅崇矩，不仅办报，还在彩票、工业、慈善等诸多领域，勇开风气之先，首创了许多"成都第一"。如1902年，由四川学使吴蔚若提倡，总督岑春煊出告示保护，傅崇矩在桂王桥北街"成都图书局"内，创办"阅报公社"，陈列各省书报61种及东洋日本报纸2种，免费任人阅读。这是成都创办的第一家公众阅览室（图书馆）。

### 官报、商报及推动"保路运动"的报刊

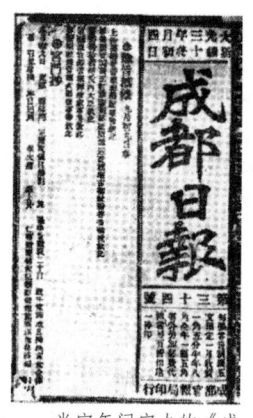

光宣年间官办的《成都日报》

清末，官府也晓得舆论的重要了，1903年，四川总督锡良办"官报书局"。傅崇矩建议该局"总办"陆钟岱创办《四川官报》，每10天发行1本。

至这年农历十月十日慈禧太后"万寿"生日那天，官方又发行了《成都日报》，这是成都第一家日报。这报虽是官办，新闻类除转载上海报外，本省地方新闻不少。所以各界争先购阅，商界也去登起广告来了。[1]

[1] 孙少荆：《1919年以前的成都报刊》，载《四川文史资料集粹》第4卷，四川人民出版社，第239页。

第七章 近代化生活方式和传统的碰撞　601

立宪派机关报《蜀报》大力鼓吹保路运动

至1908年时，成都的官方报纸，主要有有学务公所办的《四川教育学报》、官报书局办的《官报》和《成都日报》三种。

宣统二年（1910年）农历五月初一，成都商务总会廖用之创办机关报《成都商报》。1910年8月19日，蒲殿俊创办四川咨议局机关报《蜀报》。

傅崇矩说："官办之报，性质与民报不同，然均不可偏废也。近来阅报之风气，渐次开矣。"当时成都重要卖报的地点，随时可买到国内各报，如：傅崇矩的成都图书局（桂王桥北街）、开智书社（劝业场）、二酉山房（学道街）、安定书局（南纱帽街）、粹记（鼓楼街）、公益书社（青石桥）、输文新社（卧龙桥）、图书分局（南新街）、

报纸在清末文化人士中日益不可缺少，图为一个人盘辫子时也在看报纸

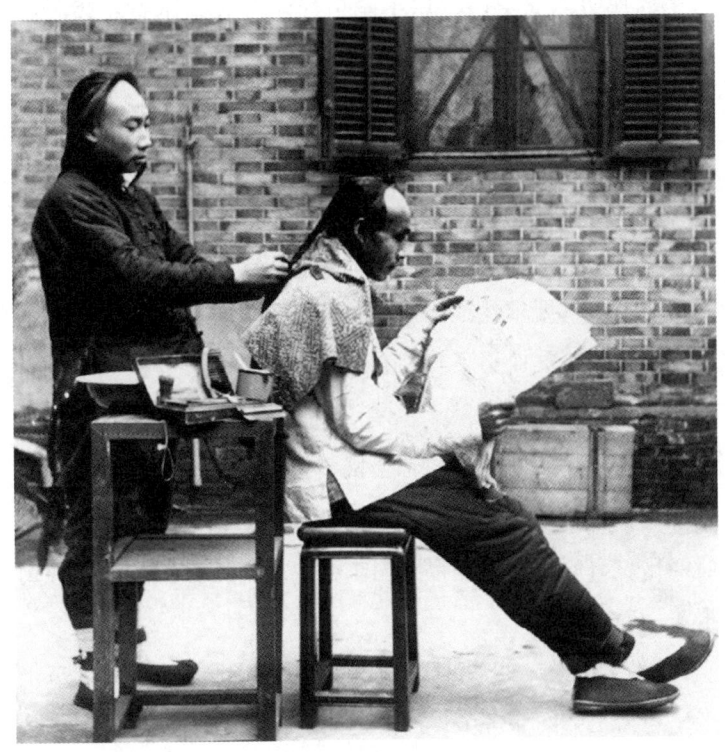

志古堂（学道街）、商务中书分馆（青石桥）、四圣祠（四圣祠街）……[1]

四川立宪派为发展"保路运动"，1911年6月26日，又新办报纸《保路同志会报告》，为四川保路同志会机关报。这天印出三千份，仅两小时便发完。此后逐渐增加到每天出一万五千份以上，民众之热烈欢迎，创报刊史之最。

很多人对主编邓孝可说：一家老幼妇孺，每日盼望本报，就像盼望过年。"及得报展读，涕泗横流，且阅且哭！"大街上，人们见面必互相询问："你读同志会报告了吗？"回答："读了，每天读后痛苦，令人欲哭啊！"[2]

阆中县，距省城七百余里。当地绅商特派专人兼程星驰三天到成都，购买此报。[3]

资州（资阳）有个小伙子石某，开了家小茶馆，不识文字。他听人在茶馆中读了四川保路同志会报告，捶胸跌足、嚎啕大哭。他订婚刚月余，次日就跑到岳父家中说："时事如此危急，亡国就在眼前，还讨啥子婆娘啊？我要卖掉家产，拿来全部报效国家！"新津县理发匠李某，也要卖掉家产来爱国保路。[4]

巴州，高等小学教师王某，看报后五天步行一千一百里，赶至成都要求参加四川保路同志会。他慷慨激昂地说："人生时艰，热血男子当关心中国前途！"[5]

此后保路风潮日盛，又有《西顾报》于1911年7月26日创刊。这也是四川保路同志会机关报，最多时发行万余份，很有声誉。继之还有《启智画报》《白话报》等报纸出现。后四川总督赵尔丰逮捕保路同志会会员，把这些报纸和《蜀报》一起查封。[6]

《西顾报》问世时，正是四川保路同志会成立四十天，与清王朝的斗争出现停滞之时。

四川立宪派1911年6月26日新办报纸《保路同志会报告》

[1] 傅崇矩：《成都通览》上册，巴蜀书社1987年版，第356-357页。
[2] 参见《四川保路同志会报告》第十三号，1911年7月12日，原题：《读本报告之爱国热》。
[3] 参见《四川保路同志会报告》第十二号，1911年7月11日），原题：《阆绅烧点之爱国热》。
[4] 参见《四川保路同志会报告》第十七号，1911年7月17日，原题：《茶社少年之爱国热》。
[5] 参见《四川保路同志会报告》第五号，1911年6月30日。
[6] 以上关于四川近代报刊出现的请况，参见《辛亥革命时期期刊介绍第二集》，人民出版社1982年版；孙少荆：《成都报界回想录》，载《川报增刊》，1919年1月1日。

当时立宪派罗一士在祝贺创刊词中说："二十世纪中，有一线光明不可遮掩者，则报馆是也。昔法之拿破仑，不畏十万毛瑟枪，而畏一纸新闻！"《西顾报》一诞生便以"监督改府、代表舆论、舌剑笔刀"为己任，矛头直指大清王朝，使保路斗争之火焰再度熊熊燃烧起来。[1]

《西顾报》曾登载《报纸感人》：成都德盛街口，常有一古稀老人，每天将报纸详细讲演。"行者多人，止而静听。见老人口讲指画。初讲至争路之举，为保国保路起见，闻者为之豁然。讲至盛宣怀卖路之奸计，李稷勋献款之无耻，闻者为之愤恨。及讲至路亡国必亡，国亡人民亦亡，闻者又为之凄怆而流涕……报之感人，如此之盛！"[2]

后来《四川保路同志会报告》被迫停刊，《西顾报》以曾向政府立案（即所谓"挂号"）之故被保留下来。《西顾报》直接号召川民与大清王朝作殊死搏斗。《西顾报》本是四川立宪派的机关报，却有如此强烈的反清言论。直到1911年9月7日川民大起义，才被赵尔丰查封。[3]

保路风潮中，川人知道了报纸的威力，报纸也日益受到民众的欢迎，被誉为"天下之公器"。可以说：没有报

[1] 《西顾报》第一号，宣统三年（1911年）闰六月初一日。原题：《祝西顾报》。
[2] 《西顾报》第三十六号，1911年9月1日，原题：《报纸感人》。
[3] 参见戴执礼：《四川保路同志中的〈西顾报〉》，载《成都报刊史料专辑》（内部资料）第6辑，1986年。

1911年鼓吹保路的《独醒》系列报纸

纸,就没有导致清政府灭亡的导火索——四川保路运动。

民国时期,迎来了近代四川报界的兴盛期。仅成都一地就有《都督府政报》《四川独立新报》《蜀江报》《蜀风报》《民鉴日报》《大岷报》《鸿音报》《西成报》《寰一报》《民极报》《新民报》《民主急进报》《天民报》《白话进化报》《民意报》《益风报》《共和日报》《公论日报》《四川公报》《女界报》等。

民国初立,各官厅都允许新闻记者访问,都督府总政处开政务会,也请记者列席。报上可尽情倾吐时评而少有忌讳。[1]

清末,是很值得重视和回忆的报纸蓬勃发展时期。此后,报纸对成都近代化进程的影响,极其重大。

### 近代化概念的"广告"随着报纸出现而产生

"广告"一词,是西方国家外来语。

1900年之前,中国人多将广告称为"告白""招牌""揭帖"之类。清末傅崇矩《成都通览》书中,有系列组画《七十二行现相图》,表现了中国形式多种多样的传统"广告"。如"卖灯草"的,手持竹竿悬挂灯草一小束以广招徕;"杂货提手篮"者,摇拨浪鼓引人注意;"卖膏药"的人打把小伞,伞之每角均悬挂一串膏药……傅崇矩记载:卖蚊烟者"用板凳肩担,手摇铃号,灯上写'药料蚊烟'及'卫生蚊烟'等字"。[2]

外国人为打开中国市场,也入乡随俗利用中国传统文化形式做"广告"。比如"大炮台香烟"广告,就画上《红楼梦》黛玉床前愁眉不展,宝玉送上大炮台香烟,旁边一行广告词:"大炮台是解闷儿的妙品"。美国美孚石油公司

[1] 参见署名"高低"写的《善用天下之公器》,载《四川日报》,2003年5月16日,第9版。

[2] 傅崇矩:《成都通览》上册,巴蜀书社1987年版,第397、399、383页。

1894年进入中国市场,除去大量媒体(报刊)广告,还特制玻璃罩油灯(俗称"美孚灯"),上写"请用美孚石油";笔者收藏的一张老照片,显示巴蜀大地偏僻村野场镇,墙壁上也常有"点美孚油"等广告。

近代化概念的"广告",则随着报纸出现而产生。

堪称"成都第一报"的《蜀学报》在成都最先规定:"凡登本报后幅告白,第一次每字取钱四文,第二、三次每次每字取钱三文。"[1] 光绪戊戌年(1898年)七月中旬出版的《蜀学报》第十二册,有了经售文具、教具的"学制山房告白",据称这是成都报纸史上最早的"广告"。

另以《成都日报》为例。此报共出版了7年,是辛亥革命前在成都出版时间最长的一家日报。这张官办报纸,在清

[1] 《蜀学报》第十一册,"告白刊例"。

1921年成都《国民日报》上的广告

末成都各方面刊登了大量"广告"。

教育方面，如1906年6月22日的"青龙街华英广益学堂广告：本堂开办历二学期，专科生20名，高等班40名，初等班60名。现增设优级英文师范生20名"。

金融、文化、艺术、公用事业（如公司招股、电话局、自来水公司）等领域的"广告"，也常见报端。最多的，则是有关摄影、电影的广告（参见本书前文相关章节）。

涉及生活服务业也有不少"广告"。如1906年8月17日，该报有则《专洗外国衣服》的广告，洗衣店名叫"上海三合同记"，地址在四圣祠街逍遥楼内。1909年7月12日，该报有总府街劝业场悦来旅馆的拉客广告。[1]

民国时期，成都报纸上广告形式越来越多样，而且图文并茂。仅以医药广告而言，成都较为出名的《华西晚报》《新新新闻》《西蜀新闻》《成都明是日报》《公正报》《成都晓报》等都有多种中医药广告，如《华西晚报》上的医药和电影广告就丰富多彩。笔者收藏的另一份《新新新闻》上的整版广告，上面"不顾血本、极度牺牲""第一便宜"等用语，和如今已无甚区别。

[1] 参见何承朴：《简介清末成都第一张日报〈成都日报〉的报道》，载《成都志通讯》，1989年第2期。

民国时期成都《新新新闻》上的整版广告，"不顾血本、极度牺牲""第一便宜"等用语，和如今已无区别

# 第八章 社会陋习恶俗的近代化改良

# 第一节 反"缠脚"和剪"辫子"

## ◎ 成都的反"缠脚"运动

男人砍断新娘两只大脚板新娘惨痛而亡

清末,男人留辫子、女人缠脚,这一"头"一"脚"的中国两大陋俗,成为国际人士笑柄。但国人似乎"嗜痂成癖",对陋习爱恋之深,实在令人惊愕。

史料记载妇女缠足起源:南唐风流皇帝李煜命令宫女窅娘,用软帛缠裹脚板"作新月状",在莲台上翩翩起舞……李煜醉醺醺赞叹:"回旋有凌云之态啊!"[1]

邀宠的窅娘,本应是发明"中国芭蕾舞"的大师,却从此被供奉为缠脚女人的"祖师奶奶","金莲"成为小脚美称。中国还多了条流行俗语:"王大娘的裹脚布,又臭又长。"

缠脚(也称缠足)成为可怕习俗后,女人性感之处是"三寸金莲"。明朝唐伯虎曾写有一诗:"第一娇娃,金莲

[1]〔元〕陶宗仪:《辍耕录·缠足》:"李后主……令窅娘以帛绕脚,令纤小屈上做新月状……回旋有凌云之态,由是宫人皆效之。"

南唐李煜的宫女窅娘,被供奉为缠脚女人的"祖师奶奶"

第八章　社会陋习恶俗的近代化改良　609

左图：清末的两个"尖脚美女"

右图：中国清代以前男女调情先摸女人的脚，实在令如今之人百思不解。来源：清代刊本插图

最佳，看凤尖一对堪夸！"一双变形脚板，被唐伯虎形容为凤凰尖头、嫩荷、新月、双飞鸳鸯……真是"拿肉麻当有趣"。《金瓶梅》《水浒传》中潘金莲，乳名就叫"金莲"，西门庆一见她的小脚就"心颤身麻"。

"小脚一双，眼泪一缸"。清代李汝珍《镜花缘》中，让男人也尝尝女人缠脚滋味："那黑须宫娥取了一个矮凳坐下，将白绫从中撕开，先把林之洋右脚放在自己膝盖上，用些白矾洒在脚缝内，将五个脚趾紧紧靠在一处，又将脚面用力曲作弯弓一般，即用白绫缠裹。才缠了两层，就有宫娥拿着针线上来密密缝口，一面狠缠，一边密缝。林之洋只觉脚上如炭火烧的一般，阵阵疼痛，不觉一阵心酸，放声大哭道：'坑死俺了！'……未及半月，已将脚面弯曲，折作凹段，十趾俱已腐烂，日日鲜血淋漓……不知不觉，那脚上腐烂的血肉都已变成脓水，亦已流尽，只剩几根枯骨，两脚甚觉瘦小。"[1]

[1]〔清〕李汝珍：《镜花缘》，北方文艺出版社2013年版，第135-136页。

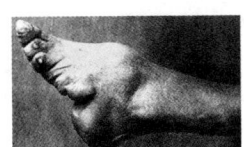

如此烂疤累累的小脚令人生厌，不知为什么曾被中国男人视若珍宝

这其实是女人缠脚受刑的真实痛苦写照。

清代,女人脚小才能嫁个好男人。女孩"说婆家",媒人上门第一眼就看小脚缠得怎么样。成都人嘲笑妇女脚大,有许多流行贬语:"打鱼船""底子重""大脚鹅""镇宅碑""江山稳""推不倒"……新娘子下花轿,众人不先看脸蛋、身材,必先审视她的双脚。若脚大了一点,便嘲讽为"某大脚",男家也深感丢脸……

清代《四川蓬安歌谣》说得有血有泪:"一张纸儿两面薄,变人莫变大脚婆。妯娌嫌我大脚鹅,丈夫嫌我莫奈何。白天不同板凳坐,夜里睡觉各自各。上床就把铺盖裹,奴家冷得没奈何。轻手扯点铺盖盖,又是碇子(即拳头)又是脚。背时媒人害了我,满腹苦处对谁说。二位爹妈莫想我,女儿只怕不得活!"

清末成都还发生过一场悲剧:一个大脚姑娘的父母与媒人串通,"说婆家"时隐瞒是大脚板;结婚才几天,男人极度羞辱愤怒下将新娘的两只脚板前部砍断,新娘失血太多惨痛而亡。这种时代背景下,连妇女也以缠小脚为美,四川常有评选最佳小脚的"赛脚会"。[1]

1906年到成都任外教的日本人中野孤山,记载成都缠足女人的病态情景:"蜀都妇女要缠足……妇女的鞋子很小,有的还不足两寸长,力求只有一瓣莲花大小。她们步履蹒跚,行走艰难,因此,外出必须坐轿。至于下等妇女,外出时都要携带一小竹凳,因为站立非常困难,在外聊天时她们要坐在竹凳上,哪怕是只聊一会工夫。……她们上身前倾,走起路来时脚步蹒跚,双手摆动,这大概是缠足使然。"[2]

[1] 四川省地方志编纂委员会编:《四川省志·民俗志》,四川人民出版社2000年版,第60页。

[2] [日]中野孤山:《横跨中国大陆——游蜀杂俎》,中华书局2007年版,第148页。

## 1904年省城"天脚会"隆重成立

晚清西学东渐,缠脚陋习受到猛烈抨击。1874年,伦敦传教会约翰·迈克高望牧师,在厦门设立"天足会",这是中国第一个反缠脚的组织。

1895年4月24日,上海圆明园路博物院宣告成立"天足会",会议推举英国商人立德乐的夫人阿绮波德·立德乐为会长。仅第二年后的1896年,四川秀才周某、举人梅某等18人,创设了《戒缠足会》:"相继设会、著论,劝戒于上流各省……"说明四川反对缠脚的运动,在中国开展很早而且带头号召各省。[1] 1897年,立德乐夫人在重庆倡导"天足会",规定凡"入会者女不得缠足、子不得娶缠足之妇"。[2]

立德乐夫妇,是重庆城市近代化的开拓者。立德乐夫人阿绮波德是作家、冒险家、摄影家,最为人崇敬的贡献就是在巴蜀大地上推行的反缠脚运动,被人赞誉为"天足观音"。

1904年,成都玉龙街逢盛事:在举人龚向农的"蘧园"里成立省城"天脚会"。龚向农名道耕,字向农,官内科中书;旋归故里,家多藏书庭园秀美,以著述自娱,民国

[1] 刘志琴主编:《近代中国社会文化变迁录》第二卷,浙江人民出版社1998年版,第36页。
[2] 《天足渝会简明章程》,载《渝报》第9册,转引王笛:《跨出封闭的世界:长江上游区域社会研究:1644—1911》,中华书局2001年版,第629页。

左图:立德乐和他的夫人阿绮波德·立德乐
右图:图为民国初年鼓吹妇女解放的人士在宣传"缠脚野蛮、天足文明"

时期曾任成都县中学校长,为成都著名教育家。[1]

临会者官宦家妇女不少,如"胡雨岚太史(按:即翰林)之太夫人、龚向农孝廉(按:即举人)之太夫人及夫人、肖捷三大令(按:即县令)之夫人及其女子、朱曾三大令之如夫人、成述仁直刺(按:即州官)之太夫人及其妹并其女公子、苏星舫大令之女公子、刘福田大令之女公子……"大会后还摄影纪念。[2]

立德乐夫人和在成都的英国医生启尔德的夫人启希贤到会热情演说,立德乐夫人还教大家唱《勿缠足歌》:"维新时代尽改良,妇女缠足实堪伤……"

立德乐夫人和启希贤独立自强的演说、健康的体态,给到会者留下深刻印象。启希贤是"四川天足运动的组织者之一,曾担任成都天脚会的会长,与成都开明之士一道,积极宣传废除缠足的恶俗"。[3]

创办《通俗启蒙报》的傅崇矩,会后印刷《勿缠脚歌》十余万张送人。《通俗启蒙报》还刊登《女儿叹》歌谣:"好好的一双脚儿,定要她矫揉造作,血淋淋地款步飘摇……我待要举双拳,打破男女尊卑级。你看那破碎山河,全仗我素手纤纤扶得好!"[4]

四川缠脚恶习,从此渐变。傅崇矩记载:清末省城内之女学生,及稍明事理之家,均已放脚。"近年大脚风行,鞋铺添出一种特别生意,专售放脚后所穿之靴鞋,蛮靴样小,颇觉可人。"到1907年后,成都不再缠脚的妇女已经"约有十之三四",[5]在中国算走到前面了。

### 缠脚恶俗的艰难退潮

令人难解的事实是:历朝历代官方从无强迫缠脚的法

[1] 中国人民政治协商会议成都市金牛区委员会文史资料工作组:《金牛文史资料选辑》第4辑,1987年,第18页。
[2] 傅崇矩:《成都通览》上册,巴蜀书社1987年版,第112-113页。
[3] 张丽萍:《中西合冶华西协合大学》,巴蜀书社2013年版,第168页。
[4] 匡吉珊:《四川通俗启蒙报》,载《辛亥革命时期期刊介绍》第二集,人民出版社1982年版,第150页。
[5] 傅崇矩:《成都通览》上册,巴蜀书社1987年版,第112-113页。

第八章 社会陋习恶俗的近代化改良 | 613

令，清代从1644年开国之初更严禁汉族妇女缠脚。康熙三年（1664年）下诏"禁裹脚"："违者枷责流徙"，父亲是当官者要罢官，平民百姓则重打四十大板……到了清末，连老朽透顶的慈禧太后也竖起反对缠脚的大旗，将此作为朝廷"新政"之一，1901年下达"劝禁缠足"御旨，总结缠脚四大害为：①"伤恩"（有伤于受之父母的身体）；②"丧耻"（以纤足取媚于男）；③"致弱"（身体摧残）；④"致贫"（不能劳作而贫）。[1]

但恶俗长达千年历史，御旨遭到百姓坚决抵制。一年之后，"其遵旨而不复缠足者，甚属寥寥；其余不但抗不遵旨，而且谩骂劝诫缠足者为邪魔外道"。[2]

山西省"向以小脚闻名"。1902年从山西新任四川总

[1] 张源远：《性别与国家——晚清江浙地区女性公共人化研究》，中国社会科学出版社2013年版，第72页。

[2] 颜浩：《民国元年——历史与文学中的日常生活》，陕西人民出版社2012年版，第233-244页。

清代女人"三从四德"像缠脚一样从精神上束缚妇女，图为成都府新都县的"节孝坊"。摄影：［美］西德尼·戴维·甘博

督岑春煊说："今来四川，访闻此邦缠足之风，比山西更甚！"岑春煊一到成都，就颁布长达2112字的《劝戒缠足示谕》。岑春煊从朝廷上谕不可违抗说到洋鬼子"骂我们糊涂荒唐"；又从"道德""良心"到痛骂缠脚"无廉耻"……最后说缠脚是"关系国家、关系天下的弊病！"[1] 岑春煊下令把这道言辞痛切的《示谕》遍贴全川；1903年又"撰成官话浅说之《劝戒缠足文》，刊印五万本"，令所属官绅颁发百姓。[2]

1903年后锡良继任川督，也通饬各县刊发劝禁男子吸烟、妇女缠脚的通俗告示"遍贴城乡市镇"。此后据不完全统计，四川各地成立了近20个反对缠脚的团体，倡导者大都为官吏、缙绅、名流。1907年，赵尔巽继任川省总督。宣统元年（1909年）二月，新设立不久的巡警道奉总督令，撰成《劝谕妇女放足白话告示》威胁说："禁止缠足，乃国家功令。若不遵照禁令，即是犯了王法！"成都官员规定：不放脚者每人"罚洋钱二十元"。成都附近各州县惩治花样更多：仍缠脚者不准赶庙会、不准入城、不准上街……[3]

这表示官方已从"劝谕"到以行政惩罚手段，直接干预缠足恶俗。有些地方官员还给放足者发放奖章，1903年《成都日报》记载，新繁县令余某夫人在该县召开第二次天足会时"亲身到会演说，并捐资织造银牌徽章二百，凡未经缠足者给予徽章一面，饰诸袖上，以示表彰而资鼓励"；地方官员龚某赴各乡场检阅团练"传见不缠足之女孩，奖给银牌数百"，并题"坤维向化"4字。[4]

1911年，成都牛市口中药铺"大德堂"门口也高挂起"女子天脚会"的大牌子（分会）。成都东门外多半是广东客家人，妇女要下田种地缠脚不认真，被人嘲笑是"黄泥巴裹脚大花鞋"。现在她们就大摇大摆地前来参加"天脚

[1] 《劝戒缠足示谕》，姚灵犀编《采菲录》，上海书店出版社1998年版，第60页。

[2] 李又宁、张玉法主编：《近代中国女权运动史料 1842—1911》下册，台湾龙文出版社股份有限公司1984年版，第871页。

[3] 杨兴梅：《从劝导到禁罚：清季四川反缠足努力述略》，《历史研究》，2000年第6期。

[4] 竺小恩：《中国服饰变革史论》，中国戏剧出版社2008年版，第139页。

会",其中很多妇女成为"保路同志会"成员。[1]

1912年中华民国成立,3月13日临时大总统孙中山颁发《劝禁缠足文》,如不服从,重金处罚。1924年军阀杨森"督理"四川,在省城成都春熙路等闹市贴满:"杨森说:禁止妇女缠脚!"他亲到新都县,由县知事徐义华陪同到桂湖广场站在高板凳上演说:欧、美、日本之所以强盛,主要原因是女人不缠脚……缠脚的十大罪状演说完毕,杨森命令他的两个穿女学生装的姨太太骑军马绕场走圈。杨森对老百姓说:"你们都看到吧,脚大好还是缠脚好?"散会后杨森又令士兵竹竿抬着挂满裹脚布,迎风招展地满城游行。[2]

1950年7月15日,中华人民共和国政务院下达禁止妇女缠脚的命令。那时成都街头常唱的儿歌是:"老太婆,尖尖脚,汽车来啰跑不脱!"

◎ 清末成都"剪辫子"风潮

"戊戌变法"后剪辫风潮萌动

1644年清朝入关,向全国发布"剃发令":"尽令剃发,遵依者为吾国之民,迟疑者,为逆命之寇。"在"留发不留头"血腥屠刀下,男人脑后辫子成为"顺民"符号,至1912年延续了260多年。

拖着一条累赘的辫子,汗水凝结又痒又臭又难受。男人每天早晨打辫子是个"大功课"。许多学堂为此专门雇有几个剃头匠,为住校学生打辫子。小孩子没有耐心枯坐那么长时间,而且梳起来很痛,一见剃头匠就逃……青年人向往改朝换代,最得人心的一件事就是剪辫子,认为不仅抛弃

[1] 胡兰畦:《胡兰畦回忆录》,四川人民出版社1995年版,第12页。
[2] 李泽民编著:《新都掌故》,四川人民出版社2001年版,第9-10页。

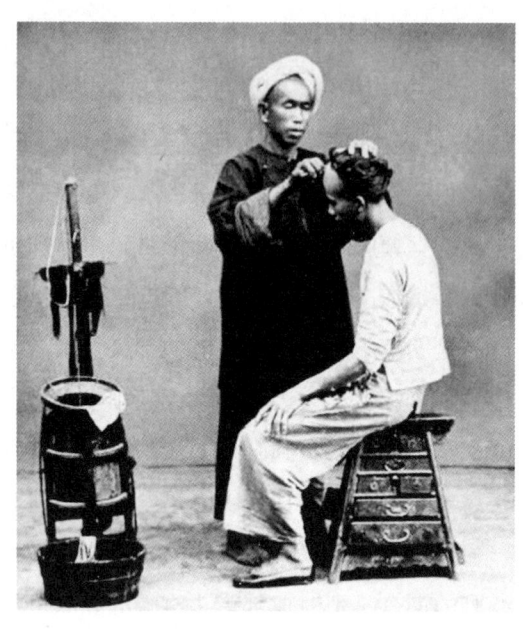

成都街头剃头匠正在为顾客修整辫子

"蛮夷之俗"恢复汉人威仪,而且没有每天打辫子的麻烦。

每天梳辫子的开销,也不可小看。清末成都,每梳辫一次收费20~30文,剃发一次30~40文。小娃娃剃头,也要10文。所剃剪之发,短的卖给"花花匠"(花工)栽花,每

左图:清末院落里的剃头摊子,屋檐下写有"剃头店"

右图:街边简陋剃头摊子

两十四五文；长发每两二三十文，转售戏剧行或作假辫子用。[1] 1908年警察局调查，成都剃发铺共有619户。[2]

毛辫外观不雅，洋人挖苦为"猪尾巴""豚尾奴"。戊戌变法时，康有为给光绪皇帝上了一道《请断发易服改元折》。1903年1月15日，《大公报》发起"剪辫易服说"的征文比赛，反响很大。朝廷官员中，也有人主张"剪辫易服"。1905年，清末重臣载泽、司法部长戴鸿慈到西方考察宪政，四十多个随员中剪辫子的占了一半。[3]

辛亥革命元勋张培爵，1903年入成都高等学堂理科优级师范科学习。他对同学李宗吾等同学说："蓄发辫的清规，它表示了我们的奴隶相，是我们的耻辱……我决心第一个剪去头上的发辫！"那些被说服的人剪成平头。张培爵发动学生组成"剪辫队"，对态度顽固的同学，就剪掉他们的长辫只留下一撮短发。[4]

留学生和国内新式学堂的学生，剪辫的更不少。鲁迅《阿Q正传》里的"假洋鬼子"从东洋回到未庄，因为穿上洋装剪去了辫子，结果"他的母亲大哭了十几场，他的老婆跳了三回井"。成都地区此种情况也很多。彭县有几个留日学生回乡，并未见有什么"革命"行动，但有两人因剪了辫子就引起县里人极大注意。他俩没法，只好又做了假辫子，出街戴上回家取下。[5] 所以直到宣统三年（1911年）农历三月十五日，成都将军玉昆还在家书中说："川地近来游学回国甚多，均系薙发（按：指剪了辫子），看看行为，居心叵测……"[6]

### 改朝换代之际的剪辫子运动

1911年11月27日，成都"老皇城"召开数万人大会宣

---

[1] 傅崇矩：《成都通览》，巴蜀书社1987年版，第380—381页。

[2] 《宣统元年省城警区第一次调查户口一览表》，载《四川官报》，1910年第2册。

[3] 《大公报》，1906年9月10日。

[4] 张鹰、曾妍编：《张培爵集》，重庆出版社2011年版，第238页。

[5] 肖华清：《辛亥革命前后的彭县》，载《四川文史资料选辑》第27辑，四川人民出版社1982年版，第25、39页。

[6] 《辛亥革命史丛刊》编辑组：《辛亥革命史丛刊》第一辑，中华书局1980年版，第205页。

布"四川独立",脱离大清王朝统治。26日晚,城内街正们扯开喉咙吼叫:"改朝换代了,一律剪去猪尾巴发辫!"

郭沫若当时在成都高等学堂分设中学读书,他后来回忆:"我们最大的喜兴是等不到独立的宣布,在头一天晚上便把辫子剪了。在这时,我们拿着剪子去强迫一些怕事的学生和首鼠两端的老教员们。我们赶得他们鸡飞狗跳。特别是那位都喇嘛先生,我们拿着四五把剪子把他包围着,弄得他无处可逃,终竟在谈笑之间把他的辫子的支配权和平授受了下来……"[1]

外国人记录了27日成都独立典礼情况,英国人启真道在致重庆派尔克的信中说:"我很高兴地这样说,大多数士绅和学生们已经把尾巴(按:指发辫)剪掉了。"[2] 蒲殿俊、朱庆澜两个正、副都督,飞檄传知各州县:不仅老百姓,太守、县令等地方官和军队士兵,都要剪去发辫。[3]

端方从湖北带到四川的新军士兵陈文斌回忆:他们杀掉端方后,全体官兵即同时削去辫发,摘去肩章臂缠白布,手扬汉旗回鄂。另一位士兵则回忆,在杀端方之前,即有士兵在外面剃发铺剪去发辫。于是剪辫子之风,一传十十传百,不到三个钟头,除标统之外全标人都剪去了辫子……此风立即遍传资州城内和四乡。[4]

四川军政府在成都大街小巷贴出剪辫告示《一律剪发,痛扫污俗示》:"照得编结毛辫,向非汉官威仪。自从清朝入主,强迫人民为之。现值光复伊始,污俗痛扫无遗。况处尚武之时,剪发更觉便宜。衣服暂可仍旧,并非必仿泰西。凡我大汉国民,切勿误会惊疑。"[5]

剪辫的方式各种各样:有自动剪除的,有经过"劝剪团"劝说而欣然接受的,也有被"强迫剪辫"的……四川清廷"能员"周善培就主动剪去发辫。当时有首打油诗很生

[1] 阎焕东:《郭沫若自叙》,山西人民出版社1986年版,第245页。
[2] 《成都英美会执行秘书英启真道致重庆英美会执行秘书派尔克的信》,载戴执礼编:《四川保路运动史料汇纂》下册,台北"中研院"出版,1994年,第1895页。
[3] 寇望卿:《蜀路风潮记》第24回,载执礼编:《四川保路运动史料汇纂》下册,台北"中研院"出版,1994年,第2098页。
[4] 张立宪主编:《读库1101》,新星出版社2011年版,第72页。
[5] 《一律剪发,痛扫污俗示》,载隗瀛涛、赵清编:《四川辛亥革命史料》上册,四川人民出版社1981年版,第603页。

第八章 社会陋习恶俗的近代化改良　619

左图：四川独立后军人帮百姓剪发辫

右图：四川军政府发布的剪辫告示

[1] 冯银亭编著：《古今中外头发·假发史志》，河南人民出版社2007年版，第238页。

[2] 秦枏：《蜀辛》，载隗瀛涛、赵清编：《四川辛亥革命史料》上册，四川人民出版社1981年版，第548页。

动："城市少年好事徒，手持快剪伺于途。瞥见豚尾及锋试，道旁观者拍手呼。"[1]

思想顽固的巡防军，"反正"后仍不肯剪辫子，打扮得怪头怪脑：把辫子束发于头顶打成"英雄结"，再插朵珠蝠花绒球；或两耳前各分披一束发，身穿紧身彩裤、花绷裹腿；有人还不住地摇着一把白扇，活像川剧舞台上杀潘金莲的武二郎……他们"呼朋逐伴，携械招摇"。

底层百姓中很多人，像缠脚女人迷恋裹脚布一样，对辫子也恋恋不舍。他们骂军政府是崇洋媚外："既称复汉当用汉装，若剪发是投洋也！"抵制者躲在家里有事就叫妇女上街，自己必须上街就将辫子盘在头顶用帕子包住，免被剪掉。

蒲殿俊见反对剪辫风潮越闹越凶，赶紧发布妥协告示说"惟值光复伊始，剪否听民便宜。"这时成都的发型、帽子千奇百怪，组成古今并存、中西结合的怪异风景。当时有位秦枏先生记录："头上有剪（辫）者，有束（发）者、有编（假辫）者……冠（帽子）或用古巾，或遮洋帽，博士帽……盛极一时。"[2]

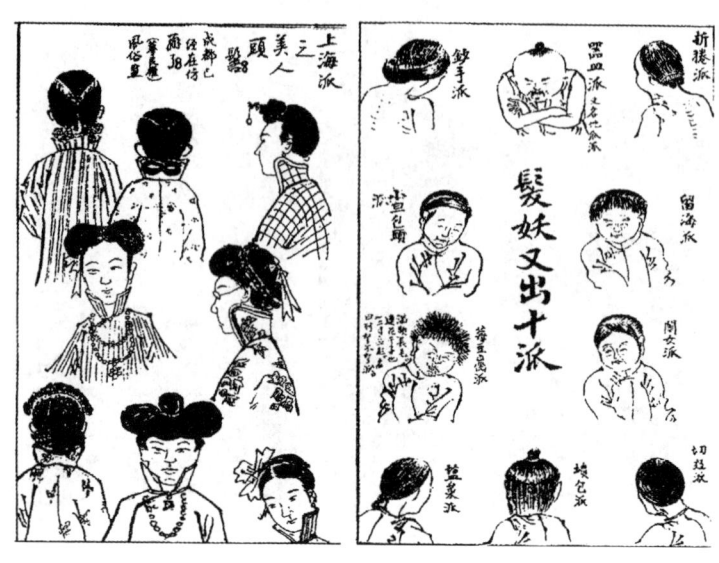

1912年《通俗画报》上讥讽开放大潮中，成都发型千奇百怪。来源：四川大学图书馆资料

还有位寇望卿先生，描绘得也细致："都督有令剪辫发，然剪否，仍听其便。帽制或用遮阳帽，或甩博士冠，或用方巾，或窄边草帽，随便均可戴……"四川军政府见已不成体统，忙贴出除顶戴袍服（指清廷官员服装）外，仍可穿以前旧服装的告示："大汉国家成立，只重政治改良。顶戴袍服而外，均可仍照旧装。各地当铺、衣铺，照常贸易开张。勿为谣言所惑，免致生意损伤。"[1]

1911年12月8日，巡防军发动"成都兵变"。英国驻重庆总领事谨顺，叙述这时成都情景："麇集在主要街道上穿奇装异服的勇丁和土匪，由于把头发梳成新式的顶髻并戴上银首饰……他们采用这种头发式样是为了反对剪辫子的运动，基本想法是：虽然蓄发者不再是满族人的奴隶，但他们不想通过剪发而模仿外国人。"[2]

尹昌衡很快平息了"成都兵变"，当上军政府都督，下令在城门口挂上几把大剪，进出城的人只要没有剪辫，警兵拉着咔嚓就剪。常闻有人声嘶力竭告求饶剪，或剪后哀嚎

[1] 寇望卿：《蜀路风潮记》第24回，载戴执礼编：《四川保路运动史料汇纂》下册，台北"中研院"出版，1994年，第2098页。

[2] 胡滨译：《英国蓝皮书有关辛亥革命资料选译》下，中华书局1984年版，第372页。

清末成都宣传百姓应剪发辫的漫画《有毛辫的遭殃》。来源：傅崇矩：《通俗画报》

抱头鼠窜……为此常发生争吵斗打流血事件。老舍《我这一辈子》中写巡警强行剪别人辫子，晚上在僻巷突如其来挨了一砖头，被打瞎眼睛无处申冤……这种情况其实各地都有。

新潮报纸也大力宣传百姓应剪除辫子，如当时《通俗画报》刊登漫画《有毛辫的遭殃》：和外人、老婆打架时要被扯抓辫子，警察扯住硬剪辫子还跑不脱，连死了也要被人抓起辫子拖尸首……

许多人见大势难违，只好选择吉日拜祭祖先燃烧爆竹，然后剪除。[1]

[1] 张立宪主编：《读库1101》，新星出版社2011年版，第74页。

### 成都将军玉昆也剪了辫子

这时，清廷在四川名义上的最高级官员成都将军玉昆，十分绝望。北京的儿子寄信说：京师剪去发辫者已占多数，不剪辫子的人不敢出门。玉昆在1912年3月初家信中，谈到成都情况，说四川官员也"多半剪去"，成都八旗满族军民大都也剪了,少城内官阶仅次于自己的副都统奎焕"亦剪去"。他谈到自己:"我发本少甚,已剪去一少半,留一半稍长,刻已挽上,将来路上再看,如不行自可全剪罢。"他要儿子不妨也剪辫子算了:"不必过于拘泥,以致不能出门。"玉昆哀叹:"国事如此速亡,真如梦想不到,闻之心如刀刺无过,痛哭流涕……"[1]

1911年12月17日,天津《大公报》报道,袁世凯12月13日剪去辫发,"以为各界之倡"。当时守旧者传唱:"袁世凯瞎胡闹,一街和尚没有庙。"不久后就任中华民国临时大总统的孙中山,也颁布了"剪辫令"。[2]一时间,剪辫浪潮席卷大江南北,这下可把街上的剃头匠忙坏了。

剪辫子,成为清末革命和改朝换代的标志。剪辫、易帜(黄龙旗换成中华民国国旗——五族共和旗)、改历(开始用阳历),标志着中国从农耕帝制时代进入近代化文明社会。

1921年,清廷末代皇帝溥仪也剪了辫子,[3]可以说辫子最后退出了历史政治舞台。尽管其后还有少数人留辫子,这如同皮肤上残存几粒赘疣,与中国政治格局已完全不相干。

[1]《玉昆家书》,载《辛亥革命史丛刊》第一辑,中华书局1980年版,第215页。
[2]《临时大总统关于限期剪辫致内务部令》,载《中华民国档案资料汇编(第2辑)》,江苏人民出版社1981年版,第54页。
[3]《华北先驱报》1922年1月28日,转引自庄士敦著、惠春琳等译:《紫禁城的黄昏》,紫禁城出版社2010年版,第350页注②。

## 第二节 "禁烟"和"禁赌"功亏一篑

### 鸦片烟祸和禁烟运动

#### 四川鸦片产量位居全国之首，吸烟人数达315万人

有史料说鸦片在晚清时才传入四川，其实明末清初鸦片在四川已常见。1646年9月，"大西国"皇帝张献忠穷途末路弃成都逃川北。外国传教士利类思、安文思，亲眼看见张献忠逃亡前在成都大杀部下，记载："又杀文官一员，谓其吸烟太多，精神疲惫"，[1] 极有史料价值。

19世纪两次"鸦片战争"后，中国人纯从经济利益考虑，以自己种植、生产鸦片来对抗外国鸦片输入，导致吸烟者进一步增多：上自皇室、官府、缙绅，下至工商优隶、妇女、僧尼、道士……在社会各阶层泛滥成灾，无数中国人成为"东亚病夫"。清末四川流行歌谣唱道："请君莫畏大炮子，百炮才闻几人死。请君莫畏火箭烧，彻夜才烧二三里。我所知者鸦片烟，杀人不计亿万千！"[2]

清末《广益丛报》报道："四川鸦片之产额位全国之首，川省一百四十余州县，除边厅数处，几无一地不植鸦片者，故吸烟者之数，远在云贵之上。"[3]《广益丛报》还统计，当时全川吸烟人数达315万人，其中17%，即54万人左右，已经成瘾。[4]

#### 鸦片毒害遍及全民

1894年"甲午战争"中国惨败，国门大开。洋人、洋

---

[1]〔法〕古洛东：《圣教入川记》，四川人民出版社1981年版，第37页。

[2] 邢继贤、曾红玲：《历史从这里走过·鸦片战争文物、遗址故事》，广东人民出版社2012年版，第115页。

[3]《各省禁烟成绩调查记》，《广益丛报》第248号，宣统二年（1910年）九月二十八日。

[4] 清末《广益丛报》第178号调查，转引自何一民：《从农业到工业时代：中国城市发展研究》，巴蜀书社2009年版，第445页。

上图：清末鸦片烟在社会各阶层泛滥成灾，图为一个烟鬼，专门雇养了"烧匠"，卧榻大吸鸦片

下图：清末鸦片烟在社会各阶层泛滥成灾，图为父子二人于床榻上大吸鸦片

货、洋教和洋烟，先后进入成都地区。"洋烟"就是鸦片，成都附近州县田野到处栽植罂粟。成都及各州县城，几乎每条街都有"洋烟"馆，过来人肖华清形容为"比茶馆还多"。[1] 省城成都不仅烟馆多，而且品种丰富，有公烟、云烟、藏土、陕土、广土、山土、坝土等名目，[2] 任烟鬼

[1] 中国人民政治协商会议四川省委员会文史资料研究委员会编：《四川文史资料选辑》第二十七辑，四川人民出版社1982年版，第20页。

[2] 傅崇矩：《成都通览》下册，巴蜀书社1987年版，第250页。

们任意挑选。

烟馆门口大都挂一个红灯,上书"烟馆一道",或"隐君子处",或"烟霞深处"……瘾客肉减形销,仍每日卧于烟馆床榻吞云吐雾,烟枪上红光如豆、状如鬼火。老百姓都晓得那害人东西会使"强者变弱,弱了早死;富者变贫,贫者愈贫"。但吸鸦片的人仍越来越多。

不少富贵人家因吸毒而败家丧身,或沦为扒手、土匪、流民、乞丐……突出例子,是清末成都著名私家园林"可园"的园主吴敬诚全家人之下场。

吴敬诚祖籍浙江金华县,其祖父吴端、父亲吴竹齐两代显宦,率家入川落户成都,在忠烈祠北街买了一片空地修宅定居。吴竹齐死后,吴敬诚继承殷厚的家财。此人生性奢侈专好玩乐,人称"吴二玩子"。据刘静庵、刘静友两位老先生20世纪80年代回忆:"吴二玩子"一家人,除三个小孙子外全是大烟鬼,吴专门雇养了8个"烧匠"(伺候别人烧大烟、裹烟泡子)。这些"烧匠"原先也是有钱人家子弟,烧抽鸦片烟把家当烧垮了,就只好去当"烧匠"伺候别人。

清末高档鸦片烟馆里的情景

清末鸦片烟在社会各阶层泛滥成灾,图为底层人士在简单硬木床上吸鸦片

"吴二玩子"一家人每天早上一起床,个个鼻脓口水、呵欠连声,来不及洗脸吃饭、拉屎撒尿,各自一榻横陈,呼呼滋滋吞云吐雾,弄得满屋乌烟瘴气。"吴二玩子"生的大儿是个"瓜娃子",一起床就闹个够,"烧匠"也得忙着给他喷烟(瓜娃子是"闲瘾",用鼻子闻烟过瘾)。后来这个富压蓉城,拥有五千亩良田、十余条街铺房的官绅家庭,竟败亡得一贫如洗,四少爷也沦落街头当乞丐。[1]

无数社会底层百姓,也深为鸦片毒害。成都全城数量不少的轿夫,每人一天的工钱仅一百文至二百文,大都消耗在缕缕青烟中。日本人中野孤山说:"无论到哪里,看见的轿夫都是衣衫褴褛,皮肤患病,满身疮癣……乘轿人要上路的时候却找不到人。打发伙计去找,结果发现轿夫在前面两三条街的地方抽鸦片,竟恍恍惚惚地进入梦乡……"[2]

### 成都禁烟运动卓有成效

1906年9月20日,清廷颁布"禁烟谕旨"中说:"鸦片流毒已久,民间吸食,几于十居三四。"命令10年内,必须在中国禁绝鸦片栽种和买卖。

清末封疆大吏中,四川总督锡良对鸦片危害认识最清、贯彻禁烟最坚决。光绪三十三年正月二十日(1907年

[1] 刘静庵、刘静友:《漫话"可园"与吴二玩子》,载文史刊物《龙门阵》,1983年第6期,第36-37页。
[2] [日]中野孤山:《横跨中国大陆-游蜀杂俎》,"轿子与轿夫",中华书局2007年版,第109-110页。

成都附近州县田野到处栽植的罂粟，三个农村少女在管理罂粟田

3月4日），四川总督锡良语气沉痛地上奏朝廷："患莫大于水火，而限于一隅；害莫戚于兵戈，而止于一地……惟有鸦片，则毒之所流，遍于荒僻……数十年来，国势之所以日弱，外侮之所以日烈者……则鸦片为之也。"可见，锡良对鸦片之害痛心疾首。同时，他也对清政府的禁烟政策颇感不满，上奏清廷："鸦片之害甚于洪水猛兽，中国被其毒垂六十年，屡禁屡弛，遂致曼延全国，举军界、政界、学界、商界下至细民贫户，无不沉沦烟籍。忧时之士谓中国若不严禁鸦片，虽日日言立宪，人人言自强，终无救于危亡之祸……"[1]

1907年，锡良在成都设通省戒烟总局，委派"能员"周善培、沈秉堃和候铺道林怡游充当总办。主要措施有：限制栽种、办理烟民登记和烟馆必须领执照，设戒烟会医治瘾民。同时对瘾客"勒限减瘾"，军队中凡吸烟官兵一律开除。[2]

[1] 锡良：《锡良遗稿·奏稿》，中华书局1959年版，第930页。
[2] 参见锡良：《锡良遗稿·奏稿》，中华书局1959年版，第659页。

1908年，继任四川总督赵尔巽决定缩短禁烟期限，要求在两年内完成。他派出4个道台和48个委员下乡察看，派军队铲烟。到1909年秋天，清除罂粟目的基本达到。当时外国人观察到："1908年年底时，许多公路的两旁是数千亩罂粟地，现在连一株罂粟也见不到了。""一直种植罂粟的大片土地现在大都种上了豌豆、花生、小麦。"[1]

四川各界人士大力研制"戒烟丸"之类戒烟药方，可说是百花齐放。如"松毛戒烟膏方，价廉易办收效最多"，还作为良方被推广到中国各省。[2] 后来仁寿县又试验成功一种"戒烟绿豆酒"，据称效果也甚佳。[3]

当时风俗以十月初一日给亡者"送寒衣"，老百姓上坟必预备皮衣、烘笼、鸦片烟具等物到坟前焚化。报人傅崇矩开玩笑说：近来戒烟甚严、烟种将绝，焚鸦片烟具也宜顺便焚化戒烟断瘾丸，让鬼们也遵法戒烟……他的学生笑着说：去年成都警察局严禁售卖伪劣戒烟药，那些人卖假药的无处谋生，已饿死在九泉之下去卖戒烟药了。[4] 这则资料从另一角度说明："戒烟丸"药确有一定功效，而且官方严禁售卖假戒烟药。

[1] 周勇、刘景修：《近代重庆经济与社会发展（1876—1949）》，四川大学出版社1987年版，第317、319页。
[2] 《近代中国史料丛刊三编（491-500）两广官报（1-10）》，文海出版社1989年版，第1031页。
[3] 黎虹：《鸦片与清末西南社会》，载《四川师范大学学报》，2000年第5期。
[4] 傅崇矩：《成都通览》上册，巴蜀书社1987年版，第559页。

左图：清末成都繁华的街道上有"富强社戒烟丸"招牌，显示了清末全社会一致戒毒的情景

右图：宣统年四川通省巡警道严禁鸦片的《甲号牌照存查》

第八章　社会陋习恶俗的近代化改良　629

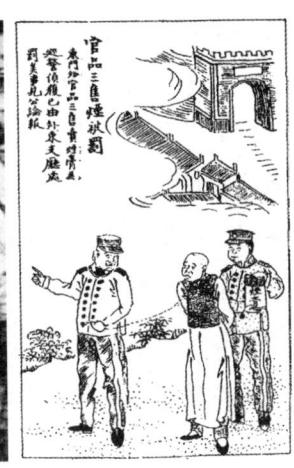

左图：清末成都禁烟运动时焚毁鸦片烟具的情景

右图：1912年《通俗画报》以漫画报道东门外，有个叫官品三的人售卖鸦片烟被警察逮捕。来源：四川大学图书馆资料

禁烟能取得如此好的成绩有以下原因：

（1）清政府为挽救摇摇欲坠的政权，禁烟被列为"新政"主要内容，不惜投入巨额财政，多次降旨严饬坚禁。

（2）四川官方努力、警察具体执行。四川巡警道贴出通俗易懂的"禁烟白话告示"，使之家喻户晓。周善培等人严令警察局关闭烟馆和鸦片用具商店，搜查每个进城之人抓捕买卖烟土者。

（3）各界官绅、百姓都大力支持，如四川商矿局道台严卜琴把大公馆出售给官方作为"戒烟查验所"，民间成立有"中立公社""普益公社""戒烟会"等各种戒烟社团。[1] 成都商会建立的"商会戒烟所"，规定各商铺必须开除不戒烟瘾的店员，否则处罚老板。据称一年内就有两千多商人戒掉了鸦片烟。[2] 1908年秋8月，川剧界黄吉安等人创编了"以警世风"的《烟鬼现形》《洋烟误》《断双枪》等"时事戏"轮番上演，[3] 一时形成全民讨伐鸦片烟祸的舆论氛围。

（4）中国禁烟获得国际好评和支持。1909年2月由美国发起的"上海万国禁烟大会"，坚决支持中国禁烟。在这

[1] 傅崇矩：《成都通览》上册，巴蜀书社1987年版，第72页。
[2] 《四川官报》1909年第11号，转引自王笛著，李德英、谢继华等译：《街头文化 成都公共空间、下层民众与地方政治（1870—1930）》，商务印书馆2013年版，第212页。
[3] 成都市地方志编纂委员会编纂：《成都市志 川剧志》，方志出版社1997年版，第8页。

样的国际国内环境下，四川各界人士对禁烟也更加认真。

（5）成都的传教士及基督教华人教徒，大力宣传鸦片问题的严重性，呼吁必须禁绝鸦片。早在1902年，四川的传教士派两名代表拜会四川总督，劝说制定法律反对鸦片和缠足。医学传教士启尔德作为代表之一与总督进行了会谈。几周后，总督就以布告劝谕民众彻底禁绝鸦片。[1] 刊登在《教会新报》上的多种"戒鸦片烟歌"流传甚广，如"一吸洋烟害非轻，成人无望患丛生，箕裘玷尽家如洗，只剩残躯在世行……"。据统计，1907年后仅成都一地就设有中国内地会办的戒烟所100多处。[2]

到1911年年初，护理总督王人文继续推行严禁鸦片的措施。这年3月3日开始，全省关闭了所有向注册瘾民出售烟土的店铺，各处戒毒局、所，对老瘾客实行免费戒毒，成都已无人敢公开吸毒。

从1906年清政府下诏禁烟到1911年，形成了中国历史上第一次全国性的禁绝鸦片运动，禁烟活动大见成效。

可惜进入民国时期，军阀大混战，鸦片烟祸死灰复燃，再度在神州大地泛滥。至1935年，成都市区公开营业的烟馆达912家，数量仅次于饮食店（2398家）和公厕（1209个）。如加上兼营鸦片的旅社、浴室、妓院、行栈等，烟馆总数不下于1800家。此外，还有领得"许可证"在家"开小灶"的2000余户，全市吸毒者当在5万人左右，约占当时人口总数的10%。有人用"十室之邑，必有烟馆；三人行，必有瘾者"来形容当时烟毒之烈。[3]

此后鸦片"幽灵"，在巴山蜀水间游荡不绝。

[1] 李传斌：《条约特权制度下的医疗事业 基督教在华医疗事业研究 1835—1937》，湖南人民出版社2010年版，第283页。

[2] 刘天路编：《身体·灵魂·自然 中国基督教与医疗、社会事业研究》，上海人民出版社2010年版，第172页。

[3] 陈稻心：《旧成都的烟祸》，载《公安与法制》，1995年第3期。

## ◎ 赌风猖獗和禁赌失败

清末是禁赌法律规定最严厉的时期

成都盆地从古闭塞而富足，赌风流行。明朝后更盛，万历末年成都地区民间喜好"叶子戏"，此风"至崇祯时大盛"。[1] "叶子戏"，其后演变为今天处处可见的"麻将"。

清代"湖广填四川"，大量移民入川，各种赌博方式更五花八门。

嘉庆时成都人杨燮竹枝词写道："踢跟劈蔗斗鸡场，杨柳黄时扯响簧。岁暮痴心愧无色，鹌鹑赢得便辉煌"，说明当时休闲娱乐方式都有赌博色彩，如踢跟、劈甘蔗、斗鸡、扯响簧、斗鹌鹑等。踢跟，由入川回族人传来，杨燮说："取羊跟骨分作六面，一面输、两面空，三面赢，名曰'踢跟'，始自回人。"[2] 羊跟骨其形类似大骰子，只是用脚踢。杨燮竹枝词中，还说当时官府人家的内眷"多有饮赌为常事"。[3] 有个自称"定晋岩樵叟"的文人，也说当

[1]〔清〕彭遵泗《蜀碧》，载陈力主编：《中国野史集粹 2》，巴蜀书社2000年版，第60页。

[2] 潘超、丘良任、孙忠铨编：《中华竹枝词全编 六》，北京出版社2007年版，第745页。

[3]〔清〕六对山人：《锦城竹枝词》，载林孔翼辑：《成都竹枝词》（增订本），四川人民出版社1986年版，第65页。

左图：成都地区民间喜好"叶子戏"，图为清末"水浒叶子戏"纸牌

右图：傅崇矩记载《成都人之性情积习》把"子弟好赌博"名居前列，图为清末儿童聚赌

时成都"闺人好斗叶子戏"[1],即妇人打麻将已成风气。

此外,西方传入的彩票、扑克、打弹子等赌博方式,也开始逐渐流行。民间"大事闹三天,小事闹三天,赌亦闹三天,不赌不闹不喜欢!"的这种好赌风俗一直流传。

清末参赌人员广泛,从高官显贵到社会底层的贩夫走卒,遍及社会各个阶层。傅崇矩记载《成都人之性情积习》,把"子弟好赌博"名居前列。他记载的赌博方式,数不胜数:仅掷、摇骰子,就有掷升官图、掷状元红、掷羊子、掷五莽子、掷老猴子、摇十出头、摇单双、麻雀宝、诗宝、盒子宝……纸牌,有洗浆胡、门十四、打掀、沾沾湖、打招、字牌、鳌公牌、王会牌……竹牌、骨牌,有打京、牌九、打丁八块、打十八块、打乱出、打拐子连……至于麻雀牌(麻将)更是大流行,成都多用牛骨、牛角、楠竹造,还有用硬纸造的。染房街卖赌具的铺子最多。[2]

清末成都好赌者甚多,不管贫富贵贱,当尽卖绝都要去"供孤注之一掷"。"下至田舍家儿,收得数石米,无不尽偿博债……""冬暖而妻号寒,年丰而儿啼饥。……甚至卖田鬻产,抛妻撇子,隳名丧生。"傅崇矩又记载:"成都

[1] 林孔翼辑:《成都竹枝词》,四川人民出版社1982年版,第58页。

[2] 傅崇矩:《成都通览》上册,巴蜀书社1987年版,第272、299、300、301页。

左图:清末街头地摊押宝赌博者。摄影:[英]约翰·汤姆森

中图:图为清末少年们地面上聚赌

右图:图为清末赌场里"大杀三方"式聚赌

第八章 社会陋习恶俗的近代化改良 | 633

妇女有一种特别嗜好,好看戏者十分之九,好斗麻雀者十分之八,好游庙者十分之七。"他主张"著名害人赌棍,应认真随时拿禁",提出"欲实行禁革官场之烟瘾及麻雀,应准贫闲官员随时密探"上告,并给予奖励。[1]

麻雀牌(麻将)清末就已成公害,让无数人家破人亡。傅崇矩办的《通俗日报》,刊登"麻雀十害歌":"麻雀之害,多不胜述;劳神伤财,妨误正业。习成贪狠,最坏心术;一朝争闹,亲友断绝。长幼不分,男女混杂;深夜不休,失火失窃。流毒传染,风驰电掣;举国若狂,老成饮泣……"傅崇矩办的《通俗画报》,有为麻将打架的"时事画",还有讽刺输成光棍后,栖宿"鸡毛店"栈房,用被子包裹御寒"变活佛"的漫画。傅崇矩告诫世人:"赌之为害。不但害了自己,并且害了子孙。"[2]

### 警察局严禁赌博的举措

明朝盛行的"叶子戏""马吊"(麻将),被称为

[1] 傅崇矩:《成都通览》上册,巴蜀书社1987年版,第112、200页。
[2] 《通俗日报》,1909年6月30日。

左图:1909年《通俗画报》讽刺赌徒"变活佛"

右图:清末《神州画报》讽刺四川官场好赌的漫画《麻雀癖》

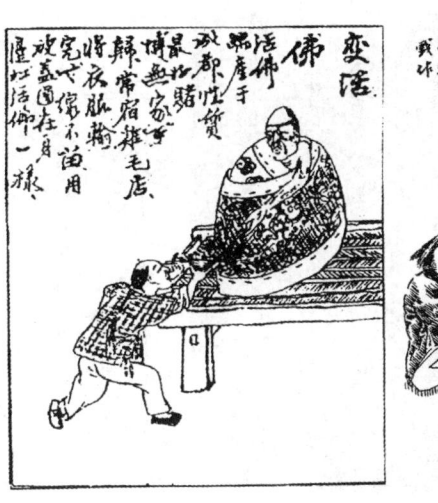

"亡国之戏",所以清初皇帝坚决禁赌。乾隆初期颁布的《大清律例》卷34中《刑律·杂犯》禁赌原则是:"凡赌博,不分兵民,俱枷号两个月,杖一百。"对于开设赌场聚赌抽头者,还可处以"徒三年至流放三千里",重者"发极边烟瘴充军"甚至"绞监候"(绞死)。官员赌博,"革职枷责,不准折赎",即不准以钱赎罪而"永不叙用"。

晚清后政治腐败,赌博之风猖獗。成都街头巷尾、大小茶社、烟馆妓院处处有赌声,官员也聚赌成风。

1906年秋,四川总督锡良厉禁官场赌博,引起当时中国舆论界极大重视。《大公报》报道:"四川官场麻雀牌风行一时,大小各局署无处无之……"连"仕学馆"(当时官员培养、进修的机构,相似如今干部学校)也麻将声声。有天,锡良实在气坏了,对省城内各司道(相似如今省厅级)高级官员说:"仕学馆可以不设,不妨改为麻雀馆。各街署公局如再不自禁,则我派数十人密查。如再打牌,则我亲身捕拿。拿获时,照赌棍办理,用大链锁下,管他是道(台)是(知)府!"

左图:中国麻雀牌世界有名,女人也喜好。来源:郑光路文物市场所购日本画刊

右图:图为清末《神州画报》上讽刺官员好赌的漫画《官署捉赌》

《大公报》特为此消息加按语："此次锡帅之禁赌，雷厉风行，可谓霹雳一声，魑魅远遁，于整顿吏治，不可谓不力。然窃以为此犹是治其标而未治其本也……吾谓与其一怒而禁赌风，不如平时而察吏治。"[1]

新潮人士认为建立"文明社会"必须禁除赌博，甚至认为"赌博不除，宪法不立"，把赌博与国家的政治前途联系起来。[2]

自锡良督川后，掀起一场禁赌运动。光绪三十二年（1906年），周善培任四川巡警道，更动起了真格。周善培当时大力主张"正俗"——即打击嫖、赌、毒等社会不良风气以端正民风民俗。面对川省到处开赌馆设赌局，这位四川警察重要创始人的道台大人，为煞住猖獗赌风用上铁腕手段。

周善培要找一个人"开刀"，以儆效尤。这个用来开刀祭旗的人，就是名人伍肇龄。伍肇龄（1826—1915年）字崧生，大邑县人，曾为翰林任过同治皇帝的侍读。他后在邛崃书院、成都锦江书院、尊经书院等处任山长（即校长），前后长达30年。伍肇龄与朝廷重臣李鸿章、张之万，是同榜进士交谊甚厚。所以，李、张曾一起写信给四川总督刘秉璋："老友嵩生，品高望重。齿暮家贫，诸冀垂青。"[3] 李鸿章还为伍肇龄亲笔书写门联："天下翰林皆后进，蜀中佳士半门生"，上款称"崧生吾兄"，下款称"弟李鸿章"，镌刻在锦江书院门首。

1906年，周善培任省警察总局总办。有天，警察局来报周善培：探得伍肇龄快过生日，要大摆赌场。到了伍肇龄生日那天，周善培备好贺礼亲临伍家，前门送贺帖后进大堂拜见伍老前辈，两人正客套周旋之际，许多警察从后门而入。赌资赌具人赃俱在，许多赌客被押回警察局审讯……

---

[1]《锡清帅严禁官场赌风》，载《大公报》，1906年9月10日。

[2] 王笛著；李德英、谢继华等译：《街头文化 成都公共空间、下层民众与地方政治（1870—1930）》，商务印书馆2013年版，第215页。

[3] 周询：《蜀海丛谈》，巴蜀书社1986年版，第238页。

"周秃子抓赌翰林府"消息立即传遍成都城,赌风大敛。

同时,警察局到处张贴《示谕各街首人禁止赌博》。任周善培多年幕僚的黄遂生回忆:周善培还到类似如今省政府的布政使(藩署)衙门抓捕赌客、杖责川边大臣赵尔丰的轿夫,"均使群情激厉,道路侧目""得罪同僚"。[1]

成都许多小商小贩,常以打赌、抽签、摇骰子等赌博花样,引诱顾客(如至今还有的"摇糖饼"小摊子)。严厉禁赌风潮下,这些带娱乐博彩的买卖也均被禁止。警察局搜捕赌徒,或抓捕、或罚款、或体罚。到1910年春,警察局还规定停止麻将等赌具的生产和销售,命令销毁所有储存的麻将用品,如果再制造麻将,要受到严厉惩罚。[2]

1911年11月27日,成都宣布"四川独立"后,曾颁布《谕各街首人禁止赌博》示文如下:"现在赌博盛行,实为地方之害。以后责成各街首人严行禁止。倘再违犯,定将该首人

[1] 黄遂生:《周善培的一生》,载《四川文史资料选辑》第13辑,第179页。
[2] 《通俗日报》,1910年10月21日,转引自王笛著,李德英、谢继华等译:《街头文化 成都公共空间、下层民众与地方政治(1870—1930)》,商务印书馆2013年版,第215页。

图为民国时期农村里"斗鸡"赌博

并究。特示。"[1] 首人，即"街正"等基层街道负责人。

民国初期，1915年北洋政府颁布《违警罚法》规定："于道路或公共处所为类似赌博之行为者"，处"五日以下拘留或五元以下罚款"。1917年2月，西川道尹公署发布禁止赌博训令："前清季年，赌风盛行，习俗所尚，以麻将牌为最……虽僻壤穷乡，无不遍布，即妇女孺子亦习以为常，迄至今日，此风尤烈……"[2]

爱打麻将，似乎成了"成都一绝"，战火硝烟也不能降低民众热情。《新新新闻》1938年8月23日报道：当日本飞机空袭成都时，老百姓纷纷"跑警报"到新南门外躲避。如此危险之际，许多人仍然"兴高采烈的饮酒划拳，而且在努力的作战（麻雀纸牌）"。[3]

成都地区赌风为什么屡禁不止？主要是因为地处"天府之国"，生存条件相对较好。历史上关于"蜀风奢侈""蜀人好游乐"的记载甚多，元代费著写的《岁华记丽谱》，就说成都地区"盖地大物繁而俗好娱乐"。

赌博恶习用"野火烧不尽、春风吹又生"形容，再恰当不过了。尽管如此，清末成都地方当局和有识之士巨大的禁赌成就，仍令后人肃然起敬。

---

[1] 曾业英、周斌编：《尹昌衡集》第一卷、电文，社会科学文献出版社2011年版，第56页。

[2] 成都市地方志编纂委员会编纂：《成都市志 公安志》，四川人民出版社1999年版，第212页。

[3] 姚寄园：《新南门一瞥》，载《新新新闻》，1938年8月23日。

## 第三节　对娼妓、乞丐、游民的整治

◎ 周善培是中国设"红灯区"的创始人

### 晚清时成都娼妓甚多，还有男妓

繁华大都会成都，历史上一直是"风流勾魂"的休闲城市。明朝永乐年间的礼部右侍郎薛瑄（1389—1464年），在《郊竹枝歌》写道："锦官城东多水楼，蜀姬酒浓消客愁。醉来忘却家山道，劝君莫作锦城游。"[1] 晚清"定晋岩樵叟"写道："子弟寻花新巷子，玉（御）河沿畔亦消魂。几回不遂狭邪兴，川主庙前半掩门。"[2] 说明成都东城片区、城中心御河两岸，及盐道街东的南府街、川主庙一带，都有娼寮。

清末成都商贸发达，娼妓更多，可分为三类：一类是公开的妓院；二是秘密卖淫的"私台基"；三是街巷公开拉

[1] 丘良任编著：《历代宫词纪事·竹枝纪事诗》，凤凰出版社2012年版，第554页。
[2] 《成都竹枝词》，四川人民出版社1982年版，第53页。

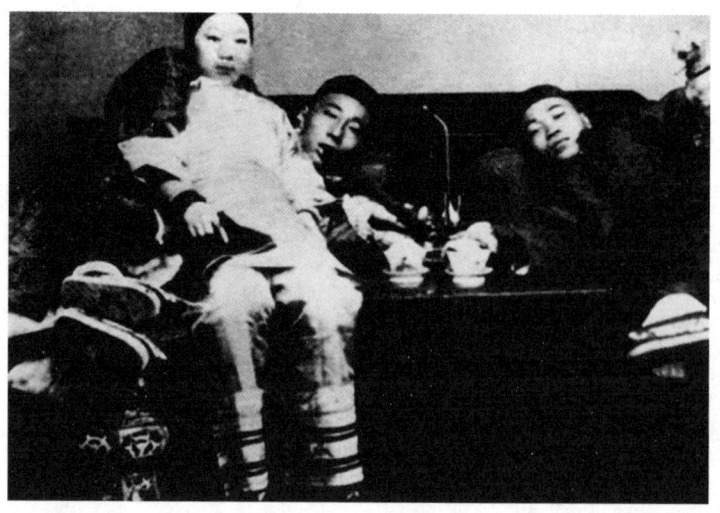

清末嫖客怀抱妓女吸食鸦片的情景

客的下等妓女。

娼妓，成都土话叫"找家""舍屋""卖弄"，通名"婊子"。傅崇矩说：1907年周善培"总办警察局时，始赐以文明之美名，即'监视户'也。在前彼等人有明有暗，勾引子弟，诱陷妇女，为害不浅。"[1] 所以，成都人百年来对妓女，多骂为"烂货""烂娼"。

值得重视的是，当时还有男妓，成都人叫"像姑"。傅崇矩说："像姑，即像公也，土语谓之曰'吃相饭'，又名'旱监视户'，实一般无教育之游荡子弟为之。"据当时不完整的调查，省城有名气的"像姑"十八人，外号全怪头怪脑：倪老幺、傅老韭、唐和尚、凤黄、腰子、冤家何老八、洋耗陈老幺、麻脚瘟张老幺……[2]

## 周善培开创色情业"特区"

清末，曾任警察局总办和劝业道总办的周善培，力推四川"新政"，以改良社会为己任。

[1] 傅崇矩：《成都通览》上册，巴蜀书社1987年版，第193页。

[2] 傅崇矩：《成都通览》上册，巴蜀书社1987年版，第194-195页。

清末《烟灰公爷挟优妓》漫画，图中夏老三、张老幺、麻脚瘟小妹，是当时成都名妓

他大刀阔斧来了个"娼厂场唱察",就是限娼妓、办工厂、建商场、修剧院、办警察。"办警察"等前文已说了,具体又怎样个限"娼"呢?

当代中国文豪郭沫若说:"使娼妓成为了一种公开的营业,政府从而抽取花捐的这种近代办法,在四川大约是由他(周善培)创始的。"[1] 史学家唐振常先生更进一步评论:"周先生是中国设红灯区的创始人。"[2]

1906年后,周善培仿照日本等国外开设红灯区的办法,把城内妓女集中到两个区域列屋聚居,当时称为"特区":一是城北武担山一带;二是城东天涯石东街、水东门街、东顺城街、福字街一带,有时也以"天涯石"一名总呼之。

集中之街道人呼为"新花街"(意指"花街柳巷"),因名不雅后更名兴化街(或称新化街),含"教化"之意;编妓女为"监视户"。[3] 另外还设警察分驻所。如城东区分局,设巡官一人、警士几人,管理特区的治安、妓院纠纷和征收"花捐"事宜。

光绪三十三年(1907年)六月,四川总督部堂札饬警察总局,会同成都、华阳两县,出示晓谕:"'监视户'如已真心改悔,准其呈街区团保,出具切结,将门牌除去,照良民一样看待。倘敢再犯者,男女皆永禁,为无耻者戒。明

[1] 郭沫若:《反正前后》,华夏出版社2008年版,第111页。
[2] 章立凡:《"国号"系铃人周善培》,载《凤凰周刊》,2006年第15期。
[3] 乔绍馨:《周孝怀自述往事记》,载《成都文史资料选辑》第六辑,第72页。

左图:民国时期的周善培

中图:周善培民国早期著述《虚字使用法》

右图:周善培书法别具一格

娼中有愿从良者，亦准报知街正禀总局，任其择嫁，鸨户只准索取身价，不得额外勒索，违者严惩不贷。"[1]

周善培在街口派警兵设卡稽查，岗楼上大书横匾"觉我良民"，还颁定"监视户"规则：严禁接待"学堂学生""各营兵丁""年轻子弟"。因为学生"应守礼法"，士兵"应守营规"，年轻子弟"应爱身体"。以上三种人妓女"如敢私留，查出一并治罪"。同时对"监视户"也合理保护："如有地棍痞徒，借词滋扰，亦准该户密报本局拿办。"

"监视户"中，较有名且貌美的妓女，名称（艺名）也怪头怪脑、雅俗并存：杨荷花，冯可卿，曾老二，刘老新，肖凤仙，皮老疯，资州老四，五皮齐，齐滚子，王姐，重庆人，刘灯干，张二姐，曹二太太，周老三，薛老幺，灯灯红，甘老三，王老八，张老八，关老幺，张玉卿（即墨蝴蝶），潞淮卿（即陶老疯），玉蝴蝶（即季老三）。幺妹（即麻脚瘟），李苹卿（诨名李平果）……

宣统元年（1909年）统计，成都"发有规则"（即执照）的"娼寮"（"监视户"）共325家。"最有名之妓女，在前为田老三、张老幺。"田老三外号金蝴蝶，一度从良，却又"飞去复来"重操旧业，逐臭之夫甚多："官绅之

[1] 成都市地方志编纂委员会编纂：《成都市志 公安志》，四川人民出版社1999年版，第215页。

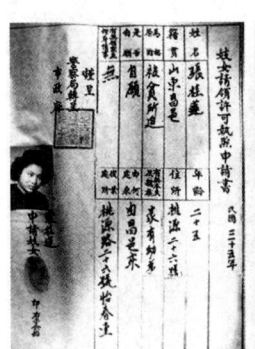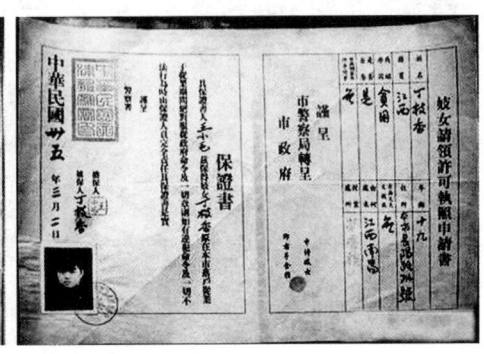

左图：民国时期的娼妓"合法"卖淫所持的政府颁发执照之一
右图：民国时期的娼妓"合法"卖淫所持的政府颁发执照之二

护之者猖猖若狂"。又有何玉卿、刘登轩、张老幺等，"稍堪入目，然不能免一种土俗之气。装束怪异，语言粗鄙，脂粉浓重，光怪陆离……"[1]

宣统二年（1910年），四川警务公所调查，成都共有娼妓283户，507人。[2]

妓女受到社会普遍鄙夷，如不准穿学生服，不得进入花会或庙会、戏园和茶馆等公共场所，否则要被警察抓捕。

"特区"建立，使一些暗中卖淫的场所"合法化""公开化"。成都文人冯家吉，在竹枝词中嘲讽官府以此牟利："兴化名街妓改良，锦衾角枕口脂香。公家保护因抽税，龟鸨居然作店商。"[3] 意思是官府收"花捐"后，妓院就和其他开店商家毫无区别了。

有少数秘密卖淫人家，是无法谋生的贫穷小官员和破落户。被公开钉出"监视户"木门牌，这些人实难做人，甚至发生羞愧自尽的事情。[4]

嫖妓毕竟不是荣耀之事。"特区"设立后嫖客去风流，只好夹着脑壳羞答答从"觉我良民"横匾下快跑。据说

[1] 傅崇矩：《成都通览》上册，巴蜀书社1987年版，第193-194页。
[2] 成都市地方志编纂委员会编纂：《成都市志·公安志》，四川人民出版社1999年版，第215页。
[3] 冯家吉：《锦城竹枝词百咏》，载《成都竹枝词》，四川人民出版社1982年版，第83页。
[4] 石体元：《周善培从政琐记》，载《重庆文史资料选辑》第12期，1981年，第154页。

民国时期的娼寮前娼妓们"倚门卖笑"

有一些卖淫人家,属于贫困潦倒的小官吏和破落户,无法谋生不得已使妻女操此贱业。及至"监视户"门牌公开标出,面子更加难堪,常和警察激烈冲突,甚至发生过羞愧自尽的事情……有人不忿,偷偷在帘官公所街上周公馆门前,钉上"总监视户"的木牌。他们背后大骂:"周孝怀,你龟儿子做事是'和尚打伞,无法无天'!" 从此周孝怀在成都有了一个公众赠送的绰号——"周秃子"。

周善培处事锋利,曾因处治讼棍郭美堂、蠹役董鸭婆结怨群小,又以亲往藩署抓赌、杖责川边大臣赵尔丰舆夫得罪同僚。所以1908年周善培曾被护理总督赵尔丰削去警权,调到商矿工局去了。周交卸后,赵即下令纠正在私娼门前钉牌的做法,并指责说:"……虽加以重辱,果于政治何益?更于本人何益?夫身为民上,奚忍以人为乐?" [1]

## 清末民初成都刊报对"特区"的记载

今人很难知晓清末成都"特区"的真实景况。我查阅到民国初年报刊《娱闲录》,其中有仿古文《陋室铭》,戏作幽默文章《五(武)担山铭》:

"峰不在高,有景则名。径不在幽,有花则馨。斯是灵山。五担著称,摇钱植宝树,粉黛为丛林。可以弄月琴,呗嫖经。无仙人之采药,无樵子之负薪,解神游而入洞,色鬼过而迷津,骚客盘桓以永日,狂童逐队如流星。左有文殊院,右有成都厅,识者云:此皆本山秀灵之余气,德不孤兮必有邻。" [2]

《娱闲录》另外还刊有《成都女闾竹枝词》,描述"特区"内妓女生活种种状况,属难见的珍贵史料:

"新化街头脂扮香,全凭各界善提倡,可怜学校和

[1] 成都市地方志编纂委员会编纂:《成都市志 公安志》,四川人民出版社1999年版,第445页。
[2] 《娱闲录》第二卷,第一号,第64页。按:《娱闲录》由四川公报社民国初年出刊,每月出版两次。

□□，不及娼家易改良。"（按：□□，根据平仄格律，推测似应为"官府"二字）。

"朱门高厂坐司阍，曲径通幽署乐园，燕语莺声娇且脆，隔帘闻得已消魂。"

"齐剪青丝刘海头，浓脂厚粉衬双眸，逢人故作娇羞态，帘幕低垂不上钩。"

"字画屏条四壁悬，美人相片罩玻砖，兰房隐约桃花面。老鸨迎门请吃烟。"

"容颜亦觉艳如花，下顾莲船暗自嗟，天足忽然传上谕，开通每举向郎夸。"

"语言原是省城腔，总是新来自远方。娇小雏姬初接客，缠头那得不倾囊。"

"告示街头署警官，青年不许入勾栏。学生兵弁均严禁，只准昏花老眼看。"[1]

[1]《娱闲录》第十四册，第52页。

可见，"特区"内高级的妓院俨然官绅公馆：有看门头，曲径通幽，花花草草；妓女"兰房"里陈设不俗，高挂名人字画……其次，显示出妓女的"新潮"：装饰如清纯女学生：梳女学生"刘海头""作娇羞态"；仿照女学生不再缠足，常举起"解放足"，对嫖客自夸思想"开通"……正如清末署名"苹梗"的文人在《秦淮感旧集》中说："（妓女）不施脂粉，淡扫蛾眉，或效女学生装束，居然大家。"

有关清末民初成都娼妓，学者王笛叙述了较多史料。1915年1月19日的《国民公报》，曾描述妓女的大胆和时尚："近日，娼妓奇妆异服，沿街游荡，有两妓女共乘一舆，共坐一车者斜目四顾，调笑自若，故显体态轻盈……昨记者过少城西马棚，见一娼妓头梳大毛辫、戴绿泥遮阳帽、金丝眼镜一穿披青缎中式时样皮袄、扎脚青裤，批（扎）西式白色洋头绳，（穿）大披肩、电光褂、花绿色出风毛新式朝元鞋。全身妆饰，不中不西，不男不女，两手叉腰，沿街笑骂……"

这个妓女被警察拦住并"痛加申斥"，强迫她脱下披肩和遮阳帽、取下眼镜，雇轿强行把她送回。该"娼妓形尚自若"。王笛评论："这些描述的确给我们勾画了一个超级'现代'的女人，无所顾忌地行走在还很传统的成都街头的有趣画面……可以说是她们对鄙视她们的社会反抗的一种方式。"[1]

◎ 清末管理娼妓办法沿袭至民国时期

建立"济良所"对妓女有没有作用

清末，警察局后又创办有"济良所"。妓女有犯规生事或不愿为娼者，一律除去妓籍，收入所内做工（如织袜），待机择配从良。

1909年，有六十多个妓女进了"济良所"，经教育后可从良嫁人，也可到大田坎纱厂做工。傅崇矩说："现今从良者亦多"，名妓"田老三""水红桃子""黄四海"等约三十人，都从良嫁人了。[2]据称"择配从良"的"多得善处"，有些人还回"济良所"讲述自己从良的故事。[3]如妓女庞惠芳从良，去"济良所"讲述亲身体验，许多妓女被感动。另一名从良妓女与一位绅士结婚，"颇能遵守妇道，勤俭持家"。她和她的丈夫回访济良所，"殷殷致谢"，还捐赠了20元钱。报纸说："盖自妇女无学，不幸迫于饥寒，失身污贱，情殊可悯。一经入所改行率德，即与良善无异。"[4]

[1] 参见王笛著，李德英、谢继华等译：《街头文化 成都公共空间、下层民众与地方政治（1870—1930）》，商务印书馆2013年版，第283、211页。
[2] 傅崇矩：《成都通览》上册，巴蜀书社1987年版，第193-194页。
[3] 参见《通俗日报》，1909年7月27日、8月1日。
[4] 《通俗日报》，1909年8月2日、8月13日。

但是要从良也不易，仍遭人鄙视。民国时期刘师亮就写竹枝词大加讥讽："谁家官眷斗云鬟，画得眉毛弯又弯。仔细审详浑不是，似曾相识武担山。"[1]

有些妓女从良后无法生存，又重操旧业。还有些妓女操业已久极难改变恶性，如有个绰号"张麻婆"的"烂娼"，因败卖鸦片被警察驱逐出新化街，她宣称已经"从良"，却买了两名妇女送到新化街当妓女，还威胁没挣够钱严厉惩罚……警察后把两个妓女送到济良所，张麻婆则送公所惩治，并"发入疯人院永做苦工"。[2]

## 民国时期东城"特区"类似贫民窟

民国时期管理娼妓，基本上袭用清末办法。1914年，四川军事巡警厅制定《取缔娼寮规则》，规定为娼者须年龄在18岁以上、40岁以下，确无谋生之业，无残废、传染病，家属同意自愿为娼者，还要有妥适保人。规则将娼妓分为1至4等，警察厅按等级收月捐（花捐）1至2元。最幽默的，还制定了《娼寮佩章规则》：分别以芙蕖、芍药、桃花、杨花作为等级标识，佩章由警察厅制作，按等级分发……不知妓女们是否会像警察戴佩章站岗一样，戴着花儿佩章去"执业"？

民国时期，城北武担山"特区"渐不存在。1930年，成都市长黄隐以娼寮日愈滋多，令省会公安局会同社会局，除了原城东兴化街，又增划天涯石东街、武城南街南段、福字街东段、东顺城街为娼寮聚居"特区"，将各处杂居妓女强行迁入，不准擅自迁出。并派驻军队，设置岗哨弹压限制。1934年2月省会公安局妓捐处统计，仅划为"特区"的即有公娼1956名。[3]

[1]《成都竹枝词》，四川人民出版社，1982年，第89页。
[2]《通俗日报》，1910年3月8日。
[3] 成都市地方志编纂委员会编纂：《成都市志·公安志》，四川人民出版社1999年版，第216页。

东城"特区"20世纪40年代后，已类似贫民窟，破旧、污秽、黑暗、潮湿。普通妓院大多在院落内，每一娼户有内外两个房间，外房为鸨母卧室。内房为妓女所住，肮脏的被盖、破滥的帐子、硬木板的床……这就是两三个妓女的起居地，也就是顾客们的行乐处。

新化街上生意兴隆，每天入夜有如逢场赶集。特区内有大市、小市之分。小市的妓女比较好些，容易招徕嫖客。大市的妓女，大多是徐娘半老或面容丑陋少人问津，这些妓女见人就拉。尤其是乡下来的人，妓女更是死拉不放，为此妓女之间你拉我扯、相互打骂起纠纷，还要去找警察分驻所解决。人们把这些行为呼为"拉广广""扯裹肚"（"广广"是城里人对乡下人的称呼。裹肚是布制装钱口袋，常挂在小腹上，妓女硬去摸钱）。

附近的茶坊酒肆，也热闹起来。多数嫖客必畅饮饱餐后才去过夜或"打炮"（当时嫖妓术语，又名"排扇子"）。妓女涂脂抹粉排列坐在自家门口，招徕嫖客。一些小市民、小手工业工人、个别乡里人或无法安家的单身汉，以及社会底层的车夫、船夫、拉粪车的……都来此逛游。打情骂俏、邪言怪语之声鼎沸全街。嫖客给的钱，名为"片钱"，要全部交给乐户、鸨母；有的在嫖客离去时，鸨母还对妓女搜身。[1]

1944年，著名作家吴祖光、漫画家丁聪，前往"特区"实地考察。事后，吴祖光写了散文《断肠人在天涯——花街行》，丁聪创作了情景真实的漫画《花街》。

### 游娼与私娼遍布全城

除新化街"特区"发有"乐女证"的"公娼"外，还

---

[1] 白景纯：《涉迹旧成都的娼妓花业》，载文芳主编：《民国青楼秘史》，中国文史出版社2012年版，第36页。

左图：1941年《华西晚报》描绘的成都街边妓女

右图：1944年漫画家丁聪的漫画《花街》

有游娼与私娼两种。

民国时期社会学者徐树塽曾专门调查：所谓游娼，无一定的住处，到晚上八九点钟，便出现于东大街、春熙路、中山公园、玉石街、八宝街、老南门大桥一带，市民称之为"夜游神"，她们多患有严重的花柳病（性病）。若有男子照顾，便同去住宿低下污秽之栈房……东门外牛市口附近的游娼也不在少数，她们把自己相片交与旅馆茶房，由茶房为之招徕住宿旅客："竟有一个茶房手握相片20张者，可见成都各城门附近车站地方，亦游娼出没之所。"

成都各处旅馆，也是宿娼叫妓的大本营。如宿高等妓女的春熙饭店、三乾行馆、五洲公寓、西御园旅馆。宿次等妓女的新成旅馆、太平洋饭店、新陆宾馆、西川公寓……何以旅馆如妓院呢？原来，旅馆里的侍役（茶房）薪水微薄，靠给客人找妓女，以求得十分之三的收入。而旅馆老板，也因此生意才发达。

所谓私娼，即居家卖淫的暗娼，分布更杂。成都有专为私娼招徕生意的皮条客，称为"代士"。他们不分日夜，出入于戏园、公园、大餐厅、大旅礼、大茶馆……一有男子答话，即引导至私娼之家。所以，成都之夜热闹街道上，游娼与"代士"之多，几使大街变成为人肉交易场所。

成都另还有一种出入浴室伴浴的私娼妓，是半公开的。如成都春熙路之江海浴室、东御街之三江浴室，特别设有所谓"家庭洗澡间"，只要浴客愿意叫妓伴浴，侍者便去约妓前来。[1]

绝大多数妓女，出路只有两种：一种是悲惨至极至死方休；另一种是嫁人从良。有的妓女，年老色衰一身是病，被逐出妓院流落街头沦为乞丐，最终路毙。

当时新化街号称"花柳梅毒传播所，下疳白浊大本营"，妓女与嫖客十之有九要得性病，开设医花柳病诊所特多；街头巷尾墙壁和厕所内，随处可见诊所的宣传广告。当时流行民谣："喊你不要搞你要搞，把你的机器搞烂了，城隍庙去把药调！"[2]

民国时期街头巷口或茅厕墙壁，凡有空隙之地无不张贴各种"专治花柳之病"广告。许多花柳专科、补肾壮阳等广告在报纸上时常可见。如1947年《华西晚报》的一张整版广告，除电影广告外，其中"包医肾亏""立止白浊""花柳专科"等占了主要版面。

"但求不疼"，是至今仍广为流行的成都俗语，即"没什么了不起"之意。曾有一个姓郭的医生在南糠市街设一诊所，招牌名曰："求不疼"。这里"求"谐音"球"（男生殖器），诊所名称寓俗于雅，已很有趣。更有趣的，一个嫖客花一大笔钱去治疗，事后吹吹打打送来一匾："医我不死，但求不疼。"是称赞还是骂娘，不仅郭医生大费猜

---

[1] 徐树墉：《成都娼妓问题之研究》，载何一民、姚乐野主编，袁学良、龚胜泉副主编：《民国时期社会调查丛编 四川大学卷 下 三编》，福建教育出版社2014年版，第450—456页。

[2] 白景纯：《涉迹旧成都的娼妓花业》，载文芳主编：《民国青楼秘史》，中国文史出版社2012年版，第33页。

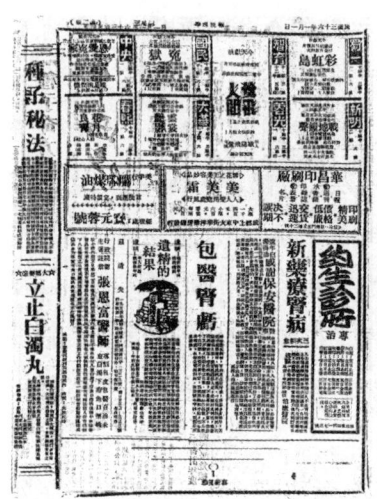
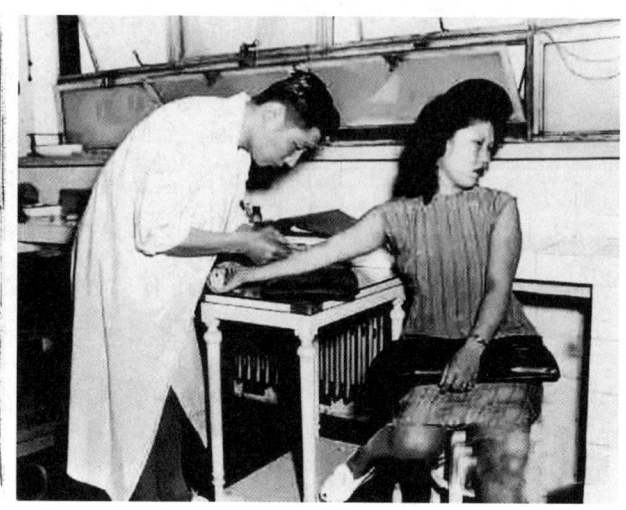

左图：民国时期登载于《华西晚报》上的医药和电影广告

右图：民国时期的妓女找医生治疗性病的情景

疑，路过市民也争论纷纷。

据省会警察局"乐女健康检查统计"，仅1944年4至12月，在该局卫生所做过"健康检查"的妓女共6101人次。这只是经警方批准以卖淫为业者（公娼）的一部分。若加上逃避警方管理的私娼、暗娼、游娼，其数当数倍于此。抗日战争时期，逃难来成都的妓女增多，在成都市的扬州台基即达百余家，警察局批准的娼寮"特区"已扩大到29条街巷。

中华人民共和国成立后，成都市公安局于1950年2至8月，陆续取缔妓院187家，解救妓女4000余人。1951年5月后，全市至少还有40家妓院仍在开业，各类娼妓还有300余人。1951年8月26日，查封所有妓院，又收容了200多名游娼，共收容妓女338人。

20世纪60年代，又出现被称为"梭叶子""操妹"的暗娼。1980年以后，卖淫嫖娼现象又以各种形式死灰复燃，性病蔓延。[1]

从清末周善培设红灯区，至今一百多年了。卖淫嫖娼，仍成为难以根除的"社会恶疾"。

[1] 成都市地方志编纂委员会编纂：《成都市志 公安志》，四川人民出版社1999年版，第216-218页。

## ◎ 对乞丐、游民的社会改良卓有成效

### 晚清后成都乞丐、游民不下两万人

乞丐，都市中的特殊群落，成都人称为讨口子、叫化子、要饭的。在中国，游民（流民）、乞丐、小偷、强盗、土匪……通常转化难辨。如果一定要区分，游民多不属于城市中稳定人口，而是游走不定，多靠出卖廉价劳动力谋生；乞丐却多固定居住于某一城市，乞讨为生；小偷、强盗、土匪，则是游民、乞丐向更危害社会秩序的角色转化。

农耕社会里一旦有天灾人祸，破产农民就大量进入城市，变成无业游民、乞丐。聚而成团伙称"丐帮"，多与黑道有关。比如湖北"罗筐会"，江西"边钱会"，福建等地的"花子会"，都是典型"丐帮"。成都"丐帮"，则多与"啯噜"有关。

1848年，四川按察使张集馨到成都后，记载成都地区游民很多还有一个原因：从水路来的纤夫和旱路来的挑夫和轿夫，到省城后难以找到返程活计，"一经到此，便不思归，无计谋生，流而为匪。"[1]

张集馨生动描述成都地区游民、乞丐的生存状态：

"川省游民极众……每日清晨城门启后，四门进城者不下二万人。皆身无寸缕，入城营趁（按：即谋生），为人扛抬负重、扫地拾秽以资口食。日落城门将闭，此二万人不容在城居住，概逐出城，并无一定栖止，或庙檐，或坟圹、水边、桥下，墝馆（按：即土堡）、邮亭（按：即驿亭），纷纷皆是。或今日宿于东门外古宇危栏，至明日又宿于西门外茶棚酒社……籍贯既不可考，姓氏亦未必真，收管无人，听其自为生活。"

---

[1] 张集馨：《道咸宦海见闻录》，中华书局1999年版，第92页。

乞丐、游民难以谋生，自然就铤而走险变成"匪盗"："地方啯匪横行，杀人于市，掳抢勒赎之案，无日无之，逼近省城，肆无忌惮"。[1]

清末这种情况更为严重，1906年的《四川官报》说："游民乞丐各省皆有，无如四川之多，四川尤以省城为最。"[2] 四川总督锡良上奏朝廷奏折中说："四川生齿最繁，贫而乞丐者至众；省城每际冬令，裂肤露体者十百载途。号呼哀怜者充街盈耳。偶遇风雪，死者枕藉，相沿有年，南北各省皆所未见。"[3]

可见晚清以来，成都乞丐、游民一直是严重的社会问题，也严重损害了成都形象。英国地理学家兼外交官A.霍斯，19世纪末到成都时描述："成百的乞丐聚集在东郊，费了好大劲才从拥挤在桥上衣衫褴褛而肮脏的人群中打开一条进城的路。"[4]

清末，成都乞丐、游民多集中在东西南北四城门附近，尤以东门九眼桥和北门城隍庙一带居多。你如"穿越"回清末，到各城门的大桥下会看见：干河滩上用破席碎布搭成许多歪歪倒倒的小窝棚。成百上千人散在河滩，用鹅卵石支着砂罐将讨来的残汤剩饭加热。火光映照蓬头垢面的人影，有男有女、有老有少、有瘸有跛……讨口子把干桥洞（枯水季节桥下无水）称作"乔公馆"。乞丐号称"穿的千家衣，吃的万家谷。盖的肚囊皮，睡的背脊骨"，真是"赤条条来去无牵挂"。

1911年毕业于四川高等巡警学堂的石体元先生，讲述清末情景：[5]

"当时，成都市面秩序不好，有一些孤贫青壮年和儿童，冬季衣食无着，仅以一片草席掩遮下体，夜则露宿城门洞和桥头，人们呼之为'干鸡子'，经常在街巷以乞讨和偷

[1] 张集馨：《道咸宦海见闻录》，中华书局1999年版，第121页。
[2] 《四川官报》丙午第20册，"公牍"。
[3] 锡良：《奏开办习艺所及各项工厂情形折》，载《锡良遗稿》第1册，中华书局1959年版，第646页。
[4] 王笛：《晚清街头文化、下层民众与地方政治》，载朱诚如、王天有主编：《明清论丛》第二辑，紫禁城出版社2001年版，第389页。
[5] 石体元（1890—1968），宣汉县华景人，抗日战争时期的理财专家。1933年代行重庆市市长，为重庆成为战时首都建有勋功，屡受勋奖。

左图：清末一个断脚残疾人路边乞讨

右图：篮子里的残疾人路边乞讨

窃零星小物为生……既害治安、复乱秩序，且于都邑外观亦甚不雅。"[1]

每年冬天很多乞丐冻死街头，被篾笆裹尸草草埋葬，清末竹枝词写道："饥寒两逼困江滨，未死犹如已死身。一个篾笆双束缚，可怜白日活埋人。"[2] 甚至乱扔到龙泉荒山沟里，1899年成都人王增祺在《茶店子乱葬坟歌》中说："君不见龙泉驿南廿五里，茶店子埋'干魔子'（俗呼乞儿名）。生无一饭充饥肠，殁无片板覆遗体。山头碎掷如乱柴，往来惊见悲中怀……"[3]

## 乞丐的生存痛苦和乞讨方式

当时外国人的《华西教会新闻》[4] 中披露：成都乞丐数量至少达到一万五千人。传教士维尔（J.Vale）亲眼看到："乞丐成群地聚在一起赌博、喝酒"；"在严冬的清早，时常看到三四具尸体躺在东门外的桥边"。

另一个西方传教士哈特韦尔（G.E.Hartwell）看见：

[1] 石体元：《周善培从政琐记》，载《重庆文史资料选辑》第12期，1981年，第154页。

[2] 吴好山：《笨拙俚言》，载《成都竹枝词》，四川人民出版社1982年版，第77页。

[3] 〔清〕王增祺：《聊园诗存再续》，清光绪二十八年（1902年）刻本。

[4] 《华西教会新闻》，是华西各差会联合出版最早的英文教会刊物，1899年在重庆创刊，1943年停刊。

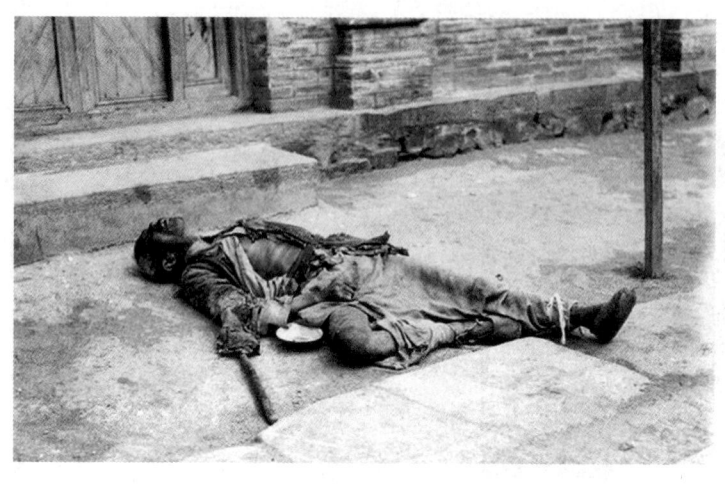

倒毙街头的可怜乞丐

街头挤满了乞丐,"有满身是烂疮的,有得麻风病的……除了一块烂围席或粗糙的大麻布以外,无物蔽体"。为避免冻死,他们寻求各种方法获得温暖。一种方法就是聚在小食摊留下的热炭灰周围。小食摊一般都有一个烹饪大土炉,当天生意结束后小贩把炉子留在街上,乞丐们冲上前去为争抢热灰而打架。

维尔记载,一些有手艺的乞丐会做一些像风车、口哨、木偶、鸡毛掸子之类的小东西出售。一些乞丐则捡烟头卖给烟草小贩,从茶馆饭铺煤渣里捡碳花卖给街头小食摊。夏天饭馆十分闷热,老、小乞丐每人拿把大蒲扇去"卖风":为吃饭顾客扇风。那些顾客会有意留些残汤剩菜,有时还会给几个钱。[1]

讨口有巧讨、苦讨、艺讨、恶讨。一个姓李的年轻讨口子,终日被人驱赶难得温饱。一个老乞丐给他出主意:"走马街口有个瞎老太婆没人照顾,你何不说她是你的亲妈,去背妈讨口。"

李如法炮制沿街乞讨。"李孝子"让"母亲"坐在街边巷角台阶上,给她一勺勺地喂饭。路人大洒悲泪,纷纷施

[1] 维尔的记载,转引自王笛主编:《时间·空间·书写》,浙江人民出版社2006年版,第100-102页。

[1] 吴剑洲、吴绍伯：《这儿也有个奇迹王朝补遗——补记旧蓉城的乞丐故事》，载《龙门阵》，1989年第6期。

食施钱……于是乎"孝子背瞎老母乞讨"成为新闻。[1] 这属于"巧讨"。

一些乞丐"装象"，就是装成瘸子、断手杆、生恶病的样子。他们用姜黄、赭石之类"秘方"乱抹手臂装残废，可变得血污狼藉、恶脓将溃未溃……这也是"巧讨"。

"恶讨"，即乞丐抢劫行人食品、偷盗。有些"恶丐"则敲诈，如经过一家门口有狗跑出来，就把疥疮抓出血说狗咬伤了他，甚至躺地装死，勒索房主人给钱治伤。

最简单的则是当"伸手大将军"直接讨要。此外常见的是打"莲花落"（又叫"莲花闹"）或"金钱板"，敲竹片子吼唱乞食。有的干脆赤身裸体拍打肉身，叫"打肉莲花闹"……这是"艺讨""苦讨"。因时常喧闹不雅，惹来巡街警察驱赶。

乞丐们语言灵活，乞讨场景极具"黑色幽默"（貌似喜剧实含悲痛）。乞丐到杂货铺唱："出得门来甩开步，不觉到了杂货铺。日用杂货样样全，还有扫把和火钳……善人呐，给两文钱嘛！"

左图：清末成都警察驱逐打金钱板乞讨的讨口子。来源：清末成都《通俗画报》，四川大学图书馆资料

右图：1909年《通俗画报》上的漫画《伸手将军》，说乞丐不仅盗窃，还"善抓锅魁（烧饼）"。来源：四川大学图书馆资料

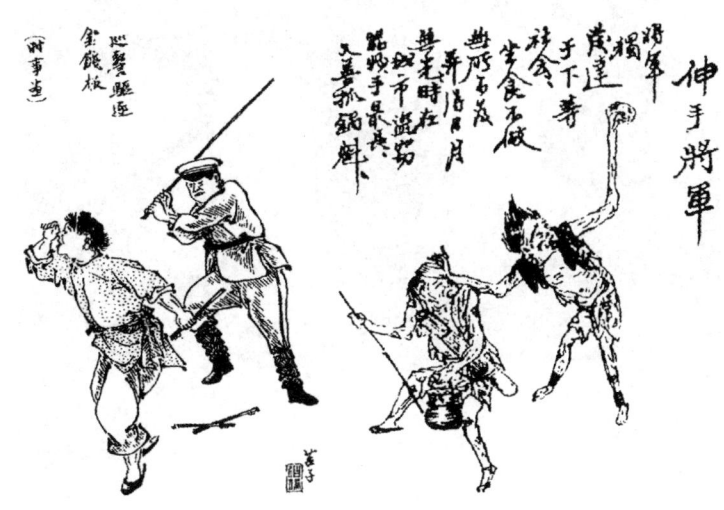

到烟铺前唱的是:"那边没望拜这边,宝号卖的是水烟。香烟丝烟叶子烟,就是不敢卖鸦片烟……善人呐,给两文钱嘛!"没唱完,往往小伙计捏着鸡毛掸子打将出来:"你龟儿油腔滑调,快滚!"

逃到点心铺又唱:"那边吓飞这边跑,点心铺有绿豆糕。鸡蛋糕米酥油糕,它总没得屋檐高!善人呐,给一文嘛……"到馆子门前又唱:"逃到这边歇一歇,老板店堂满是客。师傅的锅魁大又圆,吃上一个管一年。师傅的包子蒸得白,才生的奶娃儿吃不得……善人呐,赏点吃的嘛!"

乞丐连棺材铺也不错过,拍着胸脯作伴奏又唱起来:

叫化头率领小乞丐化妆蜂拥而去讨要、帮工。摄影:[美]西德尼·戴维·甘博

乞丐打彩伞、抬祭幛、举挽联

"走一步，又一步，不觉来到棺材铺。掌柜的棺材做得好，装起死人不得跑……善人呐，赏两文钱嘛！"

如果又要挨打，乞丐也急了，会唱得更展劲："人不落难不伸手，今天死在你大门口。你不给钱我不走，拼个老鸹等死狗！"一边唱一边将赤条条的胸脯拍得连天响。老板气得脸红筋胀，多半赌气般扔出几文铜子，骂道："给你龟儿算了，莫把老子气死球！"

讨口子这么多，讨口变得也艰难。民众无论婚、葬"红白喜事"，乞丐都会蜂拥而去讨要、帮工"凑热闹"，如抬棺材、痛哭、打彩伞、抬祭幛、举挽联、点爆竹、扫地……乞丐也常被雇用去处理监狱死尸、城乡野尸，包括死猫死狗……办完了事领些钱、米，或吃些酒席上的残羹剩饭，叫"剩八碗"，已属"美差"。

## 创办乞丐工厂、幼孩工厂的历史细节

大量乞丐的存在，严重威胁社会治安。光绪三十三年正月十九日（1907年3月3日），四川总督锡良上奏朝廷："窃维游民实盗贼之源……游荡失业者无所为生、因而蹈死以求生""听其流传，弱者必死于沟壑，黠者必迫为盗徒。"

锡良指出：不仅要收容救济乞丐，并且要标本兼治，即"教养兼施"："以此辈即罪犯之所由来，不养则莫救目前，不教则难使自立。"这是已经很具有近代化色彩的社会改良思想。

锡良上奏朝廷说："乞丐工厂、幼孩工厂、老弱废疾院、苦力病院，皆由奴才督饬周善培于去年六月以后次第开办，责成警察局管理。除苦力及笃老、少稚不能任工之外，无不筹养以全其生。"[1]

清末，警察局总办周善培改良社会的"娼厂场唱察"中，"厂"的具体内容就开始了。

锡良说：1906年后，他指派周善培在成都创办东、南

[1]〔清〕锡良：《奏开办习艺所及各项工厂情形折》，载《锡良遗稿》第1册，中华书局1959年版，第647页。

民国初期监狱犯人在做火柴。摄影：[美]西德尼·戴维·甘博

乞丐工厂二处，先后收入精壮乞丐一千五百余人。令"年轻质敏者"学习工艺，"年壮质拙者"从事劳役；以三月为期，所得工资由工厂代存，至出厂时发还："俾为小贸易资本，不致再为流落"。[1]

另有民国初期史料则说成都乞丐工厂："以赢余十之六充公，十之四为该乞丐作存款，四年期满，付以所蓄，遣使自营生业。"[2]

周善培又在华兴街警察总局左侧的纯阳观庙，改设幼孩工厂一所，收容乞丐中之幼孩及幼失父母或家贫无力自养之子五百多人。八岁以下者"课以初等小学之学"，八岁以上者"教以容易自存之艺"，年满十四岁后遣出自谋生计。又在北门圆通寺改设老弱废疾院一所，收容老弱残疾的男女乞丐一百多人。

四川轿夫、背夫等底层劳工，一有疾病就顿入绝境而沦落为丐。官方"又于北门外建筑苦力病院一区，专为收养因力致病之人"，"可以诊养三百人以上"。

以上举措，效果显著，锡良说："计自去年入冬以

[1] 参见〔清〕锡良：《奏开办习艺所及各项工厂情形折》，载《锡良遗稿》第1册，中华书局1959年版，第646—647页。

[2] 《清朝野史大观》卷四《清朝史料》，上海书店1981年版，第170页。

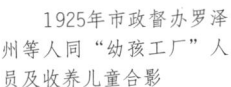

1925年市政督办罗泽州等人同"幼孩工厂"人员及收养儿童合影

来，举向来街而不忍见闻之状，一律净绝，耳目气象为之一肃。"[1]

当时在成都的外籍教师日本人中野孤山记载："蜀人相当精明，行事周到。他们把乞丐召集起来建工厂，悬挂书有'乞丐工厂'几个大字的牌子，让乞丐在厂里做苦工。与我国服刑人员一样，那些乞丐一眼就可以被认出来。因为，他们的辫子被剪掉了，额前只留有两寸长的方形留海儿。他们做苦工时，每十人配有一个或两个巡查监工。工厂的门口也有人昼夜看守。蜀都有此类工厂两个。"[2]

传教士维尔（J. Vale）在《华西教会新闻》中，披露了这些工厂的细节：

乞丐进工场被编号，穿的衣服是军服改制。在厂内一般是做草鞋和织布，外出多为修房、挖沟、铺路等杂活。厂内一天两顿稀饭加咸菜，在外可得到一份额外的干饭。监工早晚点名防止逃跑。每人十天刮一次胡子，洗一次澡……

当代中国文豪郭沫若，1928年回忆："厂是制革厂，用牛皮制造各种西式皮箧的犯人的工厂。据当时在日本留学的我们大哥的来信说，好像比日本的成品还要价廉物美。"[3]

俗话说："讨口三年，皇帝也不想当"。强迫改变懒惰的乞讨生活方式，引起乞丐的抵制。石体元先生说："有懒惰成性，既得饱暖不甘劳作，私逃出厂故态复发的事情。乃决定把两厂所收人员，一律剃其发辫，额前故留一撮短发，借作标识。警察遇见街上有这样的人，立刻抓入原厂。从此以后成都市面秩序井然。"[4]

### 改良乞丐、游民取得巨大成绩得到中外各界高度赞誉

民初史料说：以上改良措施，稳定了社会治安，改变

[1] 参见〔清〕锡良：《奏开办习艺所及各项工厂情形折》，载《锡良遗稿》第1册，中华书局1959年版，第646–647页。

[2] ［日］中野孤山：《横跨中国大陆——游蜀杂俎》，中华书局2007年版，第98页。

[3] 郭沫若：《反正前后》，华夏出版社2008年版，第111页。

[4] 石体元：《周善培从政琐记》，载《重庆文史资料选辑》第12期，1981年，第155页。

了城市形象:"未逾年盗风大息,城乡十里外乞丐绝迹。此法实整理地方善政之最。"[1]

成都文人冯家吉,曾讽刺周善培收娼妓"花捐",却写诗称赞:"乞丐人多数锦城,厂中教养课功程。从今不唱莲花落,免得街头犬吠声。"[2]

清末傅崇矩说:"在前成都之乞丐最多,数十成群者,俗名羊子,往往沿街抢夺食物及抓人小帽等事。在前尽自东路入城者,无论轿、马,上灯时如过大桥,皆各有戒心。""自警察局没立乞丐工厂后,街市方得安靖,且乞食之恶丐亦不多见矣。然城外尚多,不胜收养也。"[3]

为此,国际人士对成都警察当局管理城市的水平,也评价甚高。如英国女画家艾米丽·乔治亚娜·坎普,旅游成都后评论:

"成都无疑是中国最洁净的城市,很可能也是全部纯粹的本地(按:指中国)城市中最进步和最开通的城市。道路宽阔而状况良好,外国人可以在任何地方散步,一点不用担心受干扰。几乎每一个街角都站着警察,他们中许多人都有自己固定的岗亭。他们整齐地穿着欧洲一类制服,绝对是干净而且文明。他们戴一种黑色的水手小帽,较为时髦的戴着本地生产的黑色线手套,手持坚固的手杖(按:指警棍)。总而言之,他们是我们所遇到过的最好一种类型的警察。道路上没有大哭小喊、肮脏无比的乞丐。这对于为首的地方官是个伟大的胜利,就在几年以前,成都的乞丐还有两万人;然而他决定结束这一现象,并且获得了完全的成功。我们遇见一大群穿得整整齐齐的男孩,听说他们就是乞丐的孩子。地方官把他们收容在一所很大的学校里,由地方当局供他们学习商贸。"[4]

游民、乞丐问题,从古至今都是中国的重大社会大难

[1] 《清朝野史大观》卷四《清朝史料》,上海书店1981年版,第170页。
[2] 冯家吉:《锦城竹枝词百咏》,载《成都竹枝词》,四川人民出版社1982年版,第83页。
[3] 傅崇矩:《成都通览》下册,巴蜀书社1987年版,第370页。
[4] 艾米丽·乔治亚娜·坎普:《中国的面容:一个英国女画家尘封百年的记忆》,中国工人出版社2009年版,第126页。

民国时期成都龙泉驿镇上"唱道情"的乞丐,摄影:[美]卡尔麦当斯

题。清末以前传统治理模式，不外是收容、赈济、遣送原籍乃至镇压和消灭。清末成都"教养兼施"标本兼治的近代化社会改良，在当时整个中国无疑走在最前列。

# 第九章 成都向现代化『冲锋』

# 第一节 1911年成都引发了中国历史巨变

◎ 成都为什么会发生"保路运动"

四川人不论贫富贵贱都与川汉铁路有关

公元1911年1月30日（农历辛亥年正月初一），进入大清王朝宣统三年，五岁多的宣统小皇帝还坐在龙庭上。1911年，连汽车都没有见过的成都人，却对当时世界最先进的交

左图：清末清廷的最高统治者摄政王载沣与小宣统皇帝溥仪（右立）及溥杰（怀抱）

右图：清末宣统皇帝溥仪的父亲摄政王载沣

## 第九章 成都向现代化"冲锋"

通工具——铁路和火车,关注热烈。

修铁路,是清政府实行"新政"的重要举措。1904年1月,四川总督锡良下令正式成立官办"川汉铁路总公司",以"不招洋股、不借外债"为律条。[1]

公司股本来源主要有"认购之股""抽租之股""官本之股""公利之股"四项。

其中主要是强迫征收的"抽租之股":"凡收租十石以上者均按该年实收之数,百分抽三",所以老百姓称为"铁路捐"。再加上官府豪绅贪污中饱,弊端百出。四川京官杜德舆曾上奏"租股"之害:"惨无天日,以此倾家破产、卖妻鬻子者,不知凡几。"[2]

从1904年1月开办至1910年年底,公司共实收股银11 983.305两,其中"抽租之股"占了76%以上,"认购之股"约占3%,"官本之股"还不到2%。[3]

"租股"征收对象不仅从"小粮户"到大地主,也有大量自耕农和佃农。四川广大农民被强迫收"铁路捐",成了具有"散户"性质、名义上的小"股东"。

[1]〔清〕锡良:《川汉铁路集股章程折》,载《锡良遗稿》第1册,中华书局1959年版,第466页。

[2]《都察院代奏度支部主事杜德舆川汉铁路呈折》,引自《川汉铁路改进会报告》第六期。按:《川汉铁路改进会报告》1907年4月创刊,月刊,在日本东京出版,发行者川汉铁路改进会,正干事蒲殿俊。

[3] 宓汝成编:《中国近代铁路史资料》第三册,中华书局1963年版,第1096页。

左图:《川汉铁路总公司集股章程》
中图:1909年川汉铁路公司的股票(正面)
右图:1909年川汉铁路公司的股票(反面)

1907年后,清政府"立宪"步伐加快。1909年10月14日,四川咨议局成立。蒲殿俊当选为咨议局议长,萧湘和罗纶当选为副议长。"立宪派"新生代官绅,逐渐获取了铁路公司的领导权。

对许多官宦、士绅和大小地主而言,他们是大股东或公司中官吏。如果铁路公司不保,他们不仅银子要化成水,官帽也将泡汤……所以当清政府后来要收铁路为国有时,碰了他们的"奶酪",他们便在巴山蜀水积极活动反对铁路国有化,成为保路运动中各级领导者。

1911年的成都,不少官绅家里大都有川汉铁路公司的若干"大股"股票(五十两银为一"大股")。就是郊野外穷苦农民,箱子里大都也藏有"小股"股票(五两银为一"小股")。因此,1911年时四川近七千万人不论贫富贵贱,或多或少都与川汉铁路有政治、经济等联系。

立宪派、革命党、哥老会这三种社会力量,在"爱国保路"的堂皇旗号下,形成"统一战线"。清政府既已号称"立宪",这三种社会力量就可以公开合法地号召全体老百姓,开展声势浩大的反对政府铁路国有化的活动。这就导致了清政府各种危机的总爆发。

以上的时代背景,就是1911年全四川民众都积极投身于"保路运动"大潮的最主要原因。

### "铁路国有"和"引进外资"究竟是对是错

清朝名将岳钟琪,所居的街道被称为"岳府街"。1903年年底,岳钟琪后人将老宅转让。1904年1月,川汉铁路总公司的黑漆金字招牌,悬挂在岳公馆大门上方。

1907年锡良离川,继任总督是赵尔巽。1908年11月,

川汉铁路公司总工程师詹天佑,曾负责修建中国首条自建的京张铁路(北京—张家口,1909年8月11日全线通车),有"中国铁路之父"之称

川汉铁路公司1904年1月成立，5年后的1909年11月才开始修铁路的开工典礼

赵尔巽奏任詹天佑为川汉铁路宜万段总工程师。1909年12月10日，在岳公馆公司内举行热闹异常的开工典礼。

到1911年，公司成立已八年，公司千辛万苦筹集股银一千五百多万两银子，除工程所用外，因贪污、挪用耗用了一大截，仅剩下七百多万两现银。工程成果却实在可怜：仅在宜昌至秭归段，"已成通车运料者三十余里，桥峒未完未通车者八十余里。"[1]

[1]《川汉铁路宜昌分公司董事局致成都股东会建议附股筑路电》，原题：《宜昌来电》，原件藏于四川省博物馆。

1911年川汉铁路公司仅在宜昌至秭归段"已成通车运料者三十余里"

照此蜗牛进度，确如当时人所说："一百年也修不成川汉铁路。"

此前，清政府短期内连续签订了一系列与外国的铁路借款合同。1906年至1909年，京汉铁路、沪宁铁路、汴洛铁路三条长线相继竣工，迅速获丰厚利润。这与"奏办有年，多无起色"的川汉铁路等"商办"铁路，形成鲜明对照。

1909年，清政府对全国商办铁路进行了15次调查后认为：各省商办铁路弊端太多；筑路权只能由国家统一筹划，而且只有引进外资才能迅速切实奏效。从而"铁路国有政策"，大体成型。

1911年3月，赵尔巽调任东三省总督，由王人文"护理"（即暂代）总督。王人文（1862—1942年），字采臣，云南大理人。

1911年5月9日，清廷颁布《铁路干线收归国有上谕》，说数年各地商办铁路的结果，在广东"收股及半，而造路无多"；在四川"倒帐甚巨，参追无著"（意即烂账太大，又无法追究）；而在湖南与湖北，则是"设局多年，徒资坐耗"。[1]

1911年5月20日，清政府邮传部（相似邮电部、交通部）大臣盛宣怀，与英、法、美、德的银行财团缔结了借款合同：清政府向四国财团借款600万英镑，年利息为五厘。铁路将在三年内完工，铁路建造与管理的全部权力归中方所有。

这项年利息为5%的贷款应属低利率（当时国内钱庄平均利息高达12.5%至14.8%）；最为重要的是，本合同规定了四国银行及其政府为贷款方，并不拥有经济利益以外的政治附加条件。

笔者曾详细阅读《中英法德美粤、川汉铁路借款合同》原件。合同共25款，在第17款中明确规定："此铁路建

[1] 《大清历朝实录：宣统政纪》卷52，第37页。"宣统三年四月十一日上谕"。

造工程,以及管理一切之权,全归大清政府独自办理。"整个合同找不到"出卖四省铁路主权"的内容。这让人怀疑持"卖国卖路"观点的人,到底是否真看过该合同?[1]

外国财团当然带有资本输出的色彩。但中国利用外资,现代化进程必将极大加快。所以近年来不少学者认为:完全否定清末铁路国有政策和利用外资的思想,并简单化地批判为"卖国""卖路",是武断和错误的。[2]

### 立宪派人士以"保路"为由谋求更大参政权力

1911年5月25日,邮传部发出电文给王人文明确表示:川路公司收入约为一千五百多万两银子;川汉铁路收归国后,大约有一千二百多万可兑换"保利"或"无利"股票,政府对公司其他严重亏空(即"倒账")约四百万,不予负责。

5月28日,川汉铁路公司召开临时股东大会,向朝廷呈交"请愿书":"请暂缓接收,一面分别交院(即国家议会性质的资政院)、交局(即省咨议局)开会议决……以遵法

[1] "借款合同"参见《宣统朝外交史料》卷20,第38-51页。转引自戴执礼编:《四川保路运动史料汇纂》上册,台湾"中研院"出版,1994年,第540至548页。

[2] 参见萧功秦:《清末"保路运动"的再反思》,载《战略与管理》,1996年第6期。

川汉铁路公司股东大会开会的图画

律而顺舆情。"

6月2日，清廷又给王人文发出上谕："铁路改归国有，乃以商民集款艰难，路工无告成之望。川省较湘省为尤甚，且有亏倒巨款情事。朘削脂膏，徒归中饱；殃民误国，人所共知。朝廷是以毅然收为国有，并停收租股，以恤民艰。"上谕斥责四川省咨议局中一些人是别有用心："是必所收路款，侵蚀已多，有不可告人之处。一经宣布，此中底蕴恐不能始终掩饰。"

铁路国有政策为什么会导致后来的保路运动？

从总体上讲，保路运动是中国民众与清朝封建专制、中国与外国列强侵略、清政府中央和地方利益集团等诸多矛盾空前激化的综合产物。单就铁路国有政策和引进外资本身而言，并不一定错。

清政府的腐败无能、顽固守旧，是引发保路运动最为至关重要的直接因素。因为，1911年5月8日，清政府宣称实行重大政治体制改革：即实行"预备立宪"，撤销军机处改设内阁。但换汤不换药，阁员十三人满族占九人，其中皇族又占七人，被时人讥讽为"皇族内阁"。

清廷紧接着又实行一项当时极为重要的经济体制改革，即颁布铁路干线收归国有，取消铁路各地商办。但这项重要"新政"，并没有通过立宪机构资政院的审批，即违反了清政府政治体制改革的承诺。

这使得幻想通过"立宪"获取更大权力的各地立宪派人士失望和愤怒，迅速借保路为由头，掀起反抗清政府的大浪潮。

清政府一方面幻想急进地推行"经济改革"以挽救危亡，另一方面却不肯放松独裁统治，虚伪地空喊"政治改革"，反而使危机猛然高涨，政局急速恶化。这是清政府未

成立四川保路同志会的成都"岳府街"川汉铁路总公司旧址

曾预料到的。

所以，铁路收归国有政策不合时宜的出台，成了政局突变的"扳机点"，最终导致了"保路运动"的爆发和清廷的灭亡。

上谕严厉斥责四川立宪派反对铁路国有，是"有不可告人之处"。这给了四川立宪派人物当头一闷棒。如听任铁路收归国有，立宪派士绅们的实际利益和政治幻想都会泡汤，于是他们决定发动民众，把事情闹得更大，要把保路运动作为保障他们经济利益和获取参政权利的政治筹码。

四川保路风潮的历史大戏，从此进入高潮。岳府街川汉铁路总公司，成为全川政治漩涡中心和保路总指挥部。

## ◎ 成都从保路发展到号召武装反清

### 底层民众成为报刊上热炒的"英雄"

1911年6月17日上午。成都岳府街公司内聚集了四千多人，在这天成立四川保路同志会。保路很快发展为"全民运动"，士绅们不屑一顾的底层小人物，突然成了报刊上热炒的"英雄"。

一向清静的宗教界热闹起来："现有某某寺观僧道，已联合僧众数百人，欲附入同志会，以为破约保路之一助！"

1911年6月26日，娼妓李春林来同志会捐龙洋六百元，毛黄氏来会捐银二百元。同志会最初拒不肯受。"二妓哀求不已，始允暂存，留作将来购股之用。亦青楼中之热心爱国不可多得者也！"[1]

杨素兰（1877—1926年），原名杨清泉，男，艺名海棠。当时川剧艺人社会地位极低，视为下九流"娼优"一类。为支持保路运动，他将辛苦积蓄的80亩田产，全部献给"保路同志会"，引起极大反响。[2] 辛亥革命后，杨素兰和川剧名角康子林、唐广体等发起，筹组"三庆会"，杨素兰被推选为首任会长。

成都西御龙街一家香腊铺门口，一个专门靠宣讲"圣谕"的黄瞎子，在供奉的圣谕神牌之外，又立了个光绪皇帝神牌。他登台演讲，抑扬顿挫滔滔不绝地哼唱："铁路关系吾人生命财产，不然啊，'马至岩前收勒晚，船到江心补救迟'！"[3]

省城还有个张瞎子，以打道筒（唱竹琴）为业。他沿街弹唱保路歌曲《铁路醒心歌》："提起笔，泪不干。同志会，为那端？为的是铁路事儿被人占……"《西顾报》趁热

[1]《四川保路同志会报告》第三十三号，宣统三年闰六月二十日（1911年8月14日）。

[2] 参见《四川保路同志会报告》第三号，宣统三年六月初三日（1911年6月28日）。原题：《小伶官之爱国热》。

[3]《西顾报》第三十二号，宣统三年七月初五日（1911年8月28日）。原题：《盲目不盲心》。

打铁鼓动:"夫瞎子能以片长贡献社会,今之瞆瞆者,得不愧煞!"[1]

1911年7月17日上午,有四个瞎子相互搀扶着到岳府街四川保路同志会。语及路事皆痛哭失声。他们拿出志愿书,要捐银元五枚(可买米三百斤)。四个瞎子一边哭一边说:"都是靠摩骨看相一文一文凑积而来。如同志会不收,则等于是刨我等盲目!"

闻者无不泪下。同志会职员握着那五枚暖烘烘的银元,目送四个瞎子又相互搀扶着,跌跌撞撞走了……[2]

保路运动中四川广大普通民众迸发出的爱国热忱,确实非常高尚和感人。当时人们就评论说:"忠愤所播,小民尤易入脑,皆愤不欲生。"还发生资阳县秀才郭树清在成都"以死殉路"的惨事,郭的遗书被送到上海影照广为散发,全国舆论大哗。[3]

1911年7月2日,成都岳府街上人潮涌动。天上哗哗啦啦下大雨,四川保路同志会这天隆重举行追悼郭树清大会,并送刘声元等人入京请愿。台上台下,从抽泣到痛哭失声,哇哇大哭声此起彼伏。当时报纸写道:"乡间老农,握其半收遮雨之伞,向台上连连作揖,且咽且言'我们感激你:我们感激你!'刘君所至之处,无不泪如泉涌、掌击雷动……是日到会者数万人,最足感动人者,则下等社会贫苦人,发言之精当、忠悃之诚挚,有时为士大夫所不到!"[4]

## 赵尔丰制造了"成都血案"

1911年7月24日,66岁的赵尔丰从川边经雅州、邛州、新津、双流各州县,风尘仆仆到成都接任四川总督。在川边藏区劳顿几载风霜浸润,他面色更显黄黑,头发和胡须早由

---

[1] 《西顾报》第三十四号,宣统三年七月初五日(1911年8月30日)。原题:《以歌代哭》。

[2] 参见《四川保路同志会报告》第十九号,宣统三年六月二十四日(1911年7月19日)。原题:《瞽者之爱国热》。

[3] 参见《四川保路同志会报告》第七号(1911年7月2日)。原题:《郭烈士殉路详情》。

[4] 参见《四川保路同志会报告》第八号(1911年7月3日)。原题:《本会大会志详》。

花白到全白了。

1900年昏聩的大清王朝闹出"庚子事变"后，政府中央权威严重削弱。到了保路运动发生前夕，"立宪派"蒲殿俊、罗纶等人的四川咨议局能量已非常强大，形成新生代官绅派系。四川总督不敢轻易得罪他们，并和他们联络一气构成利害与共的四川地方官绅利益集团。

所以，王人文、赵尔丰、玉昆（成都将军）为代表的几乎所有地方官吏，对保路运动大都抱同情、支持态度。

1911年8月23日上午10时，岳府街铁路总公司召开股东大会，宣布了清廷两道上谕：一是朝廷强令接收川汉铁路公司的现款，二是认为四川闹"保路"，是"乱党"所为。

全场几百人立刻乱起来：哭声、喊声、骂声、捶胸跌足声、演说声……轰动会场、一片混乱。会众发疯一样又吼又叫："朝廷要硬抢铁路了，要打四川了！"

蒲殿俊、罗纶、颜楷、张澜等人集合众议，决定号召罢市。不到一个钟头，省城内外大小五百余街的店铺，相继噼里啪啦关门了。

成都府知府、成都县知县、华阳县知县等地方官员，到商业场（劝业场）挨家挨户去劝开市："争路是学界、绅界的事，与你们商界无干，可照旧营生。"众商家哗然，叫道："今天我们认不得官，不爱听官话，去吃饭罢！"一哄而散。把官服翎顶的一个知府和两个知县甩在哪里坐冷板凳，三位官员无地自容羞惭而去。

赵尔丰无奈，亲到商业场演说上谕，听者寥寥。

当时成都省城面积纵横十余里，人民三万余户。各家门口均贴黄色纸条，上书"光绪德宗景皇帝（光绪）神位"，两边贴"庶政公诸舆论，铁路准归商办"十二字。各街路口又高搭"先皇台"，挂起了神帐、布帷；台上供光绪

成都保留下的百年前大清国光绪皇帝图像,当年供在"先皇台"上

皇帝神牌,上书"光绪皇上在天之灵"。每天早晚,轮流去烧香磕头。大街小巷朝夕香火飘逸、烟雾弥漫。

因为四川铁路是光绪皇帝批准的,所以供他的牌位很有"拉大旗作虎皮"的味道。大小官儿走到"先皇台"前,都得乖乖地落轿下马跪拜、步行。走几步又要跪拜,把官员膝盖骨都叩得精痛。

1911年8月26日,罢课罢市第三天。这天午后,打金街正在搭"先皇台"。有个官员乘坐三人抬约拱杆轿子,飞奔而来。街邻喊令他下轿。那官员在轿中说:"你们沿街所供皇帝如此之多,我岂能处处下轿?"

众人大哗,高吼:"把不忠不孝的龟儿子拉出轿来,臭打这狗日的!"结果是"轿夫闻之,乃回头大吼狂奔而去"。[1]

又有一天,成都县令史文龙乘轿子到官衙。街众拦拥停轿责骂。史文龙只得下轿跪拜。但成都大街小巷皆是"先皇台",把个史县令弄得一路跪、一路拜,累得气喘吁吁如同爬峨眉山烧香拜佛。结果,"拜不已,遂逃归,不敢复出"。[2]

这大概要算成都近代史上,首次城市交通大堵塞。以前百姓见官不敢仰视,如今有了"民权"意识,让官员权威尽失。藩台尹良痛恨之至,每天口中大骂,却又无法干涉。

新繁、彭县、灌县等川西州县,接着发生攻打税收经征局和巡警局的动乱事件。

9月5日,保路同志会开会。既是同志会会员又是同盟会会员的朱国琛、杨允公、刘长叔等人,印发了《川人自保商权书》,要害之处是主张人民练兵、抗粮抗税,实际上是鼓吹抛弃清廷,搞四川独立。

清政府严重恐慌,严令赵尔丰切实弹压川人:"贻误

[1]《西顾报》第三十二号,宣统三年七月初五日(1911年8月28日),原题:《请你降尊》。
[2]《时报》中报道《川事零拾》,宣统三年八月初七日(1911年9月28日)。

大局，定治该署督之罪！"赵尔丰在朝廷重压下由同情支持川人保路，演变为要杀人治乱。

1911年9月7日（辛亥年七月十五日），罢市第十五天，赵尔丰接任川督第四十五天。

这天是中国传统盂兰节，也称鬼节。这天一大早，赵尔丰派人诈称："邮传部有电特请会商"，诱捕了蒲殿俊、罗纶、邓孝可、张澜、叶秉诚、江三乘、颜楷、彭兰荪、王铭新等共九人，后又拘捕了蒙裁成、胡嵘、阎一士三人。

彭兰荪后来回忆：被抓捕者每人"有砍刀一柄随于后，手枪两支伺于旁，步枪兵士环绕数周。房上墙上，近街各口，外庭内堂，均布满武士……我等左右手，则用四八股绳严挚以待，有不枪决即刀劈之势。"

成都将军玉昆来了，对赵说："事未问明，不可妄戮一人。此事非请旨不可，弟不能任此责也。"玉昆怕趟浑水，说完后托辞走了。[1]

消息迅速传出，成都市民沿街鸣锣呼吁，街正们遍街吼喊。他们将光绪皇帝牌位捧起，直奔督院示威请愿。民众

[1] 彭兰荪：《辛亥逊清政变发源记》，民国22年（1933年）铅印本，第42—43页。

民众进入总督衙门请愿的图景

## 第九章 成都向现代化"冲锋" 677

每人左手抱一个黄纸写的德宗景（光绪）皇帝的牌位，右手拿一根香，许多人下跪哀求："请大帅释放蒲殿俊、罗纶会长等人呀！"

赵尔丰慌乱了，令兵士们大叫："不许再冲一步，再冲一步，就要开枪了！"群众仍不听，冲到大堂檐下。赵尔丰慌作一团，说："挡不住了，没有法了！"当下命令开枪。兵士噼里啪啦开了一排枪。许多人惨叫着倒在血泊中，"击毙者众尸累累横卧地上，犹紧抱先皇（指光绪皇帝）牌位在手不放。其幼尸仅十三岁……"[1]

蒲殿俊诸人被诱捕进督署后，其实并没受什么罪："赵督款待甚优"，赵还叫人将各人之嗜好品携进，如叶子烟杆、水壶烟袋之类。诸人终日在内叉麻雀牌（麻将）混时间；蒲殿俊日夜大唱京调二簧"颇自得"，他们还每日作诗、下棋……[2]

成都血案中死难者，却全部是底层贫苦大众：机匠、裁缝、学徒、医生、刻字匠、管戏班子行头的、装水烟的、放马的、卖小菜的，以及街正等，没有一个士绅名流。死者年龄从十二岁到古稀老翁。血案发生时，巡防营又驰放马队分巡各街，横冲直撞、践踏踢伤者很多。据说受伤者有数百人之多。

到底死了多少人？笔者颇费力气查阅到血案发生一月后的第一手史料，确定为26人。这纸清单上说：这些死难者，由慈善会、商会每人恤银二十六元。[3]

### 端方率鄂湖北新军入川催生了武昌起义

1911年9月8日，血案发生后第二天，四处抓捕保路激进之人。

[1] 《时报》，辛亥年八月十四日。
[2] 《民立报》，1911年11月15日，原题：《川人争路冤狱记》。
[3] 见石印原件《辛亥年七月十五日被害姓名清单》，下注："截至八月十五日止，嗣经结报者续录"。此件为省城慈善会按人头赈恤名单，可信度高。

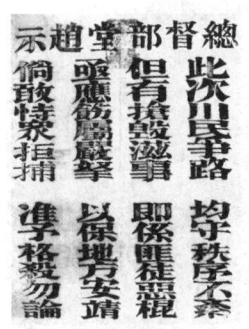

四川总督赵尔丰严拿借川路纠纷"抢毁滋事"的匪徒。来源：档案馆资料

成都"变脸"
——中国城市近代化缩影

"成都血案"中的死难民众惨状

同盟会员龙鸣剑缒城而出，奔赴城南农事试验场（现武侯祠附近）。这里的朱国琛（场长）、曹笃（蚕桑学堂监督）也都是同盟会员。三人商议一阵，马上裁制木片数百块，写上："赵尔丰先捕蒲、罗，后剿四川。各地同志，速起自保自救！"[1] 写后再涂以桐油制成"水电报"，从万里桥畔投入锦江。此时秋潮水涨，不几日顺滚滚波涛传遍川西南。

"水电报"，首先被成都附近郊县的同志会拾得。华

[1] 邹鲁：《中国国民党史稿：四川光复》第二篇，载《中国近代史资料丛刊——辛亥革命》六，上海人民出版社1957年版，第5页。

1911年前后的袍哥民团武装

阳县中兴场同志协会会长、同盟会员、哥老会首领秦载赓，新津哥老会首领侯宝斋，双流同盟会员向迪璋，纷纷拖起武装，发檄文举义号称同志军，向省城进逼。

同志军头领孙泽霈、方少卿、侯国治、吴庆熙、刁泽、刁玉书等人，联为一气不下数万人，驻扎在成都四周的犀浦、苏坡桥、中和场、三瓦窑、新繁、龙桥……众人商议：省城有重兵急切难破，不如攻取各州县，使官军疲于奔命……保路运动由此发展到全川大规模同志军武装反清斗争的新阶段。

◎ **成都向近代化冲刺的历史丰碑**

成都"老皇城"的独立庆典

1911年9月15日，清廷急命督办铁路大臣端方率领湖北新军精锐约两千人，入川弹压。这为湖北革命党人即将发动的起义大大减轻了军事上的压力，催生了武昌起义。

10月10日，武昌起义爆发，11日成立湖北军政府，各省响应。1911年11月22日，赵尔丰见大势已去，和蒲殿俊、罗纶等四川官绅，在寰通银行开会，共同签订《四川独立条约》脱离清廷。

11月26日，成都"老皇城"外竖起的大旗随风飘扬，上书"军政府"大字。成都大街小巷张灯结彩，四处张贴："大汉已兴，大清已亡"等标语。

11月27日午前，负责外交的杨开甲到各外国领事署，向各领事宣布：大汉四川军政府成立，蒲殿俊为正都督，朱庆澜为副都督。蒲殿俊、朱庆澜，身着笔挺的绶带军官服装,一人早就到了"老皇城"。会场内旌旗飘荡、服饰鲜明。商界、学界和各界民众到者约数万人。各国在成都的领事、传教士,也均来道贺,也算极一时之盛。

午刻行礼,正、副都督先"祝旗"敬礼。大汉国旗白色,周围十八红圈,中间书一大"汉"字。正都督蒲殿俊喜气洋洋演说:"从此平权自由,改专制为共和。都督是七千万同胞之公仆,组织共和宪法,以巩固我大汉联邦之帝国。"

副都督朱庆澜其后演说:"四川独立,来日方长。凡我同胞,必须人人奋勉争取富强,俾免贻笑邻邦!"接着宣布新政府名单。[1]

演说既毕,万众欢喜而散。新任官员们更是喜笑颜开。"老皇城"外卖锅盔烧饼的、卖牛肉肺片的、卖烤红

[1] 参见寇望卿撰:《蜀路风潮记》第24回,载戴执礼编:《四川保路运动史料汇纂》下册,台北"中研院"出版,1994年,第2097-2099页。

1911年11月27日,"老皇城"内旌旗飘荡,各界民众到者约数万人庆贺四川独立。摄影:[美]路得·那爱德,照片提供:海波、王玉龙

左图："老皇城"内各界民众到者约数万人庆贺四川独立。摄影：[美]路得·那爱德，照片提供：海波、王玉龙

右图：参加"老皇城"内独立大典的民众。摄影：[美]路得·那爱德，照片提供：海波、王玉龙

[1] 参见肖华清：《辛亥革命前后的彭县》，载《四川文史资料选辑》第27辑，四川人民出版社1982年版。

茗的、卖红皮甘蔗的……今天生意是开天辟地以来第一次兴旺。小贩们喜笑颜开："嘿嘿嘿，龟儿子天天这样'独立'，就安逸啦。"

当时"独立"，又叫"反正"，还称"光复"。成都郊外，许多人围住一个刚从成都回来的人问："你看见蒲都督没有？他是怎样穿着的？"这人信口开河："看见了，蒲都督头戴紫金冠，头插野鸡翎子，身穿大红袍，腰围玉带，脚穿粉底朝靴……龟儿子好威风呀。"这老兄简直把蒲殿俊描绘成"赤壁之战"中的周瑜了。但众人对此并无多大怀疑，因为人们都相信尹大都督一定会恢复汉代衣冠。[1]

### 军政府重起炉灶和赵尔丰被斩首

12月8日（辛亥年十月十八日），成立军政府后的第十一天，发生震惊国内外的成都兵变。

这天上午，军政府正都督蒲殿俊、副都督朱庆澜在成都东较场"点兵"。巡防军突然大吵大闹，几千人震耳欲聋地齐吼："快给老子发三月恩饷，不然老子军老爷反了！"

巡防军兵士砰砰砰地向点将台上乱枪齐放。于是此响彼应，全场哗变。这时约为上午十一时。

巡防军潮水般从东较场溃决而出，几十或几百人成群结队向四面各个街口飞奔，流窜横行于成都各街口。乱兵呼啸着首先抢劫大清银行、濬川源银行、藩库、盐库。库中多的是银锭、银元，乱兵把武器全都丢了，把军服脱下作为口袋，抢着包装银子……最贪婪的如背石磨，压得走路都艰难。藩、盐两库存银六百万两已一抢而光。

乱兵接着又抢其他各银行、票号、钱庄。傍晚，乱兵抢商业场、东大街各商铺。夜里，又抢各街铺户及各公馆富户……

这个"自由关饷"，当时叫作"打起发"。混乱之中，一些陆军新军、警察和自称是"同志大王"的袍哥们，甚至一些地痞贫户，都"趁浑水摸鱼"加入抢劫队伍之中。省城街头巷尾，不时响起疯狂的吼叫声："打起发了，打起发了！"

"打起发"整整闹了一天一夜，在督署供职的秦柟记录："成都繁盛街巷，一扫皆空；计公私损失财产不下一千万，全省精华尽于此劫。"从这天起，"打起发"成为成都流传百年的口头禅，意思就是趁火打劫获取不义之财。[1]

成都历史大舞台上，又一个重要人物尹昌衡浓墨重彩地登上台。

尹昌衡（1884—1952年）字硕权，四川彭县人。他是日本士官学校六期毕业，1911年时任陆军小学总办。四川宣布独立后，尹昌衡当上陆军部长。兵变这天，尹昌衡逃跑时想："好友周骏任陆军新军六十五标标统，屯兵凤凰山。"标统相似团长。尹昌衡驰马狂奔到周骏军中。周骏以两营人交尹昌衡统率进城。

[1] 参见李劼人记《彭光烈谈话节略》的补记，见戴执礼编：《四川保路运动史料汇纂》下册，台北"中研院"出版，1994年，第1908-1909页。

左图:"成都兵变"后尹昌衡(左)任正都督,罗纶任副都督

右图:"成都兵变"后大汉军政府正都督尹昌衡(左坐者)、副都督罗纶(右坐者)接见外交官。后排右1为德国领事魏司

尹昌衡很快平息了兵变,四川军政府重起炉灶。1911年12月10日,兵变后第三天,尹昌衡到老皇城内走马上任,当上四川军政府新都督。

1911年12月21日这天深夜三更,尹昌衡派兵包围四川总督府,活捉前四川总督赵尔丰。黎明后,赵尔丰被绑在都督府明远楼下。这时围观者骤至数千人,大吼道:"赵尔丰屠我川人,杀!杀!杀!"声震屋瓦。

随奔而来的老仆人,哭哭啼啼地为赵尔丰铺下红毡子。赵坐在上面,花白的头辫零散披头,白胡须在寒风中颤抖。尹昌衡挥手下令,刽子手陶泽锟拿出雪亮的鬼头大刀,呼地手起刀落,鲜血四溅。还在张嘴大骂的赵尔丰,瞬间身首异处。[1]

大清王朝在四川的最高官吏赵尔丰被砍头,在政治体制方面象征着成都从封建专制下的农耕社会古城,从此正式步入近代化共和时代。

[1] 关于四川"保路运动"详情,可参阅郑光路:《炸响辛亥革命的惊雷——四川"保路运动"历史真相》,四川民族出版社2011年版。

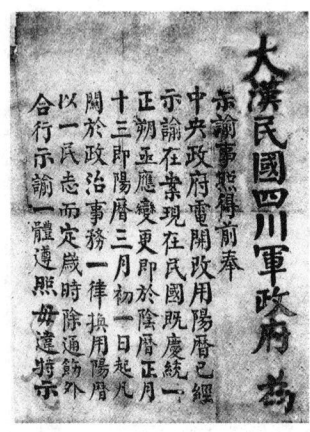 

左图：四川独立后大汉军政府颁布改用公历的告示，是近代化进程的重要物证

右图：清朝四川总督赵尔丰头被砍下头的情景，捧头者为陶泽焜

## "辛亥秋保路死事纪念碑"的历史解读

1912年1月1日，孙中山在南京就职大总统，中华民国正式成立。1912年2月12日，清廷的隆裕太后以哀怨悲泣之音，宣布宣统皇帝溥仪退位，结束清朝268年的统治。

"保路运动"虽然有着许多缺陷，但激发了四川广大民众前所未有的爱国思想，并演变为大规模民主启蒙运动和推翻独裁专制的反清武装起义。孙中山先生曾经指出："若没有四川保路同志会的起义，武昌革命或者还要迟一年半载的。"[1]

1914年，成都少城公园内修建起一座巨碑："辛亥秋保路死事纪念碑"，气势巍峨直指蓝天白云。巨碑由留日归国的"双流大铁路公司"股东代表王楠等人设计、胡炳森监工。碑高31.68米，碑座四壁是火车机车和路轨浮雕。碑身为四方形，四面均嵌有的阴刻碑文，字径大近一米，由前清翰林赵熙及川中名流颜楷、吴之英、张夔阶分别以真、隶、篆等不同字体书写。纪念碑风格中西合璧、典雅宏伟，成为成都近代标志性建筑（现为国家级重点文物保护单位）。[2]

[1] 林增平等主编：《辛亥革命史研究备要》，湖南出版社1991年版，第162页。

[2] 参见《成都市建筑志》，中国建筑工业出版社1994年版，第54-55页。

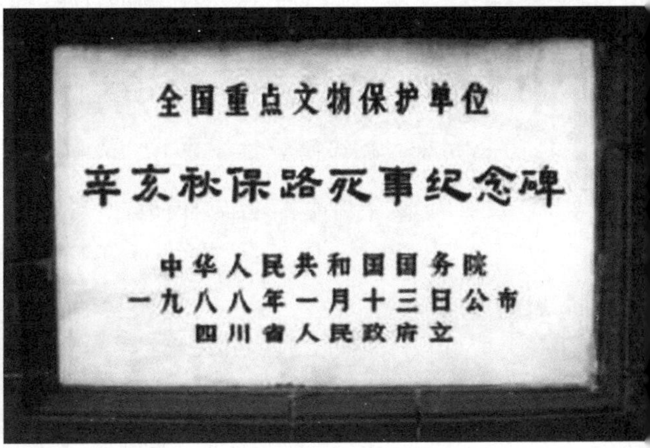

上图：1918年12月中外人士在"辛亥秋保路死事纪念碑"前合影留念

左图："辛亥秋保路死事纪念碑"，民国时期已被视为成都之"特征"。

右图："辛亥秋保路死事纪念碑"现为国家级重点文物保护单位

清末向近代化过渡的内容十分广泛，涉及政治、军事、经济、教育、文化、生活方式等各个方面，对其后成都城市发展意义重大。

这座保存至今的"辛亥秋保路死事纪念碑"，虽然主题是纪念保路运动，但它凝聚了清末一段成都城市社会史，更铭刻着1911年成都向近代化冲刺的丰功伟绩。

## 第二节 城市现代化的里程碑:
## 正式"建市"和春熙路建成

◎ 民国初期"城头变幻大王旗"

1912年1月1日,中华民国诞生。3月11日,四川都督府在成都皇城内成立。象征"五族共和"的五色国旗代替了大清龙旗,"呼呼呼"地飘扬在蓉城街头。

民国后成都街巷第一次大变化高潮掀起了。军政府首先下令建"忠烈祠"。明代成都有座"都会府",清代重修后改称"会府"。庙堂内原有"当今皇帝万岁万岁万万岁"的"九龙万岁牌",故又名万寿宫。现在"万岁牌"被扔进垃圾堆,换成诸"辛亥烈士"灵牌。万寿宫改建为"忠烈祠",这条街命名为忠烈祠街。

左图:1912年1月1日,中华民国临时政府成立时天安门情景

右图:1912年老皇城前三桥上,卖凉水摊子用前清官员等级森严的"红伞"遮阳,反映了时代巨变

一些前清官衙旧地，也大都辟为学校或街道。1913年，拆除了"少城"。

虽然改朝换代，天下并不太平。1916年反对袁世凯复辟帝制的"护国战争"刚结束，四川军阀刘存厚（时任川军第2师师长）和云南军阀罗佩金（时任四川督军）、贵州军阀戴勘（时任四川省长），走马灯一样又在成都打得乌烟瘴气。他们从1917年4月19日大战开始，一直打到7月。

这场闻名国内的"省门之战"，对成都造成极大破坏。

当时在成都某女校任教员的余承基，在日记中记载：1917年7月7号大打，黔军溃退入老皇城。川军将领赖心辉擅长使用炮兵，人送外号"赖大炮"，指挥在四门城楼上用大炮攻击皇城（现天府广场一带），虽重创黔军，但皇城也随之遭殃……此次刘戴之役，焚烧民房数万家，兵民死伤者一万有多，皇城黑烟缕缕直冲霄汉声如爆竹。余承基悲哀地长叹："合计省城繁盛之处，已焚去一半。"

7月16日午前10点钟，师长刘存厚亲率川军猛攻皇城，并于铁脚巷对面皇城根施放地雷。至午后一时许将城攻破，

左图：军阀刘存厚、罗佩金、戴勘，在成都打得乌烟瘴气，图为罗佩金
中图：赖心辉（1886—1942年），外号"赖大炮，20年代一度担任四川省长
右图：1917年"成都巷战"的主角戴勘

皇城崩陷约三丈。7月17日,黔军败逃出成都,贵州军阀戴勘在仁寿县秦皇寺自杀,战火才告稍停。[1]

"省门之战"中,城墙见证了血腥:"(武成门外)连日均抛有尸多具。凡抛下之尸,一般贫民多往(跑去)剥尸(体)衣服;剥衣后,城上滇军则令将尸掀入大河中……"武城门附近有两个十三四岁的小姑娘,被滇军奸污后还用刺刀刺下身:"以刀刺其肠,将二女之肠连结,谓之放美人风筝……"[2]

另一位亲历者黄绶,对罗佩金的滇军暴行也有记载:"少城新拆城墙下及皇城下,掷出尸骸亦百数十具,其余各街市,死者尤难枚举。武城门上,堞(城墙)为之赤(染红)。

[1] 参见余承基:《刘戴成都巷战血迹记》,载《四川军阀史料》第一辑,四川人民出版社1981年版,第138—144页。

[2]《东城碧血录》。载《四川军阀史料》第一辑,四川人民出版社1981年版,第145页。

军阀内战中成都的士兵百姓很多人伤亡、残废,正在张挂红十字标识的红十字医院接受治疗

1917年皇城坝民房废墟中的灶台成了"土地庙",破竹笠就是"庙顶",表达了老百姓厌恶内战的无奈。摄影:[美]西德尼·戴维·甘博

1917年军阀混战大炮炸毁皇城城墙，事后附近难民群聚缺口处。摄影：[美]西德尼·戴维·甘博

城下，沟壕为之（填）满，红十字会约计收埋之数，凡四千余具。验其毙命之迹，或枪毙，或断头，或砖击，或以刺刀洞胸而将肠胃饲犬（喂狗），或以足踢其人坠城而肝脑涂地……附近妇女，多被污辱胁持而去。……所过牛市口、龙泉驿、简阳县及石桥一带，淫劫焚杀，鸡犬皆空。"[1]

以上1917年的"省门之战"，仅是成都内战遭难的一组"镜头"。民国成立后二十余年中，四川各派军阀之间，发生470多次大小内战。[2]

1912年至1923年，入主成都城的军阀走马灯样在换人，用文豪鲁迅"城头变幻大王旗"诗来形容，再恰当不过。

[1] 黄绶：《罗戴祸川纪实》，载《四川军阀史料》第一辑，四川人民出版社1981年版，第144页。按：括号内文字是为了便于读者理解而加。

[2] 《四川军阀史》，四川人民出版社1991年版，第417页。

## ◎ 从"市政公所"到成都"建市"

"市"，是近代化行政区域单位，清代以前没有。成都如今已是国际化大都市,但它究竟是何时成为"市"的?这个十分重要的问题,晓得的人却并不多。

自唐代后成都一分为二,由成都县、华阳县两个县衙分别治理。成都人做生意时常说:"货钱两清——成都和华阳,要现(县)过现(县)!"

成都既是成都府治所在,又为四川省会。清代,成都府辖三州、十三县(包括成都、华阳),通称"十六属"。成都府属"成绵龙茂道"(1908年改名为"川西道")管辖。

民国成立后的1913年1月,北京政府通令:废除府、厅、州名称均改为县;省以下设道,分管省属各县。成、华两县隶川西道。

虽已号称民国,军阀混战中市政如前清一样落后。城市卫生及修沟筑路等市政事务,仍多由私人团体办理。托清末周善培创办警政之福,主管治安等事务仍有警察总局。城市重要事务,由成都、华阳两县的"城议事会"联商。显然,这已跟不上历史进展的节奏。

1921年6月4日,成都卫戍总司令刘成勋,委任省会警察厅长王暨美为市政筹备处处长,成华城议会总董事长苏兆奎为副处长,组成市政筹备处。

笔者收藏有珍贵的第一手史料《成都市市政年鉴第一

1922年成都卫戍总司令刘成勋为第一任市政督办

左图:1923年1月陈泽霈为第二任市政督办
中左图:图为第三任成都市市政督办王缵绪,主持修春熙路工程
中右图:1925年长罗泽州为第四任市政督办
右图:1926年第五任(代理)市政督办陈光藻

期》（1928年出版），对这一段历史有详实记载：

"本市自唐以来，即分隶成都、华阳两县。市之西北部属成都县辖地，东南部属华阳县辖地。地方事业向由两县县令直辖……民国十年（按：1921年），省外通都大邑，竞行举办市政，省会警察厅乃与成、华'城议事会'会呈四川各军联合办事处，拟请筹办成都市政，旋经批准立案，设立四川成都市政筹备处……于十年六月五日宣布就职。此本市市政发轫之历史也。"

1922年3月9日结束市政筹备处，正式名为成都市市政公所。唐初以来两县合治的格局发生本质的变化，标志着成都从城乡合治的传统格局中发生改变。

仿照北京、广州两市的成案，成都市政公所组织大纲规定：设督办（类似市长）一人，督办之下设坐办、会办、提调、秘书长、秘书各一人。下分四科，一科办理收支、编

1925年市政公所全体职员合影，看来政府公务人员不多、机构精简

辑考核等事项，二科办理交通、劝业、教育、卫生、慈善、市场管理等事项，三科办理道路、桥梁、水道沟渠等事项，四科办理市政工程等事项……外设参议会，聘请本市绅耆及法团首领若干人为参议，以备督办之咨询。可见，这已具备了近代化市政的基本格局。

从1922年到1928年，市政督办一职短短7年更换了5人，为什么？仍是"城头变幻大王旗"——成都城市犹如川剧大舞台，各路军阀"出将入相"，杀进又杀出：

1922年川军总司令兼省长刘湘，委任成都卫戍总司令刘成勋为市政督办；1923年1月，刘成勋就任四川省省长，委任陈泽霈为市政督办；1924年2月，督理四川军务善后事宜的杨森，委任陆军第16师32旅旅长王缵绪为市政督办；1925年9月，四川清乡督办邓锡侯，委任所属第11混成旅旅长罗泽州为市政督办；1926年1月，罗泽州升任第11师师长，其旅长职务由陈光藻升任，市政督办也委陈光藻代理。[1]

当时国民政府规定，城市常住人口30万人以上可设置市政府。1926年，成都已达到31万。1928年，市政公所呈请四川省政府（邓锡侯为省长）申请建市，转呈国民政府内政部备案。

1928年7月，根据南京国民政府颁布的《特别市组织法》和《市组织法》，设立省辖成都市政府，统一行使市政权力。9月1日，改组成都市政公所为成都市政府，正式建立了成都市。市政府在鼓楼街，属省辖市。这是成都步入现代化城市的重要里程碑。

28军师长黄隐就任成都市第一任市长。其后21年，市长们也走马灯似变换，先后有14任市长：最长任期4年多一点，最短不足两月，反映了动荡不安的政局。直至1949年12月27日，贺龙率中共大军进入成都接管政权。[2]

[1] 成都市政公所编，杨吉甫等编，姚乐野校点：《成都市市政年鉴》，民国17年（1928年）铅印本，第3-5页。

[2] 参见乔曾希等：《成都市政沿革概述》，载《成都文史资料选编》。第12辑《蓉城杂俎》，四川人民出版社2007年版，第332-335页。

## ◎ 杨森修建春熙路的风波

在成都东约二百公里有个广安县，人杰地灵，其中最著名的人物自然是改革开放的总设计师邓小平了。但民国时期，杨森却是最令四川人"如雷贯耳"的广安人。

杨森妻妾众多，据不完全的统计：一生有原配妻1人、续弦妻1人、妾11人，儿子21个，女儿22个。还有外国学者说他远不止以上数目的。[1] 所以不少人骂杨森是"风流将军""骚鸡公"。他1949年随蒋介石逃台湾，长期以来大陆对他的评论多为负面。

[1] ［美］罗伯特 A. 柯白：《四川军阀与国民政府》，四川人民出版社1985年版，第32页。

笔者在此姑且不论其他，单就现代化城市建设而言，他是一位杰出的先行者。

杨森（1884—1977年），字子惠。1924年，他升任川军第2军军长，北京政府任命他督理四川军务。这年5月26日，杨森威风凛凛杀进成都当"督理"。他雄心勃勃吼出"建设新四川"的响亮口号，推行"新政"：一、修建马路；二、开辟公共体育场；三、成立通俗教育馆；四、提倡朝会。

杨森主张移风易俗，提倡讲卫生、穿短服、搞体育活动、妇女不缠脚等。为扩大影响，他大搞"杨森语录"，以"杨森说……"式样书写在木牌上，钉在全市电杆、行道树和墙壁上面。诸如："杨森说：禁止妇女缠脚！""杨森说：应该勤剪指甲。蓄指甲既不卫生，又是懒惰！""杨森说，打牌壮人会打死，打球、打猎弱人会打壮！""杨森说：穿短衣服，既可节省布匹，又有尚武精神！""杨森说，夏天在茶馆、酒肆、大街上以及公共场所打赤膊是不文明的行为！"

1925年前后任"督理四川军务善后事宜"的杨森

杨森把百姓当成幼稚园小朋友：违反这几条的，巡查队当街罚打手板心。有人夸杨森开明,也有人骂他蛮干。[1]

杨森委任王缵绪为市政公所督办、孙少荆为提调,1924年2月23日就职。成都属省会城市,人口众多、贸易繁盛,杨森、王缵绪等人认为应以"特别市"的组织标准管理,拟定《成都市市政公所暂行条例》,4月25日核准立案。此条例为1928年成都正式"建市"奠定了重要基础。随着各项建设开展,成果显著:"纲举目张,市面景象为之一变,市民耳目为之一新。"[2]

整修街道、马路,是杨森"新政"第一要点,掀起了民国后成都市政建设大变化的高潮。

成都那时全城四门及附郭大小共五百多条街道,都很狭窄,且皆用石板、石条铺砌。较繁华的南大街、北大街、总府街、文庙街等,只有二丈左右宽,其余多不及二丈。杨森下令拆迁街面铺房,陆续扩建了盐市口、东大街、福兴街等街路。

在兴隆巷与福广馆街之间,当时只是为了便利交通开

[1] 参见马宣伟、肖波:《四川军阀杨森》,四川人民出版社1983年版,第30-32页。
[2] 成都市政公所编,杨吉甫等编,姚乐野校点:《成都市市政年鉴》,民国17年(1928年)铅印本,第6-7页。

左图:民国初期成都街道十分狭小,坎坷不平,有"鸡公车"专用路条
右图:清末成都街道景色

第九章 成都向现代化"冲锋" 695

左图：1924年修建春熙路之前的福兴街十分狭小。来源：1927年《成都市市政年鉴第一期》

右图：1925年修建春熙路之前先修建了商业色彩浓厚的福兴街，来源：1927年《成都市市政年鉴第一期》

[1]〔清〕周询：《芙蓉话旧录》，四川人民出版社1987年版，第6—7页。

[2] 姜梦弼：《杨森、喻凤岗、成都春熙路》，载《四川文史资料选辑》，四川人民出版社1981年版，第203页。

一条"火巷子"，哪知竟然成为修建春熙路之前的时尚新街。市政公所就以福广馆的福字和兴隆巷的兴字，取名为福兴街。

成都繁华街肆东大街和"劝业场"（今商业场）中间，科甲巷更狭小得可怜："阔仅数尺"，[1] 想来两三个胖子并肩走路也麻烦……科甲巷羊肠小道周围，是废置的清朝时代的按察使"臬司"衙门，空地上胡乱搭建的棚屋店铺更不少，污水横流极为脏乱，很影响市容。

杨森下令强行拆迁，决定修建一条连接东大街和总府路商业场的黄金通道——就是至今享誉中国的春熙路。可见修建春熙路并不是有人评论杨森的那样："好大喜功，崇拜西洋"。[2] 的确是成都城市近代化发展的迫切需要。

所以当秘书陈维新、穆耀枢等人，建议仿照外国先进经验改进成都市政建设时，杨森欣然采纳，并委派市政督办王缵绪兼任马路督办，卢作孚任通俗教育馆馆长，穆耀枢协助筹划。

杨森修春熙路，也在打"卖地皮"的算盘：他的军队已逾十师，军费浩大，何不利用这一带的官产、庙产之类来开辟税收财源？

民国初期成都街道狭小破旧，一对外国夫妇在街头

王缵绪组织勘测后，将新修马路规划为东西南北四段，中央十字交叉，开辟一街心花园……据说这是杨森采纳英国牛津大学毕业的一位戴姓"顾问"的"新潮设计"。

但"拆迁"风波陡起，先是扩建东大街时，商家因拆店断了财路不愿拆迁。成都著名的"五老七贤"尹昌衡、宋育仁、曾鉴、徐炯、陈钟信（五老），方旭、赵熙、胡峻、曾培、文龙、颜楷、刘咸荣（七贤），都是清朝的遗老（翰林、进士、举人、拔贡）。他们自称代表民意，颤巍巍地去督署说："成都又没几辆汽车，修马路实无必要。子惠督理呵，修路太扰民，请缓修筑吧。"

杨森沉下脸斥责："各位老辈子，我拆一点房檐屋角，你们就大惊小怪。如果我当初进入成都时，把四城门关上，放一把火烧他妈个精光，再让士兵乱来一通，倒还省了不少麻烦。请你们不要干涉我的新政建设，回家自享清福抱孙子嘛。"

尹昌衡自恃杀过大清四川都督赵尔丰、当过民国初年大都督。他有宅院当拆，就坐在街中央要当"钉子户"阻拆。杨森大怒说："五老七贤就杀不得么？"饬王缵绪限期拆完。军士数百人围绕尹昌衡身边乱拆，土木石瓦横飞……吓得尹家人忙将这位"过气将军"扶退家中，从此无人敢再挡拆房了。

当时有人写歪诗道："市镇人缘何太忙，因修马路拆民房。既开通俗教育馆，又辟公共体育场。五老七贤来请求，蛮横督理不买账。"[1] 成都著名文人刘师亮，写文章喜欢"操乱说"，在小报上刊登了一副对联。上联是："民房早拆尽，问将军何日才滚？""滚"，既指轧路机滚平马路，也咒骂杨森快滚出成都。下联是："马路已捶平，看督理哪天开车。""开车"也是双关语，既指通汽车，又是四川方言中开溜之意。

有不少人说杨森因之暴跳如雷，派人抓刘师亮、封报馆。[2] 真实历史是怎么一回事呢？笔者查阅到杨森部下杜重石的一篇回忆文章，披露了少为人知的事实。原来，杨森知道后，问他的秘书陈维新："刘师亮何许人？"陈答："成都有名的喜欢骂人的无聊文人。"

杨森不假思索地说："我看他还有些才气，对读书人要恭敬些，拿我的名帖去请他来。"陈维新精心安排，打算利用人多口众窘刘一场。刘师亮应邀到了督理府，对杨森欠身开口："师亮今天来督理府，是来向督理讨打的。"众人一愣，他接着说："督理提倡穿短服，我却穿长袍来；街上打赤膊、光胴胴，你都要罚打手板心，我简直是该打屁股了！"众人都笑，客厅气氛顿时轻松起来。

杨森说："我提倡穿短服是为节省布匹。你有现成长袍不穿，再去做短服，这就是暴殄天物了。有人叫我是蛮干将军，这是以讹传讹的道听途说。遇事蛮干，不讲道理是行不通的。"

[1] 《重庆文史资料选辑》第4辑，1980年，第32页。
[2] 参见马宣伟、肖波：《四川军阀杨森》，四川人民出版社1983年版，第30-32页。

在座一位秘书俞正衡,斜着眼睛挑衅说:"刘先生,近来拜读你'问将军何日才滚'的对联,不晓得是啥子意思?"刘师亮说:"拙联不过表示渴望马路早日滚平,从速开车以孚民望而已。"杨森呵呵一笑说:"先生把我当成赳赳武夫,听不懂语意双关骂人之妙吗?"

刘师亮对杨森说:"师亮昔日只仰将军龙虎雄姿,今面见聆教得亲凤麟华采,真乃儒将大风。班门弄斧,惭愧惭愧!"杨森戴了高帽子,也感快活。刘师亮说:"督理善于纳谏,在下也要进言几句。《孙子》兵法说:'上兵伐谋',实行新政令也要以'伐谋'为上,取得民心。"杨森听了哈哈大笑说:"先生意见很好!"

两天后,刘师亮收到杨森给他月送舆马费百元的督理署咨议聘书,给《师亮周刊》资助费500大洋。从此《师亮周刊》的发行量由原来六七百份增至近2000份。之后,刘在《师亮周刊》常撰文称赞杨森是"宽心容物,平心论事,虚心受善,知人善任"的儒将。[1]

以上可算中国城市建设中"拆迁风波"的一段历史趣闻。

拆迁中也有人不买杨森的账:春熙路本打算修得笔直,但总府街馥记药房老板郑少馥是法国领事馆翻译(秘书),他借洋人之势坚不拆迁,杨森也只好算了,所以至今春熙路孙中山铜像处还是倒了一个拐。

凤祥银楼老板喻凤岗和馥记药房是紧邻,主动谒见杨森:说愿将自己在总府街的凤祥银楼拆为路口,以便迅速施工。杨森大喜,喻凤岗趁机要求:新修马路两侧的公产让他优先承买以弥补损失,杨森爽快答应并支持他当了成都商会会长。[2]

另外还有个美国人谢安道,1910年成立"成都基督教青年会"。1913年,谢安道同四川督军胡文澜商妥,买下旧臬台

[1] 参见杜重石:《杨森的新川政》,载《民国政要多棱镜》,中国文史出版社2001年版。

[2] 姜梦弼:《杨森、喻凤岗、成都春熙路》,载《四川文史资料选辑》,四川人民出版社1981年版,第203页。

第九章 成都向现代化"冲锋" 699

衙门一片共百余亩地皮。谢安道除修建基督教青年会会所,还修建了足球场、篮球场、网球场、体育馆(后改为大华电影院),占了春熙路上大部分地皮。1924年开辟春熙路时,谢安道见大片运动场地将筑路建为商铺曾"抗议",但未被杨森理睬。谢安道就把地皮高价租、售给市商会。俞凤岗等人租、买过手修建铺房数百间,成为"黄金口岸"。[1]

[1] 参见孙仲达:《成都基督教青年会的体育活动》,载《四川体育史料》内部资料,1983年第2期。

至今春熙路尚存青年会小部分当年飞檐翘角的典雅建筑,但游人大都不知其来历了。

◎ "春熙路"街名由来是怎么一回事

王缵绪受命修建半年,1925年春熙路基本建成。铺房式样基本上是穿逗结构一楼一底的中式铺房。唯有凤祥银楼是砖木结构两楼一底,引人注目。

1925年快修建成功的春熙路,图中可看见一些脚手架还没拆除

新马路北起商业场，南对东大街，西临暑袜街，东接科甲巷。为什么街名取为"春熙路"？说法较多。一种是杨森为庆祝新马路建成，大宴宾客。宴席上，杨森请前清举人、双流县的江子渔为新马路命名。江老举人是长于"子乎者也"老古董，却也很懂送高帽子的技术，先给这新路命名为"森威"路（北洋政府授予杨森"森威将军"衔）。后来"森威将军"垮台，江子渔又建议将"森威路"改为"春熙路"，因"春"寓意春风和煦的"阳升"，与杨森谐音。另一种说法是：晋代潘岳《秋兴赋》中有"登春台之熙熙兮"（"春台"二字本《老子》中的句子："众人熙熙，如享太牢，如登春台……"）[1]

而笔者则认为还有种可能。《史记·货殖列传》说："天下熙熙，皆为利来；天下攘攘，皆为利往"。经商赚钱，中国古代叫"货殖"。取名春熙路，是指此处为繁华商业区域：一条路熙熙攘攘，岂不是充满春天阳光的"货殖"好口岸？

春熙路修建成后，在街心花园建了纪念碑。1928年，又增建春熙路东段、西段。于是春熙路四通八达，已具如今基本格局。春熙路，成为现代化城市的标志。

1928年1月30日，街心花园"国父"孙中山铜像落成。铜像由雕塑家江小鹣设计、24军军长刘文辉、28军军长邓锡侯等人主持落成典礼。铜像为孙中山着短服站立，两眼眺望前方，双手下垂相握，肘挂"文明棍"……耗铜料约千斤由成都造币厂铸塑，因时间仓促故较粗糙。碑前上方刻有"总理遗嘱"，碑的四方刻有"大道之行，天下为公"8个大字。

其后军阀混战，连寺庙的铜佛像，也被铸为川版铜钱。仍是那位人称"怪物"的刘师亮，1928年仲春在孙中山立像前贴了副对联："两眼瞪着天，准备今天淋暴雨；双手

[1] 参见四川省文史馆编：《成都城坊古迹考》，四川人民出版社1987年版，第438-439页。

捏把汗，谨防他日化铜圆。"

1944年后余仲英任成都市长，请雕塑家刘开渠重塑孙中山坐像。1948年3月11日新铜像落成。此铜像座高1.8米，脚踏上塑有梅花三朵以象征三民主义。孙中山短发，浓眉深目作沉思状；右手抚靠椅背，左手握《建国大纲》。[1] 雕像保存至今，成为春熙路的中心。

春熙路的建成，成了连接东大街和总府路"劝业场"的黄金通道，商家云集：

经营西洋钟表业的先后有："及时""亨得利""亨达利""协和""时昌""大光明"……金号、银楼有："天成亨""天长亨""天宝""物华""新凤祥""宝成"……文化性商铺：有"胡开文"笔店、"诗婢家"装裱、商务印书馆、中华书局、世界书局、正中书局、新中国书局、广益书局……报馆发行处有：《中央日报》《新新新闻》《复兴日报》《新中国日报》《新民报》《华西日报》《兴中日报》……此外，各色百货、绸缎布匹、鞋帽、照相、娱乐、药品、饮食等商铺鳞次栉比。

这里吃喝嫖赌样样齐全，有豪华的"撷英""耀华"

[1] 魏道尊：《抗战时期成都建立的纪念铜像》，载《锦江文史资料》第七辑（内部资料），2001年，第70页。

左图：20世纪40年代的春熙路上的"泰和""兴丰"等公司商号

右图：1938年四川大学的学生在春熙路作抗日宣传演讲

餐厅,以西餐闻名。还有什么卡尔登(鸦片烟馆)、春熙院(妓院)、中西饭店……剧院有:"青年会"(后改"大华")、"三益公"(后改"新闻"、新明、春熙大舞台)。

这里还是江湖神仙"跑滩"的风水宝地,看相、算命的如"蜀山仙客""通法女士""六神通相士"……"指点迷津"的布幌子随风飘荡。

春熙路也曾涌动时代风云。抗战期间,这里响彻"抵制日货、抗日救亡"的呐喊声,一队队学生在此热血沸腾讲演,商家们热泪盈眶纷纷捐金。

笔者在旧资料中查阅到一个文化人1938年这样描写春熙路:"'大光明''中央''新明''春熙大舞台''三益公''新又新'……就一律在开映或开演之前,挂出了'上下客满,明日请早'的黑底白字的牌子。在夜晚,春熙路是带着颇为浓厚的近代大都会情调的。当夜幕初垂的时候,街灯开始投射强烈的光线,霓虹灯开始闪动;而播声机也开始尖起喉咙,哼着'桃花江''毛毛雨',或是京腔、川戏……"[1]

[1]、任钧:《安哥拉的点和线》,载1938年12月1日出版的《文艺阵地》,第二卷第四期。

20世纪30年代初的春熙路北段,右侧为青年会建筑

第九章 成都向现代化"冲锋" 703

1926年刚修建成功的春熙路，中为原郑少馥馥记药房地址，后来成为四明银行。来源：作者收藏的1927年《成都市市政年鉴》

1950年春，解放军62军进军康藏行经春熙路南段时的情景。来源：杨晓杰

不难想象：20世纪30年代后的春熙路，已是中国西南第一条最具现代化商业气息的城市街道了。

笔者到过中国及国外多个国家的很多大城市。客观而论：成都春熙路，在国际化大都市中毫不逊色。如今，春熙路已是成都一张流光溢彩的响亮"名片"。但是，晓得这条大街沧桑变化的人又有多少呢？

◎ 杨森90岁回忆《成都建设》的史料价值

杨森貌似"新潮"，脑壳头却也迷信。他的公馆在成都猫猫巷（巷口有一石柱，柱顶刻有虎头，川人戏称老虎为大猫）。这位督理大人因嘴巴较尖，人又很精灵，绰号"耗子精"，住进猫猫巷，岂不危险？于是杨督理强令：把猫猫巷改为将军街（此街名至今犹存）。

杨森回忆录《九十忆往》书籍封面

杨森推行"新川政"正起劲，岂料政坛如戏台，很快在他发起的"统一四川"之战中吃大败仗，连督修马路的爱将王缵绪师长也临阵倒戈，杨森被刘湘打得落花流水，狼狈不堪沿长江逃出四川。

杨森本人，又是怎样评价自己主持成都市政建设这段历史呢？

笔者收藏有杨森的回忆录《九十忆往》，书中有《成都建设》专节。这是成都近代史上少为人知的第一手珍贵史料，至今笔者似尚未见有人提及，兹节录如下：

民国十三年，余任四川军务督理，兼主省政，锐意革新，思有以涤除吾川之贫弱愚私之旧染污俗。其时同寅幕僚友朋，如陈抱一、刘泗英、傅振烈、黄绶、熊光鸑、熊敩滋、蔡千里、杨应吉、毛升逵等，皆为卓荦英才，得其赞襄，遂厉行新政，转移政风、民风，现尚能忆及者：

（甲）省教育方面之可纪者：

（1）肉税独立，专作教育经费：从前本省教育经费，虽有预算，向无专用的款，以致省县各级学校支绌万分。余乃令财、教两厅切实筹划，将肉税独立，专作教育经费，自此乃若久旱逢雨，学务顿呈欣欣向荣。

（2）国内外留学生津贴之筹措：从前本省学生之留学国外、省外者，全靠自费。清贫之士，往往中途废学。余甚悯念，乃令有司酌筹津贴，按年汇发，藉资补助。

（乙）市政建设方面之可纪者：

（1）发扬朝气，革新市民生活：成都以土沃产丰，人民暮惰之气甚深，日坐茶社闲谈。余乃厉行短衣运动，倡导早起，不许在工作时间坐茶社闲谈，遍贴标语劝告，行之颇见成效。

（2）普及社会教育，增加市民智识：余以学校教育，只能及于儿童、少年，而不能及于成人。乃于少城辟治公园，于园内筑运动场，建通俗教育馆，设通俗讲演所，于智、德、体、群、美五育一并注意。

（3）厘定都市计划：条筑市内外公路：成都市虽平坦异常，而市街湫隘，极欠整齐清洁，不能与国内外名都巨埠相比拟。余乃命王缵绪为市政督办，从最繁华之春熙路开始拆卸突出市房，以新法辟治市区马路。甫一施工，成都名流绅耆所谓五老七贤，狃于传统守旧积习，不思改之为贵，以为余之拆建民房、锯檐口、迁坟墓，为扰民苛政，相率谒陈，请即收回成命，以恤民艰。余以事关革新市政，忍一时之痛苦，获永久的资利，权衡得失，利多害少。答以碍难通融，执行如故。久之已成市街，衢广业殷。乃又争请对所居所之街道提前施工（按：春熙路修成以后成效显著，成都童子街等各街路绅民，都纷纷请求早日扩建道路）。信乎，可与乐成不可虑始也。又灌县为青城山所在地，余为便利市民往游，兼使当（地）土产容易输出，特兴筑'成灌公路'，自成都省会市政公路（局）开办，风声所播，各县乡镇，乃争相仿效，蔚为风气。（按：此路是成都第一条首次修建的城外公路，至1933年年初成渝公路完工为止，11年间修筑马路共43条长2775公里，形成了四川近代公路的基本格局。）

（4）倡导体育运动，增进人民健康：外人以中国与土耳其，同讥'东方病夫'，余甚耻之，以为国民身体如此居弱，一旦外侮凭凌，国家将无用之兵。于是令各校注重体育，辟运动场、开运动会，风起云涌。[1]

[1] 杨森：《九十忆往》，中国台湾龙文出版社1990年版，第50—51页。

## 成都"变脸"
### ——中国城市近代化缩影 下

左图：1911年清末成都狭长的总府街（有"總府街"路牌）。来源：作者藏1925年成都《市政统计》

右图：1925年杨森督川时正在重修的总府街

杨森一生主政各地，都很注意市政建设并热爱体育。1937年"8·13淞沪抗战"开始后第二天，杨森请缨抗日，率20军积极参加抗战。1938年，杨森率部在湖南平江，还在平江城边修建体育场举办运动会。比赛正热火朝天进行时，日本飞机不时袭扰。杨森布置机枪射击，扯开喉咙对部下说："这就是体育配合军事！"

1949年杨森到台湾后任"中华体育协进会"理事长，70岁还能开飞机，近90岁又娶不到17岁妙龄女子张小姐当妾。这位风流将军96岁才老死台北。[1]

仅就近代成都市政建设上而言，杨森是功不可没。

[1] 参见何健康《杨森与川北运动会》，载《四川体育史料》（内部刊物），1983年4期。

### ◎ 民国时期已经强调植树绿化、城市环保

据成都市档案局资料，1919年四川省长为杨庶堪颁布《四川省域植树节植树办法》，规定植树时间，为清明节午前9时。为示隆重，植树节典礼有会两次奏军乐、摄影留存

抗日战争时期的杨森

1919年颁布的《四川省城植树节植树办法》，典礼隆重。来源：成都市档案馆

等17项仪式：

（1）行植树礼，（2）执事者各执其事，（3）请省长及各官莅植树场，（4）省长就位，（5）各官就位，（6）请奏军乐，（7）乐止，（8）请各官执苗，（9）入穴，（10）携锄，（11）壅土，（12）摄影，（13）奏乐，（14）乐止，（15）植树礼成，（16）省长退，（17）各官退。

1922年专门出具禁止砍伐街道树木布告："马路侧旁种植树，理应爱惜。禁止附近居民损坏窃取，如违罚办不贷。"

1925年3月12日，孙中山逝世。1928年，中华民国政

左图：民国时期成都有些街道古朴洁净，日本人称赞和日本相似。来源：郑光路文物市场所购日本画刊

右图：20世纪30年代成都骡马市街一带街树浓荫的风貌。来源：作者购于文物市场

府把3月12日定为植树节，渐成风气。1940年《总理逝世第十五周年纪念植树式宣传大纲》中，提出15条植树口号，现在看来还很科学，如："造林是防止水灾旱灾的根本办法！森林可以调和雨量，防止风砂！……"

提适宜树种为："官山荒地宜植松，河堤溪畔宜植柳类，田边土角宜植板栗，道路两边宜植苦楝，住宅周围宜植香樟，寺庙公园宜植松柏。"1942年，还专门开展植树竞赛，颁发奖凭、奖章。[1]

[1]《近百年前植树节 有典礼要奏军乐》，记者袁玥，《天府早报》2014年3月12日。
[2] 参见杜泽江：《川政统一，成都市政省府绘图》，载《四川档案》，2013年第2期。

## ◎ 民国建立后成都市政三次大变化高潮

在杨森"新政"基础上，1928年成都市政公所正式升格为成都市政府，统一管理成都市区的建设、民政、工商、治安等。

1935年，刘湘统一川政。根据成都档案史料：当时城区面积总共约17.6平方公里，加上市郊土地约12.3平方公里，总共面积仅约29.9平方公里。而居住人口已达四十六万三千二百余之多（平均每一平方公里内二万六千余人）。

1936年，省政府决定建设成都为大都市。初步规划：城区北边以火车站为中心，附近一带划为工业区；城区内及城东牛市口、沙河铺一带划为商业区；城区南边划为居住区。但前两项规划实施困难，后一项相对容易，于是决定在城南近郊规划一万亩土地建设新的居住区"新村"。建设规划注入了住宅时尚现代、街道宽敞、环境优美的近代化城市建设新思路。[2]

1937年7月8日午后，成都大街小巷响起急促吼卖《抗

1939年因日本飞机空袭，在城南中、下莲池之间增辟复兴门，习称新南门

日战争爆发了》的号外声。次年新辟"复兴门"（俗称新南门），锦江上建成"复兴桥"与"新村"相连。桥东侧建成街道，名"复兴里"，桥南又有"建国路"，它体现了民众抗日救亡的坚强意志。

市政府在"复兴桥"锦江南岸，东至四川大学、西接华西坝、南抵郊县田野的大片区域，开始修建"新村"：由西向东建有三条主要街路，取名为致民路、龙江路和新生路。这三条街路上，由南至北又建有多条小街巷。因街巷较多，有的干脆简单按序数命名：十一街、十二街……十七街。

新南门建成后，又修起直通现一环路磨子桥方向的大街道。因在"新村"西北方向，命名为"西北路"（1966年改称红星南路，1981年后改为新南路）。笔者收藏有民国31年（1942年）的"成都市区图"，上面有"新村"册字形街巷区域，有西北路、致民路、龙江路、新生路等重要街道。图上，西北路上"新村办事处"（现七中北侧位置）标志明显，应是当年市政府设的重要机关。

新南门稍上游也建了供疏散的桥和街道（约现锦江大

桥位置）。南虹本是上海地名，因抗战后"南虹艺专"迁锦江南岸，故命名为南虹桥和南虹桥街。

1938年春，金陵大学（今南京大学）西迁成都，校本部在西北路西侧的大片菜田建屋舍，逐渐形成街道命名"金陵路"。一时名流云集，如史学大师陈寅恪、蒙文通、冯汉骥，中文系名教授吕叔湘、程千帆等人的身影，每天出没在这条新辟街道上。

"新村"建设从1935年开始筹划，由于战争原因到1949年才完成第一期第一次建设。建成街道26条（大致为如今新南门至磨子桥片区）。

抗战时期，像"南虹""金陵"这些外省地名成为成都街名。1935年后，中央军校（前身即黄埔军校）在北较场建成都分校。现军区大营门到原军校大门之间，本是观音

民国时期成都近代化色彩日渐浓厚，1935年成都总府街上的行人和黄包车，前方是商业场。摄影：［美］福尔曼

民国时期成都近代化色彩日渐浓厚,图为1935年的陕西街,摄影:[美]福尔曼

堂街,后改为黄埔路。"军校"附近几条街,都以校本部及几处军分校所在地先后改街名:武备街(又名止戈里)改街名为"白下路"(白下为南京别号,中央军校总部曾在南京);苦竹林街改街名为"江汉路"(有武汉军分校);仁凤里街(清代曾名武担山街、武备前街)改街名为"洛阳路";丰豫仓街(清代在此街储粮)改街名为"昆明路"。

民国初期拆少城、治街路,是民国后成都市政第一次大变化高潮。杨森的"新政"实施,是第二次大变化高潮。1936年至1949年"新村"建设等,是第三次大变化高潮。三次大变化,给如今成都留下深深历史烙印。

笔者把收藏的1904年清末成都"光绪三十年图",对照如今的成都市地图。百年前的农耕城市,已基本上成为一座现代化的国际大都市。变化之巨大,只能用"沧海桑田"四字来形容了。

## 关于本书图片来源的说明

本书图片来源主要有五类：

（1）绝大多数为本书作者几十年来，通过各种渠道艰辛收藏积累而成（如在国内、国外文物市场购得的老照片，作者收藏的1950年之前的旧书、刊、报上的老照片）；（2）各界朋友（赵明、海波、王玉龙、王宝明、彭雄等所有老师们）友好提供给作者的老照片；（3）互联网资料；（4）四川省档案馆、成都市档案馆资料；（5）四川大学图书馆资料。

本书作者曾请专业人士对一些残损百年老照片进行扫描、修复等非常艰难的工作。

本书所用图片，基本上以成都及四川为主，少数为其他地区同题材老照片。由于时期已久远，一些照片说明或许并不十分准确，恳盼识者教正。

本书参考了以下书籍：（1）[美国] 路得·那爱德：《回眸历史》，中国旅游出版社，2002年版（感谢海波、王玉龙老师的热情支持）；（2）[法国] 杜满希：《法国与四川》，成都时代出版社，2007年版（感谢法国驻成都总领事馆首任总领事杜满希先生的亲笔签名）；（3）四川省政府外事办公室：《老四川老照片》，2001年编印；（4）成都市建设信息中心编著：《成都城建百年经典图册》，成都时代出版社，2008年版。（5）杨吉甫等编：《成都市市政年鉴》，民国17年（1928年）铅印本。（6）作者收藏的民国时期所有《良友》画报。

必须强调的是：百年前照相机属于非常高档的奢侈品，中国人拥有者甚少。外国人的摄影老照片，对研究历史具有不可低估的卓越贡献。

本书作者所能搜集到的四川老照片中，最早应数澳大利亚的莫理循1884年的几幅照片。其次要数英国女旅行家伊莎贝拉·伯德1898年的一组老照片。1900年前后英国传教士陶维新，又留下数十幅成都的老照片。

德国的弗瑞兹·魏司（1877—1955年），1907年至1914年长驻成都领事馆担任领事。2001年4月，他的孙女塔米拉·魏司带着近200幅祖父魏司先生拍摄的老照片，来到成都展示，令世人震撼。

路得·那爱德（1879—1913年），1910年10月到成都任四川高等学堂（四川大学前身）外籍教师。他曾摄下不少有极高史料价值的老照片。1913年4月19日，那爱德病逝时年仅34岁，葬在他深深热爱的异乡——成都。1991年，四川大学外语系聘请来约翰博士来校任教。路得·那爱德是来约翰的曾叔祖父。2000年，来自西藏的摄影家王玉龙来到成都，给了来约翰不少帮助。来约翰、王玉龙经过各种艰辛努力，那爱德拍摄的老照片才得以在成都公开展出，极大地丰富了成都及四川的图像历史，引起国内巨大轰动、好评如潮。来约翰和王玉龙先生，对路得·那爱德百年老照片"重见天日"，功不可没。

此外，张伯林（Chamberlin, Thomas Chrowder, 1843—1928），美国地质学家，1909年3月后到四川；西德尼·D．甘博（Sidney D. Gamble, 1890—1968），美国摄影家，从1908年后多次到四川；清末民初，山川早水等不少日本人到四川。

如果没有这些"老外"朋友留下了完全不能用文字替代的历史图像，我们对百年来的历史的了解会苍白枯燥很多。而这一点，并不为史学界重视。

许多老照片的摄影者，尽管早已去世，但这里仍须向本书所有引用照片的中外摄影者，致以最衷心的敬意。同时向老照片的提供者，致以衷心的感谢！

本书所采用照片，凡知晓摄影者名字和来源的，书中都尽量加以注明。但鉴于这些图片多为100年前后所摄的照片，许多老照片，目前已很难知晓摄影者姓名和图片的原所有者。故凡认定是本书某照片的所有者，敬请提供证明并及时与作者或出版社联系，我们将根据有关规定支付合理报酬并登门拜谢，并将在本书再版时郑重补充注明摄影者或所有者姓名。

由于以上原因，本书图片未经允许，勿擅自引用。

## 特别鸣谢

本书作者郑光路在长年研究历史的过程中，曾得到史学界、文化界及各界老师和朋友们的热情关心和支持。他们是：雁翼（著名作家，已故）、流沙河（著名学者）、谭继和（著名学者）、袁庭栋（著名学者）、白郎（著名作家）、蒋蓝（著名作家）、陈岱峻（著名学者）、魏明生（党史专家）、王大炜（原成都民革文史委员会主任）、喻峰、王鹤、范湘鸿、何昌宇、周颖、唐海涛、吴焕姣、郑红、唐宋元、邹景阳、邹小工、王宝明、赵明、余行、仲伟、肖玉英、冯至诚、谢天开、伍松乔、黄强、铁波乐、石维、王庆跃、姬勇、胡传淮、高志和、闵云森、杨佛章……

尤其要提到的是：西南交通大学出版社副社长易伯伦，编辑吴迪、张慧敏、郭发仔、罗小红及杨若虚老师，对本书内容、编排、插图等诸多方面，提出了宝贵的建设性意见，付出了十分辛苦的劳动，对本书质量的提升起到了至关重要的作用。

作者在此向以上及不能全部提及的前辈、老师、朋友们，致以最衷心的谢意！